क्रूज़र सोनाटा

लघु उपन्यास एवं कहानियाँ

क्रूज़र सोनाटा

लेव तोल्स्तोय

अनुवाद

भीष्म साहनी

ISBN : 978-81-267-0740-9

मूल्य : ₹400

पहला संस्करण : 2003
दूसरी आवृत्ति : 2024

प्रकाशक : राजकमल प्रकाशन प्रा.लि.
1-बी, नेताजी सुभाष मार्ग, दरियागंज
नई दिल्ली-110 002

शाखाएँ : अशोक राजपथ, साइंस कॉलेज के सामने, पटना-800 006
पहली मंजिल, दरबारी बिल्डिंग, महात्मा गांधी मार्ग, प्रयागराज-211 001
1, अनमोल सोराबजी संतुक लेन, धोबी तलाव, मरीन लाइंस, मुम्बई-400 002

वेबसाइट : www.rajkamalprakashan.com
ई-मेल : info@rajkamalprakashan.com

आवरण-चित्र : *निकोलाइ क्राम्सकोह का पोर्ट्रेट 'तोल्स्तोय'*
चयन *रामबाबू*
संयोजन *हरीश आनंद*

मुद्रक : बी.के. ऑफसेट
नवीन शाहदरा, दिल्ली-110 032

CRUSER SONATA
Novellas and Short Stories by Leo Tolstoy
Translated by Bhishm Sahni

इस शृंखला के बारे में

थाती विश्व की उन सुप्रसिद्ध कृतियों के हिन्दी अनुवादों की शृंखला है, जो पहले कभी प्रकाशित हुए थे, और अब जिन्हें या तो भुलाया जा चुका है या फिर वे नये पाठकों के लिए दुर्लभ हो गये हैं।

इस तरह, यह शृंखला स्मरण का, याददिहानी (रिमाइण्डिंग) का, एक जरूरी उपक्रम है।

राष्ट्रीय स्वातंत्र्य-संघर्ष के दौरान हमारे यशस्वी पूर्वजों ने राष्ट्रीय जागरण का सर्जनात्मक साहित्य रचने के साथ ही विश्व-साहित्य की महान कृतियों से हिन्दी संसार को परिचित कराने की शुरुआत की। उनकी राष्ट्रीय चेतना अन्तर्मुख-आत्मकेन्द्रित नहीं थी। उदग्र विकास के लिए क्षैतिज विस्तार जरूरी है, यह वे समझते थे। भारतीय राष्ट्रीय चेतना के ऊर्ध्वमुखी विकास के लिए उन्होंने उसे बहिर्मुख बनाना–विश्वोन्मुख बनाना, जरूरी समझा। औपनिवेशिक पराधीनता के काल में ही, हिन्दी पाठक **डिकेन्स, जोला, तोल्स्तोय, अनातोल फ्रांस, रोम्याँ रोलाँ, स्टीनबेक, चेखव, गोर्की, हावर्ड फास्ट** आदि-आदि से परिचित हो चुके थे। कमोबेश गत शती के छठे दशक तक, यानी जब तक स्वाधीनता-संघर्ष से जन्मी ऊष्मा, ऊर्जा, स्वप्न और आशाएँ किसी सीमा तक बची हुई थीं, यह सिलसिला जारी रहा। बाद के दौर में, यह सिलसिला क्रमशः कमजोर पड़ता चला गया। छिटपुट कुछ अच्छी कृतियों के अच्छे अनुवाद आये। पर ज्यादातर, अच्छी कृतियों के चलताऊ, घटिया और मनमाने ढंग से सम्पादित-संक्षेपित अनुवाद ही प्रकाशित होते रहे। बाजार की दृष्टि से कुछ चर्चित समकालीन कृतियों के भी अनुवाद हुए, जो प्रायः स्तरीय नहीं थे। विशेषकर, विगत शताब्दी के अन्तिम दो दशकों के दौरान साहित्यिक अभिरुचि का जो संकुचन और बाजारीकरण हुआ, उसके चलते विश्व-क्लासिकी के आम हिन्दी पाठकों की संख्या में काफी गिरावट आयी। ऐसा नहीं है कि हिन्दी का नया पाठक श्रेष्ठ विश्व-साहित्य नहीं पढ़ना चाहता। यह एक मिथ्याभास है जो बाजार-तंत्र और उसके सहोदर प्रचार-तंत्र (विशेषकर इलेक्ट्रॉनिक मीडिया और प्रिण्ट मीडिया का नया अवतार) की माया है।

यह एक अकाट्य सत्य है कि भूतपूर्व समाजवादी देशों के प्रकाशनों–विशेषकर सोवियत संघ के प्रकाशन संस्थानों (विदेशी भाषा प्रकाशन गृह/प्रगति प्रकाशन/रादुगा प्रकाशन आदि) ने भी विश्व-क्लासिकी और क्रान्तिकारी साहित्य से हिन्दी पाठकों को परिचित कराने में कभी अत्यन्त महत्त्वपूर्ण भूमिका निभायी थी। इन देशों में समाजवाद से विचलन जब विपथगमन बन चुका था, विकृतियाँ रंग ला चुकी थीं और 1990 के

दशक में सामने आने वाला भवितव्य निश्चित हो चुका था, तब भी, स्तरीय साहित्य के हिन्दी अनुवादों के प्रकाशन का सिलसिला जारी था। पूर्वी यूरोप और सोवियत संघ में व्यवस्था-परिवर्तन और सोवियत संघ के विघटन के बाद यह प्रक्रिया रुक गयी।

आज स्थिति यह है कि हिन्दी के जिन युवा पाठकों ने विगत दस-पन्द्रह वर्षों के भीतर होश सँभाला है, वे **गोर्की, तुर्गनेव, पुश्किन, तोल्स्तोय, दोस्तोयेव्स्की, चेखव** आदि के महान कृतित्व से भी लगभग अपरिचित हैं। यूँ कहें कि उनसे उनकी जान-पहचान करवाने वाले सूत्र ही विलुप्त हो गये हैं। बहुतेरे तो जानते भी नहीं कि इन महान रचनाकारों की बहुतेरी रचनाओं के हिन्दी अनुवाद पहले कभी हो चुके हैं। हमारी हिन्दी-पट्टी के सार्वजनिक पुस्तकालयों—इनमें सरकारी, गैर-सरकारी और विश्वविद्यालयों के पुस्तकालय, सभी शामिल हैं—की दुर्दशा सर्वज्ञात है। 1990 के बाद कई प्रगतिशील और साहित्यिक अभिरुचि वाले बुजुर्गों ने, निराशा और मोहभंग की फौरी मनःस्थिति में अपने निजी पुस्तकालय भी कबाड़ी को बेच डाले। जिन्होंने ऐसा नहीं किया, उनमें से कइयों के उत्तराधिकारी इस काम को अंजाम दे रहे हैं।

इस स्थिति में, हमें यह जरूरी लगा कि दुनिया की जिन चर्चित और महान कृतियों के अनुवाद स्वाधीनता संघर्ष के जमाने से लेकर छठे दशक तक, हिन्दी के प्रतिष्ठित साहित्यकारों ने किये थे और भूतपूर्व समाजवादी देशों से विश्व-क्लासिकी कृतियों तथा महत्वपूर्ण क्रान्तिकारी साहित्य के जो अनुवाद प्रकाशित हुए थे, उनमें से चुनी हुई पुस्तकों को पुनर्प्रकाशित किया जाये।

जाहिरा तौर पर, हमारा यह उपक्रम विश्व-साहित्य की हिन्दी में प्रस्तुति की दृष्टि से संतोषजनक नहीं कहा जा सकता। पहले हुए अनुवादों की संख्या यूँ भी कम ही है। यदि सिर्फ आधुनिक विश्व इतिहास की चुनी हुई श्रेष्ठतम कृतियों की एक सूची तैयार की जाये तो वह हजार की संख्या पार कर जायेगी। अतः तय है कि हिन्दी की समृद्धि के लिए अनुवाद की नई महत्वाकांक्षी परियोजनाओं की जरूरत है। वैसे भी, पहले हो चुके अनुवादों में से कइयों की भाषा आज की हिन्दी के मिजाज से मेल नहीं खाती। कुछ अनुवाद भी सन्तोषजनक नहीं हैं। इसलिए, हम पुराने अनुवादों में से चुनिंदा कृतियों का ही पुनर्प्रकाशन करेंगे। साथ ही, जैसा कि हमने पहले ही कहा है, हमारी कोशिश हिन्दी के साहित्येतिहास के कुछ विस्मृतप्राय पन्नों से युवा पाठकों को परिचित कराने की है। जो नया करना है, उसकी पृष्ठभूमि में हमारी थाती है। उसे जानना जरूरी है।

नये पाठकों की सुविधा के लिए हर अनुवाद के साथ कृति और कृतिकार से संक्षिप्त परिचय कराने वाली एक प्रस्तावना हम अपनी ओर से देंगे।

हिन्दी पाठकों की साहित्यिक अभिरुचि में हमारी निष्ठा असंदिग्ध है। स्तरीय विश्व-साहित्य को जन-जन तक पहुँचाना हिन्दी भाषा और हिन्दी भाषी समाज की प्रगति की एक आवश्यकता है और नये सांस्कृतिक प्रबोधन का एक कार्यभार है, हमारी यह मान्यता अविचल है। हिन्दी के पाठक इस नयी पहल का स्वागत करेंगे, हमारा यह विश्वास दृढ़ है।

—सम्पादक

क्रम

भूमिका

आधुनिक इतिहास में यदि किसी विचारक-लेखक की ख्याति उसकी ज़िन्दगी में ही पूरी दुनिया में फैल चुकी थी और जीते-जी ही यदि वह एक मिथक बन गया था, तो वे निस्सन्देह लेव तोल्स्तोय ही थे।

उन्नीसवीं शताब्दी के पूर्वार्द्ध के साहित्यिक परिदृश्य पर जिस तरह बाल्ज़ाक छाये हुए थे, उसी तरह उत्तरार्द्ध के साहित्यिक परिदृश्य पर तोल्स्तोय का प्रभाव-साम्राज्य फैला हुआ था। मानव-जीवन की समस्त त्रासदियों-विडम्बनाओं का तर्कपरक, इतिहाससंगत और वस्तुगत निरूपण और व्याख्या करते-करते तोल्स्तोय हालाँकि ऐतिहासिक विकृतियों से मुक्त एक "सच्चे" ईसाई धर्म में, और आत्म-परिष्करण के जरिये आधुनिक सभ्यता की सभी बुराइयों का समाधान प्रस्तुत करते हैं, लेकिन कलात्मक-दार्शनिक चिन्तन के इस अन्तरविरोध के बावजूद वे, मुख्य पहलू की दृष्टि से, एक महान मानवतावादी चिन्तक और महान यथार्थवादी कलाकार थे। अपने 'लेजिटिमिस्ट' राजनीतिक विचारों के बावजूद बाल्ज़ाक ने ह्रासमान वर्गों की नियति और "भविष्य के वास्तविक लोगों" की स्थिति को अपनी रचनाओं में दर्शाया जिसे फ्रेडरिक एंगेल्स ने "यथार्थवाद की सबसे महती विजयों में से एक, प्रिय बाल्ज़ाक के भव्यतम गुणों में से एक" बताया था। ठीक इसी तरह, तोल्स्तोय ने अपने देशकाल के यथार्थ का जितने सजीव-सटीक ढंग से, और उत्पीड़ित-दमित आम आबादी के प्रति जिस गहरे सरोकार के साथ, अपनी कृतियों में कलात्मक पुनर्सृजन किया, उसका प्रभाव पाठक के मन-मस्तिष्क पर छा जाता है और तोल्स्तोय स्वयं अपने द्वारा प्रस्तुत धार्मिक यूटोपियाई समाधान से इतर समाधान के बारे में सोचने के लिए पाठक को प्रेरित कर देते हैं। दरअसल, जैसाकि लेनिन ने इंगित किया था, तोल्स्तोय के अन्तरविरोध तत्कालीन रूसी समाज के अन्तरविरोधों को प्रतिबिम्बित कर रहे थे और जब संघर्षों ने जनता की चेतना को उन्नत कर दिया तो तोल्स्तोय की कृतियों को पढ़कर उसने वस्तुतः अपनी कमजोरियों के बारे में जानना सीख लिया।

आम तौर पर, तोल्स्तोय को उनके दो वृहद और महान उपन्यासों—'युद्ध और शान्ति' तथा 'आन्ना कारेनिना' के लिए जाना जाता है। इनकी गणना निर्विवाद रूप से, अब तक लिखे गये दुनिया के सर्वोत्कृष्ट उपन्यासों में की जाती है। कुछ लोग उनके तीसरे प्रसिद्ध उपन्यास 'पुनरुत्थान' को भी इसी कोटि में शामिल करते हैं। उनकी एक और चर्चित कृति 'इवान इलिच की मौत' की गणना उपन्यासिका के सर्वश्रेष्ठ उदाहरणों में की जाती है। अपने अन्तिम तीस वर्षों के दौरान एक धार्मिक और नैतिक शिक्षक

के रूप में उन्हें विश्वस्तरीय ख्याति मिली। बुराई का प्रतिरोध न करने के उनके सिद्धान्त का गाँधी पर भी महत्वपूर्ण प्रभाव पड़ा था। दुनिया आज तोल्स्तोय की धार्मिक मान्यताओं को भुला चुकी है, लेकिन साहित्यकार तोल्स्तोय की ख्याति आज भी अक्षुण्ण है और विश्व-साहित्य की क्लासिकी सम्पदा में अद्वितीय अभिवृद्धि करने वाले महान साहित्य-सर्जक के रूप में उन्हें शताब्दियों बाद ही नहीं बल्कि सहस्राब्दियों बाद भी याद किया जायेगा।

उन्नीसवीं शताब्दी के प्रसिद्ध अंग्रेज कवि और आलोचक मैथ्यू आर्नल्ड ने एक बार कहा था कि तोल्स्तोय के उपन्यास कलाकृति नहीं, बल्कि जीवन का एक हिस्सा होते हैं। तोल्स्तोय के कृतित्व से परिचित किसी भी पाठक के लिए इस विचार से असहमत होना जरा मुश्किल है। रूसी लेखक इसाक बाबेल ने तोल्स्तोय के बारे में कहा था कि यदि विश्व स्वयं लिख पाता तो वह तोल्स्तोय की तरह ही लिखता। परस्पर विरोधी विचारों वाले साहित्य-चिन्तक और आलोचक भी इस बात पर एकमत रहे हैं कि तोल्स्तोय की रचनाओं में कहीं भी कोई कृत्रिमता या छल नहीं होता। तोल्स्तोय के समकालीन ऐसा बताते थे और उनकी रचनाएँ भी इस बात की पुष्टि करती हैं कि भावनाओं-विचारों में होने वाले छोटे से छोटे परिवर्तन और शरीर की मद्धमतम गतिमानता भी तोल्स्तोय की नजरों से अदेखी नहीं रह पाती थी। अंग्रेज उपन्यासकार वर्जीनिया वुल्फ के अनुसार यह प्रचण्ड पर्यवेक्षण-क्षमता पाठकों में एक तरह के भय का संचार करती है जो "उस घूरती-भेदती दृष्टि से बच निकलना चाहता है जो तोल्स्तोय हमारे ऊपर टिका देते हैं।" वर्जीनिया वुल्फ इस बात को एकदम निर्विवाद रूप से स्थापित मानती हैं कि तोल्स्तोय विश्व के "सभी उपन्यासकारों में महानतम" थे। उनके लेखन की महानता उनकी कलात्मक उत्कृष्टता, यथार्थ-चित्रण की वस्तुपरकता, साहस और ईमानदारी में होने के साथ ही इस बात में भी थी कि वे जीवन के तात्पर्य की तलाश के जीवित प्रतीक थे।

रूसी और विश्व-साहित्य के किसी भी लेखक में रूसी क्रान्ति के नेता लेनिन ने उतनी गहरी रुचि नहीं दिखायी जितनी कि लेव तोल्स्तोय में। तोल्स्तोय पर लिखे गये उनके छोटे-बड़े कुल पाँच लेख मौजूद हैं, जिनमें उन्होंने उस समय तक के मार्क्सवादी-गैरमार्क्सवादी—सभी तरह के आलोचकों-विचारकों से एकदम अलग ढंग से, द्वंद्वात्मक ऐतिहासिक विश्लेषण प्रस्तुत करते हुए यह दिखलाया है कि तोल्स्तोय के कृतित्व में वस्तुतः असाधारण, वस्तुतः महान तत्व क्या हैं! तोल्स्तोय के विचारों और कृतित्व की विशेषताओं एवं मूल्यांकन को लेनिन ने 1905-07 की पहली रूसी क्रान्ति की कमजोरियों और विफलताओं के समाहार से सम्बद्ध करते हुए बताया कि उस क्रान्ति की ऐतिहासिक विशिष्टताओं को "तोल्स्तोय ने एक कलाकार, विचारक और उपदेशक के नाते—अपनी कृतियों में...आश्चर्यजनक स्पष्टता के साथ उभारा है।" इसी दृष्टि से लेनिन ने तोल्स्तोय को "रूसी क्रान्ति के दर्पण" की संज्ञा दी है जिनका कृतित्व उसके सकारात्मक और नकारात्मक—दोनों ही पक्षों को सामने लाता है। तोल्स्तोय ने अपनी

रचनाओं में किसानों की बुर्जुआ क्रान्ति के रूप में "समूची प्रथम रूसी क्रान्ति की ऐतिहासिक विशिष्टताओं को, उसकी शक्ति और दुर्बलता को" मूर्त रूप में प्रस्तुत किया। जारशाही रूस की समाज-व्यवस्था की तोल्स्तोय ने जो आलोचना की थी, उसमें, लेनिन के अनुसार, जोश, तीव्रानुभूति, निष्ठा, ताजगी, सच्चाई और...जनता की दुर्दशा के वास्तविक कारण का पता लगाने के मामले में निर्भीकता थी। साथ ही लेनिन ने उनके विचारों, शिक्षाओं तथा कृतियों में मौजूद अन्तरविरोधों, विसंगतियों और विरोधाभासों को भी रेखांकित किया। उन्होंने यह स्थापना रखी कि तोल्स्तोय के अन्तरविरोध उन्नीसवीं शताब्दी के अन्तिम तृतीयांश के रूसी जीवन की परिस्थितियों का प्रतिबिम्ब थे।

तोल्स्तोय के दार्शनिक-धार्मिक विचारों की यदि सूत्रवत चर्चा की जाये तो उनके साथ न्याय होगा और यह स्पष्ट हो जायेगा कि वे किसी विज्ञान-विरोधी पादरी के रूप में नहीं, बल्कि वैज्ञानिक दृष्टि के अभाव के कारण, उच्च नैतिक-मानवीय आदर्शों की स्थापना के रूप में एक यूटोपिया रचते हुए धार्मिक विश्व-दृष्टिकोण तक जा पहुँचते थे। तोल्स्तोय के दर्शन पर ईसाई धर्म, कन्फ्यूशियसवाद, और बौद्ध धर्म के साथ ही रूसो, शोपेनहार और 'स्लावोफिल्स' के विचारों का प्रभाव स्पष्ट है। वे आस्था को बुनियादी संप्रत्यय मानते हैं, लेकिन आस्था की तर्कबुद्धिवादी नैतिकता के रूप में व्याख्या करते हुए बताते हैं कि 'आस्था इस बात का ज्ञान है कि मनुष्य क्या है और उसके जीवन का अर्थ क्या है।' तोल्स्तोय के अनुसार, मानव-जीवन का अर्थ लोगों के परकीयकरण को दूर करने में, प्यार के आधार पर उन्हें एक-दूसरे से स्वतंत्र रूप से ऐक्यबद्ध करने में और अपने में दिव्यात्मा की चेतना की प्राप्ति के जरिये ईश्वर के साथ जुड़ जाने में निहित है। यही तोल्स्तोय द्वारा प्रस्तुत उस "सच्चे" ईसाई धर्म का आदर्श था जिसे वे ऐतिहासिक विकृतियों से मुक्त और आत्म-परिष्करण के माध्यम से प्राप्य मानते थे। तोल्स्तोय का मानना था कि राज्य, निजी सम्पत्ति, चर्च तथा आधुनिक सभ्यता, जो सब जनता के लिए परकीय हैं, इस आदर्श को मूर्त रूप देने में बाधक हैं और समस्त सामाजिक बुराइयों को जन्म देते हैं। फलतः वह राज्य को, अराजकतावादी अवस्थिति के समीपस्थ होकर, नकारने की ओर तथा साथ ही विज्ञान और संस्कृति की उपलब्धियों को भी नकारने की ओर प्रवृत्त होते हैं। इसके साथ ही, वे किसानों के श्रम और सामुदायिक जीवन का आदर्शीकरण करते हैं और सादा जीवन बिताने का आह्वान करते हैं। तोल्स्तोय के अनुसार, मनुष्य केवल तभी स्वतंत्र होता है, जब वह ईश्वर की सेवा (भलाई) करता है। सामाजिक-ऐतिहासिक प्रक्रिया ईश्वर द्वारा निर्देशित होती है और उसे जन-साधारण का कार्यकलाप मूर्त रूप देता है। आम जन से सम्राट तक, सभी इतिहास के दास होते हैं। 'कला क्या है?' शीर्षक अपनी सौन्दर्यशास्त्र विषयक कृति में और अन्यत्र तोल्स्तोय ने कलात्मक सर्जना में पतनशीलता और सरकारी संस्कृति का विरोध किया और कला की व्याख्या ऐसे कार्यकलाप के रूप में की जिसे लोगों को ऐक्यबद्ध करना चाहिये और उन्हें अपने आदर्शों को मूर्त रूप देने में सहायक बनना चाहिए।

लेकिन "पृथ्वी पर ईश्वरीय राज्य" की स्थापना को मनुष्यता का परम लक्ष्य मानने के चलते, उनकी यह भी स्थापना थी कि नैतिक-धार्मिक अवधारणा को कला का मार्ग-दर्शन करना चाहिए।

तोल्स्तोय की असामान्य प्रतिभा का उच्च मूल्यांकन करने के साथ ही लेनिन उनके विश्व-दृष्टिकोण के नकारात्मक पक्ष–"पेशेवर पादरियों के स्थान पर अपनी नैतिक धारणा से प्रेरित होने वाले धर्माचार्य बैठाने की कोशिश", सामाजिक बुराइयों के विरुद्ध सक्रिय संघर्ष की बजाय आत्मोद्धार और "हिंसा के अप्रतिरोध" की नपुंसकतापूर्ण अपील--का भी उल्लेख करते हैं। वे बताते हैं कि तोल्स्तोय के विचारों और कृतित्व के ये अन्तरविरोध और विसंगतियाँ अत्यन्त तीव्र हैं, लेकिन उन्होंने इस बात पर जोर दिया कि ये तोल्स्तोय की अपनी सनकों की उपज नहीं हैं बल्कि "...उन अत्यन्त जटिल, असंगत परिस्थितियों, सामाजिक प्रभावों एवं ऐतिहासिक परम्पराओं का बिम्ब मात्र हैं जिनका सुधार (1861 के सुधार–सं.) के बाद के, किन्तु क्रान्ति के पहले के युग के रूसी समाज के विभिन्न वर्गों और तबकों की मनोवृत्ति पर गहरा असर पड़ा था।" लेनिन ने उस युग को तोल्स्तोय के युग का नाम दिया और बताया कि रूसी जीवन के पुराने–भूदास प्रथात्मक--ढर्रे का निर्मम ढंग से तोड़ा जाना तथा देश में नये बुर्जुआ सम्बन्धों का सुदृढ़ीकरण इस युग की मुख्य विशेषताएँ थीं। वे बताते हैं कि "तोल्स्तोय की साहित्यिक गतिविधियों का आरम्भ इस युग के आरम्भ से पहले और अन्त इसके अन्त के बाद हुआ," लेकिन वह जोर देते हैं कि "विचारक के रूप में तोल्स्तोय का पूर्ण विकास इसी युग में हुआ, जिसकी संक्रमणात्सक प्रकृति से तोल्स्तोय की रचनाओं तथा 'तोल्स्तोयवाद' की सभी विशिष्टताएँ पनपीं।"

लेनिन, तोल्स्तोय द्वारा आधुनिक समाज में व्याप्त झूठ और पाखण्ड के विरोध, पूँजीवादी शोषण की निर्मम आलोचना और सरकारी दमनतंत्र के पर्दाफाश को रेखांकित करते हुए उनके गम्भीर यथार्थवाद पर जोर देते हैं। वे लिखते हैं, "तोल्स्तोय की महानता इस बात में है कि रूस में बुर्जुआ क्रान्ति से पहले लाखों रूसी किसानों में जो भावनाएँ और विचार पनप रहे थे, उन्हें उन्होंने अभिव्यक्त किया है। तोल्स्तोय की मौलिकता इस बात में है कि समूचे तौर पर उनके विचार किसानों की बुर्जुआ क्रान्ति के रूप में हमारी क्रान्ति की विशेषताओं को ही व्यक्त करते हैं।"

लेनिन ने तोल्स्तोय की "विचार-समष्टि" और कृतित्व-समष्टि की विवेचना करते हुए वस्तुगत यथार्थ और कलात्मक यथार्थ के अन्तर्सम्बन्धों का जो निरूपण प्रस्तुत किया, उससे साहित्यिक-सौन्दर्यशास्त्रीय आलोचना का सर्वथा नया दृष्टिकोण और नया मापदण्ड सामने आये। और यह स्वाभाविक ही प्रतीत होता है कि तोल्स्तोय के विश्व-दृष्टिकोण और कृतित्व जैसी अत्यन्त जटिल वैचारिक परिघटना का विश्लेषण करते हुए स्वयं विश्लेषण के उपकरणों को ही नई समृद्धि अर्जित हो जाये।

लेव निकोलायेविच तोल्स्तोय का जन्म रूसी साम्राज्य के तूला प्रान्त की यास्नाया पोल्याना जागीर के मालिक, कुलीन भूस्वामी परिवार में 9 सितम्बर (पुराने कैलेण्डर के हिसाब से 28 अगस्त), 1828 को हुआ था।

उनके पिता काउण्ट निकोलाई इलिच तोल्स्तोय ने 1812 में नेपोलियन के हमले के विरुद्ध देशभक्तिपूर्ण युद्ध में हिस्सा लिया था। तोल्स्तोय जब दो वर्ष के थे, तभी उनकी माँ मारिया निकोलायेव्ना का देहान्त हो गया। 1837 में उनके पिता का भी देहान्त हो गया। एक वर्ष बाद उनकी दादी का और फिर उनकी अगली अभिभाविका चाची अलेक्सान्द्रा का भी 1841 में निधन हो गया। फिर देखभाल के लिए तोल्स्तोय को उनके चार भाई-बहनों के साथ कज़ान में एक और चाची के पास भेज दिया गया। बचपन में तोल्स्तोय पर यास्नाया पोल्याना में रहने वाली रिश्ते की एक बहन तात्याना अलेक्सान्द्रा यर्गोल्स्काया का गहरा प्रभाव पड़ा। युवा होने के बाद तोल्स्तोय ने अपने कुछ सर्वाधिक मर्मस्पर्शी पत्र तात्याना को ही लिखे थे। मौत की लगातार मौजूदगी के बावजूद, आगे चलकर, तोल्स्तोय ने अपने बचपन के दिनों को बहुत सुखद रूप में याद किया है।

प्रारम्भिक शिक्षा घर पर ही हासिल करने के बाद तोल्स्तोय ने पूर्वी भाषाओं के अध्ययन के लिए 1844 में कज़ान विश्वविद्यालय में दाखिला लिया, लेकिन उनका रिकार्ड अच्छा नहीं रहा। नतीजतन, वे विषय बदलकर कानून का अध्ययन करने लगे। इस दौरान उन्होंने मोंतेस्क्यू की पुस्तक 'कानूनों की भावना' और कैथेरीन द्वितीय की 'विधि-संहिता के लिए निर्देश' के तुलनात्मक अध्ययन पर एक निबन्ध लिखा, जो लेखन के क्षेत्र में उनका प्रथम प्रयास था। जल्दी ही तोल्स्तोय साहित्य और दर्शन के अध्ययन की दिशा में प्रवृत्त हुए। अंग्रेज उपन्यासकार लॉरेंस स्टर्न, चार्ल्स डिकेंस और खास तौर पर प्रबोधनकालीन फ्रांसीसी दार्शनिक-लेखक जां-ज़ाक रूसो के कृतित्व ने उन्हें प्रभावित किया। ज्ञातव्य है कि वे गले में क्रॉस की जगह रूसो का चित्र जड़ा एक तमगा पहना करते थे। लेकिन इस दौरान उन्होंने अपना ज्यादा समय अतिलम्पटता, शराबखोरी, जुएबाज़ी में खर्च किया। 1847 में बिना डिग्री हासिल किये ही तोल्स्तोय यास्नाया पोल्याना लौट गये तथा खुद को शिक्षित करने, जागीर सम्हालने और अपने भूदासों की स्थिति में सुधार की योजनाएँ बनाने लगे। अपनी ज़िन्दगी बदलने की कोशिशों के बावजूद तूला, मास्को और सेण्ट पीटर्सबुर्ग प्रवासों के दौरान उनके भोग-विलास-व्यभिचार का सिलसिला जारी रहा। 1851 में वे काकेशस चले गये जहाँ उनके बड़े भाई निकोलाई तोल्स्तोय सैन्य-सेवा में थे। तोल्स्तोय भी सेना में भरती हो गये। इस दौरान उन्होंने स्थानीय काकेशियाई जनजातियों के विरुद्ध सैन्य अभियानों में और क्रीमियाई युद्ध (1853-56) में हिस्सा लिया।

तोल्स्तोय की शुरुआती साहित्यिक परियोजनाओं की रूपरेखा उनकी 1851 की डायरी में मिलती है, जिसमें 'बीते हुए कल का इतिहास' जैसी कई रचनाओं के कच्चे मसविदे या रूपरेखाएँ मौजूद हैं। तोल्स्तोय 1847 से ही नियमित डायरी लिखते थे, जो

उनके आत्मविश्लेषण के प्रयोगों के लिए और उनके कृतित्व के लिए प्रयोगशाला की भूमिका निभाती थी। चन्द एक व्यवधानों को छोड़कर, तोल्स्तोय जीवनपर्यन्त डायरियाँ लिखते रहे। उनकी शुरुआती डायरियों में नियम बनाने के प्रति एक विशेष रुझान दीखती है। सामाजिक और नैतिक व्यवहार के विभिन्न पहलुओं के लिए तोल्स्तोय नियम बनाते थे और फिर उन नियमों का पालन करने में बार-बार असफल होते थे। फिर पुराने नियमों का पालन सुनिश्चित करने के लिए वे कुछ और नये नियमों को सूत्रबद्ध करते थे, उनका भी उल्लंघन करते थे, फिर आत्मभर्त्सना करते थे और यह सब कुछ ब्यौरेवार डायरी में दर्ज़ करते थे। बाद के दिनों में तोल्स्तोय की यह मान्यता थी कि जीवन इतना जटिल और अव्यवस्थित है कि नियमों और दार्शनिक प्रणालियों के अनुकूल हो ही नहीं सकता। इस नतीजे तक पहुँचने में शायद उनके इन प्रारम्भिक प्रयोगों की भी कहीं कुछ भूमिका रही हो। बहरहाल, तोल्स्तोय के उपन्यासों में जो आत्मकथात्मक तत्व मौजूद रहते हैं, उसकी जड़ में उनके डायरी-लेखन की अवश्य ही भूमिका रही है।

तोल्स्तोय काकेशस में बिताये गये दो वर्षों के एकाकी जीवन को अपने आत्मिक विकास के लिए बहुत महत्वपूर्ण मानते थे। 'बचपन' उपन्यासिका तोल्स्तोय की प्रकाशित होने वाली पहली रचना थी। यह प्रसिद्ध कवि नेक्रासोव द्वारा सम्पादित पत्रिका 'सोव्रेमेन्निक' ('समकालीन') में 1852 में छपी। इसे तोल्स्तोय ने अपनी पहचान छिपाकर, सिर्फ एल.एन. नाम से छपवाया। इसी क्रम में तोल्स्तोय ने फिर 'किशोरावस्था' और 'युवावस्था' (1855-57) शीर्षक उपन्यासिकाएँ लिखीं। तोल्स्तोय की मूल योजना चार खण्डों में 'विकास के चार काल' नामक वृहद आत्मकथात्मक उपन्यास लिखने की थी, जिसका चौथा खण्ड 'युवा पौरुष' लिखा नहीं जा सका और यह पूरी परियोजना उपन्यास-त्रयी के रूप में ही फलीभूत हो सकी।

अपनी इन प्रारम्भिक अर्द्ध-आत्मकथात्मक उपन्यासिकाओं में तोल्स्तोय ने 1840 के दशक के प्रारम्भिक प्रकृतवाद के यथार्थवादी सिद्धान्तों—वस्तुपरकता, सटीकता और विस्तृत वर्णन—का पालन करते हुए एक बच्चे, एक किशोर और एक युवा के मनोविज्ञान का अध्ययन प्रस्तुत किया है। उन्होंने अपने को मानव-प्रकृति का विश्लेषक बताया जो चेतना के गुप्त नियमों को समझने की कोशिश में जुटा है। 'बचपन' का नायक निकोलेंका इर्तनेव झूठ और कपट के हर रंग-रूप को पहचानना सीखता है, चाहे वह खुद उसके भीतर हो या फिर दूसरे के भ‍ीतर। त्रयी के दूसरे और तीसरे भाग में, नायक का आत्म-असन्तोष, और साथ ही उसकी मननशीलता और आत्म-विश्लेषण की प्रवृत्ति भी गहराती चली जाती है। जीवन के अन्तरविरोधों का अमूर्त बोध और नैतिक परिशुद्धता की आग्रही आकांक्षा दुर्निवार होती जाती है। निकोलेंका के अन्तर्जगत का अध्ययन, तोल्स्तोय द्वारा बाद में किये गये, वर्ग-विशेषाधिकारों से रहित "प्राकृतिक मनुष्य" के विश्लेषणों का पहला स्केच था।

क्रीमियाई युद्ध के दौरान तोल्स्तोय के खुद के अनुरोध पर उन्हें सेवास्तोपोल भेज दिया गया। सैनिक जीवन और युद्ध की घटनाओं से तोल्स्तोय ने 'एक धावा' (1853)

और 'जंगल-कटाई' (1853-55) जैसी कहानियों तथा 'दिसम्बर, 1854 में सेवास्तोपोल', 'मई, 1855 में सेवास्तोपोल', और 'अगस्त, 1855 में सेवास्तोपोल' जैसे रेखाचित्रों के लिए सामग्री जुटाई। ये सभी रचनाएँ 'सोव्रेमेन्निक' में प्रकाशित हुईं। दस्तावेज़ी रिपोर्टिंग और रचनात्मक तफ़सीलों से युक्त, 'सेवास्तोपोल के रेखाचित्र' नामक बाद की तीन रचनाओं में युद्ध को मानव-प्रकृति के प्रतिकूल, वीभत्स नरसंहार के रूप में प्रस्तुत किया गया है। रूसी जनता पर इनका जबर्दस्त प्रभाव पड़ा। इनमें से एक रेखाचित्र के अन्त में तोल्स्तोय इस बात पर बल देते हैं कि सत्य उनका एकमात्र नायक है। यह सूत्र-वाक्य तोल्स्तोय के समस्त उत्तरवर्ती कृतित्व का मार्गदर्शक सिद्धान्त बना रहा। तोल्स्तोय की युगान्तरकारी सर्जनात्मकता को सबसे पहले समझने और रेखांकित करने वालों में महान रूसी भौतिकवादी दार्शनिक लेखक, क्रान्तिकारी जनवादी और काल्पनिक समाजवादी निकोलाई चेर्निशेव्स्की अग्रणी थे। उन्होंने तोल्स्तोय की इन प्रातिनिधिक विशिष्टताओं को रेखांकित किया : पहला, मनोवैज्ञानिक विश्लेषण की एक विशिष्ट कोटि के रूप में "आत्मा की द्वंद्वात्मकता" का निरूपण, और दूसरा, "उनके नैतिक बोध की निरपेक्ष शुद्धता।"

1855 में तोल्स्तोय सेण्ट पीटर्सबर्ग पहुँचे और 'सोव्रेमेन्निक' से जुड़े साहित्यकारों–नेक्रासोव, तुर्गनेव, गोंचारोव और चेर्निशेव्स्की आदि की मण्डली से निकटता से जुड़ गये। लेकिन अपनी चुभने वाली अहम्मन्यता, किसी भी बौद्धिक खेमे से जुड़ने से इंकार और अपनी सम्पूर्ण निजी आजादी पर जोर के कारण तोल्स्तोय तत्कालीन रैडिकल बुद्धिजीवियों के बीच जल्दी ही अलोकप्रिय हो गये। आगे भी वे जीवनपर्यन्त तमाम प्रभावी बौद्धिक प्रवृत्तियों के विरुद्ध रहे और सत्ता का सक्रिय विरोध तो वैसे भी उनके जीवन-दर्शन के प्रतिकूल था। 1856 में उनकी एक कहानी "एक ज़मींदार की सुबह' प्रकाशित हुई जो वस्तुतः 'एक रूसी ज़मींदार का उपन्यास' नामक एक भावी परियोजना का एक अंश था। यह उपन्यास अधूरा ही रह गया। इस रचना के बारे में लिखते समय, चेर्निशेव्स्की वह पहले व्यक्ति थे जिन्होंने तोल्स्तोय के "किसानी" दृष्टिकोण को रेखांकित किया। अपनी अगली कृति 'अल्बर्ट' नामक उपन्यासिका में द्रुझिनिन की मण्डली के प्रभाव में तोल्स्तोय ने इस विचार का प्रतिपादन किया कि कलाकार वह व्यक्ति होता है जो स्वर्ग से आई पवित्र अग्नि को ग्रहण करने के लिए ईश्वर द्वारा चुना गया होता है।

1857 में, पश्चिम यूरोप की पहली यात्रा से लौटने के बाद उसके अनुभवों के आधार पर लिखी गयी तोल्स्तोय की कहानी 'लूसर्न' प्रकाशित हुई। इसमें लेखक ने बुर्जुआ पाखण्ड, हृदयहीनता और सामाजिक अन्याय को हमले का निशाना बनाया है। यही आलोचना आगे हमें तोल्स्तोय के 'पुनरुत्थान' (1899) उपन्यास और अन्य निबन्धों-कहानियों में और अधिक परिपक्व एवं विकसित रूप में देखने को मिलती है। 1859 में उनकी एक और कहानी 'तीन मौतें' प्रकाशित हुई जिसमें एक कुलीन महिला इस सच्चाई का सामना नहीं कर पाती कि वह मर रही है, एक किसान अपनी मौत

को सामान्य ढंग से स्वीकार करता है और अन्त में एक पेड़ का वर्णन है जिसका नितान्त स्वाभाविक अन्त समस्त मानवीय कृत्रिमताओं का विलोम प्रतीत होता है। इन तीनों घटनाओं को लेखक की अतीन्द्रिय चेतना परस्पर सम्बद्ध करती है।

1853-59 में ही तोल्स्तोय ने अपना उपन्यास 'सुखी दम्पति' पूरा किया जिसमें परिवार की अलग-थलग स्थित, खुश-प्रसन्न दुनिया के आदर्श की तबाही का चित्रण किया गया है। एक पत्नी के कर्तव्य, गुण और शादी में उसके आत्मत्याग की तोल्स्तोयवादी अवधारणा इस कृति के निष्कर्ष के रूप में पहली बार सामने आई है और उनकी उत्तरवर्ती कृतियों के ही समान, यहाँ भी, तोल्स्तोय की इच्छा से स्वतंत्र, यथार्थ का जो पहलू आलोकित होकर सामने आ गया है, वह है परिवार संस्था में स्त्री की त्रासद नियति और मानव इतिहास का एक विकट प्रश्नचिह्न–स्त्री-प्रश्न!

1863 में तोल्स्तोय ने एक कहानी लिखी, 'खोल्सतोमर : एक घोड़े की कहानी' ('इंसान और हैवान') जो काफी बाद में, 1886 में प्रकाशित हुई। यह कहानी तोल्स्तोय की प्रिय कलात्मक तकनीक–"अपरिचितिकरण" (डिफ़ैमिलियराइज़ेशन) के नाटकीय इस्तेमाल के लिए प्रसिद्ध है। इसमें किसी परिचित सामाजिक चलन का वर्णन किसी ऐसे पर्यवेक्षक के "भोले-निष्कपट" नजरिए से किया जाता है जो उस चलन को आम मानकर नहीं चलता। इस कहानी का मुख्य 'नैरेटर' एक घोड़ा है। तोल्स्तोय की अन्य प्रारम्भिक रचनाओं की तरह इस कहानी में भी मानव समाज की कृत्रिमता और परम्पराबद्धता पर व्यंग्य किया गया है। तोल्स्तोय के उपन्यास 'कज़्ज़ाक' का भी मूल कथ्य इसी के इर्दगिर्द घूमता है। यह लघु उपन्यास लोक जीवन से कथावस्तु उठाता है ओर उसे एक तरह की महाकाव्यात्मक शैली में प्रस्तुत करता है। काकेशस में भव्य प्राकृतिक दृश्यों और सरल, शुद्ध-हृदय लोगों के बीच नायक को ऊँची सोसाइटी के झूठ और पाखण्डपूर्ण जीवन का अहसास होता है और वह उसे छोड़ने का फैसला करता है। तोल्स्तोय यह दिखलाते हैं कि दूसरों के साथ किसी के रिश्तों में ईमानदारी स्वयं प्रकृति से आती है और उस व्यक्ति की चेतना से आती है जो प्रकृति के इतने निकट होता है कि उसके साथ लगभग एकाकार हो गया रहता है।

अपने लेखन से, नागर कुलीन समाज से और साहित्यिक मण्डलियों से असन्तुष्ट तोल्स्तोय ने 1850 के दशक के उत्तरार्द्ध में साहित्य छोड़कर गाँव में जा बसने की सोची। 1859 से 1862 के बीच उन्होंने कुछ समय यास्नाया पोल्याना में किसानों के बच्चों को शिक्षा देने और शिक्षणशास्त्र के अध्ययन पर खर्च किया, विदेश यात्रा की और 'यास्नाया पोल्याना' नामक शिक्षणशास्त्र की एक पत्रिका निकाली जिसमें रूढ़ पाठ्यक्रम और औपचारिक अनुशासन से मुक्त अपारम्परिक शिक्षा विषयक अपने विचारों को प्रस्तुत किया। साहित्यिक लेखन वे फिर भी नहीं छोड़ सके। वह भी जारी रहा।

1862 में सोफिया आन्द्रेयेव्ना से उनकी शादी हुई और अपनी जागीर में अलग-थलग शान्त-सुखद पारिवारिक जीवन बिताते हुए तोल्स्तोय ने अपने जीवन के सर्वाधिक सर्जनशील दौर में प्रवेश किया।

उच्च कुलीन पारिवारिक पृष्ठभूमि और पालन-पोषण वाले तोल्स्तोय ने 1850 के दशक के उत्तरार्द्ध में, आम लोगों के हितों और आवश्यकताओं से जुड़ने में अपने आत्मिक संकट का समाधान ढूँढ़ा। 1860-61 में उन्होंने 'दिसम्बरवादी' नामक उपन्यास लिखना शुरू किया था जिसका पहला खण्ड 1884 में छपा। इस उपन्यास में, समकालीन जीवन को समझने के लिए तोल्स्तोय ने इतिहास की मदद लेने की कोशिश की थी। पोलिकुश्का (1861-63) कहानी में उन्होंने आम किसानों के जीवन का वर्णन किया था। इसी नये अप्रोच और महाकाव्यात्क शैली का संश्लेषण 'कज़्ज़ाक' में दीखता है, जो 'युद्ध और शान्ति' में अपने चरमोत्कर्ष पर जा पहुँचता है।

'युद्ध और शान्ति' के चार खण्डों का लेखन तोल्स्तोय ने 1863 से 1869 के बीच किया। 1865 में इसके प्रकाशन की शुरुआत हुई।

'युद्ध और शान्ति' विश्व का महानतम उपन्यास ही नहीं बल्कि साहित्यिक इतिहास की एक परिघटना है। ऐसी संजटिल, ऐतिहासिक-मनोवैज्ञानिक बहुसंस्तरीय महाकाव्यात्मक कलात्मक संरचना के बारे में, एक हद तक सरलीकरण का खतरा मोल लेते हुए कहा जा सकता है कि इसमें तीन तरह की सामग्री का दक्ष संश्लेषण किया गया है—

(प) नेपोलियानिक युद्धों और रूसी जनता के एकजुट दुर्द्धर्ष प्रतिरोध का ब्यौरा

(पप) औपन्यासिक चरित्रों का अन्तरंग एवं बहिरंग जीवन, परिवेश और जीवन-दर्शन, तथा (पपप) इतिहास-दर्शन विषयक तोल्स्तोय के विचारों को निरूपित करने वाले निबन्धों की एक श्रृंखला। इनके सहायक पहलुओं के रूप में परिवार, विवाह, स्त्रियों की स्थिति, कुलीनों के निस्सार, जनविमुख, पाखण्डपूर्ण जीवन आदि पर तोल्स्तोय के विचार और मौजूद स्थिति की प्रखर आलोचना भी कहानी के साथ गुँथी-बुनी प्रस्तुत होती चलती है। विस्तृत ऐतिहासिक विवरण और मनोवैज्ञानिक गहराइयों के साथ ही इतिहास-दर्शन विषयक अपने विचारों की निबन्धात्मक प्रस्तुति को जिस दक्षता के साथ उपन्यास में पिरोया गया है, वह अद्वितीय और विस्मित कर देने वाला है।

उपन्यास के ऐतिहासिक घटना-क्रम का ढाँचा 1805 का अभियान, उसकी परिणति के तौर पर ऑस्टरलित्ज के युद्ध में नेपोलियन की विजय और फिर 1812 में रूस पर नेपोलियन का आक्रमण है। मान्य धारणा के विरुद्ध, तोल्स्तोय ने नेपोलियन को एक अप्रभावी, उन्मादी होने की हद तक अहम्मन्य और विदूषक के रूप में तथा जार अलेक्सान्द्र प्रथम को एक मुहावरेबाज के रूप में चित्रित किया है जिसको हरदम यही चिन्ता सताती रहती है कि इतिहासकार उसे किस रूप में प्रस्तुत करेंगे। अतीत में अप्रतिष्ठा का शिकार हो चुके, प्रसिद्ध रूसी जनरल मिखाइल कुतुजोव को उन्होंने एक ऐसे धैर्यवान बुजुर्ग के रूप में चित्रित किया है जो मानवेच्छा और मानव-निर्मित योजनाओं की सीमाओं को समझता है। उपन्यास के युद्ध-दृश्य विशेष उल्लेखनीय हैं जिनमें मुठभेड़ों को विशुद्ध अराजकता के रूप में चित्रित किया गया है। जनरल "सभी

आकस्मिक या सम्भाव्य घटनाओं के पूर्वानुमान'' की कल्पना कर सकते हैं, लेकिन युद्ध वास्तव में ''करोड़ों विविध इत्तफाकों'' का नतीजा होता है, जिसका फैसला ऐन वक्त पर, ऐसी परिस्थितियों द्वारा होता है जिनका पूर्वानुमान नहीं किया जा सकता। तोल्स्तोय की मान्यता थी कि जीवन की ही तरह युद्ध में भी, किसी प्रणाली, व्यवस्था या मॉडल को लागू करना मानव-व्यवहार की अनगिन जटिलताओं का लेखा-जोखा तैयार करने जैसा काम होगा जो असम्भव है।

उपन्यास के दूसरे अर्द्धांश से इतिहास-दर्शन विषयक तोल्स्तोय के जिन निबन्धों की बीच-बीच में पिरोई गई कड़ियों की शुरुआत होती है, उनमें भी इतिहास के सामान्य नियमों को सूत्रबद्ध करने की कोशिशों का वे मजाक उड़ाते हैं और सभी ऐतिहासिक विवरणों के अविवेकी सामान्यीकरणों के रूप में प्रस्तुत अभिधारणाओं को खारिज करते हैं। तोल्स्तोय के विचार से, युद्ध की ही तरह इतिहास भी मूलतः, आकस्मिकता का उत्पाद है, इसकी कोई दिशा नहीं होती, कोई 'पैटर्न' नहीं होता। ऐतिहासिक घटनाओं के कारणों में अनन्त वैविध्य होता है और वे चिरन्तन अज्ञेय होते हैं और इसलिए, अतीत की व्याख्या का दावा करने वाला ऐतिहासिक लेखन अनिवार्यतः उसका मिथ्याकरण करता है। ऐतिहासिक आख्यानों की आकृति-संरचना घटनाओं की वास्तविक प्रक्रिया को नहीं, बल्कि साहित्यिक मानदण्डों को परावर्तित करती है। तोल्स्तोय के इतिहास-विषयक इन ''निबन्धों'' के अनुसार, इतिहासकार इसी से निकटता से जुड़ी अनेकों गलतियाँ करते हैं। प्रायः वे मानकर चलते हैं कि इतिहास का निर्माण महान लोगों के विचारों और योजनाओं के अनुसार होता है, चाहे वे सेनापति हों, राजनीतिक नेता हों या बुद्धिजीवी हों, और यह कि बड़े निर्णयों के लिए स्थिति पैदा करने वाले नाटकीय क्षणों द्वारा इसकी दिशा तय होती है। जबकि इतिहास ऐसे आम लोगों के असंख्य छोटे-छोटे निर्णयों के कुल योग द्वारा निर्मित होता है जिनके क्रियाकलाप इतने उल्लेखनीय नहीं होते कि दस्तावेजों में दर्ज हो सकें। सामान्य की प्रभावोत्पादकता और प्रणाली-निर्माण की निरर्थकता में तोल्स्तोय के इस विश्वास ने उन्हें अपने समय के तमाम क्रान्तिकारी जनवादी विचारकों के खिलाफ खड़ा कर दिया। एक ओर इतिहास-निर्माण में सामान्य जन की भूमिका का प्रतिपादन और उसकी परिणतियों के किसी सामान्य समीकरण की तलाश तथा दूसरी ओर, इतिहास के किसी भी आम नियम को सचेतन सैद्धान्तिक धरातल पर खारिज करना—यह भी तोल्स्तोय के उस मूल दार्शनिक अन्तरविरोध की ही इतिहास-दर्शन के धरातल पर अभिव्यक्ति है जिसका उल्लेख हम पूर्व में कर चुके हैं।

समग्रता में, कहा जा सकता है कि स्वतंत्रता और आवश्यकता के बारे में, तथा इतिहास की चालक शक्ति के बारे में तोल्स्तोय के विचार सारतः भाग्यवादी या दैवाधीनवादी हैं। स्वतंत्रता को वे तर्कणा से स्वतंत्र एक सहजवृत्तिक जीवन-शक्ति के रूप में देखते हैं। लेकिन इसके साथ ही, वे जीवन की प्रक्रियाओं के बोध, व्याख्या और विशदीकरण के लिए सतत चेष्टारत रहते हैं। वे आवश्यकता और स्वतंत्रता के द्वंद्वात्मक

अन्तर्सम्बन्धों की पड़ताल करते हैं तथा असंख्य व्यक्तियों की आकांक्षाओं की अभिव्यक्तियों का सामान्यीकरण करते हैं। इन अर्थ-सन्दर्भों में, वे अपने समकालीन सुप्रसिद्ध इतिहासकार ए. तियेर से (और त्येरी, मिन्ये और गिज़ो जैसे पुनःस्थापनकाल के अन्य फ्रांसीसी इतिहासकारों से भी) आगे थे। वर्ग संघर्ष के ऐतिहासिक यथार्थ को स्वीकारते हुए भी तियेर अपवाद व्यक्तियों की कथित तौर पर) स्वतंत्र कार्रवाइयों को इतिहास की चालक शक्ति मानते थे।

तोल्स्तोय के सूत्रबद्ध इतिहास-दर्शन से उनका कलात्मक व्यवहार अलग है। यदि इतिहास-विकास के कुछ व्यापक सामान्य नियम नहीं होते तो उनके पात्रों द्वारा न तो जीवन के अर्थ के तलाश की चेतना का कोई अर्थ होता, न ही सामाजिक-नैतिक आचरण के किसी आम नियम की जरूरत होती और न ही तोल्स्तोय के उपन्यासों में समकालीन जीवन के समस्त अन्तरविरोधों का सटीक परावर्तन ही सम्भव हो पाता। तोल्स्तोय के कलात्मक प्रयोग स्वयं यहाँ उनके सचेतन इतिहास-दर्शन के विरुद्ध जा खड़े होते हैं। जो सामने आता है वह इतिहास के नियमों की विजय है और यथार्थवाद की भी विजय है।

युद्ध और शान्ति तोल्स्तोय के सर्वाधिक महत्वपूर्ण विचारों और अनुभूतियों को अभिव्यक्त करता है। राष्ट्रीय-सामुदायिक ऐक्य की भावना के साथ ही उनका 'यूटोपियावाद' भी उन्नीसवीं शताब्दी के प्रारम्भ के भूस्वामी कुलीन परिवारों के जीवन की पुनर्रचना में स्पष्ट है। वे सेण्ट पीटर्सबुर्ग के दरबार और हाई सोसाइटी के लोगों के मिथ्याभासी जीवन और राष्ट्र की कठिन परीक्षा की घड़ी में आम जन से उनके कटाव को रूसी समाज के संकट का मुख्य कारण मानते हैं। दूसरी ओर, आम लोगों के तात्त्विक जीवन के एक अंग के तौर पर उन्होंने रोस्तोव की देशभक्ति को चित्रित किया है। 'युद्ध और शान्ति' में तोल्स्तोय व्यक्ति के रूप में मनुष्य के आत्मचेतस् होने की पहली मंजिल वर्ग, जाति और सामाजिक मण्डलियों से उसका आत्म-विमोचन मानते हैं, जैसा कि दरबार और शेरर की बैठक के प्रति अन्द्रेई बोल्कोंस्की और पियेर बेजुखोव की उदासीनता के जरिए दिखलाया गया है। मनुष्य के आत्मचेतस् होने की दूसरी मंजिल वह होती है जब वह अपनी वैयक्तिक चेतना को, व्यक्ति से परे, व्यापकतर विश्व के साथ एक कर देता है, आम जन के सत्य के साथ अभिन्न हो जाता है, उसे आत्मसात कर लेता है। बोल्कोंस्की और बेजुखोव की आध्यात्मिक खोजें अन्तरविरोधों से भरपूर हैं, लेकिन दोनों नायक अपनी अहम्मन्यता और वर्ग-पार्थक्य को तोड़ने की ओर आगे बढ़ते हैं और गर्वपूर्ण मनोगतता से उबरकर अन्यों के साथ, और सामान्य जनता के साथ, अपनी सम्पृक्तता के अहसास की दिशा में विकसित होते हैं। 'आन्ना कारेनिना' के पात्र लेविन और 'पुनरुत्थान' के नेख्लुदोव के साथ भी तोल्स्तोय ने यही होते हुए दिखलाया है।

'युद्ध और शान्ति' में तोल्स्तोय ने "देशभक्ति की गुप्त ऊष्मा" को राष्ट्रीय रूसी अभिलाक्षणिकता के रूप में रेखांकित करते हुए, आम सैनिकों के साहस, विनम्र

आत्मसम्मान और न्याय में मौन-अविचल आस्था का प्रभावी चित्रण किया है। जिन ऐतिहासिक चरित्रों को तोल्स्तोय ने कलात्मक स्वतंत्रता के साथ चित्रित किया है, उनका उपन्यास में केन्द्रीय स्थान नहीं है। केन्द्र में तोल्स्तोय की दार्शनिक चिन्ताओं-खोजों के निमित्त-पात्र हैं या फिर उन आम जनों के प्रतिनिधि चरित्र हैं जिन्हें तोल्स्तोय किसी राष्ट्र के नियति-निर्धारक और भाग्य-विधाता मानते हैं।

चरित्रों के जटिल अन्तर्सम्बन्धों के विकास के विस्तृत, प्रभावशाली निरूपण के साथ ही रूसी भूदृश्य का अतुलनीय चित्रण 'युद्ध और शान्ति' की महाकाव्यात्मक शैली की विशिष्टता है। क्लासिकी महाकाव्य के आधार के रूप में काम करने वाली, भाग्य और भवितव्य की अवधारणाओं की जगह तोल्स्तोय ने स्वतःस्फूर्त गति और जीवन के प्रवाह की अवधारणाओं को स्थापित किया है। नायक के परम्परागत विचार को तोल्स्तोय अस्वीकार करते हैं : उनका नायक स्वयं जीवन है, व्यक्तिगत और सार्वजनिक दोनों ही, एक सजीव "भीड़।" वे जीवन के विमन्द प्रवाह का, इसकी खुशियों और दुखों-उदासियों का, जन्म, प्यार और मृत्यु के शाश्वत क्षणों का तथा जीवन के सतत पुनर्नवा होते रहने का आख्यान प्रस्तुत करते हैं।

'युद्ध और शान्ति' में जीवन की बाह्य घटनाओं की अपेक्षा मनुष्य के आन्तरिक जीवन पर अधिक जोर है। तोल्स्तोय के नायक लगातार जटिल अन्तर्संघर्षों, अप्रत्याशित मोहभंगों और अन्वेषणों तथा नई अन्र्दृष्टियों और नई शंकाओं से गुजरते रहते हैं। लेखक सत्य और न्याय के लिए संघर्ष पर आधारित, सतत प्रवहमान मनस्तात्विक प्रक्रिया का, एक तरह का विभ्रम रचता है। जीवन के जड़त्व, एक नकारात्मक परिवेश के लोकाचार और आत्म-पराजय की क्षणिक मनःस्थितियों के बावजूद, अन्वेषण की प्रक्रिया निरन्तर जारी रहती है।

'युद्ध और शान्ति' के लेखन ने तोल्स्तोय की सारी क्षमता को निचोड़कर, एकबारगी तो उन्हें मानसिक थकान से चूर कर दिया। 1870 के दशक के प्रारम्भिक वर्षों में वे एक बार फिर शिक्षण-शास्त्र विषयक अपने सरोकारों की ओर उन्मुख हुए और बच्चों के लिए 'एक प्रवेशिका' (1871-72) तथा 'एक नई प्रवेशिका' (1874-75) की रचना की जिनमें मौलिक लघुकथाओं के साथ ही परीकथाओं और नीति-कथाओं के संशोधित रूपान्तरण भी शामिल थे। तोल्स्तोय ने ऐसी ही रचनाओं को मिलाकर कुल चार 'रूसी रीडर' तैयार किये। एक बार फिर वे यास्नाया पोल्याना के स्कूल में पढ़ाने लगे।

लेकिन, उनकी आन्तरिक दुनिया में जल्दी ही नये संकटों की उथल-पुथल शुरू हो गयी। संशयवादी प्रवृति और आलोचनात्मक विश्लेषण की आदत के चलते परम्परागत धर्म में उनका विश्वास नाममात्र का ही था। अब, व्यक्तिगत अनश्वरता में उनका विश्वास भी चरमरा रहा था। 1870 के दशक में बुर्जुआ विकास के मार्ग पर रूस के संक्रमण से उत्पन्न सामाजिक संकट के बोध ने उनके अपने नैतिक-दार्शनिक संकट को घनीभूत करने में महत्त्वपूर्ण भूमिका निभायी।

तोल्स्तोय के आत्मसंघर्ष के इस नये पीड़ादायी दौर की कलात्मक-सर्जनात्मक परिणति एक दूसरे महान उपन्यास 'आन्ना कारेनिना' के रूप में सामने आई। 1873-77 के बीच के पाँच वर्षों का समय तोल्स्तोय ने इसके लेखन में लगाया। 1876-77 में इसका प्रकाशन हुआ।

महाकाव्यात्मक त्रासदी को नये दिक्-काल सन्दर्भों में पुनर्परिभाषित करने का दबाव बनाने वाला यह महान उपन्यास अपराध या पाप के नैतिक प्रश्न को गहरे ऐतिहासिक-सामाजिक सन्दर्भों में प्रस्तुत करते हुए, समाज और स्वयं अपने जीवन के प्रति प्रत्येक व्यक्ति के उत्तरदायित्व को चिन्तन के केन्द्र में उपस्थित करता है। इसके साथ ही, यह तत्कालीन रूसी जीवन के सभी बुनियादी और केन्द्रीय अन्तरविरोधों को भी चित्रित करता है। सामाजिक जीवन की समस्याओं तथा कला और दर्शन के प्रश्नों के साथ ही तोल्स्तोय ने इस उपन्यास में परिवार और नैतिक जीवन की समस्याओं पर केन्द्रित करते हुए स्त्री-प्रश्न को गहरी दार्शनिक चिन्ता के साथ प्रस्तुत किया है। उल्लेखनीय है कि इस उपन्यास के प्रकाशन के बाद, तोल्स्तोय गम्भीर विचारधारात्मक संकट के दौर से गुजरे, जिसकी परिणति के तौर पर, बल के द्वारा बुराई के अप्रतिरोध का सिद्धान्त प्रतिपादित करते हुए भी, वे मौजूद व्यवस्था की सभी बुनियादों को खारिज करने तथा सामाजिक ढाँचे की निर्मम-बेलाग आलोचना करने की स्थिति तक जा पहुँचे।

उपन्यास की शुरुआत ओब्लिन्स्की परिवार से होती है, जहाँ तमाम तकलीफ़ें झेलने वाली, धैर्यवान पत्नी डॉली को अपने खुशमिजाज़ और विलासप्रिय पति स्टिवा की बेवफ़ाई के बारे में पता चलता है। तोल्स्तोय ने डॉली को उसकी दयालुता, परिवार का ख्याल रखने की उसकी आदत और दैनन्दिन जीवन के उसके सरोकारों के साथ, उपन्यास के नैतिक कुतुबनुमा के रूप में प्रस्तुत करने की कोशिश की है। इसके विपरीत, स्टिवा बदनीयत न होते हुए भी, फ़िज़ूलखर्ची और बरबादी करता रहता है, परिवार की उपेक्षा करता है और सुख-भोग को जीवन का उद्देश्य मानता है। स्टिवा का व्यक्तित्व शायद यह इंगित करने के लिए भी गढ़ा गया है कि अच्छे की तरह बुरा भी, अन्ततोगत्वा इंसान द्वारा क्षण-प्रतिक्षण चुने जाने वाले छोटे-छोटे नैतिक विकल्पों से ही निगमित-निर्धारित होता है।

स्टिवा की बहन आन्ना कठोर, गैर-रोमानी अलेक्सेई कारेनिन की वफ़ादार पत्नी है। कारेनिन सरकारी मंत्री है और आम व्यवहार में अच्छा आदमी है। आन्ना का एक छोटा बच्चा भी है—सेर्योझा। आन्ना अकसर अपनी कल्पना एक रोमानी उपन्यास की नायिका के रूप में करती है और अपने वैवाहिक जीवन में रिक्तता और भावनात्मक अतृप्ति का उसका अहसास गहराता चला जाता है। वह एक फ़ौजी अफ़सर अलेक्सेई व्रोन्स्की के प्रेम में पड़ जाती है। अन्ततोगत्वा वह बच्चे और पति को छोड़कर व्रोन्स्की के साथ चली जाती है। सुखी परिवार और उसमें स्त्री के दायित्वों के बारे में अपने घनघोर प्रत्ययवादी, पितृसत्तात्मक सामुदायिक जीवन-समर्थक किसानी दृष्टिकोण के चलते तोल्स्तोय, समूचे उपन्यास में यह इंगित करना चाहते हैं कि प्यार के जिस रोमानी

ख्याल को ज्यादातर लोग प्यार समझते हैं, उसका उन्नत किस्म के प्यार से और अच्छे परिवारों के अन्तरंग प्यार से, कुछ भी लेना-देना नहीं होता। उपन्यास जैसे-जैसे आगे बढ़ता है, आन्ना की अन्तरात्मा पति और बच्चे को छोड़ने के लिए उसे ज्यादा से ज्यादा धिक्कारने लगती है। गहरी मनोव्यथा उसे पागल जैसी मनःस्थिति में पहुँचा देती है और वह यथार्थ से पूरी तरह कट-सी जाती है। अन्त में वह ट्रेन के आगे लेटकर आत्महत्या कर लेती है। जीवन के बारे में वह शायद गलत ढंग से सोच रही थी, यह ख्याल उसके दिमाग में आता है, जब वह पटरी पर लेटी हुई है। पर तब तक देर हो चुकी रहती है।

तीसरी कहानी डॉली की बहन किटी से सम्बन्धित है जो पहले सोचती है कि वह व्रोन्स्की से प्यार करती है, लेकिन बाद में उसे अहसास होता है कि वास्तविक प्यार वह गहन आत्मीय अनुभूति है जो उसके भीतर परिवार के पुराने मित्र कोन्स्तान्तिन लेविन के लिए मौजूद है। उनकी कहानी प्यार, विवाह और पारिवारिक जीवन की सामान्य घटनाओं के इर्द-गिर्द आगे बढ़ती है, जिनमें तमाम कठिनाइयों के बावजूद वास्तविक खुशी और सार्थक जीवन शक्ल अख्तियार करते हैं। पूरे उपन्यास में लेविन मृत्यु के समक्ष जीवन के अर्थ जैसे दार्शनिक प्रश्नों से जूझता रहता है। इन प्रश्नों का कभी उत्तर नहीं मिलता है, लेकिन लेविन जब "सही ढंग से" जीवन बिताते हुए अपने परिवार और दैनन्दिन कामों में लग जाता है, तो ये प्रश्न गायब हो जाते हैं। अपने सर्जक तोल्स्तोय की ही भाँति लेविन भी दार्शनिकों की चिन्तन-प्रणालियों को नकली तथा जीवन की जटिलताओं को पकड़ पाने में अक्षम मानता है।

लेकिन लेविन सिर्फ इतना ही नहीं है। तोल्स्तोय-साहित्य में वह बोल्कोंस्की, बेजुखोव (युद्ध और शान्ति) तथा नेख्लुदोव (पुनरुत्थान) की कतार का पात्र है जो जीवन की सार्थकता की तलाश में अपने सरोकारों के प्रति सजग होते हैं, अपने दायित्व तय करते हैं और लोक-जीवन से जुड़ने की कोशिश करते हैं। साथ ही, उपन्यास में लेविन किसानी यूटोपिया को स्वर देता है और भूदास-प्रथा को विस्थापित करने वाले पूँजीवादी भूमि-सम्बन्धों की पड़ताल किसानी दृष्टि से करता है।

'आन्ना कारेनिना' के लेखन-काल तक तोल्स्तोय किसानों और "अन्तरात्मा के मारे" कुलीन भूस्वामियों के हितों के बीच समन्वय-समझौते की सम्भावनाओं के प्रति अपना विश्वास काफी हद तक खो चुके थे। 1860 के बुर्जुआ भूमि-सुधारों के नतीजों और उनसे जनता के व्यापक मोहभंग ने तोल्स्तोय को विश्वास दिला दिया कि आकस्मिक सामाजिक परिवर्तन पूरी तरह अनुपयोगी हैं। बुर्जुआ प्रगति के प्रभाव में पितृसत्तात्मक व्यवस्था के अवशेषों के ध्वंस को वे गहरी चिन्ता-परेशानी के साथ देख रहे थे। वे यह भी देख रहे थे कि मुद्रा के इर्दगिर्द जीवन को केन्द्रित कर देने वाली बुर्जुआ प्रगति नैतिक मूल्यों को पतन की ओर धकेल रही है, पारिवारिक बन्धन कमजोर पड़ रहे हैं और अपनी पुश्तैनी खेती और जंगल धनिक रियाबिनियों को बेच देने वाले ओब्लोन्स्की परिवार जैसे अव्यावहारिक और झक्की कुलीन तबाह हो रहे हैं।

अपना ऐतिहासिक आशावाद खोते हुए तोल्स्तोय परिवार में और पितृसत्तात्मक लोकाचारों में शरण और सम्बल ढूँढ़ रहे थे। जीवन में अर्थ की तलाश और अर्थव्यवस्था तथा समाज-व्यवस्था की बुनियादों को समझने की लेविन की सभी कोशिशें उसे एक बन्द गली के छोर पर ला खड़ा करती हैं। उसके तमाम व्यक्तिगत संकटों में पारिवारिक सुख उसके लिए मजबूत सहारे का काम करता है और बूढ़े किसान फोकानिच का यह मासूम-बचकाना विश्वास, कि वह "अपनी आत्मा की प्रेरणाओं का अनुपालन करता है और ईश्वर को याद करता है।"

लेकिन कलाकार तोल्स्तोय की और उनके यथार्थवाद की महानता इस बात में निहित है कि किसानी-धार्मिक यूटोपिया, पितृसत्तात्मकता के प्रति अतीतोन्मुख लगाव और तात्कालिक मोहभंग और निराशा के बावजूद, उन्होंने वास्तविक लोगों और वास्तविक चीजों को वहाँ और उसी रूप में देखा, जहाँ और जिस रूप में वे मौजूद थीं। सामन्ती अभिजातों के अनिवार्य पतन-विघटन की प्रक्रिया को रेखांकित करने के साथ ही बुर्जुआ समाज की मानव-द्रोही संस्कृति और अनैतिकता को उन्होंने एकदम साफ नजर से देखा जो पितृसत्तात्मक समाज के तमाम काव्यात्मक सम्बन्धों को आने-पाई के ठण्डे पानी में डुबो देती है। यह यथार्थवादी तस्वीर तोल्स्तोय के दार्शनिक-वैचारिक समाधान के पक्ष पर हावी हो जाती है। जहाँ तक तोल्स्तोय के दार्शनिक-वैचारिक समाधान के बचकानेपन का प्रश्न है, उसे बुर्जुआ किसान क्रान्ति के युग की वैचारिक सीमा और कमजोरी की कलात्मक प्रतिछवि के रूप में देखा जाना चाहिए।

आन्ना की कहानी के सूत्र लेविन की कहानी से आवयविक संश्लिष्टता के साथ अन्तर्सम्बद्ध हैं। आन्ना खुद को अपनी भावनाओं के सुपुर्द कर देती है, विवाह के बन्धन की अवहेलना करती है और नतीजतन, उस सबसे ऊँची अदालत में उसकी पेशी होती है, जिसका हवाला लेखक द्वारा इस सूक्ति में दिया गया है :"प्रतिशोध मेरा है। मुझे ही चुकाना होगा।" लेकिन इस अदालत के सामने आन्ना के मुकदमे में, उसके व्यक्तित्व और उसके सामाजिक परिवेश की अनदेखी नहीं करनी होगी। नागरिक और धार्मिक विधि-संहिताओं तथा कुलीन समाज की नैतिकता के असंख्य अलिखित रिवाज़ों-परिपाटियों के द्वारा विवाह की कथित पवित्रता की हिफ़ाज़त की जाती है, लेकिन ईमानदार भावनाओं-अनुभूतियों-कामनाओं का इनके लिए कोई मतलब नहीं। वे इन्हें बस कुचलने-रौंदने का ही काम करती हैं। ज़िन्दगी के लिए आन्ना की तड़प भरी चाहत को कोई रास्ता नहीं मिलता और वह समाज के पाखण्ड की चट्टानी दीवार से जा टकराती है।

लेविन के जीवन और डॉली की नैतिक मान्यताओं के बरक्स आन्ना की त्रासदी को रखते हुए तोल्स्तोय अपनी रोमानी भावनाओं-कामनाओं के बहाव में बहकर जीने के बजाय पारिवारिक पितृसत्तात्मक संरचना के भीतर त्याग और सरोकार के आधार पर पनपने वाले "वास्तविक प्यार" को स्थापित करना चाहते हैं, लेकिन आन्ना के अन्तर्जगत और बहिर्जगत का यथार्थ वस्तुपरक आधिकारिकता के साथ प्रस्तुत करते हुए वे एक

बार फिर "यथार्थवाद की विजय" का रास्ता साफ कर देते हैं। स्त्री की दोयम दर्जे की स्थिति वाली सामाजिक संरचना में विवाह और परिवार की संस्थाओं पर, तोल्स्तोय चाहें या न चाहें, प्रश्नचिह्न उठ खड़े होते हैं। समय की यात्रा तोल्स्तोयपंथी समाधान के यूटोपिया को जितना साफ करती जाती है, उतने ही ये प्रश्नचिह्न विकट होते जाते हैं।

स्त्री-प्रश्न पर तोल्स्तोय का चिन्तन और उसके अन्तरविरोध अलग से अध्ययन का एक गम्भीर और दिलचस्प विषय है। इतिहास के लगभग उसी दौर में, रूस के महान क्रान्तिकारी जनवादी दार्शनिक चेर्निशेव्स्की ने स्त्रियों की पारिवारिक गुलामी से मुक्ति और सामाजिक जीवन में भागीदारी के साथ ही क्रान्तिकारी संघर्ष में भी उनकी भूमिका पर बल दिया। 'क्या करें' उपन्यास में उन्होंने एक ऐसा स्त्री-चरित्र प्रस्तुत किया जिसने संकीर्ण पारिवारिक दायरे से मुक्त होकर अपनी स्वतंत्र सामाजिक-आर्थिक स्थिति बनाई थी और जो सामाजिक सक्रियताओं में भी संलग्न थी। इसी समय इंग्लैण्ड में जॉन स्टुअर्ट मिल की पुस्तक 'स्त्री की पराधीनता' प्रकाशित हुई थी। फ्रांस में स्त्रियों की पारिवारिक गुलामी और सामाजिक असमानता की आलोचना करने वाले, लेखिका जार्ज सांद के उपन्यास कुछ दशक पहले ही छपकर चर्चित हो चुके थे। यही समय था जब मार्क्स और एंगेल्स ने परिवार की पुरुषवर्चस्ववादी संरचना पर सवाल उठाते हुए बुर्जुआ समाज में विवाह को "संस्थाबद्ध वेश्यावृत्ति" का नाम दिया था। अपनी दार्शनिक अवस्थिति के प्रतिगामी चरित्र के बावजूद महान मानवतावादी और यथार्थवादी कलाकार होने के नाते तोल्स्तोय ने (यूटोपियाई, अतीतोन्मुख समाधान सुझाने के बावजूद) परिवार और समाज में घुटती-पिसती स्त्री के यातनामय अन्तर्जगत और बहिर्जगत को वास्तविक रूप में यों चित्रित किया कि निरूपित स्थितियों के भीतर से परिवार और विवाह की पुरुषवर्चस्ववादी संरचना को कटघरे में खड़ा कर देने वाले प्रश्नचिह्न उभर आये। आगे चलकर, 'पुनरुत्थान' उपन्यास में भी, हालाँकि मूल कथा नेख्लुदोव के चरित्र के आत्मिक विकास के इर्द-गिर्द आगे बढ़ती है, लेकिन कात्यूशा का जीवन स्त्री-प्रश्न का एक नया आयाम प्रस्तुत करने लगता है।

'आन्ना कारेनिना' का दायरा हालाँकि 'युद्ध और शान्ति' की अपेक्षा संकुचित है, लेकिन इस उपन्यास के चरित्र अधिक जटिल हैं। वे अधिक संवेदनशील प्रतीत होते हैं और उनके आन्तरिक तनाव और चिन्ताएँ उपन्यास में समग्र जीवन की अनिश्चितता और अस्थायित्व के परिवेश को परावर्तित करती हैं। 'युद्ध और शान्ति' की अपेक्षा चरित्रों के आन्तरिक जीवन का चित्रण भी यहाँ अधिक परिष्कृत और संश्लिष्ट रूप में हुआ है। अपनी पूर्ववर्ती रचनाओं में भी तोल्स्तोय ने नायक की आत्मा के भीतर चल रहे संघर्ष को आन्तरिक एकालाप की युक्ति के माध्यम से दर्शाया है तथा मनोवैज्ञानिक स्थितियों को दर्शाने के लिए ऊपरी तौर पर अप्रासंगिक लगने वाले वर्णनों-विवरणों को प्रस्तुत करने की युक्ति अपनाई है, लेकिन 'आन्ना कारेनिना' में प्यार, मोहभंग, ईर्ष्या, निराशा, आत्मिक-प्रबोधन आदि की परिष्कृत अभिव्यक्ति के लिए उपरोक्त प्रविधियों का अधिक दक्ष और अधिक कलात्मक इस्तेमाल किया गया है।

'आन्ना कारेनिना' एक हद तक आत्मकथात्मक उपन्यास भी है। इसे लिखते हुए तोल्स्तोय अपने समय और अपने खुद के जीवन के बारे में स्वयं ही स्पष्ट होने की प्रक्रिया से गुजर रहे थे। उपन्यास में जिन समस्याओं को उठाने और हल करने की कोशिश की गयी थी, उनके प्रति तोल्स्तोय के सरोकार ने 1870 के दशक के अन्त में उन्हें एक नये विचारधारात्मक संकट के भँवर में धकेल दिया और पितृसत्तात्मक किसानी नजरिए के प्रति उनकी पक्षधरता भी संकटग्रस्त हो गयी।

1880 और 1890 के दशक तक तोल्स्तोय की विचार-यात्रा उस दौर में प्रविष्ट हो चुकी थी जहाँ वे तत्कालीन व्यवस्था और उसकी समस्त सामाजिक एवं नैतिक आधारशिलाओं को खारिज करने लगे थे। जैसा कि लेनिन ने लिखा था : "मानवता की मुक्ति के लिए नया रामबाण खोज लेने वाले पैगम्बर के रूप में तोल्स्तोय बेतुके हैं...बुर्जुआ क्रान्ति के समय लाखों रूसी किसानों के बीच उभरने वाले विचारों और भावनाओं के प्रवक्ता के रूप में तोल्स्तोय महान हैं।"

तोल्स्तोय का नया विश्व-दृष्टिकोण 'एक आत्मस्वीकृति' (1979-80, 1884 में प्रकाशित) और 'जो मेरा विश्वास है' (1982-84) नामक कृतियों में सम्पूर्णता के साथ अभिव्यक्त हुआ है। तोल्स्तोय की यह धारणा पक्की हो चुकी थी कि समाज के ऊँचे तबके के कुलीनों का जीवन झूठा, नकली और पाखण्डपूर्ण है। अपरिहार्य मृत्यु के सामने, जीवन के मिथ्याभिमानी आडम्बर के बारे में उनके नये बोध ने उनके धार्मिक विश्वासों को और अधिक मजबूत बनाया। समाज के जीवन के बारे में उनके नतीजे भी उतने ही फैसलाकुन थे। अतीत में वे प्रगति की भौतिकवादी और प्रत्यक्षवादी सिद्धान्तों की आलोचना करते हुए चेतना की अकृत्रिम निष्कपटता की वकालत किया करते थे। अब वे राज्य और राज्य-प्रायोजित चर्च के साथ ही अपने खुद के वर्ग (उच्च कुलीन भूस्वामी) की जीवन-शैली और विशेषाधिकारों की भी तीखी आलोचनाएँ करने लगे थे तथा भूदासता, भौतिकवाद और नौकरशाही से पैदा होने वाली सामाजिक-नैतिक- आत्मिक विकृतियों को हमलों का निशाना बनाने लगे थे।

समाज के बारे में तोल्स्तोय की यह नयी दृष्टि उनके नैतिक और धार्मिक दर्शन के साथ गुँथी-बुनी हुई थी। उनके चिन्तन का धार्मिक पक्ष अपने समग्र रूप में 'मताग्रही धर्मशास्त्र की पड़ताल' (1879-80) और 'चार सुसमाचारों का एकीकरण और अनुवाद' (1880-81) के रूप में सामने आया और तोल्स्तोयपंथ की बुनियाद बना जिसे लेनिन ने तोल्स्तोय के चिन्तन का सबसे पिछड़ा हुआ पहलू बताया है। तोल्स्तोय का विचार था कि जनता को प्यार और पारस्परिक क्षमा-भाव की सार्वभौमिक स्पिरिट से ऐक्यबद्ध करने के लिए ईसाइयत को अपने पुनर्नवीकृत रूप में युगों पुरानी विकृतियों और भोंडे चर्च-अनुष्ठानों से मुक्त होना होगा। गौरतलब है कि धर्म के सामन्तवादी और पूँजीवादी संस्करणों की मूल भावना से बेमेल होने के कारण स्थापित धर्मों के लिए तोल्स्तोय के

धार्मिक विचार नास्तिकता और भौतिकवाद जैसे ही "भयानक" बने रहे। अपने इन विचारों के गहन अन्तरविरोधों को तोल्स्तोय जीवनपर्यंत नहीं सुलझा पाये और एक सम्प्रदाय के रूप में तोल्स्तोयपंथ जल्दी ही अप्रासंगिक हो गया, लेकिन तोल्स्तोय के मानवतावाद और यथार्थवाद की चमक आज तक कायम है। सामाजिक बुराइयों की आलोचना करते हुए भी तोल्स्तोय उनके प्रति निष्क्रिय अप्रतिरोध की नीति अपनाने की वकालत करते थे। उनका मानना था कि बुराइयों का प्रतिकार बल द्वारा नहीं किया जाना चाहिए, बल्कि उन्हें जनता की नजरों के सामने उजागर किया जाना चाहिए और सत्ता के प्रति निष्क्रिय अवज्ञा का रुख अपनाया जाना चाहिए। उनका विश्वास था कि नैतिक-आत्मिक शुद्धता प्राप्त करने के असंख्य व्यक्तियों के अनगिन प्रयासों के जरिये व्यक्ति और मानवता का पुनर्नवीकरण होता है। इसलिए वे राजनीतिक संघर्षों और क्रान्तिकारी उभारों के महत्व से इंकार करते हैं।

1880 के दशक में, साहित्यिक रचनात्मकता और अपने पुराने कृतित्व को "कुलीनों के शगल" के रूप में खारिज करते हुए तोल्स्तोय शारीरिक श्रम पर आधारित सादगी-भरे जीवन पर जोर देने लगे, खेत जोतने लगे, अपने जूते भी खुद बनाने लगे और शाकाहारी हो गये। इस दौरान, स्वयं अपने परिवार की जीवन-शैली के प्रति उनका असन्तोष गहराता चला गया। 'तब हमें क्या करना चाहिए' (1882-86) और 'हमारे समय की गुलामी' (1899-1900) नामक प्रचारपरक कृतियों में उन्होंने बुर्जुआ सभ्यता की बुराइयों की तीखी आलोचना करते हुए, समाधान के तौर पर, नैतिक एवं धार्मिक आत्मविकास की यूटोपियाई अपीलें कीं।

साहित्य-सर्जना से तोल्स्तोय, घोषणाएँ करने के बावजूद, खुद को कभी दूर नहीं कर पाये। एक धार्मिक-दार्शनिक के रूप में जीवन की समस्याओं के खुद द्वारा प्रस्तुत समाधानों के प्रति उनका जो असन्तोष-अविश्वास अन्तस्तल के अँधेरे कोनों में गहरे पैठा रहता था, शायद यथार्थवादी कलाकार तोल्स्तोय उन्हें कुरेदकर बाहर लाता था और जीवन को यथातथ्यतः प्रस्तुत करने पर बल देता था ताकि इतिहास-प्रवाह समाधानों को अपनी स्वचलित आन्तरिक गति से अवक्षेपित कर सके।

1880 के बाद का तोल्स्तोय का साहित्यिक लेखन प्रकरण-केन्द्रिक चरित्र वाला और नैतिक निदेशनों से भरपूर है। लेकिन इनमें तोल्स्तोय का आलोचनात्मक यथार्थवादी स्वर भी पहले की अपेक्षा अधिक प्रखर रूप में सामने आया है। वे अन्यायपूर्ण अदालतों, विवाह की संस्था, भूस्वामित्व और चर्च पर सीधे हमला करते हैं और पाठकों की अन्तरात्मा, तर्कणा तथा आत्मसम्मान-बोध से भावाकुल अपीलें करते हैं।

अपने दो प्रसिद्ध लघु उपन्यासों 'इवान इलिच की मौत (1886) और 'क्रूज़र सोनाटा' (1889) में तोल्स्तोय मुख्यतः अभिजातों के जीवन के खोखलेपन और पाखण्ड को उजागर करते हैं। 'इवान इलिच की मौत' एक सामान्य आदमी की कहानी है जिसे मौत की दहलीज पर अपने व्यतीत जीवन की निरर्थकता का अहसास होता है। इवान इलिच के जीवन के अन्तिम क्षणों की अनुभूति धार्मिक मुक्ति विषयक तोल्स्तोय की

अवधारणा को प्रस्तुत करती है, लेकिन इन मिथ्याभासों के ऊपर रचना का गम्भीर मनोवैज्ञानिक यथार्थवाद हावी है। अगली दो उपन्यासिकाओं 'क्रूज़र सोनाटा' और 'शैतान' (1889-90, 1911 में प्रकाशित) में ऐन्द्रिक प्यार और वासना के विरुद्ध संघर्ष को विषय बनाया गया है और निःस्वार्थ प्यार के ईसाई सिद्धान्त की वकालत की गयी है, लेकिन यहाँ भी तोल्स्तोय के धर्मोपदेश के पहलू पर वस्तुस्थिति का आलोचनात्मक यथार्थवादी चित्रण हावी है।

व्यापक आम जनता तक पहुँच के लिए अधिक सम्प्रेषणीय और सरल भाषा में लिखने की जरूरत तोल्स्तोय लम्बे समय से महसूस कर रहे थे। इसे मूर्त रूप देते हुए 1880 और 1890 के दशक में उन्होंने 'लोग कैसे ज़िन्दा रहते हैं', 'मोमबत्ती', 'दो बूढ़े आदमी' और 'एक आदमी को कितनी जमीन चाहिए?' जैसी लोककथानुमा नीतिकथाएँ तथा 'मालिक और आदमी' जैसी कहानी लिखी।

1880 के दशक में तोल्स्तोय ने नाटक के क्षेत्र में भी कुछ गम्भीर काम किया। 1887 में प्रकाशित प्रयोगपरक नाटक 'अन्धकार की शक्ति' लोक शैली में लिखा गया है जो गाँवों पर शहरी सभ्यता के दुष्प्रभावों का यथार्थवादी चित्रण प्रस्तुत करता है। दूसरा नाटक 'प्रबोधन के फल' (1886-90, 1891 में प्रकाशित) एक कामदी है जिसमें एक जागीर के निठल्ले मालिकों की नैतिकता, उनके झक्कीपन, सनक और समय बिताने के तौर-तरीकों को प्रस्तुत किया गया है जो किसानों की निर्धनता और कठिन जीवन की पृष्ठभूमि में भद्दे-अश्लील और अपमानजनक प्रतीत होते हैं।

1890 के दशक में तोल्स्तोय ने कला और सौन्दर्यशास्त्र विषयक अपने विचारों को सूत्रबद्ध करते हुए उनका सैद्धान्तिकीकरण करने की कोशिश की। उन्होंने पतनशील कला के बरक्स उस कला को खड़ा किया जिसकी अन्तर्वस्तु गम्भीर हो तथा जिसके उच्च-उदात्त नैतिक-धार्मिक आदर्श हों। अपने प्रसिद्ध निबन्ध 'कला क्या है' (1897-98) में उन्होंने कला के द्वारा अनुप्रेरण या संसर्गात्मक प्रभाव का सिद्धान्त विकसित किया जिसके अनुसार, कला में, लेखक या कलाकार पंक्तियों, ध्वनियों, रंगों और बिम्बों के माध्यम से अपनी अनुभूतियों को संचरित-संक्रमित करता है और पाठक-दर्शक-श्रोता तक सम्प्रेषित ये अनुभूतियाँ उसके अपने भावनात्मक अनुभव का आधार बन जाती हैं। तोल्स्तोय के अनुसार, "कला की मुख्य महत्ता यह है कि यह जनता को ऐक्यबद्ध करती है।"

1884 में तोल्स्तोय के अनुयायी और मित्र चेर्तकोव और गोर्बुनोव-पोसादोव ने आम लोगों तक तोल्स्तोयपंथी विचारों को पहुँचाने के लिए एक प्रकाशन गृह खोला जिसमें उन्होंने भरपूर मदद की। रूस में कठोर सेंसरशिप के कारण तोल्स्तोय की बहुतेरी किताबें जेनेवा और लन्दन से छपीं। 1891, 1893 और 1894 में तोल्स्तोय ने रूस के अकाल-पीड़ित राज्यों में किसानों के लिए राहत-कार्य संगठित करने में हिस्सा लिया। अलेक्सान्द्र तृतीय और निकोलस द्वितीय को लिखे गये अपने पत्रों में उन्होंने निरंकुश स्वेच्छाचारी दमन और सत्ता के मनमानेपन के विरुद्ध अपना विरोध मुखर रूप में प्रकट किया।

1890 के दशक तक यास्नाया पोल्याना न सिर्फ रूसी, बल्कि पूरी दुनिया के साहित्यकारों-संस्कृतिकर्मियों के लिए एक तीर्थस्थल बन चुका था।

1890 के दशक में तोल्स्तोय की प्रमुख रचना उनका तीसरा विश्वविख्यात उपन्यास 'पुनरुत्थान' (1889-99) है जिसका प्लॉट एक वास्तविक मुकदमे पर आधारित है। उपन्यास का नायक एक कुलीन जागीरदार द्मीत्री नेख्लुदोव है जो कात्यूशा मास्लोवा नामक एक वेश्या पर चलाये जाने वाले मुकदमे में जूरी का सदस्य है। वह कात्यूशा को सहसा पहचान लेता है। कभी वह एक मासूम गरीब लड़की के रूप में नेख्लुदोव की जागीर में लाई गई थी और नेख्लुदोव ने उसका यौन-शोषण किया था। नेख्लुदोव कात्यूशा की जिन्दगी को पतन की राह पर धकेलने के लिए स्वयं को जिम्मेदार महसूस करता है और उसकी अन्तरात्मा उसे धिक्कारने लगती है। कात्यूशा को जब साइबेरिया-निर्वासन का दण्ड मिल जाता है तो नेख्लुदोव अपनी आराम की जिन्दगी छोड़कर उसके पीछे जाने का, और यदि वह राजी हो तो उससे शादी करने का फैसला करता है। उपन्यास के एक महत्वपूर्ण संवाद में कात्यूशा नेख्लुदोव को फटकार लगाती है कि एक बार तो उसने उसे आनन्दोपभोग के लिए इस्तेमाल किया और अब उसी के जरिये अपनी मुक्ति चाहता है। वह शादी से इंकार कर देती है। इस पूरी प्रक्रिया में, तोल्स्तोय का आविष्कार कात्यूशा के आन्तरिक पुनरुत्थान की गाथा है। साथ ही प्रिन्स नेख्लुदोव का भी एक तरह का नैतिक पुनर्जन्म होता है। 'पुनरुत्थान' एक नये प्रकार का उपन्यास था जिसमें पात्रों के गहन आत्मसंघर्ष और रूपान्तरण के साथ ही, सेण्ट पीटर्सबुर्ग के दरबार के लोगों और ग्रामीण कुलीनों से लेकर किसानों, कैदियों और साइबेरिया-निर्वासन पर जा रहे कैदियों के चरित्रों के माध्यम से तत्कालीन रूस के समूचे, वैविध्यपूर्ण सामाजिक परिदृश्य को एक इतिहासकार-सदृश वस्तुपरकता और आधिकारिकता के साथ उपस्थित कर दिया गया है। कात्यूशा का मुकदमा और उसमें जूरी सदस्य के रूप में नेख्लुदोव की उपस्थिति सामाजिक अन्याय पर आधारित जीवन की निरर्थकता और न्यायतंत्र की कुरूपता को एकदम नंगा कर देती है।

'पुनरुत्थान' में तोल्स्तोय सरकार, न्यायालय, चर्च, कुलीन भूस्वामियों के विशेषाधिकारों, भूमि के निजी स्वामित्व, मुद्रा, जेलों और वेश्यावृत्ति की मर्मभेदी आलोचना करते हैं। धनी और शक्तिशाली लोगों द्वारा उत्पीड़ित निम्न वर्गों के प्रति सहानुभूति-प्रदर्शन पर उपन्यास तीखा व्यंग्य करता है। किसानों, क्रान्तिकारियों और निर्वासित अपराधियों सहित सामान्य जनसमुदाय का चित्रण करते हुए तोल्स्तोय का जोर इस बात पर है कि उत्पीड़न और अधिकारहीनता ने आम जन की आत्मिक शक्तियों को पंगु बना डाला है। 'पुनरुत्थान' में चर्च के अनुष्ठानों को हमले का निशाना बनाने के कारण 1901 में रूसी आर्थोडाक्स चर्च की 'पवित्र धर्मसभा' ने तोल्स्तोय को पंथ-बहिष्कृत कर दिया।

बीसवीं शताब्दी की दहलीज पर, समाज में जिस बढ़ते-गहराते अलगाव के तोल्स्तोय साक्षी हो रहे थे, उसने उनकी व्यक्तिगत और नैतिक जिम्मेदारियों और सामाजिक चिन्ताओं-सरोकारों को और अधिक गहन-गम्भीर बनाने का काम किया। इस प्रक्रिया ने सघन आन्तरिक सन्ताप, प्रबोधन या ज्ञानप्राप्ति की अवधियों और नैतिक संकटों से गुजरने के बाद तोल्स्तोय को वहाँ पहुँचा दिया जहाँ वे अपने परिवेश से ही बेगाने हो गये। जीवन के विभिन्न दायरों से साक्षात्कार कराती घटनाओं की श्रृंखला का प्रयोग और नायकों के नये टाइपों का सृजन—तोल्स्तोय की इस दौर की रचनाओं की अभिलाक्षणिक विशिष्टता है। इसके प्रतिनिधि उदाहरण 'पुनरुत्थान' के अतिरिक्त हाजी मुराद (1896-1904, 1912 में प्रकाशित), नकली कूपन (1902-1904, 1911 में प्रकाशित) और असमाप्त कथा 'कोई व्यक्ति दोषी नहीं' (1911 में प्रकाशित) हैं।

इस दौर की तोल्स्तोय की कुछ अन्य रचनाओं के प्लॉट पूर्व-धारणाओं के परित्याग, आकस्मिक और जबर्दस्त व्यक्तिगत संकट और एक नये विश्वास की ओर झुकाव जैसी घटनाओं और प्रवृत्तियों से गुँथे-बुने हैं। फादर सेर्जियस (1890-98, 1912 में प्रकाशित), सजीव मुर्दा (1900, 1911 में प्रकाशित), नाच के बाद (1903, 1911 में प्रकाशित) और 'बड़ेफेदोर कुजमिच की मरणोपरान्त प्रकाशित टिप्पणियाँ' (1905-1912 में प्रकाशित) ऐसी रचनाओं के प्रतिनिधि उदाहरण हैं।

'हाजी मुराद' उपन्यासिका और 'सजीव मुर्दा' नाटक तोल्स्तोय के जीवन के संध्याकाल की आखिरी महत्वपूर्ण रचनाएँ मानी जा सकती हैं। 'हाजी मुराद' में तोल्स्तोय एक काकेशियन नेता शमील और निकोलस प्रथम की स्वेच्छाचारी निरंकुशता की समान तीक्ष्णता के साथ आलोचना करते हैं और अपनी प्रारम्भिक उपन्यासिका 'कज्जाक' की ही तरह प्राकृतिक मनुष्य की नैसर्गिकता और शुद्धता पर बल देते हैं। उल्लेखनीय है कि इस रचना में निष्क्रिय अप्रतिरोध के अपने ही सिद्धान्त के खिलाफ खड़े होते हुए तोल्स्तोय जीवन के प्रति प्यार के साथ ही साहसिक संघर्ष और प्रतिरोध की गरिमा को भी महिमामंडित करते हैं। 'सजीव मुर्दा' एक प्रयोगात्मक नाट्य-कृति है जो फेदिया प्रोतासोव द्वारा अपने परिवार और अपने परिवेश के परित्याग की कहानी है, जहाँ रहने में उसे शर्म महसूस होने लगी है। 'सबटेक्स्चुअल' मनोवैज्ञानिक स्तर पर और बहुस्तरीय संवाद के सन्दर्भ में इस नाटक की चेखव के नाटकों के साथ कुछ समानताएँ लक्षित की जा सकती हैं।

अपने जीवन के अन्तिम दशक के दौरान तोल्स्तोय साहित्यिक यथार्थवाद की मुखर पक्षधरता के साथ ही पतनशील बुर्जुआ कलात्मक प्रवृत्तियों-रुझानों का मुखर विरोध कर रहे थे। रूसी साहित्य के वे निर्विवाद शीर्षस्थ व्यक्तित्व थे। कोरोलेंको, चेखव, गोर्की आदि से उनके अन्तरंग भावनात्मक सम्बन्ध थे। विभिन्न सामाजिक-राजनीतिक मुद्दों पर अपील जारी करने और लेख लिखने जैसी उनकी प्रचारपरक गतिविधियाँ लगातार जारी थीं।

तोल्स्तोयपंथ जब एक विश्वविख्यात सिद्धान्त के रूप में स्थापित हो रहा था, तब

तक स्वयं तोल्स्तोय ही उसकी सार्थकता और तर्कसंगति के बारे में संशय प्रकट करने लगे थे। 1905-07 की रूसी क्रान्ति की ओर अग्रसर घटना-प्रवाह उनके पितृसत्तात्मक आदर्शों के लिए निर्णायक परीक्षा का समय था। 1908 में मृत्युदण्ड के विरुद्ध जोरदार शब्दों में विरोध प्रकट करते हुए उन्होंने अपना विश्व-प्रसिद्ध लेख लिखा था : 'मैं चुप नहीं रह सकता।'

यास्नाया पोल्याना में अपने जीवन के अन्तिम वर्षों में तोल्स्तोय भी कुछ-कुछ अपने नाटक 'सजीव मुर्दा' के नायक फेदिया प्रोतासोव जैसा ही महसूस करने लगे थे। गहराते पारिवारिक कलह में एक ओर उनकी पत्नी थीं, दूसरी ओर शेष तोल्स्तोय परिवार। जागीर में जिन्दगी के इस ढर्रे से तंग आकर और अपने विश्वासों के साथ अपनी जीवन-शैली की संगति बैठाने के उद्देश्य से तोल्स्तोय ने 10 नवम्बर (पुराने कैलेण्डर से 28 अक्टूबर) 1910 को गुप्त रूप से यास्नाया पोल्याना छोड़ दिया। यात्रा के दौरान ठण्ड लग जाने से वे बीमार पड़ गये और 20 नवम्बर (पुराने कैलेण्डर के अनुसार, 7 नवम्बर) 1910 को अस्तापोवो रेलवे स्टेशन पर स्टेशन मास्टर के घर में उनका निधन हो गया।

इस संकलन के लघु उपन्यास और कहानियाँ

अपने पहले साहित्यिक दौर में, 'युद्ध और शान्ति' पर काम शुरू करने से पहले, तोल्स्तोय ने कथा-लेखन की एक नई विधा के साथ प्रयोग किया जो कहानी से तो लम्बी थी पर उपन्यास की तुलना में काफी छोटी थी। रूसी में इस शैली के लिए शब्द है'पोवेस्त'। शब्दकोशों में इसकी परिभाषा इस रूप में है : 'आख्यानात्मक प्रकृति की साहित्यिक कृति जो आकार में उपन्यास से छोटी हो।' रूप और अन्तर्वस्तु की दृष्टि से 'लघु उपन्यास' इन कृतियों के लिए सबसे उचित शब्द है। इसलिए भी कि इन कथाओं के जरिये तोल्स्तोय अपने महान वृहद उपन्यासों के लिए खुद को तैयार कर रहे थे।

इन आरम्भिक वर्षों के दौरान तोल्स्तोय ने पाँच लघु उपन्यास लिखे—'दो हुस्सार', 'एक जमींदार की सुबह', 'सुखी दम्पति', 'पोलिकुश्का' और 'कज्जाक'। इसके अलावा 'बचपन', 'किशोरावस्था' और 'युवावस्था' भी लघु उपन्यासों के रूप में अलग-अलग लिखे गये थे लेकिन ये एक-दूसरे से जुड़े हैं और एक साथ लेने पर इन्हें एक पूर्ण उपन्यास माना जा सकता है। अकसर ये इसी रूप में प्रकाशित होते हैं।

आरम्भिक लघु उपन्यासों में सबसे पहले लिखा गया 'दो हुस्सार' (1856) तोल्स्तोय की पहली गल्प रचना थी जो उनके निजी अनुभवों से इतर विषयवस्तु पर थी। पिता और पुत्र के नितान्त भिन्न व्यक्तित्वों और कारनामों के रूप में दो पीढ़ियों को आमने-सामने खड़ा करने के इस कथा-उपकरण को तोल्स्तोय ने बाद में अपने वृहद उपन्यासों में और विस्तृत रूप में भी प्रयोग किया। एक बाँका, तेज-तर्रार, युवा हुस्सार (घुड़सवार सेना का अफसर) काउण्ट फ़्योदोर तुर्बीन एक रात के लिए एक प्रान्तीय कस्बे

में आता है और अपनी जांबाज़ी, पियक्कड़ी और धमा-चौकड़ी से वहाँ के समाज में खलबली पैदा कर देता है। वहाँ से रवाना होने से पहले वह एक सुन्दर युवा विधवा को अपने प्रेमजाल में फँसा लेता है। फिर भी, कोई उसके बर्ताव से खफा नहीं होता, क्योंकि अपनी बहादुरी, उदारता और मिलनसारिता से वह सबका दिल जीत लेता है।

बीस वर्ष बाद एक और युवा हुस्सार, द्वन्द्वयुद्ध में मारे गये काउण्ट फ़्योदोर तुर्बीन का बेटा अपनी टुकड़ी के साथ उसी प्रान्तीय कस्बे में पहुँचता है। इत्तफाक से उसे उसी विधवा के घर पर ठहराया जाता है और वह उसकी सुन्दर बेटी को फँसाने की असफल कोशिश करता है। हिसाबी-किताबी, खुदगर्ज़ और दम्भी बेटा अपने हरदिलअज़ीज़ बाप से एकदम अलग है।

इन दोनों, और उनकी पीढ़ियों के बीच का अन्तर जानबूझकर तीखे ढंग से उभारा गया है। बेटे के रूप में तोल्स्तोय खुद अपनी पीढ़ी की आलोचना करते हैं, लेकिन ऐसा करते हुए बेटे का चरित्र उतना विश्वसनीय नहीं बन पड़ता जितना कि उसके पिता का था। तोल्स्तोय को इस कलात्मक चूक का अहसास था। अपनी डायरी में उन्होंने इस बारे में एक मित्र की टिप्पणी का जिक्र करते हुए लिखा है, "किसी लेखक की लोकप्रियता की पहली शर्त, यानी खुद को प्यार किये जाने योग्य बनाने का तरीका यही है कि उसे अपने सभी चरित्रों को प्यार से गढ़ना चाहिए।" यह चूक तोल्स्तोय ने आगे शायद ही कभी दोहराई। मानव जीवन के अपने गहरे अध्ययन से उन्होंने सीखा कि कोई भी मनुष्य एकदम सफेद या काला नहीं होता। जैसा कि 'पुनरुत्थान' में उन्होंने कहा, "हर इनसान के भीतर हर इनसानी गुण मौजूद होता है, पर कभी एक गुण उभरकर सामने आता है, तो कभी दूसरा।"

'सुखी दम्पति' (1859) में तोल्स्तोय ने अपने निजी जीवन की घटनाओं को बड़ी ख़ूबसूरती से कला में ढाला है। अपनी जागीर पर किसानों को "सुधारने" की कोशिश से मायूस तोल्स्तोय पारिवारिक जीवन की खुशियों में असफलता का दुख भुलाना चाहते थे। एक रूसी जमींदार के बारे में उनके अधूरे उपन्यास का नायक भी किसानों को सुधारने के प्रयासों से मोहभंग के बाद वैवाहिक जीवन में एक नये आदर्श की तलाश करता है। 1856-57 के दौरान तोल्स्तोय यास्नाया पोल्याना से कुछ ही दूरी पर रहने वाली और उम्र में उनसे काफी छोटी सुन्दरी वलेर्या आर्सेनेवा से प्रेम कर रहे थे। 'सुखी दम्पति' के सेर्गेई मिखाइलिच की ही तरह तोल्स्तोय इस युवती के भाई के संरक्षक के रूप में कभी भी उसके घर में आ-जा सकते थे। हालांकि तोल्स्तोय काफी गहराई से वलेर्या को चाहने लगे थे, लेकिन अन्ततः वह उसके साथ विवाह करने से पीछे हट गये क्योंकि सुख के एक आदर्श के रूप में विवाह संस्था में उनका विश्वास नहीं रहा। अपने एक मित्र को लिखे पत्र में तोल्स्तोय ने कहा, "मैंने कभी उससे सच्चा प्रेम नहीं किया। मुझ पर उसके मन में प्रेम जगाने की एक ऐसी इच्छा हावी हो गई थी जिसे दबाया नहीं जा सकता था। उससे मुझे ऐसी खुशी मिलती थी जो मैंने पहले कभी महसूस नहीं की।...मेरा बर्ताव बहुत बुरा रहा है।"

कुछ लोगों का मानना है कि 'सुखी दम्पति' में तोल्स्तोय ने यह इंगित करने की कोशिश की है कि अगर उन्होंने वलेर्या से शादी कर ली होती तो जीवन तथा सुख के बारे में उनके विचारों में मतभेद के कारण दोनों के हिस्से में दुख ही आया होता। लेकिन अपने इस निजी अनुभव को उन्होंने कहानी के पहले भाग में एक संवेदनशील सत्रह वर्षीय युवती के मन में अपने से दूनी उम्र के व्यक्ति, जो उसका अभिभावक भी है, के लिए उपजते प्रेम के अद्भुत, काव्यात्मक वृत्तान्त में ढाल दिया है। माशा और उसके अभिभावक के प्रेम की कहानी इस युवती के नजरिए से कही गई है।

कहानी के पहले भाग का उल्लासमय, काव्यात्मक माहौल दूसरे भाग में वैवाहिक जीवन के तनावों और खिंचावों से छिन्न-भिन्न हो जाता है। माशा अपने पति के साथ रहते हुए ग्रामीण जीवन की धीमी गति से ऊब जाती है और शहर में हाई सोसायटी के उत्साहभरे और गतिमय जीवन के लिए हुलसने लगती है। उसका पति यह जीवन बिता चुका है और इसके खोखलेपन से वाकिफ है, पर वह अपनी युवा पत्नी की इच्छा के आगे झुक जाता है। उच्चवर्गीय समाज में वह जल्दी ही लोकप्रिय हो जाती है और वहाँ के चमक-दमकभरे जीवन के लिए उन मूल्यों को त्यागने के लिए तत्पर हो जाती है जो सेर्गेई मिखाइलिच को सबसे प्रिय थे। उनके संबंधों में दूरी आने लगती है। तोल्स्तोय यहाँ पत्नी के कर्तव्यों आदि पर कुछ शुद्धतावादी उपदेशात्मक मुद्रा अपनाते दीखते हैं। एक पत्नी के कर्तव्य, गुण और शादी में उसके आत्मत्याग की तोल्स्तोयवादी अवधारणा इस कृति के निष्कर्ष के रूप में पहली बार सामने आई है और उनकी उत्तरवर्ती कृतियों के ही समान, यहाँ भी, तोल्स्तोय की इच्छा से स्वतंत्र, यथार्थ का जो पहलू आलोकित होकर सामने आ गया है, वह है परिवार संस्था में स्त्री की त्रासद नियति और मानव इतिहास का एक विकट प्रश्नचिह्न--स्त्री-प्रश्न!

बाद के दौर के लघु उपन्यासों में पहले, 'इवान इलिच की मौत' (1886) का पाठकों ने भरपूर स्वागत किया क्योंकि 'आन्ना कारेनिना' के नौ वर्ष बाद प्रकाशित होनेवाली तोल्स्तोय की यह पहली कृति थी।

'इवान इलिच की मौत' को अकसर मृत्युभय से जूझते एक व्यक्ति के आध्यात्मिक जगत में होने वाले परिवर्तनों की कहानी के रूप में पेश किया जाता है, पर यह इससे कहीं अधिक है। बड़ी सहज और विनोदपूर्ण शैली में तोल्स्तोय रूसी बुर्जुआ अभिजात समाज के ढोंग-पाखंड, स्वार्थपने और हृदयहीन व्यक्तिवाद का पर्दाफाश करते हैं। कहानी की शुरुआत ही तीखे व्यंग्य से भरे एक दृश्य से होती है। इवान इलिच की मृत्यु की खबर पाते ही अदालत में उसके सहकर्मी प्रकटतः तो शोक व्यक्त करते हैं पर सबके मन में यह उधेड़बुन शुरू हो जाती है कि उसकी मृत्यु से खाली होने वाली जगह का कैसे-कैसे फायदा उठाया जा सकता है। आगे हम देखते हैं कि किस तरह से इवान इलिच की बेटी, उसका होने वाला दामाद और यहाँ तक कि उसकी पत्नी भी उससे लगातार ढोंग करते हैं और यहाँ तक सोचते रहते हैं कि वह मर जाये तो अच्छा हो। तोल्स्तोय की खूबी इस बात में है कि कहानी पढ़ते हुए हमें इस बात का एहसास रहता

है कि अगर इन लोगों की जगह इवान इलिच होता तो इस समाज में वह भी कुछ ऐसा ही व्यवहार करता।

'इवान इलिच की मौत' एक सामान्य आदमी की कहानी है जिसे मौत की दहलीज पर अपने व्यतीत जीवन की निरर्थकता का अहसास होता है। इवान इलिच के जीवन के अन्तिम क्षणों की अनुभूति धार्मिक मुक्ति विषयक तोल्स्तोय की अवधारणा को प्रस्तुत करती है, लेकिन इन मिथ्याभासों के ऊपर रचना का गम्भीर मनोवैज्ञानिक यथार्थवाद हावी है।

तोल्स्तोय कहते हैं, इवान इलिच का जीवन बड़ा सादा और साधारण था, और इसलिए बड़ा भयंकर था। अपने कानूनी कर्तव्यों के निर्वाह में वह बेहद सख्त है। मजिस्ट्रेट के रूप में वह अपनी शक्ति का पूरा मजा लेता है। मुकदमों की सुनवाई के दौरान उसकी मुख्य चिन्ता यही रहती है कि उन सभी सरोकारों को खत्म कर दिया जाये जो मामले के कानूनी पहलू से सम्बन्ध नहीं रखते; यानी, वह मानवीय सहानुभूति या करुणा के हर कतरे को नष्ट कर देना चाहता है। लेकिन बीमारी से लाचार होते ही वह सच्ची सहानुभूति के लिए तरसने लगता है। एक दृश्य में वह कातर होकर अपने डॉक्टर से पूछता है, "हम बीमार लोग अकसर अनुचित सवाल पूछते रहते हैं। लेकिन मुझे बस यह बता दीजिए कि यह बीमारी खतरनाक है, या नहीं?" डॉक्टर ने उसे चश्मे के ऊपर से कठोर दृष्टि से देखा, मानो उसी की भाषा में कह रहा हो : "मुल्जिम, तुमसे जो पूछा जाये बस उतना ही बोलो, वरना मुझे मजबूरन तुमको अदालत से बाहर करना होगा।"

अपनी लम्बी बीमारी के दौरान इवान इलिच कई बार अपने जीवन को उचित ठहराने की कोशिश करता है। वह हमेशा सोचता आया था कि उसने एक अच्छी जिन्दगी बिताई है। लेकिन अन्त को करीब आता महसूस कर घोर हताशा के क्षण में उसे एहसास होता है कि वह झूठ से भरा जीवन बिताता रहा है और खुद को भी धोखा देता रहा है। वह पाता है कि उसका सरल हृदय देहाती नौकर जेरासिम और उसका किशोरवय भावुक बेटा–जिसकी ओर उसने अपनी फैशनेबल बेटी की तुलना में हमेशा कम ध्यान दिया है–बस ये ही दो व्यक्ति हैं जिन्हें उसकी पीड़ा से वाकई सरोकार है। उसे अपने प्रति सहानुभूति और करुणा वहाँ मिलती है जहाँ उसने कभी आशा नहीं की थी। मृत्यु से ठीक पहले अचानक इवान इलिच की समझ पर छाया कुहरा छँट जाता है और उसे साफ-साफ दिखने लगता है कि मानव जीवन का सार लोगों का सुख-दुख बाँटने, प्रेम का साझा करने में ही है।

उनके अगले लघु उपन्यास 'क्रूज़र सोनाटा' (1888) के उन्मुक्त यथार्थवाद ने पाठकों को चौंकाया और साथ ही उन्हें मंत्रमुग्ध कर दिया। रूसी साहित्य में इससे पहले सेक्स, विवाह और इसके भौतिक आधारों पर कभी इतने खुले ढंग से चर्चा नहीं की गयी थी। 'क्रूज़र सोनाटा' में ऐन्द्रिक प्यार और वासना के विरुद्ध संघर्ष को विषय बनाया गया है और निःस्वार्थ प्यार के ईसाई सिद्धान्त की वकालत की गयी है, लेकिन

यहाँ भी तोल्स्तोय के धर्मोपदेश के पहलू पर वस्तुस्थिति का आलोचनात्मक यथार्थवादी चित्रण हावी है।

इस लघु उपन्यास का शुरुआती विचार तोल्स्तोय के मित्र और प्रसिद्ध अभिनेता वी.एन. आन्द्रेएव-बर्लाक से मिला। बर्लाक ने ट्रेन में मिले एक अजनबी के बारे में उन्हें बताया जिसने अपनी पत्नी के हरजाईपन का पूरा किस्सा सफर के दौरान सुनाया था। तोल्स्तोय ने 1887 में ही "यौन प्रेम", जैसा कि वह इसे कहते थे, की कहानी लिखनी शुरू कर दी। अगले वर्ष उनके आवास पर प्रतिभाशाली संगीतकारों की एक मंडली ने बीथोवन की प्रसिद्ध संगीत रचना क्रूज़र सोनाटा प्रस्तुत की। श्रोताओं में आन्द्रेएव-बर्लाक और प्रसिद्ध चित्रकार रेपिन भी थे। संगीत अकसर तोल्स्तोय पर बहुत अधिक प्रभाव डालता था, और इस बार भी ऐसा ही हुआ। उन्होंने सोनाटा पर आधारित एक कहानी लिखने का प्रस्ताव किया बशर्ते बर्लाक सार्वजनिक रूप से इसका पाठ करने को तैयार हो जाये और पृष्ठभूमि में इस संगीत से प्रेरित होकर बनाया गया रेपिन का चित्र हो। तीनों कलाकारों में से सिर्फ तोल्स्तोय ने इस समझौते का पालन किया।

हालांकि "यौन प्रेम" की तोल्स्तोय की मूल कथा में ब्रह्मचर्य और सतीत्व पर निबन्ध के अनेक लक्षण आ गये, पर उनके असाधारण कलात्मक बोध का ही कमाल था कि इसके बावजूद यह एक उपेदशात्मक लेख नहीं बना। यह कहानी अपने एक नैतिक आदर्श को कलात्मक आख्यान के माध्यम से स्पष्ट करने की तोल्स्तोय की क्षमता का एक अद्‌भुत उदाहरण है।

कई आलोचक, जो तोल्स्तोय के विचारों को इस कथा के नायक पोज़्दनीशेव के विचारों से जोड़कर देखते हैं, यह नहीं समझ पाते कि शुचिता पर पोज़्दनीशेव के अतिरेकपूर्ण विचार, जो यदि लागू हो जायें तो मानवजाति ही खत्म हो जायेगी, तोल्स्तोय के लिए महज एक आदर्श थे। सम्पूर्णता के लिए प्रयास की बस एक सलाह, जिस पर अमल अपूर्णताओं से भरे इस विश्व में असम्भव था।

शुरू में 'क्रूज़र सोनाटा' के रूस में प्रकाशन पर रोक लगा दी गयी, लेकिन इसकी हस्तलिखित प्रतियाँ दूर-दूर तक वितरित हुईं और प्रतिबन्धित साहित्य के रूप में गुप्त रूप से ऊँचे दामों पर बिकती थीं। पहली बार यह 1891 में मुद्रित हुई जब तोल्स्तोय की पत्नी ने ज़ार अलेक्सान्द्र तृतीय से व्यक्तिगत अपील की कि उनके पति की संकलित रचनाओं के तेरहवें खण्ड में इसे शामिल करने की अनुमति दी जाये।

'क्रूज़र सोनाटा' ने तोल्स्तोय की किसी भी कृति से ज्यादा हंगामा मचाया। उनके एक शिष्य ने उन्हें बताया कि उन दिनों दोस्त एक-दूसरे से मिलने पर "क्या हालचाल है" पूछने के बजाय आम तौर पर पूछते थे : "क्या तुमने 'क्रूज़र सोनाटा' पढ़ा है?" चारों ओर इस कृति पर गरमागरम बहसें छिड़ गयीं और तोल्स्तोय को हजारों खत मिले जिनमें से ज्यादातर में उन्हें भला-बुरा कहा गया था। बहुतों ने उन पर अनैतिकता का प्रचार करने और युवाओं के मस्तिष्कों को भ्रष्ट करने का आरोप लगाया। पादरियों ने प्रवचनों में तोल्स्तोय की निन्दा की। एक सरकारी उच्चाधिकारी ने ज़ार से तोल्स्तोय

को दण्डित करने की अपील की और अमेरिका के डाक विभाग ने इस कृति को डाक से मँगाने पर रोक लगा दी।

उस समय के आलोचकों ने 'क्रूज़र सोनाटा' की कड़ी आलोचना की, मुख्यतः इसके अतिवादी विचारों के कारण, लेकिन चेखव ने इसकी भूरि-भूरि प्रशंसा की। प्रसिद्ध कहानीकार होने के साथ ही पेशे से चिकित्सक चेखव ने हालांकि डॉक्टरों और वैज्ञानिकों के बारे में तोल्स्तोय के अज्ञान, और सिफलिस, नाजायज बच्चों के अस्पतालों तथा सेक्स के प्रति स्त्रियों के विकर्षण पर उनके गलत वक्तव्यों को लेकर तोल्स्तोय की कसकर खिंचाई की, लेकिन 'क्रूज़र सोनाटा' के बारे में उन्होंने कहा कि रूस तथा विदेश में जो कुछ भी लिखा जा रहा है उसमें, "अवधारणा और प्रस्तुति के सौन्दर्य की दृष्टि से इतनी महत्त्वपूर्ण कृति और कोई नहीं है। इसके कलात्मक गुण तो अद्‌भुत हैं ही, हमें महज इसकी कहानी के लिए कृतज्ञ होना चाहिए, क्योंकि यह जबर्दस्त विचारोत्तेजना पैदा करती है।"

प्रख्यात अमेरिकी उपन्यासकार थिओडोर ड्रेज़र ने 'इवान इलिच की मौत' और 'क्रूज़र सोनाटा' पढ़ने के बाद कहा था, "इनमें प्रस्तुत जीवन की छवियों ने मुझे चकित और रोमांचित कर दिया।...आप तोल्स्तोय की तरह लिख सकें और उन्हीं की तरह सारी दुनिया आपकी बात सुने, काश ऐसा हो सकता!"

तोल्स्तोय ने 1863 में एक कहानी लिखी, 'खोल्सतोमर : एक घोड़े की कहानी' ('इंसान और हैवान') जो काफी बाद में, 1886 में प्रकाशित हुई। यह कहानी तोल्स्तोय की प्रिय कलात्मक तकनीक—"अपरिचितिकरण" (डिफ़ैमिलियराइज़ेशन) के नाटकीय इस्तेमाल के लिए प्रसिद्ध है। इसमें किसी परिचित सामाजिक चलन का वर्णन किसी ऐसे पर्यवेक्षक के "भोले-निष्कपट" नजरिए से किया जाता है जो उस चलन को आम मानकर नहीं चलता। इस कहानी का मुख्य 'नैरेटर' एक घोड़ा है। तोल्स्तोय की अन्य प्रारम्भिक रचनाओं की तरह इस कहानी में भी मानव समाज की कृत्रिमता और परम्पराबद्धता पर, खासकर सम्पत्ति की संस्था पर व्यंग्य किया गया है।

इस कहानी का विचार सम्भवतः 1856 की एक घटना से तोल्स्तोय के मन में उपजा जब वह तुर्गनेव की जागीर पर गये हुये थे। साथ-साथ चहलकदमी करते हुए दोनों महान लेखक एक बीमार, बूढ़े घोड़े के पास से गुजरे और तोल्स्तोय ने उसे प्यार से थपथपाते हुए बताना शुरू कर दिया कि उनके मुताबिक घोड़ा उस समय क्या सोच रहा था और क्या महसूस कर रहा था। यह बयान इतना जीवन्त था कि चकित और प्रफुल्लित मेज़बान ने घोषणा की कि तोल्स्तोय जरूर किसी समय घोड़ा रहे होंगे। वैसे, तोल्स्तोय की कहानी के नायक का आधार एक वास्तविक घोड़े खोल्सतोमर को बनाया गया है जो अपने लम्बे-लम्बे डगों और रफ्तार के लिए उस समय रूस में बड़ा प्रसिद्ध था।

'नाच के बाद' (1903) में पचहत्तर वर्षीय तोल्स्तोय ने एक बार फिर कज़ान विश्वविद्यालय में युवा छात्र के रूप में अपने एक प्रेम सम्बन्ध से प्रेरणा ली है। अपने

गहरे यथार्थवाद और मनौवैज्ञानिक पड़ताल के उपकरणों से वह अतीत के वातावरण को बेहद जीवन्त और ताजगी-भरे ढंग से पाठकों के सामने सजीव करते हैं। लेकिन कहानी के अन्त में तोल्स्तोय पाठकों के मन पर राज्य के प्रति नफरत का भाव छोड़ने में सफल रहते हैं जिसे वह न केवल नागरिकों का शोषण करने बल्कि उनके मनोबल को तोड़ डालने की एक साजिश मानते हैं। 'नाच के बाद' प्रेम के आह्लाद से भरा हुआ युवा इवान वासिलीयेविच अचानक उस खौफनाक दृश्य का साक्षी बन जाता है जिसमें सेना के एक भगोड़े को उसके साथी सैनिक अपने अफसर के आदेश पर पीट-पीटकर मार डालते हैं। आदेश देने वाला कर्नल उसकी प्रेमिका का पिता है। यह दृश्य देखकर न केवल नायक के दिल में कर्नल की बेटी के प्रति प्यार ठण्डा पड़ जाता है, बल्कि वह मन ही मन शपथ लेता है कि कभी किसी तरह की सरकारी सेवा में नहीं जायेगा।

तोल्स्तोय के निधन के बाद लिखे गये अपने लेख में लेनिन ने लिखा था कि तोल्स्तोय "इतनी अधिक संख्या में महान समस्याओं को उठाने में सफल रहे और कलात्मक शक्ति की ऐसी ऊँचाइयों तक ऊपर उठने में सफल रहे कि उनका कृतित्व विश्व साहित्य के महानतम की कोटि में शामिल हो गया।"

तोल्स्तोय ने यूरोपीय मानवतावाद और विश्व साहित्य में यथार्थवादी धारा के विकास को बहुत बड़े पैमाने पर प्रभावित किया। रोम्या रोलाँ, फ्रांस्वा मौरियाक, रोझा मारतन दि गार (फ्रांस), अर्नेस्ट हेमिंग्वे, थॉमस वुल्फ़ (अमेरिका), जॉर्ज बर्नार्ड शॉ, जॉन गाल्सवर्दी (ब्रिटेन), थॉमस मान, आना ज़ेगर्स (जर्मनी), यूहान ओग्यूस्त स्ट्रिण्डबर्ग (स्वीडन), रेनर मारिया रिल्के (आस्ट्रिया), लाओ श (चीन) और तोकुतोमी रोका (जापान) आदि दर्ज़नों प्रसिद्ध लेखकों को तोल्स्तोय ने विचार और कलात्मक यथार्थवादी शैली के धरातल पर प्रभावित किया।

तोल्स्तोय का कृतित्व रूस में और पूरी दुनिया में, यथार्थवाद के विकास की एक नयी मंज़िल का द्योतक है। यह उन्नीसवीं शताब्दी के परम्परागत उपन्यास और बीसवीं शताब्दी के साहित्य को जोड़ने वाली कड़ी है। तोल्स्तोय के यथार्थवाद की अद्वितीय स्वयंस्फूर्तता और प्रत्यक्षता सामाजिक अन्तरविरोधों को उद्घाटित करने वाले कुशाग्र उपकरणों का काम करती हैं। तत्काल प्रभावित करने वाली भावनात्मक अपील और जीवन के रग-रेशे की सजीव प्रस्तुति के साथ सूक्ष्म-सटीक, अन्तर्भेदी बौद्धिक शक्ति और गम्भीर मनोवैज्ञानिक विश्लेषण का सम्मिलन तोल्स्तोय की कला की अभिलाक्षणिक विशिष्टता है। विश्व और मानव-जीवन को संचालित करने वाले नियमों की समाकलित समझ तक पहुँचने के लिए तोल्स्तोय का सप्राण-ओजस्वी यथार्थवाद विश्लेषण और संश्लेषण में कुशल द्वन्द्वात्मक समन्वय स्थापित करता है।

तोल्स्तोय के यथार्थवाद ने रूसी राष्ट्रीय परम्पराओं से खाद-पानी लिया था और फिर उसे समृद्ध करते हुए अपना कर्ज मय ब्याज के उतार दिया था। पर राष्ट्रीय से

कहीं अधिक इसका दायरा और स्कोप सार्वभौमिक है।

स्थापित विचारों और पूर्वाग्रहों में तोल्स्तोय को कोई विश्वास नहीं था। कुछ भी उनके लिए सन्देह से परे नहीं था, प्रश्नोपरि कुछ भी नहीं था। उन्होंने जीवन के हर पहलू की, नये सिरे से और अपने ढंग से जाँच-पड़ताल की। हर तरह के साहित्यिक 'स्टीरियोटाइपों' को अस्वीकार करते हुए उन्होंने जो खुद देखा, समझा और सहजानुभूत बोध से अर्जित किया उसी को रचना के यथार्थ में ढाला। लोगों के आन्तरिक जीवन, स्वप्नों-आकांक्षाओं और अन्तरात्मा की टीसों को जान लेने की उनकी क्षमता असाधारण थी। दैनन्दिन जीवन और इतिहास से लिये गये दृश्यों की वैविध्यमय पुनर्रचना के मामले में वे अद्वितीय थे।

यथार्थवाद की धारा को इक्कीसवीं सदी में भी आगे जाने के लिए तोल्स्तोय से अभी काफी कुछ लेना है और पहले का भी उनका काफी कर्ज है जो चुकाना है। समकालीन जीवन के संश्लिष्ट यथार्थ की वस्तुगत प्रस्तुति के द्वारा ही, भविष्य और वर्तमान के वास्तविक पात्रों को उनके वास्तविक स्थान पर दिखाकर ही, विगत के कर्ज को उतारा जा सकता है।

–कात्यायनी

सत्यम

दो हुस्सार

(काउंटेस मा.नी. तोल्स्तोय को समर्पित)

उन्नीसवीं शताब्दी के शुरू के दिनों की बात है। उन दिनों रेलें नहीं हुआ करती थीं, न ही बड़ी-बड़ी सड़कें, न तो रोशनी के गैस जला करते थे और न स्टेयरिन बत्तियाँ। गुदगुदे, कमानीदार कोच भी नहीं हुआ करते थे, और न ही बिना वार्निश का फ़र्नीचर। जिस तरह के निराश युवक, आँखों पर चश्मे लगाए, आजकल घूमते नज़र आते हैं, वैसे उन दिनों नहीं हुआ करते थे। आजकल जैसी महिलाएँ भी नहीं हुआ करती थीं—उदारवादी और दर्शनशास्त्र से प्रेम करनेवाली; और न तो इतनी सुन्दर युवतियाँ ही, जो आजकल जाने कहाँ से इतनी संख्या में फूट निकली हैं। बड़ा सीधा-सादा ज़माना था, किसी को मास्को से सेंट-पीटर्सबर्ग जाना होता तो घोड़ागाड़ी या छकड़े में भोजन पकाकर साथ ले चलता और वह भी इतनी अधिक मात्रा में कि लगता सारा भंडारा ही उठा लाया है। पूरे आठ दिन गर्द-भरी, कीच-भरी सड़कों पर हिचकोले खाने पड़ते थे। किसी चीज़ पर मन यदि जमता था तो भुनी हुई, चुरमुरी टिकियों पर या गर्मागर्म बूब्लिक पर, या फिर वल्दाई गाड़ियों की घंटियों की टुनटुन पर। उन दिनों शरद की लम्बी-लम्बी सन्ध्याओं में घरों में चर्बी की बत्तियाँ जला करती थीं, और उन्हीं की रोशनी में बीस-बीस, तीस-तीस आदमियों के कुटुम्ब मिल-बैठा करते थे। नाचघरों के शमादानों में मोम और स्पर्मासेटी की बत्तियाँ जला करती थीं, फ़र्नीचर बड़े क़रीने से रखा जाता था। हमारे बाप-दादों का यौवन आँकते समय लोग केवल यही नहीं देखा करते थे कि उनके चेहरों पर झुर्रियाँ आई हैं या नहीं, या बाल पके हैं या नहीं, बल्कि यह भी कि वे औरतों पर कितने द्वन्द्व-युद्ध लड़ चुके हैं। अगर किसी लड़की का रूमाल—जाने में या अनजाने में—हॉल में गिर जाता तो युवक फ़ौरन कमरे के दूसरे छोर से भागकर आते और रूमाल उठा देते। हमारी माताएँ चौड़ी आस्तीनों और ऊँची कमरवाले गाउन पहना करती थीं, और गृहस्थी की सभी उलझनें पर्चियाँ डाल-डालकर सुलझा लिया करती थीं। सुन्दरियाँ दिन की रोशनी में बाहर निकलने से घबराती थीं। वह ज़माना था फ़्री मेसन संस्थाओं का, मार्तीनवादियों, तुगेन्दबन्द, मिलोरादोविच, दवीदोव और पुश्किन का। उन्हीं दिनों की बात है कि क. नामक नगर में ज़मीन्दारों की एक सभा हुई। यह नगर प्रान्त का केन्द्र था और हाल ही में वहाँ कुलीन वर्ग के प्रतिनिधियों का चुनाव हुआ था।

1

"कोई चिन्ता नहीं, अगर कहीं भी जगह नहीं है तो मैं अपना सामान हॉल में ही टिका लूँगा," एक जवान अफ़सर ने क. नगर के सबसे बढ़िया होटल में क़दम रखते हुए कहा। युवक ने बड़ा ओवरकोट पहन रखा था, और सिर पर हुस्सारों की टोपी थी, और अभी-अभी स्ले-गाड़ी पर से उतरा था।

"बहुत बड़ा इजलास हो रहा है, महामहिम, इस जैसा पहले कभी नहीं देखा," एक छोटे से नौकर ने कहा। इसने पहले ही अफ़सर के अर्दली से पता लगा लिया था कि अफ़सर काउंट तुर्बीन है। इसी कारण वह उसे महामहिम कहकर सम्बोधित कर रहा था। "अफ्रेमोव्स्काया ज़मीन्दारी की मालकिन ने वादा किया है, हुज़ूर, कि आज शाम वह अपनी लड़कियों को लेकर चली जाएगी। अगर हुज़ूर चाहें तो 11 नम्बर कमरे में ठहर सकते हैं," उसने कहा और बरामदे में काउंट के आगे-आगे दबे पाँव जाने लगा। थोड़ी-थोड़ी देर बाद वह मुड़कर पीछे देखता।

हॉल में, दीवार पर, ज़ार एलेक्सान्द्र की एक पुरानी आदमक़द तस्वीर टँगी थी जिसके रंग फीके पड़ चुके थे। उसके नीचे, एक छोटी सी मेज़ के आसपास कुछ लोग बैठे शैम्पेन पी रहे थे। प्रत्यक्षतः, वे इसी शहर के कुलीन लोगों में से थे। उन्हीं के नज़दीक, दूसरी मेज़ पर सौदागरों की एक टोली जमी थी। सभी ने गहरे नीले रंग के चोग़े पहन रखे थे।

काउंट ने हॉल में क़दम रखते ही अपने कुत्ते को पुकारा। कुत्ता आकार में बड़ा और भूरे रंग का था, नाम ब्लूहर था। फिर काउंट ने झटके से ओवरकोट उतार फेंका। ओवरकोट के कालरों पर अभी भी बर्फ़ जमी थी। नीचे उसने नीले रंग के साटिन का वर्दी-कोट पहन रखा था। उसने वोद्का शराब का ऑर्डर दिया और मेज़ पर बैठते ही वहाँ बैठे लोगों के साथ गप्प-शप्प करने लगा। वे लोग उसके खूबसूरत डील-डौल और बेलाग चेहरे को देखते ही रीझ उठे और उसके सामने शैम्पेन का गिलास भरकर रख दिया। काउंट ने पहले वोद्का का एक गिलास चढ़ाया, फिर एक बोतल शैम्पेन अपने नए दोस्तों के लिए मँगवाई। ऐन उसी वक़्त बर्फ़-गाड़ी का कोचवान चाय-पानी के लिए बख़्शीश माँगने अन्दर आया।

"साशा !" काउंट ने पुकारकर कहा, "इसे कुछ पैसे दे दो !"

कोचवान साशा के साथ बाहर चला गया, मगर फ़ौरन ही लौट आया, और अपना हाथ आगे बढ़ाकर हथेली पर रखे पैसे दिखाने लगा।

"यह देखिए हुज़ूर ! मैंने हुज़ूर की खातिर कितनी जोखिम उठाई। हुज़ूर ने आधा रूबल देने का वादा भी किया था, मगर देखिए यहाँ केवल एक-चौथाई मिल रहा है।"

"साशा ! इसे एक रूबल दे दो !"

साशा चिढ़ गया। गाड़ीवान के बूटों की तरफ़ देखते हुए गहरी आवाज़ में बोला :

"इसके लिए यही बहुत है। मेरे पास और पैसे भी तो नहीं हैं।"

काउंट ने अपने बटुए में से पाँच-पाँच रूबल के दो नोट निकाले (बटुए में यही कुछ बच रहा था) और एक नोट कोचवान की ओर बढ़ा दिया। गाड़ीवान ने काउंट का हाथ चूमा और नोट लेकर बाहर चला गया।

"यह खूब रही !" काउंट ने कहा, "केवल पाँच रूबल अब मेरे पास बच रहे हैं !"

"इसे कहते हैं असली हुस्सार !" एक आदमी ने मुस्कुराकर कहा। उसकी मूँछें, उसकी आवाज़ और लचकदार मज़बूत टाँगें इस बात की गवाही दे रही थीं कि वह घुड़सेना का अवकाश-प्राप्त अफ़सर है। "क्या बहुत दिन तक यहाँ रुकने का इरादा है, काउंट ?"

"मेरा बस चले तो एक दिन भी न रहूँ। मगर क्या करूँ, मुझे पैसों का इन्तज़ाम करना है। इधर, इस मनहूस होटल में रहने के लिए कमरा तक नहीं मिल रहा।"

"मेरा कमरा हाज़िर है, काउंट, आप मेरे कमरे में चले आइए," घुड़सेना के अफ़सर ने कहा, "मैं 7 नम्बर कमरे में ठहरा हुआ हूँ। अगर आपको मेरे साथ रहने में कोई एतराज़ न हो तो मैं तो कहूँगा कि यहाँ कम से कम तीन दिन तक ज़रूर ठहरिए। आज रात कुलीनों के मार्शल के यहाँ नाच-गाने की दावत है। वे आपको भी बुलाकर बहुत खुश होंगे।"

"हाँ-हाँ, काउंट, ज़रूर रुक जाइए," एक खूबसूरत युवक बोला, "आखिर इतनी जल्दी भी क्या है ? ये चुनाव तीन साल के बाद कहीं एक बार होते हैं। और नहीं तो यहाँ की तितलियों को तो देखोगे।"

"साशा ! मेरे कपड़े निकालो। मैं पहले हमाम जाऊँगा," काउंट ने उठते हुए कहा, "उसके बाद देखेंगे—क्या मालूम मैं सचमुच मार्शल की ज़ियाफ़त पर जा पहुँचूँ।"

उसने एक बैरे को बुलाया और उसके कान में धीमे से कुछ कहा। बैरा हँसने लगा और बोला, "हर चीज़ मिल सकती है सरकार !" और कहकर बाहर चला गया।

"तो मैं उनसे कह दूँगा कि मेरा सामान तुम्हारे कमरे में रख दें," काउंट ने बरामदे में से घूमकर कहा।

"बड़े शौक़ से," घुड़सेना का अफ़सर बोला। फिर लपककर दरवाज़े के पास जा पहुँचा : "कमरा नम्बर सात। भूलिएगा नहीं !"

काउंट के क़दमों की आवाज़ दूर चली गई। घुड़सेना का अफ़सर मेज़ के पास लौट आया। अपनी कुर्सी सरकारी अफ़सर के पास खिसका ली और उसकी आँखों में आँखें डालकर मुस्कुराते हुए बोला :

"यही वह आदमी है !"

"क्या, सच ?"

"हाँ, वही, मैं जो कहता हूँ। यही हुस्सार अपने द्वन्द्व-युद्धों के लिए मशहूर है। हर कोई इसे जानता है। इसका नाम तुर्बीन है। मैं शर्त लगाकर कह सकता हूँ कि उसने मुझे पहचान लिया था—कोई वजह नहीं कि न पहचाना हो। हम दोनों एक बार, लेबेद्यान में, तीन हफ़्ते रंगरलियाँ मनाते रहे थे। उन दिनों मैं वहाँ अपनी पलटन के लिए नए

घोड़े खरीदने गया हुआ था। वहाँ एक घटना घटी जिसके लिए हम दोनों को दोषी ठहराया गया था। इसी कारण वह जानबूझकर आज मुझे नहीं पहचान रहा था। आदमी अपने ढंग का है, क्यों, मानते हो न ?''

''बेशक, खूब आदमी है। चाल-ढाल ही निराली है ! इसे देखकर कोई यह नहीं कह सकता कि यह उस तरह का आदमी होगा,'' सुन्दर युवक बोला, ''कितनी जल्दी हिल-मिल गया है। मेरे ख़याल में उम्र भी 25 से ज़्यादा नहीं होगी, क्यों ?''

''नहीं, इससे ज़्यादा होगी, सिर्फ़ देखने में छोटा लगता है। पर इसके गुण तभी नज़र आते हैं जब आदमी इसे अच्छी तरह जान जाए। जानते हो मैडम मिगुनोवा को कौन भगा ले गया था ? यही आदमी। साब्लिन की हत्या किसने की थी ? मत्लेव को दोनों टाँगों से पकड़कर खिड़की के बाहर किसने उठा फेंका था ? और ड्यूक नेस्तेराव से 3 लाख रूबल किसने जीते थे ? तुम अन्दाज़ा नहीं लगा सकते कि यह कैसी शाहाना तबीयत का आदमी है। जुआ खेलता है, द्वन्द्व-युद्ध लड़ता है, औरतों को फुसलाता है। इसने असली हुस्सार का दिल पाया है, असली हुस्सार का। लोग हम लोगों की निन्दा तो करते हैं लेकिन वे एक सच्चे हुस्सार के गुण नहीं देख सकते ! वाह, वो भी क्या दिन थे !''

और घुड़सेना का अफ़सर तरह-तरह की रंगरलियों के क़िस्से सुनाने लगा। उन सबमें वह उन दिनों लेबेद्यान में काउंट के साथ शामिल हुआ था। पर सच तो यह है कि ये रंगरलियाँ न कभी हुई थीं और न हो सकती थीं। एक तो, कभी इससे पहले उसने काउंट को देखा तक नहीं था। काउंट के फ़ौज में दाखिल होने के दो बरस पहले ही यह फ़ौज से रिटायर होकर चला आया था। दूसरे, यह शख्स कभी घुड़सेना का अफ़सर भी नहीं रहा था। वह केवल बेलेव्स्की पलटन में चार साल तक सबसे छोटा युंकर भर रहा था। जब इसे एंसाइन के पद पर नियुक्त किया गया तो यह फ़ौज में से इस्तीफ़ा देकर चला आया। हाँ, दस बरस पहले, विरासत मिलने पर यह एक बार लेबेद्यान ज़रूर गया था, वहाँ घुड़सेना के कुछेक अफ़सरों के साथ इसने सात सौ रूबल भी लुटाए थे। घुड़सेना में भरती होना चाहता था। इसलिए इसने अपने लिए एक उल्हन वर्दी भी बनवाई थी जिसकी आस्तीनों पर सन्तरी रंग के कफ़ थे। घुड़सेना में दाख़िल होने की इसके मन में बड़ी ललक थी। तीन हफ़्ते इसने घुड़सेना के अफ़सरों के साथ लेबेद्यान में बिताए। उन्हीं को यह अपने जीवन का सबसे सुखमय काल मानता रहा। कल्पना ही कल्पना में यह ललक पूरी भी हो गई और इसके दिमाग़ में एक स्मृति भी छोड़ गई, यहाँ तक कि स्वयं उसे पक्का विश्वास होने लगा कि वह घुड़सेना में काम कर चुका है। इस विश्वास के बावजूद उसकी शिष्टता तथा ईमानदारी में कोई फ़रक नहीं आया और सचमुच एक भला आदमी बना रहा।

''हाँ, ठीक है, लेकिन हम जैसे लोगों को वही आदमी समझ सकते हैं जो घुड़सेना में रह चुके हों,'' वह कुर्सी के अग़ल-बग़ल टाँगे फैलाकर बैठ गया और ठुड्डी को आगे की ओर बढ़ाकर, गहरी आवाज़ में बोला : ''ज़माना था जब मैं घोड़े पर सवार अपने

दल की अगुवाई किया करता था; वह घोड़ा नहीं था, कमबख़्त शैतान था। घोड़े पर सवार होते ही मेरे अन्दर भी बला की फुरती आ जाती। सेना का कमांडर निरीक्षण पर आता है, कहता है : 'लेफ़्टिनेंट, यह काम तुम्हारे बिना कोई नहीं कर सकता। मेहरबानी करो, परेड में अपने दल की कमान अपने हाथ में लो।' 'जी साहिब,' मैं कहता हूँ, और बस कहने की देर है कि काम हुआ समझो। मैं घोड़े का मुँह घुमाता हूँ, और मुच्छल सैनिकों को हुक्म देता हूँ। बस, यह गए, वह गए ! वाह, क्या सुनाऊँ तुम्हें, वे भी क्या दिन थे !"

काउंट हमाम से लौट आया। उसका चेहरा लाल हो उठा था और बाल पानी से तर थे। वह सीधे सात नम्बर कमरे में चला गया। वहाँ घुड़सेना का अफ़सर, ड्रेसिंग-गाउन पहने, मुँह में पाइप रखे चुपचाप बैठा था और अपने इस आकस्मिक सौभाग्य पर मन ही मन खुश हो रहा था कि विख्यात तुर्बीन उसके साथ उसी के कमरे में रहेगा। पर खुशी में डर का भी हल्का सा पुट था। "अगर इसके सिर पर सहसा सनक सवार हो जाए और यह मेरे सारे कपड़े उतरवा दे और नंगा करके, मुझे शहर के बाहर ले जाए और वहाँ बर्फ़ में जिन्दा गाड़ दे, या मेरे सारे शरीर पर कोलतार पोत दे तो क्या होगा ? या केवल...मगर नहीं, यह ऐसी हरकत कभी नहीं करेगा, अपने फ़ौजी भाई के साथ ऐसा बर्ताव कभी नहीं करेगा।" और इस विचार से उसके मन को ढाढ़स मिला।

"साशा ! कुत्ते को खाना खिलाओ !" काउंट ने पुकारकर कहा।

साशा दरवाजे पर नमूदार हुआ। उसने वोद्का का एक गिलास पहले ही चढ़ा रखा था और काफ़ी सरूर में था।

"अच्छा ! तू अभी से धुत्त हो रहा है, शैतान ! थोड़ी देर भी इन्तज़ार नहीं कर सकता ? जाओ और ब्लूहर को खाना खिलाओ !"

"खाए बिना यह मरेगा नहीं, देखिए तो कितना चिकना हो रहा है," साशा ने कुत्ते को थपथपाते हुए कहा।

"आगे से जवाब मत दो जी ! जाओ इसे खाना खिलाओ।"

"आपको भी बस अपने कुत्ते की ही फ़िक्र है। अगर नौकर ने एक गिलास पी लिया तो आप उस पर बरसने लगते हैं।"

"खबरदार, मैं मुँह तोड़ के रख दूँगा !" काउंट ने ऐसी आवाज़ में चिल्लाकर कहा कि खिड़कियों के शीशे हिल उठे, और घुड़सेना का अफ़सर भी सहम गया।

"मुझसें भी पूछा होता कि साशा, क्या तुमने कुछ खाया है। लीजिए अगर आपको इंसान से कुत्ता ही ज़्यादा अज़ीज है तो तोड़ दीजिए मुँह मेरा, लगाइए मेरे मुँह पर..." साशा ने कहा। मुँह से ये शब्द निकलने की देर ही थी कि उसकी नाक पर ऐसा घूँसा पड़ा कि उसका सिर दीवार से जा टकराया और वह नीचे गिर पड़ा। दूसरे क्षण वह उठा और नाक पर हाथ रखे, भागता हुआ कमरे में से निकल गया और बरामदे में जाकर एक सन्दूक़ पर लेट गया।

"मालिक ने मेरे दाँत तोड़ डाले हैं," एक हाथ से अपनी नाक में से बहता खून पोंछते हुए और दूसरे हाथ से ब्लूहर की पीठ खुजलाते हुए साशा बड़बड़ाया। ब्लूहर अपना बदन चाट रहा था। "देखते हो ब्लूहर, मालिक ने मेरे दाँत तोड़ डाले हैं, पर कोई बात नहीं, फिर भी वह मेरा सिर का साहिब है, मेरा काउंट है, मैं उसकी खातिर आग-पानी में कूदने के लिए तैयार हूँ। मैं सच कहता हूँ, ब्लूहर। तुम्हें भूख लगी है, क्या ?"

कुछ देर तक वह वहाँ लेटा रहा, फिर उठा, कुत्ते को खिलाया, और काउंट की ख़िदमत करने, उसे चाय पहुँचाने के लिए चल पड़ा। उस वक़्त तक उसका नशा लगभग उतर चुका था।

"इसे मैं अपना अपमान समझूँगा," बड़े दयनीय स्वर में घुड़सेना का अफ़सर काउंट को कह रहा था। काउंट अफ़सर के बिस्तर पर लेटा अपने पाँव पलंग के चौखटे पर फैलाए हुए था। "आखिर मैं भी एक पुराना सिपाही हूँ, आपका साथी हूँ। बजाय इसके कि किसी और से आप पैसे लें, मैं खुद, बड़े शौक़ से 200 रूबल आपकी नज़र कर दूँगा। इस वक़्त मेरे पास ज़्यादा रक़म नहीं है—केवल एक सौ रूबल हैं—पर मैं आज ही बाक़ी रक़म का इन्तज़ाम करूँगा। अगर आपने न लिये तो मैं ज़रूर इसे अपना अपमान समझूँगा, काउंट।"

"शुक्रिया, दोस्त," उसकी पीठ थपथपाते हुए काउंट ने कहा। काउंट ने उसी क्षण समझ लिया कि आगे चलकर दोनों के बीच किस तरह के सम्बन्ध पनपेंगे। "शुक्रिया। अगर यह बात है तो हम नाच पर चलेंगे। पर बताओ इस वक़्त क्या करें ? कुछ इस शहर की सुनाओ तो ? कोई तितलियाँ ? कोई छैले ? कोई ताशबाज़ ?"

घुड़सेना के अफ़सर ने बताया कि सुन्दरियों का एक झुंड का झुंड नाच पर पहुँचेगा। शहर का सबसे बड़ा छैला पुलिस-कप्तान कोल्कोव है—हाल ही में उसका चुनाव हुआ है, पर फिर भी उसमें वह दिलेरी नहीं, वह बेपरवाही नहीं जो एक हुस्सार में होती है, पर यों भला आदमी है। जब से चुनाव शुरू हुए हैं, यहाँ खूब महफ़िल जमती है। इल्यूश्का की जिप्सी संगीत-मंडली के सहगान होते हैं। स्तेशा अकेले गाती है। आज सब लोग सोच रहे हैं कि नाच के बाद जिप्सियों का गाना सुनें।

"और जुआ भी काफ़ी चलता है," यह कहता गया, "लुखनोव यहाँ आया हुआ है। बड़ा धनी आदमी है, सारा वक़्त जुआ खेलता है। यहाँ एक लड़का इल्यीन है, आठ नम्बर कमरे में रहता है, उल्हन कोरनेट है, धड़ाधड़ हार रहा है। वे इस वक़्त भी खेल रहे होंगे। हर शाम खेलते हैं। और काउंट, आप मानेंगे नहीं कि यह इल्यीन कितना भलामानस है, इसका दिल छोटा नहीं, वह अपनी क़मीज़ तक उतारकर दे देगा।"

"तो चलो उससे चलकर मिलें। देखें तो यहाँ कौन लोग आए हैं," काउंट ने कहा।

"चलिए, चलिए। वे सब आपसे मिलकर बेहद खुश होंगे।"

2

उल्हन कोरनेट इल्यीन अभी-अभी जागकर उठा था। पिछली शाम उसने आठ बजे जुआ खेलना शुरू किया और सुबह 11 बजे तक बराबर 15 घंटे तक खेलता रहा। जो रक़म वह हार चुका था वह बहुत बड़ी थी, पर कितनी थी, यह वह खुद भी न जानता था। उसके पास निजी तीन हज़ार रूबल के अलावा पल्टन के खज़ाने के पन्द्रह हजार रूबल और भी थे, और ये दोनों रक़में कब की एक दूसरी में मिल चुकी थीं। अब वह बक़ाया रक़म गिनने से घबरा रहा था कि कहीं उसका यह डर ठीक ही साबित न हो कि वह अपनी पूँजी हारने के अलावा पल्टन की रक़म में से भी कुछ हार चुका है। दोपहर हो रही थी जब वह सोया और सोते ही गहरी, निःस्वप्न नींद में खो गया। ऐसी नींद केवल जवानी के दिनों में, और वह भी जुए में बहुत कुछ हारने के बाद ही आती है। वह छः बजे शाम को उठा, ऐन उस वक़्त जब काउंट तुर्बीन होटल में क़दम रख रहा था। फ़र्श पर जगह-जगह ताश के पत्ते और चाक बिखरे पड़े थे। कमरे के बीचोबीच रखी मेज़ों पर धब्बे ही धब्बे पड़े थे। उसे देखकर उसे पिछली रात के जुए की याद आई और वह सिहर उठा, विशेषकर अपने आख़िरी पत्ते, एक गुलाम को याद करके, जिस पर वह पाँच सौ रूबल हारा था। पर उसका मन अब भी उसकी वास्तविक स्थिति को मानने से इनकार कर रहा था। उसने तकिए के नीचे से अपनी पूँजी निकाली और उसे गिनने लगा। कई एक नोट उसने पहचान लिये। जुआ खेलते समय, वे कई हाथ बदल चुके थे। उसे अपनी सभी चालें याद हो आईं। वह अपनी सारी रक़म, तीन के तीन हज़ार रूबल खो बैठा था। इसके अलावा पल्टन के पैसों में से भी अढ़ाई हज़ार रूबल हार चुका था।

उल्हन लगातार चार दिन से खेल रहा था।

जब वह मास्को से चला तो उसके हाथ में पल्टन का पैसा सौंपा गया था। जब वह क. नगर में पहुँचा तो घोड़ाचौकी के अफ़सर ने यह कहकर उसे रोक लिया कि नए घोड़े इस वक़्त नहीं मिल सकते। मगर यह एक बहाना था, दरअसल अफ़सर और होटल के मालिक के बीच साँठ-गाँठ थी कि रात के वक़्त मुसाफ़िरों को आगे न जाने दिया जाए। उल्हन खिलाड़ी तबीयत का जवान था। माँ-बाप ने पल्टन में अफ़सर बनने पर उसे तीन हजार रूबल उपहार में दिए थे। यह देखकर कि चुनाव के दिनों में क. नगर में बड़ा मौज-मेला रहेगा, उसे कुछ दिन रुक जाने में कोई आपत्ति न हुई, बल्कि वह खुश हुआ कि दिल खोलकर मौज लूटेंगे। पास ही कहीं देहात में, उसका एक परिचित ज़मीन्दार रहता था। वह घर-गृहस्थी वाला कुलीन सज्जन था। उल्हन ने सोचा चलो उससे भी मिल आएँगे। उसकी लड़कियों से भी थोड़ा-बहुत मनबहलाव हो जाएगा। वह गाड़ी लेकर उनसे मिलने जा ही रहा था जब घुड़सेना का अफ़सर वहाँ आ मौजूद हुआ और अपना परिचय दिया। उसी शाम, बिना किसी बुरे इरादे के, उसने होटल के हॉल में उसका अपने मित्र लुखनोव तथा अन्य जुआरियों से परिचय कराया। उस वक़्त से

लेकर अब तक उल्हन जुए की मेज़ पर ही बैठा रहा था। उसे अपना कुलीन ज़मीन्दार मित्र भूल गया, वह नए घोड़े तक माँगना भूल गया। सच तो यह है कि लगातार चार दिन से उसने अपने कमरे के बाहर क़दम तक नहीं रखा था।

इल्यीन ने कपड़े पहने, नाश्ता किया और टहलता हुआ खिड़की के पास जाकर खड़ा हो गया। थोड़ा घूम लूँ तो मन पर से यह ताश का बोझ तो कुछ हल्का होगा। उसने अपना बरानकोट पहना और बाहर निकल आया। सामने लाल-लाल छतोंवाले सफ़ेद मकान थे। उनके पीछे सूर्य छिप चुका था और चारों ओर सन्ध्या-प्रकाश की लालिमा छाई हुई थी। हवा में हल्की गर्मी थी। सड़कों पर कीच था और आसमान में से गीली बर्फ के गोले धीरे-धीरे पड़ रहे थे। यह सोचकर उसका दिल उदास हो उठा कि आज का दिन मैंने सोकर गँवा दिया, और वह ख़त्म हुआ चाहता है।

'यह खोया हुआ दिन फिर कभी लौटकर नहीं आएगा,' उसने सोचा। फिर मन ही मन कहने लगा : 'मैंने अपना सारा यौवन ही बरबाद कर डाला है।' पर यह वाक्य उसने इसलिए नहीं कहा कि वह सचमुच अपने यौवन को बरबाद हुआ समझता था। वास्तव में उसने इस विषय पर कभी सोचा ही न था। उसने केवल इसलिए ये शब्द कहे थे कि वह वाक्यांश उसे सहसा याद हो आया था।

'अब मैं क्या करूँ ?' वह सोचने लगा, 'किसी से पैसे उधार लूँ और यहाँ से चला जाऊँ ?' उसी वक़्त सड़क की पटरी पर से एक लड़की गुज़री। 'कितनी बेवक़ूफ़ सी जान पड़ती है !' अचानक यह अजीब सा ख़याल उसके मन में उठा। "यहाँ कोई आदमी ऐसा नहीं जिससे मैं उधार माँग सकूँ। मैंने अपना यौवन बरबाद कर डाला।" वह उस तरफ़ बढ़ गया जहाँ दूकानों की क़तार थी। एक दूकान के बाहर एक व्यापारी लोमड़ी की खाल का ओवरकोट पहने खड़ा था और ग्राहकों की राह देख रहा था। "अगर मैंने वह अट्ठा नहीं छोड़ दिया होता तो अपनी हारी हुई रक़म पूरी कर लेता।" एक बूढ़ी भिखारिन उसके पीछे-पीछे चलने लगी और सुबकती हुई उससे भीख माँगने लगी। "कोई आदमी नहीं है जिससे मैं उधार माँग सकूँ।" एक आदमी रीछ की खाल का कोट पहने, गाड़ी में बैठा, पास से गुज़रा। एक चौकीदार ड्यूटी पर खड़ा था। "क्या मैं कोई ऐसी बात कर सकता हूँ जिससे सनसनी फैल जाए ? इन लोगों पर गोली चला दूँ ? पर कुछ भी मज़ा नहीं आएगा ! मैंने अपना यौवन बरबाद कर डाला। यह घोड़ों का साज़ कितना बढ़िया है। इसे यहाँ बेचने के लिए लटका रखा है ! वाह, क्या लुत्फ़ आए जो आदमी स्ले में तीन घोड़े जोते और उन्हें सरपट भगाता हुआ सर्र से निकल जाए ! होटल में लौट चलूँ। अब कुछ ही देर में लुख़नोव आ जाएगा और चौकड़ी फिर बैठेगी।" वह लौट आया और आते ही फिर पैसे गिने। नहीं, पहली बार गिनने में कोई ग़लती नहीं हुई थी—पलटन के पैसों में से अब अढ़ाई हजार रूबल ग़ायब थे। "मैं पहले पत्ते पर पचीस का दाँव लगाऊँगा, दूसरे पर 'कार्नर' का दाँव, फिर दाँव को सात गुना बढ़ा दूँगा, फिर पन्द्रह, तीस, साठ गुना, तीन हज़ार रूबल तक। फिर मैं वह घोड़े का साज़ खरीदकर यहाँ से निकल जाऊँगा। पर वह शैतान, मुझे जीतने नहीं देगा। मैंने अपना यौवन बरबाद

कर डाला।" इसी तरह के खयाल उल्हन के मन में चक्कर काट रहे थे जब लुखनोव ने कमरे में प्रवेश किया।

"क्या तुम्हें जागे देर हो गई, मिख़ाइलो वसील्येविच ?" लुख़नोव ने पूछा, और अपनी पतली तीखी नाक पर से सुनहरे रंग का चश्मा उतारा और जेब में से लाल रंग का रेशमी रूमाल निकालकर उसे पोंछने लगा।

"नहीं, अभी-अभी उठा हूँ। खूब गहरी नींद सोया।"

"क्या तुम्हें मालूम है, अभी-अभी यहाँ एक हुस्सार आया है। ज़वल्शेव्स्की के कमरे में ठहरा है। क्या तुमने सुना ?"

"नहीं, मैंने नहीं सुना। और लोग कहाँ हैं ?"

"वे रास्ते में प्रयाख़िन से मिलने के लिए रुक गए। अभी पहुँचा चाहते हैं।"

उसके मुँह से ये शब्द निकले ही थे कि और लोग भी आ पहुँचे : स्थानीय सुरक्षा-सेना का एक अफ़सर जो हमेशा लुख़नोव के साथ रहता था; बड़ी सी तोते जैसी नाक और गहरी काली-काली आँखोंवाला यूनान का एक व्यापारी; एक मोटा, थलथल-पिलपिल ज़मीन्दार, जो दिन के वक़्त शराब का कारख़ाना चलाता था और रात को आधे-आधे रूबल के दाँव पर जुआ खेलता था। उनमें से प्रत्येक व्यक्ति जल्दी से जल्दी खेल में जुट जाने के लिए बेचैन हो रहा था। लेकिन मुख्य खिलाड़ियों में से कोई भी यह दिखाना नहीं चाहता था। लुख़नोव तो खास तौर पर बड़े आराम से बैठा, मास्को में गुंडागर्दी की चर्चा कर रहा था :

"ज़रा सोचो तो !" वह कह रहा था, "मास्को, हमारा सबसे बड़ा शहर है, लेकिन गुंडागर्दी का अड्डा बना हुआ है। वहाँ रात के वक़्त गुंडे, हाथों में काँटे उठाए, भूत-पिशाच बने हुए सड़कों पर घूमते-फिरते हैं, बेवक़ूफ़ों को डराते और मुसाफ़िरों को लूटते हैं, और कोई कुछ नहीं कहता। मैं पूछना चाहता हूँ कि आखिर पुलिस सोच क्या रही है ?"

उल्हन बड़े ध्यान से गुंडागर्दी के क़िस्से सुन रहा था। पर आखिर उससे न रहा गया। वह उठा और चुपचाप बाहर जाकर नौकर को ताश लाने का हुक्म दिया। सबसे पहले मोटे ज़मीन्दार ने सबके दिल की बात कही :

"तो दोस्तो, इस सुनहरे वक़्त को क्यों बरबाद किया जाए ? आइए दो-दो हाथ हो जाए।"

"तुम तो उतावले होगे ही, कल रात की सारी जीत के पैसे जो घर छोड़ आए हो," यूनानी बोला।

"लेकिन देर बहुत हो गई है," सुरक्षा-सेना का अफ़सर बोला।

इल्यीन ने लुख़नोव की ओर देखा। दोनों की आँखें मिलीं, पर लुख़नोव उसी स्थिरता से गुंडों का ज़िक्र करता रहा। कभी उनके भूत-पिशाचों जैसे लिबास का वर्णन करता, कभी बड़े-बड़े पंजों का।

"तो पत्ते बाँटें ?" उल्हन ने पूछा।

''इतनी जल्दी क्या है ?''

''बेलोव !'' उल्हन ने पुकारा, और उसका चेहरा किसी कारण लाल हो उठा। ''मेरे लिए खाना लाओ। मैंने एक कौर तक मुँह में नहीं डाला। शैम्पेन लाओ और ताश लाकर यहाँ रखो।''

ऐन उसी वक़्त काउंट और ज़वल्शेव्स्की कमरे में दाखिल हुए। बातों-बातों में पता चला कि तुर्बीन और इल्यीन फ़ौज के एक ही डिविज़न में हैं। दोनों में फ़ौरन दोस्ती हो गई। शैम्पेन से उन्होंने एक-दूसरे की सेहत का जाम पिया, और कुछ ही मिनटों में यों घुल-मिलकर बातें करने लगे जैसे बचपन के मित्र हों। काउंट पर इल्यीन का बहुत अच्छा प्रभाव पड़ा। काउंट उसकी तरफ़ देखकर मुस्कुराने लगा और बार-बार यह कहकर छेड़ने लगा कि तुम तो अभी बच्चे हो।

''ऐसे होते हैं उल्हन !'' वह कहने लगा, ''क्या मूँछें हैं ! कैसी ज़ालिम मूँछें हैं।''

इल्यीन के उपरले होंठ पर के रोएँ बिल्कुल सुनहरे थे।

''तो क्या ताश खेलने जा रहे हो ?'' काउंट ने पूछा, ''मैं तो सोचता हूँ कि तुम जीतोगे, इल्यीन, तुम बहुत बढ़िया खिलाड़ी हो, है न ?'' मुस्कुराते हुए वह बोला।

''खेलने के लिए तैयार तो वे ज़रूर हैं,'' लुख़नोव ने ताश की गड्डी खोलते हुए कहा, ''तुम भी शामिल हो जाओ, काउंट ?''

''नहीं, आज नहीं। अगर मैं खेला तो तुम्हारे कपड़े तक उतार लूँगा। जब मैं खेलता हूँ तो बैंकों का दिवाला बोल जाता है। पर इस वक़्त मेरे पास पैसे नहीं हैं। मेरे पास जो कुछ था मैं वोलोचोक के नज़दीक घोड़ा-चौकी पर हार आया हूँ। एक कमबख़्त फ़ौजी ने मेरा सफ़ाया कर दिया। हाथों में अँगूठियाँ पहने हुए था। ज़रूर कोई पत्तेबाज़ रहा होगा।''

''क्या तुम्हें ज़्यादा देर घोड़ा-चौकी पर रुकना पड़ा ?'' इल्यीन ने पूछा।

''पूरे बाईस घंटे। वह मनहूस चौकी मुझे हमेशा याद रहेगी। पर मैं यह भी जानता हूँ कि वहाँ का घोड़ों का कारिन्दा मुझे भी कभी नहीं भूलेगा।''

''क्यों, क्या हुआ ?''

''हुआ यह कि जब मेरी गाड़ी वहाँ पहुँची तो वह कमबख़्त मेरे सामने आ खड़ा हुआ। कैसा मनहूस चेहरा था उसका ! कहने लगा, 'घोड़े नहीं हैं।' अब मैंने एक उसूल बना रखा है, कि जब भी कोई मुझसे कहे कि घोड़े नहीं हैं तो मैं सीधे कारिन्दे के कमरे में चला जाता हूँ, अपना ओवरकोट तक नहीं उतारता। उसके दफ़्तर में नहीं जाता, बल्कि उसके निजी कमरे में जा पहुँचता हूँ और जाते ही सब दरवाज़े और खिड़कियाँ खोल देने का हुक्म दे देता हूँ, समझो जैसे कमरा धुएँ से भरा हो। यहाँ पर भी मैंने यही किया। तुम्हें तो मालूम है न, पिछले महीने कैसा पाला पड़ा था। चार डिग्री नीचे तक। कारिन्दा मेरे साथ बहस करने लगा। मैंने सीधे एक घूँसा नाक पर जमाया। एक बुढ़िया, और कुछ लड़कियाँ और औरतें चीखने-चिल्लाने लगीं। उन्होंने अपने बरतन-वरतन उठाए और गाँव को जाने लगीं। मैंने रास्ता रोक लिया, और चिल्लाकर

कहा : "मुझे घोड़े दे दो, तो मैं चला जाऊँगा, अगर नहीं दोगे तो मैं किसी को बाहर नहीं जाने दूँगा। बेशक यहाँ सर्दी में ठिठुरकर मर जाओ।"

"इन लोगों को सीधा करने का यही तरीक़ा है !" मोटे ज़मीन्दार ने ठहाका मारकर हँसते हुए कहा, "सर्दी में झींगुरों की तरह जमकर मर जाने दो।"

"पर मेरी नज़र उन पर से किसी कारण हट गई। मैं कहीं चला गया, और इस बीच कारिन्दा और वे औरतें वहाँ से सरक गईं। केवल एक बुढ़िया वहाँ पर रह गई। वह रूसी गर्म चबूतरे पर पड़ी छींकें मार रही थी और बार-बार भगवान का नाम ले रही थी। उसे मैंने बन्धक बना लिया। उसके बाद हमारे बीच समझौते की बातचीत शुरू हुई। कारिन्दा लौट आया और दूर ही से खड़े-खड़े गिड़गिड़ाने लगा कि भगवान के लिए बुढ़िया को छोड़ दो। पर मैंने अपने कुत्ते ब्लूहर को उस पर छोड़ दिया—ब्लूहर कारिन्दों की गन्ध पहचानता है। पर उस शैतान कारिन्दे ने फिर भी मुझे घोड़े दूसरे दिन सुबह ही जाकर दिए। इस तरह उस कमबख़्त फ़ौजी अफ़सर से मेरी भेंट हुई। मैं साथ वाले कमरे में चला गया और उसके साथ खेलने लगा। क्या तुमने मेरे ब्लूहर को देखा है ? ब्लूहर, इधर आओ !"

ब्लूहर आया। सब जुआरियों ने बड़ी कृपालुता से उसकी ओर देखा, पर ज़ाहिर था कि उनका ध्यान किसी दूसरे काम की ओर अधिक था।

"पर दोस्तो, तुम खेलते क्यों नहीं ? मेरी ख़ातिर अपना खेल न खराब करो। तुम जानते हो, मैं बड़ा बातूनी आदमी हूँ," तुर्बीन ने कहा, "यह भी ताश का एक दिलचस्प खेल है। इसे कहते हैं 'प्यार-बिसार'।"

3

लुख़नोव ने दो मोमबत्तियाँ अपनी तरफ़ खिसकाईं, जेब में से मोटा सा भूरे रंग का बटुआ निकाला—वह नोटों से भरा था—धीरे-धीरे उसे खोला, मानो कोई रहस्यमय कृत्य सम्पन्न कर रहा हो। फिर उसमें से सौ-सौ रूबल के दो नोट निकाले और उन्हें ताश के नीचे रख दिया।

"कल की तरह आज भी, दो सौ रूबल का बैंक होगा," वह बोला, और अपनी ऐनक ठीक करके ताश की नई गड्डी खोलने लगा।

इल्यीन, तुर्बीन से बातें करने में मशगूल था। बिना आँख उठाए बोला :

"ठीक है।"

खेल शुरू हुआ। लुख़नोव मशीन की सी सफ़ाई से पत्ते बाँटता, केवल किसी-किसी वक़्त रुककर बड़े आराम से एक प्वाइंट लिख लेता या अपनी ऐनक के ऊपर से पैनी आँखों से देखता हुआ शिथिल सी आवाज़ में कहता, "तुम्हारी चाल है।" मोटा ज़मीन्दार सबसे ज़्यादा शोर मचा रहा था। ऊँची-ऊँची आवाज़ में अपना हिसाब जोड़ता, नाटी,

स्थूल उँगलियों से वह पत्तों के कोने मोड़ता जिससे उन पर दाग़ पड़ जाते। सुरक्षा-सेना का अफ़सर बड़ी साफ़ लिखाई में अपने प्वाइंट लिखता और मेज़ के नीचे हाथ ले जाकर हल्के से पत्तों के कोने मोड़ देता। बैंक बाँटनेवाले की बग़ल में यूनानी बैठा था और अपनी काली-काली आँखों से इतने ध्यान से खेल को देखे जा रहा था मानो वह इस इन्तज़ार में हो कि कोई घटना घटनेवाली है। मेज़ के पास खड़े ज़वल्शेव्स्की में सहसा स्फूर्ति आ जाती, अपनी जेब में से नीले या लाल रंग का नोट निकालकर, उस पर एक पत्ता फेंकता, थाप देकर उस पर हाथ रखता, ऊँची आवाज़ में क़िस्मत बुलाता : "आ जा, सात आए सात !" मूँछों को दाँतों तले दबाता, कभी एक पाँव पर अपने शरीर का बोझ डालता, कभी दूसरे पर। उसका चेहरा लाल हो उठता, सारे बदन में झुरझुरी होने लगती, और उस वक़्त तक होती रहती जब तक उसके हाथ में पत्ता न आ जाता। इल्यीन के पास, सोफ़े पर, एक प्लेट में बछड़े का गोश्त और खीरे के टुकड़े रखे थे। वह उन्हें उठा-उठाकर खा रहा था, और जल्दी से उँगलियों को जैकेट पर ही पोंछते हुए, एक के बाद दूसरा पत्ता फेंक रहा था। तुर्बीन शुरू से ही सोफ़े पर बैठा था। वह फ़ौरन भाँप गया कि ऊँट किस करवट बैठेगा। लुख़नोव आँख उठाकर उल्हन की तरफ़ देखता तक न था, न ही उससे एक शब्द भी कहता, वह केवल अपने चश्मे से किसी वक़्त उसके हाथों की ओर देखता लेकिन उल्हन के हाथ के पत्तों में से अधिकांश पत्ते मारे जाते।

"यह पत्ता तो मैं खुद लेना चाहता था," लुख़नोव ने, मोटे गुदगुदे शरीरवाले ज़मीन्दार के पत्ते की तरफ़ इशारा करते हुए कहा। वह आधे-आधे रूबल के दाँव पर खेल रहा था।

"तुम इल्यीन के पत्ते ले लो—तुम मेरे पत्तों की क्यों चिन्ता करते हो ?" ज़मीन्दार ने जवाब दिया।

यह ठीक था कि उनमें से किसी को भी इतने बुरे पत्ते नहीं पड़ रहे थे जितने इल्यीन को। हर बार वह हार जाता और घबराकर मेज़ के नीचे उस बदक़िस्मत पत्ते को फाड़कर फेंक देता और फिर काँपते हाथों से दूसरा पत्ता उठाता। तुर्बीन सोफ़े पर से उठ खड़ा हुआ और यूनानी से कहने लगा कि तुम मुझे अपनी कुर्सी पर बैठने दो। उसके साथ वाली कुर्सी पर लुख़नोव बैठा था और बैंक चला रहा था। यूनानी ने जगह बदल ली और काउंट उसकी कुर्सी पर बैठकर बड़े ध्यान से लुख़नोव के हाथों की ओर देखने लगा।

"इल्यीन !" सहसा काउंट बोल उठा। वह अपने साधारण लहजे में बोला था, फिर भी उसकी आवाज़ सबसे ऊँची थी। "एक ही पत्ते की बाजी क्यों लगाते हो ? तुम्हें खेलना नहीं आता !"

"मैं कुछ भी खेलूँ, फिर भी हारता हूँ।"

"अगर तुम्हारे दिल में यह ख़याल बैठा हुआ है तो तुम ज़रूर हारोगे। लाओ, मुझे दो अपने पत्ते।"

"नहीं-नहीं, शुक्रिया, मैं किसी को अपनी जगह नहीं खेलने देता। अगर खेलना चाहते हो तो तुम खुद खेलो।"

"मैंने कह दिया कि मैं नहीं खेलना चाहता। मैं तो तुम्हारी खातिर कह रहा हूँ। तुम्हें यों हारता देखकर मुझे दुःख होता है।"

"हारना तो मेरी क़िस्मत में लिखा है !"

काउंट ने फिर कुछ नहीं कहा, कोहनियाँ मेज़ पर टिकाईं और लुख़नोव के हाथों पर फिर आँखें गड़ा दीं।

"बहुत बुरी बात है !" उसने सहसा ऊँची आवाज में एक-एक शब्द पर बल देते हुए कहा।

"बहुत बुरी बात है !" उसने दोबारा पहले से भी ऊँची आवाज़ में कहा और सीधा लुख़नोव की आँखों में आँखें डालकर देखने लगा।

खेल जारी रहा।

लुख़नोव ने इल्यीन का एक और पत्ता उठाया। इस पर तुर्बीन बोला :

"बहुत बुरा काम है !"

"किस बात पर नाराज हो रहे हो, काउंट ?" लुखनोव ने नरमी से पर साथ ही बेरुख़ी दिखाते हुए कहा।

"जिस ढंग से तुम इल्यीन के पत्ते उठाते हो, इससे बड़ी बाज़ियाँ तुम जीत लेते हो और छोटी हार जाते हो। यह बहुत बुरा है।"

लुख़नोव ने कन्धे बिचकाए और भौंहें सिकोड़ीं मानो कह रहा हो कि हर एक की अपनी-अपनी क़िस्मत है, और खेल में जुटा रहा।

"ब्लूहर ! इधर आओ !" काउंट चिल्लाया और उठ खड़ा हुआ। "पकड़ लो इसे, ब्लूहर !"

ब्लूहर इस तेज़ी से सोफ़े के नीचे से उछलकर निकला कि सुरक्षा सेना का अफ़सर गिरते-गिरते बचा। कुत्ता भागकर अपने मालिक के पास जा पहुँचा और गुर्राने लगा; वह पूँछ हिलाता हुआ कमरे में बैठे लोगों की तरफ़ यों देखने लगा मानो कह रहा हो : "बताओ इनमें कौन बुरा आदमी है !"

लुख़नोव ने पत्ते रख दिए और कुर्सी पीछे की ओर खींच दी।

"इस हालत में खेलना नामुमकिन है," उसने कहा, "मुझे कुत्तों से नफ़रत है। कौन आदमी खेल सकता है जब कमरा कुत्तों से भरा हो ?"

"और कुत्ते भी इस जैसे–यह कुत्ता नहीं जोंक है, मैं सोचता हूँ," सुरक्षा-सेना के अफ़सर ने सुर में सुर मिलाते हुए कहा।

"कहो, मिख़ाइलो वसील्येविच, खेल जारी रखें या बन्द कर दें ?" लुख़नोव ने अपने मेज़बान से पूछा।

"कृपा करके हमारा खेल ख़राब न करो, काउंट," इल्यीन ने तुर्बीन से कहा।

इस पर तुर्बीन ने इल्यीन की बाँह पकड़ी और उसे कमरे से बाहर ले जाने लगा।

"ज़रा इधर तो आओ।"

काउंट की आवाज साफ़ सुनाई दे रही थी। वह जान-बूझकर ऊँची आवाज़ में बोल रहा था। यों भी उसकी आवाज़ तीन कमरे दूर तक सुनाई देती थी।

"क्या तुम पागल हो गए हो ? देखते नहीं कि वह ऐनकवाला आदमी छँटा हुआ पत्तेबाज़ है ?"

"नहीं-नहीं, यह कैसे हो सकता है ?"

"और मत खेलो, मैं कहता हूँ। मुझे तो इसमें कुछ लेना-देना नहीं है। कोई और वक़्त होता तो मैं खुशी से यही पैसे तुमसे खुद जीतकर ले जाता, पर आज रात, न मालूम क्यों, मुझसे यह बर्दाश्त नहीं हो सकता कि वे लोग तुम्हें लूटकर ले जाएँ। क्या अपने पैसों से खेल रहे हो ?"

"हाँ तो !...अ...क्यों ?....क्यों पूछते हो ?"

"मैं भी इसी रास्ते सफ़र कर चुका हूँ, दोस्त, इन पत्तेबाज़ों की सब चालें जानता हूँ। वह ऐनकवाला आदमी पत्तेबाज़ है, मैं फिर कहता हूँ। खेलना छोड़ दो, इसी वक़्त छोड़ दो। मैं तुम्हें एक दोस्ताना मशविरा दे रहा हूँ।"

"मैं सिर्फ़ एक हाथ और खेलूँगा।"

"मैं जानता हूँ 'एक हाथ और' का क्या मतलब होता है। चलो, यह भी देख लेते हैं।"

वे वापस आ गए। एक ही हाथ में इल्यीन ने इतने पत्ते फेंके और उनमें से इतने ज़्यादा पत्ते हारे कि उसे बहुत भारी नुक़सान हुआ।

तुर्बीन ने मेज़ पर दोनों हाथ फैला दिए।

"बस, हो चुका !" उसने चिल्लाकर कहा, "अब और मत खेलो।"

"अब मैं कैसे छोड़ सकता हूँ ? तुम इतनी मेहरबानी करो क़ि मुझे अकेला छोड़ दो," इल्यीन ने खीझकर, बिना तुर्बीन की ओर देखे, मुड़े हुए पत्तों को गड्डी में मिलाते हुए, कहा।

"तो जाओ भाड़ में ! अगर हारने में इतना मज़ा आ रहा है तो हारो। मैं यहाँ और नहीं ठहर सकता। ज़वल्शेव्स्की, चलो मेरे साथ, मार्शल के यहाँ चलें।"

वे बाहर निकल गए। किसी ने एक शब्द भी नहीं कहा, और लुख़नोव ने उस वक़्त तक पत्ते नहीं बाँटे जब तक उनके क़दमों की आवाज़ और कुत्ते के पंजों की चाप बरामदे में से आती रही।

"कैसा आदमी है !" ज़मीन्दार ने हँसते हुए कहा।

"खैर, अब हम आराम से खेल तो सकते हैं," सुरक्षा-सेना के अफ़सर ने फुसफुसाकर कहा।

और खेल जारी रहा।

4

साजिन्दे, आस्तीनें चढ़ाए, पहले से ही भंडारे में तैयार खड़े थे। सब के सब मार्शल के घर के बन्धक-दास थे। इस अवसर पर भंडारे को आर्केस्ट्रा के लिए ख़ाली कर लिया गया था। इशारा पाते ही वे पोलैंड का राष्ट्रीय नाच–'अलेक्सान्द्र-येलिज़वेता'–बजाने लगे। हॉल मोमबत्तियों की रोशनी से जगमग कर रहा था। नाच करनेवाले जोड़े, एक-एक करके, बड़े बाँपकन से, लकड़ी से फ़र्श पर उतरने लगे। सबसे आगे गवर्नर, मार्शल की पत्नी का बाज़ू थामे हुए आया। उसकी छाती पर सितारा चमक रहा था। उसके पीछे मार्शल, गवर्नर की पत्नी का बाज़ू थामे हुए आया। इसके बाद अलग-अलग क्रम से जोड़े उतरने लगे। सभी लोग इलाक़े के शासक परिवारों में से थे। उसी वक़्त ज़वल्शेव्स्की अन्दर दाखिल हुआ। नीले रंग का फ्रॉक-कोट, कन्धों पर झब्बे, ऊँचा कॉलर, पाँवों में ऊँचे मोज़े और नाच के जूते चढ़ाए था। उसके अन्दर पहुँचते ही हॉल इत्र की खुशबू से महमह करने लगा। चमेली का इत्र वह मूँछों, कोट के कॉलर और रूमाल पर मानो उँडेल लाया था। साथ में एक बाँका हुस्सार था। हुस्सार ने चुस्त, नीले रंग की घुड़सवारों की बिर्जस पहन रखी थी, और ऊपरी सुनहरी कढ़ाई का लाल कोट पहने था। कोट पर ब्लादीमिर क्रास तथा 1812 का तमग़ा चमक रहा था। काउंट का क़द सामान्य क़द से ज़्यादा नहीं था, पर शरीर का गठन अत्यन्त सुन्दर था। उसकी स्वच्छ, नीली आँखें चमक रही थीं। गहरे भूरे बालों में बड़े-बड़े कुंडल बनते थे। इनसे उसका चेहरा और भी निख़र आया था। मार्शल के घर में उसका प्रवेश अप्रत्याशित नहीं था। जिस सुन्दर युवक से वह होटल में मिला था, उसने मार्शल को सूचना दे दी थी कि सम्भव है काउंट भी नाच-पार्टी में शरीक हो। इस समाचार के प्रति लोगो की प्रतिक्रिया अलग-अलग ढंग की हुई थी। पर सामान्यतया किसी को भी बहुत खुशी नहीं हुई थी। "क्या मालूम वह हमारी खिल्ली उड़ाए," पुरुषों और बड़ी उम्र की स्त्रियों को तो यह ख़याल आया था। "क्या मालूम वह मुझे भगा ले जाए।" यह ख़याल अधिकांश युवतियों के मन में उठा था।

पोलैंड के संगीत की धुन समाप्त हुई और नाचनेवाले जोड़े एक-दूसरे के सामने झुककर अलग हुए। स्त्रियाँ स्त्रियों में जा मिलीं और पुरुष पुरुषों में। ज़वल्शेव्स्की, गर्व और खुशी से फूला न समा रहा था। काउंट को घर की मालकिन के पास ले गया। मार्शल की पत्नी मन ही मन डर रही थी कि कहीं सबके सामने काउंट उसकी हँसी न उड़ाने लगे, लेकिन ऊपर से सिर एक ओर को झुकाए, बड़े ग़रूर और सरपरस्ती के लहजे में बोली : "बहुत खुशी हुई। उम्मीद है आप भी नाचेंगे।" और यह कहकर एक ऐसी अविश्वास-भरी नज़र से उसकी ओर देखा मानो कह रही हो, "अगर तुमने किसी महिला का अपमान किया तो तुम निरे गुंडे साबित होगे।" पर काउंट ने मिनटों में उसका दिल जीत लिया। उसकी विनम्रता, शिष्टता, हँसोड़ तबीयत और सुन्दर रूप को देखकर उसकी बदगुमानी जाती रही। यहाँ तक कि मालकिन के चेहरे का भाव बदल गया :

"देखा, मैं इस तरह के लोगों को सीधे रास्ते पर लाना जानती हूँ। उसे फ़ौरन पता चल गया कि वह किससे बात कर रहा है। देखते जाओ, सारी शाम मेरे आगे-पीछे न घूमता रहे तो कहना।" पर ऐन इसी वक़्त गवर्नर, काउंट के पास आया और बातें करने के लिए उसे एक ओर ले गया। वह काउंट के पिता से परिचित था। यह देखकर स्थानीय कुलीनों के शक दूर हो गए। उनकी नज़रों में काउंट और भी ऊँचा उठ गया। थोड़ी देर बाद ज़वल्शेव्स्की ने उसका परिचय अपनी बहन से कराया। वह एक गोल-मटोल युवा विधवा थी। जब से काउंट ने कमरे में क़दम रखा था, वह अपनी काली-काली आँखों से उसे निहार रही थी। काउंट ने उससे वॉल्ज़-नृत्य नाचने का प्रस्ताव किया। साज़िन्दे उस समय इस नाच की धुन बजा रहे थे। काउंट बहुत अच्छा नाचता था और उसे नाचते देखकर लोगों के मन से रहा-सहा खिंचाव भी दूर हो गया।

"क्या खूब नाचता है !" एक मोटी सी औरत बोली। वह देहात के किसी कुलीन की पत्नी थी और काउंट की थिरकती टाँगों की ओर देखे जा रही थी, और अपने आप ताल दिए जा रही थी : "एक, दो, तीन; एक, दो तीन, वाह ! बहुत अच्छा !" नीली बिर्जस में काउंट बड़ी फुर्ती से हॉल में इधर से उधर पैंतरे ले-लेकर नाच रहा था।

"उफ़, कितना अच्छा नाचता है, वाह-वाह !" एक दूसरी स्त्री ने कहा। वह शहर में कुछ दिन के लिए आई हुई थी। इस सोसाइटी में उसे अशिष्ट समझा जाता था। "आश्चर्य की बात कि उसकी एड़ी किसी को छूती तक नहीं। वाह, कितनी सफ़ाई से क़दम रखता है !"

काउंट ऐसा नाचा कि इलाक़े के तीन सबसे अच्छे नाचनेवालों को मात कर गया। इनमें से एक था गवर्नर का सरकारी अफ़सर। क़द का लम्बा और बाल सन जैसे थे। नाच में अपने फुर्तीलेपन के लिए मशहूर था। जिस किसी स्त्री के साथ नाचता, उसे अपने साथ खूब ज़ोर से चिपकाए रखता। इस बात के लिए भी मशहूर था। दूसरा था घुड़सेना का अफ़सर, जिसका बदन वॉल्ज़ नाचते वक़्त बड़े खूबसूरत अन्दाज़ से झूमता। वह बड़ी नज़ाक़त से और जल्दी-जल्दी एड़ियाँ टकराता था। इसी तरह वहाँ एक और आदमी इतना अच्छा नाचता था कि लोग उसे हर नाच-पार्टी की जान समझते थे, हालाँकि उसका दिमाग़ बहुत तेज़ न था। वह ग़ैरफ़ौजी आदमी था। जब से पार्टी शुरू हुई वह नाचता रहा और साँस लेने तक के लिए नहीं रुका। हर नाच के बाद वह कुर्सियों पर बैठी स्त्रियों के पास जाता और क्रमानुसार एक से नाचने का अनुरोध करता। केवल किसी-किसी वक़्त, मुँह पर से पसीने पोंछने के लिए रुकता था। उसका मुँह लाल और पसीने से तर था, और रूमाल भीग चुका था। काउंट ने सबको मात दी और स्त्रियों में से सबसे मुख्य तीन स्त्रियों के साथ नाचा। उनमें से एक गदराये डील-डौल की थी, अमीर, खूबसूरत और बेवक़ूफ़। दूसरी, मँझले क़द की थी, बहुत सुन्दर तो न थी पर नाज़ुक थी और बड़ी शानदार पोशाक पहने हुए थी; और तीसरी एक छोटी सी स्त्री, जो देखने में साधारण मगर यों बड़ी चतुर थी। अन्य स्त्रियों के साथ भी वह नाचा। या यों कहिए कि सभी सुन्दर स्त्रियों के साथ वह नाचा। और नाच-पार्टी पर बहुत सी

सुन्दर स्त्रियाँ आई हुई थीं—पर जो स्त्री उसे सबसे ज़्यादा पसन्द आई, वह थी ज़वल्शेव्स्की की विधवा बहन। उसके साथ वह एक-एक बार क्वाड्रिल, एकोसाएज़ तथा मज़ुर्का नाचा। शुरू-शुरू में क्वाड्रिल नाचते वक़्त उसने उसके रूप की बार-बार सराहना की, उसकी तुलना वीनस से, डायना से, गुलाब के फूल से, और किसी अन्य फूल से करता रहा। नन्ही विधवा जवाब में केवल अपनी सफ़ेद सुघड़ गर्दन एक ओर टेढ़ी कर लेती, और पलकें झुका लेती। उसकी आँखें उसके सफ़ेद मलमल के फ्रॉक पर टिक जातीं, और वह हाथ में पकड़ा हुआ पंखा बदलकर दूसरे हाथ में कर लेती। "हाय, काउंट, आप मुझे बना रहे हैं," वह कहती, या इसी तरह का कोई दूसरा वाक्य कहती। उसकी आवाज़ गहरी थी, और उसमें मासूमियत और सादगी और भोलापन था। काउंट सोचता कि वह सचमुच स्त्री नहीं, फूल है, गुलाब का फूल नहीं, कोई पूरा खिला हुआ, जंगली फूल है—गुलाबी और सफ़ेद रंग का। उस फूल में खुशबू तो नहीं, मगर लगता है, दूर, किसी सुन्दर, पुराने हिम-तट पर अकेला खिल रहा है।

उसका भोलापन, सादगी, और साथ ही उसके रूप की ताज़गी देखकर काउंट के दिल की अजीब कैफ़ीयत होने लगी। बातचीत के दौरान वह कई बार चुपचाप उसकी आँखों में देखता रह जाता। उसकी सुडौल गर्दन और बाँहों को देखते हुए उसे उत्कट इच्छा होती कि उसे बाँहों में भरकर चूम ले। उसके लिए अपने को क़ाबू में रखना मुश्किल हो जाता। नन्ही विधवा अपने प्रभाव का भास पाकर बड़ी खुश थी। पर काउंट के रवैये में कोई चीज़ उसे बेचैन करने लगी और वह घबरा उठी। काउंट उसे खुश करने के लिए उसके आगे-पीछे घूम रहा था, बल्कि इतनी शिष्टता से पेश आ रहा था कि ज़माने का रंग देखते हुए वह कुछ ज़रूरत से ज़्यादा जान पड़ती थी। वह भागकर उसके लिए पीने की चीज़ें ले आया; उसका रूमाल गिरा तो झट से उठा दिया। एक बार विधवा ने बैठने की इच्छा प्रकट की। एक दूसरा युवक भागकर कुर्सी ले आया। वह नन्ही विधवा का प्रेमी था और कंठ-माला का रोगी जान पड़ता था। काउंट ने झपटकर कुर्सी उसके हाथ से छीन ली और विधवा को उस पर बिठा दिया। इस तरह सारा वक़्त वह छैला बना उसकी टहल करता रहा।

पर छैला बनने की सब कोशिशों के बावजूद विधवा पर कोई असर नहीं हुआ। यह देखकर काउंट उसके सामने मसख़रा बनने की कोशिश करने लगा, उसे तरह-तरह के चुटकुले सुनाने लगा। उसे कहता, बस, आपके हुक्म की देर है, यक़ीन मानिए, मैं सिर के बल खड़ा हो जाऊँगा, कहेंगी तो मुर्ग़ की तरह बाँग देने लगूँगा, खिड़की में से कूद पड़ूँगा नदी पर जमी बर्फ़ में, जहाँ कहीं भी सूराख़ नजर आया, छलाँग लगा दूँगा। काउंट का यह दाँव चल गया। नन्ही विधवा खिल उठी, और ठहाके मार-मारकर हँसने लगी। उसके दाँतों की ख़ूबसूरत, सफ़ेद लड़ियाँ बार-बार झिलमिलाने लगीं। उसका दिल छैले के प्रति पसीजने लगा। इधर काउंट पागल हुआ जा रहा था। क्वाड्रिल के खत्म होते न होते वह अपनी सुध-बुध खो बैठा।

क्वाड्रिल-नाच समाप्त हुआ। इलाक़े के सबसे अमीर ज़मीन्दार का बेटा नन्ही

विधवा के पास आया। 18 बरस का निठल्ला युवक, मुद्दत से विधवा की मुहब्बत में पागल हुआ जा रहा था। (यह वही कंठ-माला का रोगी था जिसके हाथ से काउंट ने कुर्सी छीन ली थी।) परन्तु विधवा उसके साथ बड़ी बेरुख़ी से पेश आई। जो उत्तेजना काउंट ने उसके अन्दर पैदा कर दी थी, उसका दसवाँ हिस्सा भी यह लड़का पैदा नहीं कर सकता था।

"तुम अच्छे आदमी हो जी !" वह बोली। उसकी आँखें काउंट की पीठ पर लगी थीं और वह मन ही मन हिसाब लगा रही थी कि उसके कोट पर कितने गज़ सुनहरी गोट लगी होगी। "मुझसे तो वादा किया था कि स्ले-गाड़ी पर सैर कराओगे और चाकलेट लाकर दोगे।"

"मैं तो हाज़िर हुआ था आन्ना फ़्योदोरोव्ना, मगर तुम घर पर नहीं थीं। मैं वहाँ तुम्हारे लिए सबसे बढ़िया चाकलेटों का डिब्बा छोड़ आया हूँ," युवक ने जवाब दिया। क़द लम्बा होने के बावजूद उसकी आवाज पतली सी थी।

"तुम हमेशा बहाना ढूँढ़ते रहते हो। मुझे तुम्हारे चाकलेटों की ज़रूरत नहीं। यह मत समझो कि..."

"मैं देख रहा हूँ आन्ना फ़्योदोरोव्ना, तुम्हारा रुख़ बदल रहा है। मैं इसका कारण भी जानता हूँ। यह तुम अच्छा नहीं कर रही हो," वह बोला। वह कुछ और भी कहना चाहता था मगर व्याकुलता में उसके होंठ इस क़दर काँपने लगे कि वह आगे कुछ कह न पाया।

आन्ना फ़्योदोरोव्ना ने उसकी ओर कोई ध्यान नहीं दिया और सारा वक़्त तुर्बीन की ओर देखती रही।

दावत का मेज़बान, मार्शल, काउंट के पास आया। वह बड़े रोब-दाबवाला, हट्टा-कट्टा बुज़ुर्ग आदमी था और मुँह में उसके एक भी दाँत नहीं था। काउंट के बाज़ू पर हाथ रखकर, वह उसे अपने साथ पढ़नेवाले कमरे में ले चला। वहाँ सिगरेट, शराब आदि का प्रबन्ध था। तुर्बीन के बाहर निकलने की देर थी कि आन्ना फ़्योदोरोव्ना के लिए नाच-घर वीरान हो उठा। अपनी एक सहेली को साथ लेकर वह सीधी शृंगार-कक्ष में चली गई। उसकी सहेली, दुबली-पतली, अधेड़ उम्र की अनब्याही स्त्री थी।

"कहो, पसन्द आया ?" सहेली ने पूछा।

"पर यह मेरे आगे-पीछे क्यों घूमता है ?" आन्ना फ़्योदोरोव्ना बोली, और शीशे के सामने जाकर अपना रूप निहारने लगी।

वह कुछ-कुछ शरमा रही थी, चेहरा दमक रहा था और आँखें हँस रही थीं। सहसा, वह एक पैर पर, पंजे के बल खड़ी हो गई, और खिलखिलाकर हँसते हुए, बैले-नर्तकियों की नक़ल उतारते हुए, दोनों एड़ियाँ टकराकर हवा में उछली।

"तुम क्या जानो, उसने मुझसे यादगार के लिए कोई चीज़ माँगी है," उसने सहेली से कहा। "पर उसे कुछ भी नहीं मिलेगा। एक चीज़ भी नहीं-ई-ईं दूँऊ-ऊँगी!" अन्तिम दो शब्द उसने गाकर उँगली नचाते हुए कहे। हाथों पर उसने मुलायम चमड़े के दस्ताने

पहन रखे थे।

पढ़नेवाले जिस कमरे में मार्शल, तुर्बीन को ले गया था वहाँ तरह-तरह की शराबें, शैम्पेन, वोद्का, प्लेटों में हल्की-फुल्की खाने की चीज़ें रखी थीं। कमरा तम्बाकू के धुएँ से अटा था। शहर की कुलीन-समाज के सदस्य, खड़े या बैठे हुए, चुनावों की चर्चा कर रहे थे।

"हमारे इलाक़े के कुलीनों ने उसे चुना है, उसे इज़्ज़त बख़्शी है," पुलिस-कप्तान कह रहा था। उसे हाल ही में चुना गया था। वह अभी से नशे की हिलोर में था। "उसे कोई हक़ नहीं था कि अपना फ़र्ज़ अदा करने में आनाकानी करे, कोई हक़ नहीं था..."

काउंट के अन्दर आ जाने पर बातचीत का सिलसिला टूट गया। हरेक के साथ काउंट का परिचय कराया गया। पुलिस-कप्तान ने बड़े तपाक से हाथ मिलाया और बार-बार उसे शाम की पार्टी में शामिल होने का न्योता देने लगा। यह पार्टी नाच के बाद नए शराबघर में होनेवाली थी। "वहाँ सब लोग जिप्सियों का सहगान सुनेंगे," उसने कहा। काउंट ने निमन्त्रण स्वीकार किया और फिर उसके साथ कितने ही गिलास शैम्पेन के पिए।

"मगर साहिबान, आप लोग नाच क्यों नहीं रहे हैं ?" काउंट ने पढ़नेवाले कमरे में से बाहर निकलते हुए पूछा।

"हमें नाच से क्या लेना-देना ?" पुलिस-कप्तान ने हँसते हुए कहा, "हम बोतल को ही बग़ल में लेकर खुश रहते हैं, काउंट। और हाँ, काउंट, ये सब लड़कियाँ मेरे देखते ही देखते बड़ी हुई हैं। कभी-कभी तो मैं भी एकोसाज़-नाच में शामिल हो जाता हूँ। अब भी थोड़े-बहुत पैंतरे मार सकता हूँ, काउंट।"

"तो फिर आओ, अभी नाचें," तुर्बीन ने कहा, "जिप्सियों का गाना सुनने से पहले यहाँ भी थोड़ा मज़ा ले लें।"

"क्यों नहीं। आओ दोस्तो, और नहीं तो अपने मेज़बान को खुश करने के लिए ही सही।"

तीन लाल-लाल चेहरोंवाले कुलीन उठ खड़े हुए। जब से नाच शुरू हुआ था वे पढ़नेवाले कमरे में बैठे शराब पी रहे थे। उन्होंने हाथों पर दस्ताने चढ़ाए—एक ने काली खाल के, बाक़ी दोनों ने सिल्क के बुने हुए। तीनों नाच-घर की ओर जाने लगे। परन्तु सहसा, कंठ-माला का रोगी युवक वहाँ आ पहुँचा। उसे देखकर सबके सब रुक गए। युवक के होंठ नीले पड़ गए थे और वह मुश्किल से आँसू रोक पा रहा था। सीधा तुर्बीन के पास जाकर बोला :

"क्या समझते हो तुम अपने आपको ? काउंट हो तो क्या हर किसी को धक्के देते फिरोगे ? इस जगह को हाट-बाज़ार समझ रखा है ?" उसकी साँस फूल रही थी। "यह सरासर बदतमीज़ी है..."

उसके होंठ काँपने लगे और गला रुँध गया।

"क्या है ?" तुर्बीन की भवें चढ़ गईं। "क्या कहा, पिल्ले ?" तुर्बीन ने चिल्लाकर कहा और युवक के दोनों हाथ पकड़कर इतने ज़ोर से दबाए कि उसका चेहरा लाल हो गया—अपमान के कारण इतना नहीं, जितना डर के कारण। "क्या मेरे साथ द्वन्द्व-युद्ध लड़ना चाहते हो ?" अगर यह बात है तो मैं तैयार हूँ।"

तुर्बीन ने उसके हाथ छोड़ दिए। उसी वक़्त दो आदमी उस लड़के को बाजुओं से पकड़कर कमरे के पीछे दरवाज़े की ओर धकेल ले गए।

"पागल हो गए हो ? बहुत पी ली है, क्या ? हम तुम्हारे बाप से शिकायत करेंगे। तुम्हें हुआ क्या है ?" उन्होंने उससे पूछा।

"मैं पिए हुए नहीं हूँ। यह लोगों को धक्के लगाता फिरता है, और माफ़ी तक नहीं माँगता। उल्लू का पट्ठा !" युवक ने बिलखकर कहा और सचमुच रोने लगा।

उसकी शिकायतों की ओर किसी ने कान नहीं दिया, और उसे घर भेज दिया गया।

"इसकी ओर कोई ध्यान न दो, काउंट," पुलिस-कप्तान और ज़वल्शेव्स्की दोनों ने एक साथ कहा। दोनों तुर्बीन को तसल्ली देने के लिए बेक़रार थे।

"वह तो बच्चा है, अभी तक उसकी घर में पिटाई होती है। सोलह साल की तो उसकी उम्र है। न मालूम उस पर कौन सा जनून सवार हो गया। ज़रूर पागल हो गया होगा। उसका पिता बड़ा नेक आदमी है, बड़ी इज़्ज़त है उसकी, चुनावों में हमारा उम्मीदवार था।"

"भाड़ में जाए अगर द्वन्द्व-युद्ध नहीं लड़ना चाहता तो..."

और काउंट फिर नाचनेवाले हॉल में चला गया और बड़े मज़े से फिर उसी नन्ही विधवा के साथ एकोसाएज़-नाच नाचने लगा। जो लोग उसके साथ अध्ययन-कक्ष में से नाचने के लिए आए थे उनका नाच देख-देखकर तुर्बीन को हँसी आने लगी। एक बार पुलिस-कप्तान का पाँव फिसला और वह नाचते जोड़ों के बीच धड़ाम से गिर पड़ा। काउंट इतने ज़ोर से ठहाका मारकर हँसा कि सारा हॉल उसकी हँसी में गूँजने लगा।

5

जिस समय काउंट पढ़नेवाले कमरे में गया हुआ था, उस वक़्त आन्ना फ़्योदोरोव्ना ने सोचा कि उसे काउंट की तरफ़ बेरुखी बनाए रखनी चाहिए। वह अपने भाई के पास गई और बड़े अनमने ढंग से बोली, "यह तो बताओ, भइया, यह हुस्सार कौन है जो मेरे साथ अभी नाच रहा था ?" घुड़सेना का अफ़सर पूरा ब्यौरा देकर बताने लगा कि तुर्बीन बड़ा माना हुआ हुस्सार है केवल इसलिए नाच पर आया है कि रास्ते में पैसे चोरी हो जाने के कारण उसे शहर में रुक जाना पड़ा। अब उसने खुद काउंट को एक सौ रूबल अपने जेब से दे रखे हैं, मगर यह बहुत मामूली रक़म है। फिर अपनी बहन से पूछने लगा कि क्या तुम दो सौ रूबल और उधार दे सकती हो ? पर इस बारे में किसी

से भी जिक्र नहीं करना, काउंट से तो बिल्कुल ही नहीं। आन्ना फ़्योदोरोव्ना ने अपने भाई को वचन दिया कि वह उसी दिन शाम को रुपए भेज देगी; और इसका ज़िक्र भी किसी से नहीं करेगी। पर एकोसाएज़-नाच के समय उसके मन में तीव्र इच्छा उठी कि काउंट को वह रक़म खुद दे दे जितनी भी उसे ज़रूरत हो। पर काउंट को अपने मुँह से यह बात कहने के लिए वह काफ़ी देर के बाद साहस बटोर पाई। पहले तो झिझकती-शरमाती रही, पर आखिर, बड़ी कोशिश के बाद उसने बात छेड़ी :

"मेरे भाई ने मुझे बताया है कि रास्ते में आपके साथ कोई दुर्घटना हो गई थी, और अब आपको पैसे की तंगी है। अगर ज़रूरत हो तो मुझसे ले लीजिए। मुझे बड़ी खुशी होगी।"

पर कहते ही आन्ना फ़्योदोरोव्ना डर गई और उसका चेहरा लाल हो गया। काउंट का चेहरा भी मुरझा गया।

"आपका भाई तो जाहिल है," उसने रुखाई के साथ कहा, "आप यह तो जानती हैं, कि अगर कोई आदमी किसी दूसरे आदमी का अपमान करे तो उसे द्वन्द्व-युद्ध की चुनौती दी जाती है। पर अगर कोई औरत किसी मर्द का अपमान करे तो जानती हैं क्या नतीजा होता है ?"

शर्म के मारे बेचारी आन्ना फ़्योदोरोव्ना का गला और कान जलने लगे। उसने आँखें नीची कर लीं और मुँह से एक शब्द भी न निकाल पाई।

"ऐसी औरत को सबके सामने चूम लिया जाता है," काउंट ने झुककर उसके कान में फुसफुसाकर कहा। "इजाज़त हो तो मैं आपका हाथ चूम लूँ," उसने बड़ी देर चुप रहने के बाद धीमी आवाज में कहा। उसे उस स्त्री की घबराहट को देखकर दया आने लगी थी।

"ओह, मगर इस वक़्त तो नहीं," आन्ना फ़्योदोरोव्ना ने गहरी साँस खींचकर कहा।

"फिर कब ? मैं तो कल सुबह जा रहा हूँ। और आप इसकी ऋणी हैं।"

"पर यहाँ पर मैं इसे कैसे अदा कर सकती हूँ ?" आन्ना फ़्योदोरोव्ना ने मुस्कुराकर कहा।

"तो मुझे इजाज़त दीजिए कि मैं आपसे मिल सकूँ और आपका हाथ चूमूँ। मौक़ा तो मैं खुद ढूँढ़ निकालूँगा।"

"आप कैसे ढूँढ़ निकालेंगे ?"

"यह मेरा काम है। आपसे मिलने के लिए मैं कुछ भी करने को तैयार हूँ। आपको तो कोई एतराज़ नहीं ?"

"नहीं तो।"

एकोसाएज़ समाप्त हुआ। इसके बाद उन्होंने फिर एक बार मजुर्का-नाच नाचा। काउंट ने वह कौशल दिखाया—कभी उड़ता रूमाल पकड़ता, कभी एक घुटने के बल बैठता और बिल्कुल वारसा के लोगों की तरह दोनों एड़ियाँ टकराता। जो वयोवृद्ध मेज़ों

पर बैठे ताश खेल रहे थे वे भी वहाँ से उठकर नाच देखने लगे। घुड़सेना के अफ़सर ने भी अपनी हार मान ली। वह आदमी नृत्य-कला में सर्वोत्कृष्ट माना जाता था। इसके बाद भोजन आरम्भ हुआ। लोगों ने अन्तिम बार 'ग्रोस फ़ाटेर' नाच नाचा, और मेहमान विदा होने लगे। सारा वक़्त काउंट की आँखें उस नन्ही विधवा पर जमी रहीं। जब उसने कहा था कि वह उसकी ख़ातिर बर्फ़ में बने सूराख में कूद सकता है तो यह अतिशयोक्ति नहीं थी। यह प्यार हो या सनक, या केवल हठीलापन—इस समय उसकी सभी इच्छाएँ एक ही बात पर केन्द्रित थीं कि वह उस स्त्री से मिले और उससे प्यार करे। जब उसने देखा कि आन्ना फ़्योदोरोव्ना घर की मालकिन से विदा ले रही है, तो वह भागता हुआ नौकरों के कमरे में गया, वहाँ से, बिना ओवरकोट लिये सीधा सड़क पर जा पहुँचा जहाँ मेहमानों की गाड़ियाँ खड़ी थीं।

"आन्ना फ़्योदोरोव्ना ज़ाइत्सेवा की गाड़ी लाओ !" उसने पुकारा। एक बड़ी सी गाड़ी फाटक की तरफ बढ़ने लगी। उसमें चार आदमियों के बैठने की जगह थी, और लैम्प लगे थे। "रुको !" उसने कोचवान को पुकारा और घुटनों तक बर्फ़ में भागता हुआ उसकी ओर आया।

"क्या बात है ?" कोचवान ने पूछा।

"मुझे गाड़ी में बैठना है," काउंट ने जवाब दिया, और दरवाज़ा खोलकर साथ-साथ भागने लगा। फिर उछलकर गाड़ी में चढ़ने की कोशिश की। "रुको गधे, सूअर !"

"रुक जाओ वास्का !" कोचवान ने पोस्टिलियन को पुकारा और घोड़ों की लगाम खींची। "आप दूसरे आदमी की गाड़ी में क्यों बैठना चाहते हैं, हुजूर ? यह गाड़ी तो आन्ना फ़्योदोरोव्ना की है।"

"चुप रहो, सूअर ! यह लो एक रूबल और नीचे उतरकर दरवाज़ा बन्द करो," काउंट ने कहा। कोचवान अपनी जगह से नहीं हिला। काउंट ने स्वयं सीढ़ी को ऊपर उठाया, खिड़की खोली, और किसी तरह दरवाजा बन्द कर लिया। गाड़ी में से बासी गन्ध आ रही थी, जैसी जले बालों से आती है। ऐसी गन्ध अक्सर पुरानी घोड़ा-गाड़ियों में से आया करती है जिनके गद्दों पर सुनहरी गोट लगी हो। घुटनों तक गीली बर्फ़ में रहने के कारण काउंट की टाँगें सुन्न हो रही थीं। वह हल्के से बूट और घुड़सवारी की बिरजिस पहने था। सिर से पाँव तक ठिठुर रहा था। कोचवान सीट पर बैठा बड़बड़ा रहा था, लगता जैसे अभी नीचे उतर आएगा। पर काउंट ने उसकी ओर कोई ध्यान नहीं दिया। न ही उसे किसी तरह की झेंप हुई। उसका चेहरा तमतमा रहा था और दिल धक-धक कर रहा था। ऐंठी हुई उँगलियों से उसने पीली डोरी को पकड़ लिया और साथवाली खिड़की में से बाहर झाँकने लगा। उसका रोम-रोम प्रत्याशित घड़ी का इन्तज़ार कर रहा था। उसे ज़्यादा देर इन्तज़ार नहीं करना पड़ा। फाटक पर किसी ने पुकारा, "मदाम जाइत्सेवा की गाड़ी लाओ !" कोचवान ने लगाम झटकी, और गाड़ी बड़ी-बड़ी कमानियों पर झूलती हुई आगे बढ़ी। गाड़ी की खिड़कियों के सामने घर की जगमगाती खिड़कियाँ झलकने लगीं।

"खबरदार, चोबदार को मेरे बारे में कुछ भी मत कहना, सुन रहे हो, बदमाश ?" सामनेवाली छोटी सी खिड़की में से काउंट ने सिर निकालकर कहा। गाड़ियों में यह खिड़की कोचवान से बात करने के लिए रखी जाती है। "अगर कुछ भी कहा तो तुम्हारी खबर लूँगा। और अगर मुँह बन्द रखा तो दस रूबल का इनाम दूँगा।"

काउंट ने ज़ोर से खिड़की बन्द कर दी। उसी वक़्त गाड़ी भी झटके से खड़ी हो गई। काउंट कोने में दुबक गया, साँस रोक ली और आँखें बन्द कर लीं। वह बहुत घबरा रहा था कि कहीं कोई बाधा न खड़ी हो जाए। दरवाज़ा खुला, एक-एक करके सीढ़ी के पटरे उतरे, एक स्त्री के गाउन की सरसराहट सुनाई दी। पहले जहाँ गाड़ी में बासी गन्ध व्याप रही थी, अब चमेली की खुशबू का झोंका आया, नन्हे-नन्हे पैरों के सीढ़ियाँ चढ़ने की आवाज़ आई, और आन्ना फ़्योदोरोव्ना, अपने क्लोक के पल्ले से काउंट की टाँगों को मानो सहलाते हुए हाँफती हुई बग़ल की सीट पर बैठ गई।

क्या उसने काउंट को देख लिया था ? कौन कह सकता है। आन्ना फ़्योदोरोव्ना स्वयं भी नहीं कहेगी। पर जब काउंट ने उसका बाज़ू पकड़कर धीमे से कहा, "मैं ज़रूर आपका हाथ चूमूँगा," तो वह चौंकी नहीं। उसने कोई जवाब भी नहीं दिया। केवल अपना हाथ उसके हाथ में ढीला छोड़ दिया। हाथ पर दस्ताना चढ़ा था। काउंट ने बाज़ू के ऊपर, जहाँ दस्ताना नहीं था, बार-बार चूमना शुरू कर दिया। गाड़ी चल दी।

"कुछ तो कहिए। आप नाराज़ तो नहीं हैं ?"

आन्ना फ़्योदोरोव्ना सकुचाकर कोने में दुबक गई। फिर सहसा, बिना किसी प्रत्यक्ष कारण के, उसकी आँखें छलछला आईं और सिर काउंट की छाती पर टिक गया।

6

पुलिस-कप्तान–जिसने चुनाव जीता था–और पार्टी के अन्य लोग, नए शराब-घर में देर से पी-पिला रहे थे और जिप्सियों का गाना सुन रहे थे। घुड़सेना का अफ़सर भी उन्हीं में शामिल था। सहसा वहाँ काउंट भी पहुँच गया और आते ही पार्टी में शामिल हो गया। उसने नीली बनात पर क्लोक पहन रखा था जिसके नीचे रीछ की खाल का अस्तर लगा था। यह क्लोक आन्ना फ़्योदोरोव्ना के स्वर्गीय पति का था।

"आइए हुज़ूर, आइए ! हम तो आस खो बैठे थे, कि अब आप आएँगे," एक जिप्सी ने काउंट का क्लोक उतरवाते हुए कहा। वह भागकर दरवाज़े के पास जा खड़ा हुआ था। काले बाल, ऐंची आँखें, जब हँसता तो उसके सफ़ेद दाँत झिलमिलाने लगते। "लेबेद्यान के बाद आज आपके दर्शन हुए। स्तेशा तो आपके विछोह में मरी जा रही है।"

स्तेशा भी भागती हुई काउंट से मिलने आई। जिप्सी लड़की, मानो साँचे में ढली हो–साँवला रंग, चेहरे पर लाली, चमकती, बड़ी-बड़ी, काली आँखें, उन पर लम्बी-लम्बी,

घनी पलकें जो लगता आँखों की शोखी में मिठास घोल रही हैं।

"आह, काउंट आ गए! हमारी आँखों का तारा, हमारा नन्हा सा काउंट, हाय मैं तो खुशी से मरी जा रही हूँ," वह बोली। उसका चेहरा खिल उठा था।

इल्यूश्का भी मिलने के लिए भागता आया। वह भी दिखाना चाहता था कि काउंट के आने पर बड़ा खुश है। बूढ़ी औरतें, प्रौढ़ाएँ, युवतियाँ सभी दौड़-दौड़कर आने लगीं और काउंट को घेरकर खड़ी हो गईं। कुछेक तो उसे अपना सगा-सम्बन्धी मानती थीं, क्योंकि वह उनके बच्चों का धर्म-पिता बना हुआ था। कुछेक ने उसके साथ सलीब अदला-बदली किए थे।

काउंट ने सभी जिप्सी युवतियों के होंठ चूमे। बूढ़ी जिप्सी स्त्रियों और पुरुषों ने उसे कन्धे पर तथा हाथ पर चुम्बन किया। कुलीन-पुरुष भी इसे मिलकर बेहद खुश हुए, विशेषकर इसलिए कि नाच-रंग का जोश, अपने शिखर पर पहुँचने के बाद अब ठंडा पड़ने लगा था। हरेक आदमी थका-थका सा महसूस कर रहा था, सोचता था कि बस, काफ़ी हो गया, तृप्ति हो गई। शराब अब नसों को उत्तेजित नहीं कर पा रही थी, बल्कि मेदे पर बोझ बनने लगी थी। मेहमान जितनी हँसी-मज़ाक़ कर सकते थे, कर चुके थे और अब एक दूसरे से ऊब गए थे। सब गीत गाए जा चुके थे। अब उनकी धुनें, इनके मस्तिष्क में खलबली और शोर मचा रही थीं। अब भी नए-नए और दिलेराना करतब दिखाए जा रहे थे, पर किसी का भी मन उनमें नहीं लग रहा था। पुलिस-कप्तान, बड़े अटपटे ढंग से फ़र्श पर, एक बूढ़ी औरत के पाँवों के पास बैठा था।

"शैम्पेन !" वह पाँव पटककर चिल्लाया, "काउंट आ गए हैं ! शैम्पेन लाओ ! मैं एक पूरा हौज़ शैम्पेन से भर दूँगा और उसमें गुस्ल करूँगा। मेरे रईस मेहरबानो ! आज मैं ऐसे बड़े-बड़े लोगों की महफ़िल में हूँ। मैं कितना खुशक़िस्मत आदमी हूँ ! स्तेशा, गाओ, 'खुली सड़क' वाला गीत गाओ !"

घुड़सेना का अफ़सर भी मस्त था, पर उसकी मस्ती का रंग कुछ दूसरा ही था। वह एक कोच के कोने में, ऊँचे क़द की एक खूबसूरत जिप्सी लड़की की बग़ल में बैठा था। वह बार-बार आँखें मिचकाता, और शराब के धुँधलके को दूर करने के लिए सिर झटकता एक ही वाक्य दोहराए जा रहा था—"ल्युबाशा, मेरे साथ भाग चलो।" ल्युबाशा सुन रही थी, और मुस्कुरा रही थी, मानो उसकी बात उसे बड़ी मनोरंजक और साथ ही साथ, कुछ-कुछ करुणाजनक लग रही हो। किसी-किसी वक़्त वह आँख उठाकर ऐंची आँखोंवाले एक आदमी की ओर देखती, जो उसके सामने एक कुर्सी के पीछे खड़ा था। यह उसका पति, साश्का था। इस प्रेमालाप के जवाब में उसने झुककर घुड़सेना के अफ़सर से धीमी सी आवाज़ में कहा : "मुझे कुछ रिब्बन तो ले दो, और एक इत्र की शीशी, पर किसी को बताना मत।"

"हुर्रा !" काउंट के अन्दर आने पर घुड़सेना का अफ़सर चिल्लाया।

सुन्दर युवक इधर से उधर चहलक़दमी कर रहा था। उसकी चाल में अस्वाभाविक सी दृढ़ता थी, और चेहरे पर चिन्ता की झलक। वह 'हरमख़ाने में बग़ावत' नामक

संगीत-रचना में से कोई धुन गुनगुना रहा था।

एक वृद्ध कुटुम्बपति को ये कुलीन लोग बड़ी मिन्नत-समाजत करके, जिप्सियों को लालच देकर ले आए थे। उससे कहा था कि आप न गए तो महफ़िल फीकी रहेगी, आप नहीं जाएँगे तो हम भी नहीं जाएँगे। यहाँ पहुँचकर वह बुज़ुर्ग एक सोफ़े पर लेट गया था और अभी तक वहीं पड़ा था। किसी को रत्ती-भर भी उसकी परवाह न थी। एक सरकारी कर्मचारी, अपना फ्रॉक-कोट उतारकर, एक मेज़ के ऊपर टाँगें चढ़ाए बैठा था और बार-बार अपने बालों को बिगाड़ रहा था, यह दिखाने के लिए कि उससे बड़ा लफ़ंगा कोई नहीं है। काउंट के अन्दर आने पर, इसने क़मीज़ का कॉलर खोल दिया और मेज़ पर और भी फैलकर बैठ गया। क़िस्सा यह कि काउंट के आ जाने से पार्टी में फिर जान आ गई।

जिप्सी लड़कियाँ पहले कमरे में इधर-उधर घूम रही थीं, अब चक्कर बनाकर बैठ गईं। काउंट ने स्तेशा को घुटनों पर बिठा लिया और शैम्पेन का ऑर्डर दे दिया। स्तेशा जिप्सी-मंडली में अकेली गाती थी।

इल्यूश्का ने गिटार उठाई और सामने बैठ गया, और स्तेशा को 'प्ल्यास्का' गाने का इशारा किया। 'प्ल्यास्का' जिप्सियों की एक संगीत-रचना है जिसमें बहुत से गाने एक विशेष क्रम से गाए जाते हैं। गानों के बोल हैं : 'जब कभी सड़क पर चलता हूँ,' 'ऐ हुस्सारो !' 'सुनो और समझो' आदि। स्तेशा ख़ूब गाती थी। उसकी भरपूर, गहरी आवाज़ में बड़ी लोच थी। लगता, न जाने किन गहराइयों से आवाज़ निकल रही है। होंठों पर लुभावनी मुस्कान, चंचल, कटीली नज़रें, गाने के साथ-साथ वह फ़र्श पर नन्हे-नन्हे पैरों से थाप देती जाती। हर बार, सहगान से पहले, हल्की-हल्की, भरभरी चीखें मारती। सुननेवालों के दिल के तार बज उठते। बेसुध होकर गाती थी। इल्यूश्का गिटार पर संगत कर रहा था। गीत के साथ उसका तन-मन एकरस हो रहा था। उसकी पीठ हिल रही थी, पाँव फ़र्श पर थाप दे रहे थे, होंठों पर मुस्कान खेल रही थी। गीत की लय के साथ-साथ उसका सिर झूम रहा था। आँखें स्तेशा के चेहरे पर गड़ी थीं। उसकी एकाग्रता और तन्मयता को देखकर लगता था पहली बार उसका गीत सुन रहा हो। गीत के अन्तिम स्वर शान्त हुए। इल्यूश्का सहसा तनकर खड़ा हो गया, मानो दुनिया में वह अपने बराबर किसी को न समझता हो। जानबूझकर, बड़े गर्व से उसने गिटार को घुटने पर झटका। गिटार घूमती हुई हवा में उछली। फिर वह स्वयं एड़ियों से फ़र्श पर टंकार देने लगा, बाल झटककर पीछे को हटाए और भौंहें चढ़ाए सहगान-मंडली की ओर देखा। इसके बाद वह नाचने लगा। उसका अंग-अंग थिरक उठा। बीस आदमी, ज़ोरदार ऊँची आवाज़ में, एक साथ गाने लगे। लगता जैसे सभी एक-दूसरे से होड़ ले रहे हों और अदाकारी में अपनी मौलिकता तथा विशेषता दिखाना चाहते हों। बूढ़ी स्त्रियाँ अपनी जगह पर ही बैठी-बैठी, रूमाल हिला-हिलाकर हँसने और हल्के-हल्के थिरकने लगीं, और गीत की लय के साथ-साथ चिल्ला-चिल्लाकर एक दूसरे से होड़ लेने लगीं। मर्द उठकर अपनी कुर्सियों के पीछे खड़े हो गए और गहरी, गम्भीर आवाज़ में गाने लगे।

उनके सिर एक ओर को झुके थे और गलों की नसें फूल रही थीं।

जब भी स्तेशा का स्वर ऊँचा उठता, इल्यूश्का अपनी गिटार को उसके चेहरे के नज़दीक ले जाता, मानो उसकी मदद करना चाहता हो। सुन्दर युवक पागलों की तरह चिल्लाने लगता कि सुनो अब स्तेशा पंचम स्वर में गाएगी।

जब नाच की धुन बजने लगी तो दुन्याशा सामने आ गई, और कन्धे और उरोज हिलाती हुई काउंट के सामने नाचने और चक्कर लगाने लगी। फिर जैसे तैरती हुई कमरे के ऐन बीचोबीच जा पहुँची। इस पर तुर्बीन उछलकर खड़ा हो गया, जैकेट उतार डाली—अब वह केवल एक लाल कमीज़ पहने था—और उसके साथ मिलकर नाचने लगा। उसने टाँगों के वे करतब दिखाए कि जिप्सी एक दूसरे की ओर देख-देखकर मुस्कुराने लगे और उसके नृत्य-कौशल पर वाह-वाह करने लगे।

पुलिस-कप्तान एक तुर्क की तरह उकडूँ बैठा था। अपनी छाती पर घूँसा मारते हुए बोला : "वाह वा !" और काउंट की टाँगों के साथ चिपटकर अपना भेद बताने लगा कि मैं जब यहाँ आया था तो मेरे पास पूरे दो हजार रूबल थे और उसमें से अब केवल पाँच सौ बच रहे हैं, मगर कोई परवाह नहीं मैं इन पैसों के साथ जो चाहूँगा करूँगा, बस सिर्फ़ तुम्हारी इजाज़त चाहिए। वृद्ध कुटुम्बपति उठ बैठा और घर जाने लगा, मगर उसे किसी ने नहीं जाने दिया। सुन्दर युवक ने एक जिप्सी लड़की को बड़ी मिन्नत-समाजत के बाद अपने साथ नाचने के लिए राज़ी कर लिया। घुड़सेना का अफ़सर, यह दिखाने के लिए कि वह काउंट का गहरा मित्र है, अपने कोने में से निकल आया और अपनी बाँहें उसके गले में डाल दीं।

"आह दोस्त !" वह बोला, "तुम आखिर हमें छोड़कर चले क्यों गए थे ?" काउंट ने कोई उत्तर न दिया। ज़ाहिर था कि वह कुछ और ही सोच रहा था। "तुम कहाँ चले गए थे ? तुम बड़े दुष्ट हो ! मैं जानता हूँ तुम कहाँ गए थे।"

किसी कारण तुर्बीन को यह घनिष्ठता अच्छी नहीं लगी। बिना मुस्कुराए और बिना कुछ कहे उसने घुड़सेना के अफ़सर को घृणा से घूरकर देखा और फिर एक साथ ही इतनी अश्लील और भद्दी गालियाँ देने लगा कि वह सकते में आ गया और समझ नहीं पाया कि उसे मज़ाक़ समझे या क्या। आखिर वह खिसियाकर मुस्कुराता हुआ वापस अपनी जिप्सी लड़की के पास लौट गया और उसे आश्वासन देने लगा कि मैं ज़रूर ईस्टर के बाद तुम्हारे साथ ब्याह कर लूँगा। सारी मंडली ने मिलकर एक और गीत गाया, इसके बाद एक और। फिर नाच शुरू हुआ। एक दूसरे के सम्मान में गीत गाए गए। सभी यह समझ रहे थे कि हम बहुत ही आनन्द लूट रहे हैं। शैम्पेन की नदी बह रही थी। काउंट ने भी बहुत शराब पी। उसकी आँखों में नमी आ गई मगर वह लड़खड़ाया नहीं; बल्कि पहले से भी बढ़िया नाचने लगा। जब भी किसी से बात करता तो स्थिर आवाज़ में। जब जिप्सी सहगान गाने लगे तो वह भी उनमें शामिल हो गया, और जब स्तेशा 'प्रेम-पंखों की उड़ान' वाला गीत गाने लगी तो काउंट भी सुर में सुर मिलाकर साथ-साथ गाने लगा। गीत अभी चल ही रहा था कि शराबघर

का मालिक आया और मेहमानों से घर जाने का आग्रह करने लगा। सुबह के तीन बजना चाहते थे।

काउंट ने उसकी गर्दन पीछे से पकड़ ली और उसे पालथी मारकर नाचने को कहा। उसने नाचने से इनकार कर दिया। काउंट ने शैम्पेन की एक बोतल उठाई, शराबघर के मालिक को सिर के बल खड़ा कर दिया और दूसरे लोगों से कहा कि उसे पकड़े रखें। फिर सारी की सारी बोतल उस पर उँडेल दी। लोग सारा वक़्त हँसते रहे।

पौ फट रही थी। सिवाय काउंट के, सभी लोगों के चेहरे ज़र्द और थके हुए थे।

''मास्को जाने का वक़्त हो गया है,'' उसने सहसा कहा और उठ खड़ा हुआ, ''मेरे साथ होटल तक चलिए, साहिबान, और मुझे विदा कीजिए, और आइए, वहाँ एक साथ चाय पियेंगे।''

सभी तैयार हो गए, सिवाय उस वृद्ध कुटुम्बपति के जो अब सो रहा था। उसे वहीं छोड़ दिया गया। सबके सब दरवाज़े पर खड़ी तीन बर्फ़-गाड़ियों में जैसे-तैसे घुसकर बैठ गए, और होटल के लिए रवाना हो गए।

7

''घोड़े जोत दो !'' जिप्सियों तथा अन्य मेहमानों के साथ होटल के हॉल में क़दम रखते हुए काउंट ने चिल्लाकर कहा, ''साशा !—जिप्सी साशा नहीं, मेरा साशा—घोड़ों के कारिन्दे को जाकर कह दो कि अगर उसने खराब घोड़े दिए तो मैं उसकी खाल उधेड़ दूँगा। और हमारे लिए चाय लाओ ! ज़वल्शेव्स्की, तुम चाय का इन्तज़ाम करो, और मैं चलकर देखता हूँ कि इल्यीन का काम कैसे चल रहा है।'' यह कहकर तुर्बीन बाहर बरामदे में निकल आया और उल्हन के कमरे की ओर चल दिया।

इल्यीन अभी-अभी खेलकर हटा था। अपनी सारी रक़म, आख़िरी कोपेक तक हार चुका था और अब सोफ़े पर लेटा था। सोफ़े में घोड़े के बाल भरे थे और वह जगह-जगह से फटा हुआ था। इल्यीन एक-एक करके घोड़े के बाल सोफ़े में से खींचकर निकालता, उन्हें मुँह में डालता, दाँतों से काटता और थूक देता। एक मेज़ पर, जहाँ ताश के पत्ते बिखरे पड़े थे, दो मोमबत्तियाँ जल रही थीं। एक तो लगभग नीचे काग़ज़ तक जल चुकी थी। उनकी क्षीण रोशनी सुबह के उजाले से संघर्ष कर रही थी जो खिड़की में से आ रहा था। उस समय उल्हन के मन में कोई भी विचार न था। उसकी सभी मानसिक शक्तियाँ जुए की उत्तेजना के कारण धूमिल हो रही थीं। उसे पछतावा तक न हो रहा था। एक वक़्त उसने यह ज़रूर सोचने की कोशिश की थी कि अब मैं क्या करूँगा। एक कोपेक भी मेरे पास नहीं है, मैं इस जगह से कैसे जाऊँगा, फ़ौज के पन्द्रह हज़ार रूबल कैसे लौटाऊँगा, फ़ौज का कमांडर क्या कहेगा, मेरी माँ क्या कहेगी, मेरे साथी क्या कहेंगे—और सहसा अपने प्रति घृणा और डर ने उसे जकड़ लिया। मन में से इन

बातों को हटाने के लिए वह सोफ़े पर से उठ खड़ा हुआ और कमरे में टहलने लगा। टहलते हुए वह बड़े ध्यान से फ़र्श में लगी लकड़ी के जोड़ों पर क़दम रखता। मन ही मन एक बार फिर उसे वे सभी दाँव एक-एक करके याद आने लगे जो उसने खेले थे। छोटी से छोटी तफ़सील याद आई। उसे याद आया कि वह एक बार बिल्कुल जीतने लगा था—उसने एक नहला उठाया था और हुकुम के बादशाह पर दो हज़ार रूबल लगाए थे : दाईं तरफ़—बेगम, बाईं तरफ़—इक्का, दाईं तरफ़—ईंट का बादशाह, और—वह सब कुछ हार गया था। अगर छक्का दाईं तरफ़ होता और ईंट का बादशाह बाईं तरफ़ तो वह अपनी सारी की सारी रक़म जीत लेता और इस रक़म पर दाँव लगाकर पन्द्रह हज़ार रूबल ऊपर से और साफ़ जीत लेता। तब वह अपनी फ़ौज के कमांडर से एक सवारी घोड़ा खरीद लेता, और एक फ़िटन-गाड़ी और घोड़ों की जोड़ी अलग। और क्या ? उफ़ ! कमाल हो जाता, सचमुच कमाल हो जाता !

वह फिर एक बार सोफ़े पर लेट गया और घोड़े के बाल चबाने लगा।

"सात नम्बर कमरे में गा क्यों रहे हैं ?" उसने सोचा, "ज़रूर तुर्बीन कोई दावत दे रहा होगा। शायद मुझे भी उनके साथ शामिल होना चाहिए और खूब पीनी चाहिए।"

ऐन उसी वक़्त काउंट कमरे में दाख़िल हुआ।

"कहो, सब पैसे साफ़ हो गए कि नहीं ?" उसने पूछा।

"मैं सोने का बहाना करूँगा," इल्यीन ने सोचा, "नहीं तो मुझे बातें करनी पड़ेंगी, और मैं बहुत थका हुआ हूँ।"

पर तुर्बीन उसके पास चला आया और उसके बाल सहलाने लगा।

"तो सब सफ़ाया हो गया, क्यों ? सब कुछ हार गए ? क्या बात है ?"

इल्यीन ने कोई जवाब न दिया।

काउंट ने उसकी आस्तीन खींची।

"हाँ, मैं हार गया हूँ। तुम्हें इससे क्या ?" इल्यीन ने शिथिल सी आवाज़ में कहा जिससे क्रोध और उपेक्षा का भाव झलकता था। उसने करवट तक नहीं बदली।

"क्या सब कुछ ?"

"हाँ, सब कुछ। तो क्या हुआ, तुम्हें इससे क्या ?"

"सुनो, मुझे अपना दोस्त समझकर सच-सच बता दो," काउंट ने कहा। शराब के नशे में उसकी कोमल भावनाएँ जाग उठी थीं। वह अब भी युवक के बाल सहलाए जा रहा था। "मैं तुमसे सचमुच प्यार करने लगा हूँ। मुझे सच-सच बताओ, अगर तुम फ़ौज का पैसा हार बैठे हो तो मैं तुम्हारी मदद करूँगा। मुझे अभी बतला दो, यह न हो कि मौक़ा हाथ से निकल जाए। क्या वह फ़ौज का पैसा था ?"

इल्यीन सोफ़े पर से उछलकर खड़ा हो गया।

"अगर तुम सचमुच चाहते हो कि मैं तुम्हें बता दूँ तो मेरे साथ इस तरह बातें मत करो जैसे कि...जैसे कि...तुम मेरे साथ बात मत करो...मेरे सामने अब एक ही रास्ता रह गया है कि अपने को गोली का निशाना बना लूँ," गहरी निराश आवाज़ में उसने

कहा, और दोनों हाथों से सिर पकड़कर बैठ गया और फूट-फूटकर रोने लगा, हालाँकि घड़ी-भर पहले वह एक सवारी घोड़ा खरीदने के स्वप्न देख रहा था।

"वाह, तुम तो लड़कियों से भी गए-बीते हो। हम सब पर यह बीत चुकी है। अभी भी कुछ न कुछ हो सकता है, मामला सुधर सकता है। तुम यहाँ मेरा इन्तजार करो।"

काउंट बाहर चला गया।

"ज़मीन्दार लुख़नोव किस कमरे में ठहरा हुआ है ?" उसने प्यादे से पूछा।

प्यादा उसे कमरा दिखाने के लिए साथ हो लिया। लुख़नोव के नौकर ने बार-बार यह कहकर रोकने की कोशिश की कि मालिक अभी-अभी अन्दर गए हैं और अभी कपड़े उतार रहे होंगे। लेकिन काउंट सीधा कमरे में घुस गया। लुख़नोव ड्रेसिंग गाउन पहने मेज़ के सामने बैठा नोट गिन रहा था। नोटों के पुलिन्दे सामने पड़े थे। मेज़ पर राईन-शराब की एक बोतल भी थी। यह शराब उसे सबसे अधिक पसन्द थी। इतने पैसे जीतने के बाद आज उसने अपने को थोड़ा सा ऐश करने की इजाज़त दे रखी थी। लुख़नोव ने चश्मे में से काउंट की तरफ़ तीखी और उपेक्षापूर्ण नज़र से देखा मानो वह उसे जानता ही न हो।

"लगता है आपने मुझे पहचाना नहीं," काउंट ने बड़ी दृढ़ता से सीधे मेज़ के पास जाकर कहा।

लुख़नोव ने काउंट को पहचान लिया और बोला :

"मैं आपकी क्या सेवा कर सकता हूँ ?"

"मैं आपके साथ खेलना चाहता हूँ," सोफ़े पर बैठते हुए तुर्बीन ने कहा।

"क्या इस वक़्त ?"

"हाँ।"

"किसी दूसरे वक़्त मैं बड़ी खुशी से आपके साथ खेलूँगा, काउंट, मगर इस वक़्त मैं थका हुआ हूँ और सोना चाहता हूँ। क्या आप थोड़ी शराब पियेंगे ? बहुत बढ़िया शराब है।"

"मैं इसी वक़्त खेलना चाहता हूँ।"

"आज रात तो और खेलने का मेरा कोई इरादा नहीं। शायद और कुछ लोग आपसे खेलना चाहेंगे। मैं नहीं खेल सकूँगा, काउंट, आशा है आप मुझे माफ़ करेंगे।"

"तो क्या आप नहीं खेलेंगे ?"

लुख़नोव ने धीरे से कन्धे बिचका दिए मानो कांउट की इच्छा पूरी न करने पर खेद प्रकट कर रहा हो।

"किसी हालत में भी नहीं खेलेंगे ?"

उसने फिर कन्धे बिचकाए।

"मैं बड़ी संजीदगी से आपसे पूछ रहा हूँ। आप खेलेंगे या नहीं ?"

लुख़नोव चुप रहा।

"खेलेंगे या नहीं ?" काउंट ने फिर कहा, "अच्छी तरह सोच लीजिए।"

लुख़नोव फिर भी चुप रहा, और अपनी ऐनक के शीशों के ऊपर से काउंट के चेहरे की ओर देखने लगा। काउंट के चेहरे पर एक छाया सी घिरती आ रही थी।

"खेलेंगे या नहीं ?" काउंट ने ज़ोर से चिल्लाकर कहा, और मेज़ पर इतने ज़ोर का घूँसा मारा कि शराब की बोतल नीचे जा गिरी और शराब फ़र्श पर बहने लगी। "आप जानते हैं कि आपने धोखा देकर पैसे जीते हैं। आप खेलेंगे या नहीं ? मैं आखिरी बार आपसे पूछ रहा हूँ।"

"मैंने कह दिया है कि मैं नहीं खेलूँगा। आपका रवैया बड़ा अजीब है, काउंट। शरीफ़ लोग यों अन्दर नहीं घुस आते और तलवार की नोक पर धमकियाँ नहीं देने लगते।"

इस बीच थोड़ा सा विराम आया जब काउंट का चेहरा अधिकाधिक सफ़ेद पड़ता गया। सहसा लुख़नोव के सिर पर एक इतने ज़ोर का घूँसा पड़ा कि वह सुन्द हो गया और सोफ़े पर गिर पड़ा। उसने नोटों का पुलिन्दा पकड़ने की कोशिश की, फिर बड़े ज़ोर से चिल्ला उठा। उम्मीद नहीं हो सकती थी कि उस जैसा शान्त और गम्भीर आदमी इतना ऊँचा चिल्लाने लगेगा। तुर्बीन ने पैसे मेज़ पर से उठा लिये, नौकर को धक्का देकर रास्ते में से हटाया, जो अपने मालिक की चीख सुनकर भागा हुआ अन्दर आया था, और दरवाज़े की ओर लपका।

"अगर आप द्वन्द्व-युद्ध लड़ना चाहते हैं तो मुझे मंजूर है। मैं और आधे घंटे तक अपने कमरे में रहूँगा," काउंट ने दरवाजे पर पहुँचकर कहा।

"चोर ! दग़ाबाज़ !" कमरे के अन्दर से आवाज़ आई, "मैं तुम्हें क़ैद करवा दूँगा !"

इल्यीन अब भी निराश, सोफ़े पर लेटा हुआ था। रह-रहकर उसका गला रुँध जाता। उसे काउंट के वचन पर विश्वास नहीं था कि वह मामले को ठीक कर देगा। पहले उसके मन पर एक धुँधलका सा छाया हुआ था और तरह-तरह के विचार चक्कर काट रहे थे। परन्तु काउंट के सहानुभूतिपूर्ण शब्दों ने उसके दिल पर गहरा असर किया था और उसे अपनी दुःस्थिति का बोध होने लगा था। यह विचार भी उसके मन में घूम रहा था कि उसका यौवन जिससे लोगों को इतनी आशाएँ थीं, उसका आत्मसम्मान, उसके साथियों का उसके प्रति आदर-भाव, प्रेम और मैत्री के स्वप्न—सब सदा के लिए धूल में मिल गए हैं। आँसुओं का सोता अब सूखता जा रहा था और उसके स्थान पर गहरी निराशा छा रही थी, और आत्महत्या के विचार, अधिकाधिक दृढ़ता के साथ उसके मन में उठ रहे थे। आत्महत्या के प्रति घृणा और डर का भाव अब नहीं उठता था। ऐन इसी वक़्त उसे काउंट के पाँवों की आहट सुनाई दी।

काउंट के चेहरे पर अब भी क्रोध के चिह्न थे, उसके हाथ अब भी कुछ-कुछ काँप रहे थे। पर उसकी आँखें प्रसन्नता तथा आत्मसन्तोष से चमक रही थीं।

"लो, मैं सब जीत लाया हूँ," उसने कहा और मेज़ पर नोटों का पुलिन्दा फेंक दिया, "इन्हें गिनकर देख लो कि रक़म पूरी है या नहीं। और जल्दी से हॉल में पहुँचो, मैं जा

रहा हूँ," वह बोला, और बिना यह दिखाए कि उसने उल्हन के चेहरे पर कृतज्ञता और खुशी का भाव देख लिया है, वह कोई जिप्सी धुन गुनगुनाता हुआ कमरे में से बाहर निकल गया।

8

साशा, कमरबन्द कसे, अन्दर आया और सूचना दी कि घोड़े तैयार हैं। फिर काउंट से कहने लगा कि मेहरबानी करके अपना बड़ा ओवरकोट वापस मँगा लीजिए। उसकी क़ीमत तीन सौ रूबल से कम नहीं। फ़र का तो उस पर कॉलर लगा है। और उस बदमाश को उसका नीला चोग़ा वापस भेजें। कैसा मनहूस चोग़ा उसने मार्शल के घर आपको दिया है। पर तुर्बीन ने जवाब दिया कि ओवरकोट लेने की कोई जरूरत नहीं, और अपने कमरे में कपड़े बदलने के लिए चला गया।

घुड़सेना का अफ़सर जिप्सी लड़की के पास चुपचाप बैठा बराबर हिचकियाँ ले रहा था। पुलिस-कप्तान ने वोद्का का ऑर्डर दिया और सब लोगों को निमन्त्रण दिया कि उसके घर चलकर नाश्ता करें। कहने लगा, मैं वादा करता हूँ कि मेरी पत्नी जरूर जिप्सियों के साथ नाचेगी। सुन्दर युवक बड़ी संजीदगी से इल्यूश्का को समझाने की कोशिश कर रहा था कि पियानो ज़्यादा जानदार साज़ है, और गिटार पर 'अ' फ़्लैट नहीं बज सकती। सरकारी कर्मचारी एक कोने में बैठा चाय पी रहा था, और चूँकि अब दिन चढ़ आया था, अपने भ्रष्टाचार पर लज्जित जान पड़ता था। जिप्सी अपनी भाषा में एक दूसरे के साथ झगड़ रहे थे, और जिद कर रहे थे कि रईसों के सम्मान में एक गीत और गाएँ, मगर स्तेशा आपत्ति कर रही थी कि 'बड़ोराय' (मतलब 'काउंट' या 'राजकुमार', ठीक-ठीक अर्थ में 'बड़ा रईस') नाराज़ होंगे। क़िस्सा यह कि नाचरंग की टिमटिमाती लौ भी बुझने को थी।

"बस, आख़िरी बार विदाई का गीत और सब अपने-अपने घर जाओ," सफ़री पोशाक पहने काउंट ने कमरे में क़दम रखते हुए कहा। वह पहले से भी ज़्यादा ताज़ा दम, खूबसूरत और खुश लग रहा था।

जिप्सी आख़िरी गीत गाने के लिए वृत्त बनाकर खड़े हो गए। उसी वक़्त इल्यीन, हाथों में नोटों का पुलिन्दा पकड़े अन्दर आया और काउंट को एक तरफ़ ले गया।

"मेरे पास फ़ौज के सिर्फ़ पन्द्रह हज़ार रूबल थे और तुमने मुझे सोलह हज़ार तीन सौ रूबल दिए हैं," उसने कहा, "यह बाक़ी रुपया तुम्हारा है।"

"ख़ूब ! तो लाओ दे दो !"

इल्यीन ने पैसे दे दिए। फिर शरमाकर काउंट की तरफ देखा और कुछ कहने को हुआ, मगर मुँह से बोल नहीं निकले और वह खड़ा शर्माता रहा, यहाँ तक कि उसकी आँखों में आँसू आ गए, और काउंट का हाथ अपने हाथ में लेकर ज़ोर से दबाने लगा।

"अब तुम जाओ ! और इल्यूश्का, सुनो ! यह लो कुछ पैसे। तुम लोग गाते हुए मुझे शहर के फाटक तक छोड़ आओ," और उसने एक हज़ार तीन सौ रूबल जो इल्यीन ने उसे दिए थे, जिप्सी की गिटार पर फेंक दिए। मगर एक सौ रूबल जो उसने पिछली रात घुड़सेना के अफ़सर से उधार लिये थे, उन्हें लौटाने का ख़याल उसे नहीं आया।

सुबह के दस बज रहे थे। सूरज मकानों की छतों के ऊपर चढ़ आया था, सड़कों पर लोगों की चहल-पहल शुरू हो गई थी। दूकानदारों ने कब से दूकानों के दरवाज़े खोल दिए थे। कुलीन लोग और सरकारी कर्मचारी गाड़ियों में इधर-उधर आ जा रहे थे। स्त्रियाँ एक दूकान से दूसरी दूकान पर चहलक़दमी करती हुई जा रही थीं। जिप्सियों की टोली, पुलिस-कप्तान, घुड़सेना का अफ़सर, सुन्दर युवक, इल्यीन और रीछ की खाल के अस्तरवाला नीला चोग़ा पहने काउंट, बाहर होटल की सीढ़ियों पर आकर खड़े हो गए। धूप खिल रही थी और बर्फ़ पिघल रही थी। तीन बर्फ़-गाड़ियाँ, होटल के दरवाजे पर आकर खड़ी हो गईं। एक-एक के साथ तीन-तीन घोड़े जुते थे और घोड़ों की पूँछें दोहरी करके बाँध दी गई थीं। सारी की सारी पार्टी हँसी-मज़ाक़ करती हुई उन पर सवार हो गई। पहली गाड़ी में काउंट, इल्यीन, स्तेशा, इल्यूश्का और काउंट का नौकर, साशा बैठ गए। काउंट का कुत्ता ब्लूहर बेहद उत्तेजित था। वह दुम हिलाता हुआ आया और बीचवाले घोड़े पर भूँकने लगा। जिप्सी और अन्य लोग दूसरी गाड़ियों में बैठ गए। ज्यों ही वे होटल से निकले गाड़ियाँ एक दूसरी के पीछे आ गईं, और जिप्सी एक स्वर में गाने लगे।

गीतों की गूँज और छोटी-छोटी घंटियों की टुनटुन के बीच वह मंडली सारा शहर लाँघती हुई बाहर, शहर के फाटक तक जा पहुँची। रास्ते में जो भी गाड़ी आई उसे मजबूर होकर, एक तरफ़, पटरी पर चढ़ जाना पड़ा था।

दूकानदार और पैदल जानेवाले सभी लोग, विशेषकर वे लोग जो उनसे परिचित थे, सब हैरान थे कि ये शरीफ़ घरानों के आदमी दिन दहाड़े, शराब के नशे में चूर गाती हुई जिप्सी लड़कियों और जिप्सी मर्दों को साथ लिये, शहर की सड़कों पर कैसे घूम रहे हैं।

शहर के फाटक में से निकलकर बर्फ़-गाड़ियाँ रुक गईं। हरेक ने बारी-बारी काउंट से विदा ली।

इल्यीन ने चलने से पहले बहुत शराब पी ली थी, और खुद लगाम हाथ में लिये था। वह सहसा उदास हो गया, और काउंट से एक दिन और रुक जाने के लिए बार-बार इसरार करने लगा। जब वह समझ गया कि यह नामुमकिन है तो रोते हुए अपने नए दोस्त के गले लगकर क़समें खाने लगा कि मैं अपनी फ़ौज में वापस लौटते ही अर्ज़ी कर दूँगा कि मेरा तबादला तुर्बीन की हुस्सार फ़ौज में कर दिया जाए। काउंट खासतौर पर बड़े जोश में था। उसने घुड़सेना के अफ़सर को सड़क के किनारे लगे बर्फ़ के ढेर पर पटक दिया। वह सुबह से काउंट के साथ घनिष्ठता बढ़ाने की कोशिश कर रहा था। पुलिस-कप्तान पर काउंट ने अपना कुत्ता छोड़ दिया। स्तेशा को बाँहों में उठा लिया और

धमकी देने लगा कि मैं तुम्हें जबर्दस्ती मास्को ले जाऊँगा। आख़िर वह कूदकर बर्फ़-गाड़ी पर चढ़ गया और ब्लूहर को अपने साथ बिठा लिया, हालाँकि ब्लूहर को खड़े रहना पसन्द था। साशा ने फिर एक बार घुड़सेना के अफ़सर से आग्रह किया कि काउंट के बड़े ओवरकोट का पता लगाकर ज़रूर भेज देना, फिर कोचवान की सीट पर जाकर बैठ गया। काउंट ने टोपी उतारी और हवा में हिलाते हुए बोला : "लो, हम चले !" और कोचवान की तरह घोड़ों को चटकारा। तीनों बर्फ़-गाड़ियाँ अलग-अलग दिशाओं में चल दीं।

बर्फ़ से ढकी घाटी दूर तक फैली थी, और उदास लग रही थी। उसके बीचोबीच सड़क, बल खाती हुई, मैले फीते की तरह चली गई थी। धूप, पिघलती बर्फ़ के ऊपर की सख्त पपड़ी पर ज़ोरों से चमक रही थी, और पीठ और चेहरे पर सुखद गरमाहट का भास होता था। घोड़ों की पीठ पसीने से तर हो रही थी और उन पर से भाप उड़ने लगी थी। बर्फ़-गाड़ी की घंटियाँ टुनटुना रही थीं। एक किसान सामान से लदी स्लेज के साथ-साथ भागा जा रहा था। लगाम की जगह उसने रस्सियाँ बाँध रखी थीं। सहसा वह रस्सियाँ खींचने लगा ताकि काउंट की बर्फ़-गाड़ी बेरोक निकल जाए। ऐसा करते हुए, सड़क पर खड़े पानी में उसके छाल के जूते भीग गए। एक और बर्फ़-गाड़ी पर मोटी सी किसान औरत बैठी थी। दमकता लाल चेहरा, उसने भेड़ की खाल का कोट पहन रखा था और उसी में अपने छोटे से बच्चे को भी रखे हुए थी। वह लगाम के सिरे से घोड़े को बार-बार पीट रही थी। सफ़ेद रंग का घोड़ा, बड़ी धीमी रफ्तार से चल रहा था। सहसा काउंट को आन्ना फ़्योदोरोव्ना की याद आई।

"वापस चलो !" उसने चिल्लाकर कहा।

कोचवान नहीं समझा।

"गाड़ी मोड़ो, वापस शहर को चलो ! फ़ौरन !"

बर्फ़-गाड़ी फिर शहर के फाटक में से अन्दर दाखिल हुई, और तेज़ी से मदाम ज़ाइत्सेवा के घर के सामने जा खड़ी हुई। काउंट उतरा और भागता हुआ लकड़ी की सीढ़ियाँ चढ़ गया और बड़े-बड़े डग भरता हुआ ड्योढ़ी और बैठक लाँघ गया। उसने देखा कि नन्ही विधवा अभी तक बिस्तर में है। लपककर उसने उसे बाँहों में भर लिया। फिर ऊपर उठाया, उसकी उनींदी आँखों को चूमा और बाहर भाग गया। आन्ना फ़्योदोरोव्ना उस समय औंधा-नींदी में थी। वह केवल अपने होंठों पर ज़बान ही फ़ेर पाई और इतना भर गुनगुनाई : "हुआ क्या है ?"

काउंट कूदकर बर्फ़-गाड़ी पर चढ़ गया, कोचवान को पुकारा, और बिना रुके, या लुख़नोव या नन्ही विधवा या स्तेशा के बारे में तनिक भी सोचे, सदा के लिए क. नगर से चला गया। उस वक़्त वह केवल मास्को के बारे में सोच रहा था कि वहाँ क्या होनेवाला है।

9

बीस वर्ष बीत चुके हैं। तब से अब तक बहुत सी घटनाएँ घट चुकी हैं। बहुत से लोग मर-खप गए हैं, कइयों ने जन्म लिया है, कई बड़े हुए हैं, या बुढ़ा गए हैं, संख्या के नाते व्यक्तियों से भी अधिक विचार पैदा हुए हैं और मर गए हैं। उन गए दिनों का बहुत कुछ बुरा और बहुत कुछ अच्छा खत्म हो गया है, कई नई अच्छी बातें पनपी हैं और इनसे भी अधिक कई नई बुराइयाँ पैदा हो गई हैं।

काउंट फ़्योदोर तुर्बीन को मरे कितने ही बरस बीत चुके हैं। वह एक द्वन्द्व-युद्ध में एक परदेसी के हाथों मारा गया था। उसे उसने सड़क पर चाबुक की मूठ से पीटा था। काउंट तुर्बीन का बेटा, बिल्कुल अपने बाप की तस्वीर है। वह 23 वर्ष का खूबसूरत नौजवान है और घुड़सेना में अफ़सर है। पर स्वभाव में छोटा तुर्बीन अपने बाप से बिल्कुल भिन्न है। उसमें पिछली पीढ़ी के लोगों के विशेष गुण, उनका अल्हड़पन, उनकी मस्ती, और साफ़-साफ़ कहें तो उनकी विलासिता लेश मात्र भी नहीं है। कुशाग्रबुद्धि है, सुशिक्षित है, प्रतिभासम्पन्न है। इन गुणों के अलावा उसमें कुछेक विशिष्ट गुण हैं—शिष्टता और आराम की ज़िन्दगी से मोह, लोगों और परिस्थितियों को व्यावहारिक स्तर पर समझना और जीवन के प्रति एक तर्क विवेकशील दृष्टिकोण। नौकरी में छोटे काउंट ने बड़ी जल्दी तरक़्क़ी की है। 23 साल की ही उम्र में वह लेफ़्टिनेंट बन गया है। जिन दिनों फ़ौजी मुहिम शुरू हुई उसने निश्चय कर लिया कि मोर्चे पर जाने से उसे फ़ौज में तरक्क़ी जल्दी मिलेगी। इसलिए उसने अपना तबादला हुस्सारों की फ़ौज में करवा लिया। यहाँ वह कप्तान के पद पर काम करता रहा। फिर जल्दी ही उसे एक सैनिक टुकड़ी की कमान दी गई।

सन् 1848 के मई महीने में हुस्सारों की स. फ़ौज क. के इलाक़े में से गुज़र रही थी। छोटे काउंट तुर्बीन की सैनिक टुकड़ी को मोरोज़ोव्का गाँव में रात बितानी थी। आन्ना फ़्योदोरोव्ना इस गाँव की मालकिन थी। आन्ना फ़्योदोरोव्ना अब भी जीवित थी, और उम्र में बड़ी हो चुकी थी, यहाँ तक कि उसने अपने को अब जवान समझना छोड़ दिया था। इस तथ्य का भास स्त्रियों को सचमुच ही बड़ी देर के बाद होता है। शरीर मोटा हो गया था। कहते हैं, मोटी होने से स्त्री उम्र में और भी छोटी लगने लगती है। पर उसके कोमल और गोरे मोटापे पर गहरी झुर्रियों का जाल बिछने लगा था। अब वह गाड़ी में बैठकर कभी भी शहर को नहीं जाती थी। सच तो यह है कि उसके लिए गाड़ी पर चढ़ना भी मुश्किल हो गया था। पर अब भी वह पहले जैसी हँसोड़ तबीयत और बेवक़ूफ़ थी। अब चेहरे की लुनाई उसकी मूढ़ता को छिपा नहीं सकती थी। उसकी बेटी लीज़ा और भाई उनके साथ रहते थे। उसके भाई से हम परिचित हैं। यह वही घुड़सेना का अफ़सर था। बेटी 23 वर्ष की हो चली थी और ठेठ रूसी देहाती सुन्दरी थी। भाई, अपनी आराम-तलब तबीयत के कारण सारी विरासत लुटा चुका था और अब बुढ़ापे में बहन के दरवाज़े पर बैठा था। सिर के बाल बिल्कुल सफ़ेद हो चुके थे, ऊपर का

होंठ अन्दर की ओर मुड़ गया था। पर मूँछों को उसने वस्मा लगाकर काला कर रखा था। झुर्रियाँ न केवल उसके गालों और माथे पर ही फैली थीं, बल्कि उसकी नाक और गले पर भी अपना जाल बिछाए थीं। पीठ झुक गई थी, पर फिर भी टेढ़ी और शिथिल टाँगों में पहले के घुड़सेना के अफ़सर की कुछ लोच बाक़ी थी।

जिस दिन का हम जिक्र कर रहे हैं, उस रोज़ आन्ना फ़्योदोरोव्ना, परिवार और नौकर-चाकरों के साथ अपने पुराने घर की छोटी सी बैठक में बैठी थी। घर के बरामदे का दरवाज़ा और खिड़कियाँ पुराने ढंग के बाग़ में खुलती थीं। बाग़ का आकार सितारे की शक्ल का था और उसमें लाइम के पेड़ लगे थे। आन्ना फ़्योदोरोव्ना के बाल पक गए थे। वह हल्के बैंगनी रंग की दगली जाकेट पहने, सोफ़े पर बैठी महोगनी लकड़ी की मेज़ पर ताश बिछा रही थी। बूढ़ा भाई, नीला कोट और साफ़ सफ़ेद पतलून पहने, हाथ में सफ़ेद धागा और सलाइयाँ पकड़े, खिड़की के पास बैठा, कोई जाली सी बुन रहा था। यह हुनर उसे उसकी भानजी ने सिखा दिया था। अब इस काम में उसकी दिलचस्पी भी खूब बढ़ गई थी। उसमें कोई उपयोगी काम करने की योग्यता नहीं थी। बीनाई कमज़ोर पड़ गई थी, इस कारण वह अखबार तक नहीं पढ़ सकता था, हालाँकि अखबार पढ़ना उसे बहुत अच्छा लगता था। पिमोच्का नाम की एक छोटी सी लड़की उसके पास बैठी थी और लीज़ा की देख-रेख में अपना सबक पढ़ रही थी। इस लड़की को आन्ना फ़्योदोरोव्ना ने गोद ले रखा था। लीज़ा स्वयं, मामाजी के लिए बकरी की ऊन के मोज़े बुन रही थी। दिन ढल रहा था। डूबते सूरज की तिरछी किरणें लाइम के पेड़ों में से छन-छनकर आ रही थीं। आखिरी खिड़की का शीशा और उसके पास रखा किताबदान चमक रहे थे। बाग़ और कमरा, दोनों पर गहरी निस्तब्धता छाई थी। किसी-किसी वक़्त जब बाग़ में अबाबील पर फड़फड़ाती या आन्ना फ़्योदोरोव्ना गहरी साँस लेती, या उसका बूढ़ा भाई टाँग पर टाँग रखते समय बड़बड़ाता तो यह निस्तब्धता भंग होती जान पड़ती।

"यह पत्ता कहाँ पर रखूँ, लीज़ा, मेरी बच्ची, ज़रा बतला दो मैं बार-बार भूल जाती हूँ," आन्ना फ़्योदोरोव्ना ने तनिक रुककर कहा।

लीज़ा ने बुनना नहीं छोड़ा। उसी तरह बुनते-बुनते माँ के पास जा खड़ी हुई और एक नज़र पत्तों को देखा।

"ओह, तुमने तो सब गड़बड़ कर दी, माँ !" उसने कहा और पत्तों को फिर से ठीक करके रखने लगी। "यह तो यों होना चाहिए। लेकिन कोई बात नहीं, तुम्हारा अनुमान भी ठीक था, तुम्हारी इच्छा पूरी हो जाएगी।" और माँ की नज़र से छिपाकर उसने चुपके से एक पत्ता हटा दिया।

"तुम हमेशा मुझे बनाती रहती हो, हमेशा यही कहती रहती हो कि मैं ठीक खेल रही हूँ।"

"ठीक ही तो कहती हूँ, माँ। देखो ? निकल आया कि नहीं ?"

"बहुत अच्छा, बहुत अच्छा, तू बड़ी समझदार है। तो क्या अब चाय न पी जाए ?"

"मैंने समावार गरम करने के लिए पहले से ही कह दिया है। जाकर देखती हूँ। क्या चाय यहाँ मँगवाऊँ ? पिमोच्का, अपना सबक़ जल्दी-जल्दी खत्म करो, फिर हम दोनों घूमने चलेंगी।"

यह कहकर लीज़ा दरवाज़े में से बाहर निकल गई।

"लीज़ा, लीज़ोच्का !" लीज़ा के मामा ने पुकारा। उसकी आँखें अब भी जाली पर जमी थीं। "फिर एक फन्दा गिर गया जान पड़ता है। ज़रा आकर ठीक कर दो तो बेटी।"

"अभी आई, एक मिनट में। मैं उन्हें शक्कर का ढेला तोड़ने के लिए दे आऊँ।"

लीज़ा ने ठीक ही कहा था। तीन ही मिनट में वह भागती हुई कमरे में लौट आई, और सीधी मामा के पास जाकर उसका कान पकड़ लिया।

"फन्दे गिराओगे तो आपको यही सज़ा मिलेगी," वह हँसते हुए बोली, "आज का सबक़ भी आपने पूरा नहीं किया।"

"चलो, चलो, इसे ठीक कर दो। मालूम होता है कहीं गाँठ पड़ गई है।"

लीज़ा ने सलाइयाँ हाथ में लीं, सिर पर बँधे रूमाल में से पिन खींचकर निकाला, दो-तीन बार फन्दे को उठाकर अपनी जगह पर ले आई, और जाली मामा के हाथ में दे दी। खिड़की में से हवा बह-बहकर अन्दर आ रही थी। पिन निकालने से लीज़ा के सिर पर का रूमाल फूल उठा था।

"मेरा मेहनताना लाइए," रूमाल में पिन खोंसते हुए उसने कहा और अपना गोरा गुलाबी गाल, मामा के सामने कर दिया ताकि वह उसे चूम सके। "आज चाय के साथ आपको रम मिलेगी। आज शुक्रवार है, मालूम है न ?"

वह फिर लौटकर चायवाले कमरे में चली गई।

"आओ, मामाजी आओ, देखो, हुस्सार आ रहे हैं !" उसने स्पष्ट, ऊँची आवाज़ में पुकारा।

आन्ना फ़्योदोरोव्ना और उसका भाई चायवाले कमरे में पहुँचे। कमरे की खिड़कियाँ ऐन गाँव के सामने खुलती थीं। खिड़कियों में से बहुत कम दिखाई पड़ता था। धूल के बवंडर उड़ रहे थे और उनमें केवल एक भीड़ सी जाती हुई दिखाई दे रही थी।

लीज़ा का मामा आन्ना फ़्योदोरोव्ना से बोला :

"बड़े अफ़सोस की बात है कि हमारा घर इतना छोटा है और नए कमरे भी अभी तक बनकर तैयार नहीं हुए, वरना हम कुछ अफ़सरों को अपने यहाँ ठहरने के लिए बुला लेते। हुस्सार अफ़सर बड़े खुशमिज़ाज जवान होते हैं। मुझे तो उनसे मिलने की बड़ी इच्छा होती है।"

"मुझे भी उन्हें अपने यहाँ ठहराने में बड़ी खुशी होती, भय्या, पर ठहराने के लिए हमारे पास जगह जो नहीं है। एक मेरा सोनेवाला कमरा है, एक छोटा कमरा लीज़ा के पास है, एक बैठक और एक तुम्हारा कमरा, बस। हम उन्हें ठहरा कहाँ सकते हैं ? खुद ही सोचो। मिख़ाइलो मत्वेयेव ने गाँव के मुखिया का बँगला उनके लिए ठीक करवा दिया

है। वह कहता है कि वह भी साफ़-सुथरा है।''

''लीज़ोच्का, हम उन्हीं हुस्सारों में से तुम्हारे लिए वर चुनेंगे, कोई ख़ूबसूरत सा हुस्सार युवक,'' मामा ने कहा।

''मैं हुस्सार नहीं चाहती, मुझे उल्हन ज़्यादा अच्छे लगते हैं। आप उल्हन फ़ौज में ही थे न मामाजी ? मैं तो उन हुस्सारों को दूर से भी नहीं देखूँगी, लोग कहते हैं वे बड़ी अल्हड़ तबीयत के होते हैं।''

लीज़ा के गालों पर हल्की सी लाली दौड़ गई पर वह फिर टुनटुनाकर हँसने लगी :

''लो देखो, ऊस्त्युश्का दौड़ी चली आ रही है, उससे पूछें कि क्या देखकर आई है,'' उसने कहा।

आन्ना फ़्योदोरोव्ना ने ऊस्त्युश्का को बुला भेजा।

''तुम्हें घर में कोई काम नहीं जो यों फ़ौजियों को देखने भागती फिरती हो,'' आन्ना फ़्योदोरोव्ना ने कहा, ''बताओ, अफ़सरों के ठहराने का क्या इन्तज़ाम किया गया है ?''

''येरेम्किन के बँगले में ठहरेंगे। दो अफ़सर हैं, मालकिन, और मैं क्या बताऊँ दोनों इतने सुन्दर हैं। कहते हैं उनमें से एक काउंट है।''

''नाम क्या है ?''

''कज़ारोव या तुर्बीनोव, या कुछ ऐसा ही। मुझे ठीक से याद नहीं।''

''तुम तो पागल हो, कुछ भी नहीं बता सकतीं। कम से कम उसका नाम तो मालूम किया होता।''

''आप कहें तो मैं अभी भागकर पूछ आऊँ ?''

''हाँ, क्यों नहीं, यह करने में तो तुम बड़ी होशियार हो, मैं खूब जानती हूँ। नहीं, घर पर बैठो, अबकी बार दनीलो जाएगा। भय्या, उसे भेज दो, और कहना, पूछकर आए कि अफ़सरों को किसी चीज़ की जरूरत तो नहीं। हमें उनकी पूरी-पूरी ख़ातिरदारी करनी चाहिए। और उसे कहना कि वहाँ जाकर कहे कि मालकिन ने भेजा है।''

बुढ़िया और उसका भाई फिर चाय के कमरे में बैठ गए। लीज़ा नौकरानियों के कमरे में शक्कर रखने चली गई। वहाँ पर भी ऊस्त्युश्का हुस्सारों की ही बातें कर रही थी।

''ओह, छोटी मालकिन, क्या बताऊँ तुम्हें, काउंट कितना सुन्दर है !'' वह कहने लगी, ''बिल्कुल जैसे कोई फ़रिश्ता हो। काली-काली भवें, अगर तुम्हें ऐसा पति मिल जाए तो कितनी सुन्दर जोड़ी बने, क्यों ?''

अन्य नौकरानियों ने मुस्कुराकर हामी भरी। बूढ़ी धाय खिड़की के पास बैठी मोज़ा बुन रही थी। उसने गहरी साँस ली, और उसी खिंची साँस में प्रार्थना के शब्द बुदबुदाने लगी।

''तो हुस्सारों के बारे में यही कुछ देखकर आई हो !'' लीज़ा बोली, ''इस तरह की बातों के अलावा तुम्हें कुछ सूझता ही नहीं। ऊस्त्युश्का, जाओ और फलों का रस ले आओ। कुछ-कुछ खट्टा होना चाहिए जो हुस्सारों को पसन्द आए।''

इसके बाद लीज़ा शक्कर का प्याला उठाए, हँसती हुई, बाहर निकल गई।

''मैं भी उस हुस्सार को देखना चाहती हूँ, जाने कैसा है,'' वह सोचने लगी, ''सुनहरे बालोंवाला है या काले बालोंवाला ? बेशक, उसे हम लोगों से भी मिलकर खुशी होगी। पर शायद वह यहाँ से चला जाएगा और उसे मालूम तक न हो पाएगा कि यहाँ कोई लड़की थी जो उसके बारे में सोचती रही थी। अब तक कितने ही युवक यहाँ आए और चले गए। मामाजी और ऊस्त्युश्का के सिवाय मुझे कोई देखनेवाला तक नहीं है। क्या फ़रक़ पड़ता है कि मेरे बाल किस ढंग से बने हैं, या मेरे फ्रॉक की आस्तीन किस काट की है, मेरी तारीफ़ करनेवाला तो यहाँ कोई है ही नहीं।'' अपनी गोल-गोल बाँहों की ओर देखते हुए उसने ठंडी साँस भरी और सोचने लगी : ''वह क़द का ऊँचा-लम्बा होगा, बड़ी-बड़ी आँखें होंगी, शायद पतली सी काली मूँछ होगी। मैं बाईस बरस की हो चली, अभी तक किसी ने मुझसे प्रेम नहीं किया, सिवाय इवान इपातिच के, जिसके मुँह पर चेचक के दाग़ हैं। चार साल पहले तो मैं और भी ज़्यादा खूबसूरत हुआ करती थी। लड़की तो अब मैं रही ही नहीं। सारा लड़कपन बीत गया और मैं किसी का मन नहीं रिझा पाई। उफ़, मेरी क़िस्मत ही खोटी है। मैं तो बस, बदनसीब देहातिन हूँ !''

माँ ने आवाज़ दी। लीज़ा के विचारों की शृंखला टूट गई। माँ उसे चाय ढालने के लिए बुला रही थी। लीज़ा सिर झटककर चायवाले कमरे में चली गई।

सबसे अच्छी घटनाएँ वे होती हैं जो अचानक घट जाएँ। जितना अधिक कोशिश करके हम किसी चीज़ को प्राप्त करना चाहें, उतना ही परिणाम बुरा निकलता है। देहात में बच्चों की शिक्षा की ओर कोई ध्यान नहीं दिया जाता। इसलिए अधिकांश स्थितियों में उन्हें जो शिक्षा मिलती है, वह अद्भुत होती है। लीज़ा के साथ भी ऐसा ही हुआ। आन्ना फ़्योदोरोव्ना का दिमाग़ छोटा था, और स्वभाव अत्यन्त आलसी। लीज़ा को किसी प्रकार की शिक्षा भी वह नहीं दे पाई। न संगीत सिखाया, न फ्रांसीसी भाषा—जिसका सीखना परमावश्यक माना जाता है। लीज़ा के जन्म से पहले, माँ-बाप को उम्मीद भी न थी कि बच्ची इतनी स्वस्थ और सुन्दर निकलेगी। आन्ना फ़्योदोरोव्ना ने उसे एक धाय के सुपुर्द कर दिया जो इसकी देख-भाल करती थी। धाय ही उसे खाना खिलाती, उसे गाढ़े के फ्रॉक और बकरी की खाल के जूते पहनाती, बाहर घुमाने ले जाती जहाँ बच्ची बेर और खुमियाँ इकट्ठी करती फिरती। एक युवा विद्यार्थी उसे पढ़ना-लिखना और गणित सिखाने आया करता। इसी तरह सोलह साल बीत गए। तब अचानक आन्ना फ़्योदोरोव्ना ने देखा कि लीज़ा तो बड़ी खिली तबीयत की, मिलनसार और मेहनती लड़की निकल आई है, और एक सहेली का ही नहीं, बल्कि छोटी सी घर-मालकिन का भी स्थान लेने लगी है। आन्ना फ़्योदोरोव्ना स्वयं बड़ी दयालु स्वभाव थी। हमेशा किसी बन्धक-दास के बच्चे या किसी पितृहीन बालक को गोद लिये रहती थी। लीज़ा, दस बरस की उम्र से ही, इन गोद लिये बच्चों की देख-भाल करने लगी थी। वह उन्हें वर्णमाला सिखाती, कपड़े पहनाती, गिरजे में ले जाती, शरारत करते तो डाँटती, दंड देती। फिर घर में लीज़ा का बूढ़ा मामा आकर रहने लगा। दुबला-पतला

पर नेकदिल आदमी था। उसकी देख-भाल भी लीज़ा को एक बच्चे की तरह करनी पड़ती। इसके अलावा घर में नौकर-चाकर थे। गाँव के बन्धक-दास अपना दुखड़ा रोने इसके पास आते। कोई बीमार होता, किसी को कहीं दर्द होता। यह उन्हें इलाज के लिए एल्डर के फूलों का रस, पेपरमिंट और कपूर का सत्त देती। साथ ही सारे घर का प्रबन्ध करती। घर की सारी ज़िम्मेवारी अचानक ही इसके सिर पर आ पड़ी थी। उधर प्रेम की लालसा भी हृदय में दबी पड़ी थी जो प्रकृति-प्रेम तथा धर्म में व्यक्त होने लगी। इस तरह लीज़ा, अचानक ही, एक व्यस्त, हँसमुख, आज़ाद तबीयत, मिलनसार, शुद्ध हृदय तथा धर्मानुरक्त लड़की निकल आई। हाँ, जब कभी गिरजे में पड़ोसिनों को नए चलन की टोपियाँ पहने देखती, जिन्हें वे क. नगर से लाई होतीं, तो लीज़ा के हृदय में ईर्ष्या की टीस उठती। माँ बूढ़ी भी थी और झगड़ालू भी, उसकी सनकें लीज़ा को रुलाकर छोड़तीं। प्रेम के उसके स्वप्न अटपटे और बेडौल से होते। पर घर के काम-काज में वे स्वप्न मिट जाते। वह दिन-भर व्यस्त रहती। यह काम उसके लिए परमावश्यक हो गया था। अब बाईस वर्ष की अवस्था में, शारीरिक तथा नैतिक सौन्दर्य से सम्पन्न, इस विकासोन्मुख युवती की आत्मा पर एक भी धब्बा, एक भी पश्चात्ताप का चिह्न न था जो इसकी दीप्ति और शान्ति को कम कर सके। लीज़ा मँझले क़द की थी, डील-डौल में गोलाई अधिक थी। नाक-नक़्श तीखे नहीं थे। आँखें बादामी रंग की और बहुत बड़ी नहीं थीं, निचली पलकों के नीचे हल्की सी छाया पड़ती थी; बाल लम्बे और सुनहरे थे। जब चलती तो खुले डग भरती हुई, झूमकर। जब वह व्यस्त होती और उसके मन पर किसी चिन्ता का बोझ न होता तो उसके चेहरे का भाव हर देखनेवाले को यही कहता जान पड़ता : उन लोगों के लिए जीवन सुखमय वरदान होता है जिनकी अन्तरात्मा साफ़ हो और जिनके हृदय में किसी के लिए प्रेम हो। ऐसे समय में भी जब किसी क्लेश या क्रोध के कारण, या घबराहट या दुःख के कारण उसका मन विक्षिप्त होता, तो बरबस उसकी आँखें आँसुओं से भर आतीं, होंठ स्थिर हो जाते और बाईं आँख के ऊपर की भौंह सिकुड़ जाती। उस समय भी न चाहते हुए भी उसके दयालु और निष्कपट हृदय की ज्योति, किसी प्रकार की भी कृत्रिमता से अस्पृश्य, उसके गालों के गढ़ों, उसके होंठों के कोनों और उसकी चमकती आँखों में झलकती रहती।

10

जिस समय घुड़सेना की टुकड़ी मोरोज़ोव्का गाँव में दाखिल हुई उस समय सूरज डूब चुका था, मगर हवा में अभी गरमी थी। टुकड़ी के आगे-आगे, गाँव की गर्द-भरी सड़क पर, एक चितकबरी गाय भागी चली जा रही थी। किसी-किसी वक़्त वह रुकती, और रंभाने लगती। वह यह नहीं समझ पा रही थी, कि घोड़ों के सामने से हटने के लिए केवल रास्ता छोड़ देना काफ़ी है। बूढ़े किसान, गाँव की स्त्रियाँ और बच्चे हुस्सारों को देखने

के लिए सड़क के दोनों तरफ़ भीड़ लगाए खड़े थे। हुस्सार काले हिनहिनाते घोड़ों पर सवार, हाथों में छोटी-छोटी लगामें थामे, गर्द के बवंडर में से बढ़े चले आ रहे थे। टुकड़ी के दाएँ हाथ, दोनों अफ़सर, घोड़ों की पीठ पर शिथिल से बैठे थे। उनमें से एक काउंट तुर्बीन था। वह कमांडर था। दूसरा पोलोज़ोव नाम का एक युवक था, जिसकी हाल ही में नियुक्ति हुई थी।

गाँव के सबसे बढ़िया बँगले में से, सफ़ेद कोट पहने एक हुस्सार निकला और सिर पर से फ़ौजी टोपी उतारकर सीधा अफ़सरों के पास गया।

''रहने का क्या इन्तजाम हुआ है ?'' काउंट ने उससे पूछा।

''हुजूर के लिए ?'' सेना के पड़ाव-प्रबन्धक ने कहा। वह बिल्कुल तनकर खड़ा था। ''आपके लिए हमने गाँव के मुखिया का यह बँगला साफ़ करवा दिया है। ज़मीन्दार के घर में हमने एक कमरा तलब किया मगर वह नहीं मिला। मालकिन कमीनी सी औरत है।''

''अच्छी बात है,'' काउंट ने घोड़े पर से उतरकर टाँगें सीधी करते हुए कहा और मुखिया के बँगले की तरफ़ चल दिया। ''क्या मेरी गाड़ी आ गई है ?''

''हुज़ूर,'' पड़ाव-प्रबन्धक ने अपनी टोपी से फाटक के सामने खड़ी गाड़ी की ओर इशारा करते हुए जवाब दिया, और आगे-आगे बँगले के दरवाज़े की ओर भागकर जाने लगा। दरवाज़े पर एक किसान-परिवार अफ़सरों को देखने के लिए भीड़ लगाए खड़ा था। उसने झटके से फाटक खोला। एक बूढ़ी औरत गिरते-गिरते बची। फिर एक तरफ़ को हटकर प्रबन्धक खड़ा हो गया ताकि काउंट अन्दर जा सके। बँगला अभी-अभी धोकर साफ़ किया गया था।

बँगला बड़ा और खुला था, लेकिन बहुत साफ़ नहीं था। एक जर्मन अर्दली लोहे का पलंग बिछाकर अब सफ़री बैग में से बिस्तर के कपड़े निकाल रहा था।

''उफ़, कितनी गन्दी जगह है !'' काउंट ने खीझकर कहा, ''द्यादेंको, क्या ज़मीन्दार के घर में पड़े रहने के लिए थोड़ी सी भी जगह नहीं मिल सकती ?''

''हुजूर हुक्म देंगे तो मैं अभी जाऊँगा और घर खाली करवा लूँगा,'' द्यादेंको ने जवाब दिया, ''पर हुजूर, ज़मीन्दार का घर भी बहुत मामूली सा है, इस बँगले से ज़्यादा अच्छा नहीं है।''

''अब बहुत देर हो गई है। तुम जाओ,'' और काउंट बिस्तर पर लेट गया और दोनों हाथ सिर के नीचे रख लिए।

''जोहान्न !'' उसने अपने अर्दली को पुकारा, ''यह फिर तुमने बिस्तर के बीच में गाँठ सी क्या रहने दी है ! क्या बात है ? क्या तुम बिस्तर भी ठीक तरह से नहीं बना सकते ?

जोहान्न उसे ठीक करने के लिए आगे बढ़ा।

''रहने दो अब, बहुत देर हो गई है। मेरा ड्रेसिंग गाउन कहाँ है ?''

अर्दली ड्रेसिंग गाउन लाया।

पहनने से पहले काउंट ने उसके किनारे को ध्यान से देखा।

"मुझे पहले ही मालूम था। तुमने वह धब्बा साफ़ नहीं किया। मैं नहीं समझ सकता कि तुमसे ज़्यादा निकम्मा नौकर भी किसी के पल्ले पड़ सकता है," और अर्दली के हाथ से गाउन छीनकर खुद पहनने लगा, "क्या जान-बूझकर ऐसा करते हो ? बात क्या है ? चाय तैयार है ?"

"मुझे वक़्त ही नहीं मिला हुजूर।"

"गधा कहीं का !"

काउंट ने एक फ्रांसीसी नॉवेल उठा ली जिसे ऐसे मौक़ों के लिए साथ रखता था, और थोड़ी देर तक चुपचाप लेटकर पढ़ता रहा। जोहान्न बाहर दरवाजे के पास समावार गरम करने के लिए चला गया। ज़ाहिर है कि काउंट का पारा तेज़ था। वह थका हुआ था, धूल-मिट्टी के कारण गन्दा हो रहा था, कसकर कपड़े पहन रखे थे और पेट खाली था।

"जोहान्न !" उसने फिर पुकारा, "इधर आओ और दस रूबल का हिसाब दो जो मैंने तुम्हें दिए थे। शहर में क्या-क्या खरीदा था ?"

हिसाब के पुर्जे पर काउंट नज़र दौड़ाने लगा, और चीज़ों की महँगाई के बारे में बड़बड़ाता हुआ कुछ बोला।

"मैं चाय के साथ रम पिऊँगा।"

"मैंने रम तो नहीं खरीदी।"

"ख़ूब ! कितनी बार मैंने तुमसे कहा है कि रम साथ रखा करो !"

"मेरे पास काफ़ी पैसे नहीं थे।"

"पोलोज़ोव ने क्या नहीं खरीदी थी ? तुम उसी के आदमी से ले लेते।"

"कोरनेट पोलोज़ोव ? मुझे मालूम नहीं। उसने सिर्फ़ चाय और चीनी खरीदी थी।"

"नालायक़ ! हट जाओ यहाँ से ! तुमने मुझे इतना परेशान कर रखा है जितना कभी किसी ने नहीं किया। तुम्हें अच्छी तरह मालूम है कि मार्च पर मैं चाय के साथ रम पीना पसन्द करता हूँ।"

"ये दो चिट्ठियाँ सदर मुक़ाम से हुजूर के नाम आई हैं," अर्दली ने कहा।

काउंट ने बिस्तर पर लेटे-लेटे चिट्ठियाँ खोलीं और पढ़ने लगा। ऐन उसी वक़्त कोरनेट अन्दर दाखिल हुआ। उसका चेहरा खिल रहा था। वह सिपाहियों को उनके ठिकाने तक पहुँचाने गया हुआ था।

"कहो तुर्बीन, देखने में तो यह जगह बुरी नहीं है। पर मैं थककर चूर हो गया हूँ। दिन-भर बहुत गर्मी रही।"

"बुरी नहीं है ! गन्दी, बदबूदार खोली है यह, और चाय के साथ रम भी पीने को नहीं है, तुम्हारी मेहरबानी से। तुम्हारा पाजी नौकर भी खरीदना भूल गया और मेरा आदमी भी। तुमने अपने आदमी को तो कह दिया होता।"

वह फिर चिट्ठियाँ पढ़ने लगा। पहला ख़त पढ़ चुकने के बाद उसने उसे मरोड़कर

फ़र्श पर फेंक दिया।

इस बीच, दरवाज़े के पास कोरनेट अपने नौकर के कान में फुसफुसाकर पूछने लगा :

''तुमने रम क्यों नहीं खरीदी ? पैसे तो थे तुम्हारे पास ?''

''हम ही क्यों सब चीज़ें खरीदा करें ? सब खर्च यों भी मैं ही करता हूँ। उस जर्मन को तो बस पाइप पीने के अलावा कोई काम ही नहीं।''

दूसरा ख़त, ज़ाहिर है, अरुचिकर नहीं था, क्योंकि काउंट उसे पढ़ते हुए मुस्कुरा रहा था।

''कहाँ से आया है ?'' पोलोज़ोव ने पूछा। वह कमरे में लौट आया था और अँगीठी के पास तख़्त पर अपना बिस्तर बिछा रहा था।

''मिना की तरफ़ से आया है,'' काउंट ने खुशी-खुशी जवाब दिया और ख़त आगे बढ़ा दिया : ''पढ़ना चाहते हो ? बड़ी प्यारी लड़की है ! हमारी लड़कियों से बहुत अच्छी है ! ज़रा पढ़के देखो इस खत में कितनी सूझ और कितना नाजुक दिल है। एक ही बात उसमें बुरी है—वह पैसे माँगती है।''

''हाँ, यह बुरी बात है,'' कोरनेट ने कहा।

''मैंने उसे कुछ पैसे देने का वादा किया था, पर फिर हम लोग इस मार्च पर निकल आए...हाँ, फिर...अगर टुकड़ी की कमान मेरे हाथ में तीन महीने तक रही तो मैं उसे कुछ न कुछ भेज दूँगा। मुझे पैसे देने से बिल्कुल इनकार नहीं। अच्छी लड़की है न, क्यों ?'' उसने मुस्कुराते हुए, पोलोज़ोव के चेहरे का भाव देखते हुए, पूछा।

''बिल्कुल अनपढ़ है, मगर है भोली भाली। लगता है तुम्हें सचमुच प्यार करती है,'' कोरनेट ने कहा।

''ठीक है। उस जैसी लड़कियों का ही प्यार सच्चा होता है, अगर वे प्यार करें तो।''

''और दूसरा खत कहाँ से आया है ?'' कोरनेट ने खत लौटाते हुए पूछा।

''ओह, वह ? एक आदमी है, बेहूदा सा, जिससे मैं जुए में पैसे हार गया था। तीसरी बार मुझसे पैसे माँग रहा है। इस वक़्त तो मैं उसे कुछ नहीं दे सकता। कैसी फ़िजूल सी चिट्ठी है !'' काउंट ने कहा। उस घटना को याद करके वह क्रुद्ध हो उठा था।

इसके बाद दोनों अफ़सर कुछ देर तक चुप रहे। कोरनेट काउंट को बहुत मानता था। काउंट की मनःस्थिति को देखते हुए, वह भी चुपचाप चाय पीता रहा। बातचीत करने से घबराता था। किसी-किसी वक़्त वह तुर्बीन के सुन्दर चेहरे की तरफ़ नज़र उठाकर देख भर लेता। तुर्बीन किसी विचार में खोया हुआ, बराबर खिड़की में से बाहर देखे जा रहा था।

''हो सकता है सब कुछ ठीक-ठाक हो जाए,'' सहसा काउंट ने सिर झटका और पोलोज़ोव की ओर देखते हुए कहा, ''अगर हमारी रेजिमेंट में इस साल तरक़्क़ियाँ मिलने जा रही हैं, और साथ ही हमें फ़ौजी कार्यवाही पर भी भेजा जाएगा, तो मुमकिन है मैं

अपने दोस्तों से आगे निकल जाऊँ। वे इस वक़्त गार्ड में कप्तान हैं।''

चाय का दूसरा दौर शुरू हुआ। इसमें भी इसी तरह के विषयों पर वार्तालाप चलता रहा। तब आन्ना फ़्योदोरोव्ना का सन्देश लेकर दनीलो आ पहुँचा।

''मालकिन जानना चाहती हैं कि हुज़ूर, काउंट फ़्योदोर इवानोविच तुर्बीन के सुपुत्र तो नहीं हैं ?'' अपनी ओर से जोड़ते हुए दनीलो ने पूछा, क्योंकि उसने अफ़सर का नाम सुन रखा था और स्वर्गीय काउंट के क. नगर में विश्राम के बारे में भी जानता था। ''हमारी मालकिन आन्ना फ़्योदोरोव्ना उन्हें बहुत अच्छी तरह जानती थीं।''

''वह मेरे पिता थे। अपनी मालकिन से कहो कि हम उनके बहुत आभारी हैं कि उन्होंने हमारी सुध ली। हमें किसी चीज़ की ज़रूरत नहीं, हाँ, उन्हें इतना कहना कि अगर हमें अपने बँगले में या कहीं और रहने के लिए साफ़ सा कमरा दिला सकें तो हम बहुत आभार मानेंगे।''

''तुमने यह क्यों कहा ?'' दनीलो के चले जाने पर पोलोज़ोव ने पूछा। ''क्या फ़रक़ पड़ता है ? हमें एक ही रात तो यहाँ रहना है, उसके लिए हम क्यों उन्हें परेशान करें ?''

''तुम और तुम्हारी ज़मीर ! मुर्ग़ी-खानों में सो-सोकर तुम्हारा जी नहीं भरा ? तुममें व्यावहारिक सूझ तो नाम की भी नहीं। अगर एक रात के लिए भी हम कहीं आराम से सो सकें, तो हम क्यों न मौक़े का फ़ायदा उठाएँ ? वे तो इसे अपना मान समझेंगे।''

''बस एक बात मुझे पसन्द नहीं, कि वह औरत मेरे पिता को जानती थी,'' धीरे से मुस्कुराते हुए काउंट ने कहा। उसके दाँत चमक रहे थे। ''जब कभी मुझे अपना पिता याद आता है तो बड़ी शर्म महसूस होती है। कहीं बदनामी और कहीं क़र्ज, यही कहानियाँ सुनने को मिलती हैं। इसीलिए उनके पुराने वाक़िफ़कारों से मैं दूर रहता हूँ। पर वह जमाना ही ऐसा था,'' उसने गम्भीरता से कहा।

''मैं तुम्हें एक बात बताना भूल गया,'' पोलोज़ोव बोला, ''मुझे एक बार उल्हन ब्रिगेड का एक कमांडर मिला था। उसका नाम इल्यीन था। वह तुमसे बहुत मिलना चाहता था। तुम्हारे पिता का तो वह बड़ा आदर करता था।''

''वह इल्यीन खुद कोई निकम्मा आदमी रहा होगा। बात यह है कि जो सज्जन मेरे साथ घनिष्ठता बढ़ाने के लिए यह दावा करते हैं कि वे मेरे पिता के मित्र थे, वही मुझे ऐसी कहानियाँ सुनाते हैं जिन्हें सुनकर मैं शर्म से गड़ जाता हूँ, हालाँकि वे उन्हें चुटकुले समझकर सुनाते हैं। मैं हर बात को ठंडे दिल से, उसकी असलियत में जाकर देखता हूँ। मैं समझता हूँ कि मेरा बाप बड़ा तेज़ मिज़ाज आदमी था और कई बार बड़ी अनुचित बातें कर बैठता था। लेकिन वह ज़माना ही ऐसा था। अगर आज के ज़माने में पैदा हुआ होता तो वह एक बहुत कामयाब आदमी होता, क्योंकि यह मानना पड़ता है कि वह बहुत ही योग्य आदमी था।''

लगभग पन्द्रह मिनट के बाद दनीलो वापस आया और अपनी मालकिन की ओर से दोनों के नाम निमन्त्रण लाया कि वे उसके घर पर रात बिताएँ।

11

जब आन्ना फ़्योदोरोव्ना को मालूम हुआ कि यह हुस्सार युवा अफ़सर काउंट फ़्योदोर तुर्बीन का बेटा है तो वह अत्यन्त उद्विग्न हो उठी।

"हाय भगवान् ! दनीलो, फ़ौरन भागकर वापस जाओ और उनसे कहो कि मालकिन चाहती है कि आप हमारे यहाँ आकर रहें," उसने कहा और वह भागती हुई नौकरानियों के कमरे में गई : "लीज़ोच्का ! ऊस्त्युश्का ! वे लोग तुम्हारे कमरे में ठहर सकते हैं, लीज़ा ! तुम आज रात अपने मामा के कमरे में चली जाओ, और आप भय्या...आपको भय्या, आज रात बैठक में सोना पड़ेगा। एक रात वहाँ सोने से तुम्हें तकलीफ़ नहीं होगी ?"

"बिल्कुल नहीं, बहन, मैं फ़र्श पर लेट रहूँगा।"

"अगर उसकी शक्ल बाप से मिलती है तो वह ज़रूर बड़ा खूबसूरत होगा। ओह, उसका मुखड़ा देखने को कैसा जी चाह रहा है !...तुम देखोगी तो जानोगी, लीज़ा ! उसका बाप बहुत ही खूबसूरत आदमी था ! यह मेज़ कहाँ लिये जा रही हो ? इसे यहीं रहने दो," आन्ना फ़्योदोरोव्ना ने उद्विग्न होकर कहा : "दो पलंग मँगवा लो—एक कारिन्दे के घर से मिल जाएगा—और वह बिलौरी शमादान जो मेरे जन्मदिन पर मुझे भय्या ने दिया था वह लेती जाओ और उसमें स्टियरिंग बत्ती लगा दो।"

आखिर सब तैयारी मुकम्मल हो गई। माँ के बार-बार दख़ल देने के बावजूद लीज़ा ने अपना कमरा अपनी रुचि के अनुसार सजाया। वह बिस्तर के लिए नई चद्दरें ले आई, उनमें से इत्र की खुशबू आ रही थी। फिर खुद अपने हाथ से दोनों बिस्तर बिछाए। पलंग के साथ एक मेज़ पर पानी का जग और शमादान रखे; खुशबूदार काग़ज़ को नौकरानियों के कमरे में जलाया; और अपना बिस्तर अपने मामा के कमरे में लगा दिया। जब आन्ना फ़्योदोरोव्ना का मन कुछ शान्त हुआ तो वह अपनी रोज़ की जगह पर जा बैठी और ताश की गड्डी निकाल ली...पर पत्ते नहीं बिछाए। अपनी गोल-मटोल कोहनी मेज़ पर टिकाकर सपने देखने लगी : "वक़्त कैसे गुज़र जाता है ! कितनी तेज़ी से गुज़र जाता है !" उसने धीमी सी आवाज़ में मन ही मन कहा। "लगता है जैसे कल की बात हो...बिल्कुल वह मेरी आँखों के सामने है...कैसा बेपरवाह आदमी था !" और आन्ना फ़्योदोरोव्ना की आँखों में आँसू आ गए। "अब लीज़ोच्का की बारी है—पर इसमें वह बात नहीं जो मुझमें थी जब मैं इसकी उम्र की थी—बड़ी सुन्दर बच्ची है, मगर...वह बात नहीं जो मुझमें थी..."

"लीज़ोच्का, अच्छा हो अगर तुम आज अपनी मसलिन की पोशाक पहन लो।"

"क्या तुम उनकी आवभगत करना चाहती हो, माँ ? मगर इसकी क्या ज़रूरत है, माँ ?" यह सोचकर ही कि वह अफ़सरों से मिलेगी, लीज़ा से अपनी उत्तेजना दबाए न दबती थी। "मैं तो समझती हूँ इसकी कोई ज़रूरत नहीं।"

सच तो यह है कि वह उनसे मिलने के लिए बेताब थी बल्कि मिलने से डरती भी

थी। दिल ही दिल में उसे यह भास हो रहा था कि उसे अपार सुख मिलनेवाला है, परन्तु इस सुख में व्याकुलता छिपी होगी।

''मुमकिन है वे खुद हमसे मिलना चाहें, लीज़ोच्का !'' मन ही मन सोचते हुए और बेटी के बाल सहलाते हुए आन्ना फ़्योदोरोव्ना ने कहा। ''इसके बालों में भी वह बात नहीं जो मेरे बालों में थी जब मैं जवान थी...ओह, लीज़ोच्का, मैं चाहती हूँ तुम्हें...'' और उसने सचमुच ही उसके लिए मन ही मन किसी बात की कामना की। पर वह न ही यह आशा कर सकती थी कि लीज़ा की युवा काउंट के साथ शादी होगी, और न ही वह चाहती थी कि लीज़ा का युवा काउंट के साथ उसी तरह का सम्बन्ध हो जैसा बड़े काउंट के साथ उसका अपना रहा था। तिस पर भी उसके मन में किसी चीज की कामना उठ रही थी। शायद उसे यह आशा थी कि वह अपनी बेटी के द्वारा उन भावनाओं को पुनः जागृत कर पाए जो किसी समय स्वर्गीय काउंट के प्रति उसके हृदय में उठी थीं।

काउंट के आ जाने से घुड़सेना का बूढ़ा अफ़सर भी कुछ-कुछ उत्तेजित हो उठा था। वह अपने कमरे में गया और अन्दर से ताला लगा दिया। पन्द्रह मिनट बाद वह फ़ौजी कोट और नीली घुड़सवारी की बिर्जस पहने बाहर निकला। जब कोई लड़की पहली बार नाच पर जाने के लिए गाउन पहनकर आती है तो वह खुश भी होती है और लजाती-झेंपती भी है। यही स्थिति घुड़सेना के अफ़सर की थी जब वह उस कमरे में दाखिल हुआ जो मेहमानों के लिए तैयार किया गया था।

''देखें तो नई पीढ़ी के हुस्सार कैसे हैं, बहन। अगर सच्चे मानों में कोई हुस्सार हुआ है तो वह बड़ा काउंट ही था। देखें ये लोग कैसे हैं।''

दोनों अफ़सर पिछले दरवाज़े से अपने कमरे में दाखिल हुए।

''मैंने क्या कहा था ?'' काउंट ने कहा और धूल से अटे बूट पहने नए बिस्तर पर लेट गया। ''क्या यह जगह उस झोंपड़े से अच्छी नहीं ? वहाँ तो झींगुर ही झींगुर थे।''

''ज़्यादा अच्छी है, ज़रूर, मगर हमने फ़िज़ूल ही मेज़बानों का अहसान सिर पर लिया।''

''छिः ! आदमी की नज़र हमेशा व्यावहारिक होनी चाहिए। निश्चय ही हमारे आने से वे बेहद खुश हैं...मुलाज़िम !'' उसने ज़ोर से कहा, ''उनसे कहो कि इस खिड़की के ऊपर कोई पर्दा-वर्दा टाँग दें ताकि रात को हवा तंग न करे।''

ऐन इसी वक़्त वह बुजुर्ग, अफ़सरों से परिचय प्राप्त करने के लिए कमरे में दाखिल हुआ। वह यह कहे बिना नहीं रह सका—और यह स्वाभाविक ही था कि मैं स्वर्गीय काउंट का साथी रह चुका हूँ, वह मेरे दोस्त थे, उन्होंने मुझ पर बड़े अहसान किए थे। ये बातें कहते वक़्त बूढ़े के चेहरे पर लाली दौड़ गई। अहसान से उसका मतलब, क्या उन 100 रूबलों से था जो काउंट ने उसे वापस नहीं दिए थे, या इस बात से कि काउंट ने उसे बर्फ़ पर पटक दिया था, या उस पर गालियों की बौछार की थी ? इसका जवाब देना मुश्किल है—बुजुर्ग ने इसकी व्याख्या नहीं की। युवा काउंट घुड़सेना के बूढ़े अफ़सर

के साथ बड़ी इज़्ज़त से पेश आया, और उन्हें वहाँ ठहराने के लिए उसे धन्यवाद दिया।

"काउंट, माफ़ करना, यह कमरा बहुत आरामदेह नहीं है," (ऊँचे रुतबे के आदमियों से बात करने की उसकी आदत छूट गई थी, यहाँ तक कि वह उसे 'हुजूर' कहकर सम्बोधित करने जा रहा था) "मेरी बहन का घर बहुत छोटा है। हम उस खिड़की पर अभी कुछ टाँग देंगे, जिससे हवा अन्दर नहीं आएगी," उसने कहा, और पर्दा लाने के बहाने, पाँव घसीटता कमरे में से निकल गया। वास्तव में वह घरवालों से अफ़सरों की चर्चा करना चाहता था।

इसके बाद खूबसूरत ऊस्त्युश्का हाथों में मालकिन की शाल उठाए, उसे खिड़की पर टाँगने के लिए कमरे में दाखिल हुई। मालकिन ने उससे यह भी कहा था कि अफ़सरों से पूछना कि क्या वे चाय पीना चाहेंगे ?"

जगह अच्छी थी, साफ़-सुथरी थी। इस बात का असर काउंट पर भी हुआ। उसकी उदासी जाती रही। ऊस्त्युश्का के साथ वह हँसी-मज़ाक़ करने लगा। वह इस लापरवाही से बातें करने लगा कि लड़की बीच ही में बोल उठी : "आप तो बड़े दुष्ट हैं !" काउंट ने छोटी मालकिन के बारे में पूछा कि क्या वह ख़ूबसूरत है ? आख़िर जब चाय के बारे में ऊस्त्युश्का ने मालकिन का सन्देश दिया तो काउंट बोला, क्या हर्ज है, बेशक चाय भेज दें, पर हाँ, हमारा आदमी अभी तक खाना तैयार नहीं कर पाया, इसलिए कुछ वोद्का और कुछ खाने की चीज़ें, और अगर हो सके तो थोड़ी शैरी भी चाय के साथ भेज दें।

लीज़ा का मामा छोटे काउंट की चाल-ढाल पर ही लट्टू हो रहा था। नई पीढ़ी के अफ़सरों की तारीफ़ों के पुल बाँधने लगा। पिछली पीढ़ीवालों से ये लोग कहीं ज़्यादा रोबदार हैं, दोनों का कोई मुक़ाबला ही नहीं।

आन्ना फ़्योदोरोव्ना इस बात को नहीं मानती थी। काउंट फ़्योदोर इवानोविच से बेहतर कोई नहीं हो सकता। यहाँ तक कि वह चिढ़ गई और कहने लगी, "तुम्हारा क्या है, भय्या, तुम्हारे साथ तो जो कोई मेहरबानी करेगा तुम उसी की तारीफ़ करने लगोगे। कौन नहीं जानता कि अब लोग ज़्यादा चतुर हो गए हैं। पर काउंट फ़्योदोर इवानोविच का सा सलीक़ा तो किसी में हो ? उस जैसा एकोसाएज़-नाच तो कोई नाचकर दिखाए ? हर कोई उस पर लट्टू था। फिर भी उसकी आँख को कभी कोई नहीं भाया—सिवाय मेरे। तुम्हें मानना पड़ेगा कि पिछली पीढ़ी में बहुत अच्छे-अच्छे आदमी हो गुज़रे हैं।"

उसी वक़्त वोद्का, शैरी और खाने-पीने के सामान की फ़र्माइश पहुँची।

"देख लिया भय्या, तुम कभी भी कोई बात ढंग की नहीं करते हो। तुम्हें चाहिए था कि खाना तैयार करवाते," आन्ना फ़्योदोरोव्ना ने कहा, "लीज़ा, बेटी अब सब काम खुद सँभालो।"

लीज़ा भागती हुई भंडारे में खुमियाँ और ताज़ा मक्खन लाने के लिए गई और रसोइए से कहा कि थोड़ा मांस भून दे।

"क्या घर में कुछ शैरी है भय्या ?"

"नहीं, बहन, मुझे शैरी मिली ही कब है ?"

"यह कैसे हो सकता है ? तुम चाय के साथ कुछ पिया तो करते हो ?"

"रम पीता हूँ, आन्ना फ़्योदोरोव्ना।"

"क्या फ़रक़ पड़ता है ? वही भेज दो...अ...रम ही भेज दो, पर क्या यह ज़्यादा मुनासिब नहीं होगा कि हम उन्हें यहीं पर बुला लें। तुम बताओ क्या करना चाहिए ? यहाँ बुलाने पर वे नाराज तो नहीं होंगे न, क्यों ?"

घुड़सेना के अफ़सर को पूरा विश्वास था कि काउंट बड़ा उदारहृदय आदमी है, कभी आने से इनकार नहीं करेगा, और वह ज़रूर उन्हें लिवा लाएगा। आन्ना फ़्योदोरोव्ना अपनी 'ग्रास ग्रेन' की पोशाक और नई टोपी पहनने चली गई, पर लीज़ा इतनी व्यस्त थी कि उसे कपड़े बदलने का ख़याल तक नहीं आया। जो चौड़ी आस्तीनवाली, गुलाबी लिनेन की पोशाक पहने थी, वही पहने रही। वह बेहद घबराई हुई थी। उसका मन कह रहा था कि कोई बहुत बड़ी बात होनेवाली है। लगता था मानो किसी घने बादल ने उसकी आत्मा को ढक लिया हो। वह समझती थी कि यह काउंट, यह सुन्दर हुस्सार युवक कोई बहुत ही शानदार आदमी होगा। उसकी हर बात में नवीनता होगी और वह उसे समझ नहीं पाएगी। उसकी चाल-ढाल, बात करने का ढंग, उसकी हर बात निराली होगी। उसका सोचने का ढंग, उसके मुँह से निकला हुआ एक-एक वाक्य, सच्चाई और विद्वत्ता से भरा होगा। उसकी हर क्रिया यथार्थ और यथोचित होगी। उसके चेहरे का एक-एक नक़्श सुन्दर होगा। लीज़ा को इसमें तनिक भी सन्देह नहीं था। काउंट ने शैरी और खाने-पीने की चीज़ों के लिए कहला भेजा था। लेकिन अगर वह इत्र में नहाने की भी माँग करता तो भी वह हैरान न होती, वह समझ लेती कि यही उचित और ठीक होगा।

आन्ना फ़्योदोरोव्ना का निमन्त्रण मिलते ही, काउंट ने उसे स्वीकार कर लिया। झट बालों में कंघी की, कोट पहना और अपने सिगारों का डिब्बा उठा लिया।

"चलो भई," उसने पोलोज़ोव से कहा।

"मैं तो सोचता हूँ कि हमें नहीं जाना चाहिए," कोरनेट ने जवाब दिया। "Ils feront des frais. pour nous recevoirs"*

"फ़िजूल बात ! वे लोग खुश होंगे। मैंने पहले ही से पता लगा लिया है। जान पड़ता है कि मालकिन की लड़की बहुत खूबसूरत है। चलो, चलें," काउंट ने फ्रांसीसी भाषा में कहा।

'Je vous en prie, messieurs !"** घुड़सेना के अफ़सर सिर्फ़ यह दिखाने के लिए कहा कि वह भी फ्रांसीसी समझता है और उनकी बात उसकी समझ में आ गई है।

---

* हम उन पर खर्च का बोझ डाल रहे हैं। (फ्रेंच)

** हमारे यहाँ पधारिए। (फ्रेंच)

12

वे कमरे में दाख़िल हुए। लीज़ा का चेहरा शर्म से लाल हो गया। पर वह पलकें झुकाए, चाय उँडेलती रही ताकि वे यही समझें कि उसका सारा ध्यान चाय की ओर है। वास्तव में आँख उठाकर, अफ़सरों की ओर देखने में उसे डर लगता था। इसके विपरीत, आन्ना फ़्योदोरोव्ना उछलकर खड़ी हो गई, हल्के से झुककर उनका स्वागत किया, और काउंट के चेहरे पर आँखें गड़ाए, बिना झिझक-संकोच के, उसके साथ बतियाने लगी। काउंट, तुम तो बिल्कुल अपने बाप की तस्वीर हो। फिर अपनी बेटी से उसका परिचय कराया। काउंट के सामने चाय रखी, साथ में जैम और जंगली फलों का गूदा। कोरनेट देखने में बड़ा सीधा-सादा था, इसलिए किसी ने उसकी ओर ध्यान नहीं दिया। और इसके लिए वह दिल ही दिल में उन्हें धन्यवाद भी दे रहा था। क्योंकि इस तरह उसे चुपचाप, शिष्टता से लीज़ा का रूप निहारने का मौक़ा मिल गया था। लीज़ा पर नज़र पड़ते ही उसने देख लिया कि लड़की असाधारण है। बूढ़ा मामा इस इन्तज़ार में था कि कब बहन बोलना बन्द करे कि वह भी कुछ कह सके। वह भी बोलने के लिए बेताब था और चाहता था कि अपने घुड़सवारी के ज़माने के क़िस्से उन्हें सुनाए। काउंट ने सिगार सुलगाया। वह इतना तेज़ था कि लीज़ा को खाँसी आ गई। वह बातें करने का बड़ा शौक़ीन और साथ ही विनम्र-स्वभाव निकला। पहले तो आन्ना फ़्योदोरोव्ना की चटर-पटर में अपनी ओर से एकाध शब्द जोड़ देता रहा, बाद में स्वयं चहकने लगा। उसकी बातें सुननेवालों को एक बात उसके व्यवहार में विचित्र लगी : वह ऐसे शब्दों का प्रयोग करता था, जो उसकी अपनी मंडली में तो बेशक बुरे न लगते होंगे, मगर यहाँ वे ज़रूर बहुत खटकते थे। आन्ना फ़्योदोरोव्ना उन्हें सुनकर कुछ सहम सी गई। लीज़ा के शर्म के मारे कान तक लाल हो गए। मगर काउंट को इसका भास नहीं हुआ, वह उसी तरह आराम से और बड़ी विनम्रता से बतियाता रहा। लीज़ा ने चुपचाप गिलास भर दिए, पर मेहमानों के हाथों में देने के बजाय उनके नज़दीक रख दिए। अब भी वह बड़ी घबरा रही थी और काउंट की बातों का एक-एक शब्द कान लगाकर सुन रही थी। काउंट की बातें बेहद सीधी-सादी थीं। बोलते हुए वह बार-बार रुकता था। लीज़ा का मन कुछ-कुछ सँभलने लगा। जिन विद्वत्ता-भरी बातों को सुनने की उसे आशा थी, वे सुनने को नहीं मिलीं। न ही काउंट की चाल-ढाल में उस बाँकपन की कोई झलक ही मिली जिसकी धुँधली सी आस सारा वक़्त उसके मन में रही थी। चाय का तीसरा दौर चलने लगा। लीज़ा ने लजाते हुए आँख उठाकर उसकी ओर देखा। काउंट ने उसकी नज़र को जैसे अपनी आँखों से बाँध लिया, और बिना किसी झेंप के बातें भी करता गया, टिकटिकी बाँधे उसे देखता रहा और हल्के-हल्के मुस्कुराता रहा। लीज़ा के अन्दर उसके प्रति एक विरोध भाव सा उठ खड़ा हुआ और फ़ौरन ही उसे महसूस होने लगा कि इस आदमी में कोई भी विलक्षण बात नहीं। इतना ही नहीं, इसमें और उन सभी आदमियों में जिन्हें वह जानती थी उसे कोई अन्तर नज़र नहीं आता था। इसलिए उससे

डरने की कोई ज़रूरत नहीं महसूस हुई। यह ठीक है कि इसके नाखून लम्बे थे और ध्यान से तराशे हुए थे, पर देखने में भी वह कोई ख़ास खूबसूरत नहीं था। इसलिए जब लीज़ा ने जाना कि उसके स्वप्न निराधार थे तो सहसा उसका मन क्षुब्ध हो उठा, पर साथ ही उसे एक तरह का ढाढ़स भी मिला। उसे अब एक ही बात विचलित कर रही थी। कोरनेट चुपचाप बैठा बराबर उसकी ओर देखे जा रहा था। लीज़ा अपने चेहरे पर उसकी नज़र महसूस कर रही थी। "शायद वह नहीं, यह होगा," उसने सोचा।

13

चाय के बाद वृद्ध महिला अपने मेहमानों को दूसरे कमरे में ले गई। अन्दर पहुँचकर वह अपनी रोज़ की जगह पर बैठ गई।

"शायद आप आराम करना चाहेंगे, काउंट ?" उसने पूछा। काउंट ने सिर हिला दिया। इस पर वह बोली : "तो मैं आप लोगों के मनबहलाव के लिए क्या इन्तज़ाम करूँ ? काउंट, क्या आप ताश खेलते हैं ? भय्या, तुम कोई ताश का खेल शुरू कर दो।"

"तुम तो खुद 'प्रेफ्रेंस' खेलती हो बहन," उसके भाई ने जवाब दिया, "आइए, एक बाज़ी हो जाए, काउंट ? और आप ?"

अफ़सरों ने कहा कि जो भी खेल मेज़बानों को पसन्द है, वे शौक़ से खेलेंगे।

लीज़ा एक पुरानी ताश की गड्डी उठा लाई। इसके साथ वह क़िस्मत बाँचा करती थी : कि आन्ना फ़्योदोरोव्ना के दाँत का दर्द जल्दी दूर होगा या नहीं, मामा शहर से कब गाँव वापस लौटेंगे, पड़ोसी उनसे मिलने आएँगे या नहीं, और इसी तरह की कई बातें। इस गड्डी के पत्ते, पिछले दो महीने से इस्तेमाल किए जा रहे थे, फिर भी उस गड्डी के पत्तों से ज़्यादा साफ़ थे जिनसे आन्ना फ़्योदोरोव्ना क़िस्मत बाँचा करती थी।

"पर शायद आप छोटे दाँव पर खेलना पसन्द नहीं करते ?" मामा ने पूछा। "आन्ना फ़्योदोरोव्ना और मैं तो आधा कोपेक फ़ी पाइंट खेलते हैं। इस पर भी वह हमें लूट लेती है।"

"जिस दाँव पर भी आप खेलना चाहें, मैं खुशी से खेलूँगा," काउंट ने कहा।

"तो फिर चलिए, एक कोपेक फ़ी प्वाइंट रहा—और अदायगी नोटों में। ऐसे अच्छे मेहमानों के लिए मैं सब कुछ करने के लिए तैयार हूँ। भले ही वे मुझे गली की भिखारन बनाकर छोड़ें," आन्ना फ़्योदोरोव्ना ने कहा और आरामकुर्सी पर बैठकर अपनी जालीदार शाल ठीक करने लगी।

उसने मन में सोचा : "क्या मालूम जीत जाऊँ और इनसे एक रूबल तक बना लूँ।" लगता था जैसे बुढ़ापे में उसे जुआ खेलने का चस्का पड़ने लगा था।

"इस खेल को खेलने का एक दूसरा ढंग भी है। कहें तो सिखा दूँ। इसे 'आनर्स' और 'मिज़री' से खेलना कहते हैं। बड़ा मज़ेदार है," काउंट ने कहा।

पीटर्सबर्ग में खेला जानेवाला यह नया ढंग सब लोगों को बहुत पसन्द आया। मामा कहने लगा कि मैं किसी ज़माने में इस तरह खेलना जानता था, यह 'बोस्टन' से बहुत कुछ मिलता है, पर अब यह मुझे कुछ-कुछ भूलने लगा है। आन्ना फ़्योदोरोव्ना के पल्ले कुछ नहीं पड़ा। पर उसने यही ठीक समझा कि सिर हिलाती रहे और मुस्कुरा-मुस्कुराकर कहती जाए कि मैं सब समझ गई हूँ, सब बात साफ़ है। खेल के बीच में, यक्का और बादशाह हाथ में पकड़े हुए, आन्ना फ़्योदोरोव्ना ने 'मिज़री' पुकारा और छः सरें उठा लीं। सब लोग ठहाका मारकर हँस पड़े। उसे बड़ी झेंप हुई। धीमे से मुस्कुराई और झट कहने लगी कि नया तरीक़ा कोई इतनी जल्दी कैसे सीख सकता है। पर वह हार गई थी, और उसके नाम के आगे अंक लिख लिया गया था। वह बार-बार हारने लगी। काउंट ऊँचे दाँव पर खेलने का आदी था, और इस वक्त बड़ी सावधानी से खेल रहा था बाक़ायदा एक-एक चाल का हिसाब रख रहा था। मेज़ के नीचे, कोरनेट बार-बार उसे पाँव से ठोकर मारकर समझाने की कोशिश करता पर काउंट कुछ भी नहीं समझ पा रहा था। कोरनेट ख़ुद बड़ी ग़लतियाँ कर रहा था।

लीज़ा खाने-पीने का और सामान ले आई—तीन तरह का जैम, फलों का गूदा, और एक ख़ास ढंग के अचारी सेब। वह माँ की कुर्सी के पीछे खड़ी हो गई और खेल देखने लगी। किसी-किसी वक़्त वह उड़ती आँख से अफ़सरों को देखती, विशेषकर काउंट को। काउंट बड़ी चतुराई, आत्मविश्वास और सफ़ाई से खेल रहा था। जब पत्ते फेंकता या सरें उठाता तो उसके गोरे-चिट्टे हाथ और गुलाबी नाखून लीजा का ध्यान आकर्षित करते।

एक बार फिर आन्ना फ़्योदोरोव्ना ने सबसे आगे निकलने की कोशिश की। घबराहट में उसे कुछ भी सूझ नहीं रहा था। उसने सात तक की चाल बोल दी। पर आए उसके पास केवल चार। भाई के कहने पर अंकोंवाले काग़ज़ पर उसने अपने अंक लिख तो दिए पर इस ढंग से कि पढ़े न जा सकें।

"घबराओ नहीं माँ, तुम हारोगी नहीं। सब वापस जीत लोगी," लीज़ा ने मुस्कुराते हुए कहा। वह चाहती थी कि माँ को किसी तरह इस अटपटी स्थिति में से निकाल दे। "अगर तुम मामाजी के पत्ते ले लो तो वे फँस जाएँगे।"

"आओ, मेरी कुछ मदद करो, लीज़ा," आन्ना फ़्योदोरोव्ना ने घबराकर बेटी की ओर देखते हुए कहा, "मैं नहीं जानती कैसे..."

"मैं भी खेल के नए नियमों को नहीं जानती," लीज़ा बोली और जल्दी से मन ही मन जोड़ लगाने लगी कि माँ कितने पैसे हार चुकी है। "इस तरह खेलती रहोगी तो सब पैसे हार जाओगी माँ। घर में इतने पैसे भी नहीं बचेंगे कि पिमोच्का के लिए फ्रॉक भी ख़रीद सको," उसने हँसकर कहा।

"इसमें कोई शक नहीं। इस तरह खेलेंगी तो आप कम से कम दस चाँदी के रूबल हार जाएँगी," कोरनेट ने कहा। वह टिकटिकी बाँधे लीज़ा की ओर देख रहा था। लीज़ा के साथ बातें करने के लिए उसका मन ललक रहा था।

"क्यों, हम तो नोटों के साथ खेल रहे हैं," आन्ना फ़्योदोरोव्ना ने कहा और खेलनेवालों के मुँह की ओर देखने लगी।

"शायद," काउंट बोला, "मगर मुझे तो काग़ज़ी नोटों से हिसाब करना ही नहीं आता। आप किस तरह...मतलब है, यह काग़ज़ी नोटों का हिसाब क्या है ?"

"आजकल कोई भी काग़ज़ी नोटों से नहीं खेलता," मामा ने कहा। वह पैसे जीत रहा था।

वृद्ध महिला ने फलों का रस मँगवाया, स्वयं भी दो गिलास पिए। उसका चेहरा तमतमाने लगा था। यों जान पड़ता जैसे कह रही हो कि अब मेरा कुछ नहीं बन सकता। उसके माथे पर टोपी के नीचे से बालों की सफ़ेद लट खिसक आई थी। वह उसे भी ठीक करना भूल गई। वह सचमुच यों महसूस कर रही थी जैसे उसने लाखों की रक़म हार दी हो और उसका दिवाला बोलनेवाला हो। कोरनेट बार-बार मेज़ के नीचे काउंट को पैर की ठोकर से समझा रहा था। बुढ़िया पैसे हारती जा रही थी और काउंट उनका बराबर हिसाब लिखता जा रहा था। आख़िर खेल खत्म हुआ। आन्ना फ़्योदोरोव्ना ने पूरी कोशिश की कि कुछ पैसे अपने हिसाब में जोड़ ले, यह बहाना भी किया कि हिसाब लिखने में उससे ग़लती हो गई थी, कि उसे हिसाब लिखना आता ही नहीं। अन्तरात्मा ने कहा ऐसे मत करो आन्ना फ़्योदोरोव्ना, पर उसने अन्तरात्मा की आवाज़ को सुना-अनसुना कर दिया। जब उसने अपने नाम के आगे लिखी रक़में देखीं तो उसका दिल बैठ गया। पर इन सब बातों के बावजूद हिसाब जोड़ा गया। मालूम हुआ कि वह नौ सौ बीस पाइंट हारी है। "तो क्या यह नोटों में नौ रूबल नहीं बनते ?" वह बार-बार पूछने लगी। उसे अपने नुक़सान का अनुमान उस वक़्त तक नहीं हुआ जब तक कि उसके भाई ने उसे सारा हिसाब नहीं समझाया। उसने बताया कि वह नोटों में पूरे साढ़े बत्तीस रूबल हार गई है, और यह रक़म उसे ज़रूर अदा कर देनी चाहिए। सुनते ही बुढ़िया को कँपकँपी छिड़ गई। खेल खत्म होने पर काउंट उठकर खिड़की के पास चला गया। वहाँ लीज़ा खाना परोस रही थी और प्लेट में खुमियाँ रख रही थी। काउंट ने जीत के पैसों का हिसाब तक लगाने की परवाह नहीं की। कोरनेट सारी शाम लीज़ा से बातें करने के लिए छटपटाता रहा था, मगर बेसूद। काउंट बड़े आराम से लीज़ा के पास आया और मौसम की चर्चा करने लगा।

कोरनेट की स्थिति बड़ी अटपटी हो रही थी। काउंट खेल की मेज़ पर से उठ गया था। लीज़ा भी, जो माँ का ढाढ़स बँधाती रही थी, वहाँ से चली गई थी, बुढ़िया बेहद क्षुब्ध हो उठी थी।

"मुझे बड़ा खेद है कि हमने आपसे पैसे जीते," पोलोज़ोव बोला। उसे कुछ तो कहना ही था। "हमने बड़ी असभ्य बात की है।"

"ये नए-नए खेल आप लोगों ने ढूँढ़ निकाले हैं–'आनर्स' और 'मिज़री' और जाने क्या-क्या। मैं क्या समझूँ ? क्या कहा, भय्या, कितने पैसे बनते हैं, नोटों के हिसाब से ?"

"बत्तीस रूबल, साढ़े बत्तीस," बूढ़े ने जवाब दिया। उसने खुद पैसे जीते थे, इसलिए बड़ा खुश था। "लाओ बहन, लाओ, निकालो पैसे।"

"अबकी बार तो दे दूँगी, पर फिर कभी नहीं दूँगी। मेरे पास देने के लिए होंगे ही कब ? इतने पैसे मैं कभी भी जीत नहीं पाऊँगी।"

और आन्ना फ़्योदोरोव्ना तेज़-तेज़ चलती हुई कमरे से बाहर चली गई। जब वह चलती तो झूलती हुई। थोड़ी देर बाद वह एक-एक रूबल के नौ नोट उठाकर ले आई। पर भाई टस से मस न हुआ और बड़ी दृढ़ता से पैसे तलब करने लगा। आख़िर लाचार होकर बुढ़िया को सारी रक़म चुकानी पड़ी।

पोलोज़ोव मन ही मन डर रहा था कि यदि उसने बुढ़िया से कुछ कहा तो वह बरस पड़ेगी। वह चुपके से वहाँ से सरक गया और खिड़की के पास जाकर खड़ा हो गया। खिड़की खुली थी, वहीं पर काउंट और लीज़ा खड़े बातें कर रहे थे।

खानेवाली मेज़ पर दो मोमबत्तियाँ जल रही थीं। रह-रहकर, कमरे में वसन्त की ताज़ा हवा के झोंके आ रहे थे जिससे बत्तियों की शिखा काँप-काँप जाती। बाग़ की ओर खुलनेवाली खिड़की में भी रोशनी थी, लेकिन कमरे के अन्दर की रोशनी से वह बिल्कुल भिन्न थी। लगभग पूर्णिमा का चाँद इस समय तक अपनी सुनहरी आभा खो बैठा था और लाइम के पेड़ों के ऊपर तैरता चला जा रहा था। स्वच्छ, श्वेत बादलों के टुकड़े चाँद के सामने से गुज़रते और निखर उठते। नीचे, ताल में मेढक टर्रा रहे थे। पेड़ों के बीच में से, पानी का एक छोटा सा पोखर झिलमिला रहा था। खिड़की के पास, फूलों से लदे, महकते लीलक पौधे पर छोटे-छोटे पक्षी फुदक रहे थे और पर फड़फड़ा रहे थे। ओस से भीगे फूलों के गुच्छे हवा में झूल रहे थे।

"कैसी सुहावनी रात है !" खिड़की के दासे पर, लीज़ा के निकट बैठते हुए काउंट ने कहा, "आप तो अक्सर घूमने जाती होंगी ?"

"हाँ, जाती हूँ," लीज़ा बोली। किसी कारण, काउंट से बातें करते हुए अब उसे तनिक भी घबराहट नहीं हो रही थी। "प्रातः सात बजे घर का काम-काज देखने रोज़ बाहर जाती हूँ। पिमोच्का को साथ लेकर भी घूमने निकलती हूँ। पिमोच्का को माँ ने गोद ले रखा है।"

"देहात में रहने में बड़ा आनन्द है !" एक आँख पर चश्मा लगाते हुए और कभी बाग़ की ओर और कभी लीज़ा की ओर देखते हुए काउंट कहने लगा। "क्या आप चाँदनी रातों में भी घूमने जाती हैं ?"

"अब तो नहीं जाती, पर तीन साल पहले मैं और मामाजी चाँदनी रातों में हर रोज़ जाया करते थे। तब इन्हें एक अजीब सी बीमारी हो गई—वह सो नहीं पाते थे। पूर्णिमा की रात को तो इनके लिए सोना असम्भव हो जाता था। इनका कमरा—वह सामनेवाला कमरा—सीधा बाग़ में खुलता है, और खिड़की नीची है, चाँदनी ऐन उनके मुँह पर पड़ती है।"

"अजीब बात है, मैं सोच रहा था कि वह आपका कमरा है," काउंट ने कहा।

"मैं केवल आज ही की रात वहाँ सोऊँगी। मेरेवाले कमरे में तो आप लोग सोएँगे।"

"क्या सच ? आपको हमने बड़ी तकलीफ़ दी है। इसके लिए मैं तो कभी भी अपने को क्षमा नहीं कर पाऊँगा," काउंट बोला और सद्भावना जताने के लिए आँख का चश्मा ढीला कर दिया जिससे वह नीचे गिर पड़ा। "यदि मैं जानता कि मेरे कारण आपको यों परेशान होना पड़ेगा..."

"इसमें परेशानी की क्या बात है ! बल्कि मुझे तो बड़ी खुशी है। मामाजी का कमरा बहुत अच्छा है—बड़ा हवादार और साफ़-सुथरा है। और उसकी नीची सी खिड़की—मैं तो उसी पर बैठी रहूँगी और वहीं सो जाऊँगी; या शायद मैं कूदकर बाग़ में निकल जाऊँगी और टहलती रहूँगी, फिर लौटकर सो जाऊँगी।"

"कितनी प्यारी लड़की है !" काउंट सोच रहा था। उसके चेहरे को ज़्यादा अच्छी तरह देख पाने के लिए उसने फिर आँख पर चश्मा लगाया, और खिड़की पर बैठते हुए उसकी टाँग को अपने पैर से छूने की कोशिश की। "कैसी चतुराई के साथ इसने मुझे इशारा कर दिया है, कि यदि मैं चाहूँ तो इसे खिड़की के पास मिल सकता हूँ।" लड़की का दिल जीतना उसे सचमुच इतना आसान जान पड़ा कि उसका आकर्षण उसकी नज़रों में बहुत कुछ कम हो गया।

"कितना मज़ा रहता होगा," बाग़ के अँधेरे रास्ते की ओर देखते हुए और मन ही मन गुनगुनाते हुए काउंट ने कहा, "ऐसी सुहावनी रात हो, साथ में कोई प्यारा मित्र हो तो आदमी बाग़ में ही सारी रात बिता दे।"

इन शब्दों को सुनकर लीज़ा झेंप गई। उसे लगा जैसे उसकी टाँग को काउंट का पैर फिर छू गया हो। झेंप को दबाने के लिए वह झट से बोली : "जी, चाँदनी रात में घूमने का सचमुच बड़ा मज़ा है।" पर उसकी झेंप दूर नहीं हुई। उसने झट से खुमियों के मर्तबान को ढक्कन से बन्द किया और उठाकर बाहर ले जाने लगी। ऐन उसी वक़्त कोरनेट वहाँ पहुँच गया। लीज़ा के मन में सहसा कुतूहल जगा कि देखें, यह किस क़िस्म का आदमी है।

"कैसी सुहावनी रात है," कोरनेट बोला।

"मौसम के अलावा ये लोग कोई और बात ही नहीं करते," लीज़ा ने सोचा।

"बाग़ का नज़ारा बहुत खूबसूरत है !" कोरनेट ने कहा। "पर शायद अब तक आप इससे ऊब उठी होंगी।" जो लोग कोरनेट को बहुत पसन्द हुआ करते थे, उनके सामने वह ज़रूर कोई अप्रिय सी बात कहा करता। यह उसकी आदत थी।

"क्यों ? आपको यह ख़याल कैसे आया ? आदमी रोज़ एक ही चीज़ खाकर ऊब सकता है या एक ही फ्रॉक रोज़ पहनकर ऊब सकता है, मगर सुन्दर बाग़ से वह क्योंकर ऊबने लगेगा ? ख़ासतौर पर जब चाँद आसमान में और भी ऊपर उठ आया हो। मामाजी के कमरे में से पूरे के पूरे ताल का दृश्य नज़र आता है। आज रात मैं उसे ज़रूर देखूँगी।"

"मैं सोचता हूँ यहाँ बुलबुलें नहीं हैं, क्यों ?" काउंट ने पूछा। वह पोलोज़ोव से

बेहद नाराज़ था कि वह बीच में आ टपका है और अब वह लीज़ा के साथ मिलने का स्थान और समय निश्चित नहीं कर पाएगा।

"नहीं, पर पहले थीं। पिछले साल एक शिकारी आया और एक को पकड़कर ले गया। इस साल—पिछले ही हफ़्ते की बात है—मैंने एक बुलबुल को गाते सुना था। उसकी आवाज़ में बड़ी मिठास थी। उसी वक़्त कांस्टेबल अपनी छोटी सी गाड़ी में बैठा कहीं से आ निकला। गाड़ी पर घंटियाँ लगी थीं। उनकी टन-टन सुनकर बुलबुल डर गई और उसी वक़्त उड़ गई। पिछले से पिछले साल मैं और मामाजी, पेड़ों के नीचे घंटों बैठे बुलबुलों का गाना सुनते रहते थे।"

"हमारी बिटिया बड़ी बातूनी है। क्या सुना रही हो उन्हें ?" मामा ने पास आकर कहा, "आइए, कुछ खा-पी लें।"

मेज़ पर बैठे तो काउंट ने भोजन की तारीफ़ की, अपनी भूख का भी अच्छा प्रदर्शन किया। आन्ना फ़्योदोरोव्ना का दिल कुछ-कुछ ठिकाने आया। खाना खा चुकने पर दोनों अफ़सरों ने विदा ली और अपने कमरे में चले गए। काउंट ने मामा के साथ हाथ मिलाया। इसके बाद आन्ना फ़्योदोरोव्ना के साथ, परन्तु उसके हाथ को चूमा नहीं। आन्ना फ़्योदोरोव्ना आवाक् रह गई। इसी ढंग से काउंट ने लीज़ा से भी हाथ मिलाया और नज़र भरकर उसे देखा। उसके होंठों पर हल्की सी लुभावनी मुस्कान थी। लीज़ा फिर झेंप गई।

"देखने में तो अच्छा है," लीज़ा ने मन ही मन कहा, "मगर अपने को समझता बहुत कुछ है।"

14

दोनों अफ़सर कमरे में पहुँचे।

"तुम्हें शर्म आनी चाहिए," पोलोज़ोव ने कहा, "मैं तो कोशिश करता रहा कि हम लोग कुछ पैसे हार जाएँ। मेज़ के नीचे से तुम्हें इशारे भी करता रहा। लेकिन तुम बड़े संगदिल आदमी निकले। बुढ़िया बेचारी को रुला मारा।"

काउंट ठहाका मारकर हँस पड़ा।

"बड़ी अजीब औरत है ! तुमने देखा, जब हार गई तो कैसे मुँह बनाने लगी !"

वह फिर ठहाका मारकर हँसा, इस बेपरवाही से कि सामने खड़ा नौकर—जोहान्न—भी, आँखें चुराकर मुस्कुराने लगा।

"परिवार के पुराने दोस्त का बेटा ! हा, हा ! हा!" काउंट खिलखिलाकर हँसता गया।

"पर सचमुच तुमने ठीक नहीं किया। मुझे तो बुढ़िया पर तरस आने लगा था," कोरनेट ने कहा।

"छिः ! तुम अभी कमसिन हो। क्या तुम समझे बैठे थे कि मैं जान-बूझकर हार जाऊँगा ? मैं क्यों हारूँ ? जब खेलना नहीं जानता था तो हारा करता था। ये दस रूबल काम आएँगे, दोस्त। आदमी में व्यवहार-कुशलता होनी चाहिए, नहीं तो बेवक़ूफ़ों में शुमार होने लगता है।"

पोलोज़ोव चुप हो गया। वह अन्दर ही अन्दर सिमटकर लीज़ा के बारे में सोचना चाहता था। उसके विचार में लीज़ा अत्यन्त पवित्र और सुन्दर लड़की थी। पोलोज़ोव ने कपड़े बदले और गुदगुदे, साफ़ बिस्तर पर लेट गया।

"सैनिक जीवन में बड़ा मान है, बड़ा गौरव है—सब झूठ !" खिड़की की ओर देखते हुए वह सोचने लगा। खिड़की पर टँगी शाल में से चाँदनी छन-छनकर आ रही थी। "सच्चा सुख तो इसमें है कि मनुष्य किसी एकान्त स्थान पर, किसी सरल, समझदार और सुन्दर पत्नी के साथ जीवन बिता दे। इसी में सच्चा और स्थायी सुख है !"

पर पोलोज़ोव ने अपने मित्र के सामने अपने विचार व्यक्त नहीं किए, इस ग्रामीण युवती का ज़िक्र तक नहीं किया, हालाँकि वह भली-भाँति जानता था कि काउंट भी उसी के बारे में सोच रहा है।

"तुम कपड़े क्यों नहीं बदल रहे हो ?" उसने काउंट से पूछा। काउंट कमरे में टहल रहा था।

"मेरी सोने की इच्छा नहीं हो रही है, न मालूम क्यों। तुम बेशक बत्ती बुझा दो, मुझे इसकी ज़रूरत नहीं है।"

और वह कमरे के एक सिरे से दूसरे सिरे तक टहलने लगा।

"सोने की इच्छा नहीं है," पोलोज़ोव ने काउंट के शब्दों को दोहराया। पोलोज़ोव पर काउंट का बड़ा रौब था। परन्तु आज शाम की घटनाओं के बाद वह दिल ही दिल में कुढ़ने लगा था। ऐसा उसने पहले कभी महसूस नहीं किया। जी में आता कि डटकर काउंट का विरोध करे। "मैं जानता हूँ तुम्हारी इस चिकनी-चुपड़ी खोपड़ी के अन्दर किस तरह के विचार घूम रहे हैं," उसने मन ही मन तुर्बीन से कहा। "मैं देख रहा था, तुम्हारा मन उस लड़की पर बुरी तरह रीझ उठा है। पर उस जैसी सरल और सच्ची लड़की को समझने की योग्यता भी तुममें हो। तुम्हें तो मिना जैसी औरतें चाहिए, और वर्दी पर कर्नल के एपोलेट चाहिए।" पोलोज़ोव के मन में आया कि काउंट से पूछे कि लीज़ा पसन्द आई या नहीं।

पर काउंट की ओर मुखातिब होते ही पोलोज़ोव ने इरादा बदल दिया। उसने सोचा कि लीज़ा के बारे में काउंट का विचार वही कुछ हुआ जो मैंने समझा है तो उसका विरोध करने की मुझमें हिम्मत नहीं होगी, बल्कि मैं इस हद तक इसके रोब के नीचे हूँ कि मैं उसकी हाँ में हाँ मिलाने लगूँगा। यह जानते हुए भी कि दिन ब दिन उसका यह रोब अनुचित और असह्य होता जा रहा है।

"कहाँ जा रहे हो ?" काउंट को टोपी पहनकर दरवाज़े की ओर जाते देखकर उसने पूछा।

"अस्तबल की तरफ़ जा रहा हूँ। देखना चाहता हूँ कि वहाँ इन्तज़ाम ठीक है या नहीं।"

"अजीब बात है," कोरनेट ने सोचा। पर उसने बत्ती बुझा दी और करवट बदल ली, और अपने मन में से ईर्ष्या और द्वेष-भरे विचार निकालने की कोशिश करने लगा जो इस भूतपूर्व मित्र ने उसके मन में उकसाए थे।

इस बीच आन्ना फ़्योदोरोव्ना भी अपनी आदत के मुताबिक अपने भाई, बेटी और गोद ली लड़की पर क्रास का चिह्न बनाकर, और उन्हें चूमकर अपने कमरे में चली गई। बड़ी मुद्दत के बाद आज पहली बार एक ही दिन में उसने इतनी विभिन्न और गहरी भावनाओं का अनुभव किया था। कुछ तो स्वर्गीय काउंट की विषादमयी एवं सजीव स्मृतियों के कारण, कुछ इस युवा छैले का ख़याल करके जिसने इतनी बेहयाई से उससे पैसे झाड़ लिये थे, उसका मन बहुत विचलित हो उठा था। वह चैन से प्रार्थना भी नहीं कर पाई। तिस पर भी, रोज़ की तरह उसने कपड़े बदले, पलंग के पास तिपाई पर रखे क्वास का आधा गिलास पिया और पड़ रही। (क्वास का गिलास हर रोज़ इस समय वहाँ रख दिया जाता था।) उसकी चहेती बिल्ली चुपचाप कमरे में सरक आई। उसने बिल्ली को अपने पास बुलाया और उसकी पीठ सहलाने लगी, और बिल्ली की धीमी-धीमी आवाज़ सुनने लगी।

"इस बिल्ली के कारण मैं सो नहीं पा रही हूँ," उसने सोचा और बिल्ली को धकेलकर पलंग के नीचे पटक दिया। बिल्ली बिना आवाज़ किए, मुलायम, रोएँदार पूँछ टेढ़ी किए अँगीठी के चबूतरे पर चढ़ गई। उसी वक़्त नौकरानी अपना नमदा उठाए अन्दर आई, नमदे को फ़र्श पर बिछाया, बत्ती बुझाई, देव-प्रतिमा के आगे लैम्प जलाया, और लेटते ही खर्राटे भरने लगी। पर आन्ना फ़्योदोरोव्ना को नींद नहीं आई और उसके बेचैन दिल को शान्ति नहीं मिली। ज्यों ही वह आँखें बन्द करती, हुस्सार का चेहरा सामने आ जाता। जब आँखें खोलती तो कमरे की सब चीज़ें—कमोड, मेज, लटकते सफ़ेद फ्रॉक, जिन पर देव-प्रतिमा के लैम्प की धीमी सी रोशनी पड़ रही थी, सभी अजीब-अजीब शक्लों में उसी के प्रतिरूप से बनकर नज़र आने लगते। एक क्षण वह ऐसा महसूस करती जैसे नरम रज़ाई में उसका दम घुट रहा हो, दूसरे क्षण वह घड़ी की टनटन या नौकरानी के खर्राटों से परेशान होने लगती। उसने लड़की को जगा दिया और गुस्से से बोली कि खर्राटे मत लो। उसके दिमाग़ में बेटी, स्वर्गीय काउंट तथा छोटे काउंट के चेहरे और ताश के खेल की स्मृतियाँ अजीब तरह से घुल-मिल रही थीं। किसी-किसी वक़्त उसकी आँखों के सामने एक तसवीर खिंच जाती—वह स्वर्गीय काउंट के साथ नाच रही है, उसे अपने गोरे-गोरे कन्धे नज़र आते, उन पर किसी के होंठों का अनुभव होता, फिर उसे अपनी बेटी, छोटे काउंट की बाँहों में, नज़र आती। ऊस्त्युश्का फिर खर्राटे भरने लगी थी...

"उफ़, नहीं ! अब लोग बदल गए हैं, वह आदमी आग और पानी में मेरी ख़ातिर कूद सकता था। और कूदता भी क्यों नहीं ? पर यह दूसरा आदमी, मुझे पक्का यक़ीन

है, इस वक़्त गधों की तरह सो रहा होगा, अपनी जीत पर मस्त। उसे यह ख़याल तक न आएगा कि उठूँ, यह समय प्रेमालाप का है। पर इसका बाप था, कि कैसी-कैसी क़समें उसने मेरे सामने घुटने टेककर खाई थीं, 'तुम क्या चाहती हो ? क्या मैं जान पर खेल जाऊँ ? मैं हँसते हुए तुम्हारी ख़ातिर खुदकुशी कर लूँगा।' अगर मैं कहती तो वह कर भी देता।''

सहसा ड्योढ़ी में किसी के पाँव की आहट हुई। कोई नंगे पाँव चल रहा था। दूसरे क्षण लीज़ा भागती हुई अन्दर आई। उसका चेहरा पीला पड़ गया था और वह सिर से पाँव तक काँप रही थी। उसने ड्रेसिंग-जाकेट पर केवल एक शाल ओढ़ रखी थी। आते ही वह माँ के पलंग पर गिर पड़ी...

माँ से विदा होकर लीज़ा मामा के कमरे में चली गई थी। वहाँ उसने सफ़ेद ड्रेसिंग-जाकेट पहना, लम्बे बालों पर रूमाल बाँधा, बत्ती बुझाई और खिड़की खोलकर कुर्सी पर बैठ गई। ताल पर चाँदनी झिलमिला रही थी। उसकी ओर देखते हुए वह विचारों में खो गई।

सहसा उसे अपनी सब रुचियाँ और काम-काज एक नए रूप में नज़र आने लगे—बूढ़ी, सनकी माँ जिससे वह प्रेम करती थी, वह गहन प्रेम उसके अस्तित्व का अंग बन गया था; बूढ़े नेकदिल मामाजी; नौकर-चाकर जो अपनी छोटी मालकिन पर जान देते थे। घर में गौएँ थीं, उनके बछड़े थे। चारों ओर प्रकृति की अनुपम छटा थी। उसकी आँखों के सामने कितने ही पतझड़ और वसन्त अपनी लीला दिखा चुके थे। इन्हीं के बीच वह पलकर बड़ी हुई थी। सभी उससे प्रेम करते थे। पर आज उसे सब निरर्थक, नीरस और अवांछित जान पड़ता था। मानो उसके कान में कोई धीमे से कह रहा हो : ''पगली, बीस बरस से औरों की सेवा में जान खपा रही हो। तुम यह भी नहीं जानती हो कि जीवन किसे कहते हैं, सुख क्या है ?'' चाँदनी में नहाए निस्तब्ध बाग़ की गहराइयों में देखते हुए यह विचार बार-बार उसके मन में उठने लगा। इतनी प्रबलता से यह विचार पहले कभी नहीं उठा था। उसे किस चीज़ ने उकसाया था ? क्या वह सहसा काउंट से प्रेम करने लगी थी ? नहीं, बिल्कुल नहीं। बल्कि वह तो उसे अच्छा भी नहीं लगा था। इससे तो वह कोरनेट से ही ज़्यादा आसानी से प्रेम कर सकती थी, पर वह बहुत ही सीधा-सादा और चुप्पू क़िस्म का आदमी था और कब का इसके मन पर से उतर भी चुका था। पर काउंट को याद करते ही उसका मन गुस्से और क्षोभ से भर उठता। ''नहीं, यह वह व्यक्ति नहीं है,'' वह मन ही मन कहती। उसकी कल्पना का वीर-नायक दूसरे ही प्रकार का व्यक्ति था—सर्वांगीण सुन्दर, मन-वचन-कर्म से सुन्दर। उसके साथ, सुहावनी रात के समय, प्रकृति के स्निग्ध विलास-कानन में प्रेम करते हुए, प्रकृति का सर्वव्यापी सौन्दर्य कलुषित नहीं होगा। लीज़ा के मन में अपने आदर्श प्रेमी की धारणा ज्यों की त्यों बनी थी। उसे भौंड़ी यथार्थता के अनुकूल बनाने के लिए लीज़ा ने अपने आदर्श को छोटा नहीं किया था।

विधाता ने हर प्राणी को प्रेम करने की क्षमता समान रूप से दी है। पर लीज़ा की प्रेम-क्षमता अविचलित और अक्षय बनी रही थी। कारण, उसका जीवन एकान्त में कटता था, और आसपास अपनी रुचि का कोई व्यक्ति न था। इसमें सुख के साथ असन्तोष भी था। अब तो इस स्थिति में रहते उसे इतनी मुद्दत हो चुकी थी कि उसके लिए किसी नवागन्तुक पर अपना प्रेम लुटा देना असम्भव हो गया था। किसी-किसी समय वह अन्तर्मुखी हो, हृदय में छिपी भावनाओं के खज़ाने को निहारने लगती। उसका रोम-रोम पुलकित हो उठता। हमारी हार्दिक कामना है कि वह आजीवन अपने इस छोटे से सुख में सुखी रह सके। कौन जाने, शायद यही जीवन का सबसे गहरा और परमसुख हो, यही जीवन का सच्चा और सम्भाव्य सुख हो ?

"हे भगवान् !" वह बुदबुदाई, "क्या यह सम्भव है कि मैं यौवन और सुख से वंचित रह गई हूँ ? मैं उनका कभी भी अनुभव नहीं कर पाऊँगी ? क्या यह सच है ?" उसने आँख उठाकर आकाश की ओर देखा। चाँद-तारों से जगमगाते आकाश में सफ़ेद बादलों के पुंज, चन्द्रमा की ओर जाते हुए तारों को ढकते जा रहे थे। "यदि सबसे आगे वाला वह बादल चन्द्रमा को छू गया तो यह सच है," उसने मन ही मन कहा। बादल के धुँधलके से चाँद का निचला भाग ढकने लगा और धीरे-धीरे ताल, लाइम-वृक्षों के शिखरों तथा घास पर चाँदनी मन्द पड़ने लगी, पेड़ों का धूमिल आकार और भी अस्पष्ट होने लगा। प्रकृति को ढकनेवाले इन उदास पर्दों के पीछे, हल्की-हल्की हवा बहने लगी, पत्ते सरसराने लगे। ओस से भीगे पत्तों, गीली मिट्टी और लीलक के फूलों की महक के झोंके खिड़की में से अन्दर आने लगे।

"नहीं, यह सच नहीं," उसने दिल को ढाढ़स बँधाते हुए कहा, "आज रात यदि किसी बुलबुल के गाने की आवाज आई तो मैं समझूँगी कि इस तरह उदास होना पागलपन है, और निराश होने का कोई कारण नहीं।" बड़ी देर तक वह चुपचाप किसी की प्रतीक्षा में बैठी रही। किसी-किसी वक्त चाँद, बादलों की ओट में से झाँकता जिससे सामने का दृश्य खिल उठता। फिर वह छिप जाता और साए पृथ्वी को अपने आँचल से ढक देते। उसकी आँखें झपकने लगीं। सहसा ताल की ओर से बुलबुल की आवाज़ सुनाई दी। आवाज़ बिल्कुल साफ़ थी। युवा देहातिन ने आँखें खोलीं। चारों ओर निस्तब्धता थी, प्रकृति अपना वैभव लुटा रही थी। लीज़ा की आत्मा नए उल्लास से भर उठी। वह कोहनियों के बल आगे की ओर झुकी। एक सुखद उदासी उसके हृदय में अँगड़ाइयाँ लेने लगी। आँखों में किसी असीम, और पावन प्रेम के आँसू छलछला उठे। यह प्रेम, पूर्ति के लिए छटपटा रहा था। इन निर्मल, स्वच्छ आँसुओं में सान्त्वना भरी थी। लीज़ा ने खिड़की के दासे पर बाजू टिका लिए और उन पर सिर रख दिया। दिल में से, अपने आप, उसकी सबसे प्यारी प्रार्थना के शब्द उठने लगे। बैठे-बैठे उसे झपकी आ गई। उसकी आँखें आँसुओं से तर थीं।

किसी ने उसे छुआ। उसकी नींद टूट गई। स्पर्श कोमल तथा प्रिय था। उसकी पकड़ उसकी बाजू पर गहरी होने लगी। सहसा उसे इस बात का बोध हुआ कि वह

कहाँ पर है, हल्की सी चीख उसके मुँह में से निकली, वह उछलकर खड़ी हो गई, और अपने आपको समझाते हुए कि वह व्यक्ति काउंट नहीं हो सकता जो चाँदनी में इस तरह उज्ज्वल दिख रहा था, वह कमरे में से भाग खड़ी हुई...

15

वह काउंट ही था। लड़की के चीखने पर चौकीदार खाँसता हुआ बाड़ के पास से अन्दर आया। यह देखकर, काउंट भाग खड़ा हुआ और ओस से भीगी घास पर चलता हुआ सीधा बाग़ के अन्दर घुस गया। उसे लगा जैसे वह चोरी करते पकड़ा गया हो। ''कैसा पागल हूँ मैं !'' उसने अपने आपसे कहा, ''मैंने उसे डरा दिया। मुझे अधिक सावधान होना चाहिए था, उसे आवाज़ देकर जगाना चाहिए था। कैसा भोंडा हूँ मैं !'' वह एक जगह रुक गया और कान लगाकर सुनने लगा। चौकीदार फाटक में से बाग़ के अन्दर आ गया था, और लाठी घसीटता हुआ, रेतीली पगडंडी पर चल रहा था। उसे छिप जाना चाहिए था। वह ताल की ओर दौड़ा। मेढक डरकर उसके पाँवों के नीचे से उछल-उछलकर ताल में कूदने लगे। वह चौंका। उसके पाँव भीग रहे थे पर वह जमीन पर बैठ गया, और मन ही मन सारी घटनाओं पर विचार करने लगा : मैं बाड़ से कूदकर अन्दर आया, फिर लीज़ा की खिड़की को ढूँढ़ने लगा, आखिर मुझे लीज़ा की सफ़ेद आकृति नज़र आई। मैं दबे पाँवों उसके पास गया। मैं नहीं चाहता था कि आहट हो। फिर मैं लौट गया। बार-बार मैं यही करने लगा। उसके नज़दीक जाता, फिर लौट पड़ता। कभी मुझे यक़ीन हो जाता कि लीज़ा मेरा इन्तज़ार कर रही है। तब मुझे लगता कि वह कुछ नाराज़ भी है कि मैंने उसे बहुत देर इन्तज़ार में रखा। पर शीघ्र ही मेरा विचार बदल जाता। उस जैसी लड़की इतनी जल्दी मिलने के लिए तैयार कभी नहीं होगी। आखिर मैंने सोचा कि देहातिन शरमा रही है, सोने का बहाना कर रही है, और मैं उसके पास जा पहुँचा। मगर वह सचमुच सो रही थी। किसी कारण मैं वहाँ से हट गया, पर फिर मुझे अपनी भीरुता पर शर्म आने लगी। मैं लौट पड़ा और सीधा उसके बाजू पर हाथ रख दिया। चौकीदार फिर एक बार खाँसा और बाग़ में से बाहर जाने लगा। फाटक के चरमराने की आवाज़ आई। किसी ने ज़ोर से लीज़ा के कमरे की खिड़की बन्द कर दी। अन्दर से शटर भी ज़ोर से बन्द करने की आवाज़ आई। काउंट मन ही मन क्षुब्ध हो उठा। काश कि यह मौक़ा फिर मिल सके ! दूसरी बार ऐसी बेवक़ूफ़ी कभी न करूँगा। ''कितनी प्यारी लड़की है ! ओस से भीगी ! प्यार करने के लिए बनी है। मैंने उसे हाथ से जाने दिया ! कैसा मूर्ख हूँ मैं !'' उसकी नींद ही काफ़ूर हो गई। खीज में ज़ोर-ज़ोर से पाँव पटकता हुआ वह लाइम-वृक्षों के बीच रास्ते पर चलने लगा।

पर उस शान्त, निस्तब्ध रात्रि से उस जैसे प्राणी ने भी शान्ति का वरदान पाया। उसका हृदय धैर्यपूर्ण उदासी और प्रेम की लालसा से भर उठा। लाइम-वृक्षों के घने पत्तों

में से चन्द्रमा की रश्मियाँ छन-छनकर कच्चे रास्ते पर पड़ रही थीं। रास्ते पर जगह-जगह घास और सूखे डंठल थे। ज़मीन चितकबरी सी लग रही थी। टेढ़ी-मेढ़ी शाखाओं के एक तरफ़ चाँदनी छिटकी थी, लगता जैसे शाखें सफ़ेद काई से ढकी हों। चाँदनी में नहाए पत्ते, किसी-किसी वक़्त एक-दूसरे से फुसफुसाने लगते। घर की सब रोशनियाँ बुझ चुकी थीं। चारों ओर मौन छाया था। हाँ, उस झिलमिलाते, निस्तब्ध, असीम विस्तार में बुलबुल की आवाज गूँजने लगी थी। "कैसी सुहावनी रात है !" बाग़ की स्वच्छ महक से लदी हवा में साँस भरते हुए काउंट सोचने लगा। "पर कहीं कोई त्रुटि है। मैं असन्तुष्ट जान पड़ता हूँ, अपने से, अन्य लोगों से, जीवन तक से। कितनी भोली-भाली लड़की है। शायद सचमुच ही नाराज़ हो गई है..." यहाँ पहुँचकर उसकी कल्पना ने एक और रुख पकड़ा। वह अपने को, इस देहाती लड़की के साथ बाग़ में अजीब, अजीब, और विभिन्न स्थितियों में देखने लगा। फिर इस लड़की का स्थान मिना ने ले लिया। "मैं भी कैसा पागल हूँ। मुझे चाहिए था, सीधा उसकी कमर में हाथ डालकर उसका मुँह चूम लेता।" मन ही मन पछताता हुआ काउंट अपने कमरे में लौट गया।

कोरनेट अभी तक जाग रहा था। उसने करवट बदली और काउंट की ओर मुँह फेरा।

"तुम अभी तक सोए नहीं ?" काउंट ने पूछा।

"नहीं तो।"

"बताऊँ तुम्हें क्या हुआ है ?"

"कहो।"

"शायद मुझे नहीं बताना चाहिए। पर मैं बताऊँगा। थोड़ा दीवार की तरफ़ सरक जाओ।"

काउंट कोरनेट की खाट पर बैठ गया। उसके होंठों पर मुस्कान खेल रही थी। अपनी बेवक़ूफ़ी के कारण वह बहुत अच्छे मौक़े से हाथ धो बैठा था। पर अब उसे कोई अफ़सोस न था।

"तुम मानोगे नहीं, लड़की मुझसे rendeg-vous* के लिए राज़ी हो गई थी।"

"क्या कह रहे हो ?" पोलोज़ोव ने चिल्लाकर कहा और उछलकर बैठ गया।

"सुनो।"

"कैसे ? कब ? मैं नहीं मान सकता।"

"जिस वक़्त तुम जीत के पैसे गिन रहे थे, उसी वक़्त उसने मुझे बताया कि वह खिड़की पर मेरा इन्तज़ार करेगी। यह भी कहा कि मैं खिड़की के रास्ते उसके कमरे में चला जाऊँ। व्यवहार-कुशलता से यही लाभ होता है। इधर तुम बुढ़िया के साथ बैठे हिसाब जोड़ रहे थे, उधर मैं यह दाँव खेल रहा था। तुमने खुद भी तो उसे कहते सुना था कि वह आज रात खिड़की में बैठकर ताल का नज़ारा देखेगी।"

---

* मुलाक़ात (फ्रेंच)

"हाँ, यही उसने कहा था।"

"बस, यही बात है। मैं निश्चय नहीं कर पा रहा हूँ कि यह बात उसने अचानक कह दी थी या जान-बूझकर। शायद उसके मन में यह न रहा हो, पर जो कुछ मैंने देखा, यह सब इसके उलट बैठता है। सारे मामले का अन्त कुछ अजीब सा हुआ। मुझसे बड़ी बेवक़ूफ़ी की बात हो गई," उसने कहा। उसके होंठों पर अनुतापपूर्ण मुस्कान थी।

"कैसे ? तुम इस वक़्त कहाँ से आ रहे हो ?"

काउंट ने सारी घटना कह सुनाई। पर वार्ता में, खिड़की तक पहुँचने से पहले बार-बार अपने सकुचाने और लौट पड़ने का जिक्र नहीं किया।

"अपने हाथों से सब काम चौपट कर आया हूँ। मुझे ज़्यादा दिलेरी से काम करना चाहिए था। वह चीख़ी और उठकर भाग गई।"

"चीख़ी और उठकर भाग गई," कोरनेट ने दोहराकर कहा। काउंट को मुस्कुराता देखकर उसके भी होंठों पर बेढब सी मुस्कुराहट आ गई। मुद्दत से उस पर काउंट का गहरा प्रभाव रहा था।

"हाँ, तो अब सोया जाए।"

कोरनेट ने करवट बदली, दरवाज़े की ओर पीठ की और चुपचाप दसेक मिनट तक लेटा रहा। कहना कठिन है कि उस समय उसकी अन्तर्मन की गहराइयों में क्या कुछ हो रहा था, पर जब दूसरी बार उसने करवट बदली तो उसके चेहरे पर वेदना और दृढ़ संकल्प की छाप थी।

"काउंट तुर्बीन !" उसने चिल्लाकर कहा।

"क्या है ? होश में तो हो ?" काउंट ने धैर्य से कहा, "क्या है, कोरनेट पोलोज़ोव ?"

"काउंट तुर्बीन तुम नीच आदमी हो !" पोलोज़ोव ने चिल्लाकर कहा और पलंग पर से उठकर खड़ा हो गया।

16

दूसरे दिन घुड़सेना की टुकड़ी वहाँ से चली गई। अफ़सर बिना अपने मेज़बानों से मिले, बिना विदा लिए चले गए। वे एक दूसरे से भी नहीं बोले। उन्होंने निश्चय कर लिया था कि पहले ही पड़ाव पर द्वन्द्व-युद्ध लड़ेंगे। काउंट ने कप्तान शुलत्ज़ को अपना सहायक नियत किया था जो बहुत बढ़िया घुड़सवार, और हुस्सारों का लोकप्रिय अफ़सर था। उसने बड़ी चतुराई से सारी बात का प्रबन्ध किया। द्वन्द्व-युद्ध टल गया। इतना ही नहीं, सारी फ़ौज में किसी को इस बात की कानोकान खबर तक न हुई। तुर्बीन और पोलोज़ोव पहले जैसे मित्र तो अब नहीं रहे थे, पर एक दूसरे को अब भी बेतकल्लुफ़ी से बुलाते थे और कभी-कभी पार्टियों और भोजों पर एक दूसरे से मिलते रहते थे।

इंसान और हैवान

(एक घोड़े की कहानी, उसकी अपनी ज़बानी)

(मि.अ. स्तख़ोविच की पुण्य स्मृति में)

1

सूर्योदय का समय था। आसमान साफ़ होता जा रहा था। प्रकाश फैलने लगा था। झिलमिल करती ओस अब और उज्ज्वल हो उठी थी। हँसिया सा चाँद पीला पड़ रहा था और जंगल में आवाज़ों का शोर बढ़ने लगा था। लोग जगने लगे थे। ज़मीन्दार के अस्तबल में सूखी घास पर खड़े घोड़े ज़ोर-ज़ोर से साँस लेने और पाँव पटकने लगे थे। कभी-कभी वे आपस में उलझ जाते, एक दूसरे को धकेलने और ऊँचे-ऊँचे हिनहिनाने लगते।

''हिश्श् ! ओ ! अभी बहुत वक़्त है अरे भूखे नहीं मरोगे !'' फाटक चरमराया और बूढ़ा चरवाहा अन्दर दाख़िल हुआ। फाटक खुला देखकर एक घोड़ी बाहर को लपकी। ''हिश्श् !...खबरदार !'' चरवाहा बाज़ू झटककर चिल्लाया।

चरवाहे का नाम नेस्तेर था। उसने कज़ाक-जाकेट पहन रखी थी और उसे कामदार पेटी से और भी कस रखा था। एक तौलिए में बँधी डबलरोटी पेटी में खोंसी हुई थी। कन्धे पर चाबुक डाले, और हाथों में ज़ीन और लगाम थामे वह अन्दर आ खड़ा हुआ।

उसकी आवाज़ में व्यंग्य था लेकिन उससे घोड़े न डरे और न क्रुद्ध हुए। उल्टे, लापरवाही का दिखावा करते हुए फाटक से परे हट गए। सिवाय सुरमई रंग की एक बूढ़ी घोड़ी के, जिसकी गर्दन पर घनी अयाल लटक रही थी। उसने अपने कान पीछे को दबा लिए, और तेजी से घूमकर अपनी पीठ चरवाहे की ओर फेर ली। इस पर, पीछे खड़ी एक कम-उम्र घोड़ी, हिनहिनाई और अपने पास खड़े एक घोड़े पर दुलत्ती चला दी। यों शायद इस ओर उसका ध्यान भी न जाता।

''हो-हो !'' चरवाहे ने ज़ोर से डाँटा और अस्तबल के दूसरे सिरे की ओर मुड़ गया।

अस्तबल में सौ के क़रीब घोड़े थे। जिस घोड़े ने सबसे ज़्यादा धीरज दिखाया वह था एक चितकबरे रंग का बधिया घोड़ा। यह अकेला खड़ा छप्पर के बलूत के खम्भे को बार-बार चाट रहा था और अधमुँदी आँखों से इधर-उधर देख रहा था। कहना कठिन

है कि खम्भे का स्वाद कैसा रहा होगा, पर उसे चाटते हुए यह घोड़ा बड़ा गम्भीर और विचारमग्न लग रहा था।

"हैं ? कोई शरारत सूझ रही है ?" उसके पास आते हुए चरवाहा पहले की सी आवाज़ में बोला और ज़ीन और जामा खाद के ढेर पर रख दिए।

चितकबरे घोड़े ने फ़ौरन खम्भे को चाटना छोड़ दिया और बिना हिले-डुले नेस्तेर की ओर एकटक देखने लगा। घोड़ा हँसा नहीं, न उसने भवें चढ़ाईं, न ही उसका मिज़ाज गरम हुआ, पर कुछ ही देर में उसके पेट पर एक कँपकँपी सी दौड़ गई। उसने एक गहरी साँस ली और मुँह फेर लिया। चरवाहे ने अपनी बाँह उसकी गर्दन में डाली और लगाम चढ़ा दी।

"ठंडी साँसें किसलिए भर रहे हो ?" नेस्तेर ने पूछा।

बधिया घोड़े ने सुनकर पूँछ हिलाई, मानो कह रहा हो : "कोई खास बात नहीं, नेस्तेर।" चरवाहे ने उसकी पीठ पर पहले जामा रखा, फिर ज़ीन कस दी। बधिया घोड़े ने अपनी स्वीकृति दिखाने के लिए अपने कान फिर पीछे को दबाए, पर इसके लिए चरवाहे की ओर से उसे केवल बेवक़ूफ़ की ही उपाधि मिली। जब साज़ की पेटी कसी जाने लगी तो इसे रोकने के लिए बधिया घोड़े ने अपने अन्दर खूब साँस भर ली, पर जब एक घूँसा सीधा मुँह पर पड़ा और लात पेट पर, तो रुकी हुई साँस खुल गई। तिस पर भी जब नेस्तरे ने दाँत से ज़ीन का तस्मा खींचा, बधिया घोड़े ने फिर साहस किया और कान बैठा लिए, यहाँ तक कि उसे घूरा भी। वह जानता था कि इसका कोई लाभ न होगा, पर वह नेस्तरे को जता देना चाहता था कि यह उसे मंजूर नहीं, और वह अपनी खीझ छिपाएगा भी नहीं। पर जब उस पर ज़ीन चढ़ गई तो उसने अपनी सूजी हुई दाहिनी टाँग ढीली छोड़ दी और मुँह में लगी लगाम की लोहे की टुकड़ी चबाने लगा यद्यपि उसे अब तक मालूम हो जाना चाहिए था कि इस जैसी बेस्वाद और कोई चीज़ नहीं हो सकती।

नेस्तेर ने रिक़ाब में पाँव रखा और पीठ पर चढ़ गया। उसने चाबुक खोली, अपना कोट घुटनों के नीचे से निकाला, और ऐसे ढंग से ज़ीन पर बैठ गया जैसे केवल कोचवान, शिकारी और चरवाहे ही बैठा करते हैं। लगाम खिंचते ही घोड़े ने गर्दन उठाई—यह दिखाने के लिए कि मैं तैयार हूँ, जहाँ कहो ले चलूँ—पर पट्ठा अपनी जगह से हिला नहीं। वह जानता था कि यह घुड़सवार उस वक़्त तक नहीं चलेगा जब तक कि एक दूसरे चरवाहे, वास्का, को ज़रूरी निर्देश न दे ले। और अकेले वास्का को ही नहीं, और घोड़ों को भी। बात ठीक ही निकली। नेस्तेर ने चिल्लाना शुरू किया : "वास्का ! ओ वास्का ! घोड़ियों को निकाला है या नहीं ? कहाँ मर गया, शैतान ? सो रहा है क्या ? फाटक खोल। घोड़ियों को बाहर निकाल।" वह इसी तरह बड़बड़ाता गया।

फाटक के किवाड़ चरमराए। खम्भे के साथ खड़ा वास्का, झल्लाया सा, एक घोड़े की लगाम हाथ में थामे, बाक़ी घोड़ों को बाहर निकालने लगा। एक-एक करके घोड़े निकल रहे थे। वे बड़े ध्यान से सूखी घास से बच-बचकर चलते, उसे सूँघते जाते। जवान

घोड़ियाँ, एक-एक साल के छौने, दूध पीते बछड़े, गर्भवती घोड़ियाँ—जो बड़ी सावधानी से चल रही थीं ताकि उनके पेट को ठोकर न लगे—सभी एक क़तार में बाहर निकल गए। छोटी घोड़ियाँ दो-दो, तीन-तीन करके आगे भागी जाती थीं, उनके सिर एक-दूसरे की पीठ पर चढ़ जाते और जल्दी में पाँव टकरा जाते। इस पर चरवाहा पीछे से गालियाँ बकने लगता। दूध पीते बछेड़े अपरिचित घोड़ियों की टाँगों के बीच इधर-उधर दौड़ रहे थे। जब बड़ी घोड़ियाँ हिनहिनातीं तो उनकी आवाज़ सुनकर ये भी कर्कश आवाज़ में हिनहिनाने लगते।

एक नटखट जवान घोड़ी फाटक में से निकली। पहले सिर झटकने लगी, फिर दुलत्ती झाड़कर हल्की-हल्की आवाज़ में हिनहिनाई। पर उसकी इतनी हिम्मत नहीं हुई कि भागकर चित्तीदार घोड़ी झुल्दीबा से आगे निकल जाए। झुल्दीबा बड़ी उम्र की घोड़ी थी और धीरे-धीरे, मस्तानी चाल से, पेट को दाएँ-बाएँ झुलाती हुई, सब घोड़ों से आगे चली जा रही थी।

कुछ मिनटों में ही बाड़ा खाली हो गया और सारी चहल-पहल खत्म हो गई। जिन खम्भों पर छप्पर टिके हुए थे वे उदास और अकेले से खड़े नज़र आने लगे। मुचड़े, गोबर सने भूसे के अलावा वहाँ कुछ भी देखने को न रहा। चितकबरा बधिया घोड़ा इस दृश्य को देखने का आदी हो गया था, पर जान पड़ता था कि वह भी उदास हो उठा है। धीरे से उसने सिर हिलाया, मानो किसी को दुआ-सलाम कर रहा हो, गहरी साँस खींची, उतनी गहरी जितनी कि पेट पर बँधी पेटी इजाज़त दे सकती थी, झुंड के पीछे-पीछे दुबली पीठ पर बूढ़े नेस्तेर को बैठाए वह अपनी टेढ़ी हड़ियल टाँगों को घसीटते हुए चलने लगा।

"ज्यों ही हम सड़क पर पहुँचेंगे, यह जरूर दियासलाई जलाएगा और अपना पुराना पाइप सुलगाएगा जिस पर पीतल का पतरा और ज़ंजीर लगी है।" घोड़ा सोचने लगा। "इसकी मुझे खुशी है, क्योंकि सुबह-सुबह जब अभी घास पर ओस पड़ी हो, इस पाइप की खुशबू मुझे अच्छी लगती है, इससे मेरी कई मृदु स्मृतियाँ जाग उठती हैं। हाँ, अगर मुझे कोई एतराज है तो यह कि बूढ़ा मुँह में पाइप रखते ही अपने को बहुत कुछ समझने लगता है, ऐंठने लगता है, तिरछा होकर बैठ जाता है—और कमबख्त हमेशा उसी जगह तिरछा बैठता है जहाँ मेरी पीठ दुखती है। शैतान ग़ारत करे इसे ! मगर यह पहली बार तो है नहीं कि किसी दूसरे की खुशी के लिए मुझे दुख सहना पड़ा हो। आख़िर मैं घोड़ा ही तो हूँ। इसमें भी मुझे एक प्रकार का सन्तोष मिलने लगा है। ऐंठने दो, बेचारे को, यह यों तभी करता है जब अकेला होता है, और इसे कोई देख नहीं रहा होता। अगर इसे तिरछा बैठने में ही खुशी मिलती है तो बेशक बैठे।" घोड़ा, सड़क के बीचोबीच, अपनी अस्थिर टाँगों को बचा-बचाकर रखता हुआ, सोच रहा था।

2

घोड़ों को नदी के किनारे पर पहुँचाकर नेस्तेर घोड़े पर से उतर आया और उसकी पीठ पर से ज़ीन उतार ली। यहाँ घोड़ों को चरना था। घोड़े धीरे-धीरे चरागाह की ओर बढ़ने लगे।

हरी-हरी घास ओस में भीगी थी। चरागाह नदी के मोड़ पर थी। जान पड़ता जैसे नदी अपनी बाँह से चरागाह को लपेट में लिए हो। पानी की सतह तथा ज़मीन पर से धुन्ध उड़कर सारे वातावरण में छा रही थी।

लगाम उतारकर नेस्तेर ने घोड़े की ठुड्डी खुजलाई। घोड़े ने आँखें बन्द कर लीं, मानो अपनी खुशी और कृतज्ञता प्रकट कर रहा हो। "मज़ा लेता है, खूसट !" नेस्तेर बुदबुदाया। पर बधिया घोड़े को यह बिल्कुल अच्छा नहीं लग रहा था। केवल शिष्टाचार के नाते वह खुश होने का बहाना कर रहा था और स्वीकृति में अपना सिर हिला रहा था। सहसा, बिना किसी कारण के, और बिना कोई चेतावनी दिए (मुमकिन है नेस्तेर ने यह सोचा हो कि वह बहुत घनिष्ठता बढ़ाने से घोड़े की नज़रों में उसका रोब कम हो जाएगा) नेस्तेर ने झटके से उसका मुँह परे हटा दिया, लगाम बक्लस वाले सिरे से पकड़कर उसकी पतली टाँग पर मारी और फिर बिना कुछ कहे एक टीले पर चढ़ गया और पेड़ के ठूँठ पर जा बैठा। वहीं पर वह रोज़ बैठा करता था।

ऐसे व्यवहार से बधिया घोड़ा अवश्य ही क्षुब्ध हुआ होगा, पर उसने ज़ाहिर नहीं होने दिया। वह केवल घूम गया और धीरे-धीरे, अपनी खसखसी पूँछ हिलाता नदी की ओर चल दिया। वह ज़ोर-ज़ोर से साँस ले रहा था और महज़ दिखावे के लिए थोड़ी बहुत घास चरता जा रहा था। उसके चारों ओर जवान घोड़ियाँ, एक-एक साल के और दूध पीते बछेड़े, सुबह की ताज़ा हवा का आनन्द लेते हुए उछल-कूद रहे थे। इसने उनकी ओर कोई ध्यान नहीं दिया। वह जानता था कि स्वास्थ्य के लिए, विशेषकर उसकी उम्र में, सबसे अच्छी चीज़ यही है कि खाली पेट पर खूब पानी पिया जाए और उसके बाद नाश्ता किया जाए। उसने नदी के तट पर सबसे ढलुआँ और खुली जगह चुनी, टखनों तक नदी में उतर गया, फिर थूथनी पानी में डाल, फटे होंठों से गटगट पानी पीने लगा। उसके कूल्हे उभरने लगे। बार-बार वह अपनी खसखसी पूँछ हिलाता, जिसमें कहीं-कहीं सफ़ेद बाल उग आए थे। रीढ़ की हड्डी के क़रीब पूँछ गंजी हो चली थी।

एक नटखट, कुम्मैती घोड़ी, इस बूढ़े घोड़े को हमेशा छेड़ा करती थी। पानी को लाँघती हुई वह उसकी ओर लपकी मानो उसे इसके साथ कोई काम हो। दरअसल, उसका इरादा पानी को उस जगह गदला करने का था जहाँ बधिया घोड़ा पी रहा था। पर उसके पहुँचने तक वह भरपेट पानी पी चुका था। और, जैसे कि उसे घोड़ी के इरादों का कुछ पता न हो, उसने पहले एक, फिर दूसरा, दोनों पाँव कीच में से निकाले, अपना सिर झटका, और जवान घोड़ों और बछेड़ों से काफ़ी दूर हटकर अपना नाश्ता करने लगा। तीन घंटे तक वह बराबर, बिना सिर उठाए, घास चरता रहा। वह अपना बोझा

टाँगों पर, कभी एक बल, कभी दूसरे बल रखता, ताकि घास कुचलने न पाए। आखिर उसने इतना खा लिया कि उसका पेट एक भरे हुए बोरे की तरह उसकी उभरी हुई पसलियों पर से लटकने लगा। उसकी टाँगें दर्द करने लगीं। अतः उसने अपना वज़न चारों टाँगों पर इस तरह सन्तुलित कर लिया कि कम से कम दर्द हो। वह विशेषकर अगली, दाईं टाँग को बचाना चाहता था जो सबसे कमज़ोर थी। इसके बाद वह सो गया।

बुढ़ापा कभी गौरवपूर्ण, कभी घृणास्पद और कभी दयनीय होता है। कभी-कभी यह एक ही जगह गौरवपूर्ण भी होता है और घृणास्पद भी। बधिया घोड़े का बुढ़ापा कुछ इसी प्रकार का था।

बधिया घोड़ा कद में अच्छा था, कम से कम साढ़े पाँच फुट ऊँचा तो होगा ही। उसका रंग क़रीब-क़रीब काला था, मगर बदन पर कहीं-कहीं सफ़ेद रंग के दाग़ थे। किसी ज़माने में ये दाग़ सफ़ेद थे, अब तो ये देखने में मटमैले लगते थे। कुल मिलाकर उसके बदन पर तीन धब्बे थे। एक धब्बा उसके नाक के एक तरफ़ से शुरू होकर सिर के ऊपर और आधी गर्दन तक फैला हुआ था। उसकी खुरदरी, उलझी हुई लम्बी अयाल कहीं-कहीं सफ़ेद और कहीं-कहीं भूरी थी। दूसरा धब्बा उसके दाएँ कूल्हे पर से शुरू होकर आधे पेट पर फैला हुआ था। तीसरा, दुम से लेकर, दुम के ऊपरी हिस्से और कमर के आधे भाग पर फैला हुआ था। दुम के बाक़ी हिस्से में हल्के सफ़ेद रंग की धारियाँ थीं। सिर, महज़ हड्डियों का ढाँचा रह गया था और आकार में बड़ा था। आँखों के ऊपर बड़े-बड़े गड्ढे थे। निचला होंठ, फटा हुआ और काला सा नीचे को लटक गया था। गरदन पतली और सूखी हुई मानो लकड़ी की बनी हो; और उस पर सिर बोझ बनकर लटका हुआ लगता था। लटकते निचले होंठ के पीछे उसकी काली सी जीभ मुँह में चलती नज़र आती। दाँतों की जगह कुछ पीले से ठूँठ ही रह गए थे। दोनों कान, सारा वक़्त लटकते रहते थे और उनमें से एक चिरा हुआ था। हाँ, किसी-किसी वक़्त, किसी ढीठ मक्खी को उड़ाने के लिए, वह उन्हें झटककर हिला देता। माथे पर के बालों की एक लट कान के पीछे से होकर लटकती रहती। माथा, बीच में धँसा हुआ और खुरदरा था। गले के नीचे का मांस ढीला होकर लटक गया था। जब भी कोई मक्खी उसकी गर्दन या सिर पर बैठती तो उसके स्पर्श मात्र से उसकी नस-नस काँप जाती। उसके चेहरे से धैर्य, गाम्भीर्य और गहरी यातना का भाव टपकता था। आगे की दोनों टाँगें घुटनों के पास से मुड़ी हुई थीं, दोनों खुर सूजे हुए थे, और आगे की धब्बेदार दाईं टाँग पर घुटने के पास गहरी सूजन थी। उसकी पिछली टाँगें कुछ बेहतर हालत में थीं, पर कूल्हों पर के बाल जो एक बार किसी चीज़ की रगड़ में आकर उड़ गए थे, फिर न उग पाए थे। उसकी दुबली-पतली काया को देखते हुए उसकी टाँगें बड़ी लम्बी जान पड़ती थीं। उसकी पसलियाँ बाहर को निकली हुई थीं, लगता जैसे चमड़ी के बीच के गड्ढों से चिपकी हुई हों। पीठ और कन्धों पर हंटरों के निशान थे। पिछली टाँग पर एक ताज़ा ज़ख़्म अब सड़ने लगा था। बिना बालोंवाली पूँछ, रीढ़ की हड्डी के साथ

एक ठूँठ की तरह लटक रही थी। दुम के पास हथेली जितना बड़ा फोड़ा था (जो शायद किसी के काटने से हो गया था)। इसमें से सफ़ेद-सफ़ेद बाल उगने शुरू हो गए थे। कन्धे पर एक और फोड़े का निशान था। बदहज़मी के पुराने रोग के कारण पिछले पैरों के जोड़ों और पूँछ पर सारा वक़्त छींटे पड़े रहते थे। जिल्द पर छोटे-छोटे, कँटीले बाल उग रहे थे। इस घिनौने बुढ़ापे के बावजूद, जो कोई भी उसे देखता, यह सोचे बिना न रहता कि किसी ज़माने में यह अवश्य शानदार घोड़ा रहा होगा। घोड़ा-शिनास तो ज़रूर ही यह कहता।

घोड़ा-शिनास तो यह कहता कि जो गुण इस घोड़े में पाए जाते हैं वे रूस में घोड़ों की एक ही नस्ल में देखने को मिलते हैं। चौड़ी हड्डी, घुटनों की चक्कियाँ बड़ी-बड़ी, खुर बढ़िया, टाँगें पतली, गरदन खमदार और सबसे बड़ी विशेषता, सिर सुडौल और आँखें काली, बड़ी-बड़ी और चमकती हुईं। चेहरे और गरदन पर नाड़ियों की सुन्दर ग्रन्थियाँ बनती हैं। खाल और बाल मुलायम और बढ़िया। इस वक़्त घोड़े की दुर्बलता दयनीय थी (चितकबरे रंग के कारण तो वह और भी घिनौनी लगती थी)। पर साथ ही उसके चेहरे और भाव-भंगिमा में एक प्रकार की शान्त आत्मनिष्ठा पाई जाती थी, जो विशेषकर उन लोगों में पाई जाती है जो जानते हैं कि वे सुन्दर और प्रभावशाली हैं। इन दोनों ने मिलकर घोड़े को एक अद्भुत गौरव प्रदान किया था।

ओस से सनी उस चरागाह में वह घोड़ा एक ज़िन्दा खंडहर की तरह अलग-थलग खड़ा था। थोड़ी दूर पर अन्य घोड़े, जवानी में मस्त, इधर-उधर घूम-फिर रहे थे—कोई ज़मीन पर पाँव पटक रहा था, कोई ज़ोर-ज़ोर से साँस ले रहा था, कोई हिनहिना रहा था।

3

सूर्य अब जंगल के ऊपर उठ चुका था, और उसका प्रकाश चरागाह और नदी के मोड़ तक फैलने लगा था। ओस सूख चली थी और सिकुड़-सिकुड़कर क़तरों का रूप ले रही थी। कहीं-कहीं, दलदल और जंगल के ऊपर फैली धुन्ध अब हल्के धुएँ की तरह छितर रही थी। आकाश में बादल उमड़ आए थे मगर हवा अब भी बन्द थी। नदी के पार, खेतों में, राई के छोटे-छोटे, हरे और कँटीले पौधे लहलहा रहे थे। हवा में पौधों और फूलों की महक थी। जंगल में कुकू पक्षी की तीखी आवाज़ सुनाई दे रही थी। नेस्तेर, पीठ के बल लेटा हुआ, उसकी कूकें गिन रहा था और उनके अनुसार अपनी ज़िन्दगी के बाक़ी सालों का हिसाब लगा रहा था। चरागाहों और खेतों के ऊपर लार्क पक्षी उड़ रहे थे। घोड़ों के बीच कहीं एक खरहा फँस गया। खतरे का भास पाते ही वह भाग खड़ा हुआ और काफ़ी दूर जाकर एक झाड़ी की ओट में जा बैठा। वास्का घास पर ही लेटे-लेटे सो गया था, उसके इर्द-गिर्द काफ़ी दूर तक घोड़ियाँ चरती हुई, ढलान के नीचे

तक जा पहुँची थीं। बड़ी उम्र की घोड़ियाँ दूर जा खड़ी हुईं ताकि उन्हें कोई छेड़ नहीं सके और रसभरी घास में मुँह मारने लगीं। जाते समय ओस पर उनके पैरों के निशान बनते गए थे। सारा का सारा झुंड, धीरे-धीरे, एक ही दिशा की ओर सरकता जा रहा था। यहाँ पर भी बूढ़ी झुल्दीबा ही सबसे आगे-आगे बाक़ी घोड़ियों का पथ-प्रदर्शन कर रही थी। काले रंग की युवा मूश्का, दुम उठाए, दाँत निकाले, अपने पहले बछेड़े को देख-देखकर हिनहिना रही थी। ब्राउन रंग का नन्हा सा बछेड़ा, काँपता, लड़खड़ाता, उसके साथ सटकर खड़ा था। सुरमई रंग की घोड़ी अबाबील, खेल ही खेल में घास को दाँतों से काटती, फिर सिर ऊँचा करके उसे हवा में उछालती, और जब घास की पत्तियाँ नीचे ज़मीन की ओर आतीं तो अपने ओस सने गुच्छैल टखनों से उन्हें ठोकर मारती। उसे अभी तक कोई साथी नहीं मिला था, और उसकी खाल रेशम की तरह मुलायम और चिकनी थी। जब वह सिर नीचा करती तो उसकी रेशम की सी मुलायम, काली अयाल, उसके माथे और आँखों को ढक लेती। एक बड़ा सा बछेड़ा अपनी नन्ही सी घुँघराली पूँछ उठाए हुए अपनी माँ के इर्द-गिर्द दौड़ रहा था और इस तरह छब्बीस चक्कर काट चुका था। उसकी माँ अब तक अपने बेटे की आदतों से वाक़िफ़ हो चुकी थी। वह चुपचाप घास चरती रही। हाँ, कभी-कभी उसे अपनी बड़ी-बड़ी काली आँखों से देख भर लेती। एक काले रंग का छोटा सा बछेड़ा, सिर बड़ा सा और कानों के बीच माथे के बाल खड़े-खड़े बड़ा हैरान सा जान पड़ता था। उसकी पूँछ उसी तरह एक ओर को मुड़ी हुई थी जैसे माँ के गर्भ में रही होगी। यह बछेड़ा, बिल्कुल बुत बना, दूसरे बछेड़े की कूद-फाँद को देखे जा रहा था। यह नहीं कह सकते कि उसकी आँखों में ईर्ष्या का भाव था या क्रोध का। कई छोटे-छोटे बछेड़े बड़ी आतुरता से अपने थूथने माँओं के पेट के साथ लगाए चूचुक ढूँढ़ रहे थे। कई, अपनी माँओं के बार-बार बुलाने के बावजूद, बेढब चाल में कूदते हुए, बिल्कुल उल्टी दिशा में चले जाते, मानो कोई चीज़ ढूँढ़ रहे हों, फिर सहसा, अकारण ही, एक जगह खड़े होकर हिनहिनाने लगते। कुछ बछेड़े घास पर लोट रहे थे, कुछ घास चरना सीख रहे थे। कई अपनी पिछली टाँगों से कान के पीछे खुजला रहे थे। दो गर्भवती घोड़ियाँ, अन्य घोड़ियों से जरा हटकर, धीरे-धीरे चलती हुई, साथ-साथ घास चर रही थीं। उनके प्रति सबके दिल में मान और आदर का भाव था क्योंकि कोई भी बछेड़ा उनके नज़दीक उनके पास पहुँच भी जाता तो कान या दुम के एक ही हल्के से झटके से वे उसे समझा देतीं कि यह ठीक नहीं है।

एक साल की जवान घोड़ियाँ और घोड़े बड़ों की तरह दिखने की कोशिश कर रहे थे। वे बहुत कम उछलते-कूदते या छोटे बछेड़ों के साथ खेलते। बड़े रोब से वे घास चरते, और अपनी मेहराबदार गर्दनें टेढ़ी करके अपनी छोटी-छोटी दुमें हिलाने की कोशिश करते। बड़ों की तरह वे भी किसी-किसी वक़्त ज़मीन पर लोटते या एक दूसरे की पीठ खुजलाते। सबसे ज़्यादा खुश दो या तीन साल की उम्र की घोड़ियाँ थीं, या वे घोड़ियाँ जिनके अभी तक कोई बछेड़ा नहीं हुआ था। अलबेली युवतियों की तरह उन्होंने अपनी एक अलग टोली बना रखी थी। वे सारा वक़्त उछलतीं, पाँव पटकतीं,

ज़ोर-ज़ोर से फुकारती और हिनहिनातीं। वे पास-पास खड़ी होकर एक दूसरे के कन्धे पर अपना सिर रखतीं, एक दूसरी को सूँघतीं। वे हल्के से हिनहिना और दुम हिलाकर, एक दूसरी के सामने कभी क़दम चाल और कभी दुलकी चाल में नखरे के साथ भागने लगतीं। इन सभी मौजी, घोड़ियों में सबसे ज़्यादा ख़ूबसूरत, शरारती और नटखट थी कुम्मैती घोड़ी। सब घोड़ियाँ उसकी हर चाल की नक़ल करतीं। जहाँ कहीं वह जाती, जवान घोड़ियों का झुंड का झुंड उसके पीछे लग जाता। आज वह पहले से भी ज़्यादा मस्ती में थी। उसके मन में भी वैसी ही हिलोर उठी, जैसी कि इंसानों के मन में उठती है। नदी पर, बूढ़े बधिया घोड़े से ठिठोली करने के बाद वह तट के साथ-साथ भागने लगी, शायद यह दिखाने के लिए कि वह किसी चीज़ से डर गई है। फिर हल्की सी फुंकार मारकर वह दौड़ पड़ी और चरागाह के अन्दर सरपट भागने लगी। उसकी साथिनें भी उसकी देखादेखी, उसके पीछे-पीछे भागने लगीं। उसे रोकने के लिए वास्का को उनके पीछे सरपट घोड़ा दौड़ाना पड़ा। एक जगह पर वह रुककर घास चरने लगी और कुछ देर बाद ज़मीन पर लोटने लगी। फिर बूढ़ी घोड़ियों को चिढ़ाने के लिए वह उनके सामने दौड़ने लगी। एक बछेड़े को, जो अपनी माँ के साथ खड़ा था, उसने धकेलकर परे हटा दिया और फिर यों उसके पीछे भागने लगी मानो उसे काटना चाहती हो। माँ भयभीत हो उठी, और बछेड़ा दर्द-भरी आवाज़ में हिनहिनाने लगा। पर नटखट कुम्मैती घोड़ी ने उसे छुआ तक नहीं। वह तो केवल अपनी सहेलियों का मन बहलाने के लिए उसे डरा रही थी। सहेलियाँ दूर खड़ी तमाशा देख रही थीं। नदी के पार, दूर राई के खेत में एक भूरे रंग का घोड़ा हल में जुता हुआ था। घोड़ी के मन में आया कि इसे बेवक़ूफ़ बनाओ। वह खड़ी हो गई, गर्व से सिर ऊँचा उठाया, अपने बदन को हिलाया-डुलाया और फिर बड़ी मधुर, लम्बी खिंची हुई आवाज़ में हिनहिनाई। इस हिनहिनाहट में मस्ती थी, भावुकता थी, और था कुछ-कुछ अवसाद का भाव। साथ ही एक कामना थी और प्रेम का आश्वासन।

झाड़ियों में एक कार्नक्रेक पक्षी फुदक-फुदककर बड़ी कामातुर आवाज में अपनी संगिनी को बुला रहा था। कुकू पक्षी और बटेर प्रेम के गीत गा रहे थे। यहाँ तक कि फूल भी अपना पराग हवा के पंखों पर एक दूसरे को भेज रहे थे।

"मैं भी जवान हूँ, खूबसूरत हूँ, तगड़ी हूँ," कुम्मैती घोड़ी हिनहिनाई, "पर अभी तक प्रेमानन्द से वंचित रही हूँ। इतना ही नहीं, किसी भी प्रेमी ने मुझे अभी तक आँख भरकर नहीं देखा।"

जवानी की उमंग और उदासी लिये यह सोद्देश्य हिनहिनाहट ढलान पर, और फिर खेतों पर फैलती हुई, दूर खड़े भूरे घोड़े के कानों तक पहुँच गई। उसके कान खड़े हो गए और वह बुत की तरह खड़ा का खड़ा रह गया। किसान ने, जो कि छाल का जूता पहने था, उसे पाँव की ठोकर लगाई। पर घोड़ा उस मनमोहक आवाज़ पर इतना लट्टू हो रहा था कि वह जैसा का तैसा खड़ा जवाब में हिनहिनाने लगा। किसान को ग़ुस्सा आ गया। उसने लगाम खींची और घोड़े के पेट पर एक लात जमाई, इतनी ज़ोर से

कि उसका हिनहिनाना बन्द हो गया, और वह चुपचाप हल खींचने लगा। पर एक मधुर उदासी इस भूरे घोड़े के मन पर छा गई। उसकी मस्ती और किसान के गुस्से की सूचना, राई के खेत को पार कर, दूसरे तट के पार घोड़ों के गिरोह तक जा पहुँची।

भूरा घोड़ा केवल नटखट कुम्मैती घोड़ी की आवाज़ सुनकर ही इतना मुग्ध हो गया था, कि उसे अपना काम भूल गया। यदि कहीं वह उस सुन्दरी को अपनी आँखों से देख पाता तो उस पर क्या गुज़रती ? घोड़ी कान खड़े किए, नथुने फुलाए, मानो हवा को सूँघती हुई, गरदन अकड़ाए खड़ी थी। उसके सुन्दर शरीर के एक-एक अंग में सिहरन दौड़ रही थी।

पर नटखट घोड़ी ने ज्यादा देर तक अपने को भावुकता में नहीं बहने दिया। जब दूर से, जवाब में आवाज़ आनी बन्द हो गई तो वह एक बार तो हिनहिनाई, पर फिर अपना सिर झुकाकर, पाँवों से ज़मीन कुरेदने लगी। फिर वह चितकबरे बधिया घोड़े को जगाने और तंग करने के लिए उसके पास चली गई। बधिया घोड़ा इंसान के ज़ुल्म से इतना परेशान न होता जितना कि इन जवानों की ठिठोली और मज़ाक़ से। तिस पर भी उसने न इंसान को और न अपने साथियों को कभी नुक़सान पहुँचाया था। इंसान को तो अभी भी उसकी जरूरत थी। पर ये जवान घोड़े उसे क्यों सताते थे ?

4

यह बूढ़ा था, वे जवान थे; इसका शरीर हड्डियों का ढाँचा भर था, उनके शरीर में यौवन की कान्ति थी, इसका मन मर चुका था, उनके मन में उमंग थी। संक्षेप में कहें तो बस इतना ही कि यह अजनबी था, बाहर का था, उनसे बिल्कुल भिन्न था, इसलिए उनकी अनुकम्पा का पात्र नहीं हो सकता था। घोड़े केवल अपनों पर ही तरस कर सकते हैं। हाँ, यदि किसी और के प्रति उनके मन में नरस जग जाए, तो वह भी उनके प्रति जिन्हें वे अपनी स्थिति में पाते हैं। भला, चितकबरे बधिया घोड़े का क्या दोष जो वह अब वृद्ध, दुर्बल और कुरूप हो गया था ? पर ये घोड़े तो उसे ही दोषी मानते थे। वे ही खुश हो सकते हैं जो सुन्दर और नौजवान हैं, जिन्हें अपने सामने भविष्य उज्ज्वल दिखाई देता है, जिनकी पेशियाँ हल्की सी उत्तेजना से भी थरथराने लगती हैं, और पूँछ खड़ी हो जाती है। शायद बधिया घोड़ा यह सब समझता था। जब उसकी सूझ-बूझ ठिकाने होती, तो वह स्वीकार करता कि यह उसी का दोष है कि वह अपनी जिन्दगी गुज़ार चुका है। वह इस अपराध की सज़ा भुगतने के लिए तैयार हो जाता। पर था तो आखिर घोड़ा ही। वह सोचता कि ये जवान घोड़े उसे बिना किसी मतलब के बहुत सताते रहते हैं। भविष्य में जब बुढ़ापा उन पर हावी होगा तो न जाने उन्हें क्या-क्या देखना पड़ेगा। यह सोचकर उसका दिल एकदम उदास, क्षुब्ध और खिन्न हो उठता। घोड़ों की इस हृदयहीनता के पीछे कुलीनता की भावना छिपी थी। प्रत्येक घोड़े की लम्बी-चौड़ी

वंशावली थी, प्रत्येक घोड़ा विख्यात स्मेतांका को अपना पूर्वज मानता था। पर बूढ़े चितकबरे के वंश का तो किसी को पता तक न था। तीन बरस हुए, घोड़ों की मंडी में से इसे अस्सी रूबल देकर खरीदा गया था। बस, यही इसकी औकात थी।

कुम्मैती घोड़ी चितकबरे घोड़े के पास आई और बड़ी लापरवाही से धक्का देकर चली गई। घोड़े को और किसी बात की आशा भी न थी। बिना आँखें तक खोले उसने कान झुकाकर दाँत निकाल दिए। घोड़ी ने उसकी ओर पीठ कर ली और यों जान पड़ा जैसे अभी दुलत्ती लगाएगी। घोड़े ने आँखें खोलीं और सरककर आगे बढ़ गया। उसकी नींद तो हवा हो चुकी थी, वह चुपचाप घास चरने लग गया। घोड़ी और उसकी साथिनें फिर चहल-कदमी करती हुई उसके पास आकर खड़ी हो गईं। उन्हीं में एक बुद्धू सी दो बरस की घोड़ी थी। सिर से गंजी, वह हर बात में कुम्मैती घोड़ी की नक़ल किया करती थी। परन्तु सब नक़्क़ालों की तरह उसकी नक़ल में भी कोई ताल-मेल न होता। जब भी कुम्मैती घोड़ी ठिठोली करने आती तो वह बधिया घोड़े के सामने से यों गुजरती जैसे किसी काम पर जा रही हो। उसकी ओर आँख उठाकर भी न देखती। इससे घोड़ा समझ ही न पाता कि उसे क्रुद्ध होने का कोई अधिकार भी है या नहीं। यह भी एक दिल्लगी थी। यही कुछ उसने इस बार भी किया। पर उसकी गंजी सहेली ठिठोली करने के लिए बड़ी बेताब थी। वह सीधी आई और बधिया घोड़े को ज़ोर से दुलत्ती मारकर चली गई। बूढ़े घोड़े की चीख़ निकल गई। उसने फिर दाँत निकाले, और भागकर उसे कूल्हे पर काट खाया। इस रुखाई की उससे उम्मीद नहीं की जा सकती थी। गंजी घोड़ी ने उसकी बाहर को निकली पसलियों पर सीधी दुलत्ती मारी, जिससे वह कराह उठा। बूढ़े घोड़े ने फुंकार की। वह फिर उसके पीछे भागने ही वाला था कि उसने समझ लिया कि इसका कोई लाभ नहीं। बस, ठंडी साँस ले, वह एक तरफ़ को चला गया। जान पड़ता था कि झुंड के सभी जवानों ने निश्चय कर लिया है कि वे इस हमले का बदला ज़रूर लेकर रहेंगे। बूढ़े चितकबरे ने गंजी घोड़ी पर वार करने का दुःसाहस क्यों किया ? उन्होंने इसे इतना सताया कि वह दिन-भर घास का एक तिनका तक न खा पाया। कई बार तो चरवाहे ने उन्हें उसके पास से हटाया। वह स्वयं इनके रवैये को नहीं समझ सका। बधिया घोड़ा इस क़दर नाराज़ था कि जब घर लौटने का वक़्त आया तो वह स्वयं नेस्तेर के पास चला गया। जब उस पर फिर ज़ीन कसी गई और चरवाहा पीठ पर चढ़ बैठा तो उसने चैन की साँस ली।

बूढ़ा बधिया चरवाहे को लिए घर जाने लगा। कौन जानता है कि उस समय उसके मन में कैसे-कैसे विचार उठ रहे होंगे ? शायद वह बड़े उदास मन से सोच रहा था कि जवानी में घोड़े बड़े निर्दयी होते हैं। या शायद, जैसा कि बुजुर्गों की आदत होती है, उसने अपराधियों को माफ़ कर दिया था, और उनके प्रति एक गर्वपूर्ण, परन्तु मौन भर्त्सना का भाव उसके मन में था। उसके विचार जो भी रहे हों, जब तक वह लौटकर बाड़े में नहीं पहुँच गया, उसने अपने विचार किसी पर प्रकट नहीं किए।

उस दिन शाम को नेस्तेर के कुछ सम्बन्धी उससे मिलने आए। नेस्तेर घोड़ों को

लिये बँगले के नौकरों की कोठरियों के पास से गुज़रा। उसने देखा कि उसके अपने झोंपड़े के बाहर, खम्भे के साथ एक छकड़ा और घोड़ा बँधे हैं। वह जल्दी से जल्दी घर पहुँचना चाहता था। इसलिए ज्यों ही घोड़े बाड़े के अन्दर पहुँच गए, उसने बधिया को छोड़ दिया, और वास्का को उसकी ज़ीन उतारने को कहा। फिर बाड़े के फाटक को ताला लगाकर वह अपने दोस्तों से मिलने चला गया।

उस रात बाड़े में एक अपूर्व घटना घटी। इसका कारण शायद यह रहा हो कि गंजी घोड़ी का अपमान हुआ था, जो स्मेतांका की पड़पोती थी। इसका मतलब है कि सारे झुंड की कुलीन भावनाओं का अपमान हुआ था। और हुआ भी इस 'मरियल घोड़े' की ओर से, जो मंडी की खरीद, न बाप पहचाने, न माँ। या शायद इस कारण कि बधिया घोड़ा पीठ पर ऊँची ज़ीन चढ़ाए, बिना किसी सवार के, एक स्वांग सा लग रहा था। सभी घोड़े, वयस्क, बड़े और छोटे, एक साथ दाँत निकाले बधिया के पीछे पड़ गए। कभी वह एक ओर को भागता, कभी दूसरी ओर को। उसके धँसे हुए कूल्हों पर वे तड़ातड़ अपने खुर जमाते रहे और यह दर्द से कराहता-चिल्लाता रहा। जब बधिया अधिक बरदाश्त न कर सका तो वह बाड़े के बीचोबीच खड़ा हो गया। उसके चेहरे पर पहले बूढ़ों की सी खीज थी, फिर गहरी निराशा का भाव आ गया। उसने कान झुकाए और सहसा एक ऐसी बात की जिससे सभी घोड़े एकदम जहाँ थे वहीं के वहीं खड़े रह गए। व्याज़ोपूरिख़ा ने, जो उम्र में सबसे बड़ी थी, पास आकर बधिया को सूँघा और गहरी साँस ली। बधिया ने भी गहरी साँस ली...

5

चाँदनी रात में, बाड़े के ऐन बीचोबीच बधिया घोड़े का ऊँचा आकार नज़र आ रहा था। पीठ पर ऊँची ज़ीन थी। बाक़ी घोड़े उसके इर्द-गिर्द चुपचाप खड़े थे, मानो उसकी बातें सुनकर आश्चर्यचकित रह गए हों।

जो कुछ उसने कहा वह इस प्रकार था।

पहली रात

"मैं दयाल प्रथम तथा बाबा का पुत्र हूँ। वंशावली के अनुसार मैं मुज़ीक प्रथम हूँ। मुझे लोग सदा मापदंड के नाम से पुकारते रहे हैं। मैं लम्बे-लम्बे डग भरता हुआ चलता था। रूस-भर में इस तरह कोई और न चलता होगा। इसीलिए मेरा यह नाम डाल दिया गया था। संसार-भर में किसी घोड़े की रगों में ऐसा ख़ानदानी खून नहीं बहता जैसा कि मेरी रगों में। तुम्हारे सामने इसकी चर्चा कभी भी न करता। आख़िर करता भी क्यों ? तुम

तो मुझे बिल्कुल नहीं पहचानते, न ! और तो और व्याज़ोपूरिख़ा तक ने मुझे नहीं पहचाना। वह तो जवानी में ख्रेनोवो में मेरे साथ रही थी। उसने भी मुझे पहचाना है तो अभी-अभी। अगर इस वक़्त व्याज़ोपूरिख़ा यहाँ मौजूद न होती तो तुम मेरी बात का विश्वास भी न करते। मैं भी कभी तुम्हें यह न बतलाता। मैं नहीं चाहता कि मैं घोड़ों के दल की अनुकम्पा का पात्र बनूँ। पर तुमने मुझे मजबूर कर दिया है। हाँ, मैं ही वह मापदंड हूँ जिसे घोड़ों के पारखी चारों दिशाओं में ढूँढ़ते-फिरते हैं और पा नहीं सकते, वही मापदंड जिसे स्वयं काउंट तक जानते थे। उन्होंने ही मुझे पशुशाला में से निकलवाया था क्योंकि मैंने उनके चहेते घोड़े राजहंस को दौड़ में मात दे दी थी।''

''जब मैं पैदा हुआ तो मुझे कुछ मालूम न था कि चितकबरा किसे कहते हैं। मैं तो सोचता था कि मैं केवल एक घोड़ा हूँ। मुझे याद है कि जब मेरे रंग पर पहले-पहल फ़िक़रे कसे गए थे तो मुझे और मेरी माँ को बड़ा गहरा सदमा पहुँचा था। जान पड़ता है कि मेरा जन्म रात के वक़्त हुआ था। सुबह तक मेरी माँ ने चाट-चाटकर मेरा बदन साफ़ कर दिया था, और मैं टाँगों के बल खड़ा होने लगा था। मुझे याद है, मेरे मन में उस वक़्त किसी खास चीज़ की इच्छा उठी थी। प्रत्येक चीज़ मुझे बड़ी आश्चर्यजनक पर साथ ही अत्यन्त सरल जान पड़ती थी। हमारा अस्तबल एक लम्बे बरामदे में था। घुड़साल की कोठरियों के दरवाज़ों में जाली लगी थी। बाहर की हर चीज़ साफ़ नज़र आती थी। माँ ने मुझे दूध पिलाने की कोशिश की, मगर मैं तब भी इतना भोला-भाला था कि कभी अपना थूथना माँ की अगली टाँगों में फँसा लेता और कभी उसकी छाती दबाने लगता। सहसा माँ ने जाली में से झाँककर बाहर देखा, अपनी टाँग उठाकर मुझे लाँघने लगी और पीछे हट गई। जिस साईस की उस रोज़ ड्यूटी थी वह जाली में से आँखें फाड़-फाड़कर अन्दर देख रहा था।

'' 'देखो, देखो, बाबा ने बछेड़ा दिया है,' उसने साँकल खोलते हुए कहा। अस्तबल में ताज़ा पुआल बिछी थी। वह पुआल रौंदता हुआ आया और मुझे अपनी बाँहों में भर लिया। 'इधर आओ तरास, यह देखो।' उसने पुकारा, 'इस बछेड़े से अधिक चितकबरा तो नीलकंठ भी नहीं होगा।'

''मैंने कूदकर भागने की कोशिश की पर घुटनों के बल गिर पड़ा।

'' 'हिश् ! शैतान के बच्चे !' उसने कहा।

''माँ विचलित हो उठी, पर मुझे बचाने की कोशिश नहीं की। केवल ठंडी साँस भरकर मुँह फेर लिया। इतने में और साईस भी आ गए और मुझे घूर-घूरकर देखने लगे। एक साईस अस्तबल के रखवाले को सूचना देने चला गया। सभी मेरे रंग-बिरंगे शरीर पर हँसने और अजीब नामों से मुझे पुकारने लगे। इनका मतलब न मेरी माँ समझ पाई और न मैं ही। अभी तक कोई चितकबरा घोड़ा हमारे यहाँ पैदा नहीं हुआ था, न ही हमारे नाते-रिश्तेदारों के यहाँ। हम नहीं जानते थे कि घोड़े के रंग में भी कोई बुरी और

खटकनेवाली बात हो सकती है। पर उस वक़्त भी सबने मेरे मोटे-ताज़े बदन और सुन्दर डील-डौल की तारीफ़ की।

" 'देखो तो कितनी ताक़त है इस नन्हे से बछेड़े में,' साईस बोला, 'क़ाबू में ही नहीं आता।'

" थोड़ी देर में रखवाला वहाँ पहुँच गया। वह कुछ-कुछ परेशान और हैरान नज़र आया।

" 'यह भूत का भूत कहाँ से आ टपका ?' उसने कहा, 'जेनरल साहिब इसे अस्तबल में कभी नहीं रखेंगे। भगवान जानता है, बाबा, तुमने मुझे कहीं का न रखा !' माँ की ओर घूमकर उसने कहा, 'इस चितकबरे जोकर से तो गंजा बछेड़ा ही पैदा किया होता !'

" मेरी माँ न बोली, न डोली। ऐसे मौक़ों पर वह केवल आह भरकर रह जाया करती थी। सो, इस समय भी उसने यही किया।

" 'यह शैतान पड़ा किसको है ? बिल्कुल मुजीक* नज़र आता है। इसे हम अस्तबल में नहीं रख सकते। यह हमारी नाक कटवाएगा। पर जो भी हो, घोड़ा अच्छा है, बहुत बढ़िया है !' रखवाले ने और जिस किसी ने मुझे देखा, यही कहा।

" कुछ रोज़ बाद खुद जनरल साहिब तशरीफ़ लाए। वह भी मुझे देखकर बौखला उठे। मेरी चमड़ी के रंग के कारण उन्होंने मुझे और माँ को जाने क्या-क्या कहा। इस पर भी जो कोई मुझे देखता, यही कहता, 'घोड़ा अच्छा है, बहुत बढ़िया है।'

" घोड़ियों के अस्तबल में हम वसन्त तक रहे। प्रत्येक बछेड़ा अपने कटघरे में अपनी माँ के साथ रहता था। पर जब सूरज की गरमी से छप्पर पर की बर्फ़ पिघलने लगी तो हमें कभी-कभी, अपनी-अपनी माँ के साथ बाहर, खुले बाड़े में भेजा जाने लगा। वहाँ ताज़ा पुआल बिछी रहती। यहाँ पहली बार मैं अपने दूर और पास के सम्बन्धियों से मिला। मैंने उस ज़माने की नामी से नामी घोड़ियों को अपने-अपने बछेड़ों के साथ, दरवाज़ों से निकलते देखा। उन्हीं में प्रौढ़ा गोलांका, स्मेतांका की बेटी मूश्का, क्रस्नूखा और सवारी की घोड़ी दोब्रोख़ोतिख़ा भी थीं। अपने-अपने बछेड़ों के साथ वे खिली धूप में इकट्ठी घूमती-फिरतीं, पुआल पर लोटतीं, बिल्कुल साधारण घोड़े-घोड़ियों की तरह एक दूसरी को सूँघतीं। आज भी मुझे वह बाड़ा याद है--सुन्दर घोड़ियों से भरा हुआ था। तुम मानोगे नहीं, एक वक़्त था जब मैं भी जवान हुआ करता था, मैं भी उछलता-कूदता था। यहीं पर मेरा परिचय व्याज़ोपूरिख़ा से हुआ था। उस समय वह साल-भर की रही होगी–बड़ी नेकदिल, खुशमिज़ाज और जानदार हुआ करती थी। मैं उसका दिल नहीं दुखाना चाहता, पर इतना ज़रूर कहूँगा कि आज जिस घोड़ी को तुम बड़ी खानदानी मानते हो, उसे उन दिनों सबसे छोटी जात की समझा जाता था। व्याज़ोपूरिख़ा स्वयं इस बात का समर्थन करेगी।

---

* रूसी किसान।

“मेरा चितकबरा रंग इंसान को फूटी आँख न सुहाता था पर घोड़ों को बहुत प्यारा लगता था। वे सब मुझे घेरे रहते, मुझे सराहते, मेरे साथ कल्लोल करते। होते-होते मैं अपने रंग के सम्बन्ध में लोगों की बातें भूलने और खुश रहने लगा। पर शीघ्र ही मुझे अपने जीवन का पहला दुखद अनुभव हुआ। इस अनुभव का कारण मेरी माँ थी। बर्फ़ पिघलने लगी, छतों के नीचे पंछी चहचहाने लगे, चारों ओर वसन्त गमकने लगा। माँ मेरे साथ दूसरे ढंग का व्यवहार करने लगी। वह बाड़े में भागने-कूदने लगी जो उसकी अवस्था की घोड़ी को ज़रा भी शोभा न देता था; खड़े-खड़े उसका ध्यान कहीं और भटक जाता और वह हिनहिनाने लगती; या दूसरी घोड़ियों को काटने और दुलत्तियाँ झाड़ने लगती; यदि यह भी न करती तो मुझे सूँघती और बड़ी घृणा से फुंकारती। वह अपनी चचेरी बहन कुप्चीखा के पास धूप में जा खड़ी होती, अपना सिर उसके कन्धे पर टिका देती, बड़ी-बड़ी देर तक खोई-खोई सी उसकी पीठ खुजलाती रहती, मुझे दूध न पीने देती, और जब मैं पास जाता तो बड़ी रुखाई से एक ओर को धकेल देती।

“एक रोज़ रखवाला आया और माँ को लगाम डालकर कहीं ले गया। वह हिनहिनाई। मैं जवाब में हिनहिनाया और उसके पीछे दौड़ा। पर उसने मेरी तरफ़ आँख तक उठाकर नहीं देखा। साईस तरास ने मुझे अपनी बाँहों में जकड़ लिया और जब तक दरवाज़े में ताला नहीं लगा दिया गया, वह मुझे जकड़े रहा। मैंने निकल भागने की कोशिश की और साईस को नीचे पुआल पर पटक दिया। पर दरवाज़ा बन्द था, और माँ की हिनहिनाहटें प्रति क्षण दूर होती जा रही थीं। दरअसल वह मुझे बुला भी नहीं रही थी। वह तो किसी और को ही पुकार रही थी। यह मुझे बाद में मालूम हुआ। मेरी माँ किसी दूसरे घोड़े की तेज़ और भारी आवाज़ का जवाब दे रही थी। यह आवाज़ दोब्री की थी, जिसे दो साईस पकड़कर मेरी माँ के पास लिये जा रहे थे। मेरे दिल को ऐसी चोट लगी कि मुझे किसी बात का ध्यान ही न रहा। मैंने जाना तक नहीं कि तरास कब अस्तबल से बाहर चला गया। मुझे तो बस ऐसा लगा जैसे कि सदा-सदा के लिए मैंने माँ का प्यार खो दिया है और सो भी इसलिए कि मेरा रंग चितकबरा है, मैं सोचता था। जब मुझे इस सम्बन्ध में लोगों की कही-सुनी बातों का ध्यान आता तो मेरा दिल इस तरह क्रोध से भर उठता कि मैं कटघरे की दीवारों पर सिर पटकने और घुटने रगड़ने लगता। यहाँ तक कि मैं पसीने से तर-ब-तर हो जाता और मेरी टाँगें लड़खड़ाने लगतीं।

“थोड़ी देर बाद मेरी माँ वापस आई। मैंने बरामदे में उसके क़दमों की आहट सुनी। आज उसकी दुलकी-चाल रोज़ जैसी न थी। जब दरवाज़ा खुला और वह अन्दर आई तो मैं उसे मुश्किल से पहचान पाया। वह बड़ी सुन्दर और जवान लग रही थी। उसने मुझे सूँघा, लम्बी साँस छोड़ी और हिनहिनाने लगी। उसकी प्रत्येक क्रिया से नज़र आ रहा था कि अब वह मुझे प्यार नहीं करती। उसने मुझे समझाया कि दोब्री बहुत सुन्दर है और वह उसे प्यार करती है। कई बार माँ को उससे मिलाने के लिए ले जाया गया, और माँ मेरे साथ अधिक से अधिक रूखा व्यवहार करने लगी।

“कुछ ही दिनों बाद घास चरने के लिए हमें बाहर ले जाया जाने लगा। इससे

मुझे एक नई तरह की खुशी हुई और माँ के स्नेह का अभाव थोड़ा-बहुत पूरा होने लगा। मुझे नए दोस्त और साथी मिले। हमने एक साथ घास चरना, सयाने घोड़ों की तरह हिनहिनाना और अपनी माताओं के इर्द-गिर्द सरपट दौड़ना सीखा। वे बड़े उल्लास-भरे दिन थे। मेरी सभी बुराइयाँ माफ़ कर दी गईं। हर कोई मुझे प्यार करता, मेरा मान करता और मेरी त्रुटियों की ओर कोई ध्यान न देता। पर यह स्थिति बहुत समय तक नहीं रही। शीघ्र ही एक भयानक घटना घटी।" बधिया घोड़े ने आह भरी और वहाँ से जाने लगा।

पौ फट रही थी। फाटक चरमराए और नेस्तेर अन्दर दाखिल हुआ। घोड़े इधर-उधर बिखर गए। चरवाहे ने बधिया घोड़े पर ज़ीन कसी और झुंड को चरागाह की ओर ले चला।

6

दूसरी रात

शाम के वक़्त जब घोड़े वापस लाए गए तो वे फिर बधिया घोड़े के इर्द-गिर्द खड़े हो गए।

"अगस्त महीने में मुझे माँ से अलग कर दिया गया," उसने अपनी कहानी जारी रखते हुए कहा, " इसका मुझे कोई विशेष दुःख नहीं हुआ। मैंने देखा अब मेरा छोटा भाई, प्रसिद्ध उसान आनेवाला था और माँ की नज़रों में अब मेरी कोई कद्र नहीं रह गई थी। मेरे दिल में कोई ईर्ष्या न थी। मैं महसूस करता था कि मेरा प्यार उसके प्रति ठंडा पड़ रहा है। इतना ही नहीं, मुझे यह भी मालूम था कि माँ से अलग होने के बाद मुझे बछेड़ों के अस्तबल में रखा जाएगा, जहाँ दो-दो, तीन-तीन बछेड़े एक साथ रहेंगे और हम सबको रोज़ हवाख़ोरी के लिए ले जाया जाएगा। मुझे डार्लिंग के साथ एक ही कटघरे में रखा गया। डार्लिंग सवारी का घोड़ा था जो बाद में शहंशाह की सवारी बना। कलाकारों ने इसके चित्र बनाए और मूर्तिकारों ने इसकी प्रतिमाएँ। उस समय वह एक साधारण सा बछेड़ा था, उसकी खाल नरम और चिकनी थी, गरदन राजहंस की सी, और टाँगें पतली और सीधी, मानो वीणा के तार हों। स्वभाव से वह प्रसन्नचित्त, सुशील और दयालु। उसे उछलना-कूदना, साथियों को चाटना-दुलारना, घोड़ों और इंसानों सभी से छेड़छाड़ करना बहुत पसन्द था। हमारी आपस में गहरी दोस्ती हो गई और यह दोस्ती जवानी के अन्त तक रही। उन दिनों वह बड़ा चपल और खुशदिल हुआ करता था। उसने अभी से छोटी-छोटी घोड़ियों से छेड़छाड़ और प्रेम करना शुरू कर दिया था। वह मेरे भोलेपन का अक्सर मज़ाक़ उड़ाया करता। मेरा दुर्भाग्य, कि आत्माभिमानवश मैं भी वही कुछ करने लगा जो वह करता था। जल्दी ही मैं भी प्रेमपाश

में बँध गया। यह पहला उन्माद मेरे जीवन में एक बहुत बड़े परिवर्तन का कारण बना। हाँ, तो मैं प्यार करने लगा।

" व्याज़ोपूरिख़ा उस समय मुझसे एक साल बड़ी थी। हम दोनों में गहरी दोस्ती थी। पर शरद् के अन्त के क़रीब मैंने देखा कि वह मुझसे शरमाने लगी है...मैं अपने पहले प्रेम की सारी की सारी दुःखद दास्तान यहाँ बयान नहीं करूँगा। उसे स्वयं मेरे उन्मत्त प्रेम की याद है, जिसके कारण मेरे जीवन में सबसे बड़ा परिवर्तन हुआ। चरवाहों ने खदेड़कर उसे मुझसे दूर कर दिया, और मुझे बड़ी बेरहमी से पीटने लगे। एक दिन शाम को उन्होंने मुझे एक ख़ास कटघरे में बाँध दिया। रात-भर मैं वहाँ रोता रहा, मानो मुझे पहले से मालूम हो गया था कि दूसरे दिन क्या होने जा रहा है।

" सुबह सवेरे, जेनरल साहिब, अस्तबल का रखवाला, साईस, चरवाहा सभी बरामदे में से होते हुए मेरे कटघरे में आए। एक बहुत बड़ा झगड़ा उठ खड़ा हुआ। जेनरल साहिब रखवाले पर बरसे। रखवाला अपनी सफ़ाई में कहने लगा कि उसने हुक्म दे रखा था कि मुझे बाहर न निकाला जाए मगर साईसों ने लापरवाही की है। जेनरल साहिब ने कहा कि वह एक-एक को कोड़ों से पीटेंगे, और हुक्म दिया कि मुझे बधिया कर दिया जाए। रखवाले ने विश्वास दिलाया कि उनके आदेश का पालन किया जाएगा। बात खत्म हो गई और वे लोग वहाँ से चले गए। मेरी समझ में कुछ नहीं आया पर मुझे इतना भास हो गया कि वे मेरे साथ कुछ करनेवाले हैं।

" दूसरे रोज़ से मेरा हिनहिनाना सदा के लिए बन्द हो गया। मैं वह बना दिया गया जो कि तुम आज मुझे देखते हो। मेरे लिए दुनिया बदल गई। कोई भी चीज़ मेरे दिल को खुश न कर पाती थी। मैं विरक्त हो गया, और अपने में खो गया। शुरू-शुरू में तो मुझे किसी चीज़ में भी रुचि न थी। यहाँ तक कि मैंने खाना-पीना और घूमना तक छोड़ दिया, दोस्तों के साथ खेलना तो दूर की बात थी। बाद में कभी-कभी मुझे इच्छा होती कि नाचूँ, कूदूँ, हिनहिनाऊँ, पर उसी वक़्त मैं अपने आपसे यह भयंकर प्रश्न कर बैठता : 'क्यों ? किसलिए ?' और मेरा सारा उत्साह ठंडा पड़ जाता।

" एक दिन शाम का वक़्त था। घोड़े चरागाह से वापस लाए जा रहे थे। मुझे घुमाने के लिए बाहर निकाला गया। दूर से मुझे धूल का बवंडर उड़ता नज़र आया। उसमें हमारी घोड़ियों के धूमिल आकार भी दिखाई दे रहे थे। मेरे कानों में उनके खुशी से हिनहिनाने और पाँव पटकने की आवाज़ भी पड़ी। मैं खड़ा हो गया। साईस मेरे गले में बँधी रस्सी को ज़ोर-ज़ोर से खींचता रहा। मेरी गर्दन छिलने तक लगी। पर मैं खड़ा रहा और आँखें फाड़-फाड़कर नज़दीक आते झुंड को देखता रहा मानो कोई व्यक्ति उस खुशी पर आँखें गाड़े जो सदा के लिए उसका साथ छोड़ गई है। जब घोड़े-घोड़ियाँ नज़दीक आईं तो मैंने एक-एक को पहचान लिया—सभी मेरी पुरानी परिचित थीं। कितनी सुन्दर, गर्वीली, चिकनी और स्वस्थ थीं वे ! कुछेक ने मेरी ओर आँख उठाकर

देखा भी। साईस बराबर रस्सी खींचता रहा, पर अब वह दर्द दर्द ही न रहा था। मैं सब कुछ भूलकर पहले की तरह हिनहिनाया और दुलकता हुआ उनकी ओर दौड़ा। पर मेरा हिनहिनाना अवसादपूर्ण, हास्यास्पद और बेढब लग रहा था। मेरी सहेलियों में से कोई भी तो नहीं हँसीं। बहुतों ने शिष्टाचारवश मेरी ओर अपनी पीठ कर ली। ज़ाहिर था कि अब मैं उनकी नज़रों में घृणित और दयनीय हो गया था। और हास्यास्पद भी, जो सबसे बुरा था। मेरी पतली मरियल सी गर्दन, मेरा बड़ा सा सिर (मेरा वज़न बहुत कम हो चुका था), मेरी लम्बी, अटपटी सी टाँगें, और मेरी भद्दी दुलकी-चाल, जिसमें मैं पहले की तरह साईस के इर्द-गिर्द चक्कर लगा रहा था—ये सब देखकर उनकी हँसी रोके नहीं रुकती होगी। किसी ने मेरी हिनहिनाहट का जवाब तक नहीं दिया। सभी ने आँखें फेर लीं। सहसा सारी बात मेरी समझ में आ गई। उनकी नज़रों में मैं अब सदा के लिए अजनबी हो गया था। मेरा दिल इतना क्षुब्ध हो उठा कि मुझे मालूम नहीं मैं घर कैसे पहुँचा।

"मेरा स्वभाव पहले ही गम्भीर और चिन्तनशील था, अब तो मैं और भी संजीदा हो गया। मेरे चितकबरे रंग को देखकर लोग घृणा से नाक-भौंह सिकोड़ लेते थे। इस पर मेरा यह अप्रत्याशित दुर्भाग्य तथा नस्ली घोड़ों के बीच मेरी अनोखी स्थिति—जिसे मैं जानता तो था पर जिसके कारण से मैं अनभिज्ञ था—इस सबसे मजबूर होकर मैं अलग-थलग रहने लगा। मैं मन में सोचा करता कि इंसान कितना अन्यायी है जो मेरे चितकबरे रंग के लिए मुझे दोषी ठहराता है। माँ का प्रेम कितना अस्थिर है। मैं स्त्रियों के प्रेम के बारे में सोचता रहता। उनका प्रेम केवल शारीरिक आकर्षण पर निर्भर रहता है। पर सबसे अधिक मैं उस अनोखे जीव, इंसान के बारे में सोचा करता। हमारे जीवन में इसका बहुत महत्त्वपूर्ण स्थान है। मनुष्य की सनक के कारण ही मुझे इस अनोखी स्थिति का सामना करना पड़ा था। एक दिन एक ऐसी घटना घटी जिसने इंसान की असलियत मेरे सामने खोलकर रख दी।

"यह सर्दी की छुट्टियों की बात है। एक बार दिन-भर मुझे कुछ भी खाने-पीने को न दिया गया। बाद में मुझे मालूम हुआ कि साईस शराब पिए हुए था। उस रोज़ रखवाले ने मेरे कटघरे में झाँककर देखा। यह देखते ही कि मुझे खाने को कुछ नहीं मिला उसने साईस को पीठ पीछे बीसियों गालियाँ दीं और वहाँ से चलता बना। दूसरे रोज जब साईस और उसका दोस्त मेरे कटघरे में सूखी घास डालने आए तो मैंने देखा कि उसका चेहरा बड़ा पीला और उदास सा लग रहा था। उसकी पीठ को देखते ही मेरा दिल भर आया। उसने, बड़े गुस्से से, घास चरनी में फेंक दी। मैं अपना सिर बाहर निकाल प्यार से उसके कन्धे पर रखना ही चाहता था कि उसने मेरी नाक पर ज़ोर से घूँसा जमाया। मेरा सिर चकरा गया। एक लात उसने मेरे पेट पर भी जमा दी।

"'अगर यह कमबख्त यहाँ न होता तो कुछ भी न होता,' उसने कहा।

"'क्यों ?' दूसरे साईस ने पूछा।

“ ‘काउंट के बछेड़ों की तो खबर नहीं लेता कि उन्हें खाना मिला है या नहीं, मगर अपने बछेड़े को देखने के लिए दिन में दो-दो बार चक्कर काटता है।’

“ ‘क्यों, क्या चितकबरा इसे मिल गया है ?’ दूसरे ने पूछा।

“ ‘भगवान जाने उन्होंने इसे दिया है या बेचा है। काउंट के बछेड़े भूखों मर जाएँ, इसकी बला से। पर किसकी हिम्मत है कि इसके बछेड़े को खाना न दे। मुझे कहा कि ज़मीन पर लेट जाओ। और लगा हंटर चलाने। अपने को ईसाई कहता है। जानवर इसे इंसान से ज़्यादा प्यारे हैं। इसे भगवान का भी डर नहीं। खुद गिन-गिनकर कोड़े लगवाता रहा, जानवर कहीं का। जेनरल साहिब ने कभी किसी को इतने हंटर नहीं लगाए होंगे। इसने मेरी चमड़ी उधेड़ के रख दी। इसका दिल नहीं, पत्थर है।’

“ ‘ईसाइयत’ और ‘हंटर मारने’ के बारे में तो जो कुछ उसने कहा, वह तो मैं अच्छी तरह समझ गया। मगर मेरी समझ में यह नहीं आया कि ‘अपने बछेड़े’, ‘उसके बछेड़े’—इन शब्दों का क्या अर्थ है। इतना तो मैं जान गया कि इसका इशारा मेरे और रखवाले के परस्पर सम्बन्ध की ओर था। उस समय मैं नहीं जानता था कि यह सम्बन्ध क्या है। इसका पता मुझे कुछ मुद्दत बाद चला, जब मैं और घोड़ों से अलग रखा जाने लगा। उस वक़्त तो मैं समझाए भी न समझ सकता था कि मैं किसी इंसान की मिल्कियत हो सकता हूँ। मेरे बारे में ये शब्द : ‘मेरा घोड़ा’ मुझे उतने ही अजीब जान पड़ते जितने कि ‘मेरी पृथ्वी,’ ‘मेरी वायु’, ‘मेरा जल।’

“ तिस पर भी इन शब्दों का मुझ पर गहरा प्रभाव पड़ा। मैं सारा वक़्त इन्हीं के बारे में सोचता रहता। इन शब्दों का पूरा-पूरा अर्थ मेरी समझ में तब आया जब इंसानों के साथ मेरा तरह-तरह का वास्ता पड़ा। तब मुझे इन अनोखे शब्दों का मतलब समझ में आया—मनुष्य कृत्यों का नहीं, शब्दों का अनुसरण करते हैं। उन्हें इस बात से सुख नहीं मिलता कि उन्हें किसी काम के करने या न करने का अवसर मिला है, बल्कि इससे कि वे कुछेक औपचारिक शब्दों को वस्तुओं के साथ जोड़ सकते हैं। जिन शब्दों को वे सबसे अधिक महत्त्व देते हैं, वे हैं, ‘मेरा’ और ‘अपना’। वे इन शब्दों को प्राणियों और वस्तुओं के सम्बन्ध में प्रयोग करते हैं। यहाँ तक कि ज़मीन, जनता और घोड़ों तक के सम्बन्ध में भी। उन्होंने आपस में समझौता कर रखा है कि किसी एक चीज़ को ‘मेरा’ कह सकने का अधिकार एक ही आदमी को होगा। जो इस खेल में सबसे बाज़ी मार जाए, यानी, जो सबसे अधिक वस्तुओं को ‘मेरा’ कह सके, इसी को ये लोग सबसे अधिक सुखी मानते हैं। ऐसा क्यों है, यह मेरी समझ में अब भी नहीं आता। पर सचाई यही है। बड़ी मुद्दत तक मैं यह जानने की कोशिश करता रहा कि इस रवैये से स्पष्टतया क्या लाभ हो सकता है, पर अभी तक जान नहीं पाया।

“ मिसाल के तौर पर बहुत से लोग कहा करते थे कि मैं उनकी मिल्कियत हूँ, पर वे मुझ पर सवारी नहीं किया करते। सवारी करनेवाले कोई और ही हुआ करते। मुझे खाने-पीने को भी वे नहीं देते थे, कोई और लोग ही दिया करते थे। मेरे साथ शराफ़त

का बर्ताव भी दूसरे ही किया करते, जैसे—कोचवान, साईस इत्यादि। इस प्रकार गहरे विवेचन के बाद मैं इस परिणाम पर पहुँचा कि केवल हम घोड़ों के मामले में ही नहीं, बल्कि सभी बातों में, 'मेरे' और 'अपने' की धारणा का आधार केवल वही क्षुद्र मानव-वृत्ति है जिसे वे स्वयं स्वामित्व की भावना या अधिकार कहते हैं। कोई कहता है—यह 'मेरा घर' है। परन्तु वह उसमें रहता नहीं। वह केवल उसे बनवाता है और उसकी देख-रेख करता है। व्यापारी कहता है—'मेरी कपड़े की दूकान,' हालाँकि वह अपनी ही दूकान के सबसे बढ़िया कपड़े ख़ुद नहीं पहनता। ऐसे भी लोग हैं जो एक ज़मीन के टुकड़े को 'अपना' कहते हैं, हालाँकि उन्होंने उसे देखा तक नहीं होता और उस पर क़दम तक नहीं रखते। ऐसे भी लोग हैं जो दूसरे मनुष्यों को अपनी सम्पत्ति बतलाते हैं। उन्होंने इन मनुष्यों को कभी देखा तक नहीं होता। उनका सम्बन्ध इनके साथ यही होता है कि इन्हें क्लेश और यन्त्रणा पहुँचाते रहते हैं। ऐसे मनुष्य भी हैं जो कुछ स्त्रियों को अपनी पत्नियाँ कहते हैं। इन स्त्रियों का दूसरों के साथ सम्बन्ध होता है। इन लोगों के जीवन का यह उद्देश्य नहीं कि जहाँ तक हो सके भलाई करें, बल्कि यह कि अधिक से अधिक चीज़ों को 'अपना' कह सकें। यही इंसान और हैवान में अन्तर है। कम से कम मेरा यही अनुभव है कि इंसान के कामों का निर्देश शब्दों द्वारा होता है, और हमारा कर्मों द्वारा। अन्य गुणों की तुलना न करके, इसी एक मुख्य अन्तर के आधार पर मैं कह सकता हूँ कि हमारा दर्जा इंसान से ऊँचा है। हाँ, तो मुझे 'अपना' घोड़ा कहने का अधिकार अस्तबल के रखवाले को दे दिया गया था। इसीलिए उसने साईस को हंटर लगाए। यह पता चलने पर और साथ ही यह जानकर कि मेरे रंग के कारण लोग मेरे प्रति ऐसा व्यवहार करते हैं, मैं स्तब्ध रह गया। अपनी माँ की चरित्रहीनता के कारण मैं उदास रहता ही था। इन सब बातों ने मुझे और भी क्षुब्ध और चिन्ताशील बना दिया, जैसा कि आज तुम मुझे पाते हो।

"मैं तीन प्रकार के दुर्भाग्य का शिकार बना : एक, मैं चितकबरा घोड़ा था। दो, बधिया कर दिया गया था। तीन, मुझे भगवान की सम्पत्ति समझा जाने या ख़ुद-मुख़्तार माना जाने के बजाय—जैसा सभी जीवधारी प्राणियों के लिए स्वाभाविक है—मुझे अस्तबल के रखवाले की सम्पत्ति मान लिया गया था।

"उनकी इस धारणा या मनोवृत्ति के अनेक कुपरिणाम मुझे भोगने पड़े। सबसे पहला तो यह कि मुझे अन्य घोड़ों से अलग रखा जाने लगा, मुझे खुराक औरों से अच्छी मिलती, कसरत अधिक करवाई जाती, मुझे औरों से जल्दी जोता जाने लगा। मैं तीन साल का ही था जब मुझे पहली बार गाड़ी में जोता गया। मुझे वह दिन आज भी अच्छी तरह याद है जब वह आदमी—मुझे अपनी सम्पत्ति समझनेवाला, रखवाला—बहुत से साईसों को साथ लेकर मुझे जोतने के लिए शान से आया। उसका ख़याल था कि मैं बिगड़ूँगा और क़ाबू में नहीं आऊँगा। उन्होंने मेरा होंठ काटा, गाड़ी के बमों के बीच धकेलकर मुझे रस्सियों से बाँधा, मेरी पीठ पर चमड़े की पेटियों का एक बड़ा सा सलीब की शक्ल का साज़ रखकर उसे गाड़ी के बमों के साथ जोड़ दिया। यह सब इसलिए

कि मैं दुलत्ती न मार सकूँ। उस वक़्त मेरे मन में केवल एक ही इच्छा थी कि मैं इन्हें दिखा दूँ कि मैं काम करने के लिए कितना उत्सुक हूँ और कितनी लगन के साथ काम करना चाहता हूँ।

"वे हैरान रह गए जब मैंने एक सधे हुए घोड़े की तरह क़दम उठाए। वे मुझे जोतने लगे और मैं दुलकी चाल में दौड़ने की मश्क़ करने लगा। मैंने खूब तरक़्क़ी की। तीन ही महीने में जेनरल साहिब और बहुत से अन्य लोग मेरी चाल की तारीफ़ करने लगे। तुम्हें सुनकर अचम्भा तो ज़रूर होगा, मगर है यह ठीक कि चूँकि मैं अपना स्वयं मालिक न॰ं था, बल्कि रखवाला मेरा मालिक था, मेरी चाल का मतलब उन लोगों के लिए कुछ और ही था।

"मेरे साथी बछेड़े घुड़दौड़ों पर ले जाए जाते, उनकी हर बात रजिस्टर में दर्ज की जाती, लोग उन्हें देखने आते, सुनहरी गाड़ियों में उन्हें जोता जाता, उनकी पीठ पर क़ीमती झूलें डाली जातीं और मैं जोता जाता रखवाले के छकड़े के साथ; और उसी के काम पर चेस्मेंका और ऐसे ही क़स्बों में मुझे जाना पड़ता। यह सब इसलिए कि मैं चितकबरा था, और उनके कहने के मुताबिक़ मेरा मालिक काउंट नहीं, एक रखवाला था।

"अगर ज़िन्दा रहे, तो कल मैं तुम्हें बतलाऊँगा कि रखवाले की इस धारणा के फलस्वरूप कि मैं उसका हूँ मुझे कैसे-कैसे दुःख झेलने पड़े।"

उस दिन सारा वक़्त घोड़े मापदंड के साथ बड़े सम्मान का व्यवहार करते रहे। पर नेस्तेर का व्यवहार वैसा ही क्रूर था जैसा कि पहले हुआ करता था। किसान का भूरा घोड़ा, घोड़ों के पास आकर हिनहिनाया और कुम्मैती घोड़ी उसके साथ फिर चुहलें करती रही।

7

तीसरी रात

दूसरे रोज़ जब घोड़े मापदंड को घेरकर बाड़े में खड़े हुए तो आकाश में नया चाँद उभर आया था और उसकी मृदुल किरणें मापदंड पर पड़ रही थीं।

"मैं न भगवान का था, न काउंट का बल्कि रखवाले का। इस बात का विस्मयकारी परिणाम यह हुआ कि मेरी तेज़ चाल, जो एक घोड़े का सबसे बड़ा गुण होती है, मेरे निर्वासन का कारण बनी," चितकबरे बधिया ने अपनी कहानी जारी रखते हुए कहा, "एक दिन की बात है, राजहंस को कसरत कराई जा रही थी। अस्तबल का रखवाला, जो उस वक़्त चेस्मेंका से लौट रहा था, मुझे घुड़दौड़ के मैदान में ले गया। राजहंस हमारे सामने से गुज़रा। वह दौड़ता तो अच्छा था मगर दिखावा ज़्यादा करता था। साथ

ही उसे भागने का वह ढंग नहीं आता था जो मैंने बड़े अभ्यास से सीखा था। इधर एक पाँव जमीन पर पड़े, तो दूसरा उठे, ताकि एक भी हरकत ज़ाया न जाए, और हर क़दम के साथ शरीर को आगे की तरफ़ बढ़ाए। हाँ, तो मैंने कहा, राजहंस हमारे सामने से होकर गुज़रा। मैं घुड़दौड़ के मैदान की ओर लपका, और रखवाले ने मुझे रोकने की कोशिश नहीं की। 'करने दो अगर चितकबरा मुक़ाबला ही करना चाहता है, तो,' उसने कहा। दूसरी बार जब राजहंस हमारे सामने पहुँचा तो रखवाले ने लगाम ढीली कर दी। राजहंस की रफ़्तार पहले से तेज़ थी, इसलिए पहले चक्कर में तो मैं पीछे रह गया। पर दूसरे चक्कर में मैं तेज़ होते-होते उसकी गाड़ी तक जा पहुँचा। फिर साथ-साथ भागता रहा और अन्त में आगे निकल गया। एक बार फिर हमें दौड़ाया गया। फिर भी यही कैफ़ियत रही। मैं ज़्यादा तेज दौड़ा। यह देखकर सब डर गए। फ़ैसला किया गया कि मुझे दूर ले जाकर कहीं बेच दिया जाए, जहाँ किसी को मेरी खबर तक न मिले। 'यदि काउंट तक यह बात पहुँच गई तो बड़ा बखेड़ा उठेगा,' वे लोग कह रहे थे। मुझे घोड़ों के एक सौदागर के हाथ बेच दिया गया। मैं गाड़ी के दो घोड़ों के बीच, तीसरे घोड़े के स्थान पर जोता जाता था। सौदागर ने भी ज़्यादा देर मुझे अपने पास नहीं रखा। उसने मुझे एक हुस्सार के हाथ बेच दिया, जो घुड़सेना के लिए घोड़े खरीदने निकला हुआ था। ख़्रेनोवो की हर चीज़ मुझे बहुत प्यारी लगती थी। पर मेरे साथ इतना निर्मम और अन्यायपूर्ण व्यवहार किया गया था, कि जब मुझे ख़्रेनोवो से ले जाने लगे तो मुझे कोई दुख न हुआ। पुराने साथियों के साथ रहना अब मेरे लिए असह्य हो उठा था। उन्हें प्रेम, गौरव, स्वतन्त्रता—सभी कुछ प्राप्त था। मेरे नसीब में मृत्युपर्यन्त परिश्रम और तिरस्कार लिखा था। क्यों ? यह सब क्यों ? केवल इसलिए कि मैं चितकबरा था। इसी कारण मुझे किसी दूसरे की सम्पत्ति बना दिया गया था।''

उस रात मापदंड अपनी कहानी आगे न कह सका। एक घटना घट गई जिससे घोड़े उत्तेजित हो उठे। घोड़ी कुप्चीखा, जिसके बच्चा होनेवाला था, बड़े ध्यान से यह वार्ता सुन रही थी। पर सहसा वह घूम गई और धीरे-धीरे छप्पर की ओर चली गई। वहाँ पहुँचते ही वह इतनी ऊँची आवाज़ में कराहने लगी कि सभी घोड़ों का ध्यान उसकी ओर खिंच गया। उन्होंने देखा कि वह कभी ज़मीन पर लोटती है और कभी छटपटाती हुई उठ खड़ी होती है, और फिर लोटने लगती है। बूढ़ी घोड़ियाँ तो उसकी हालत को समझ गईं परन्तु युवा बछेड़े घबरा उठे, यहाँ तक कि वे बधिया को छोड़ उसके इर्द-गिर्द जा खड़े हुए। सुबह होते-होते एक और बछेड़ा वहाँ अपने लड़खड़ाते पाँवों पर खड़ा नज़र आने लगा। नेस्तेर ने रखवाले को बुलाया। वह घोड़ी और बछेड़ा दोनों को अस्तबल में ले गया, और स्वयं नेस्तेर बाक़ी गिरोह को हाँक ले गया।

8

चौथी रात

उस शाम जब फाटक बन्द हो गए और चारों ओर निस्तब्धता छा गई तो बधिया चितकबरे ने अपनी कहानी जारी रखते हुए कहा :

"ज्यों-ज्यों मैं एक हाथ से दूसरे हाथ बिकता गया, इंसान और घोड़ों के बारे में मेरी जानकारी बढ़ती गई। मेरे दो मालिक ऐसे थे जिनके पास मैं सबसे ज़्यादा देर तक रहा। एक राजकुमार था जो हुस्सार घुड़सेना में अफ़सर था, और दूसरी एक वृद्ध महिला थी जो चमत्कारी सन्त निकोलस के गिरजे के पास रहा करती थी।

"ज़िन्दगी के सबसे अच्छे दिन मैंने उस हुस्सार के साथ बिताए।

"यह ठीक है उसी के हाथों मेरा जीवन भी बरबाद हुआ। यह भी ठीक है कि जीवन-भर उसने न कभी किसी मनुष्य से प्रेम किया था और न ही किसी और चीज़ से। पर मैं उससे प्यार करता था। वह सुन्दर, धनी और प्रसन्नचित्त व्यक्ति था। इसीलिए वह किसी से प्यार नहीं करता था। इसीलिए मैं उससे प्यार करता था। तुम इस भावना को समझ सकते हो। यह हम घोड़ों की श्रेष्ठतम भावना है : उसकी मेरे प्रति उपेक्षा तथा निर्दयता, और मेरी उस पर निर्भरता, यह मेरे प्रेम को एक विशेष दृढ़ता प्रदान कर रही थी। मुझे मारो, खूब मारो, मारते-मारते मार डालो। इससे मैं और भी खुश हूँगा। उन अच्छे दिनों में मैं इस तरह सोचा करता था।

"घोड़ों के जिस व्यापारी के हाथ रखवाले ने मुझे बेचा था उससे हुस्सार ने मुझे आठ सौ रूबल पर खरीदा था। उसने मुझे इसलिए खरीदा कि किसी के पास भी चितकबरे घोड़े नहीं थे। मेरे जीवन के वे सबसे अच्छे दिन थे। उसकी एक रखैल थी। यह मुझे इसलिए मालूम था कि मैं हर रोज़ इसे उसके पास ले जाया करता था, और कभी-कभी वह उसे साथ लेकर गाड़ी पर हवाख़ोरी के लिए भी निकला करता था। उसकी रखैल सुन्दर थी। वह स्वयं भी सुन्दर था। उसका कोचवान भी सुन्दर था, इसी कारण मैं उनसे प्रेम करता था। मेरी खुशी का वारापार न था। उन दिनों मेरा दैनिक कार्यक्रम इस प्रकार था—प्रातःकाल साईस मेरी देखभाल करने आता, कोचवान खुद नहीं, बल्कि साईस। वह एक ज़िन्दादिल किसान-लड़का था। वह किवाड़ खोल देता ताकि गन्दी हवा निकल जाए, गोबर बाहर फेंकता, फिर हम पर से झूल उतारता और मेरी पीठ को खरहरे से साफ़ करता। खुरचन लकड़ी के फ़र्श पर गिर-गिरकर सफ़ेद रेखाएँ बनाने लगतीं। मेरे खुरों से फ़र्श के तख़्तों पर खरोंचें पड़ गई थीं और जगह-जगह गड्ढे बन गए थे। खेल-खेल में मैं पाँव पटकता और उसकी बाज़ू अपने दाँतों तले दबा लेता। मेरी बारी आने पर वह मुझे ठंडे पानी की नाँद के पास ले जाता, वहाँ मेरे सुडौल बदन को सराहता और अपनी देख-रेख की भी तारीफ़ करता। उसी की टहल का नतीजा था कि मेरा बदन इतना निखर आया था। वह मेरे शरीर का अंग-अंग निहारता। मेरी टाँगें तीर की तरह

सीधी सतर थीं, खुर चौड़े थे। पीठ और पुट्ठा इतने मुलायम और चिकने कि उन पर से हाथ फिसलता था। इसके बाद ऊँचे-ऊँचे सीखचों में से मुझे भूसा डाला जाता और लकड़ी की नाँद में जई। अन्त में बड़ा कोचवान फ़ेओफ़ान अन्दर दाखिल होता।

"कोचवान और मालिक में बड़ी समानता थी। दोनों न किसी से डरते थे न ही किसी से प्यार करते थे। इसी कारण सब उन्हें प्यार करते थे। फ़ेओफ़ान एक लाल रंग की क़मीज़, मखमली पतलून और रूसी कोट पहने होता। जब वह छुट्टी के दिन, कोट पहने हुए, बालों पर तेल चुपड़े अस्तबल में आता तो मुझे बड़ा अच्छा लगता। आते ही वह कहता : 'मुझे भूल गए क्या, जंगली ?' और काँटे की मूठ मेरे कूल्हे पर दे मारता।' ज़ोर से नहीं, यों ही हँसी-हँसी में। मैं जानता था कि यह ठिठोली है, और मैं अपने कान पीछे बिठा लेता और दाँत किचकिचाने लगता।

"हमारे यहाँ एक काले रंग का घोड़ा हुआ करता था, जो जोड़ी में जोता जाता था। रात के वक़्त मुझे उसके साथ जोता करते थे। वह पोल्कान हँसना तो जैसे जानता ही न था। सदा घृणा से भरा रहता था। हमारे कटघरे साथ-साथ थे, और कभी-कभी हम सीखचों में से एक दूसरे को काटा करते—इसमें ठिठोली की भावना ज़रा भी न होती। फ़ेओफ़ान उससे ज़रा भी नहीं डरता था। वह सीधा उसके पास जा पहुँचता और इतने ज़ोर से चिल्लाता मानो उसे मार ही डालेगा। मगर नहीं, वह केवल उसके पास से गुज़र जाता और फिर रस्सी उठाए लौट आता। एक बार पोल्कान और मैं कुज़्नेत्स्की रोड पर सरपट भागने लगे। मालिक और कोचवान दोनों में से कोई भी नहीं डरा। वे सारा वक़्त हँसते रहे और सड़क पर से लोगों को पुकार-पुकारकर हटाते रहे। वे हमारी लगामें कसे रहे, और इस चतुराई से उन्होंने हमें हाँका कि किसी को चोट नहीं पहुँची।

"मैंने अपना आधा जीवन और अपने सर्वश्रेष्ठ गुण उनके अर्पण कर दिए। उन्होंने मुझे पानी पीने की खुली छुट्टी दे रखी थी, और मेरी टाँगें बर्बाद हो गईं। फिर भी, वे दिन मेरे जीवन के सबसे अच्छे दिन थे। बारह बजे वे मुझे जोतने के लिए आते। मेरे खुरों पर तेल चुपड़ते, मेरी अयाल और माथे के बालों को भिगोते, और मुझे गाड़ी के बमों के बीच जोत देते।

"हमारी गाड़ी बेंत की लकड़ी की बनी थी और अन्दर मखमल लगी थी। साज पर छोटे-छोटे चाँदी के बक्लस लगे थे, जाली और लगामें रेशम की थीं। साज़ ऐसा कि जब सब तस्मे और पेटियाँ अपनी-अपनी जगह कस दी जातीं, तो कोई नहीं कह सकता था कि घोड़े पर साज़ लगा है। अक्सर मुझे गाड़ी में औसारे के नीचे जोता जाता। तब फ़ेओफ़ान जिसके कूल्हे कन्धों से ज़्यादा चौड़े थे, बग़लों में कमरबन्द बाँधे चला आता, रिक़ाब में पाँव रखता, एकाध मज़ाक़ करता और चाबुक उठा लेता पर केवल दिखावे के लिए। उसने मुझे कभी नहीं मारा। वह कहता, 'चल बेटा !' और मैं शान से उचकता फाटक में से निकलता। बाहर बावर्चिन जूठन का बर्तन उठाए ले जा रही होती, मुझे देखकर दरवाज़े में ही रुक जाती। किसान लोग ईंधन उठाए आँगन में आ रहे होते, मुझे देखकर मुँह बाए वहीं के वहीं खड़े रह जाते। फाटक के बाहर थोड़ी दूर चलने के बाद

हम रुक जाते। फिर अन्य कोचवान और टहलुए हमारे इर्द-गिर्द खड़े हो जाते और गप्पें हाँकने लगते। वहाँ फाटक पर हम इन्तज़ार करते। कई बार तीन-तीन घंटे तक इन्तज़ार करते रहते। इस दौरान छोटी-मोटी दौड़ लगा लेते और फिर लौटकर इन्तज़ार करने लगते।

"आखिर फाटक पर शोर सुनाई देता और तीख़ोन भागा आता—सफ़ेद बालों और मोटी तोंदवाला तीख़ोन फ्रॉक कोट पहने, चिल्लाता हुआ आता : 'आ जाओ !' उन दिनों 'आगे बढ़ो !' कहने का बेढब रिवाज नहीं था—मानो मुझे मालूम ही न हो कि मुझे आगे बढ़ना है या पीछे जाना है ! फ़ेओफ़ान ज़बान से टिटकारता। हम चलने लगते। राजकुमार बड़ा कोट पहने, सिर पर हैल्मेट लगाए, बीवर की फ़र का कालर ऊँचा उठाए, बड़ी लापरवाही से लम्बे-लम्बे डग भरता हुआ आता, मानो स्ले-गाड़ी, घोड़ों और फ़ेओफ़ान में उसे कोई विशेषता नज़र न आती हो। कालर के पीछे राजकुमार की काली भौंहें और सुन्दर, स्वस्थ चेहरा छिप जाता था। मैं नहीं चाहता था कि उसका चेहरा छिप जाए। फ़ेओफ़ान की पीठ उस समय कमान की तरह झुकी होती, हाथ आगे को फैले होते। मैं सोचता कि इस मुद्रा में वह ज़्यादा देर तक खड़ा नहीं रह सकेगा। राजकुमार चलता तो उसकी एड़ें और तलवार बज उठतीं। क़ालीन पर से वह इस तरह चलकर आता मानो जल्दी में हो। सब लोग मुझे, फ़ेओफ़ान तथा अन्य चीज़ों को आश्चर्यचकित नेत्रों से निहार रहे होते। पर राजकुमार हमारी ओर आँख उठाकर भी न देखता। फ़ेओफ़ान फिर टिटकारता। मैं रास्ते पर आ जाता और ठमककर सवारी के चबूतरे के पास जा खड़ा होता। वहाँ मैं एक बार कनखियों से राजकुमार को देखता और अपना शानदार सिर ऊपर को झटकता, जिससे माथे पर के मुलायम बाल नाच उठते। यदि राजकुमार खुश होता तो वह फ़ेओफ़ान से कोई मज़ाक़ की बात कहता। फ़ेओफ़ान जवाब देते वक़्त अपना खूबसूरत सिर एक तरफ़ को थोड़ा टेढ़ा कर लेता। बाजू नीचा किए बिना ही लगाम में एक हल्का सा कम्पन होता जिसे मैं झट समझ जाता और चल पड़ता। टप ! टप !! टप !!! मेरे क़दम बोल उठते, हर क़दम पर मेरी रफ़्तार बढ़ने लगती, मेरे शरीर की प्रत्येक मांसपेशी थिरकने लगती, और बरफ़ और बीच के छींटे उड़-उड़कर कीच रोकनेवाले पटरे पर पड़ने लगते। उन दिनों एक और वाहियात रिवाज भी न था—'ओ !' कहने का—जैसे कोचवान के पेट में शूल उठा हो। उन दिनों वे केवल 'होशियार !' शब्द ही पुकारते, और लोग आगे से हट जाते, और गर्दन आगे को बढ़ाए, खूबसूरत बधिया घोड़े, बाँके कोचवान और सुन्दर राजकुमार को एकटक देखने लगते।

"दुलकी चाल पर दौड़नेवाले किसी भी घोड़े को मात देने में मुझे मज़ा आता था। अगर मुझे और फ़ेओफ़ान को स्ले-गाड़ी में जुता कोई ऐसा घोड़ा नज़र आ जाता जिससे होड़ लेना हमारी शान के खिलाफ़ न होता, तो मैं उसके पीछे हवा हो जाता। देखते ही देखते मैं उसके पास पहुँचता। मेरे पैरों से उड़ते हुए कीच के छींटे उसकी स्ले-गाड़ी पर पड़ने लगते। मैं आगे बढ़ता हुआ सवारी के पास जा पहुँचता और उसके सिर पर फुंकार छोड़ता। दो क़दम और, और मैं घोड़े के जुए के सामने जा पहुँचता। फिर क्या था, तीर की तरह आगे निकल जाता। प्रतिद्वन्द्वी आँखों से ओझल हो जाता, और

धीरे-धीरे, उसकी आवाज़ धीमी पड़ती जाती और अन्त में सुनाई देना बन्द हो जाती। राजकुमार, फ़ेओफ़ान और मैं—हममें से कोई भी मुँह न खोलता। हम तीनों ऐसा मुँह बना लेते जैसे हमारा सारा ध्यान अपने काम पर हो और हर राह जाते निकम्मे घोड़े की ओर देखने की हमें फ़ुरसत न हो। दूसरे घोड़ों से आगे निकलना मुझे अच्छा लगता था। पर साथ ही मुझे अच्छे घोड़ों को भी देखने का बड़ा शौक़ था। जब कभी कोई बढ़िया घोड़ा दौड़ता हुआ, सामने से आ रहा होता, तो मेरी आँखें उस पर गड़ जातीं। बस, सारा क्षण-भर का मामला होता। एक आवाज़, घोड़े की एक झलक और यह गया वह गया। और फिर हम अपनी-अपनी दिशा में उड़कर जाने लगते।"

फाटक चरमराया और नेस्तेर और वास्का की आवाज़ आई।

पाँचवीं रात

मौसम बदल रहा था। सुबह से आसमान पर बादल छाए हुए थे, ओस नहीं पड़ी थी। हवा गरम थी और मच्छर काट रहे थे। ज्यों ही झुंड बाड़े में वापस आया, घोड़े बधिया का घेरकर खड़े हो गए। और उसने अपनी कहानी सुनाना शुरू कर दिया। यह उसकी कहानी का अन्तिम भाग था।

" इसके फ़ौरन ही बाद मेरे सुख के दिनों का अन्त हो गया। ऐसे दिन केवल दो बरस तक रहे थे। दूसरी सर्दियों के अन्त में मैंने अपार सुख का अनुभव किया और तुरन्त उसके बाद घोरतम क्लेश का। एक दिन मैं राजकुमार को घुड़दौड़ पर ले गया। उन दिनों श्रवटाईड का पर्व चल रहा था। अत्लास्नी और बिचोक दौड़ रहे थे। मैं नहीं जानता कि दाँव लगानेवाले कमरे में मालिक की क्या बातें हुईं, पर बाहर आते ही उसने फ़ेओफ़ान को हुक्म दिया कि मुझे घुड़दौड़ के मैदान में ले जाए। वहाँ मुझे अत्लास्नी के विरुद्ध दौड़ाया गया। अत्लास्नी छोटी गाड़ी खींच रहा था, और मैं शहरी स्ले-गाड़ी। मोड़ पर मैं उससे आगे निकल गया। लोग खूब हँसे और तालियाँ बजाईं।

" जब मुझे बाहर ले जाने लगे तो लोगों का हुजूम मेरे पीछे हो लिया। कम से कम पाँच शौक़ीनों ने मुझे खरीदने के लिए राजकुमार को हज़ारों रूबल देने की बात कही। पर वह केवल हँसता रहा और उसके सफ़ेद चमकते दाँत दिखाई देते रहे।

" नहीं जी,' वह बोला, 'यह घोड़ा नहीं, मेरा दोस्त है। पैसे तो क्या, मुझे सोने का पहाड़ भी कोई ला दे तो भी इसे नहीं बेचूँगा। खुदा हाफ़िज़ मेहरबान !' और वह स्ले का दरवाज़ा खोलकर अन्दर आ बैठा।

" 'ओस्तोझेंका सड़क पर चलो !' वहाँ उसकी रखैल का घर था। हम उस ओर बढ़ चले। वही मेरे सुख का अन्तिम दिन था।

" हम उसके घर पहुँचे। यह उसे 'अपनी' कहता था। मगर वह किसी दूसरे को प्यार करती थी और उसके साथ कहीं निकल गई थी। यह खबर इसे तब मिली जब यह उसके

घर पहुँचा। उस समय पाँच बज रहे थे। बिना मेरा साज़ खोले, यह उसका पीछा करने के लिए निकल पड़ा। तब मेरे साथ एक ऐसी बात हुई जो पहले कभी न हुई थी। मुझ पर चाबुकें पड़ने लगीं और मुझे ज़बर्दस्ती सरपट दौड़ाया गया। पहली बार मेरा पाँव थोड़ा उखड़ गया। मैं लज्जित हो उठा और पूरी कोशिश करने लगा कि मेरी प्रतिष्ठा बनी रहे। पर सहसा राजकुमार चिल्ला उठा : 'दौड़, शैतान के बच्चे !' चाबुक हवा में सनसनाती हुई आई और मेरी पीठ पर पड़ी। मैं सरपट दौड़ने लगा। मेरे उछलते पाँव पीछे लगे लोहे के पटरे से टकराने लगे। क़रीब सोलह मील का फ़ासिला तय करके हमने उसे जा पकड़ा। मैं राजकुमार को घर वापस ले आया। पर, रात-भर मेरा बदन काँपता रहा और मैं कुछ भी नहीं खा सका। सुबह मुझे कुछ पानी पीने को दिया गया। मैंने पिया। बस, उसी वक़्त से मैं वह पहलेवाला घोड़ा नहीं रहा। मैं बीमार पड़ गया, मुझे बहुत सताया गया। मेरे तरह-तरह के इलाज होते रहे जैसा कि लोग कहते हैं। मेरे खुर उतर आए, सारे शरीर पर फुंसियाँ निकल आईं, लातें टेढ़ी हो गईं, छाती अन्दर को धँस गई। मेरा मन क्लान्त हो उठा और एक-एक अंग शिथिल पड़ गया। उसने मुझे एक घोड़ों के व्यापारी के हाथ बेच दिया। व्यापारी मुझे गाजरें और ऐसी ही कुछ और चीज़ें खिलाता रहा। अनजान लोगों को धोखा देने के लिए मुझे वह इस तरह तैयार करके दिखाता कि मैं स्वस्थ और बलिष्ठ हूँ। पर न मेरे शरीर में ताक़त रही थी और न चाल में तेज़ी। घोड़ों के व्यापारी ने मुझ पर और भी जुल्म ढाए। जब कभी कोई ग्राहक आता तो व्यापारी मेरे कटघरे में आकर मुझे हंटर मारने लगता। मैं डर से पागल हो उठता। तब वह मेरी पीठ पर से हंटरों के निशान पोंछकर मुझे बाहर ले जाता। आखिर, एक बुढ़िया ने मुझे खरीद लिया। वह सदा मुझे जोतकर चमत्कारी सन्त निकोलस के गिरजे को ले जाती। वह महिला अपने कोचवान को हंटर मारा करती थी। कोचवान मेरे कटघरे में आता और रोता। तभी मुझे मालूम हुआ कि आँसुओं का स्वाद खारा होता है, मगर बुरा नहीं होता। फिर जब वह बुढ़िया मर गई तो उसके कारिन्दे ने मुझे एक दूकानदार के हाथ बेच दिया। उस दूकानदार ने मुझे बहुत गेहूँ खिलाया जिससे मेरे रोग और भी बढ़ गए। तब उसने मुझे एक किसान के हाथ बेच दिया। मैं उसका हल खींचता। वहाँ खाने को मुझे लगभग कुछ भी न मिलता और हल से मेरी टाँग कट गई। मैं दोबारा बीमार पड़ गया। वहाँ से मैं अदला-बदली में एक खानाबदोश के यहाँ पहुँच गया। उसने मेरे साथ बहुत बुरा सुलूक किया और आखिर मुझे इस कारिन्दे के हाथ बेच दिया जहाँ मैं अब हूँ।"

कोई कुछ नहीं बोला। वर्षा होने लगी।

9

दूसरे दिन शाम को जब सब घोड़े घर को वापस लाए जा रहे थे तो उन्होंने अपने मालिक को देखा। उसके साथ उसका कोई मेहमान खड़ा था। सबसे पहले झुल्दीबा ने उन्हें देखा

था। उस समय वह घर के पास पहुँच चुकी थी। दो आदमी खड़े थे, उनमें से एक था उनका युवा मालिक, सिर पर सींकों की टोपी पहने हुए; दूसरा ऊँचे क़द का मोटा आदमी फ़ौजी वर्दी पहने हुए था। बुढ़िया घोड़ी ने कुतूहल-भरी नज़र से उन्हें देखा और आड़े होकर उनके पास से गुज़र गई। अन्य घोड़े, उम्र में छोटे होने के कारण लजा रहे थे और झेंप महसूस कर रहे थे, खासतौर पर उस वक़्त उन्हें बड़ी शर्म मालूम हुई जब उनका युवा मालिक अपने मेहमान को साथ लिये सीधा उनके बीच चला आया, और दोनों उनके बारे में आपस में बातें करने लगे।

"वह घोड़ी, देखते हो ? वह धूसर रंग की चित्तीदार घोड़ी—मैंने वोयेइकोव से ख़रीदी थी," मालिक ने कहा।

"और वह छोटी काली घोड़ी किससे ली, वह जिसकी टाँगें नीचे से सफ़ेद हैं। बड़ी खूबसूरत है," मेहमान बोला। उन्होंने कई एक घोड़ों को देखा-परखा। वे उनको दौड़ाते और फिर एकदम खड़ा कर देते। उनकी नज़र कुम्मैती घोड़ी पर पड़ी।

"वह ख़ेनोवो नस्ल की सवारी की घोड़ी है," मालिक ने कहा।

वे सभी घोड़ों की अलग-अलग जाँच तो नहीं कर सकते थे। मालिक ने नेस्तेर को बुलाया। बूढ़े ने ज़ोर से चितकबरे बधिया के कूल्हों में एड़ लगाई और दुलकी चाल पर उसे उनके पास ले गया। बधिया ने दौड़ने की पूरी कोशिश की, हालाँकि उसकी एक टाँग लँगड़ा रही थी। स्पष्ट था कि अगर उसे एक टाँग पर तेज से तेज रफ्तार से दुनिया के दूसरे छोर तक दौड़ने का हुक्म दिया जाता तो भी वह शिकायत न करता। वह बड़े शौक़ से सरपट दौड़ना चाहता था, और अपनी तन्दुरुस्त टाँग के सहारे दौड़ने की कोशिश भी कर रहा था।

"इससे अच्छी घोड़ी तुम्हें रूस-भर में नहीं मिलेगी, यक़ीन मानो," एक घोड़ी की ओर इशारा करते हुए मालिक ने कहा। मेहमान ने भी दो-एक शब्द उसकी सराहना में कहे। मालिक बड़े उत्साह से, कभी इधर और कभी उधर भागता अपने घोड़े दिखा रहा था। एक-एक की वंशावली और इतिहास बताता जाता। मेहमान ऊब उठा था। परन्तु यह दिखाने के लिए कि उसे इन बातों में दिलचस्पी है, नए-नए सवाल गढ़ रहा था।

"अच्छा ? ओह !" वह अनमने ढंग से पूछता।

मालिक को इस बात का तनिक भी ख़याल नहीं था कि मेहमान ऊब उठा है। वह अपनी ही रट लगाए जा रहा था। "ज़रा इधर देखो, अजी इसकी टाँगें तो देखो। इसके लिए बड़ी रक़म देनी पड़ी थी। इसी का तीन साल का बछेड़ा अभी से भागने लगा है।"

"अच्छा दौड़ता है ?" मेहमान ने पूछा।

इसी तरह एक के बाद दूसरे घोड़े की चर्चा करते चले गए। यहाँ तक कि सभी घोड़ों की उन्होंने नसलें गिन डालीं और कहने को कुछ बाक़ी न रह गया। कुछ देर के लिए दोनों चुप हो गए।

"तो क्या, चलें ?"

"हाँ, चलो।"

दोनों फाटक से बाहर निकले। मेहमान ने चैन की साँस ली कि यह प्रदर्शन आखिर समाप्त हुआ। अब तो वे घर के अन्दर ले चलेंगे जहाँ बैठकर कुछ खाएँगे-पिएँगे, सिगरेट के कश लगाएँगे। अब वह कुछ खुश भी नज़र आने लगा। जब वे चलते हुए बधिया घोड़े के पास से गुज़रे जिस पर बैठा नेस्तेर किसी और हुक्म का इन्तज़ार कर रहा था, तो मेहमान ने अपनी गुदगुदी हथेली से बधिया की पीठ थपथपाई।

"वाह, कैसा रंग-बिरंगा घोड़ा है !" उसने कहा, "किसी ज़माने में मेरे पास भी एक चितकबरा घोड़ा हुआ करता था, तुम्हें याद होगा मैंने तुम्हारे साथ उसका ज़िक्र भी किया था।"

क्योंकि इस टिप्पणी का सम्बन्ध मालिक के अपने किसी घोड़े के साथ नहीं था, इसलिए मालिक ने उस ओर कोई ध्यान नहीं दिया और घोड़ों के दल की तरफ़ देखता रहा।

सहसा वह चौंक पड़ा। एक कमज़ोर, मरियल, बेढब सी आवाज़ उसके कानों में पड़ी। जैसे कोई घोड़ा हिनहिनाने की कोशिश कर रहा हो। बधिया घोड़े ने हिनहिनाना शुरू किया, पर वह सकपकाकर बीच ही में चुप हो गया। न मेहमान ने और न ही मालिक ने उसकी ओर ध्यान दिया और दोनों बढ़ते हुए घर की ओर चले गए। मापदंड ने पहचान लिया था। यह मोटा आदमी वही उसका प्यारा मालिक था, वही सेर्पुख़ोव्स्कोई, जो किसी जमाने में धनी और रूपवान राजकुमार हुआ करता था।

10

हल्की-हल्की बूँदाबाँदी चल रही थी। बाड़े के अन्दर वातावरण उदास था, पर घर के अन्दर यह बात न थी। अन्दर शानदार बैठक में बढ़िया ज़ियाफ़त चल रही थी। मेज़ पर मालिक, मालकिन तथा मेहमान, तीनों बैठे थे।

मालकिन समावार के पास सीधी तनकर बैठी थी। उसके बैठने के ढंग से, उसके मोटापे और विशेषकर उसकी बड़ी-बड़ी आँखों से स्पष्ट था कि उसे गर्भ है। उसकी आँखों में विनम्रता और गम्भीरता टपक रही थी। चेहरे के भाव से लगता कि वह अपने में खोई हुई है, बाहर की दुनिया से बेखबर है।

मालिक के हाथ में एक डिब्बा था जिसमें दस बरस पुराने, बढ़िया क़िस्म के सिगार भरे थे। वह बार-बार कह रहा था कि ऐसे सिगार और किसी के पास नहीं मिल सकते। मालिक खूबसूरत जवान था, उम्र 25 वर्ष की होगी, चेहरे से ताज़गी टपकती थी, बाल खूब सँवरे हुए, चुस्त, शानदार पोशाक पहने था। घर में ढीला-ढाला सूट पहने रहता जो लन्दन से सिलवाया गया था। घड़ी की चेन से सोने के भारी लोलक लटक रहे थे। सोने के ही मोटे-मोटे कफ़-बटन थे जिनमें नीला वैदूर्य जड़ा था। दाढ़ी नेपोलियन तृतीय

के फ़ैशन के अनुसार तराशी हुई, होंठों के दोनों तरफ़ से चूहे की दुम जैसी पतली-पतली मूँछें लटक रही थीं जिन्हें बड़ी सफ़ाई से चुपड़ा और ऐंठा गया था। जान पड़ता था कि पेरिस में तराशी गई हैं। मालकिन जालीदार, रेशमी गाउन पहने थी जिस पर फूलों के गुच्छे बने हुए थे। उसके घने, सुनहरे बालों में बड़े-बड़े, घुमावदार सोने के पिन लगे थे। बाल बड़े सुन्दर थे, भले ही सारे के सारे उसके अपने न हों। कलाइयों पर चूड़ियाँ और हाथों में बड़ी-बड़ी क़ीमती अँगूठियाँ पहने थी। समावार चाँदी की थी। पिर्च-प्याले बढ़िया चीनी मिट्टी के। एक चोबदार, चिड़िया दुमवाला बढ़िया फ्रॉक कोट और सफ़ेद वास्कट पहने, गुलूबन्द लगाए, दरवाज़े के साथ बुत की तरह खड़ा हुक्म का इन्तज़ार कर रहा था। मेज-कुर्सियाँ शानदार लकड़ी की बनी थीं और उन पर बढ़िया नक़्क़ाशी का काम हो रहा था। दीवारों पर गहरे रंग का फूलदार काग़ज़ लगा था। मेज़ के पास बढ़िया नस्ल का कुत्ता लेटा हुआ था, जिसके गले में चाँदी की ज़ंजीर पड़ी थी। उसकी हर करवट पर ज़ंजीर खनक उठती थी। कुत्ते को मालकिन ने एक अजीब सा अंग्रेज़ी नाम दे रखा था। इसका उच्चारण न मालिक और न मालकिन ही कर सकती थी। दोनों अंग्रेज़ी नहीं जानते थे। एक कोने में पौधों के बीच एक बड़ा प्यानो रखा था जिस पर पच्चीकारी का काम था। कमरे की सारी सजावट बिल्कुल नई, विरल और अमीराना ढंग की थी। हर चीज़ पर विलास और आडम्बर का रंग था। किसी भी चीज़ से सुरुचि का परिचय नहीं मिल रहा था।

मालिक को घुड़दौड़ के घोड़ों का जनून था। वह एक तगड़ा स्वस्थ और उत्साही पुरुष था, एक ऐसे स्वभाव का आदमी जिसका उत्साह कभी ठंडा नहीं पड़ता। वह उन आदमियों में से था, जो सेबल फ़र के कोट पहने घोड़ों पर घूमते-फिरते हैं, अभिनेत्रियों को सबसे क़ीमती फूलों के गुच्छे भेंट करते हैं, शानदार होटलों में सबसे बढ़िया नई-नई क़िस्म की शराबें पीते हैं, अपने नाम पर लोगों को पुरस्कार दिलवाते हैं और सबसे ख़र्चीली औरतों को अपनी रखैल बनाकर रखते हैं।

मेहमान की उम्र चालीस से ऊपर होगी, लम्बा क़द, मोटा बदन, गंजी चाँद, बड़े-बड़े गलमुच्छे और मूँछें। जवानी में वह ज़रूर सुन्दर रहा होगा, पर अब देखने पर जान पड़ता कि शारीरिक, नैतिक, आर्थिक तीनों तरह से उसका पतन हो चुका है।

उस पर इतना ज़्यादा क़र्ज़ चढ़ चुका था कि जेल से बचने के लिए उसे सरकारी नौकरी की शरण लेनी पड़ी थी। इस समय वह किसी छोटे नगर की ओर जा रहा था जहाँ उसे घोड़ों के फ़ार्म के मैनेजर के पद पर नियुक्त किया गया था। अगर उसके प्रतिष्ठित सम्बन्धी इसके लिए कोशिश न करते तो यह नौकरी भी उसके हाथ न आती। वह फ़ौजी कोट और नीले रंग की पतलून पहने था। कोट और पतलून दोनों ही अमीराना ठाठ के थे। इसी तरह और ऐसे ही अन्दर के कपड़े भी। उसकी घड़ी इंग्लिस्तान की बनी हुई थी। बूटों के तलवे एक इंच मोटे थे।

जब निकीता सेर्पुख़ोव्स्कोई ने जवानी में क़दम रखा तो उसके पास पूरे बीस लाख रूबल थे, और आज उसके सिर पर एक लाख बीस हज़ार रूबल क़र्ज़ था। जिस आदमी

के पास इतनी धन-सम्पदा रही हो, उसका एक अपना नाम होता है, और उसकी बदौलत वह जहाँ से भी चाहे क़र्ज़ उठा सकता है, और इस तरह कम से कम दस साल और ऐश की ज़िन्दगी गुज़ार सकता है। पर यह दस साल भी बीत चुके थे, और नामवरी ख़त्म हो चुकी थी। अब निकीता के लिए ज़िन्दगी बोझ बन गई थी। वह शराब पीने लगा था—मतलब कि शराब पीकर वह मदहोश हो जाता था। ऐसा पहले कभी नहीं हुआ था। जहाँ तक पीने का सवाल है, न कभी उसने पीना शुरू किया था और न ही खत्म। जिस बेचैनी से इधर-उधर देखता (अब उसकी नज़र एक जगह पर टिक नहीं पाती थी, भटकती रहती थी), उसकी आवाज़ और भाव-भंगिमा में जो एक प्रकार का संकोच आ गया था, उससे उसके पतन का अच्छी तरह पता चल जाता था। इस तरह की बेचैनी उसके स्वभाव में पहले कभी न रही थी। इस कारण वह और भी विचित्र लगती थी। पहले वह कभी भी किसी से डरता न था, न इंसान से और न दुनिया की किसी और चीज़ से। और आज ! भाग्य के उलट-फेर के कारण उसके स्वभाव में घबराहट और व्यग्रता आ गई थीं। मालिक और मालकिन, दोनों ने इस चीज़ को भाँप लिया था। दोनों की नज़रें मिलीं, जिसका मतलब था कि हम दोनों एक-दूसरे के मन की बात समझते हैं, पर इस वक़्त इस आदमी की चर्चा नहीं करेंगे। चर्चा करेंगे तो बिस्तर में, जब दोनों अकेले होंगे। इस वक़्त तो ज्यों-त्यों निकीता के साथ बैठे रहना होगा, बल्कि आतिथ्य भी दिखाना होगा। निकीता अपने मेज़बान को यों खुश देखकर तिरस्कृत महसूस कर रहा था, उसे अपने बीते दिन याद आ रहे थे, जो फिर लौटकर नहीं आएँगे और उसका मन ईर्ष्या से भर उठा था।

"हम सिगरेट सुलगा लें ? तुम्हें कोई एतराज़ तो नहीं, मारी ?" उसने मालकिन से एक विशेष रहस्यपूर्ण लहजे में पूछा। इसमें शिष्टता और मैत्री का भाव तो था, परन्तु आदर-भाव बहुत कम था। इस लहजे में फ़ैशनेबल सोसाइटी के लोग अपने मित्रों की रखैलों को सम्बोधित करते हैं, उनकी पत्नियों को नहीं करते। इसलिए नहीं कि वह उसे नाराज़ करना चाहता था—इसके विपरीत वह उसका और मालिक दोनों का कृपापात्र बनना चाहता था (भले ही वह अपने मन में इसे स्वीकार न करता हो)। वह केवल इस तरह की स्त्रियों के साथ ऐसा लहजा बरतने का आदी हो चुका था। वह जानता था कि यदि वह उसे उस भाँति सम्बोधित करेगा जैसा कि भद्र महिलाओं को किया जाता है तो वह स्वयं हैरान हो जाएगी, बल्कि नाराज़ तक होगी। इसके अलावा, वह अपने शिष्टाचार को मानो बचाए रखना चाहता था, कि कभी ज़रूरत पड़ने पर वह इसका प्रयोग अपने किसी साथी की असल पत्नी के साथ करेगा। वह ऐसी औरतों को सदा शिष्टता से सम्बोधित करता। इस कारण नहीं कि उसके भी विचार वैसे ही थे जैसे पत्रिकाओं में छपते रहते हैं—हर प्राणी के साथ उनके गुणानुसार आदर से व्यवहार करना चाहिए, समाज में उसके पद का विचार नहीं करना चाहिए, ब्याह बिल्कुल ढकोसला है इत्यादि (वह इस तरह की फ़िज़ूल बातें नहीं पढ़ा करता था)—परन्तु इसलिए कि सभी शिष्ट पुरुष उनसे इसी तरह पेश आते हैं। अपनी शराफ़त पर उसे फ़ख्र था, भले ही

उसका पतन हो चुका हो।

उसने एक सिगार उठाया। मालिक ने बिना सोचे मुट्ठी-भर सिगार उठाकर उसके सामने रख दिए।

"लो, पीकर देखो, कितने अच्छे हैं।"

निकीता ने सिगार परे हटा दिए और उसकी आँखों में अपमान और क्षोभ का भाव झलक उठा।

"धन्यवाद," उसने अपना सिगार-केस निकाला, "लो, ये मेरे सिगार पीकर देखो।"

मालकिन अधिक अनुभूतिशील थी। स्थिति को भाँपकर उसने झट से कहा :

"मुझे सिगार बेहद अच्छे लगते हैं। पर मैं सोचती हूँ कि मैं कभी नहीं पिऊँगी, क्योंकि घर में सभी लोग हर वक़्त पीते रहते हैं।"

और उसके होंठों पर एक स्निग्ध कोमल मुस्कान खेल गई। जवाब में वह भी कुछ-कुछ मुस्कुराया--उसके दो दाँत ग़ायब थे।

पर मालिक की भावनाएँ कोमल नहीं थीं। उसने अपनी बात जारी रखते हुए कहा :

"नहीं-नहीं, यह पियो। दूसरे सिगार इतने तेज़ नहीं। फ़्रिट्ज़, bringen sie noch eine kasten, dort zwei."*

जर्मन चोबदार सिगारों का एक नया डिब्बा उठा लाया।

"तुम्हें कौन से ज़्यादा पसन्द हैं ? तेज़ सिगार ? ये बहुत बढ़िया हैं। लो, सबके सब ले लो," वह ज़ोर देता रहा। उसे यह जताने में मज़ा आ रहा था कि उसके पास बड़ी विरल और बढ़िया चीज़ें हैं। उसे और किसी बात की सुध-बुध ही न थी। सेर्पुख़ोव्स्कोई ने सिगार सुलगाया और जल्दी से वार्त्तालाप की टूटी कड़ी जोड़कर आगे कहना शुरू कर दिया :

"तुम क्या कह रहे थे, कितनी रक़म तुम्हें अत्लास्नी के लिए देनी पड़ी थी ?"

"बहुत पैसे देने पड़े थे। कम से कम पाँच हज़ार। पर ऐसे घोड़े के लिए यह रक़म ज़्यादा नहीं है। इसके बछेड़ों को ज़रा देखो।"

"घुड़दौड़ के हैं ?"

"हाँ, सब के सब। इस साल उसके बछेड़े ने तीन इनाम मारे, तूला, मास्को और सेंट पीटर्सबर्ग में। वोयेइकोव के घोड़े वोरोनोई के मुक़ाबले में दौड़ा था। अगर वह शैतान जॉकी एक के बाद दूसरी चार ग़लतियाँ न करता तो यह उसे कहीं पीछे छोड़ गया होता।"

"यह अभी इतना सधा नहीं। मेरे ख़याल में इसमें डच ख़ून ज़रूरत से बहुत ज़्यादा है," सेर्पुख़ोव्स्कोई ने कहा।

"और घोड़ियाँ कैसी हैं ? कल मैं तुम्हें वे भी दिखाऊँगा। मैंने तीन हज़ार रूबल दोब्रीन्या के लिए और दो हजार लास्कोवाया के लिए दिए थे।"

---

* एक और डिब्बा ले आओ, वहाँ दो रखे हैं। (जर्मन)

मालिक फिर अपनी अमीरी की शान बघारने लगा। मालकिन देख रही थी कि वह वार्त्ता सेर्पुख़ोव्स्कोई के लिए असह्य हो उठी थी और उसको वह बड़े अनमने भाव से सुन रहा था।

"और चाय ढालूँ ?" उसने पूछा।

"नहीं," मालिक ने कहा और फिर बातों में लग गया। वह जाने के लिए उठ खड़ी हुई। लेकिन मालिक ने उसे रोक लिया, और बाँहों में भरकर उसका मुँह चूम लिया।

उन्हें देखकर, यह कृत्रिम सी मुस्कान सेर्पुख़ोव्स्कोई के मुँह पर आ गई। मालिक उठा और मालकिन की कमर में हाथ डाले उसे दरवाज़े तक छोड़ने गया। यह देखकर निकीता के चेहरे का भाव सहसा बदल गया। उसने एक ठंडी साँस ली और उसके फूले हुए चेहरे पर निराशा का भाव, यहाँ तक कि क्रोध का भाव छा गया।

11

मालिक लौट आया और मुस्कुराते हुए निकीता के ऐन सामने बैठ गया। कुछ देर तक दोनों मौन रहे।

"तुम कह रहे थे तुमने घोड़ा वोयेइकोव से ख़रीदा ?" सेर्पुख़ोव्स्कोई ने यों ही पूछ लिया।

"हाँ, अत्लास्नी को उसी से लिया। दुबोवीत्स्की से मैं एक घोड़ी ख़रीदना चाहता था, पर उसके पास कोई काम का घोड़ा था नहीं।"

"वह तो बर्बाद हो गया है," सेर्पुख़ोव्स्कोई बोला। फिर सहसा रुक गया और इधर-उधर देखने लगा। उसे याद आया कि इसी 'बर्बाद हुए' आदमी को उसे बीस हज़ार रूबल देने थे। अगर लोग दुबोवीत्स्की के बारे में यह कहते हैं कि वह तबाह हो चुका है तो वे उसके बारे में क्या कहते होंगे ? वह चुप हो गया।

फिर बड़ी देर तक कोई नहीं बोला। मालिक अपनी जमीन-जायदाद की एक-ए[illegible] चीज़ के बारे में सोचने लगा कि वह मेहमान के सामने किस-किसकी डींग मार सक[illegible] है। सेर्पुख़ोव्स्कोई मन ही मन सोच रहा था कि क्या कहे जिससे ज़ाहिर हो कि उ[illegible] हालत इतनी पतली नहीं है। पर सिगारों के सरूर के बावजूद दोनों के मन बड़े [illegible] हो रहे थे।

"यह पीने को कब कहेगा ?" सेर्पुख़ोव्स्कोई ने मन ही मन कहा।

"कुछ पीना चाहिए वरना मैं तो ऊब के मारे मर जाऊँगा।" मालिक भी [illegible] था।

"क्या यहाँ ज़्यादा देर रुकने का इरादा है ?" सेर्पुख़ोव्स्कोई ने पूछा।

"महीना-भर और ठहरूँगा। क्या ख़याल है, कुछ खाया न जाए ? फ्रि[illegible]

तैयार है ?"

दोनों खानेवाले कमरे में चले। झाड़फ़ानूस के नीचे मेज़ सजी थी। मेज़ पर शमादान और तरह-तरह की बढ़िया चीज़ें रखी थीं—शीशे के ख़मदार सिफ़ोन, ऐसी बोतलें जिनके मुँह में छोटी-छोटी गुड़ियाँ खोंसी हुई थीं, सुराहियाँ जिनमें तरह-तरह की बढ़िया शराब थी और तश्तरियों-प्लेटों में स्वादिष्ट भोजन। दोनों ने पहले शराब पी, फिर खाने लगे। फिर शराब पी, फिर खाया, और आख़िरकार बातें करने लगे। सेर्पुख़ोव्स्कोई का चेहरा लाल हो गया। उसकी ज़बान खुलने लगी।

औरतों की चर्चा छिड़ी। जिन-जिन औरतों को अपनी रखैल रख चुके थे उनका ज़िक्र हुआ—जिप्सी औरतें, फ़्रांसीसी औरतें, नर्तकियाँ।

"तो फिर तुमने मत्ये को छोड़ दिया ?" मालिक ने पूछा। मत्ये ही वह स्त्री थी जो सेर्पुख़ोव्स्कोई के विनाश का कारण बनी थी।

"नहीं, मैंने नहीं उसे छोड़ा, वही मुझे छोड़ गई। उफ़ ! आदमी को कैसे-कैसे दिन देखने पड़ते हैं। आजकल यदि एक हजार रूबल भी मेरे हाथ लग जाएँ तो मैं अपने को ख़ुशक़िस्मत समझूँ। जी चाहता है कि दुनिया से भागकर कहीं निकल जाऊँ। मास्को में अब एक दिन भी नहीं रहना चाहता। पर, जब मैं उन दिनों की सोचता हूँ..."

सेर्पुख़ोव्स्कोई की बातों से मालिक ऊब उठा था। वह अपनी बातें करना चाहता ... डींग मारना चाहता था। और सेर्पुख़ोव्स्कोई अपना दुखड़ा रोना चाहता था, अपने ...दार अतीत की चर्चा करना चाहता था। मालिक ने उसके गिलास में शराब ढाली ...न्तज़ार करने लगा कि कब वह अपनी बात खत्म करे ताकि उसे अपने नस्ली ... अस्तबल के बारे में कुछ कहने का मौक़ा मिले। उसका अस्तबल कैसा ...र है, शायद ऐसा किसी का न होगा। मारी उसे सचमुच प्यार करती है। दौलत ...नहीं, बल्कि सच्चे दिल से चाहती है।

... बता रहा था कि मैंने अपने फ़ार्म में..." उससे कहना शुरू किया, मगर ... बीच ही में बात काट दी।

... एक ज़माना था जब मुझे जीवन से मोह था, और मैं जीने का ढंग ...ने कहा, "तुम अपनी घुड़सवारी की बात कह रहे थे। अच्छा यह ...े तेज़ घोड़े पर तुमने सवारी की है ?"

... मिल गया कि वह भी कुछ अपने नस्ली घोड़ों के बारे में बता ...रू ही किया था कि सेर्पुख़ोव्स्कोई ने फिर बात काट दी : ... मालिक हो, बस केवल नाम पैदा करना चाहते हो, जीवन ... तो तुम लोग जानते ही नहीं। मैंने अपना जीवन और ...ने तुम्हें कहा था कि मेरे पास भी एक चितकबरा घोड़ा ...ल वैसे ही धब्बे थे जैसे कि तुम्हारे चरवाहे के घोड़े ...े घोड़ों में एक घोड़ा था। यह बहुत पहले की बात ...या ही था। मैं घोड़ों के एक सौदागर के पास

गया। उसके पास एक चितकबरा घोड़ा था। सब लक्षण अच्छे थे। मैंने क़ीमत पूछी। बोला—एक हज़ार। मुझे घोड़ा पसन्द आया, मैंने तुरन्त ख़रीद लिया और उसे जोतने लगा। उसके बराबर का घोड़ा न मेरे पास और न तुम्हारे पास और न किसी और के पास कभी रहा है, और न कभी होगा। न रफ़्तार में, न ताक़त में और न खूबसूरती में। तुम तो उस वक़्त बहुत छोटे थे, उसे कहाँ जानते होगे, पर तुमने उसका नाम ज़रूर सुना होगा। सारा मास्को उसे जानता था।

''हाँ, याद आता है मैंने उसका नाम तो सुना था,'' मालिक ने उपेक्षा से कहा, ''पर मैं तुम्हें अपने...''

''ज़रूर सुना होगा। और मैंने उसे यों, चुटकी में ख़रीद लिया, न उसके काग़ज़ देखे, न नस्ल पूछी, न किसी से पूछ-ताछ की। वोयेइकोव और मैंने इसके वंश की जाँच की। उसका नाम मापदंड था, और दयालु प्रथम का बेटा था। इतने-इतने लम्बे तो वह डग भरता था। ख्रेनोवो फ़ार्मवालों ने उसे अस्तबल के रखवाले के हाथ बेच दिया, क्योंकि वह चितकबरा था। उस फ़ार्म में केवल नस्ली घोड़े रखे जाते थे। रखवाले ने उसे बधिया कर दिया और एक घोड़ों के व्यापारी को बेच दिया। उस जैसा घोड़ा किसी ने नहीं देखा होगा। वाह, क्या दिन थे वे ! 'हाय, जवानी ! गई जवानी' !'' उसने ठंडी साँस लेते हुए जिप्सी गीत की पंक्ति दोहराई। उसे नशा चढ़ने लगा था। ''मेरी उम्र तब पच्चीस साल की रही होगी। अस्सी हज़ार सालाना की मेरी आमदनी थी। एक भी बाल सफ़ेद नहीं हुआ था, एक भी दाँत नहीं टूटा था। सब दाँत मोतियों जैसे चमकते थे। जिस चीज़ पर हाथ रखता सोना हो जाती थी। और अब—सब खेल खत्म हो गया है !''

''उन दिनों घोड़ों की वह रफ़्तार नहीं हुआ करती थी, जो आज है,'' मालिक ने विराम का फ़ायदा उठाते हुए फ़ौरन बीच में फ़िकरा जड़ दिया। ''क्या बताऊँ, मेरे पहले घोड़ों ने जब दौड़ना शुरू किया तो बिना...''

''तुम्हारे घोड़ों ने ? वाह, उन दिनों घोड़े इनसे कहीं ज़्यादा तेज़ हुआ करते थे।''

''क्या मतलब तुम्हारा, ज़्यादा तेज़ होते थे ?''

''हाँ-हाँ, कहीं ज़्यादा तेज़। मुझे वह दिन याद है जब मैं मापदंड को मास्को में घुड़दौड़ पर ले गया था। मेरे अपने घोड़े कभी घुड़दौड़ में शामिल नहीं होते थे। मुझे घुड़दौड़वाले घोड़े पसन्द भी नहीं थे। मैं तो केवल नस्ली घोड़े रखा करता था—जेनरल, शोले, मुहम्मद। मैं चितकबरे को जोतकर वहाँ पहुँचा। मेरे पास एक बड़ा शानदार कोचवान भी हुआ करता था। मुझे वह बड़ा पसन्द था। शराब ने उसे चौपट कर दिया। खैर, तो मैं घुड़दौड़ के मैदान में पहुँचा। 'तुम कब घुड़दौड़ के घोड़े खरीदोगे, सेर्पुख़ोव्स्कोई ?' लोग मुझसे पूछने लगे। 'मुझे क्या ज़रूरत है ? मेरा चितकबरा तुम्हारे सभी घोड़ों को मात दे सकता है,' मैंने कहा। 'क्या मज़ाक़ करते हो ! यह कैसे हो सकता है ?' वे बोले। मैंने कहा : 'तो लगाते हो शर्त ? रही एक-एक हज़ार रूबल।' शर्त लग गई। हमने हाथ मिलाए। घुड़दौड़ शुरू हुई। मेरा घोड़ा पूरे पाँच सेकेंड पहले पहुँचा। मैंने एक हज़ार रूबल जीत लिये। मगर यह तो मामूली बात थी। एक बार मैंने त्रोइका में तीन नस्ली घोड़े

जोतकर एक सौ वर्स्ट * का फ़ासिला तीन घंटे में तय किया। सारे मास्को में सनसनी फैल गई।''

सेर्पुख़ोव्स्कोई इस सफ़ाई और इत्मीनान से झूठ बोले जा रहा था कि मालिक को एक शब्द भी कहने का मौक़ा नहीं मिल रहा था। उसका चेहरा लटक गया। उसके सामने बैठा वह जाम पर जाम भरता गया—इसके सिवाय वह और क्या करता ?

पौ फटने लगी। फिर भी शराब के दौर चलते रहे। ऊब के मारे मालिक का बुरा हाल हो रहा था। आख़िर वह उठ खड़ा हुआ।

''मेरे ख़याल में अब सोना चाहिए,'' सेर्पुख़ोव्स्की बोला, बड़ी मुश्किल से कुर्सी पर से उठकर, हाँफता-लड़खड़ाता हुआ अपने कमरे की ओर चल दिया।

मालिक बिस्तर में अपनी रखैल के साथ बातें कर रहा था।

''इस आदमी के साथ तो बात करते हुए भी घिन उठती थी। बहुत पी गया और सारा वक़्त झूठ बकता रहा।''

''और वह मुझसे भी चुहलबाज़ी करने में न चूका।''

''मेरा ख़याल है यह मुझसे पैसे माँगेगा।''

सेर्पुख़ोव्स्कोई अपने पूरे कपड़े पहने बिस्तर पर दराज़, ऊँची-ऊँची साँस लिये जा रहा था।

''जान पड़ता है मैं आज बहुत झूठ बोलता रहा हूँ,'' उसने सोचा, ''मगर क्या हुआ ? शराब अच्छी थी, पर वह निरा सुअर का बच्चा है। निपट बनिया। मैं भी सुअर का बच्चा हूँ,'' उसने अपने आपसे कहा और ठहाका मारकर हँस पड़ा। ''पहले मैं औरतों की परवरिश किया करता था। अब वे मेरी परवरिश करती हैं। वह विंक्लर रांड मुझे रखे हुए है—मैं उससे पैसे लेता हूँ। जैसी करनी वैसी भरनी—अब बेटा भुगतो, मुझे क्या ! अच्छा, मुझे कपड़े उतारकर सोना चाहिए, क्यों ? अरे, ये नामुराद बूट नहीं उतरते !''

''अरे कोई है ?'' उसने पुकारा। पर जो टहलुआ उसका काम करता था वह कब का जाकर सो चुका था।

वह उठ बैठा, उसने एक-एक करके अपना कोट, अपनी वास्कट, यहाँ तक कि किसी तरह अपनी पतलून भी उतार फेंकी, मगर वह बूट न उतार सका। उसका थलथल पेट बीच में रुकावट डालता था। आखिर एक बूट उतरा, पर हज़ार खींचने झींकने के बावजूद, दूसरा बूट पाँव के साथ चिपटा रहा। वह उसे पहने हुए ही बिस्तर पर पड़ रहा और खर्राटे भरने लगा। कमरे में तम्बाकू, शराब और बुढ़ापे की घिनौनी गन्ध फैल रही थी।

---

* लगभग 66 मील।

12

उस रात मापदंड बहुत कुछ सुना सकता था, मगर वास्का उसकी पीठ पर झूल डालकर उसे सरपट दौड़ा ले गया, और रात-भर उसे एक सराय के बाहर बाँधे रखा। उसकी बग़ल में ही किसी ग़रीब किसान का घोड़ा भी बँधा था। दोनों घोड़े एक दूसरे को चूमते-चाटते रहे। सुबह वे घर लौटकर आए, तो मापदंड को बदन में खुजली होने लगी।

"मुझे इतनी खुजली क्यों हो रही है ?" उसने मन ही मन सोचा।

पाँच दिन बीत गए। सलोतरी को बुलाया गया।

"इसे तो खुजली हो गई है," सलोतरी ने हँसते हुए कहा, "इसे जिप्सियों के हाथ बेच दो।"

"किसलिए ? इसे चाहे मारो या जो करो, मगर यहाँ से इसी वक़्त ले जाओ।"

सुबह का शान्त और सुहावना वक़्त। घोड़े चरागाह को जा चुके थे। मापदंड पीछे अकेला रह गया था। एक घिनौना सा आदमी उसके पास आया—पतला, काना, गन्दा सा। उसके कोट पर जगह-जगह काले-काले धब्बे थे। वह खाल उतारनेवाला था। बिना आँख उठाकर मापदंड को देखे, उसने बाग पकड़ी और उसे हाँक ले गया। मापदंड चुपचाप चलता रहा, बिना घूमकर पीछे देखे, अपनी टाँगों को घसीटता हुआ। पिछली टाँगें बार-बार पुआल में उलझतीं और ठोकरें खाती रहीं। जब वे फाटक से बाहर निकले तो बधिया कुएँ की तरफ़ मुड़ा, मगर खाल उतारनेवाले ने उसे पीछे खींच लिया : "उधर जाके अब क्या करोगे ?"

वास्का पीछे-पीछे चल रहा था। खाल उतारनेवाला और वास्का दोनों उसे ईंटों के ओसारे के पीछे एक खड्ड में ले गए और वहाँ जाकर ख़ामोश खड़े हो गए, मानो यहाँ कोई विलक्षण घटना घटनेवाली हो। खाल उतारनेवाले ने लगाम वास्का के हाथ में दी, और खुद अपना कोट उतारा। फिर उसने आस्तीनें चढ़ाईं, छुरे और सिल्ली को निकाला जिन्हें उसने अपने ऊँचे बूटों में खोंस रखा था और छुरे को तेज़ करने लगा। बधिया ने कोशिश की कि गर्दन आगे बढ़ाकर लगाम की रस्सी मुँह में ले और वक़्त गुज़ारने के लिए उसे चबाता जाए, परन्तु वह बहुत दूर थी। उसने ठंडी साँस ली और आँखें बन्द कर लीं। उसका होंठ लटक गया, जिससे पीले दाँतों के ठूँठ नज़र आने लगे। छुरा तेज़ किया जा रहा था। वह उसी की लय में ऊँघने लगा। उसकी एक टाँग में बार-बार दर्द उठने लगा जिससे वह परेशान हो उठा। जख़्म के कारण टाँग पर सूजन हो रही थी। सहसा उसे महसूस हुआ जैसे किसी ने जबड़ा पकड़कर झटके से उसका सिर ऊपर उठाया है। उसने आँखें खोलीं। देखा, दो कुत्ते ऐन सामने खड़े थे। एक हवा सूँघ रहा था। हवा, खाल उतारनेवाले की ओर से बहकर आ रही थी। दूसरा ज़मीन पर बैठा बधिया की ओर देखे जा रहा था, मानो इससे कुछ मिलने की आशा हो। बधिया ने कुत्तों की तरफ़ देखा और उसी बाजू के साथ मुँह रगड़ने लगा जो उसे थामे हुए था।

"यह मेरा इलाज करने आए हैं," उसने सोचा, "ठीक है, करें।"

सचमुच उसे महसूस हुआ जैसे वे लोग उसके गले पर कुछ चला रहे हैं। सहसा एक तीखा सा दर्द उठा। वह चौंका, लातें पटकने लगा, फिर रुक गया और देखने लगा कि वे आगे क्या करते हैं। कोई गरम-गरम तरल सी चीज़ उसके गले और छाती पर बहने लगी। उसने गहरी साँस ली, इतनी गहरी कि उसके कूल्हे उभर आए, और उसी क्षण वह बेहतर महसूस करने लगा। उसके जीवन का सारा बोझ उस पर से मानो उतरने लगा। उसने आँखें बन्द कर लीं, और सिर को ढीला छोड़ दिया। सिर लुढ़क गया। किसी ने उसे पकड़कर ऊँचा नहीं किया। उसने गरदन ढीली छोड़ दी, उसकी टाँगें काँपने लगीं और सारा शरीर लड़खड़ाने लगा। वह इतना डर नहीं रहा था जितना कि हैरान हो रहा था। उसे लगा कि हर एक चीज़ बदल रही है। इसी हैरानी में उसने आगे छलाँग लगाने की कोशिश की, उछलने की कोशिश की, मगर उसकी टाँगें ऐंठने लगीं और वह एक ओर लुढ़क गया। अपने को खड़ा रखने की कोशिश में वह बाईं ओर लुढ़क गया। जब तक शरीर की ऐंठन समाप्त नहीं हो गई, खाल उतारनेवाला कुत्तों को परे हटाए रहा। फिर नज़दीक आकर उसने घोड़े को एक टाँग से पकड़ा और पीठ के बल लिटा दिया। फिर वास्का को उसे पकड़े रहने को कहा और स्वयं उसकी खाल खींचने लगा।

''एक ज़माने में यह अच्छा घोड़ा था,'' वास्का बोला।

''खाल भी अच्छी होती, अगर थोड़ा गोश्त-वोश्त इसमें और होता,'' खाल उतारनेवाला बोला।

शाम के समय ढलान चढ़ते हुए घोड़ों का झुंड घर लौटा। जो घोड़े बाएँ हाथ चल रहे थे उन्होंने देखा कि कोई लाल सा लोथड़ा ज़मीन पर पड़ा है। कुत्ते उस पर चढ़े हुए हैं, और ऊपर कौवे और चीलें मँडरा रही हैं। एक कुत्ते ने अपने दोनों पंजों से इसे पकड़ा हुआ है और दाँतों से इसे खींच रहा है। जब तक टुकड़ा कटकर अलग नहीं हो गया, और उसके दाँतों के नीचे से कटर-कटर की आवाज़ नहीं आने लगी, वह उसे झँझोड़ता ही रहा। कुम्मैती घोड़ी हठात् खड़ी हो गई और अपनी गर्दन आगे को बढ़ाए बड़ी देर तक हवा को सूँघती रही। बड़ी मुश्किल से उसे वहाँ से खींचकर ले जा पाए।

जो खड्ड पुराने जंगल को काटता हुआ सा जा रहा है, वहाँ सुबह के वक़्त घनी झाड़ी के नीचे कुछेक भेड़िए के पिल्ले चिहुँक रहे थे। कुल पाँच पिल्ले थे, जिनमें से चार का क़द-बुत तो एक जैसा था, मगर पाँचवाँ क़द में छोटा था, पर उसका सिर धड़ से बड़ा था। एक कृश-काय मादा भेड़िया झाड़ी में से निकली और अपने फूले हुए पेट को घसीटती आई और अपने पिल्लों के सामने बैठ गई। उसके थन लगभग ज़मीन को छू रहे थे। पिल्ले एक चन्द्राकार में खड़े थे। वह अपने सबसे छोटे पिल्ले के पास गई, अगली टाँगें झुकाईं, सिर नीचा किया, जबड़े खोले, अपने पेट को कुछ देर तक ज़ोर से हिलाया,

और घोड़े के मांस का बड़ा सा टुकड़ा मुँह में से बाहर निकाला। बड़े पिल्ले उसकी ओर झपटे, मगर माँ ने उन्हें परे हटा दिया और सारा का सारा टुकड़ा छोटे पिल्ले को दे दिया। छोटा ग़ुर्राया, मानो क्रुद्ध हो उठा हो, टुकड़े पर झपटा और उसे दोनों पंजों में दबा, दाँतों से काटने लगा। इसी तरह माँ ने एक दूसरा टुकड़ा फेंका, फिर तीसरा, और इसी तरह फेंकती रही जब तक कि पाँचों के पाँचों को भोजन नहीं मिल गया। उसके बाद वह उनके पास लेटकर सुस्ताने लगी।

एक सप्ताह के अन्दर ही अन्दर ईंटों के ओसारे के पिछवाड़े में पड़ी लाश का कुछ भी नहीं बचा, सिवाय बड़ी सी खोपड़ी और जाँघों की हड्डियों के। बाक़ी सब ग़ायब हो गया था। एक किसान दूसरे साल गरमियों में हड्डियाँ बटोर रहा था। खोपड़ी और जाँघ की हड्डियों को देखा तो उठाकर ले गया और अपनी ज़रूरत के मुताबिक़ उन्हें काम में लाया।

परन्तु सेर्पुख़ोव्स्कोई का मृत शरीर बहुत दिनों के बाद धरती को सौंपा गया। सेर्पुख़ोव्स्कोई शराब और स्वादिष्ट भोजन से पेट ठूँसता रहा था। लेकिन उसकी चमड़ी, मांस और हड्डियों से किसी को कोई लाभ नहीं पहुँचा। बीस साल तक उसकी चलती-फिरती, 'ज़िन्दा लाश' धरती का बोझ बनी रही थी। उसका दफ़नाना भी उन लोगों के लिए परेशानी का कारण बना जिन पर यह काम आ पड़ा था। वह किसी के काम न आ सका। लेकिन उन 'जिन्दा लाशों' ने जो दूसरी लाशों को दफ़नाते हैं इसकी मोटी, सड़ती, भद्दी और बदबूदार देह को बढ़िया वर्दी और चमचमाते बूट पहनाना ज़रूरी समझा। एक शानदार, नए ताबूत में उसे लिटाया गया। ताबूत के चारों ओर फुँदने लटक रहे थे। इस नए ताबूत को एक दूसरे, सीसे के ताबूत में रखा गया और मास्को ले जाकर उसी स्थान पर दफ़नाया गया जहाँ इससे पहले कई इंसानों की हड्डियाँ दबी पड़ी थीं।

सुखी दम्पती

पहला भाग

1

शरद् ऋतु में माँ चल बसीं और हम अकेली रह गईं। कात्या, सोन्या और मैं सोग मना रही थीं। हमने सर्दी का सारा मौसम अकेले ही अपने गाँव में बिता दिया।

कात्या हमारी अध्यापिका थी, और हमारे परिवार की पुरानी मित्र भी। उसी की देख-रेख में हम पलकर बड़ी हुई थीं। बचपन से ही मैं उसे याद करती और प्रेम करती आ रही हूँ। सोन्या मेरी छोटी बहन थी। पोक्रोव्स्कोये के उस पुराने घर में सर्दी के वे नीरस दिन काटे न कटते, सारा वातावरण बड़ा उदास और विषादमय लगता। कड़ाके की सर्दी में हवा निरन्तर चलती रहती थी। बर्फ़ के ढेर खिड़कियों से भी ऊपर उठ आते। लगभग सारा वक़्त खिड़कियों पर पाले की परत जमी रहती। सर्दी का सारा मौसम हम घर से बाहर नहीं निकलीं, और न किसी से मिलने ही गईं। विरले ही कोई हमसे मिलने आया होगा, और जो आया भी तो उससे हमें कोई खुशी नहीं हुई। जो कोई भी आता, मुँह लटकाए हुए, और फुसफुसाकर ऐसे बातें करता मानो डर रहा हो कि उसकी आवाज़ सुनकर कोई जग न जाए। किसी के मुँह पर हँसी न होती, जो भी आता, ठंडी उसासें भरता हुआ, और अक्सर मुझे देखकर या काले फ्रॉक में मेरी छोटी बहन सोन्या को देखकर आँसू बहाने लगता। मौत ने अभी घर का दामन नहीं छोड़ा था। ऐसा जान पड़ता जैसे वातावरण में शोक छाया हो और प्रेत डोल रहे हों। माँ का कमरा ठंडा और सूना पड़ा था। जब मैं सोने के लिए अपने कमरे की ओर आती तो यह कमरा बड़ा भयानक लगता और महसूस होता कि मुझे निगलने के लिए अपनी ओर खींच रहा हो।

मेरी आयु उस समय सत्रह वर्ष की थी। मृत्यु से पहले माँ का इरादा शहर चले जाने का था जहाँ वह सोसाइटी में मेरा परिचय कराना चाहती थीं। माँ की मृत्यु से मैं अत्यन्त दुःखी हुई, पर साथ ही साथ इस शोक की तह में मुझे रह-रहकर अपनी युवावस्था का ध्यान आ जाता। लोग कहते थे कि मैं सुन्दर हूँ, और यहाँ इस देहात के एकाकीपन में, एक और सर्दी का मौसम बरबाद कर रही हूँ। इस अकेले, नीरस जीवन के कारण मैं इतनी उदास रहने लगी थी कि सर्दी का अन्त होते-होते मैंने कमरे के बाहर निकलना छोड़ दिया। मेरा पियानो बन्द पड़ा रहता, और मैं कोई किताब तक

उठाकर न पढ़ती। कात्या ने मुझे समझाने की कोशिश की कि मुझे किसी न किसी काम में अपने को लगाए रखना चाहिए, पर मैंने कह दिया कि मेरा काम में जी नहीं लगता और न ही मैं कुछ कर सकती हूँ। पर दिल ही दिल में मैं अपने से सवाल करती : "मैं क्यों कुछ करूँ ? मेरी जवानी तो बर्बाद हो रही है, मैं किसलिए करूँ ? क्यों करूँ ?" और मेरी आँखों से झर-झर आँसू बहने लगते।

लोग कहते मेरा चेहरा मुरझा गया है, मैं सूखकर काँटा हो गई हूँ, पर मुझे इससे भी कोई वास्ता न था। क्या फ़रक़ पड़ता है ? किसे परवाह है मेरी ? यों जान पड़ता जैसे मेरा सारा जीवन इसी दूरस्थ देहात में कट जाएगा, और सदा यही अवसाद छाया रहेगा जिसे दूर करने की न ही मुझमें ताक़त थी और न इच्छा। सर्दी के अन्तिम दिनों में कात्या मेरे स्वास्थ्य के बारे में चिन्तित हो उठी और उसने निश्चय कर लिया कि हर हालत में वह मुझे विदेश-भ्रमण कराने ले जाएगी। पर इसके लिए पैसे की ज़रूरत थी और हमें कुछ भी मालूम न था कि माँ की मृत्यु के बाद हमें विरासत में क्या मिला है। हर रोज़ हम अपने अभिभावक के इन्तज़ार में रहतीं जिन्हें आकर इन मामलों को निबटाना था।

वह कहीं मार्च के महीने में आया।

एक दिन जब मैं अनमनी और खोई-खोई अकारण ही घर के इर्द-गिर्द छाया की तरह डोल रही थी, तो कात्या दौड़ी आई और बोली :

"सेर्गेई मिख़ाइलोविच आ गया है। भगवान का लाख-लाख शुक्र है। उसने हमा[रे] बारे में पूछा है और कहा है कि वह आज खाने पर आएगा। माशा, अब यह विरक्[ति] छोड़ो। वह तुम्हारे बारे में क्या सोचेगा ? ध्यान है, उसे तुम सबसे कितना अधिक [...] था।

सेर्गेई मिख़ाइलोविच हमारा निकटतम पड़ोसी और मेरे स्वर्गीय पिता का मि[त्र] हालाँकि उम्र में वह उनसे बहुत छोटा था। उसके आने की मुझे बहुत खुशी हु[ई] अब हमारे जीवन-क्रम में भी कोई परिवर्तन होगा, हम इस गाँव से निकल सके[ंगे] अलावा, बचपन से ही मेरे मन में उसके प्रति आदर और प्रेम का भाव रहा [...] ने मुझे अपना मन ठीक करने को कहा, क्योंकि वह भली-भाँति जानती थी [...] मिख़ाइलोविच पर अपना प्रभाव किसी तरह भी बुरा नहीं पड़ने देना चाहूँ[गी ...] घर के सभी लोग, कात्या और सोन्या से लेकर छोटी से छोटी हैसियत के [...] तक उससे प्यार करते थे। सोन्या तो उसकी धर्म की बेटी थी। इसके [...] में उसके लिए एक विशेष प्रकार की श्रद्धा का एक और कारण भी [...] बारे में बातें करते हुए, माँ के मुँह से एक वाक्य निकला था जो [...] था। माँ ने कहा था कि मैं तो उस जैसे आदमी के साथ अपनी [...] चाहूँगी। उस वक़्त मैं हैरान रह गई, और मुझे बुरा भी लगा। [...] किया करती थी वह किसी और ही तरह का था। मेरे स्वप्नों [...] बदन का नाजुक युवक था। मैं अपने नायक की सुन्दरता [...]

चेहरा पीला और उदास सा हो। सेर्गेई मिख़ाइलोविच तो युवावस्था की सीमा पार कर चुका था। वह क़द में ऊँचा, और भारी डील-डौल का गँठीला व्यक्ति था। उसके चेहरे पर सदैव मुस्कुराहट खेला करती। पर ऐसा होते हुए भी माँ की बात मेरे दिल में बैठ गई थी। छः साल पहले की बात है जब मैं ग्यारह वर्ष की थी, तब सेर्गेई मिख़ाइलोविच मेरे साथ खेला करता था। वह मुझे 'तू' और 'फूल-कली' कहकर पुकारता। उस समय तो मैं कई बार यह सोचकर सहम जाती कि यदि इसने मेरे सामने शादी का प्रस्ताव रख दिया तब क्या करूँगी ?

सेर्गेई मिख़ाइलोविच भोजन के समय से पहले पहुँच गया। कात्या ने भोजन में और चीज़ों के साथ पालक का साग और बर्फ़ में जमाया हुआ केक भी तैयार करने को कहा। मैंने खिड़की से देखा कि वह आ रहा है। वह एक छोटी सी स्लेज-गाड़ी में बैठा था। पर ज्यों ही गाड़ी मोड़ मुड़कर घर के सामने आई तो मैं भागकर बैठक में चली गई, यह दिखाने के लिए कि मुझे उसके आने का कुछ भी ज्ञान नहीं। पर जब बाहर की ड्योढ़ी
उसके क़दमों और हँस-हँसकर बोलने की आवाज़ सुनाई दी, और कात्या भागी हुई
लने गई, तो मैं भी पीछे न रह सकी, और भागकर ड्योढ़ी में जा पहुँची। वह कात्या
पकड़े अत्यन्त प्रसन्नतापूर्ण स्वर में हँस-हँसकर बातें कर रहा था। मुझे देखते
गया, और बड़ी देर तक सीधे खड़ा मेरी ओर देखता रहा, झुका तक नहीं।
ऐसा महसूस हुआ जैसे शर्म के मारे गालों में सुर्खी दौड़ गई हो।

म हो ?" दोनों बाँहें फैलाए, मेरी ओर आते हुए, वह स्पष्ट, ऊँची
तो बिल्कुल बदल गई हो ! कितनी बड़ी हो गई हो तुम ! मेरी
गई है !"

अपने हाथ में लिया और सद्भावना से उसे ज़ोर से दबाया
याल था कि क़ायदे के मुताबिक़ वह मेरा हाथ चूमेगा,
झुकी भी, पर उसने फिर मेरा हाथ दबाया, और
मिली।

था, इतने दिनों में उसमें बड़ी तब्दीली आ
ना था और उसका चेहरा साँवला पड़
ल्कुल अच्छी नहीं लगती थीं। उसके
ख पर पहले ही जैसा निश्छल
की तेज़ चमक थी। होंठों
का परिचय देती थी।
दम सबसे, यहाँ तक
गे उससे मिलकर

देहावसान के बाद
लटकाकर बैठना और

रोना ही उनका काम है। इसके विपरीत वह खुशी-खुशी बातें कर रहा था। माँ से हमारे विछोह के बारे में उसने एक शब्द भी नहीं कहा। पहले पहल तो उसकी यह उपेक्षा मुझे अजीब और कुछ अशिष्ट सी लगी, क्योंकि हमारे परिवार का वह गहरा मित्र था। पर फिर मैं समझ गई कि यह उसकी उपेक्षा नहीं, बल्कि छलरहित सरलता है। उसके ऐसे व्यवहार के प्रति मेरे हृदय में कृतज्ञता के भाव उमड़ आए। शाम की चाय हमने बैठक में पी। कात्या उसी अन्दाज़ में चाय उँडेलकर दे रही थी जैसे वह प्रायः माँ के सामने दिया करती थी। सोन्या और मैं उसके साथ बैठी थीं। बूढ़ा ग्रिगोरी, सेर्गेई मिख़ाइलोविच के लिए मेरे पिता का पाइप कहीं से ढूँढ़ लाया था और वह उसे उसी तरह कमरे में घूम-घूमकर पीने लगा था जैसे कि पहले किया करता था।

"इस घर पर एक के बाद एक कैसी विपत्तियों का फेर होता रहा है," उसने थोड़ी देर रुककर कहा।

"हाँ," कात्या ने ठंडी साँस ली, और समावार को ढकते हुए उसकी ओर देखा। कात्या की आँखों में आँसू आ गए।

"तुम्हें तो अपने पिता याद होंगे ?" उसने मुझसे पूछा।

"बहुत कम," मैंने स्वीकार किया।

"अगर वह इस समय तुम्हारे पास होते तो तुम कितनी खुश होतीं," मेरे माथे की ओर देखते हुए उसने धीमे स्वर में कहा, "मुझे तुम्हारे पिता से बहुत प्यार था," उसने और भी धीमी आवाज़ में कहा। उसकी आँखों में पहले से भी ज़्यादा चमक थी।

"और अब भगवान ने इनकी माँ को भी उठा लिया," कात्या ने रुँधी हुई आवाज़ में कहा, फिर चायदानी को नैप्किन से ढका और झट से अपना रूमाल निकालकर आँसू पोंछने लगी।

"ठीक है, विपत्तियों का फेर होता रहा है इस घर पर," उसने फिर कहा, और अपना सिर दूसरी ओर फेर लिया। "सोन्या, आओ तो, मुझे अपने खिलौने तो दिखाओ," कुछेक क्षण के बाद वह बोला और दीवानख़ाने में चला गया। मैंने कात्या की ओर देखा। मेरी भी आँखों में आँसू भर आए थे।

"मित्र हो तो ऐसा हो," कात्या ने कहा।

मेरे दिल में भी उसके प्रति स्निग्ध कृतज्ञता के भाव उमड़ आए। मैं सोचने लगी कि यह मेरा कोई सगा-सम्बन्धी नहीं है फिर भी हमारे लिए दुःखी हो रहा है। उसकी सहानुभूति और सद्भावना से प्रभावित हुए बिना मैं न रह सकी।

दीवानख़ाने से सेर्गेई मिखाइलोविच की आवाज़ आ रही थी। वह ज़ोर-ज़ोर से सोन्या के साथ बातें कर रहा था और उसके साथ खेल रहा था। सोन्या हँसी से लोट-पोट हो रही थी। मैंने उसके लिए चाय अन्दर ही भेज दी। फिर मैंने सुना, वह पियानो पर बैठा, सोन्या की छोटी-छोटी उँगलियाँ हाथ में पकड़े उससे पियानो के स्वर बजवा रहा था।

"मरीया अलेक्सान्द्रोव्ना !" उसने बुलाया, "आओ और पियानो पर कोई धुन

बजाकर हमें सुनाओ।''

मुझे उसका यों बुलाना और मित्रतापूर्ण आदेश अच्छा लगा। मैं उसके पास जा पहुँची।

''यह लो,'' उसने संगीत-पुस्तक में बीथोवन के सोनाटा Quasi Una Fantasia में Adagio का पन्ना खोलकर पियानो पर रखा और कहा, ''देखें तो तुम कैसा बजाती हो।'' और अपना चाय का गिलास उठाकर, पियानो से हटकर, कमरे के एक कोने में जा बैठा।

न मालूम क्यों, मैं इनकार न कर सकी। और न ही बजाने से पहले इतना कह ही सकी कि मैं पियानो अच्छा नहीं बजा सकती। उसे संगीत से केवल प्रेम ही न था बल्कि वह उसका अच्छा पारखी भी था। मुझे डर था कि कहीं वह आलोचना न करने लगे। फिर भी मैं बिना कुछ कहे पियानो पर जा बैठी और जैसा कुछ बन पड़ा बजाने लगी। चाय के समय जो स्मृतियाँ मस्तिष्क में उभर आई थीं, उन्हीं भावनाओं से प्रेरित होकर मैंने Adagio बजाया। अपनी समझ के मुताबिक़ तो मैंने अच्छी ही धुन बजाई थी। पर बाद में जब मैं Scherzo बजाने लगी तो उसने बीच में ही रोक दिया, ''नहीं, तुम यह नहीं बजा सकोगी,'' मेरी ओर आते हुए वह बोला, ''यह हम सब नहीं सुनेंगे। मगर पहली धुन बुरी नहीं थी। जान पड़ता है तुम्हें संगीत का ज्ञान है।'' सराहना के चन्द शब्द सुनकर मैं पुलकित हो उठी, और मेरी गालों पर लाली दौड़ गई। यह मेरे लिए एक नया अनुभव था। मुझे उसकी बातें भली लग रही थीं। सोचने लगी कि यह व्यक्ति पिता का मित्र रहा है फिर भी मेरे साथ गम्भीरता से बातें कर रहा है जैसे कि अब वह मुझे बच्चा नहीं समझता बल्कि बाक़ी समझदार और सयानी समझता है। कात्या, सोन्या को सुलाने के लिए ऊपर चली गई और हम दोनों दीवानखाने में अकेले रह गए।

वह मुझसे मेरे पिता के बारे में बातें करने लगा कि वह उनसे पहली बार कब मिला था और कितने अच्छे दिन उन्होंने एक दूसरे के साथ बिताए थे। वह उस ज़माने की चर्चा कर रहा था जब मैं गुड़ियों से खेला करती थी और छोटी-छोटी किताबें पढ़ा करती थी। उसी की बातें सुनकर मैं पहली बार अपने पिता को स्पष्टतया देख पाई कि वह कितने सरल स्वभाव और प्यारे व्यक्ति थे। अब तक मेरी कल्पना में उनकी तस्वीर उनके इस स्वरूप से बिल्कुल भिन्न थी। इसके बाद वह मुझसे पूछने लगा कि मैं अपना समय कैसे व्यतीत करती हूँ, क्या कुछ पढ़ती रहती हूँ, आगे क्या करना चाहती हूँ, और साथ ही मुझे परामर्श भी देता रहा। अब वह पहले सा खुश-मिज़ाज आदमी नहीं था, जो मुझे छेड़ा करता था और मेरे लिए खिलौने बनाया करता था। बल्कि एक गम्भीर, स्नेहपूर्ण और स्पष्टवादी व्यक्ति के रूप में मुझे नज़र आ रहा था। मेरे दिल में अपने आप उसके प्रति आदर भाव और स्नेह उत्पन्न होने लगा। उसके साथ बातें करना मुझे अच्छा लगता था, हालाँकि अब भी मैं अपने को दबी-दबी और घबराई हुई महसूस करती थी। मैं बड़े ध्यान से एक-एक शब्द सोच-सोचकर बोल रही थी, क्योंकि मैं जी-जान से उसका स्नेह

प्राप्त करना चाहती थी। अभी तक तो वह केवल मुझे इसलिए प्यार करता रहा था कि मेरे पिता उसके मित्र रहे थे।

सोन्या को सुलाने के बाद कात्या नीचे लौट आई, और उससे मेरे उदास रहने की चर्चा करने लगी। इसका जिक्र मैंने खुद उससे नहीं किया था।

''ओह, तो सबसे ज़रूरी बात के बारे में इसने कुछ कहा ही नहीं,'' मुस्कुराते हुए और भर्त्सना में सिर हिलाकर सेर्गेई मिख़ाइलोविच ने कहा।

''कहने को था ही क्या ?'' मैंने उत्तर दिया, ''यहाँ का जीवन बड़ा नीरस है, पर एक न एक दिन तो यह ऊब खत्म होगी ही।'' (उस समय मुझे ऐसा भास होने लगा जैसे मेरी उदासी कभी से ख़त्म हो चुकी है, जैसे मैं कभी उदास थी ही नहीं।)

''अकेले में न रह सकना एक कमज़ोरी है। क्या सचमुच तुम बिल्कुल ही साधारण सी लड़की हो ?''

''साधारण तो हूँ ही,'' मैंने हँसकर कहा।

''लाड़-प्यार की बिगड़ी लड़की हो शायद, जो प्रशंसा में तो चहकती है और अकेले में रहना पड़े तो उदास हो जाती है, और अपने जीवन को नीरस समझने लगती है। और जो भी बात करती है दिखाने के लिए, अपने लिए नहीं।''

''मेरे बारे में आपकी राय बहुत अच्छी जान पड़ती है,'' जवाब देने के लिए मुझे यही कुछ सूझ पाया।

''हाँ, है न,'' उसने झट से कहा। फिर थोड़ी देर चुप रहने के बाद बोला, ''अपने पिता के स्वभाव की कुछ न कुछ छाप है तुममें। क्यों न हो, आखिर उनकी बेटी ही ठहरीं।'' उसकी दयालु नज़रें मेरे चेहरे पर गड़ी थीं। मुझे कुछ ऐसा लगा कि मेरी तारीफ़ करके वह मुझे बढ़ावा दे रहा है। मेरा मन पुलक उठा पर संकोचवश मैं फिर सकपका गई।

उसी समय उसकी प्रसन्न मुद्रा में मुझे कुछ ऐसी विशेषता नज़र आई जो मैंने अन्य लोगों में नहीं देखी थी। पहले उसका चेहरा प्रसन्नता से चमक रहा था और उस पर सरलता की छाप थी। पर धीरे-धीरे उसका चेहरा अधिक गम्भीर और उदास पड़ने लगा।

''तुम्हें इस प्रकार ऊबना न चाहिए, ऊबने की कोई वजह भी तो नहीं है तुम्हारे पास। तुम संगीत जानती हो, तुम्हारे पास किताबें भी हैं, उनकी सहायता से अपनी पढ़ाई का सिलसिला जारी रख सकती हो। तुम्हारे सामने तो ज़िन्दगी का बहुत लम्बा सफ़र है, बस यही मौक़ा है कि तुम उसके लिए तैयारी कर लो ताकि बाद में किसी बात के लिए पछताना न पड़े। यदि एक साल यों ही बीत गया तो फिर कुछ भी हाथ न आएगा।''

उसका परामर्श एक पिता या चाचा के परामर्श का सा था, लेकिन उसके लहजे से ऐसा जान पड़ता था जैसे यह दिखाने की कोशिश कर रहा हो कि मेरा हम-उम्र है। मुझे मन ही मन बुरा लगा कि यह मुझे छोटी समझता है, और मेरे साथ छोटों की तरह बातें करता है, पर साथ ही यह जानकर भला भी लगा कि वह केवल मेरी ही ख़ातिर

मेरे बराबर दिखने की कोशिश कर रहा है।

इसके बाद सारा वक़्त वह कात्या के साथ ज़मीन-जायदाद के मामलों पर बातें करता रहा।

"अच्छा तो मैं चला," उसने उठते हुए कहा। वह मेरी ओर आया और मेरा हाथ अपने हाथ में लिया।

"फिर कब मुलाक़ात होगी ?" कात्या ने पूछा।

"वसन्त में," वह मेरा हाथ अब भी पकड़े हुए था। "अभी तो मैं दनीलोव्का जा रहा हूँ," (यह हमारा दूसरा गाँव था) "वहाँ के हालात देखूँगा और जो कुछ मुझसे बन पड़ा ठीक करूँगा, फिर अपने काम से मास्को जाऊँगा। पर इन गर्मियों में हम बहुत बार एक दूसरे से मिलते रहेंगे।"

"आप इतनी देर के लिए क्यों जा रहे हैं ?" मैंने पूछा। मैं उदास हो उठी। मुझे आशा थी कि मैं अब उससे रोज़ मिला करूँगी। यह जानकर मुझे खेद हुआ और डर लगने लगा कि मैं फिर से उदास रहने लगूँगी। यह बात ज़रूर मेरे लहजे और आँखों से ज़ाहिर हो गई होगी।

"अपने को काम में लगाए रखना और बहकी-बहकी न घूमना," उसने कहा। मुझे लगा कि उसका लहजा बड़ा उपेक्षापूर्ण और औपचारिक था। "वसन्त से मैं तुम्हारा इम्तहान लूँगा," उसने बिना मेरी ओर देखे कहा और मेरा हाथ छोड़ दिया।

बाहर की ड्योढ़ी से जिस समय हम उसे विदा कर रहे थे, तो वह जल्दी-जल्दी अपना कोट पहन रहा था। उस वक़्त भी उसने मेरी ओर आँख उठाकर नहीं देखा। "इतनी ज़्यादा चेष्टा करने की क्या ज़रूरत है ?" मैंने मन ही मन कहा, "क्या यह समझता है कि जब यह मेरी ओर देखता है तो मैं फूली नहीं समाती ? मान लिया अच्छा आदमी है, बहुत अच्छा आदमी है, पर इससे ज़्यादा और कुछ नहीं।"

उस रात, कात्या और मैं बड़ी देर तक सो नहीं पाईं। हम बातें करती रहीं, उसके बारे में नहीं, बल्कि इस बारे में कि हम अगली गर्मियाँ और फिर अगली सर्दियाँ कैसे गुज़ारेंगी। यह भयानक प्रश्न 'किसलिए' जो मुझे तंग किए रहता था अब मुझे परेशान नहीं कर रहा था। मुझे अब यह स्वतः सिद्ध जान पड़ने लगा था कि सुखी रहने के लिए सक्रिय होना ज़रूरी है। भविष्य से मुझे बड़े सुख की आशा होने लगी थी। मुझे यों जान पड़ने लगा जैसे पोक्रोव्स्कोये का हमारा वह उदास और अँधियारा घर जीवन और आलोक से उद्‌दीप्त हो उठा है।

2

वसन्त आया। मेरे मन पर गहराए दुख का जाल छँट चुका था। अब उसके स्थान पर धूमिल आशाओं की रेखा कौंध जाती और उमंगों से भरे वे सपने फेरा देने लगे थे जो

प्रायः वसन्त आते ही आने लगते हैं। मेरा जीवन-क्रम भी अब वैसा न था जैसा कि सर्दियों के शुरू में रहा था, बल्कि अब मैं सोन्या के साथ, तथा संगीत और स्वाध्याय में लगी रहती थी। अक्सर मैं बाग़ में निकल जाती, और घंटों क्यारियों में घूमती रहती, या अकेली किसी बेंच पर जा बैठती और सोचती रहती। मैं स्वयं नहीं जानती थी कि मैं क्या चाहती हूँ। अक्सर जब बाहर चाँदनी छिटकी होती तो मैं खिड़की के सहारे बैठी विचारों में खोई-खोई सारी रात काट देती। कई बार मैं कात्या से छिपकर बिना कोट पहने बाग़ में खिसक जाती और ओस से भीगी घास पर दौड़ती हुई सीधी ताल पर जा पहुँचती। एक बार तो मैं बाहर खेतों तक चली गई। और एक बार आधी रात के वक़्त मैं बाग़ के एक छोर से दूसरे छोर तक चलती चली गई।

उन दिनों जिन स्वप्नों की दुनिया में मैं खोई रहती थी वे याद भी नहीं आते कि कैसे थे और अब यह समझ पाना भी कठिन है कि उनके पीछे कौन सी भावना काम कर रही थी। जब कभी याद भी आते हैं तो मुझे विश्वास नहीं होता कि वे मेरे ही स्वप्न थे। कितने विचित्र थे वे सपने जिनका जीवन के साथ कोई सम्बन्ध ही न था।

मई के अन्त में, अपने वचन के अनुसार सेर्गेई मिख़ाइलोविच अपने दौरे से लौटकर आ गया।

एक रोज़ शाम को अचानक ही वह हमसे मिलने आ गया। हम सब अचम्भे में पड़ गए क्योंकि हमें तनिक भी उसके आने का ख़याल नहीं था। हम बरामदे में बैठी थीं और चाय पीने लगी थीं। बाग़ में हरियाली थी, पेड़ों की डाली-डाली पत्तों से लदी थी। बुलबुलें उन झाड़ियों में जा छिपी थीं जिनको काँट-छाँटकर साफ़ नहीं किया गया था। वे प्रायः गर्मी का मौसम इन्हीं झाड़ियों में बिताती थीं। कहीं-कहीं लिलैक की झाड़ियों पर फूटती कलियों का श्वेत और बैंगनी रंग छिटका हुआ था। शाम की रोशनी में बर्च वृक्ष के पत्ते पारदर्शी जान पड़ते थे। बरामदे में ताज़गी और ठंडक का भास होता था। ऐसा महसूस हो रहा था कि थोड़ी देर बाद घास पर गहरी ओस पड़ने लगेगी। बाग़ के उस पार मैदान में दिन का काम खत्म हो रहा था और वहाँ काम के बाद लोगों के विदा होने के बोल सुनाई दे रहे थे। घरों को लौटते ढोर डकार रहे थे। पागल नीकोन, घर के सामने, छकड़े पर पानी का कनस्तर रखे चला जा रहा था। वह गुलदाऊदी के पौधे सींच रहा था, हज़ारा लगी बाल्टी से ठंडे जल की फुहार उथली ज़मीन पर गिरती और पौधों के डंठलों तथा उनको सहारा देनेवाले डंडों के इर्द-गिर्द की मिट्टी तर करती हुई काले वृत्त बना रही थी। बरामदे में रखी मेज़ पर, जहाँ हम बैठे थे, बर्फ़ सी सफ़ेद चादर बिछी थी। उस पर एक चमकती समावार रखी थी जिसे हाल ही में पॉलिश किया गया था। उसमें से भाप निकल रही थी। साथ ही प्लेटों में बिस्कुट और एक जग में क्रीम रखी थी। कात्या के गोल-मटोल हाथ बड़ी चुस्ती से प्याले साफ़ कर रहे थे। मैं अभी नहाकर आई थी। मुझे इस समय ज़ोरों की भूख लगी थी, इसलिए बिना चाय का इन्तज़ार किए मैंने डबलरोटी के टुकड़े क्रीम में भिगो-भिगोकर खाना शुरू कर दिया। मैं कोरी लिनन का, खुली आस्तीनोंवाला ब्लाउज पहने थी, और अपने भीगे बालों पर मैंने एक रूमाल बाँध रखा

था। सेर्गेई मिख़ाइलोविच पर सबसे पहले कात्या की नज़र पड़ी।

"सेर्गेई मिख़ाइलोविच !" वह चिल्ला उठी, "हम अभी-अभी आप ही की बातें कर रही थीं।"

मैं उठ खड़ी हुई और कपड़े बदलने के लिए अन्दर जाने लगी, मगर उसने मुझे दहलीज़ पर ही रोक लिया।

"देहात में इस सब आडम्बर की क्या ज़रूरत है ?" उसने मुस्कुराते हुए कहा और रूमाल से बँधे मेरे भींगे बालों की ओर देखने लगा। "तुम्हें बूढ़े ग्रिगोरी के सामने तो यों बैठते शरम नहीं आती। और तुम्हारी नज़रों में मैं भी तो उसी जैसा हूँ।" पर जिस अन्दाज़ में वह मेरी ओर देख रहा था उस अन्दाज़ से ग्रिगोरी ने मुझे कभी नहीं देखा था। मैं लजा गई।

"मैं एक मिनट में आई," कहकर मैं भाग गई।

"इस ब्लाउज़ में क्या ख़राबी है ?" उसने पीछे से कहा, "इसमें तुम एक देहातिन नज़र आती हो।"

"कितनी अजीब नज़र से वह मुझे देख रहा था," ऊपर कपड़े बदलते हुए मैं सोचने लगी, "पर भगवान का शुक्र है जो वह आ गया है, अब वक़्त इतना कठिन नहीं होगा।" शीशे में एक झलक अपना चेहरा देखने के बाद मैं खुशी-खुशी सीढ़ियाँ उतरने लगी। उतरते समय मेरा दम फूलने लगा था, पर बिना अपनी आतुरता छिपाने की कोशिश किए मैं बरामदे में जा पहुँची। वह मेज़ पर बैठा, कात्या को हमारे ज़मीन-जायदाद के मामलों के बारे में कुछ बता रहा था। उसने मेरी ओर देखा, मुस्कुराया और फिर बातें करने लगा। उसका खयाल था कि हम ख़ुशहाल हैं। हमें केवल उसी साल देहात में गर्मियाँ बितानी पड़ेंगी, फिर हम सोन्या की पढ़ाई के लिए सेंट पीटर्सबर्ग या विदेश जा सकती हैं।

"और आप हमारे साथ विदेश-भ्रमण के लिए चलें तो कितना अच्छा हो," कात्या ने कहा, "आपके बिना हमारी हालत जंगल में भटकते लावारिस बच्चों की सी होगी।"

"तुम्हारे साथ तो मैं दुनिया-भर का चक्कर काटने को तैयार हूँ," कुछ गम्भीरता से और कुछ-कुछ मज़ाक़ में उसने कहा।

"तो ज़रूर हमारे साथ दुनिया का चक्कर लगाने को चलिए," मैं बोली।

वह मुस्कुराया और सिर हिला दिया।

"तो पीछे मेरी माँ और मेरे काम-धाम की देख-रेख कौन करेगा ?" उसने कहा, "पर यह दूर की बात है। अच्छा तुम सुनाओ, तुम कैसी रहीं ? पहले की तरह मुँह बाए तो नहीं घूमती थीं ?"

मैंने बताया कि उसके जाने के बाद मैं उदास नहीं रही, और अपने को काम में व्यस्त रखा था। मेरे कथन की पुष्टि कात्या ने भी की थी। यह जानकर उसे प्रसन्नता हुई थी और मेरी प्रशंसा करने लगा। उसकी आँखों में और उसके हर शब्द में आर्द्रता भर आई। ऐसा प्रतीत होता कि मेरे प्रति सहानुभूति रखना वह अपना विशेष अधिकार

समझता है। मेरे भी जी में आया कि उसके सामने दिल के भले-बुरे सभी विचार स्पष्ट कह दूँ। हो सकता है कि मेरे किसी ग़लत विचार से उसे मतभेद हो और वह नाराज़ भी हो जाए। पर मैं अपने बारे में उससे कोई बात छिपाना नहीं चाहती थी, साफ़-साफ़ सब कुछ उसी भाँति कह देना चाहती थी जैसे कि किसी पादरी के सामने ईमानदारी से अपने गुनाह क़बूल किए जाते हैं। मौसम बड़ा सुहावना था। चाय का सामान उठा दिए जाने के बाद भी हम बरामदे ही में बैठे रहे। वार्तालाप इतना रोचक चल रहा था कि मुझे कुछ मालूम न हुआ कि कैसे धीरे-धीरे घर और बाहर के मैदान में आवाज़ें आनी बन्द हो गईं। फूलों की सुगन्ध गमक उठी। घास ओस से तर थी। लिलैक की झाड़ी में एक बुलबुल गाने लगी, मगर हमारी आवाज़ सुनकर चुप हो गई। तारों-भरा आकाश, यो जान पड़ता, जैसे और नीचे उतर आया हो।

मुझे अँधेरा होने की ख़बर ही तब हुई जब एक चमगादड़ चुपचाप उड़ता हुआ आया और मेरे सिर पर बँधे सफ़ेद रूमाल पर फड़फड़ाने लगा। मैं हटकर दीवार के साथ लग गई। मेरी चीख निकलने लगी थी। पर चमगादड़ जैसे ही चुपचाप आया था, वैसे ही चुपचाप और जल्दी-जल्दी उड़ गया, और बाहर बाग़ के अँधेरे में खो गया।

"मुझे तुम्हारा यह पक्रोव्स्कोये गाँव बहुत अच्छा लगता है," वार्तालाप का ताँता टूटने पर एक बार सेर्गेई मिख़ाइलोविच कहने लगा, "जी चाहता है सारा जीवन तुम्हारे इसी बरामदे में बैठकर गुज़ार दूँ।"

"तो ज़रूर गुज़ार दो," कात्या बोली।

"कितना ही अच्छा हो। पर जीवन की गति नहीं थमती, न ही जीवन इन्तज़ार करता है।"

"तुम शादी क्यों नहीं कर लेते ? तुम जैसा पति जिसे भी मिलेगा वह तो अपना भाग्य सराहेगी," कात्या ने कहा।

"क्योंकि मुझे बैठे रहने में ही मज़ा आता है ?" वह हँसकर बोला, "नहीं कातेरीना कार्लोव्ना, मैं और तुम शादी की उम्र पार कर चुके हैं। मुद्दत से अब मैं तो शादी का उम्मीदवार भी नज़र नहीं आता। मैंने भी अब इस तथ्य को समझ लिया है, और मेरा दिल अब शान्त रहने लगा है। सच कहता हूँ, मन पर से बोझ हट गया है।"

मुझे ऐसा जान पड़ा जैसे उसकी आवाज़ में अस्वाभाविक सी प्रफुल्लता थी।

"खूब कहा तुमने। छत्तीसवाँ साल पार नहीं किया और अभी से शादी की उम्र ख़त्म हो गई," कात्या बोली।

"सचमुच खत्म हो गई है," उसने स्वीकार किया, "मैं तो केवल बैठे रहना चाहता हूँ। और बैठे रहने से भी कभी शादी हुई है ? शादी की चर्चा तो तुम्हें इससे करनी चाहिए," उसने मेरी ओर सिर हिलाते हुए कहा। "शादियाँ तो इन लोगों को अब करनी है। हम-तुम तो अब इन्हीं को देख-देखकर खुश होंगे।"

मुझे उसकी आवाज़ में उदासी और खिन्नता का भास हुआ। कुछ देर तक वह मौन बैठा रहा। न कात्या बोली और न ही मैंने कुछ कहा।

"ज़रा सोचो तो," कुर्सी पर एक ओर मुड़कर टेक लगाते हुए वह कहने लगा, "अगर मैं एक सत्रह साल की लड़की से शादी कर लूँ, जैसे यहाँ माशा है--मेरा मतलब है मरीया अलेक्सान्द्रोव्ना--तो कैसा हो ? कैसी ठीक मिसाल मैंने दी है, वाह ! कैसी बढ़िया मिसाल मुझे सूझ गई है...इससे अच्छा उदाहरण और क्या होगा ?"

मैं हँसने लगी। मेरी समझ में यह नहीं आया कि इसमें कौन सी अनोखी सूझ थी, जिसके लिए उसे प्रसन्नता हुई थी।

"भगवान का नाम लेकर सच-सच बताओ," उसने मज़ाक करते हुए कहा, "अगर तुम्हारी शादी किसी अधेड़ उम्र के आदमी से कर दी जाए, जो अपनी ज़िन्दगी का काफ़ी हिस्सा पार कर चुका हो, और अब केवल बैठे रहना चाहता हो, जबकि तुम्हारा नन्हा सा दिल हर तरह की उमंगों और आशाओं से भरा हो, तो बोलो, यह तुम्हारा दुर्भाग्य होगा या नहीं ?"

मैं सकपका गई। कुछ सूझ न पड़ा कि क्या जवाब दूँ।

"यह भत समझो कि मैं तुम्हारे सामने शादी का प्रस्ताव रख रहा हूँ," उसने हँसते हुए कहा, "पर मैं जानता हूँ कि जब तुम अकेली शाम के वक़्त बाग़ में घूमती हो और अपने भावी पति के स्वप्न देखती हो, तो निश्चय ही, तुम्हारी कल्पना में पति का रूप मेरे जैसा नहीं होता होगा। क्यों, ठीक है न ? मुझ जैसा पति तो तुम्हारे लिए अभिशाप ही होगा, क्यों ?"

"अभिशाप तो नहीं..." मैं कहने लगी।

"पर अच्छा भी नहीं होगा," उसने मेरा वाक्य समाप्त करते हुए कहा।

"नहीं, पर शायद मुझसे भूल..."

"देखा ?" वह फिर बीच में बोल उठा, "यह बिल्कुल ठीक कहती है, इस स्पष्टवादिता के लिए धन्यवाद। और इस वार्तालाप के लिए भी। मेरे लिए भी यह एक बहुत बड़ा अभिशाप होगा।"

"कैसे विचित्र आदमी हो--पहले भी तुम ऐसी ही बातें किया करते थे," कात्या ने कहा और उठकर भोजन का प्रबन्ध करने चली गई।

कात्या के चले जाने के बाद हम दोनों चुप हो गए। चारों ओर निस्तब्धता छाई थी। कहीं पर एक बुलबुल गाने लगी--सायंकाल का गाना नहीं जो कि उद्विग्न और अस्थिर होता है, किन्तु रात्रि-गान, जो स्थिर और शान्त होता है। सारा बाग़ इस आवाज़ से गूँज उठा। फिर किसी दूसरी बुलबुल के गाने की आवाज़ खड्ड की ओर से आने लगी, मानो वह इसका उत्तर दे रही हो। उस दिन शाम को पहली बार वहाँ से बुलबुल की आवाज़ आई थी। बाग़ की बुलबुल क्षण-भर के लिए चुप हो गई, मानो सुन रही हो, फिर उसके स्वर और भी तीव्र और ऊँचे हो उठे। उनका रात्रि-संसार उनके गौरवपूर्ण तथा सुस्थिर गीतों से मुखरित हो उठा। इस संसार से हम सर्वथा अनभिज्ञ थे। बाग़ का माली सोने के लिए पौधोंवाली कोठरी में चला गया। सड़क पर उसके भारी बूटों की आवाज़ धीरे-धीरे कम होती गई। दो बार पहाड़ की तलहटी पर से सीटी बजने की

तीखी आवाज़ आई, फिर चारों ओर निस्तब्धता छा गई। पत्तों में हल्की-हल्की सरसराहट उठी, और हवा का एक झोंका, खुशबू से मह-मह करता हमारी तरफ़ आया जिससे बरामदे पर तना किरमिच का छप्पर धीरे से हिल उठा। इस वार्ता के बाद चुपचाप बैठने में मुझे झेंप लगने लगी। पर मेरी समझ में न आ रहा था कि मैं क्या कहूँ। मैंने उसकी ओर देखा। उस झुटपुटे में उसकी चमकती हुई आँखें, मुझे एकटक देखे जा रही थीं।

"जीवन भी एक वरदान है !" उसने कहा।

यों ही मैंने ठंडी साँस ली।

"क्या है ?" उसने पूछा।

"ठीक है, जीवन सचमुच एक वरदान है !" मैंने दोहराया।

हम फिर चुप हो गए। मुझे फिर झेंप लगने लगी। मैं सोचने लगी कि शायद मैंने इस बात की हामी भरके कि वह बड़ी उम्र का है, उसका दिल दुखाया है। मैं उसे धीरज बँधाना चाहती थी, पर समझ में न आ रहा था कि क्या कहूँ।

"अच्छा, तो मैं चलूँगा," उसने उठते हुए कहा, "माँ खाने पर मेरा इन्तज़ार कर रही हैं। आज तो मैं दिन-भर उनसे मिल ही नहीं पाया।"

"पर मैं तो पियानो पर आपको एक नया सोनाटा सुनाना चाहती थी," मैंने आपत्ति की।

"फिर किसी दिन सुनूँगा," उसके उत्तर में मुझे उपेक्षा का भास हुआ, "तो मैं चला।"

मुझे यक़ीन हो गया कि वह नाराज़ हो गया है। मुझे इसका बड़ा खेद हुआ। कात्या और मैं दोनों उसके साथ घर के बाहर तक गईं और जब वह गाड़ी पर बैठकर चला गया तो बड़ी देर तक उसे पीछे से देखती रहीं। जब घोड़ों के पाँवों की आवाज़ सुनाई देना बन्द हो गई तब मैं बरामदे में वापस लौट आई और फिर बैठकर बाग़ में देखने लगी। बाग़ में सफ़ेद धुन्ध छाई थी जो नमी और रात की ध्वनियों से बोझल हो रही थी। मैं बैठी-बैठी फिर स्वप्न में खो गई, और मुझे ऐसा लगा जैसे मेरा स्वप्न बिल्कुल सच्चा साबित हुआ है।

वह दूसरी बार मिलने आया, फिर तीसरी बार, और जो झेंप उस अनोखे वार्तालाप के कारण पैदा हुई थी वह बिल्कुल जाती रही। वह गर्मियों के मौसम भर, हमसे हफ़्ते में दो-तीन बार मिलने आता रहा। मैं उसके आने की इतनी अभ्यस्त हो गई कि यदि वह कुछ दिन न आता तो मेरा मन उदास हो उठता। मैं सोचती कि उसे यों मुझे भूल जाना शोभा नहीं देता, और मैं दिल ही दिल में उससे नाराज़ होने लगती। वह मेरे साथ इस तरह व्यवहार करता जैसे मैं उसकी छोटी, प्रिय सखी हूँ। वह मुझसे सवाल पूछता, मैं अपने दिल की बात पूरे विश्वास के साथ उससे कह देती। उसने मेरा विश्वास जीत लिया था। वह मुझे परामर्श देता, मुझे प्रोत्साहित करता, कभी-कभी डाँटता भी। मेरी कई एक इच्छाओं की भर्त्सना करता। मेरे साथ एक साथी का सा बर्ताव करने की कोशिश करता। फिर भी मुझे लगता जैसे वह किसी दूसरी दुनिया में रहता है जिसे मैं

नहीं जानती, और वह नहीं चाहता कि मैं उस दुनिया में क़दम रखूँ। इस कारण मैं उसके प्रति और भी ज़्यादा आकर्षित हुई और मैं दिल से उसका आदर करने लगी। मुझे कात्या और पड़ोसियों से पता चला था कि वह अपनी बूढ़ी माँ के साथ रहता है, और उसकी सेवा-सुश्रूषा करता है, अपनी ज़मीन-जायदाद का बन्दोबस्त करने के साथ-साथ हमारा अभिभावक भी बना है। इसके अलावा कुछेक सार्वजनिक मामले भी उसे परेशान किए रहते हैं। मैं उससे इन बातों के बारे में कुछ भी जानने में सफल नहीं हो पाई। वह क्या सोचता है, उसकी धारणाएँ क्या हैं, क्या इरादे और क्या आशाएँ हैं, मुझे कुछ मालूम न था। जब भी मैं वार्तालाप का रुख़ उसके मामलों की ओर मोड़ने की कोशिश करती तो वह अपने ही अन्दाज़ से भौंह सिकोड़ लेता, मानो कह रहा हो : "जाने दो, तुम्हें इन बातों से क्या !" और झट से किसी और बात की चर्चा करने लगता। पहले पहल तो मुझे बुरा लगा, पर धीरे-धीरे मैं केवल अपने ही बारे में उसके साथ बातें करने की अभ्यस्त हो गई, और मुझे यही स्वाभाविक जान पड़ने लगा।

एक और बात जो शुरू-शुरू में मुझे बुरी लगती थी, बाद में मुझे भली लगने लगी। वह उसकी मेरे रूप के प्रति निपट उदासीनता थी। व्यक्त रूप में उसकी यह भावना मेरे सौन्दर्य का तिरस्कार करती जान पड़ती। ऐसा कभी नहीं हुआ कि उसने आँख के इशारे से, या मुँह से दो शब्द कहकर ही मेरे रूप की सराहना की हो। इसके विपरीत जब भी उसके सामने कोई मेरे रूप की प्रशंसा करता, तो वह नाक चढ़ाकर हँसने लगता। बल्कि उसे मेरे चेहरे में दोष निकालकर मुझे चिढ़ाने में मज़ा आता था। कात्या बड़े शौक़ से मुझे, ख़ास मौक़ों पर, नए चलन के फ़्रॉक पहनाती, मेरे बाल सँवारती, लेकिन इस पर वह मेरा मज़ाक़ ही उड़ाया करता। इससे कात्या का मन खिन्न हो उठता, और शुरू-शुरू में मैं भी झेंप महसूस करती। कात्या को यक़ीन था कि वह मुझे चाहता है, पर उसे यह बात बड़ी हैरान करती कि जो आदमी एक लड़की से प्रेम करता हो वह क्यों उसे अच्छे से अच्छे रूप में देखना पसन्द न करे ? मैं स्वयं जल्दी ही इसका कारण समझ गई। वह अपने को यक़ीन दिलाना चाहता था कि मैं चंचल-स्वभाव की लड़की नहीं हूँ। ज्यों ही मैंने उसका भाव समझ लिया तो मेरी पोशाक, मेरे बाल काढ़ने के ढंग, तथा मेरी भाव-भंगिमा में से चुलबुलापन बिल्कुल ख़त्म हो गया। परन्तु सरलता के आवरण के नीचे से चंचलता झाँकने लगी—उस समय मेरे लिए सचमुच सरल होना असम्भव था। मैं जानती थी कि वह मुझसे प्यार करता है, परन्तु यह नहीं जानती थी कि मेरे किस रूप से—बालिका-रूप से अथवा युवती-रूप से। मेरे दिल में उसके प्यार का बड़ा मान था। मैं जानती थी कि वह मुझे संसार की सबसे उत्कृष्ट लड़की समझता है, और मैं चाहती थी कि उसका यह भ्रम बना रहे। अतः मैं अनिच्छा से ही इस भ्रम को दृढ़ करती जाती। पर उसे धोखा देने में मेरा सुधार हो रहा था। मुझे यह महसूस होने लगा कि उसके सामने अपना शारीरिक सौन्दर्य दिखाने का इतना लाभ नहीं जितना अपना मानसिक सौन्दर्य दिखाने का। मेरे शारीरिक रूप से तो वह पहले से परिचित था—मेरे बाल, मेरे हाथ, मेरी आकृति, मेरे उठने-बैठने का ढंग अच्छा था या बुरा, उसे

तो वह पहले से जानता था, और एक ही नज़र में उसका मूल्य भी आँक सकता था। अपनी किसी चेष्टा द्वारा मैं उसे धोखा देने की इच्छा के अतिरिक्त इस रूप का मूल्य बढ़ा नहीं सकती थी। परन्तु मेरी आत्मा से वह परिचित नहीं था, क्योंकि वह उससे प्रेम करता था, वह अभी पनप रही थी, विकास पा रही थी, और इसके बारे में मैं उसे भ्रम में रख सकती थी, और रख रही थी। यह समझते ही मेरी झेंप और झिझक जाती रही और मैं बड़े आराम से उसके साथ बैठने लगी। मैं समझती कि मैं जैसी कुछ हूँ वह मुझसे हर प्रकार से सन्तुष्ट है। इससे उसे कोई सरोकार नहीं कि मेरे बाल ऊँचे कढ़े हैं अथवा नीचे, मैं खड़ी हूँ अथवा बैठी, तथा उसकी दृष्टि पूरी-पूरी छवि पर पड़ रही है या आधी पर। मुझे तो वह मेरी हर छवि को समान भाव से देखता नज़र आता। मैं सोचती यदि वह एक दिन सहसा, अपनी आदत के ख़िलाफ़, और लोगों की तरह मुझे कहता कि तुम बड़ी सुन्दर हो तो मुझे तनिक भी खुशी न होती। पर जब कभी मेरी किसी टिप्पणी पर, वह मेरी ओर देखकर, बड़ी गम्भीरता से—पर साथ ही ठिठोली के से लहजे में—कहता कि "हाँ, मानना पड़ता है कि तुममें कुछ बात है, तुम ख़ासी अच्छी लड़की हो," तो मेरा दिल नाचने लगता, मैं पुलकित हो उठती।

वे कौन सी बातें थीं जिनके फलस्वरूप मुझे ये पुरस्कार प्राप्त होते और मेरा दिल बल्लियों उछलने लगता और मैं गर्व से फूली नहीं समाती ? वे थीं मेरी छोटी-छोटी टिप्पणियाँ। मैं कहती : बूढ़ा ग्रिगोरी अपनी पोती से बड़ा प्रेम करता है, उसे देखकर मेरा दिल भर उठता है; या अमुक कविता अथवा उपन्यास पढ़ते हुए मैं अपने आँसू नहीं रोक पाई; या शुल्होफ़ के संगीत से मुझे मोज़ार्ट का संगीत अधिक पसन्द है। मुझे सहज ही पता चल जाता कि कौन सी चीज़ अच्छी है तथा प्रेम करने योग्य है, हालाँकि मुझे अच्छे और बुरे का तनिक भी ज्ञान न था। अपना यह सहज ज्ञान मुझे स्वयं बड़ा विलक्षण लगता। सेर्गेई मिख़ाइलोविच को मेरी कई आदतें और रुचियाँ पसन्द नहीं थीं। इसके लिए केवल आँख के हल्के से इशारे से, या भौंह के हल्के से सिकुड़न मात्र से यह जता देना काफ़ी था कि मैं जो कहने जा रही हूँ वह उसे पसन्द नहीं, चेहरे पर हल्की सी खीझ या भर्त्सना का भाव लाना ही मेरे लिए काफ़ी था—और मेरे विचारों में फ़ौरन परिवर्तन हो जाता। जिस चीज़ को मैं सदा से पसन्द करती आ रही होती, मुझे ऐसा जान पड़ता कि वह मुझे कभी भी अच्छी नहीं लगती थी। कभी-कभी जब वह मुझे किसी बात पर परामर्श देने लगता तो मैं पहले ही बूझ लेती कि वह क्या कहेगा। मेरी ओर नज़र भरकर देखते हुए जब वह कुछ पूछता तो मेरे मुँह से वही बात निकलती जो वह चाहता था। उस समय मेरे विचार और मेरी भावनाएँ, मेरी अपनी ही नहीं थीं, सब उसी की थीं। ऐसा लगता जैसे अकस्मात् उन्होंने मेरे मन में प्रवेश कर लिया हो। पर उनके प्रवेश से मेरा जीवन उद्दीप्त हो उठा था। प्रत्येक वस्तु का रूप मेरी दृष्टि में बदल गया। कात्या, सोन्या, घर के नौकर-चाकर, स्वयं मैं भी, मेरे काम-धन्धे, सभी के प्रति मेरा दृष्टिकोण बदल गया। पहले मैं किताबें इसलिए पढ़ती थी कि समय न कटता था, अब वे मुझे अत्यन्त रोचक लगने लगी थीं। और सिर्फ़ इसलिए कि हम किताबों के बारे में बातें करते थे और एक

साथ बैठकर पढ़ा करते थे, और वह मेरे लिए नई-नई किताबें लाया करता था।

इससे पहले सोन्या को पढ़ाना मेरे लिए एक बड़ा फ़र्ज़ निभानेवाली बात थी। परन्तु एक रोज़ जब मैं उसकी उपस्थिति में सोन्या को पढ़ाने लगी तो मुझे सोन्या को उन्नति करते देख खुशी महसूस होने लगी। इससे पहले पियानो पर पूरा एक राग सीखना मुझे असम्भव जान पड़ता था, पर अब यह जानकर कि वह इसे सुनेगा और शायद मेरी प्रशंसा करेगा, मैं एक ही गत को चालीस-चालीस बार बजाती न थकती, यहाँ तक कि बेचारी कात्या अपने कानों में रुई ठूँस लेती। जो सोनाटा मैं पहले बजाया करती थी, उनका अब एक-एक अंश स्पष्ट होकर सामने आने लगता, और मैं बड़ी सुगमता से उन्हें बजा लेती। यहाँ तक कि मेरी नज़र में कात्या का भी रूप बदल गया, जिसे मैं जानती थी और जिसे मैं अपने से भी ज़्यादा प्यार करती थी। अब मेरी समझ में आया कि कात्या हमारी माँ, सहेली व दासी किसी विवशता के कारण नहीं बनी हुई थी। अब मुझे ज्ञात हुआ कि वह बड़ी निःस्वार्थ और स्नेहमयी महिला थी। और यह जानकर कि उसकी ममता के लिए मैं कितनी ऋणी हूँ, मेरा प्रेम उसके प्रति और भी गहरा हो उठता। उसी की शिक्षा के कारण मैं किसानों और गृहदासों, घर के नौकर-चाकरों तथा दासियों को एक भिन्न दृष्टि से देखा करती थी। यह बेशक हास्यास्पद जान पड़ेगा कि सत्रह साल की उम्र तक मैं जिन लोगों के बीच रहती चली आई थी, वे मेरे लिए अजनबी थे, वे उन लोगों से भी ज़्यादा अजनबी थे जिनके बारे में मैं पढ़ा करती थी। मैंने कभी सोचा नहीं था कि उनके दिल में भी उसी तरह प्रेम, कामनाएँ और अनुताप उठते होंगे जैसे मेरे दिल में। जिस बाग़, जिन खेतों और कुंजों को मैं बचपन से देखती आई थी, वे सहसा मुझे नए और सुन्दर लगने लगे। सेर्गेई मिख़ाइलोविच का यह कहना कि सच्चा सुख केवल दूसरों के लिए जीने में है, बिल्कुल ठीक था। मुझे यह कहना बड़ा विचित्र लगता था, और तब मैं इसका अर्थ समझ भी न पाई थी, पर न जानते हुए भी यह धारणा मेरे हृदय में जड़ पकड़ती जा रही थी। मेरी जीवन-चर्या में कोई भी परिवर्तन किए बिना, उसने मेरे सामने खुशियों का एक संसार रच दिया। किसी चीज़ में भी कोई परिवर्तन नहीं हुआ था। सब वैसी ही थीं, केवल उसका व्यक्तित्व उनके साथ जुड़ गया था। ये सब चीज़ें बचपन से मेरे इर्द-गिर्द खड़ी थीं, पर सब मूक थीं, ज्यों ही वह आया तो ये मुखरित हो उठीं और मेरी आत्मा में प्रवेश करने का आग्रह करने लगीं और उसे उल्लसित करने लगीं।

गर्मी के उन दिनों में मैं अक्सर अपने कमरे में जाकर बिस्तर पर लेट जाती। भविष्य के बारे में जिन आशाओं और उत्कंठाओं का ज्वार पहले उठा करता था, अब उनके स्थान पर मेरा मन केवल वर्तमान के सुख से उद्वेलित हो उठता। मैं सो न पाती थी। मैं उठकर कात्या के बिस्तर पर जा बैठती और उसे बताती कि मैं कितनी ख़ुश हूँ। अब सोचती हूँ कि उससे यह कहने की कोई जरूरत न थी, वह स्वयं सब कुछ देख रही थी। और वह मुझसे कहती कि उसे भी हर वांछित वस्तु प्राप्त है, वह भी बहुत सुखी है, और मुझे चूम लेती। मैं उसकी बात का विश्वास करती, मैं सोचती कि यही उचित और न्यायसंगत भी है कि सभी सुखी हों। पर कात्या को भी नींद आ जाती।

वह कभी-कभी गुस्सा भी दिखाती और मुझे अपने बिस्तर पर से उठ जाने को कहती ताकि वह सो पाए। मैं बड़ी देर तक एक-एक करके उन बातों को सोचती रहती जिनके कारण मैं खुश थी। कभी-कभी मैं उठ बैठती और दूसरी बार प्रार्थना करने लगती थी। मेरी प्रार्थना मेरे अपने ही शब्दों में हुआ करती, जो सुख मुझे प्राप्त थे उनके लिए भगवान को धन्यवाद देती थी।

कात्या की हल्की-हल्की साँस लेने की आवाज़ और उसके पास रखी घड़ी की टिक-टिक के अलावा हमारे कमरे में और कोई शब्द न होता, तो भी मुझे नींद न आती। मैं बार-बार करवटें लेती, धीमी-धीमी आवाज़ में प्रार्थना के शब्द बुदबुदाती, छाती पर क्रास का चिह्न बनाती, और अपने गले से लटकते क्रास को चूमती। दरवाज़े बन्द होते और खिड़कियों पर पर्दे लगे होते, कहीं किसी कोने में मच्छर या मक्खी भिनभिना रही होती। मेरा जी न चाहता कि मैं कमरे से कभी भी जाऊँ, या जल्दी सवेरा हो जाए, बस जी यही चाहता कि मेरे आसपास आध्यात्मिक एकान्त का यह वातावरण ज्यों का त्यों बना रहे। मेरी कल्पना में, मेरी सब कामनाएँ, मेरे विचार और प्रार्थनाएँ सजीव और साकार हो उठतीं, और यों जान पड़ता जैसे कि अँधेरे में मेरे ऊपर मँडरा रही हैं, अपने पर फड़फड़ा रही हैं। और प्रत्येक विचार उसी का विचार था, प्रत्येक भावना, उसी की भावना। मैं उस समय नहीं समझ पाई कि यह प्रेम ही है, मैं सोचती थी कि यह केवल एक भावना मात्र है जो अपने आप ही किसी समय हृदय में पैदा हो सकती है।

3

फ़सल-कटाई के समय, एक दिन, भोजन के बाद कात्या और मैं सोन्या को साथ लेकर बाग़ में गईं। हम खड्ड के नज़दीक, लाइम के पेड़ों के नीचे जा बैठीं। यह जगह हमें सबसे अधिक पसन्द थी, क्योंकि वहाँ से हमें खेतों और जंगल का दृश्य नज़र आता था। सेर्गेई मिख़ाइलोविच से मिले तीन दिन हो गए थे और आज हम उसका इन्तज़ार कर रही थीं। ज़्यादा इन्तज़ार इसलिए भी था कि हमारे कारिन्दे से उसने कहा था कि वह खेतों का निरीक्षण करने के लिए आएगा। एक बजे के कुछ ही मिनट बाद हमने उसे रई के खेतों में से आते हुए देखा। वह घोड़े पर सवार था। कात्या ने कुछ आड़ू और चेरी मँगवा लिए जो उसे बहुत अच्छे लगते थे। फिर उसने मुस्कुराकर मेरी ओर देखा और बेंच पर लेटकर सुस्ताने लगी। मैंने लाइम की एक चौड़ी सी टहनी तोड़ी। पत्तों में अब भी रस भरा था और छाल गीली थी। कात्या के ऊपर उसे झुलाते हुए मैं अपनी किताब पढ़ने लगी। किसी-किसी वक़्त मैं आँख उठाकर सड़क की ओर देखती जो खेतों में से बल खाती हुई चली आई थी। उसी पर से उसे आना था। सोन्या एक पुराने लाइम वृक्ष के तने पर अपनी गुड़ियों के लिए घर बना रही थी। उस दिन बड़ी गर्मी और तपन थी। हवा डोलने का नाम तक न लेती थी। सुबह से घने बादल घिर रहे थे और ख़याल

था कि आँधी आएगी। मैं घबरा रही थी। सदा ही मैं बादलों की गरज और आँधी से पहले घबराने लगती हूँ। पर मध्याह्न होते-होते बादल फिर छँट गए और क्षितिज की ओर लौट गए। स्वच्छ आकाश में सूरज चमकने लगा। अब एक ही दिशा से बादलों की गड़गड़ाहट सुनाई पड़ती थी। दूर क्षितिज पर जहाँ घने बादल खेतों में उड़ती धूल से जा मिले थे, वहाँ वक्र रेखा बनाती कौंधा कभी-कभी लपक उठती थी। ज़ाहिर था कि उस रोज़ कम से कम हमारे इलाके में तूफ़ान नहीं उठेगा। बाग़ के पीछे सड़क का कुछ भाग नज़र आ रहा था। मैं वहाँ बैठी उसे देख रही थी। अनाज के बोरों से लदे, चरचर करते छकड़े, सारा वक़्त धीरे-धीरे गाँव को लौट रहे थे। ख़ाली छकड़े उनसे उल्टी दिशा में खड़खड़ाते चले जा रहे थे। इन छकड़ों में बैठे किसान धचके खाकर ऊपर उछल जाते। उनकी क़मीज़ें फरफरा रही थीं और पाँव नीचे झूल रहे थे। हवा में धूल अटी हुई थी, और डंडों की बाड़ के पीछे तथा बाग़ के पत्तों में छाई थी। न वह ऊपर को उठती और न ही नीचे ज़मीन पर बैठती। खलिहान से कुछ दूर आगे से भी वैसी ही आवाज़ें, और पहियों की चरमराहट सुनाई दे रही थी, और फ़सल के पीले-पीले पूले नज़र आ रहे थे। ये पूले पहले बाड़ के साथ-साथ चलते हुए दिखाई देते, फिर ऊपर को उछल जाते और फ़सल के ढेर पर जा पड़ते। मेरी आँखों के सामने ये ढेर ऊँचे उठ रहे थे। पहले उनका आकार अंडे का सा था, फिर धीरे-धीरे वे मकानों की सी शक्ल अख़्तियार करने लगे, और उनकी छतों पर किसानों की छोटी-छोटी आकृतियाँ नज़र आने लगीं। सामने खेत में धूल उड़ रही थी और इस धूल में छकड़े इधर-उधर आ-जा रहे थे। यहाँ पर भी मुझे पीले फ़सल के ढेर नज़र आ रहे थे, और यहाँ पर भी छकड़ों की चरमराहट, लोगों की आवाज़ें और गीत सुनाई दे रहे थे। एक ओर दूर-दूर तक कटे हुए खेत फैले थे जिनमें लगी नागदौने के पौधों की कतारें खेतों की हद्दबन्दियाँ बता रही थीं। निकट ही दाईं ओर किसान स्त्रियाँ, भड़कीले रंगदार कपड़े पहने कटी हुई फ़सल समेट रही थीं। शरीर के आगे को झुके हुए, उनके बाज़ू एक क्रम में, आगे और पीछे झूल रहे थे। ज्यों-ज्यों वे आगे बढ़ती जातीं उनकी पीछे की ज़मीन साफ़ होती जाती, और अनाज के गट्ठे बड़े क़रीने से क़तारों में रखे नज़र आते। मेरी आँखों के सामने मौसम बदल रहा था, ग्रीष्म का स्थान शरद् ले रहा था। केवल इस जगह को छोड़कर जहाँ पर बैठना हमें बेहद पसन्द था, चारों ओर धूल और गर्मी थी। इस धूल और तपती धूप में किसान काम कर रहे थे और हमें उनकी आवाज़ों और बातचीत का शोर सुनाई दे रहा था।

कात्या बड़े आराम से बेंच पर लेटी उसकी शीतलता का आनन्द ले रही थी, और मुँह पर सफ़ेद मलमल का रूमाल डाले हल्के-हल्के खर्राटे भर रही थी। प्लेट में रखे चेरी के काले-काले दाने बेहद चमक रहे थे और बड़े रसीले लग रहे थे। हमारे फ्रॉक बड़े साफ़-सुथरे और नए लग रहे थे। जग में भरे पानी पर सूरज की किरणें खेल रही थीं। वह इतना उजला और साफ़ नज़र आ रहा था कि मेरा दिल ख़ुशी से नाच उठा। ''मैं क्या करूँ ?'' मैं सोच रही थी, ''क्या यह मेरा दोष है कि मैं इतनी खुश हूँ ? मैं चाहती हूँ कि मैं अपनी सारी खुशी लोगों में बाँट दूँ। पर मैं यह कैसे करूँ ? किसको मैं अपना

सर्वस्व, अपने हृदय की सारी खुशी दे सकती हूँ ?"

सूरज ढल रहा था और बर्च वृक्षों के शिखर के पीछे उतर गया था। उसकी तिरछी किरणों में दूर की चीज़ें और भी स्पष्ट और उद्दीप्त नज़र आने लगी थीं; खेतों पर धूल बैठने लगी थी; घने बादल बिल्कुल छितर गए थे; गाँव से थोड़ी दूर खलिहान में मुझे फ़सल के तीन ढेरों की चोटियाँ नज़र आ रही थीं। जिन पर से किसान उतर आए थे। तेज़ भागते हुए छकड़े उनके पास से गुज़र गए थे, जाहिर था आखिरी बार गए हैं। उन पर बैठे लोग ऊँची-ऊँची आवाज़ में बातें कर रहे थे। स्त्रियाँ, कन्धों पर हेंगियाँ रखे और कमरबन्द में पूले बाँधने की रस्सियाँ खोंसे, ऊँची आवाज़ में गाती हुई घरों को चली जा चुकी थीं। अभी तक सेर्गेई मिख़ाइलोविच नहीं आया था, हालाँकि बड़ी देर पहले मैंने उसे घोड़े पर सवार पहाड़ी से उतरते देखा था। और सहसा उसका आकार दिखाई दिया, वह उस दिशा से आ रहा था जिसका मुझे स्वप्न में भी खयाल नहीं था (वह खड्ड के रास्ते से होकर चला आया था)। खिला हुआ मुस्कुराता चेहरा और हाथ में टोपी थामे, वह तेज़-तेज़, लम्बे-लम्बे डग भरता हुआ मेरी ओर आ रहा था। जब उसने देखा कि कात्या सो रही है तो उसने दाँतों तले होंठ दबाया, आँखें सिकोड़ीं और दबे पाँव धीरे-धीरे आने लगा। मैंने देखा कि उस समय वह खुशी से फूला नहीं समा रहा था। मुझे उसका यह भाव बहुत प्रिय लगता था। इसे हम 'मस्ती' कहा करते थे। वह उस बालक की तरह था जो स्कूल से भाग आया हो, उसके रोम-रोम से खुशी, आनन्द और तरुणाई का ओज फूट रहा था।

"आज मेरी नन्ही कली कैसी है ? खूब खिल रही है न ?" उसने मेरा हाथ दबाते हुए बुदबुदाकर कहा, "मैं तो बेहद खुश हूँ," फिर मेरे सवाल का जवाब देते हुए बोला, "मैं तो आज तेरह बरस का बालक बन गया हूँ। मैं तो आँखमिचौनी खेलना चाहता हूँ और पेड़ों पर चढ़ना चाहता हूँ।"

"क्यों ? 'मस्ती' में हो क्या ?" उसकी हँसती हुई आँखों से आँखें मिलाकर मैंने पूछा। उसकी 'मस्ती' देखकर मेरा मन भी खिल उठा था।

"हाँ," उसने मुस्कान दबाते हुए और आँख मिचकाते हुए कहा, "पर बेचारी कातेरीना कार्लोव्ना की नाक क्यों तोड़ रही हो ?"

मेरी आँखें उसके चेहरे पर लगी थीं। अनजाने में, लाइम की टहनी झुलाते हुए, मैंने कात्या के मुँह पर से रूमाल खींच डाला था, और अब पत्तों से उसका मुँह बुहार रही थी। मैं हँस पड़ी।

"वह कहेगी, मैं तो सो ही नहीं रही थी," मैंने फुसफुसाकर कहा, ताकि वह जाग न जाए। परन्तु वास्तव में मेरे फुसफुसाने का कारण यह न था। मैं तो उसके कान में फुसफुसाने का आनन्द लेना चाहती थी।

वह बिना कुछ बोले, होंठ हिला-हिलाकर मेरी नक़ल उतारने लगा, मानो मैं इतनी धीमे से फुसफुसा रही हूँ कि वह कुछ सुन न पा रहा हो। फिर उसकी नज़र चेरी की प्लेट पर गई। वह उठा और चुपके से प्लेट उठाकर—मानो चोरी कर रहा हो—लाइम

के पेड़ के नीचे जा पहुँचा जहाँ सोन्या बैठी थी और धम से उसकी गुड़ियों पर बैठ गया। सोन्या बहुत बिगड़ी, पर शीघ्र ही उसने उसे मना लिया और दोनों खेलने लगे। खेल यह था कि कौन जल्दी-जल्दी चेरी हड़प करता है।

"मैं और चेरी मँगवाती हूँ," मैंने कहा, "या कहो तो हम खुद ही तोड़ लाएँ ?"

सेर्गेई मिख़ाइलोविच ने प्लेट उठाई, उस पर सोन्या की गुड़ियाँ रखीं और हम बाग़ की ओर जाने लगे। सोन्या हमारे पीछे-पीछे दौड़ी चली आई, और उसका कोट खींच-खींचकर अपनी गुड़ियाँ माँगने लगी। उसने गुड़ियाँ लौटा दीं, और फिर गम्भीर मुद्रा में मेरी ओर देखकर बोला :

"तुम तो सचमुच कली सी लगती हो," वह अब भी धीमे-धीमे बोल रहा था, हालाँकि अब किसी के जग जाने का डर न था। "काम के बाद जब मैं तुम्हारी ओर आ रहा था तो बड़ी धूल और गर्मी थी। सहसा मुझे कलियों की ख़ुशबू आई। वे कलियाँ नहीं जो बाग़ में खिलती हैं, जिनकी खुशबू बड़ी तेज़ होती है, बल्कि वे छोटी-छोटी अँधियारे रंग की कलियाँ जिनसे पिघलती बर्फ़ और वासन्ती घास की भीनी-भीनी महक आती है।"

"फ़सल की कटाई कैसे चल रही है ?" अपनी झेंप छिपाने के लिए मैंने पूछा। उसकी बात सुनकर मेरा रोम-रोम पुलकित हो उठा था।

"बहुत अच्छी तरह। ये लोग जो काम भी करते हैं, बड़ी सफ़ाई से करते हैं। इन्हें जितना निकट से देखो, उतने ही प्रिय लगते हैं।"

"ठीक है," मैंने कहा, "अभी जब तुम नहीं आए थे तो मैं बाग़ में बैठी, दूर से इनका काम देख रही थी। मुझे शर्म महसूस होने लगी कि वे तो इतनी मेहनत करते हैं और मैं इतनी खुश हूँ कि..."

"डींग मत मारो," उसने बात काटते हुए कहा। उसकी मुद्रा गम्भीर हो उठी थी, परन्तु आवाज़ में स्नेह का रस था। "यह बड़ा पवित्र विषय है। तुम्हें कदापि अपनी भावनाओं की डींग नहीं मारनी चाहिए।"

"तुम्हीं से कह रही हूँ, और किसी से तो नहीं।"

"मैं जानता हूँ। तो कहो, चेरी कहाँ से तोड़ें ?"

फलों के बाग़ पर ताला लगा था। एक भी माली कहीं नज़र नहीं आ रहा था। (उसने सबको फ़सल-कटाई में हाथ-बँटाने के लिए भेज दिया था)। सोन्या चाबी लाने के लिए भाग गई, पर वह बिना इन्तज़ार किए कूदकर दीवार पर चढ़ गया और तार की जाली ऊपर उठाकर दूसरी ओर छलाँग लगा दी।

"और चेरी चाहिए तो प्लेट दे दो," उसकी आवाज़ सुनाई दी।

"नहीं, मैं खुद तोड़ूँगी। मैं जाकर चाबी लाती हूँ। सोन्या को चाबी कभी नहीं मिलेगी।"

पर मैं यह देखना चाहती थी कि वह अन्दर क्या करता है। जब आसपास कोई न होगा तो यह क्या करेगा, किस रूप में नज़र आएगा। सच कहूँ, मैं तो एक क्षण के

लिए भी उसे आँखों से ओझल नहीं कर सकती थी। मैं बिच्छू-बूटी लाँघकर, दीवार के साथ-साथ भागती हुई दूसरी तरफ जा पहुँची जहाँ दीवार कुछ नीची थी। वहाँ एक खाली कनस्तर पड़ा था। मैं उस पर चढ़कर खड़ी हो गई। दीवार मेरी छाती के नीचे-नीचे तक आती थी। मैंने झाँककर अन्दर देखा। सामने चेरी के पुराने, गाँठदार पेड़ थे, जिनके चौड़े-चौड़े, नुकीले पत्तों के नीचे काले-काले, चेरी के रसभरे दाने बोझल बनकर लटक रहे थे। मैंने जाली के नीचे से अपना सिर अन्दर किया। एक गँठीली टहनी के नीचे से मुझे सेर्गेई मिख़ाइलोविच नज़र आ गया। उसने ज़रूर समझा होगा कि मैं चली गई हूँ, और कोई भी उसे देख नहीं रहा। उसने अपना टोप उतार लिया था, और एक पुराने पेड़ के ठूँठ पर बैठा, आँखें बन्द किए, हाथ में चेरी के पेड़ की गोंद उठाए, गूँध-गूँधकर उसका गेंद सा बना रहा था। सहसा उसने कन्धे बिचकाए, आँखें खोलीं, मुस्कुराया और कुछ बुदबुदाया। जो कुछ उसने कहा और जिस ढंग से वह मुस्कुराया वह उसके स्वभाव से इतने भिन्न थे कि मुझे यों छिपकर उसकी ओर देखते हुए लज्जा महसूस होने लगी। मुझे जान पड़ा जैसे उसने 'माशा' कहा हो। "पर यह नहीं हो सकता !" मैंने मन ही मन कहा। "प्यारी माशा !" उसने पहले से भी अधिक धीरे और स्नेहार्द्र स्वर में कहा। इस बार ये दोनों शब्द मुझे साफ़ सुनाई दिए। मेरा दिल ज़ोर-ज़ोर से धड़कने लगा, और मैं पुलकित हो उठी। मैंने दोनों हाथों से दीवार थाम ली ताकि कहीं गिर न पड़ूँ, और मेरा भेद न खुल जाए। उसे मेरी आहट मिल गई। वह चौंका। मेरी ओर देखकर उसने पलकें झुका लीं, और उसका चेहरा एक लड़की के चेहरे की तरह लाल हो उठा। वह मुझसे कुछ कहना चाहता था, पर कह न सका और झेंपते हुए खड़ा हो गया। फिर मेरी ओर देखकर मुस्कुराया। मैं भी मुस्कुराई। उसका चेहरा खुशी से चमक उठा। अब वह मेरी नज़र में हमारे परिवार का एक वयस्क मित्र न था जिसका मैं मान करती थी और जो मुझे सीख दिया करता था। अब वह मेरे बराबर का था जो मुझसे प्यार करता था और मुझसे डरता था, उसी तरह जैसे मैं उससे प्यार करती थी और उससे डरती थी। हम दोनों कुछ नहीं बोले, केवल एक दूसरे की ओर देखते रहे। पर सहसा उसकी भवें तन गईं, मुस्कुराहट और आँखों की चमक ग़ायब हो गई, और वह फिर बुजुर्गों के से लहजे में मेरे साथ बातें करने लगा, बड़ी उपेक्षा के साथ, मानो हम कोई अनुचित बात कर रहे हों, और अब वह सँभल गया हो और मुझे भी सँभल जाने की सीख दे रहा हो।

"नीचे उतर आओ, वरना गिर पड़ोगी," उसने कहा, "और अपने बाल ठीक कर लो, देखो तो कैसी सूरत बना रखी है।"

"यह बन क्यों रहा है ? यह मेरा दिल क्यों दुखाना चाहता है ?" मैंने खीझकर मन ही मन कहा। उस समय मेरे मन में प्रबल इच्छा उठी कि उसे फिर एक बार हैरान करूँ और उस पर अपने प्रभाव की परीक्षा लूँ।

"नहीं, मैं खुद कुछ चेरी तोड़ूँगी," मैंने कहा और सबसे नज़दीक की टहनी को पकड़कर दीवार पर चढ़ गई। पेश्तर इसके कि वह मुझे सहारा दे पाता मैं छलाँग लगाकर

बाग़ के अन्दर आ गई।

"यह क्या पागलपन है !" उसने चिल्लाकर कहा। उसे फिर झेंप होने लगी और अपनी झेंप को छिपाने के लिए, मुझसे गुस्से होने लगा, "जो चोट लग जाती तो ? और अब यहाँ से निकलोगी कैसे ?"

उसे पहले से भी ज़्यादा झेंप होने लगी थी। पर अब उसको झेंपता देखकर मुझे खुशी नहीं हुई। उल्टा मैं डर गई, और मुझे स्वयं झेंप होने लगी। मेरा चेहरा शर्म से लाल होने लगा और उससे आँखें छिपाने लगी। सकपकाकर मैंने चेरी के दाने तोड़ने शुरू कर दिए, हालाँकि उनको रखने के लिए मेरे पास कोई बर्तन न था। मैं क्षुब्ध हो उठी और मन ही मन पछताने लगी कि मैंने ऐसा क्यों किया। मुझे डर था कि यह ठिठोली करके मैंने सदा के लिए अपने को उसकी नज़रों में गिरा दिया है। हम दोनों चुप थे। सोन्या चाबी लेकर भागी हुई आई, और इस तरह हमें इस विषम परिस्थिति से छुटकारा मिला। बड़ी देर तक हमने एक दूसरे से कोई बात नहीं की, केवल सोन्या से बातें करते रहे। हम लौटकर कात्या के पास आए। वह बार-बार कहने लगी : मैं तो सो ही नहीं रही थी, मैं तो तुम्हारी एक-एक बात सुनती रही हूँ। मैं भी अधिक आश्वस्त महसूस करने लगी। उसने फिर पहले की तरह बड़ों के अन्दाज़ में बातें करने की चेष्टा की, पर यह करना अब उसके लिए कठिन हो रहा था, और मैं भी धोखे में नहीं थी। कुछ रोज़ पहले का एक वार्तालाप मुझे स्पष्ट याद आ गया।

कात्या ने कहा था कि पुरुष के लिए अपना प्यार शब्दों में व्यक्त करना अधिक आसान होता है, स्त्री के लिए इतना आसान नहीं होता।

"आदमी कह सकता है कि वह प्यार करता है, स्त्री नहीं कह सकती," कात्या ने कहा था।

"पर मैं सोचता हूँ कि आदमी के लिए भी आसान नहीं होता और उसे कहना भी नहीं चाहिए," सेर्गेई मिख़ाइलोविच ने जवाब दिया था।

"क्यों नहीं ?" मैंने पूछा था।

"क्योंकि यह सदा ही झूठ होगा। क्या आदमी को आकाशवाणी होती है कि वह प्यार करने लगा है ? मानो ज्यों ही उसने 'प्रेम' शब्द कहा कि 'ठक' से उसके अन्दर कोई परिवर्तन हो गया और वह प्यार करने लगा। मानो 'प्रेम' शब्द के उच्चारण मात्र में इतनी शक्ति हो कि सहसा बाढ़ आ जाए, या हज़ार तोपें एक साथ दनदना उठें। मैं सोचता हूँ जो लोग बड़ी गम्भीर मुद्रा धारण करके कहते हैं कि वे प्यार करते हैं, वे अपने को धोखा देते हैं, और इससे भी बुरा यह कि वे दूसरों को धोखा देते हैं।"

"पर अगर पुरुष मुँह से कुछ नहीं कहेगा तो स्त्री को कैसे पता चलेगा कि वह उससे प्रेम करता है ?" कात्या ने पूछा।

"कह नहीं सकता," उसने जवाब दिया, "हर व्यक्ति का कहने का अपना ढंग होता है। अगर कोई भाव है तो ज़रूर व्यक्त होकर रहेगा। जब मैं उपन्यास पढ़ता हूँ तो मैं कल्पना करता हूँ कि लेफ़्टिनेंट स्त्रेल्स्की या एल्फ्रैड के चेहरे पर कैसी झेंप छा

जाती होगी जब वह कहता होगा, 'एलेओनोरा, मैं तुमसे प्रेम करता हूँ।' इसे इस बात का इन्तज़ार रहता होगा कि ये शब्द कहने के बाद कोई असाधारण घटना घटेगी, पर होता कुछ नहीं है—न उसके साथ, न उस लड़की के साथ—उनकी आँखें और नाक और अंग-प्रत्यंग सब वैसे के वैसे अपनी जगह पर स्थिर रहते हैं, कुछ भी नहीं बदलता।"

उस समय मुझे ऐसा महसूस हुआ था जैसे उसकी ठिठोली के पीछे कोई गम्भीर भाव है, जिसका सम्बन्ध मेरे साथ है। परन्तु कात्या नहीं चाहती थी कि कोई उपन्यासों के नायकों के बारे में अवज्ञा से बात करे।

"हमेशा उल्टी बात कहोगे !" वह बोली, "सच-सच बताओ—क्या तुमने कभी किसी स्त्री से नहीं कहा कि मैं तुमसे प्रेम करता हूँ ?"

"कभी नहीं, मैं कभी किसी के सामने घुटने टेककर नहीं बैठा, और न ही कभी बैठूँगा," उसने हँसते हुए कहा।

इस वार्तालाप को याद करके मैं सोचने लगी : "अब इसे मेरे सामने अपना प्रेम प्रकट करने की कोई ज़रूरत नहीं। मैं जानती हूँ कि यह मुझसे प्रेम करता है। यों बाहर से दिखावा करता है कि इसे मेरी कोई परवाह नहीं, पर मैं धोखे में नहीं आऊँगी।"

उस दिन सारी शाम वह मेरे साथ बहुत कम बोला। पर कात्या और सोन्या से बातें करते हुए, उसके एक-एक शब्द में उसकी एक-एक नज़र और भाव-भंगिमा में मुझे, निस्सन्देह, प्रेम की झलक मिली। मेरे मन में खीझ उठ रही थी, और कुछ-कुछ उसके प्रति दया भी, कि यह अपनी भावनाओं को छिपाने और बाहर से उपेक्षा भाव दिखाने की कोशिश क्यों कर रहा है, जब कि सब बात पहले से स्पष्ट है और हम बड़ी सुगमता से अकथनीय सुख प्राप्त कर सकते हैं। हाँ, मुझे इस बात का पछतावा ज़रूर हो रहा था कि मैं बाग़ में क्यों कूद पड़ी। मुझे लगता जैसे मैंने कोई अपराध कर दिया हो, जैसे मैं उसकी नज़रों में गिर गई हूँ और वह मेरे साथ नाराज़ हो।

भोजन के बाद, मैं पियानो की ओर चली तो वह भी मेरे पीछे चला आया।

"कुछ बताओ," बैठक में मेरे पास आकर वह कहने लगा, "मैंने बहुत दिनों से तुम्हारा वादन नहीं सुना।"

"मैं चाहती थी..." मैंने सीधा उसकी आँखों में आँखें डालकर कहा, "क्या तुम मुझ पर नाराज हो, सेर्गेई मिख़ाइलोविच ?"

"नाराज़ होने की क्या बात है ?"

"क्योंकि भोजन के बाद मैं कुछ अनमनी सी बैठी रही," मैंने शरमाते हुए कहा।

वह समझ गया और उसने मुस्कुराकर सिर हिलाया। उसकी आँखों के भाव से मुझे ऐसा लगा जैसे वह मेरी भर्त्सना करना चाहता हो लेकिन कर न पा रहा हो।

"तो क्या अब सब कुछ ठीक है, और हम फिर पहले से मित्र हैं ?" पियानो पर बैठते हुए मैंने कहा।

"ख़याल तो है," वह बोला।

दीवानख़ाना आकार में बड़ा था और उसकी छत ऊँची थी। कमरे में झुटपुटा था,

केवल पियानो पर रखी दो मोमबत्तियों से हल्की सी रोशनी आ रही थी। खिड़कियाँ खुली थीं, बाहर अँधेरा था, गर्मियों की स्वच्छ, तारों-भरी रात जगमगा रही थी। चारों ओर निस्तब्धता थी, केवल अँधेरी बैठक में से लकड़ी के फ़र्श पर, कात्या के क़दमों की आवाज़ आ रही थी, और खिड़की के नीचे बँधा सेर्गेई मिख़ाइलोविच का घोड़ा अपने पाँव पटककर धीरे-धीरे फूँ-फूँ कर रहा था।

वह मेरे पीछे बैठा था, इसलिए मैं उसे देख नहीं पा रही थी, पर उसकी उपस्थिति का मुझे हर क्षण, हर चीज़ में भास हो रहा था, संगीत में अपने आपमें भी। हालाँकि मैं उसे देख नहीं पा रही थी, तो भी उसकी प्रत्येक गति, और हर बार मुझ पर पड़नेवाली नज़र को मेरा हृदय अनुभव कर रहा था। मैंने मोज़ार्ट का 'सोनाटा फ़न्ताज़िया' बजाया, उसकी स्वर-लिपि वह मेरे लिए लाया था, और जिसका मैंने उसके लौटने के बाद अभ्यास कर लिया था ताकि उसके सामने बजा सकूँ। मेरा ध्यान बजाने में नहीं था, फिर भी जान पड़ता है मैंने अच्छा ही बजाया, मुझे महसूस हो रहा था कि उसे पसन्द आ रहा है। उसकी खुशी का मैं अनुभव कर रही थी और बिना उसकी ओर देखे, मुझे उसकी दृष्टि का भास हो रहा था। एक बार जब मेरी उँगलियाँ अपने आप पियानो पर चल रही थीं, तो मैंने अचानक उसकी ओर घूमकर देखा। छिटकी चाँदनी में उसका सिर साफ़ नज़र आ रहा था। अपनी ठुड्डी को दोनों हाथों पर टिकाए, वह अपनी चमकती आँखों से मुझे देखे जा रहा था। उसे देखकर मैं मुस्कुरा दी और बजाना छोड़ दिया। वह भी मुस्कुराया, पर भर्त्सना से सिर हिलाकर मुझे बजाते रहने का इशारा किया। जब मैंने बजाना समाप्त किया तो चाँद आकाश में ऊँचा उठ आया था, और मोमबत्तियों की रोशनी के साथ एक और रोशनी आ मिली थी, चाँदी सी उज्ज्वल, जो खिड़की में से आकर फ़र्श पर पड़ रही थी। कात्या कहने लगी कि मैंने अच्छा नहीं बजाया, पहले ऐसा कभी नहीं हुआ कि मैं राग के सर्वोत्कृष्ट अंश पर पहुँचकर बजाना बन्द कर दूँ। पर उसकी राय उलट थी, वह कहने लगा कि जैसा अच्छा मैंने आज बजाया है वैसा पहले कभी नहीं बजाया था और वह एक कमरे से दूसरे कमरे में चक्कर लगाने लगा। वह कभी अँधेरी बैठक में जाता कभी दीवानख़ाने में लौट आता, और हर बार मेरे सामने से जाते हुए वह रुक जाता और मेरी ओर देखकर मुस्कुराता। मैं भी मुस्कुराती। मैं हँसना चाहती थी, मैं बहुत खुश थी क्योंकि कोई बात हो गई थी—एक बात जो पहले कभी नहीं हुई थी, जो उसी रोज़, उसी समय, उसी क्षण घटी थी। कात्या और मैं पियानो के पास खड़ी थीं। ज्यों ही वह बाहर जाता मैं कात्या को अपनी बाँहों में भर लेती और उसे बार-बार चूमती, उसकी कोमल ठुड्डी के नीचे मुझे चूमना बहुत प्यारा लगता था। और ज्यों ही वह लौटकर आता मैं फिर गम्भीर मुद्रा धारण करने की कोशिश करती। मुश्किल से मैं अपनी हँसी को रोक पा रही थी।

"इस लड़की को आज क्या हो गया है ?" कात्या ने उससे पूछा।

उसने कोई उत्तर न दिया। केवल मुझ पर हँस दिया। वह भी जानता था कि क्या हो गया है।

"ज़रा देखो तो रात कैसी सुहावनी है !" उसने बैठक के दरवाज़े के पास खड़े-खड़े कहा। यह दरवाज़ा छज्जे पर खुलता था जो बाग़ की ओर बना था।

हम उसके पास चली गईं। सचमुच ऐसी सुहावनी रात मैंने इसके बाद कभी नहीं देखी। पूर्णिमा का चाँद, उस समय, मकान के ऊपर, पीछे की ओर कहीं चला गया था, जिस कारण छत, स्तम्भों और बरामदे के पाल के तिरछे साए, फूलों की क्यारियों और रेतीले मार्गों पर पड़ रहे थे। हर चीज़ पर चाँदनी छिटकी थी और ओस की बूँदें चमक रही थीं। फूलों की क्यारियों के बीच का ठंडा-ठंडा, उजला, चौड़ा रास्ता दूर तक जाकर कहीं धुँधकले में खो गया था। चाँदनी में डैहलिया के पौधों और उनको सहारा देनेवाले डंडों के साए एक ओर को पड़ रहे थे और रास्ते की ऊँची-नीची सतह पर बिछी कंकड़ी चाँदनी में झिलमिला रही थी। पेड़ों के बीच पौधा-घर की छत चमक रही थी। दूर खड्ड में से धुन्ध उठ रही थी। लिलैक की झाड़ियों पर से पत्ते झड़ने शुरू हो गए थे। इस समय उनकी एक-एक टहनी झिलमिल कर रही थी। और बाग़ में एक-एक फूल, ओस से भीगा, साफ़ नज़र आ रहा था। सँकरे मार्गों पर चाँदनी और छाया घुल-मिल गई थीं, जिससे पेड़ वक्राकार घरों से जान पड़ते थे, झूलते हुए और पारदर्शी दिखाई देते थे। दाईं ओर मकान की छाया अलग-थलग, अँधेरी और भयावह लग रही थी। इसी छाया में से पोपलर पेड़ ऊपर को निकला हुआ था और उसका गुच्छेदार शिखर और भी अधिक चमक रहा था। यों जान पड़ता जैसे किसी अनोखे कारणवश वह प्रकाश में अटक गया है, और नीलाकाश में तैरता हुआ कहीं चला गया।

"चलो टहलने चलें," मैंने कहा।

कात्या मान गई परन्तु मुझे कहने लगी कि पहले जूतों पर गेलोश चढ़ा लो।

"उनकी क्या ज़रूरत है ? मैं सेर्गेई मिख़ाइलोविच के बाज़ू का सहारा जो ले लूँगी," मैंने कहा।

भला बाज़ू का सहारा लेने से क्या पाँव भीगने से बच जाएँगे ! पर वे समझ गए, और उन्हें मेरी बात बेतुकी नहीं लगी। उसने कभी भी मुझे अपने बाज़ू का सहारा लेने को नहीं कहा था, पर उस दिन शाम को मैंने स्वयं ही उसके बाज़ू पर अपना हाथ रख दिया, और इसमें उसे कोई विचित्र बात नज़र नहीं आई। हम तीनों बरामदे में से नीचे उतर आए। समूचा संसार—आकाश, बाग़, समस्त वायुमंडल—पूर्णतया भिन्न लग रहा था। संसार को इस रूप में मैंने पहले कभी नहीं देखा था।

पेड़ों के बीचवाले रास्ते पर हम चले जा रहे थे। मैंने नज़र उठाकर सामने की ओर देखा तो मुझे लगा जैसे उस दिशा में आगे जाना असम्भव है, जैसे स्थूल जगत् यहाँ समाप्त हो जाता है, और जो आगे है वह अनन्तकाल से अपने सौन्दर्य के आलोक में डूबा हुआ है। पर ज्यों-ज्यों हम आगे बढ़ते गए, इस रहस्यमयी सौन्दर्य की दीवारें हटती गईं और जान पड़ने लगा जैसे यह वही जाना-पहचाना बाग़ है, वही पेड़ हैं, वही रविशें, वही सूखे पत्ते हैं जिन्हें मैं सदा से देखती आई हूँ। प्रकाश और छाया के वृत्तों पर क़दम रखते हुए, हम सचमुच उन्हीं रास्तों पर चल रहे थे। सूखे पत्ते हमारे पाँवों के नीचे

सर्र्-सर्र् कर रहे थे। वह जो अभी मेरे मुँह को छूती हुई पीछे रह गई थी, वह सचमुच ही किसी पेड़ की शीतल टहनी थी। सचमुच ही सेर्गेई मिख़ाइलोविच मेरे साथ धीरे-धीरे, सधे क़दम रखते हुए, मुझे अपने बाज़ू का सहारा दिए हुए चला जा रहा था। और दूसरी तरफ़ सचमुच कात्या चली आ रही थी, और उसी के जूतों के नीचे कंकड़ी कटर-कटर का शब्द कर रही थी। और वह ज़रूर ही चाँद रहा होगा जो पेड़ों की स्थिर टहनियों के बीच से हम पर मुस्कुरा रहा था।

पर एक-एक क़दम के बाद जादुई दीवारें, हमारे आगे और पीछे बन्द होती जाती थीं, और मुझे यक़ीन ही न हो पाता था कि हम आगे बढ़ सकेंगे। जो कुछ मेरे इर्द-गिर्द मौजूद था उस पर से मेरा विश्वास ही उठ गया था।

"ओह ! मेढक !" कात्या चिल्लाई।

"किसने यह शब्द कहे होंगे, और क्यों ?" मैं हैरान थी। फिर मुझे याद आया कि यह कात्या थी, वह मेढकों से डरती है। मैंने नीचे की ओर देखा। मेरे सामने एक छोटा सा मेढक उछला और फिर, रास्ते की सफ़ेद चमकती रेत पर छाया का छोटा सा काला निशान बनाकर, वहीं बैठा रहा।

"तुम्हें डर नहीं लगता ?" उसने पूछा।

मैंने उसकी ओर देखा। पेड़ों की क़तार में यहाँ पर एक ख़ाली जगह थी, और मुझे उसका चेहरा साफ़ दिखाई दे रहा था। कितना सुन्दर, कितना उल्लसित चेहरा था उसका।

उसने कहा था, "तुम्हें डर नहीं लगता ?" पर मुझे सुनाई दिया जैसे वह कह रहा हो, "मैं तुमसे प्यार करता हूँ !" उसकी दृष्टि, उसका स्पर्श, यही शब्द कह रहे थे, "मैं तुमसे प्यार करता हूँ !" और चाँदनी, छाया और हवा में भी यही शब्द बार-बार ध्वनित हो रहे थे।

हमने बाग़ के इर्द-गिर्द चक्कर लगाया। कात्या हाँफती हुई हमारे साथ-साथ घिसटती चली आ रही थी। वह थक गई थी और कह रही थी कि अब लौटना चाहिए। मुझे उस पर तरस आ रहा था। "कात्या यह सब महसूस क्यों नहीं करती जो हम कर रहे हैं ?" मैं सोच रही थी। "क्या कारण है कि सबमें यौवन नहीं है, जैसा कि इस रात में, मुझमें और उसमें है ?"

हम लौट आए, पर वह बड़ी देर तक अपने घर नहीं गया। यहाँ तक कि मुर्ग़े बाँग देने लगे, सभी नौकर सोने चले गए, और खिड़कियों के नीचे खड़ा उसका घोड़ा, पाँवों से ज़मीन खुरचकर गुस्से से नथुने फड़फड़ाने लगा था। कात्या ने हमसे वक़्त के बारे में कुछ नहीं बताया, और हम छोटी-छोटी बातों के बारे में वार्तालाप करते रहे, जिससे वक़्त का कुछ पता न चला, और दो बज गए। जब वह गया तो मुर्ग़े तीसरी बाँग देने लगे थे, और पौ फटने को थी। उसने सदा की भाँति हमसे विदा ली। उसने जो कुछ कहा उसमें कोई ख़ास बात नहीं थी, पर मैं जान गई कि आज से वह मेरा है और सदैव मेरा रहेगा। ज्यों ही मैंने मन ही मन स्वीकार किया कि मैं उससे प्रेम करती हूँ, मैंने सब

कुछ कात्या को बता दिया। वह सुनकर खुश हुई और मेरे यों दिल का भेद बता देने से वह द्रवित हो उठी। उस रात वह बेचारी शीघ्र ही सो गई पर मैं बड़ी देर तक बरामदे में टहलती रही, और फिर बाग़ में निकल गई जहाँ मैं उन्हीं रास्तों पर फिर से चलने लगी जहाँ हम एक साथ चलते रहे थे, और उसका एक-एक शब्द और एक-एक गति याद करती रही। मैं रात-भर नहीं सो पाई और जीवन में पहली बार मैंने सूर्योदय देखा। वैसी रात और वैसा सूर्योदय मैंने उसके बाद आज तक नहीं देखा। "वह साफ़-साफ़ क्यों नहीं कहता कि मुझसे प्रेम करता है ?" मैं सोचती। "वह कठिनाइयों के बारे में क्यों सोचता है, क्यों अपने आपको बूढ़ा कहता है, जब कि सब बात इतनी सरल और सुन्दर हो सकती है ? क्यों वह इन अपूर्व घड़ियों को खोए दे रहा है, जो फिर शायद कभी नहीं आएँगी ? वह बस इतना कह दे, 'मैं तुमसे प्रेम करता हूँ।' इतना भर कह दे। वह मेरा हाथ अपने हाथ में लेकर, इस पर झुककर कह दे, 'मैं तुमसे प्यार करता हूँ।' वह शरमाये और मेरे सामने आँखें नीची कर ले, और मैं उससे सब कुछ कह डालूँगी। या मैं कुछ भी नहीं कहूँगी–मैं उसे अपनी बाँहों में भर लूँगी, और उसके साथ सटकर रो पड़ूँगी।" पर फिर सहसा मुझे ख़याल आया, "यदि सब मेरा भ्रम ही हुआ तो ? यदि वह मुझसे प्यार ही न करता हो तो ?"

यह विचार आते ही मैं काँप उठी। ऐसा हुआ तो मैं क्या न कर बैठूँगी ? मुझे याद आया–जब मैं फलों के बाग़ की दीवार फाँदकर उसके पास गई थी, तो हम दोनों किस क़दर झेंप गए थे। मेरा दिल भर आया, मेरी आँखों में आँसू छलक आए और मैं प्रार्थना करने लगी। फिर मेरे मन में एक विचित्र, ढाढ़स बँधानेवाला विचार उठा–मेरी आशा बँधी। मैंने निश्चय किया कि मैं उपवास करूँगी, अपने जन्मदिन पर धार्मिक कृत्य सम्पन्न करूँगी, और उसी दिन उसके साथ मेरी सगाई हो जाएगी।

मैं नहीं जानती थी कि यह क्योंकर सम्भव होगा, पर उसी क्षण से मुझे विश्वास हो गया और मैं जान गई कि ऐसा ही होगा। जब मैं लौटकर अपने कमरे में गई तो दिन चढ़ आया था और घर के नौकर-चाकर उठने लगे थे।

4

उन दिनों उस्पेंस्की का पर्व था, इसलिए कोई भी यह सुनकर हैरान नहीं हुआ कि मैंने उपवास करने का निश्चय कर लिया है।

एक बार वह पूरा हफ़्ता-भर हमसे मिलने के लिए नहीं आया, पर मुझे कोई चिन्ता या हैरानी नहीं हुई, न ही मैं उससे नाराज़ हुई। बल्कि मैं उसके न आने पर खुश थी। मुझे तो केवल अपने जन्म दिन पर उसके आने का इन्तज़ार था। सारा सप्ताह, मैं प्रतिदिन सुबह जल्दी-जल्दी उठ खड़ी होती, और जब तक वे मेरे लिए घोड़े तैयार करते मैं अकेली बाग़ में घूमने निकल जाती और पिछले दिन के अपने पापों पर विचार करती रहती,

और यह जानने की चेष्टा करती कि आज का दिन किस भाँति व्यतीत करूँ ताकि मैं एक पाप भी न करूँ, और दिन सन्तोष से कट जाए। उन दिनों मुझे ऐसा जान पड़ता था कि जीवन में कोई भी पाप किए बिना मनुष्य आसानी से रह सकता है। इसके लिए केवल थोड़ा प्रयास करने की जरूरत है। गाड़ी सामने आ खड़ी होती। मैं कात्या को या घर की किसी नौकरानी को साथ लेकर उसमें जा बैठती और गिरजे की ओर चली जाती जो लगभग दो मील की दूरी पर था। गिरजे के अन्दर प्रवेश करने से पहले मैं मन ही मन कहती, "धन्य हैं वे लोग जो भगवान से डरते हुए इसमें प्रवेश करते हैं।" मैं भी गिरजे के अन्दर जाते वक़्त जब ड्योढ़ी की दो सीढ़ियों पर पाँव रखती, जिन पर मुझे याद है घास उगी हुई थी, तो इसी भावना को अपने में लाने की कोशिश करती। उस वक़्त वहाँ किसानों तथा नौकर-चाकरों के परिवारों की दस-बारह भक्तिन स्त्रियों के अलावा और कोई न होता, और मैं बड़ी नम्रता से उनके अभिवादन का उत्तर देती। मैं स्वयं मोमबत्तियों के डिब्बे के पास जाती (और मैं समझती कि मैं बड़ा सराहनीय काम कर रही हूँ), बूढ़े सैनिक से मोमबत्तियाँ लेती जो वहाँ मुखिया का काम करता था, और उन्हें जलाकर देव-प्रतिमा के सामने रखती। पावन द्वारों में से मुझे वेदी पर बिछा वह कपड़ा नज़र आता जिस पर मेरी माँ ने कढ़ाई की थी। वहाँ देवासन पर दो लकड़ी के फ़रिश्ते स्थापित थे जिनके सिर पर सितारे चमकते थे। बपचन में वे सितारे बहुत बड़े नज़र आया करते थे, साथ ही कपोत की प्रतिमा जिसके सिर के पीछे सुनहरी आलोक-वृत्त था, मुझे बहुत आकर्षक लगा करती थी। सहगान के स्थान से परे मुझे वह टूटा हुआ जल-पात्र नज़र आता जिसमें हमारे घर के कितने ही दास-बच्चों को मैंने बपतिस्मा कराया था और जिसमें मुझे भी बपतिस्मा मिला था। बूढ़ा पादरी उस वस्त्र का लबादा पहने हुए सामने आता जो मेरे पिता के ताबूत को ढकने के लिए इस्तेमाल किया गया था। वह उसी लहजे में प्रार्थना के शब्द गुनगुनाता जिस लहजे में वह हमारे घर में भिन्न-भिन्न अवसरों पर गुनगुनाया करता था : सोन्या के नामकरण के समय, पिता की मृत्यु पर, मेरी माँ की अरथी को ले जाते समय। सहगान के स्थान पर से वही छोटे पादरी की काँपती आवाज़ आती, वही कुबड़ी बुढ़िया जो मुझे याद है, प्रत्येक धार्मिक कृत्य के समय गिरजे में मौजूद हुआ करती थी, दीवार के साथ खड़ी, आँसू-भरी आँखों से देव-प्रतिमा को देखती रहती। क्रॉस का चिह्न बनाते समय उसकी तीन अँगुलियाँ, सिर पर बाँधे जालीदार रूमाल को, बड़े ज़ोर से दबाए रहतीं, और सारा वक़्त उसके दन्तहीन जबड़े हिलते रहते। ये सब चीज़ें मेरे लिए नई न थीं, पर ये मुझे प्रिय थीं। केवल इसी कारण नहीं कि इन्हें देखकर सोई स्मृतियाँ जाग उठती थीं, वरन् मेरी दृष्टि में ये महान, पावन और महत्त्वपूर्ण हो उठी थीं। मैं प्रार्थना का एक-एक शब्द बड़े ध्यान से सुनती, और मन ही मन उसका उत्तर देने की चेष्टा करती। जब कभी कोई अंश मेरी समझ में नहीं आता तो मैं भगवान से प्रार्थना करती कि मुझे उसके अर्थ का बोध करायें, और जब कभी कोई अंश न सुन पाती तो मैं प्रार्थना के शब्द स्वयं गढ़ लेती। जब अनुताप की प्रार्थना का पाठ होता तो मुझे अपना अतीत याद हो आता और वह सरल शिशुपन मुझे

उस समय की अपनी सौभाग्यपूर्ण स्थिति की तुलना में इतना पापपूर्ण नज़र आता कि मैं घबरा उठती, पर साथ ही मैं यह भी सोचती कि मेरे सब पाप क्षमा कर दिए जाएँगे। यदि मैंने इनसे भी अधिक पाप किए होते तो उन पर पश्चात्ताप करना और भी प्रिय लगता। जब प्रार्थना की समाप्ति पर पादरी मुझे आशीर्वाद देते हुए कहता, "भगवान की कृपादृष्टि तुम पर निरन्तर बनी रहे" तो मुझे ऐसा महसूस होता जैसे मेरा शरीर अधिक स्वस्थ हो रहा है। मानो प्रकाश और स्निग्धता ने मेरे हृदय में प्रवेश किया है। प्रार्थना के बाद पादरी मेरे पास आता और सायं-प्रार्थना करवाने के लिए मेरे घर स्वयं आने को कहता और मुझसे अपने आने का वक़्त पूछता तो मैं बड़ी नम्रता से उसका धन्यवाद करती और कहती कि मैं स्वयं ही गिरजे में आ जाऊँगी।

"आप स्वयं क्यों यहाँ आने का कष्ट उठाना चाहती हैं ?" वह पूछता। और मेरी समझ में न आता कि मैं उसका उत्तर किन शब्दों में दूँ। मैं डरती थी कि उत्तर देते हुए मुझसे कहीं दम्भ का पाप न हो जाए।

जब कभी कात्या मेरे साथ न होती तो प्रार्थना के बाद मैं घोड़ों को वापस भेज देती और स्वयं पैदल घर जाती। रास्ते में जो कोई मिलता उसका मैं बड़ी नम्रता से अभिवादन करती। मेरे हृदय में दूसरों की सहायता करने, परामर्श देने, किसी दूसरे के लिए अपनी जान तक निछावर कर देने की इतनी तीव्र इच्छा उठती कि मैं रास्ते में कभी किसी का भूसे का गट्ठर उठवा देती, कभी किसी बच्चे का पालना झुलाती रहती, या दूसरों को सड़क पर रास्ता देने के लिए स्वयं हटकर कीच में जा खड़ी होती। एक दिन शाम के वक़्त मैंने सुना, कारिन्दा कात्या को कह रहा था कि हमारे एक किसान, सेम्योन की बेटी मर गई है और वह उसका ताबूत बनाने के लिए कुछ तख्ते और उसकी अरथी के लिए एक रूबल माँगने आया है। कारिन्दा बता रहा था कि ये सब उसने उसे दे दिए हैं। "तो क्या वे इतने ग़रीब है ?" मैंने पूछा। "जी हाँ, बहुत ग़रीब हैं, नमक तक नहीं खरीद सकते," उसने जवाब दिया। मेरे दिल को चोट लगी। पर एक तरह से मैं खुश भी हुई। कात्या को भुलावा देने के लिए मैंने कह दिया कि मैं घूमने जा रही हूँ पर मैं ऊपर भागी हुई गई और अपने सारे पैसे उठा लाई (और वे बहुत नहीं थे) क्रास का चिह्न बनाते हुए मैं बरामदे में आई और फिर बाग़ से निकलकर सीधे गाँव का रास्ता लिया। सेम्योन का झोंपड़ा एक सिरे पर था। किसी ने मुझे उसके पास जाते नहीं देखा। मैं चुपचाप खिड़की के पास गई, दासे पर पैसे रखे और खिड़की को खटखटाया। झोंपड़े का दरवाज़ा चरमराया, फिर किसी ने बाहर निकलकर पुकारा। डर से काँपती-ठिठुरती, मैं एक अपराधी की भाँति वहाँ से भाग खड़ी हुई। लौटने पर कात्या ने मुझसे पूछा कि मैं कहाँ गई थी, और मुझे क्या हुआ है, पर मैंने कोई उत्तर नहीं दिया। उसकी बात मेरी समझ में ही नहीं आ रही थी। सहसा हर बात इतनी तुच्छ और नगण्य हो उठी थी। मैं अपने कमरे में चली गई, दरवाज़ा अन्दर से बन्द कर लिया, और बड़ी देर तक कमरे में घूमती रही। मैं कुछ भी करने में असमर्थ थी, स्थिरता से कुछ भी सोच नहीं सकती थी, उस समय के अपने अनुभव तक को नहीं समझ पा रही थी। मैं सोच रही

थी कि सेम्योन का परिवार बेहद खुश होगा, उस व्यक्ति के प्रति बड़ा कृतज्ञ होगा जो वहाँ पर पैसे छोड़ आया था। मुझे अफ़सोस होने लगा कि मैंने स्वयं अपने हाथ से पैसे क्यों न दिए। मैं सोच रही थी कि अगर यह बात सेर्गेई मिख़ाइलोविच को मालूम हो जाए तो वह क्या सोचेगा। मैं मन ही मन यह सोचकर बड़ी खुश हो रही थी कि किसी को भी पता नहीं चल पाएगा। मेरा हृदय उल्लसित हो उठा था। मेरी तरह हर कोई मुझे पाप में डूबा नज़र आता था। मैं अपने प्रति, और हरेक के प्रति इतनी विनम्र हो उठी थी कि मृत्यु का विचार मेरे मन में सुख की कल्पना बनकर आने लगा था। मैं मुस्कुराती, प्रार्थना करती और रोती। उस घड़ी, संसार के प्रत्येक प्राणी के प्रति और अपने आपके प्रति मेरा प्रेम अत्यन्त विह्वल और उन्मत्त हो उठता था। प्रार्थनाओं के बीच मैं इंजील पढ़ती, जिसे अब मैं पहले से अधिक समझ पाती थी। इस दैवी जीवन की कहानी अधिक सरल और मार्मिक हो उठी थी। उनकी शिक्षा में मुझे जिस प्रेम और गम्भीर चिन्तन की झलक मिली वह अत्यधिक प्रेरणापूर्ण और असीम हो उठा। पर जब मैं पुस्तक रख देती तो मुझे हर चीज़ बड़ी सहज जान पड़ती, मैं फिर अपने आसपास के जीवन को बड़े ध्यान से देखने लगती, उस पर सोचने-विचारने लगती। मुझे जान पड़ता जैसे मलिन जीवन बिताना बहुत कठिन है, और हर प्राणी से प्रेम करना और उससे प्रेम पाना बहुत आसान है। हर व्यक्ति मेरे साथ बड़ी सद्भावना और दयालुता से पेश आता। सोन्या तक का व्यवहार बदल गया था, जिसे मैं अब भी पढ़ाती थी। वह भी बात को समझने की कोशिश करती, मेरा कहा मानती, और मुझे तंग नहीं करती थी। जैसी मैं थी, वैसा ही लोगों का व्यवहार मेरे प्रति था। पादरी के सामने अपने पाप स्वीकार करने से पहले, मैंने सोचा कि मुझे अपने शत्रुओं से क्षमा-प्रार्थना करनी चाहिए। मैंने बहुत सोचा मगर मुझे कोई भी ऐसा व्यक्ति नज़र नहीं आया जिसके प्रति मैंने दुर्व्यवहार किया हो। हाँ, केवल एक लड़की थी, हमारी पड़ोसिन, जिस पर पिछले साल, मैं हँस दी थी। उस समय बहुत से मेहमान बैठे थे। इस घटना के बाद उस लड़की ने हमारे घर आना छोड़ दिया था। मैंने उसे पत्र लिखा जिसमें अपना अपराध स्वीकार किया, और उससे क्षमा-याचना की। उसका जवाब आया। उसने लिखा कि मैंने तुम्हें माफ़ किया, और मैं स्वयं तुमसे माफ़ी माँगती हूँ। उन सीधी-सादी पंक्तियों ने उस समय मेरे दिल पर ऐसा असर किया कि उन्हें पढ़ते-पढ़ते खुशी से मैं उन्मत्त हो उठी और मेरी आँखों से आँसू बहने लगे। जब मैं अपनी बूढ़ी धाय से माफ़ी माँगने गई तो वह रो पड़ी। "ये सब लोग मेरे प्रति इतने दयालु क्यों हैं ?" मैं अपने आपसे पूछती, "मैंने क्या किया है जो मुझे इनसे इतना प्रेम मिल रहा है ?" फिर मुझे सेर्गेई मिख़ाइलोविच की याद आती और मैं बड़ी देर तक उसके बारे में सोचती रहती। ऐसा किए बिना मैं न रह सकती थी, ऐसा करना मुझे पाप नहीं लगता था। उसके प्रति मेरा दृष्टिकोण भी बदल गया था। मैं उसे अब उस नज़र से नहीं देखती थी जिस नज़र से उस रात देखा था जब मुझे मालूम हुआ था कि मैं उससे प्रेम करती हूँ। अब मैं उसके बारे में उसी तरह सोचती जैसे अपने बारे में। मेरे भविष्य से सम्बन्धित हर विचार से उसका व्यक्तित्व

जुड़ा होता। उसके निकट होने पर मुझ पर जो उसका रोब छाया रहता था, वह इन घड़ियों में बिल्कुल ग़ायब हो जाता। मैं महसूस करती जैसे मैं उसके समान हूँ। और जब मेरा रोम-रोम आन्तरिक उल्लास से पुलकित हो उठता तो मुझे लगता जैसे मैं उसे पूर्णतया समझती हूँ। जो पहले उसमें विचित्र जान पड़ता था, इन घड़ियों में सरल और स्पष्ट लगने लगता। अब मेरी समझ में आया कि उसने ये शब्द क्यों कहे थे कि जीवन में एकमात्र सुख औरों के लिए जीने में है। मैं पूर्णतया इससे सहमत थी। मुझे विश्वास था कि एक साथ रहते हुए हमारा जीवन सदैव शान्त और सुखी होगा। भावी जीवन के बारे में सोचते हुए मुझे कभी भी विदेश-भ्रमण, हास्य-विनोद या तड़क-भड़क का ख़याल न आता। बिल्कुल ही पृथक् बातें मेरे मन में चक्कर काटतीं—देहात में शान्त, पारिवारिक जीवन, निरन्तर आत्म-त्याग, एक दूसरे के प्रति अनन्य प्रेम, एक ऐसा जीवन जिसमें सदैव परम दयालु और कृपानिधान विधाता की उपस्थिति का बोध रहे, जो हमारे प्रत्येक कर्म को देख रहे हैं।

अपने जन्म-दिन पर मैंने निश्चयानुसार यूकरिस्ट ग्रहण किया। उस दिन गिरजे से लौटने पर मेरा दिल खुशी से बल्लियों उछल रहा था, और मैं डर रही थी कि कहीं कोई बात इस खुशी को कम न कर दे। ज्यों ही हमारी गाड़ी घर की ड्योढ़ी के सामने रुकी, मुझे एक दूसरी गाड़ी के पहियों की परिचित आवाज़ सुनाई दी। गाड़ी पुल पर से आ रही थी और उसमें सेर्गेई मिख़ाइलोविच बैठा था। उसने मेरे जन्म-दिन पर मुझे बधाई दी और हम एक साथ अन्दर बैठक में गए। उसकी उपस्थिति में मैंने पहले कभी भी अपने को इतना शान्त और आश्वस्त महसूस नहीं किया था। मुझे महसूस होता जैसे मेरे अन्दर एक नया, सम्पूर्ण संसार विद्यमान है जिसे वह नहीं समझ सकता और जो उनके संसार से बाहर है। मुझे तनिक भी झेंप नहीं हुई। उसने ज़रूर इसका कारण समझ लिया होगा क्योंकि वह मेरे साथ असाधारण नम्रता और आदर से पेश आ रहा था। मैं पियानो के पास गई, पर उसने उसे बन्द कर दिया और चाबी अपनी जेब में डाल ली।

"अपना मन खराब नहीं करो। इस समय तुम्हारे अन्दर जो संगीत की स्वर-लहरियाँ उठ रही हैं वे संसार के किसी भी संगीत से श्रेष्ठतर हैं।"

मेरा रोम-रोम कृतज्ञता से भर उठा। पर साथ ही मेरे दिल में एक हल्का सा क्षोभ भी उठा कि मेरे मन की बात जो सबसे छिपी थी, इसने झट से और हू-ब-हू ठीक समझ ली है। भोजन करते समय कहने लगा कि एक तो मैं तुम लोगों को जन्म-दिन पर मुबारक देने आया हूँ, दूसरे तुमसे विदा लेने। कल ही मुझे मास्को जाना है। उसने ये शब्द कात्या की ओर देखकर कहे, फिर मेरी ओर देखा। उसके चेहरे के भाव से ही मैं समझ गई—वह सोचे बैठा था कि यह समाचार सुनकर मेरा चेहरा उतर जाएगा। पर मैं न हैरान हुई और न घबराई ही। मैंने इतना भी नहीं पूछा कि वह ज़्यादा अरसे के लिए जा रहा है या कम अरसे के लिए। मैं जानती थी कि वह कहेगा : ज़्यादा अरसे के लिए जा रहा हूँ। पर मैं यह भी जानती थी कि वह कहीं नहीं जाएगा। यह मैं कैसे जान पाई ? आज भी मैं इसका स्पष्ट उत्तर नहीं दे सकती। पर उस रोज़ मुझे ऐसा भास हो रहा था जैसे

अतीत में जो भी कुछ घट चुका है, और भविष्य में जो कुछ भी घटनेवाला है, वह सब मैं जानती हूँ। मुझे लगता जैसे मैं एक विलक्षण, स्वप्निल संसार में विचर रही हूँ, जहाँ प्रत्येक घटना पहले से घट चुकी है, और मैं उसे पहले से जान चुकी हूँ। वे सब घटनाएँ फिर से घटेंगी, और मुझे पहले से मालूम है कि वे किस भाँति घटेंगी।

भोजन के बाद वह सीधे चले जाना चाहता था, परन्तु कात्या गिरजे के उत्सव से थककर लौटी थी और कुछ देर सुस्ताने के लिए अन्दर चली गई थी। वह रुक गया, इस ख़याल से कि जब वह जागकर लौटेगी तो उससे विदा माँग कर जाएगा। दीवानख़ाने के अन्दर बड़ी धूप थी, इसलिए हम बाहर बरामदे में चले आए। मैं बैठते ही बिल्कुल शान्त भाव से उन बातों की चर्चा करने लगी जिन पर मेरे प्रेम का भविष्य निर्भर था। मैंने बैठते ही बात छेड़ दी, तनिक भी रुकी नहीं, इन्तज़ार नहीं किया, न पहले इसका कोई ज़िक्र किया, न ही बोलने का लहजा बदला, न कोई भूमिका बाँधी। यह सब इसलिए कि कहीं वार्तालाप का रुख़ न बदल जाए। मैं स्वयं हैरान थी कि मुझमें ऐसी स्थिरता और दृढ़ता कहाँ से आ गई, कैसे वही शब्द मेरे मुँह में से निकलने लगे जो निकलने चाहिए थे, मानो उस समय मैं नहीं, मेरे अन्दर कोई और जीव बोल रहा था जिस पर मेरी इच्छाशक्ति का कोई अधिकार नहीं था। वह ऐन मेरे सामने रेलिंग का सहारा लिए बैठा था। उसने लिलैक झाड़ी की एक पतली सी टहनी पकड़ रखी थी और एक-एक करके उसके पत्ते तोड़ रहा था। जब मैंने बोलना शुरू किया तो उसने टहनी छोड़ दी और एक हाथ पर अपना सिर टिका लिया। उसकी यह मुद्रा एक पूर्णतया शान्त आदमी की भी हो सकती थी और एक बेचैन आदमी की भी।

"तुम क्यों जा रहे हो ?" मैंने सीधे उसकी ओर देखते हुए, एक-एक शब्द तौलते हुए, धीरे-धीरे कहा।

उसने तत्काल जवाब नहीं दिया। कुछ देर बाद अपनी पलकें झुकाते हुए बोला :

"काम है।"

मैं जानती थी कि उसके लिए मेरे सामने झूठ बोलना आसान नहीं, विशेषकर जब मैंने सीधे ही सवाल पूछ लिया था।

"कई कारणों से आज का दिन मेरे लिए बड़ा महत्त्वपूर्ण है," मैं बोली, "यदि मैं तुमसे पूछती हूँ कि क्यों जा रहे हो तो औपचारिकता निभाने के लिए नहीं। मुझे कहने की ज़रूरत नहीं, तुम भली-भाँति जानते हो कि मुझे तुमसे अपनापन हो गया है। मैं जानना चाहती हूँ कि तुम क्यों जा रहे हो ?"

"मेरे जाने का असल कारण बताना मेरे लिए बड़ा कठिन है," उसने उत्तर दिया। "पिछले एक सप्ताह से मैं तुम्हारे और अपने बारे में बहुत कुछ सोचता रहा हूँ। और मैं इस नतीजे पर पहुँचा हूँ कि मुझे ज़रूर चले जाना चाहिए। तुम कारण जानती हो, और यदि तुम मेरा हित चाहती हो तो मुझे आशा है, इससे अधिक कहने के लिए मुझे मजबूर नहीं करोगी।" उसने अपना माथा पोंछा और हाथ से आँखें बन्द कर लीं, "मेरे लिए बड़ा कठिन है...तुम समझ सकती हो।"

मेरा दिल धक्-धक् करने लगा।

''मैं कुछ भी नहीं समझ सकती,'' मैंने कहा, ''मैं कुछ नहीं समझती। तुम्हें मुझे ज़रूर बताना होगा...मेरी ख़ातिर, इस दिन की ख़ातिर जिसका मेरे लिए इतना महत्त्व है। कहो, तुम जो भी कहोगे मैं सुन लूँगी, सह लूँगी।''

उसने घूमकर मेरी ओर देखा, और फिर टहनी को पकड़ लिया।

''तो,'' उसने कहा, फिर क्षण-भर के लिए रुक गया। उसकी आवाज़ काँप रही थी, जिसे स्थिर करने का वह निष्फल प्रयास कर रहा था, ''मैं बताने की कोशिश करूँगा, हालाँकि इसे शब्दों में व्यक्त करना असम्भव है, और मूर्खतापूर्ण भी, और मेरे लिए बड़ा कष्टकर है, तो भी...'' उसने भौंहें सिकोड़कर कहा, मानो किसी शारीरिक पीड़ा के कारण वह व्याकुल हो उठा हो।

''तो...'' मैंने कहा।

''फ़र्ज़ करो कि एक आदमी है—हम उसे 'क' कहकर पुकारेंगे। यह आदमी बूढ़ा है और अपनी जिन्दगी गुज़ार चुका है। उधर एक लड़की है—हम उसे 'ख' कहेंगे—वह जवान है, सुखी है, और दुनिया के बारे में तथा जीवन के बारे में कुछ नहीं जानती। पारिवारिक परिस्थितियों के कारण वह उसे अपनी बेटी की तरह प्यार करने लगा है। उसे इस बात की आशंका नहीं थी कि उसका प्रेम कोई दूसरा रूप भी धारण कर सकता है।''

वह रुक गया। मैं इन्तज़ार करने लगी कि वह कब फिर बोलना शुरू करेगा।

''पर 'क' यह भूल गया कि 'ख' उम्र में बहुत छोटी है, कि जीवन उसके लिए अभी खिलवाड़ है।'' अब वह बिना मेरी ओर देखे, जल्दी-जल्दी धृष्टता से बोलने लगा, ''वह यह भी भूल गया कि उसे दूसरी तरह से प्यार करना तो आसान है, पर लड़की उसे केवल खेल ही समझती रहेगी। वह चूक गया, और सहसा एक दूसरी भावना का अनुभव करने लगा जो पश्चात्ताप के समान कष्टकर थी, और वह डर गया। उसे डर था कि उनकी पहली मैत्री को क्षति पहुँचेगी, और उसने निश्चय कर लिया कि ऐसा होने से पहले वह वहाँ से चला जाएगा।'' यह कहते हुए उसने लापरवाही से आँखों को मला और उन्हें फिर बन्द कर लिया।

''वह दूसरे ढंग से उससे प्रेम करने से डरता क्यों था ?'' मैंने बहुत धीरे से अपने हृदय के आवेग को दबाते हुए और अपनी आवाज़ में स्थिरता लाने का भरसक प्रयत्न करते हुए पूछा। मेरे इस सवाल में उसे व्यंग्य का भास हुआ होगा क्योंकि उसके जवाब से यों जान पड़ा जैसे उसे कष्ट पहुँचा हो।

''तुम जवान हो, मैं जवान नहीं हूँ। तुम खेलना चाहती हो, पर मैं कुछ और ही चाहता हूँ। तुम बेशक खेलो, पर मेरे साथ नहीं, क्योंकि शायद मैं यह समझने लगूँ कि तुम सचमुच मुझसे प्रेम करने लगी हो। इससे मुझे कष्ट पहुँचेगा और तुम लज्जित महसूस करोगी...'क' ने यही कहा,'' सेर्गेई मिख़ाइलोविच कहता गया। ''यह सब महज़ बकवास है, पर तुम जानती हो मैं क्यों जा रहा हूँ। कृपा करके अब इस विषय पर और बात न करो।''

"नहीं-नहीं, हम ज़रूर बात करेंगे !" मैंने चिल्लाकर कहा, मेरी आवाज़ रुँध गई थी, "क्या वह उससे प्यार करता था या नहीं ?"

उसने कोई उत्तर नहीं दिया।

"अगर वह उससे प्यार नहीं करता था तो उसने उसके साथ यह खिलवाड़ क्यों किया, मानो वह कोई बच्ची हो ?"

"ठीक है, ठीक है, 'क' का दोष था," उसने झट से मेरी बात काट दी, "पर यहीं इस कहानी का अन्त हो गया...और उन्होंने मित्रों की तरह एक दूसरे से विदा ली।"

"पर यह तो बड़ी भयानक बात है ! क्या इसका कोई दूसरा अन्त नहीं हो सकता ?" मैं केवल बुदबुदा पाई। मैं अपने ही शब्दों से डर रही थी।

"हाँ, है," उसने अपने चेहरे पर से हाथ हटाकर और सीधे मेरी ओर देखते हुए कहा। "इसके दो भिन्न अन्त हुए, पर मैं प्रार्थना करूँगा कि तुम मेरी बात काटे बिना, शान्ति से सुनती जाओ।" वह उठ खड़ा हुआ। उसके चेहरे पर एक बड़ी दर्द-भरी मुस्कान आ गई। वह कहने लगा : "कुछ लोग कहते हैं कि 'क' उन्मत्त हो उठा, पागलों की तरह 'ख' से प्रेम करने लगा, और उस पर अपना प्रेम प्रकट भी कर दिया...पर वह लड़की केवल उस पर हँसती रही। लड़की का इससे दिल बहलाव हो रहा था, पर उसके लिए ज़िन्दगी और मौत का सवाल था।"

मैं चौंक पड़ी, और बीच में बोलकर यह कहना ही चाहती थी कि वह मेरे बारे में कुछ भी कहने का दुःसाहस न करे जब उसने अपना हाथ मेरे हाथ पर रखकर मुझे रोक दिया।

"ठहरो," उसने कहा। उसकी आवाज़ काँप रही थी, "और लोग कहते हैं कि उस लड़की को उस पर दया आ गई। उस बेचारी को जीवन का अनुभव तो कोई था नहीं, उसने समझा कि वह सचमुच उससे प्रेम कर सकती है, और उसने उसकी पत्नी बनना स्वीकार कर लिया। और उस पागल को यह विश्वास होने लगा कि वह फिर से अपना जीवन शुरू कर सकता है। पर जल्दी ही उस लड़की को पता चल गया कि दोनों एक दूसरे को धोखा दे रहे थे...पर हम इस बारे में कोई और बात नहीं करेंगे," उसने बात समाप्त कर दी। ज़ाहिर था कि वह इससे आगे कुछ भी कहने में असमर्थ था। और चुपचाप मेरे सामने बरामदे में इधर-उधर टहलने लगा।

उसने कहा था कि "हम इससे अधिक इस बारे में बात नहीं करेंगे," पर मैं देख रही थी कि वह स्वयं अत्यन्त उद्विग्न हो उठा था और इस इन्तज़ार में था कि मैं कुछ कहूँ। मैं बोलना चाहती थी पर मेरा गला रुँध गया था। मैंने उसकी ओर देखा—उसका चेहरा पीला पड़ गया था और निचला होंठ काँप रहा था। मुझे उस पर तरस आने लगा। मैंने बोलने की कोशिश की, और उस चुप्पी को तोड़ते हुए जिसने मुझे जकड़ रखा था, मैंने धीरे-धीरे, गम्भीर आवाज़ में कहना शुरू किया। मुझे डर था कि किसी वक़्त भी मेरी आवाज़ टूट सकती है।

"एक तीसरा अन्त भी है," मैंने कहा, और फिर रुक गई। वह चुप रहा, "तीसरा

अन्त यह था कि उसे उस लड़की से कोई प्यार नहीं था और उसने उसे बहुत दुःखी किया। वह आदमी यह सोचकर वहाँ से चला गया कि वह जो कुछ कर रहा है ठीक है। किसी कारण उसे इसका दम्भ भी था। यह तुम्हारे लिए खिलवाड़ था, मेरे लिए नहीं। मैं शुरू से ही तुमसे प्रेम करती आई हूँ। मैं सच कहती हूँ, मैं तुमसे प्रेम करती थी," मैंने दोहराकर कहा। और यह कहते हुए, मेरी आवाज़ जो पहले शान्त और गम्भीर थी एक चीख़ में बदल गई जिससे मैं स्वयं डर गई।

वह मेरे ऐन सामने खड़ा था। उसका चेहरा ज़र्द था, उसका निचला होंठ अधिकाधिक काँपने लगा था, उसके गालों पर दो आँसू लुढ़क पड़े।

"यह तुमने बहुत बुरा किया !" मैं चिल्ला उठी। मेरे आँसू जो गिर नहीं पाए थे मेरे गले को रूँधने लगे थे। मैं क्षुब्ध हो उठी थी। "तुमने ऐसा क्यों किया ?" मैंने कहा और वहाँ से उठकर जाने लगी।

उसने मुझे रोक लिया। दूसरे क्षण उसका सिर मेरे घुटनों पर था,उसके होंठ मेरे काँपते होंठों को चूम रहे थे जो उसके आँसुओं से भीग गए थे।

"हे भगवान् ! काश कि मैं पहले से जान पाता !" वह बुदबुदाया।

"तुमने ऐसा क्यों किया ? क्यों किया ?" मैं बार-बार कह रही थी, पर दिल ही दिल में मैं खुश थी। मुझे ऐसी खुशी का अनुभव हो रहा था जो अब सदा के लिए जा चुकी है, और कभी लौटकर नहीं आएगी।

पाँच मिनट बाद सोन्या भागी हुई ऊपर कात्या के पास गई और चिल्लाकर सारे घर को सुनाने लगी कि माशा और सेर्गेई मिख़ाइलोविच का ब्याह होगा।

5

शादी की तारीख कुछ दिन आगे बढ़ा देने में कोई तुक न थी, न मैं चाहती थी और न ही वह ऐसा चाहता था। हाँ, कात्या की इच्छा जरूर थी कि मास्को जाकर दहेज बनवा लाए। उधर सेर्गेई मिख़ाइलोविच की माँ भी चाहती थी कि शादी से पहले, एक नई घोड़ा-गाड़ी, नया फ़र्नीचर ख़रीदे जाएँ, और दीवारों पर नया काग़ज़ लगवाया जाए। पर हम दोनों नहीं माने। हम कहते कि यदि इन चीज़ों को ज़रूर ही लेना है तो ये शादी के बाद भी ली जा सकती हैं। इस समय तो चुपचाप, जन्मदिन के दो सप्ताह बाद, बिना किसी दहेज या पुराने आडम्बर के, शादी कर ली जाए। न दूल्हे के साथी की ज़रूरत है और न दुल्हन की सखियों की। न ही सहभोज और शैम्पेन आदि की कोई ज़रूरत है। वह कहने लगा कि यदि शादी पर संगीत नहीं हुआ, और सामान के ढेर से बक्से और ट्रंक नहीं हुए, और घर की सफ़ेदी-मरम्मत नहीं हुई तो माँ को तसल्ली नहीं होगी। उसके अपने ब्याह पर तीस हज़ार रूबल खर्च आया था। कहने लगा, माँ चुपचाप, असबाबवाली कोठरी में, गृह-प्रबन्धिका मार्युश्का के साथ क़ालीनों और पर्दों और प्लेटों

के हिसाब लगाती रहती है। वह समझती है कि इन चीज़ों के बिना हमारा विवाहित जीवन सुखी नहीं होगा। हमारे घर में भी यही कुछ चल रहा था। कात्या, हमारी बूढ़ी धाय कुज़्मीनिश्ना के साथ मिलकर यही बातें सोचा करती थी। उसके साथ इस विषय पर मज़ाक़ तक करना असम्भव था। उसे पक्का यक़ीन था कि हम दोनों जब मिलकर अपने भावी जीवन के मंसूबे बनाते होंगे तो केवल प्यार-मुहब्बत की या इधर-उधर की मामूली बातें करते रहते होंगे, क्योंकि सभी प्रेमी यही कुछ करते हैं। जो विवाहित जीवन सचमुच सुखी बनाना हो तो क़मीज़ें अच्छी सिली होनी चाहिए और मेज़पोशों और नैपकिनों पर बढ़िया मग़ज़ी लगी होनी चाहिए। वह तो यही समझती थी। दिन में कई-कई बार तैयारियों के बारे में गुप्त सन्देश, एक-दूसरे को भेजे जाते। ऊपर से तो कात्या और सेर्गेई मिख़ाइलोविच की माँ तत्याना सेम्योनोव्ना के सम्बन्ध बड़े स्नेहपूर्ण थे पर अन्दर ही अन्दर उनके बीच सूक्ष्म कूटनीति और विरोध का भास ज़रूर मिलता था। तत्याना सेम्योनोव्ना को अब मैं अधिक जानने लगी थी। अत्यन्त शिष्ट और हर बात नियमानुकूल करनेवाली कुलीन महिला थी। उस जैसी स्त्रियाँ आजकल कम देखने को मिलती हैं, क्योंकि उनका वक़्त बीत चुका है। सेर्गेई मिख़ाइलोविच उससे बेहद प्यार करता था। माँ के नाते उसे प्यार करना उसका फ़र्ज़ तो था ही, मगर वह उसे संसार-भर में सबसे अच्छी, दयालु हृदय, योग्य और स्नेहमयी स्त्री समझता था। हम पर वह सदा ही मेहरबान रही थी, विशेषकर मुझ पर, और उसे अपने बेटे के ब्याह का बड़ा चाव था। फिर भी जब मैं उसके बेटे की मँगेतर के नाते उससे मिलने गई तो मुझे ऐसा महसूस हुआ जैसे वह जताना चाहती है कि उसके बेटे को मुझसे अच्छी लड़कियाँ मिल सकती थीं, और यह बात मुझे सदा याद रखनी चाहिए। मैंने उसके मन की बात अच्छी तरह समझ ली। स्वयं भी मेरा यही विचार था।

इन अन्तिम दो हफ़्तों में मैं और सेर्गेई मिख़ाइलोविच एक दूसरे से रोज़ मिलते रहे। वह शाम के भोजन के समय आता और आधी रात तक हमारे यहाँ ही रहता। वह कहता तो था कि वह मेरे बिना ज़िन्दा नहीं रह सकता (और मैं जानती थी कि वह सच कह रहा है) परन्तु उसने समूचा दिन कभी भी मेरे साथ नहीं बिताया। उसकी अब भी यही कोशिश रहती कि अपने काम-काज़ में लगा रहे। बाह्य रूप से हमारे सम्बन्धों में कोई परिवर्तन नहीं आया। वह अब भी मुझे मरीया अलेक्सान्द्रोव्ना कहकर ही बुलाता, बल्कि मेरा हाथ तक नहीं चूमता था। मेरे साथ अकेले बैठने के अवसर ढूँढ़ना तो दूर रहा, ऐसे अवसर जब मिलते भी तो उनसे भागता था। उसे डर था कि वह कहीं अपने हृदय के उद्गार व्यक्त नहीं करने लगे। इसे वह बुरा समझता था। मैं अब उसे अपने से बड़ा नहीं समझती थी। मैं नहीं जानती कि हम दोनों में से कौन बदल गया था। पहले उसकी सरलता मुझे अस्वाभाविक लगती थी, परन्तु अब वह मुझे एक हँसमुख बालक सा लगता था, ऐसे पुरुष की तरह नहीं जिसे देखकर मेरे मन में आदर या डर का भाव पैदा हो। ''ऐसा है यह आदमी !'' मैं मन ही मन कहती। ''बिल्कुल मुझ सा ही तो है ! मुझसे भिन्न नहीं है।'' अब मुझे महसूस हुआ कि मैं उसे पूर्णतया जान गई हूँ। उसका कुछ

भी अब मुझसे छिपा नहीं था। अब मुझे उसकी हर बात सुन्दर, सरल और मेरे स्वभाव के अनुकूल लगती थी। यहाँ तक कि भावी जीवन के बारे में उसकी योजनाएँ भी, बिल्कुल मेरी कल्पनाओं से मेल खाती थीं। भेद था तो केवल इतना कि वह इन्हें अधिक स्पष्ट और प्रभावशाली शब्दों में व्यक्त करता था।

मौसम खराब था इसलिए हम लगभग सारा वक़्त घर पर ही बैठे रहते। हमारी सबसे प्यारी, घनिष्ठतम बातें दीवानख़ाने में ही हुआ करतीं, उस कोने में जो खिड़की और पियानो के बीच था। अँधेरी खिड़की में मोमबत्ती की परछाईं पड़ती। किसी-किसी वक़्त चमकते शीशे पर बारिश की एकाध बूँद आ गिरतीं और नीचे की ओर सरकने लगतीं। छत पर बारिश की टप-टप और परनाले में से पानी की गड़गड़ाहट सुनाई देती रहती। बारिश की नमी रिस-रिसकर खिड़की के चौखटे में से अन्दर आती। इन सब बातों के कारण हमारा वह कोना और भी स्निग्ध, पहले से भी अधिक प्यारा और सजीव हो उठा था।

"बहुत दिनों से मैं तुम्हें एक बात कहना चाहता था," एक दिन उसने कहा। रात काफ़ी बीत चुकी थी और हम अकेले अपने कोने में बैठे थे। "जब तुम पियानो बजा रही थीं तब भी मैं उसी के बारे में सोच रहा था।"

"तुम्हें कुछ भी कहने की ज़रूरत नहीं, मैं तुम्हारे कहे बिना ही तुम्हारे मन की बात जान जाती हूँ," मैंने कहा।

वह मुस्कुराया।

"हाँ, ठीक है। मैं कुछ नहीं कहूँगा।"

"नहीं। कहो, क्या बात है ?"

तुम्हें याद है, एक बार मैंने तुमसे 'क' और 'ख' के बारे में एक बात कही थी ?"

"भला ऐसी बेवक़ूफ़ी की बात मैं कैसे भूल सकती हूँ। पर चलो, उसका अन्त तो बुरा नहीं रहा..."

"मैं कुछ और कहता तो अपने ही हाथों अपने सुख का नाश कर देता। पर सच कहूँ तो मैंने तुमसे ठीक-ठीक नहीं कहा था। और यह बात मुझे अन्दर ही अन्दर कचोटती रहती है। आज मैं उस बात को अन्त तक तुम्हें सुनाना चाहता हूँ।"

"नहीं, कुछ भी मत कहो।"

वह मुस्कुराया।

"डरो नहीं, मैं सिर्फ़ अपनी सफ़ाई पेश करूँगा। जब मैंने बात शुरू की थी तो मैं दलीलें देकर किसी नतीजे पर पहुँचना चाहता था।"

"दलीलें देकर ?" मैंने पूछा, "इनसे भी कभी कोई लाभ हुआ करता है ?"

"तुम ठीक कहती हो। और मेरी दलीलें भी बेतुकी थीं। इस बार जब मैं गर्मियों में यहाँ आया तो लगता था जैसे जीवन की समस्त भूलों और निराशाओं के बाद अब मैं किसी से प्रेम नहीं कर सकता। अब मैं केवल यही कर सकता हूँ कि अपने जीवन को कर्तव्य समझकर जैसे-तैसे काट दूँ। इसके बाद, बड़ी देर तक मैं तुम्हारे प्रति अपने

दिल की भावनाओं को भी नहीं समझ पाया। यह भी नहीं जानता था कि इनका परिणाम क्या होगा। एक दिन सोचता कि तुम खिलवाड़ कर रही हो, पर दूसरे दिन मुझे तुम्हारी सरलता पर विश्वास होने लगता। मेरी समझ में नहीं आता था कि क्या करूँ। पर उस रात के बाद, जब, तुम्हें याद होगा, हम बाग़ में टहलते रहे थे, मैं डर गया। मुझे अपना सुख असम्भव जान पड़ने लगा। इसे पाने की मैं आशा तक नहीं कर सकता था। सचमुच, यदि मैं आस लगाए रहता, और मेरी उम्मीदें धूल में मिल जातीं तो मेरी क्या गति होती ? मैं सारा वक्त अपने ही बारे में सोचता रहता था क्योंकि मैं घोर अहंवादी हूँ।''

वह रुककर मेरी ओर देखने लगा।

''फिर भी, मैंने जो कुछ कहा वह सबका सब बकवास नहीं था। मेरे डरने का कारण था और मुझे डरना ही चाहिए था। तुमने मुझे इतना कुछ दिया है, और स्वयं मेरे पास देने को कुछ भी नहीं। तुम तो अभी बच्ची हो, एक कली जो खिलने जा रही है। तुम पहली बार प्रेम कर रही हो, और मैं...''

''तुम सच-सच बताओ, क्या तुमने...'' मैंने कहना शुरू किया, पर मैं उसके उत्तर से डरती थी, ''नहीं-नहीं, कुछ भी मत कहो,'' मैंने कहा और चुप हो गई।

''यही जानना चाहती हो न कि क्या मैंने पहले कभी प्रेम किया है ?'' मेरे मन की बात उसने झट बूझ ली। ''मैं इसका जवाब दे सकता हूँ। नहीं किया। जैसा मैं अब महसूस करता हूँ वैसे मैंने पहले कभी भी महसूस नहीं किया...'' पर उसी समय कोई दुःखद स्मृति सहसा उसके मन में कौंध गई। ''मैं यह जानना चाहता था कि यदि मैं अपना दिल तुम्हारे क़दमों पर रख दूँ तो बदले में क्या तुम्हारे दिल को भी अपना कह सकूँगा या नहीं ?'' उसने उदास सी आवाज़ में कहा। ''अपना प्रेम प्रकट करने से पहले क्या मेरे लिए यह ज़रूरी नहीं था कि मैं अच्छी तरह सोच-विचार लेता ? मेरे पास, प्यार के अलावा, देने को है ही क्या ?''

''क्या इसे तुम कम समझते हो ?'' मैंने उसकी आँखों में आँखें डालकर पूछा।

''बहुत कम प्रिये, तुम्हारे लिए यह बहुत कम है,'' उसने उत्तर दिया, ''तुम जवान हो, सुन्दर हो। कई बार मैं रात-रात-भर सो नहीं पाता। मैं यही सोचता रहता हूँ कि हमारा भावी जीवन कैसा होगा। मैंने जीवन में बहुत कुछ देखा है। और मुझे लगता है जैसे मैं सच्चे सुख का रहस्य जान गया हूँ। सच्चा सुख देहात के एकान्त जीवन में है, जिसमें परमार्थ सेवा के कुछ अवसर मिलते रहें। उन लोगों की सेवा करना तो आसान होता है जिन्हें सेवा की कोई आशा न हो। साथ ही मनुष्य कोई उपयोगी काम करे। फिर अवकाश, प्राकृतिक सौन्दर्य, पुस्तकें, संगीत, अपने प्रियजनों का प्यार–मेरे लिए इनमें सुख है। इनसे बेहतर मैं किसी चीज़ की कल्पना नहीं कर सकता। इस पर तुम जैसा साथी, और सम्भव है परिवार। इससे अधिक मैं क्या माँग सकता हूँ ?''

''ठीक है,'' मैंने स्वीकार किया।

''मेरे लिए ठीक है, क्योंकि मेरी जवानी बीत चुकी है, लेकिन तुम्हारे लिए नहीं,'' वह कहता गया, ''तुमने अभी जीवन नहीं देखा। शायद तुम्हें किन्हीं और चीज़ों से

सुख मिले। तुम उन्हें प्राप्त भी करना चाहोगी। इस समय तो मेरी बताई चीज़ों में तुम्हें सुख नज़र आता है, क्योंकि तुम्हें मुझसे प्रेम है।''

''नहीं, यह बात नहीं। मुझे सदा ही शान्त, पारिवारिक जीवन अच्छा लगता रहा है। इससे बढ़कर मुझे कोई चीज़ अच्छी नहीं लगती,'' मैंने कहा, ''तुमने मेरे ही मन की बात कही है।''

वह मुस्कुराया।

''तुम्हें केवल ऐसा भास होता है, प्रिये। तुम्हारे लिए यह बहुत कम है। तुम युवा हो, सुन्दर हो,'' उसने विचारशील मुद्रा में कहा।

मैं खीझ उठी कि उसे मुझ पर विश्वास नहीं है। मुझे लगा जैसे वह मेरे रूप और यौवन की भर्त्सना कर रहा है।

''तुम मुझसे प्रेम ही क्यों करते हो ?'' मैंने चिढ़कर कहा, ''क्या मेरे यौवन से तुम्हें प्रेम है या मुझसे ?''

''मैं नहीं जानता पर मैं तुमसे प्यार करता हूँ,'' उसने मेरी आँखों में आँखें डालकर कहा। मैं अभिभूत हो गई।

मैंने कोई उत्तर नहीं दिया, पर मेरी आँखें उसकी आँखों की ओर खिंच गईं। सहसा मैं अजीब सा महूसस करने लगी। मेरी आँखों के सामने से आसपास की सभी चीज़ें ओझल हो गईं, फिर उसका चेहरा भी ओझल हो गया, केवल उसकी आँखें मेरी आँखों के निकट चमकती रहीं। फिर उसकी आँखें मेरी आँखों में समा गई, और हर तरफ़ अँधेरा छा गया। मैंने आँखें भींच लीं। हार्दिक आनन्द और भय से मैं सिहर उठी।

हमारी शादी से एक दिन पहले मौसम साफ़ हो गया। बारिश के स्थान पर शरद की पहली स्वच्छ और शीतल सन्ध्या खिल उठी। हर चीज़ भीगी-भीगी, सर्द और उजाले में नहाई सी थी। बाग़ में भी आज पहली बार शरद् का वातावरण था–बड़ा खुला-खुला, रंगीन और खाली-खाली सा लग रहा था। आसमान साफ़ और शीतल था। उसके रंग में हल्की-हल्की नीलिमा आ गई थी। उस रात जब मैं सोने के लिए गई तो मेरा दिल बहुत खुश था। मैं सोचती थी कि मेरी शादीवाले दिन मौसम अच्छा होगा। सूरज निकल चुका था जब दूसरे दिन मेरी नींद टूटी। मुझे याद आया कि आज तो मेरी शादी है। मैं बड़ा विचित्र सा अनुभव करने लगी और कुछ डर सी गई। मैं उठकर बाग़ में गई। लाइम के पेड़ों की टहनियाँ पीली पड़ चुकी थीं और उनके पत्ते झर रहे थे। सूरज की किरणें छन-छनकर उनमें से आ रही थीं। रविशों पर पत्ते छितरे हुए थे और सरसरा रहे थे। रोवन पेड़ों पर सूखे बेर लटक रहे थे जो सूर्य के प्रकाश में गहरे लाल रंग के नज़र आ रहे थे। पाले के कारण उनके पत्ते या तो मर गए थे या सिकुड़कर रह गए थे। डेलिया के फूल बेजान होकर काले पड़ गए थे। घर के निकट बर्डाक के पत्तों पर, जो लोगों के पाँवों तले रौंदे जा चुके थे, तथा घास पर, पाले का आवरण चाँदी की तरह झिलमिला रहा था। घास पीली पड़ने लगी थी। स्वच्छ, शीतल आकाश में एक भी बादल नहीं था। हो भी कैसे सकता था ?

"क्या सचमुच वह दिन आ गया है ?" मैंने मन ही मन कहा। मुझे अपने सुख पर विश्वास नहीं हो रहा था। "कल जब मैं सोकर उठूँगी तो क्या सचमुच इस घर में नहीं, बल्कि निकोल्स्कोये के उस अपरिचित, खम्भोंवाले घर में उठूँगी ? क्या मैं फिर कभी भी उसकी राह नहीं देखा करूँगी, कभी भी उसे आगे बढ़कर नहीं मिलूँगी, कभी भी रात के वक़्त कात्या के साथ उसके बारे में बातें नहीं किया करूँगी ? क्या फिर कभी भी दीवानख़ाने में उसके सामने बैठकर पियानो नहीं बजाऊँगी, उसे फाटक तक छोड़ने नहीं जाऊँगी, और रात में उसके सही सलामत घर पहुँच जाने की दुआएँ नहीं मागूँगी ?" कल शाम उसने कहा था कि इस घर में आज मैं आखिरी बार आया हूँ। कात्या ने भी जब मुझे शादी का गाउन पहनाकर देखा तो यही शब्द कहे, "बस, एक दिन और।" क्षण-भर के लिए तो मुझे विश्वास हो गया पर मैं फिर सन्देह में पड़ गई।" क्या यह सम्भव है कि आज के बाद मैं उसके घर में उसकी माँ के साथ रहा करूँगी ? मेरे साथ न नदेज़्दा होगी, न बूढ़ा ग्रिगोरी, न कात्या ? क्या मैं अपनी बूढ़ी धाय को सोने से पहले अब कभी भी चूमा नहीं करूँगी ? और वह भी कभी मेरे ऊपर क्रास का चिह्न लगाकर नहीं कहेगी : 'सुख की नींद सोओ, बेटी !' क्या मैं सोन्या को पढ़ाया नहीं करूँगी, उसके साथ खेलूँगी नहीं, सुबह-सुबह उसके कमरे की दीवार को खटखटाऊँगी नहीं, जिसे सुनकर वह इतना चहकने लगती है ? उसकी मीठी हँसी को नहीं सुन पाऊँगी। क्या यह सम्भव है कि आज के बाद मैं अपने लिए ही अजनबी हो जाऊँगी ? मेरे सामने एक नए जीवन के द्वार खुलने लगेंगे जिसमें मेरी आशाएँ और स्वप्न साकार हो उठेंगे ? क्या यह सम्भव है कि सदा के लिए यह नया जीवन चलता रहेगा ? मैं बड़ी बेताबी से सेर्गेई मिख़ाइलोविच का इन्तजार कर रही थी। मेरे लिए अकेले बैठकर सोचते रहना बड़ा कठिन था। वह जल्दी ही आ गया और तब मुझे विश्वास होने लगा कि आज से मैं उसकी पत्नी हूँगी। तभी इस विचार से मुझे डर लगना बन्द हो गया।

भोजन से पहले हम गिरजाघर गए जहाँ पिताजी की स्मृति में प्रार्थना का आयोजन था।

"काश, वे इस समय जिन्दा होते !" गिरजाघर से लौटते हुए मैं सोच रही थी। मेरा हाथ उस व्यक्ति के बाजू पर टिका था जो मेरे पिता का सबसे गहरा मित्र हुआ करता था। प्रार्थना के समय सिर नवाते हुए मैं यहाँ तक झुकी थी कि मेरा माथा गिरजे के ठंडे फ़र्श तक को छूने लगा था। उस समय मुझे लगा जैसे मेरे पिता मेरे सामने खड़े हैं। मुझे पूर्ण विश्वास था कि उनकी आत्मा मेरी आत्मा को पूर्णतया समझती है और उन्होंने मेरे वर चुनने पर मुझे आशीर्वाद दिया है। मुझे यों जान पड़ता था जैसे उनकी आत्मा हमारे ऊपर मँडरा रही है, और मुझे उनके आशीर्वाद के शब्द सुनाई दे रहे हैं। स्मृतियाँ और आशाएँ, सुख और अवसाद, सभी मिल गए थे और मेरा हृदय गम्भीर तथा मधुर भावना से भर उठा था। बाहर का वातावरण भी इसी भावना के अनुरूप था। शान्त समीर बह रहा था, चारों ओर निस्तब्धता थी, खेत सूने पड़े थे, आकाश पीला पड़ गया था और सूर्य की किरणों में इतनी उष्णता न थी कि वे चेहरे को गरमा सकें।

मुझे लगा जैसे मेरा साथी मेरी भावना को समझता है, और उसके हृदय में भी यही भावना व्याप रही है। वह चुपचाप, बिना कुछ कहे, चलता जा रहा था। किसी-किसी वक़्त मैं आँख उठाकर उसकी ओर देखती, और मुझे उसके चेहरे पर वही गम्भीर भाव नज़र आता जिसमें खुशी और अवसाद दोनों मिले थे और जो मेरे दिल में और मेरे आसपास की हर चीज़ पर छाया हुआ था।

सहसा वह मेरी ओर मुड़ा। वह कुछ कहना चाहता था। "क्या यह सम्भव है कि जो बात मेरे मन में उठ रही है, यह उसकी चर्चा न करके कोई दूसरी ही बात कहना चाहता है ?" सहसा मुझे ख़याल आया। पर वह मेरे पिता की चर्चा करने लगा। उनका नाम लिये बिना ही कहने लगा :

"एक बार उन्होंने कहा था 'मेरी माशा से ब्याह करना'। ज़ाहिर है मज़ाक कर रहे थे।"

"वह इस समय होते तो कितने खुश होते !" मैंने उसका बाज़ू दबाते हुए कहा।

"हाँ, तुम उन दिनों छोटी सी बच्ची थीं," मेरी आँखों में आँखें डालकर वह कहने लगा, "मैं तुम्हारी आँखों को चूमा करता था। ये मुझे केवल इसलिए प्यारी लगती थीं कि उनकी आँखों से मिलती थीं। मुझे मालूम नहीं था कि एक दिन स्वयं भी मुझे उतनी ही अधिक प्यारी लगने लगोगी। मैं उन दिनों तुम्हें माशा कहकर बुलाया करता था।"

"तुम अब भी मुझे माशा कहो।"

"मैं कहने ही वाला था," वह बोला, "मुझे अब कहीं इस बात का विश्वास होने लगा है कि तुम सचमुच मेरी हो।" और बड़ी देर तक वह शान्त, उल्लसित आँखों से मेरी ओर देखता रहा।

हम कटी हुई फ़सल के बीचोबीच चले जा रहे थे। इस रास्ते कोई नहीं जाता था। हमारे क़दमों तथा हमारे वार्तालाप की आवाज़ के अतिरिक्त कोई आवाज़ सुनाई न पड़ती थी। खड्ड के पार, एक तरफ़, फ़सल कट चुकी थी और कत्थई रंग की ज़मीन, दूर पेड़ों के एक नंगे झुरमुट तक फैली हुई थी। एक किसान, चुपचाप एक लकड़ी का हल लिये उस पर हलवाही कर रहा था। ज़मीन का जुता हुआ अँधियारा भाग धीरे-धीरे अधिक चौड़ा होता जा रहा था। पहाड़ी की तलहटी पर घोड़ों का एक झुंड घास चर रहा था, जो काफ़ी नज़दीक जान पड़ता था। दूसरी तरफ़ और आगे की ओर, हमारे बाग़ तक हलवाही की जा चुकी थी। बाग़ के पीछे हमारा घर नज़र आ रहा था। पाला गल चुकने के बाद ज़मीन काली पड़ चुकी थी, पर किसी-किसी जगह जाड़े के गेहूँ की हरी-हरी पट्टियाँ नज़र आने लगी थीं। इन सब पर निस्तेज सूर्य चमक रहा था। चारों ओर हर चीज़ पर मकड़ी के जाले उड़ रहे थे। वे कटे हुए खेत के सूखे ठूँठों में अटक-अटक जाते, हमारी आँखों में पड़ते, बालों में उलझते और कपड़ों पर से लटकने लगते। जब हम कोई बात करते तो हमारी आवाज़ जैसे उस स्थिर हवा में लटककर रह जाती। ऐसा लगता जैसे समस्त संसार में हम बिल्कुल अकेले हों, जैसे आकाश के नीले बिस्तार के नीचे हम अकेले हों, जिसमें सूरज चमक तो रहा था परन्तु उसमें तपन

का नाम न था।

मैं भी उसके पहले नाम—सेर्गेई—से उसे बुलाना चाहती थी, पर मेरे लिए यह कठिन था।

"सेर्गेई, तुम इतने तेज़-तेज़ क्यों चल रहे हो ?" मैंने कहा, और कहते ही महसूस करने लगी जैसे मुँह लज्जा से लाल हो रहा है। उसने रफ़्तार धीमी कर दी, और पहले से भी अधिक प्यार-भरी नज़र से मुझे देखने लगा। उसका चेहरा पहले कभी भी इतना खुश नज़र नहीं आया था।

हम घर पहुँचे। सेर्गेई मिख़ाइलोविच की माँ तथा वे मेहमान जिन्हें हमें बुलाना पड़ा था, हमारा इन्तज़ार कर रहे थे। इसके बाद मुझे उसके साथ अकेले बैठने का अवसर उस वक़्त तक नहीं मिला जब तक कि हम गिरजे में से निकलकर निकोल्स्कोये जाने के लिए अलग गाड़ी में नहीं बैठ गए।

गिरजाघर लगभग खाली था। मैंने कनखियों से देखा, सेर्गेई मिख़ाइलोविच की माँ सहगान मंच के निकट सीधी तनकर खड़ी थी। उसके पाँवों के नीचे क़ालीन बिछा था। कात्या ने बैंगनी रंग के फ़ीते लगी टोपी पहन रखी थी और उसकी गालों पर आँसू झलक रहे थे। घर में काम करनेवाले दो-तीन बन्धक-दास बड़े कौतूहल से मेरी ओर देख रहे थे। मैंने सेर्गेई मिख़ाइलोविच की ओर नहीं देखा, पर अपने निकट उसकी उपस्थिति का भास मुझे सारा वक़्त रहा। मैं बड़े ध्यान से प्रार्थना के शब्द सुन रही थी और उन्हें दोहरा रही थी, पर मेरे दिल पर उनका कोई असर नहीं हो रहा था। मेरा मन प्रार्थना में नहीं था। निस्तेज आँखों से मैं देव-प्रतिमाओं, मोमबत्तियों, पादरी के लबादे की पीठ पर बने क्रास, खिड़कियों और उस दीवार को देखे जा रही थी जिस पर देव-चित्र लटक रहे थे। मेरी समझ में कुछ नहीं आ रहा था। मुझे केवल इतना ही मालूम था कि मेरे साथ कोई असाधारण बात हो रही है। फिर पादरी, हाथ में क्रास उठाए, हमारी ओर मुड़ा। उसने मुझे बधाई दी। फिर कहने लगा कि उसी ने मुझे बपतिस्मा दिया था, और आज उसे ही मेरी शादी कराने का भी सौभाग्य प्राप्त हुआ है। कात्या और सेर्गेई मिख़ाइलोविच की माँ ने हमारा मुख चूमा, और मैंने ग्रिगोरी को गाड़ी के लिए हाँक लगाते हुए सुना। मुझे सहसा यह जानकर अचम्भा हुआ और मैं डर सी गई कि विवाह की कार्यवाही समाप्त भी हो चुकी है, और कोई असाधारण बात नहीं हुई। धार्मिक कृत्य तो सम्पन्न हो गया है, पर उसके अनुरूप मेरे हृदय में कोई कृत्य सम्पन्न नहीं हुआ। हमने एक दूसरे को चूमा, परन्तु यह चुम्बन कितना विचित्र, हमारे प्यार से कितना भिन्न था ! "बस, यही कुछ मुझे मिला," मैंने सोचा। हम ड्योढ़ी में आ गए। फिर ओसारे की मेहराबों के नीचे गाड़ी के पहियों की आवाज़ आई, और ताज़ी हवा का झोंका मेरे मुँह पर लगा। सेर्गेई मिख़ाइलोविच ने अपने सिर पर टोपी रखी, और मेरी बाँह को सहारा देकर मुझे गाड़ी में बिठाया। खिड़की में से मुझे ठिठुरता चाँद नज़र आया, आलोक वृत्त से घिरा हुआ। वह मेरी बग़ल में आकर बैठ गया और दरवाज़ा बन्द कर लिया। एक दर्द सा मेरे दिल में उठा। जिस आत्मविश्वास के साथ उसने दरवाज़ा बन्द किया वह तिरस्कारपूर्ण सा

जान पड़ा। मुझे कात्या की आवाज़ आई, वह मुझे सिर ढकने को कह रही थी। गाड़ी पहले पथरीली सड़क पर चलने लगी और थोड़ी देर बाद कच्ची सड़क पर आ गई। हम चल दिए। मैं अपनी तरफ़ के कोने में दबक गई और खिड़की में से बाहर देखने लगी। खेतों पर शीतल चाँदनी छिटकी थी जिनके बीचोबीच, दूर तक सड़क चली गई थी। मैंने उसकी ओर नहीं देखा, मगर मैं जानती थी कि वह मेरे पास बैठा है। "तो क्या, जिस घड़ी का मैं इतनी बेताबी से इन्तज़ार कर रही थी, उससे मुझे यही कुछ मिला ?" मेरे मन में यह प्रश्न कौंध गया। न मालूम क्यों, उस समय उसके साथ इतने निकट बैठने में मुझे हीनता और तिरस्कार का भास हुआ। मैं कुछ कहने के लिए उसकी ओर मुड़ी लेकिन ज़बान जैसे बन्द हो गई। मुझे लगा जैसे मेरे दिल में से उसके प्रति स्नेह की भावना का लोप हो गया है और उसका स्थान पीड़ा और भय ने ले लिया है।

मैंने उसकी ओर आँख उठाकर देखा तो वह कहने लगा :

"मुझे तो अब भी विश्वास नहीं हो पाता कि यह सच है।"

"जाने क्यों मुझे डर लग रहा है," मैं बोली।

"क्या मुझसे डर लगता है, प्रिये ?" मेरा हाथ अपने हाथ में लेते हुए उसने कहा, और उस पर अपना सिर झुका लिया।

मेरा हाथ निर्जीव सा उसके हाथ में पड़ा रहा। मैं बिल्कुल निरुत्साह हो रही थी।

"हाँ," मैं बुदबुदाई।

पर यह कहते ही मेरा दिल ज़ोर-ज़ोर से धड़कने लगा। काँपते हाथ से मैंने उसका हाथ पकड़ लिया। भावना की एक स्निग्ध लहर मेरे सारे शरीर में दौड़ गई, और उस झुटपुटे में मेरी आँखें उसकी आँखों को ढूँढ़ने लगीं। सहसा मुझे भास हुआ कि मैं उससे नहीं डरती। मैंने जाना कि यह डर ही प्रेम था—एक नए प्रकार का प्रेम, जो पहले से भी अधिक कोमल और गहरा था। मुझे महसूस हुआ जैसे मेरा सर्वस्व उसी का है। उसका पूर्णरूप से मुझपर अधिकार है। यह सोचकर ही हृदय में खुशी की लहर दौड़ गई।

दूसरा भाग

6

दिन और सप्ताह बीतने लगे। शान्त, ग्रामीण जीवन के दो महीने कैसे गुज़र गए, इसका पता भी न चला। जिस प्रेम, उत्तेजना और उल्लास का अनुभव इन दो महीनों में हुआ वह जीवन-भर के लिए काफ़ी था। हम अपना ग्रामीण जीवन कैसे बिताएँगे, इस सम्बन्ध में हम दोनों की इच्छाएँ तथा पूर्वकल्पनाएँ एक दूसरी से बिल्कुल पृथक् साबित हुईं। परन्तु यथार्थ में हमारा जीवन इनसे बेहतर ही साबित हुआ। हाँ, यह सच है कि मँगनी के दिनों में मैं कुछ और ही सोचा करती थी : कि हम कठोर परिश्रम किया करेंगे,

आत्म-त्याग तथा जनहित के कामों में लगे रहेंगे। इसके विपरीत हमारे हृदय में एक दूसरे के प्रति प्रेम की स्वार्थपूर्ण भावना जागी, एक दूसरे से प्रेम पाने की भूख शान्त ही न होती, निष्प्रयोजन ही हम हँसते-चहकते रहते। हम दीन-दुनिया को भूल चुके थे। कभी-कभी वह पढ़नेवाले कमरे में कोई काम करने चला जाता, या किसी काम से शहर जाता या ज़मीन-जायदाद का चक्कर लगाता। पर मुझे स्पष्ट नज़र आता था कि मुझसे बिछुड़ना इसके लिए असह्य है। फिर वह मेरे पास आता और कहता कि तुम्हारे बिना संसार की हर चीज़ इतनी खाली-खाली लगती है कि जान पड़ता है मैं उस पर अपना समय नष्ट कर रहा हूँ। मैं भी ऐसा ही महसूस करती थी। मैं किताबें पढ़ती, संगीत का अभ्यास करती, अपनी सास के पास बैठती, अपने स्कूल की देखभाल करती, पर केवल इसलिए कि इन धन्धों का उसके साथ कुछ न कुछ सम्बन्ध था और यह सोचकर कि मेरे ऐसा करने से वह खुश होगा। ज्यों ही मैं कोई ऐसा काम करने लगती जिसके साथ उसका व्यक्तित्व न जुड़ा होता, तो मेरी उस काम से बिल्कुल रुचि हट जाती। मुझे यह विचित्र जान पड़ता कि दुनिया में उसके अलावा भी कुछ हो सकता है। शायद यह एक तुच्छ, स्वार्थपूर्ण भावना रही हो, पर इसमें मुझे सुख मिलता था, और यह मुझे सारी दुनिया के ऊपर उठा देती। मेरे लिए संसार में सेर्गेई मिख़ाइलोविच ही सब कुछ था। वह सर्वगुण-सम्पन्न व्यक्ति था, उससे कोई भूल न हो सकती थी। मैं केवल उसी के लिए जी रही थी, और चाहती थी कि मैं उसकी नज़रों में वैसी ही बनूँ जैसी कि वह मुझे समझता है। वह मुझे संसार-भर की सबसे अच्छी, सर्वोत्कृष्ट, सर्वगुण-सम्पन्न लड़की समझता था। और मैं ऐसी ही लड़की बनना चाहती थी जो संसार के सबसे अच्छे, सर्वोत्कृष्ट पुरुष के योग्य हो।

एक बार जब मैं प्रार्थना कर रही थी तो वह कमरे में आया। मैंने उसकी ओर देखा, पर प्रार्थना करती रही। वह मेज़ पर चुपचाप बैठ गया ताकि मेरी प्रार्थना में कोई बाधा न पड़े और कोई किताब देखने लगा। पर मुझे ऐसा महसूस हुआ जैसे वह मेरी ओर देख रहा है। मैंने मुड़कर उसकी ओर देखा। वह मुस्कुराया और मैं झट हँसने लगी। मैं प्रार्थना पूरी न कर सकी।

"क्या तुम प्रार्थना कर चुके हो ?" मैंने पूछा।

"हाँ, परन्तु मैं तुम्हारी प्रार्थना में खलल नहीं डालना चाहता। मैं जा रहा हूँ।"

"क्या तुम प्रार्थना किया करते हो ?"

उसने कोई जवाब नहीं दिया। वह बाहर जाने लगा। पर मैंने उसे रोक लिया।

"आओ मिलकर प्रार्थना करें, मेरी खातिर, तुम बड़े अच्छे हो !"

वह मेरे साथ खड़ा हो गया और बड़े अटपटे ढंग से हाथ जोड़ने लगा। उसका चेहरा बड़ा गम्भीर लगता था और बार-बार उसे प्रार्थना के शब्द भूल जाते थे। किसी-किसी वक़्त वह मेरी ओर इस तरह देखता मानो स्वीकृति और सहायता माँग रहा हो। जब उसने प्रार्थना समाप्त की तो मैं हँसने लगी और अपनी बाँहें उसके गले में डाल दीं।

वह शरमा गया और मेरे हाथ चूमने लगा।

"हर घड़ी, हर पल, मेरे रोम-रोम में तुम बसती हो। तुम्हारे साथ मुझे महसूस होता है जैसे मैं फिर दस बरस का बालक हो गया हूँ।"

हमारा घर, गाँव के उन प्राचीन घरों में से था जिसमें कई पीढ़ियों के लोग अपना जीवन व्यतीत कर गए थे और एक-दूसरे के साथ बड़े स्नेह और आदर से रह रहे थे। घर की एक-एक चीज़ के साथ पारिवारिक स्मृतियाँ गुँथी थीं। जब मैं वहाँ रहने लगी, तो मुझे जान पड़ने लगा जैसे वे स्मृतियाँ मेरे जीवन का भी अंग बन चली हैं। तत्याना सेम्योनोव्ना ने घर सजा दिया था और पहले की तरह घर का प्रबन्ध स्वयं कर रही थी। यह तो नहीं कहा जा सकता कि हर चीज़ में कमनीयता थी, पर हर चीज़ का बाहुल्य ज़रूर था, नौकर-चाकरों से लेकर मेज़-कुर्सियों और खाने की चीज़ों तक। हर चीज़ ठोस, साफ़-सुथरी और क़रीने से रखी लगती थी, और उसे देखकर घर के प्रति एक आदर भाव सा पैदा होता था। दीवानखाने में मेज़-कुर्सियाँ बड़े क़रीने से रखी थीं, दीवारों पर छविचित्र टँगे थे, फ़र्श पर घर की बनी ऊनी दरियाँ और क़ालीन बिछे थे। बैठक में एक पुराना पियानो रखा था, दो अलग-अलग क़िस्म की सजावटी आलमारियाँ, सोफ़े और छोटी-छोटी तिपाइयाँ रखी थीं जिन पर जड़ाऊ काम किया हुआ था। सबसे अच्छा फ़र्नीचर मेरे कमरे में था। उस कमरे को तत्याना सेम्योनोव्ना ने स्वयं बड़े चाव से सजाया था। अलग-अलग शैली और काल की चीज़ें वहाँ रखी थीं। इनमें एक आदम-क़द शीशा भी था। शुरू-शुरू में उसके सामने खड़े होने में मुझे संकोच होता था, पर बाद में वह मुझे एक मित्र की तरह प्यारा लगने लगा था। घर में तत्याना सेम्योनोव्ना की आवाज़ तक कभी सुनाई नहीं देती थी पर फिर भी हर काम नियत समय पर नियमानुकूल चलता था। घर में बहुत से नौकर अनावश्यक थे। सभी बिना एड़ी के जूते पहने घूमते थे (तत्याना सेम्योनोव्ना को दुनिया में कोई चीज़ इतनी बुरी नहीं लगती थी जितने कि चरमराते बूट और लोगों का एड़ियाँ पटक-पटककर चलना)। जान पड़ता जैसे इन लोगों को अपने काम में गर्व है। अपनी बुढ़िया मालकिन के सामने तो उनकी टाँगें काँपती थीं पर हम दोनों से स्नेह करते थे जैसे बड़े छोटों से करते हैं। ऐसे लगता जैसे हमारी सेवा करने में उन्हें विशेष आनन्द मिलता हो। नियमानुकूल हर शनिवार के दिन घर के सभी फ़र्श रगड़-रगड़कर साफ़ किए जाते और क़ालीनों को झाड़ा जाता। महीने की हर पहली तारीख को सामूहिक प्रार्थना होती, और पानी का मंगलीकरण किया जाता। तत्याना सेम्योनोव्ना और उनके बेटे के नामकरण की वर्षगाँठों पर सहभोज किया जाता और पास-पड़ोस के सब लोग बुलाए जाते (उस समय शरद् में पहली बार मेरे नामकरण की वर्षगाँठ पर भी ऐसा ही किया गया)। तत्याना सेम्योनोव्ना का कहना था कि यह प्रथा घर में पीढ़ियों से चली आ रही थी। घर के प्रबन्ध में उसके बेटे का कोई दख़ल न था। वह बाहर का काम-काज़, खेती-बारी तथा किसानों से लेन-देन का काम इत्यादि सँभालता था। इन पर वह बड़ी मेहनत करता था। हर रोज़ प्रातः वह बड़ी जल्दी उठ जाता था। जब मैं सोकर उठती तो वह घर से बाहर जा चुका होता था। सुबह की चाय हम आमतौर पर एक साथ पीते थे। इस समय ज़मीन-जायदाद के बखेड़ों और दौड़-धूप से छुट्टी पाने

के बाद, वह सदा ही बड़ा खुश-खुश नज़र आता। इस खुशी को हम 'मस्ती' कहा करते थे। मैं अक्सर उससे पूछती कि वह सुबह का सारा वक़्त क्या करता रहा है, और वह मुझे ऐसी ऊल-जलूल बातें सुनाता कि हँसी के मारे हमारे पेट में बल पड़ जाते। कभी-कभी मैं बड़ी गम्भीरता से, और बड़े आग्रह से पूछती कि मुझे ठीक-ठीक काम का ब्यौरा दो, तो वह मुझे बताने लगता, और सारा वक़्त अपनी हँसी रोकने की कोशिश करता रहता। मैं उसकी आँखों में और उसके हिलते होंठों को देखती रहती, और एक बात भी न समझ पाती—मेरे लिए उसे देखते रहना और उसकी आवाज़ भर सुनते रहना बहुत था।

फिर वह पूछता, ''अब बताओ मैंने क्या कहा है ?'' पर मुझे कुछ भी याद न होता। यदि वह अपने और मेरे बारे में बात करने के बजाय, किसी और विषय की चर्चा करता तो मुझे बड़ा असंगत लगता। मानों बाहर की दुनिया से हमारा कोई सरोकार न हो। बहुत दिन बाद मैं इसके मामलों को कुछ-कुछ समझने लगी, और उनमें कुछ-कुछ दिलचस्पी होने लगी। तत्याना सेम्योनोव्ना दिन के भोजन तक अपने कमरे में ही रहती थीं। वह चाय अलग पीतीं। हम एक दूसरी का अभिवादन भी सन्देशवाहकों द्वारा करती थीं। हम अपने सुख के संसार में बेसुध विचर रहे थे। जब कभी घर के उस सुव्यवस्थित कोने में से—जहाँ मेरी सास रहती थीं—कोई आवाज़ सुनाई देती तो मुझे बड़ा अजीब सा लगता था। अक्सर उनकी नौकरानी मेरे पास आती, और एक बाँह दूसरी बाँह पर चढ़ाए, बड़ी गम्भीर मुद्रा बनाकर कहती : ''मालकिन पूछती हैं कि कल घूमने के बाद आपको कैसी नींद आई ? अपने बारे में यह कहने को उन्होंने कहा है : मालकिन को तो रात-भर कमर में दर्द रहा, गाँव में कोई नालायक कुत्ता रात-भर भूँकता रहा जिससे वह सो नहीं पाईं। मालकिन यह भी पूछ भेजतीं कि आज आपको बिस्कुटें कैसी लगीं। साथ में यह समाचार भी भेजतीं कि उन्हें तरास ने नहीं, निकोलाशा ने पकाया था, कि यह उसकी पहली बार थी फिर भी बिस्कुटें बुरी नहीं बनीं, खासकर क्रिंडेल्की तो बड़ी ही ख़स्ता थीं, पर उसने टोस्ट क़रीब-क़रीब जला डाले।'' ये बातें सुनकर मैं अपनी हँसी रोके न रोक पाती। दिन के भोजन से पहले मैं और मेरा पति कम ही एक दूसरे से मिल पाते। मैं पियानो बजाती या कोई किताब पढ़ती, और वह कुछ लिखता रहता या फिर बाहर चला जाता। पर भोजन के लिए चार बजे हम सब बैठक में इकट्ठे हो जाते। सास अपने कमरे में से सरकती हुई निकलतीं। उस समय घर के अतिथि भी—कोई कुलीन महिला जिसने कभी अच्छे दिन देखे थे या कोई भक्त तीर्थयात्री, और इस तरह के दो-तीन आदमी जो सदा ही घर में टिके होते, बैठक में आ जाते। नियमानुकूल मेरा पति अपनी माँ को अपने बाज़ू का सहारा देकर खानेवाले कमरे में ले चलता। वह इसरार करतीं कि दूसरी बाँह पर वह मुझे लेकर चले और इस तरह रोज़ ही हम तीनों बड़ी मुश्किल से एक साथ दरवाज़े में से निकल पाते, कभी-कभी तो गिरने की नौबत आ जाती। सास खाने की मेज़ के सिरे पर बैठतीं, और जो वार्तालाप उस समय होता वह बड़ा उचित, बड़ी धीमी आवाज़ में किसी हद तक गम्भीर होता। यह गम्भीरता मेरे और मेरे पति की साधारण बातचीत से थोड़ी हल्की पड़ जाती। कभी माँ और बेटे के बीच बहस छिड़ जाती, या वे एक दूसरे

से मज़ाक़ करने लगते। जब वे बहस करते या मज़ाक़ करते तो मुझे अच्छा लगता क्योंकि इससे उनके आपसी प्रेम और भावनाओं का मुझे पता चलता था। भोजन के बाद सास बैठक में एक बड़ी आरामकुर्सी में सटकर बैठ जातीं और तम्बाकू पीसकर नसवार बनातीं, या नई किताबों के पन्ने काटतीं, और इस समय हम ऊँची-ऊँची आवाज़ में कुछ पढ़ते या दीवानख़ाने में जाकर पियानो बजाते। उन दिनों हम दोनों ने मिलकर बहुत कुछ पढ़ा। पर संगीत हमारे मनोरंजन का मुख्य और सबसे प्रिय साधन था। संगीत दिल के नए-नए तार छेड़ देता, और हम एक दूसरे को अधिकाधिक स्पष्टता से समझ पाते। जब मैं संगीत की वे धुनें बजाती जो उसे सबसे प्रिय थीं तो वह दूर के सोफ़े पर जा बैठता जहाँ मैं उसे मुश्किल से देख पाती। उसे यह दिखाने में संकोच होता कि संगीत का उस पर कैसा प्रभाव पड़ता है। वह इसे छिपाने की कोशिश करता। पर कई बार मैं पियानो पर से सहसा उठ खड़ी होती और उसके पास जा पहुँचती। तब उसके चेहरे पर मुझे भावुकता के चिह्न नज़र आते, उसकी आँखें भीगी होतीं और उसका चेहरा पहले से भी अधिक दमक रहा होता। वह उसे छिपाने की भरसक चेष्टा करता। जब हम दीवानख़ाने में होते तो सास हमें एक नज़र देखना चाहतीं। परन्तु सीधे हमारी ओर देखती नहीं थीं, ताकि हमें झेंप न हो, बल्कि गम्भीर मुद्रा बनाए, नाक की सीध में देखती हुई, उपेक्षा से कमरे में से निकल जातीं। परन्तु मैं झट से उनका प्रयोजन समझ जाती थी, अन्यथा क्यों कोई अपने कमरे में जाकर इतनी जल्दी लौट आएगा ? शाम की चाय मैं लगाती थी, और उस समय बड़ी बैठक में फिर घर के सब लोग जमा हो जाते थे। चमकती समावार के इर्द-गिर्द लोग गम्भीर मुद्रा बनाकर बैठ जाते और मैं बारी-बारी से प्याले और गिलास भर-भरकर उन्हें देती। मुझे बड़ी झेंप महसूस होती थी। और यह झेंप बड़ी देर तक रही। मुझे लगता जैसे मैं इस सम्मान के योग्य नहीं हूँ। समावार बहुत बड़ी थी। मैं उसकी टोंटी खोलकर निकीता की ट्रे में गिलास रखते हुए कहती : "यह प्योत्र इवानिच और यह मरीया मिनिच्ना के लिए है," फिर पूछती : "और शक्कर तो नहीं चाहिए ?" इस काम के लिए मैं अभी बहुत छोटी और नासमझ थी। मुझे इस बात का भी ख़याल रखना होता कि धाय तथा घर के पुराने नौकरों के लिए शक्कर बची है या नहीं। इस पर मेरा पति कई बार खुश होकर कहता : "शाबाश ! वाह-वाह ! तुम तो सचमुच सयानों की तरह चाय पिलाती हो।" इससे मेरी झेंप और भी बढ़ जाती।

चाय के बाद सास 'पेशेंस' के लिए पत्ते बिछा लेतीं, या मरीया मिनिच्ना पत्तों के साथ भविष्य के अनुमान लगाती और सास बैठी सुनती रहतीं। इसके बाद वह हम दोनों को चूमतीं, हम पर क्रास का चिह्न बनातीं और हम दोनों अपने कमरे में चले जाते। आधी रात तक हम अक्सर जागते रहते। दिन-भर में यह वक्त मेरे लिए सबसे लुभावना और सबसे प्रिय होता। इस समय वह मुझे अपने जीवन की घटनाएँ सुनाता, या हम भविष्य की योजनाएँ बनाते। कभी-कभी हमारी कल्पना उड़ान भरने लगती। हम दबी-दबी आवाज़ में बातें करने की कोशिश करते ताकि हमारी आवाज़ ऊपर की मंज़िल तक न पहुँचे—तत्याना सेम्योनोव्ना का आदेश था कि हम जल्दी सो जाया करें। कई बार हमें

भूख लग आती और हम भंडारे में जा पहुँचते, जहाँ निकीता हमें कोई न कोई ठंडी चीज़ खाने को दे देता। मैं यह भोजन अपने कमरे में उठा लाती और वहीं हम दोनों उसे मिलकर खाते। इस विशाल घर में प्राचीनता और तत्याना सेम्योनोव्ना का राज्य था। हम दोनों यहाँ अजनबियों की तरह रह रहे थे। केवल तत्याना सेम्योनोव्ना ही नहीं, इस घर के पुराने नौकरों, इस घर की मेज़-कुर्सियों, चित्रों, यहाँ तक कि पर्दों को देखकर भी मेरे मन में एक प्रकार का आदर भाव और विशेष डर सा पैदा होता। साथ ही यह ख़याल भी आता कि यह जगह दरअसल हमारी अपनी नहीं है, इसलिए जितने दिन हम यहाँ रहें हमें बड़े ध्यान और सावधानी से रहना चाहिए। अब सोचती हूँ तो लगता है कि उस घर में बड़ी घुटन थी और आराम न था। घर के कठोर अनुशासन में कोई तब्दीली नहीं हो सकती थी। सब उसके नियन्त्रण में रहते थे। घर में निठल्ले लोगों की भरमार थी जो आँखें फाड़-फाड़कर हमें देखा करते थे। परन्तु उस समय यह नियन्त्रण हमारे प्रेम को और भी गहन बना रहा था। मेरी तरह वह भी किसी बात पर भी अपनी नाराज़गी ज़ाहिर न होने देता। यही नहीं, ऐसा जान पड़ता जैसे वह इस कोशिश में रहता हो कि किसी अप्रिय चीज़ की ओर उसका ध्यान ही न जाए। भोजन के बाद हर रोज़ हम दोनों दीवानख़ाने में चले जाते। उस समय सास का नौकर, द्मीत्री सीदोरोव मेरे पति के कमरे में जा पहुँचता, और मेज़ की दराज़ में से चुपचाप अपने लिए तम्बाकू निकाल लेता। उसे तम्बाकू पीने की लत थी। वह समझता कि उसे कोई भी देख नहीं रहा है। सेर्गेई मिख़ाइलोविच होंठों पर उँगली रखकर मुझे आँख मारता, फिर हम दोनों दबे पाँव धीरे-धीरे चलते हुए छिपकर द्मीत्री सीदोरोव की करतूत का तमाशा देखते। द्मीत्री खुशी-खुशी कमरे में से निकल जाता, पूर्णतया आश्वस्त कि उसे किसी ने नहीं देखा। उसके चले जाने के बाद सेर्गेई मिख़ाइलोविच मेरे पास आकर धीरे से कहता : ''प्रिये !'' और मेरा मुँह चूम लेता। चुम्बन लेने का वह कोई मौक़ा हाथ से न जाने देता था। कभी-कभी मुझे अपने पति का धैर्य, सहनशीलता और बाहरी उपेक्षाभाव अखरने लगता था। मैं इसे कमज़ोरी समझती थी। पर उस समय मैं यह भूल जाती कि मैं स्वयं भी बिल्कुल उस जैसी ही हूँ। मैं सोचती : ''इसका तो अपना कोई मत ही नहीं है।''

एक बार मैंने उससे कह भी दिया कि मैं हैरान हूँ कि तुम जैसे आदमी में यह कमज़ोरी पाई जाए, तो उसने जवाब दिया कि, ''मेरा दिल इतना खुश है कि मुझे कोई भी चीज़ विचलित नहीं कर सकती। दूसरों को ढालना बड़ा कठिन होता, स्वयं ढल जाना आसान होता है। जीवन में मनुष्य हर स्थिति में किसी न किसी हद तक खुश रह सकता है। और हम दोनों तो बेहद खुश हैं। मुझे क्रोध किस बात पर आ सकता है ? मुझे कुछ भी बुरा नहीं लगता। हाँ, कोई चीज़ दयनीय या हास्यास्पद लग सकती है। यह बात हमेशा याद रखनी चाहिए–le mieux est l'ennemi du bien*. तुम्हें मालूम है, जब भी कभी घंटी बजती है, या कोई ख़त आता है, या मैं सुबह सोकर उठता हूँ

---

* बेहतर अच्छे का दुश्मन है। (फ़्राँसीसी कहावत)

तो मेरा दिल धक् से हो जाता है—मैं डर सा जाता हूँ कि आज कोई अनहोनी बात न हो जाए। तुम जानती हो, जीवन की गति कभी भी थमती नहीं, हर चीज़ में परिवर्तन होता रहता है। पर जैसी स्थिति आज है, उससे बेहतर तो कभी हो ही नहीं सकती।''

मुझे उसकी बात का यक़ीन हो गया, हालाँकि वह बात मेरी समझ में नहीं आई। मैं खुश थी और मुझे जान पड़ता था जैसे हरेक चीज़ अनुकूल है, सुसंगत है। तिस पर भी मैं सोचती कि एक दूसरे प्रकार की खुशी भी है,—इससे बड़ी नहीं, पर इससे पृथक् ज़रूर है।

इस तरह दो महीने बीत गए, और शिशिर अपनी सर्दी और बरफ़ लिये आ पहुँचा मेरा पति मेरे साथ था, पर फिर भी मैं अकेली-अकेली महसूस करने लगी। मुझे लगने लगा जैसे जीवन दोहराया जा रहा है, कि मुझमें या उसमें कोई भी नवीनता नहीं रही, कि हम अतीत की ओर चले जा रहे हैं। वह पहले से अधिक अपने काम में व्यस्त रहने लगा। मैं सोचती कि इसका एक अपना गुप्त संसार है जिसमें यह नहीं चाहता कि मैं प्रवेश करूँ। उसके निरन्तर शान्त स्वभाव से मैं खीझ उठती। मेरे प्यार में कोई फ़रक़ नहीं आया था। मैं अब भी उसे उतना ही प्रेम करती थी, और उसका प्रेम पाकर उतनी ही खुश भी होती थी। पर मेरे प्रेम का विकास बन्द हो गया था, वह बढ़ नहीं रहा था, और एक नई बेचैनी सी मेरे दिल में पैदा होने लगी थी। उस महान् अनुभव के बाद, जब मैं इसके प्यार में अपने को खो बैठी थी, अब केवल प्यार किए जाना काफ़ी न था। मैं जीवन में अधिक गति चाहती थी, जो मुझे उसके जीवन के स्थिर प्रवाह में से नहीं मिल सकती थी। मैं चाहती थी कि जीवन में उत्तेजना हो, अल्हड़पन हो। मैं अपने प्रेम पर अपना जीवन होम कर देना चाहती थी। मुझमें अत्यधिक ओज था पर इस प्रकार के निस्पन्द जीवन में मुझे उसे व्यक्त करने का कोई रास्ता न मिलता था। मैं कभी-कभी उदास रहने लगी, और यह उदासी मैं उससे छिपाने की कोशिश करती। कभी-कभी मुझमें प्रेम उमड़ आता और मैं पागलों की तरह खुश हो उठती, जिससे वह डर सा जाता। उसने पहले ही मेरी मनःस्थिति को भाँप लिया था और शहर चलने का प्रस्ताव किया था, पर मैंने इसका विरोध किया। मैंने कहा कि हमें अपने रहन-सहन का ढंग नहीं बदलना चाहिए, इससे हमारे सुख में बाधा आएगी। और मैं सचमुच खुश थी। पर यह विचार मुझे खाए जा रहा था कि वह खुशी मुझे मुफ़्त में मिल रही है, इसके लिए मुझे कोई कष्ट नहीं सहना पड़ता, कोई क़ुर्बानी नहीं करनी पड़ती। मैं चाहती थी कि मैं श्रम करूँ, आत्म-त्याग करूँ, और इसी कारण मैं बेचैन रहती। मैं उससे प्रेम करती थी, मैं जानती थी कि उसके लिए मैं सर्वस्व हूँ, पर मैं चाहती थी कि लोग हमारा प्यार देखें, मैं चाहती थी कि लोग हमारे प्रेम-बन्धन को तोड़ने की कोशिश करें और उनकी सब कुचेष्टाएँ विफल हों। मेरा दिल भरा हुआ था, मेरा मन उधेड़बुन में लगा रहता। पर एक दूसरी भावना थी—यौवन की भावना, जो उत्तेजना चाहती थी, जो इस शान्त जीवन से सन्तुष्ट न हो पाती थी। उसने यह क्यों कहा था कि जब भी मैं चाहूँ हम शहर जा सकते हैं ? उसने यदि यह न कहा होता तो शायद मैं समझ जाती कि मुझे बेचैन

रखनेवाली इस भावना को दिल में बनाए रखना निपट मूर्खता है, इससे हानि पहुँचेगी, और इस भावना को कुचलने से ही आत्म-त्याग की लालसा सन्तुष्ट होगी। यह विचार ज़रूर मेरे मन में बार-बार उठता कि शहर चले जाने से मैं इस ऊब से बच जाऊँगी, पर साथ ही यह सोचकर मन खिन्न भी हो उठता और लज्जा भी आती कि मैं केवल अपने सुख की ख़ातिर उसे उन सब चीज़ों से हटा ले जाऊँगी जिनसे वह प्रेम करता है। दिन ज्यों-त्यों गुज़रते गए। घर के इर्द-गिर्द बर्फ़ के ढेर उत्तरोत्तर ऊँचे होते गए। हम दोनों सदा एक साथ रहते, कभी एक दूसरे की आँखों से दूर न होते। दूर कहीं शहर की चहल-पहल और तड़क-भड़क में, लोगों के समूह के समूह उत्तेजना, दुःख और सुख का अनुभव कर रहे थे। उन्हें हमारी या हमारे क्षणिक जीवन की तनिक भी चिन्ता न थी। मैं सोचती कि हम अपनी आदतों से मजबूर होकर जीवन में एक निश्चित ढर्रे पर चलने लगे हैं; हमारा प्रेम स्वच्छन्द होने के बजाय, समय की भावनाहीन, रागहीन गति के अधीन होता चला जा रहा है। इस तरह सोचना मेरे लिए बहुत बुरा था। सुबह के वक्त हम खुश होते, भोजन के समय हमारा रवैया एक दूसरे के प्रति सत्कारपूर्ण होता, और शाम के वक़्त भावुकतापूर्ण। मैं मन ही मन कहती, "अच्छे काम करो, यह ठीक है। इसका कहना ठीक है कि हमें अच्छे काम करना चाहिए, ईमानदारी से रहना चाहिए, पर इसके लिए बाद में बहुत वक़्त मिलेगा। दूसरे काम भी तो हैं जो मुझे इस समय करने चाहिए जब मेरे शरीर में ताक़त है।" मुझे इन बातों की ज़रूरत नहीं थी, मैं तो संघर्ष के लिए ललकती थी। मैं चाहती थी कि हमारे जीवन का नियन्त्रण प्रेम द्वारा हो न कि प्रेम का नियन्त्रण जीवन द्वारा। मैं चाहती थी कि मैं इसके साथ एक ऊँची चट्टान की कगार पर जा खड़ी होऊँ और कहूँ : "बस एक क़दम और, और मैं खड्ड में जा गिरूँगी, एक क्षण बाद मेरा पता भी न चलेगा।" मैं चाहती थी कि यह बात सुनते ही उसका चेहरा पीला पड़ जाए, वह अपनी मज़बूत बाँहों में मुझे भर ले। हम कुछ देर तक करार के नाके पर खड़े रहें। इस बीच मेरा दिल हरकत करना बन्द कर दे और वह मुझे उठाकर वहाँ से ले जाए।

मेरी इस मनःस्थिति के कारण मेरा स्वास्थ्य बिगड़ने लगा, मेरी नसों में तनाव रहने लगा। एक दिन प्रातः मेरी तबीयत और दिनों की निस्बत ज़्यादा ख़राब थी। वह दफ़्तर से लौटा। उसका मिज़ाज कुछ बिगड़ा हुआ था। ऐसा मैंने पहले उसे बहुत कम देखा था। मैं फ़ौरन भाँप गई और कारण पूछा। वह कुछ नहीं बोला। बस इतना कहकर चुप हो गया कि बड़ी मामूली सी बात है, उसकी चर्चा करना फ़िज़ूल है। बाद में मुझे मालूम हुआ कि ज़िले के पुलिस-अफ़सर ने हमारे कुछ किसानों को बुलाकर डराया-धमकाया था और उसने कुछ नाजायज़ बातों की माँग की थी। इस पुलिस-अफ़सर को मेरा पति नहीं भाता था। पर मेरा पति इसे तुच्छ कहकर मन से निकाल नहीं पा रहा था, इसीलिए खीझा हुआ था और उसकी चर्चा नहीं करना चाहता था। पर मैंने इसका उल्टा अर्थ निकाला। मैंने सोचा कि यह मुझे बच्चा समझता है, समझता है कि जो बात इसे बेचैन किए हुए है उसे मैं समझ नहीं पाऊँगी। मैं चुप हो गई और वहाँ से हट गई। उन दिनों

मरीया मिनिच्ना हमारे घर में ठहरी हुई थी। मैंने उसे बुला भेजा कि आओ, दोनों मिलकर चाय पिएँ। हमने चाय जल्दी ही ख़त्म कर ली और मैं बैठक में जाकर मरीया मिनिच्ना से बातें करने लगी। किसी मामूली सी बात पर मैं ऊँची आवाज़ में बतियाने लगी, हालाँकि उसमें मेरी तनिक भी रुचि नहीं थी। सेर्गेई मिख़ाइलोविच कमरे में टहलता रहा। किसी-किसी वक़्त वह आँख उठाकर मेरी ओर देख लेता। इसका मुझ पर यह असर हुआ कि मैं और भी ज़्यादा बोलने लगी, और हँसने तक लगी। मुझे हर बात हास्यास्पद जान पड़ती—मेरी बातें भी और मरीया मिनिच्ना की बातें भी। आखिर सेर्गेई मिख़ाइलोविच बिना कुछ कहे अपने पढ़नेवाले कमरे में चला गया और अन्दर से दरवाज़ा बन्द कर लिया। ज्यों ही वह गया, मेरा सारा उल्लास ठंडा पड़ गया। मरीया मिनिच्ना को भी झेंप होने लगी। वह मुझसे इसका कारण पूछने लगी। मैंने कोई उत्तर न दिया और सोफ़े पर बैठ गई। मैं अपने आँसू बड़ी मुश्किल से रोक पाई। ''यह इतना परेशान किस बात पर हो रहा है ?'' मैं सोच रही थी। ''इतनी मामूली सी बात को बड़ा बना रहा है। मैं इसे दिखा सकती हूँ कि बहुत मामूली बात है। यह सोचता है कि मैं समझ नहीं सकती। अपनी शान दिखाकर और अपनी लियाक़त का रोब डालकर मेरा तिरस्कार करता रहता है। समझता है कि वही जो कुछ कहता है ठीक है। पर मैं भी सच कहती हूँ, मैं ऊब उठी हूँ, मेरा जीवन नीरस हो उठा है, मैं जीना चाहती हूँ, और आगे बढ़ना चाहती हूँ। मैं चाहती हूँ कि हर घड़ी, हर पल, कोई न कोई नई बात होती रहे। यह एक ही जगह पर खड़ा रहना चाहता है। चाहता है कि मैं चुपचाप उसके साथ खड़ी रहूँ, मैं भी मन मार लूँ तो इसका जीवन सुगम हो जाएगा। इसे मुझे शहर नहीं ले जाना पड़ेगा। इसे मेरा अनुकरण करना चाहिए, मैं सरल हूँ, मैं अपने मन को बाँधकर नहीं रखती, मुझमें बनावट नहीं है। यह मुझे तो सरल बनने का उपदेश देता है, पर स्वयं सरल नहीं है। वास्तव में बात यही है !''

मुझे बहुत क्लेश पहुँचा और मैं खीझ उठी। पर मैं डर भी गई और उसके पास चली गई। वह पढ़नेवाले कमरे में बैठा कुछ लिख रहा था। मेरे क़दमों की आहट पाकर उसने सिर उठाया और क्षण-भर के लिए मेरी ओर देखता रहा, फिर लिखने लगा। वह स्थिर और शान्त था। मुझे उसके चेहरे का भाव अच्छा नहीं लगा। मैं वहीं मेज़ के पास खड़ी रही, उसके पास नहीं गई। मैंने एक किताब उठा ली और उसके पन्ने पलटने लगी। उसने फिर सिर उठाकर मेरी ओर देखा :

''क्या तुम्हारी तबीयत ख़राब है, माशा ?'' उसने पूछा।

जवाब में मैंने रुखाई से उसकी ओर देखा, जिसका मतलब था कि, ''पूछने का क्या लाभ है ? यह शिष्टाचार किसलिए ?'' उसने सिर हिलाया। उसके होंठों पर एक शर्मीली, भावुक मुस्कान खेलने लगी। पहली बार इसे मुस्कुराता देखकर मैं नहीं मुस्कुराई।

मैंने पूछा :

''आज क्या बात हुई है ? तुम मुझे बतलाते क्यों नहीं हो ?''

"कोई ख़ास बात नहीं हुई। एक छोटी सी उलझन उठ खड़ी हुई है," वह बोला, "अब मैं तुम्हें सारा क़िस्सा सुना देता हूँ। हमारे दो किसान शहर को गए..."

पर मैंने बात काट दी।

"तुमने उस वक़्त क्यों नहीं बताया जब चाय के वक़्त मैंने तुमसे पूछा था ?"

"उस वक़्त मेरे मुँह से कोई ऐसी बात निकल सकती थी जिसके लिए बाद में मुझे रंज होता। उस वक़्त मैं गुस्से में था।"

"पर मैं तो उसी वक़्त सुनना चाहती थी।"

"क्यों ?"

"तुम ऐसा क्यों समझते हो कि मैं किसी भी काम में तुम्हारी मदद नहीं कर सकती ?"

"क्या तुम ऐसा सोचा करती हो ?" उसने क़लम नीचे रखते हुए कहा, "मैं सोचता हूँ कि मैं तुम्हारे बिना ज़िन्दा तक नहीं रह सकता। तुम मेरी हर काम में सहायता करती हो, हर बात में। तुम सहायता ही नहीं करती हो, हर काम तुम्हारे ही हाथों होता है। पगली कहीं की !" वह हँसने लगा। "तुम मेरी सर्वस्व हो। हर चीज़ मुझे भली मालूम होती है क्योंकि तुम यहाँ पर हो, क्योंकि मुझे तुम्हारी ज़रूरत है..."

"मैं जानती हूँ—मैं एक बच्ची जो हूँ, एक नन्ही लाड़ली बच्ची जिसे दुलारकर चुप कराना होता है।" मैंने यह वाक्य एक ऐसे लहजे में कहा कि वह हैरान होकर मेरी ओर देखने लगा, मानो मुझे पहली बार देख रहा हो। "मैं शान्त होना नहीं चाहती। तुम्हीं काफ़ी शान्त हो—ज़रूरत से ज़्यादा शान्त हो।"

"सुनो तो, बात यों हुई," उसने मेरी बात काटकर जल्दी-जल्दी कहना शुरू कर दिया, मानो वह आगे मेरी बात सुनने से डर रहा हो। "तुम क्या करतीं अगर..."

"मैं अब कुछ नहीं सुनना चाहती," मैंने कहा। दरअसल मैं सुनना तो ज़रूर चाहती थी, मगर मुझे उसकी शान्ति भंग करने में मज़ा आ रहा था। "मैं भी जीना चाहती हूँ, जिस तरह तुम जी रहे हो—केवल जीने का बहाना करना नहीं चाहती।"

उसके अनुभूतिशील चेहरे पर पीड़ा की रेखाएँ उभर आईं और वह बड़े ध्यान से मेरी ओर देखने लगा।

"मैं चाहती हूँ कि तुम मुझे अपने बराबर का समझो। मैं..."

पर इससे आगे मैं कुछ नहीं कह सकी। वह बहुत उदास और गम्भीर हो उठा था। कुछ देर तक वह चुपचाप बैठा रहा।

"किस बात में मैं तुम्हारे साथ बराबरी का व्यवहार नहीं करता ?" वह पूछने लगा, "क्या तुम चाहती हो कि पुलिस-अफ़सर और शराबी किसानों का मामला खुद निबटाने के बजाय तुम पर डाल दूँ ?"

"केवल यही नहीं।"

"बात समझो, प्रिये," वह कहता गया, "मैं जानता हूँ कि चिन्ता से मन को बड़ी ठेस पहुँचती है। मैंने जीवन में बहुत कुछ देखा है, इसलिए जानता हूँ। मैं तुमसे प्यार

करता हूँ, और इसी कारण नहीं चाहता कि तुम्हारे मन को चिन्ताएँ घेरे रहें। यह प्रेम मेरे लिए जीवन है। मुझे मेरे जीवन से वंचित न करो।''

''तुम हर बात ठीक कहते हो,'' मैंने बिना उसकी ओर देखे कहा।

मैं यह देखकर खीझ उठी कि उसका दिल फिर पहले सा साफ़ और शान्त हो उठा है। और मेरे दिल में सन्ताप और गहरी उत्तेजना थी।

''माशा ! बात क्या है ?'' वह कहने लगा, ''सवाल यह नहीं है कि हममें से कौन ठीक है, सवाल कुछ और ही है। तुम मेरे साथ नाराज़ किस बात पर हो ? अब बेशक कुछ न कहो। पहले अच्छी तरह विचार कर लो, फिर मुझे सब बतला देना। तुम मुझसे असन्तुष्ट हो, और शायद तुम्हारा असन्तोष उचित भी है, मुझे केवल इतना ठीक-ठीक बता दो कि मुझसे क्या भूल हुई है।''

पर मैं उसके सामने अपना दिल कैसे खोलकर रख देती ? यह देखकर कि उसने झट से मुझे समझ लिया है, कि मैं फिर उसके सामने बच्ची सी लगने लगी हूँ और कोई भी ऐसी बात नहीं कर सकती जिसे वह न देख सकता हो या पहले से न जानता हो, मैं और भी उद्विग्न हो उठी।

''मैं नाराज़ नहीं हूँ,'' मैं बोली, ''मैं केवल ऊब उठी हूँ, और मैं ऊबना नहीं चाहती। पर तुम कहते हो कि इसी स्थिति में रहना चाहिए, तो यह ठीक ही होगा। तुम तो कभी ग़लत नहीं कह सकते !''

यह कहते हुए मैंने उसकी ओर देखा। जो मैं चाहती थी मैंने कर दिखाया। उसकी शान्ति भंग हो गई थी, और उसका चेहरा पीड़ा और भय से विकृत हो उठा था।

''माशा,'' उसने धीमी, उद्विग्न आवाज़ में कहना शुरू किया, ''यह बात बड़ी गम्भीर है। इस वक़्त हमारी क़िस्मत का फ़ैसला होने जा रहा है। मुझ पर कृपा करो, मेरी बात सुनती जाओ, बीच में न बोलो। तुम क्यों मुझे क्लेश पहुँचाना चाहती हो ?''

पर मैंने उसकी बात काट दी।

''तुम जो कुछ कहोगे ठीक ही कहोगे। मैं जानती हूँ, इसलिए बेहतर होगा, तुम कुछ भी मत कहो,'' मैंने उपेक्षा से कहा, मानो मैं नहीं बोल रही थी, मेरे अन्दर से कोई दुष्ट प्रेत बोल रहा था।

''काश, तुम जान पातीं कि तुम क्या कह रही हो !'' उसने काँपती हुई आवाज़ में कहा।

मैं रोने लगी। इससे मेरी तबीयत कुछ हल्की हुई। वह मेरे पास आकर चुपचाप बैठ गया। मैं अपने किए पर लज्जित और क्षुब्ध हो उठी और मुझे उस पर दया आने लगी। मैं आँख उठाकर उसकी ओर देख तक नहीं पाई। मैं सोचती थी कि वह बड़े कठोर अथवा उद्‌भ्रान्त नेत्रों से मेरी ओर एकटक देख रहा होगा। आखिर मैंने पलकें उठाईं एक अत्यन्त कोमल और प्यारी नज़र से वह मुझे देख रहा था, मानो उसकी आँखें मुझसे क्षमा माँग रही हों। मैंने उसका हाथ अपने हाथ में ले लिया और कहने लगी :

''मुझे माफ़ कर दो ! मुझे मालूम नहीं था मैं क्या बके जा रही हूँ।''

"पर मुझे मालूम है। और जो कुछ तुम कह रही थीं, ठीक था।"

"क्या ?"

"हमें ज़रूर सेंट पीटर्सबर्ग जाना होगा। हमारे लिए यहाँ कुछ नहीं रखा है।"

"जैसा तुम कहो," मैंने कहा।

वह मुझे अपनी बाँहों में भरकर चूमने लगा।

"मुझे क्षमा कर दो। मैंने तुम्हारे साथ बड़ी बेइंसाफ़ी की है।"

उस दिन शाम को मैं बड़ी देर तक पियानो बजाकर उसे सुनाती रही। वह कमरे में इधर-उधर टहलता रहा और अपने आप बुदबुदाता रहा। उसे बुदबुदाने की आदत थी और मैं अक्सर उससे पूछा करती कि वह क्या बुदबुदाता रहता है। वह हमेशा मुझे बता दिया करता। अक्सर वह कविता की पंक्तियाँ गुनगुनाया करता या यों ही कोई निरर्थक से शब्द बुदबुदाता रहता पर उन ऊल-जलूल शब्दों से भी मुझे उसकी मनःस्थिति का पता चल जाता।

"क्या बोल रहे हो ?" मैंने पूछा।

वह रुक गया, क्षण-भर सोचता रहा, और फिर, मुस्कुराते हुए लेरमोन्तोव की दो पंक्तियाँ सुनाने लगा :

पर वह पागल, तूफ़ान को ढूँढ़ता है,
मानो तूफ़ान से उसे शान्ति मिलेगी।

"यह मनुष्य नहीं, मनुष्य से बहुत ऊँचा प्राणी है, इसे सब कुछ मालूम है," मैं सोच रही थी, "मैं इसे प्रेम किए बिना कैसे रह सकती हूँ ?"

मैं उठ खड़ी हुई, उसकी बाँह में बाँह डालकर, उसके क़दम के साथ क़दम मिलाकर चलने लगी।

"क्या मैंने ठीक कहा है ?" मुस्कुराकर मेरी आँखों में देखते हुए उसने पूछा।

"हाँ," मैं बुदबुदाई। हम दोनों सहसा खुश हो गए। हमारी आँखों से हँसी फूटने लगी। हम लम्बे-लम्बे डग भरते, पंजों के बल चलते हुए सभी कमरे लाँघने लगे। हमें ऐसा करते देखकर ग्रिगोरी नाराज़ हुआ और सास हैरान रह गईं। सास उस वक़्त दीवानख़ाने में 'पेशेंस' खेल रही थीं। खानेवाले कमरे में पहुँचकर हम रुक गए, और एक दूसरे की ओर देखते ही ठहाका मारकर हँस पड़े।

दो सप्ताह बाद, छुट्टियों से कुछ ही दिन पहले, हम सेंट पीटर्सबर्ग जा पहुँचे।

7

आखिर हम सेंट पीटर्सबर्ग पहुँच ही गए। रास्ते में मास्को में हफ़्ता-भर ठहरे। कितने ही नए-नए शहरों में से होते हुए हम पीटर्सबर्ग पहुँचे। जगह-जगह हमें सम्बन्धी मिलते—उसके

और मेरे सम्बन्धी। सारा वक़्त मुझे लगता जैसे मैं स्वप्न देख रही हूँ। वहाँ हर चीज़ भिन्न थी और उसकी उपस्थिति तथा प्रेम के कारण बेहद नवीन, उल्लासपूर्ण, स्निग्ध और कान्तिमय जान पड़ती थी। उसकी तुलना में हमारा देहात का जीवन दूरस्थ और नगण्य सा लगता था। मैं सोचती थी कि शहर के फ़ैशनपरस्त लोग बड़े घमंडी होते हैं और बड़ी बेरुखी से पेश आते हैं। पर हमारे साथ वे बड़े प्रेम और सत्कार से पेश आए। मैं हैरान रह गई। अजनबी हो या निकट का सम्बन्धी, सभी का व्यवहार बड़ा मैत्रीपूर्ण था। मुझे लगा जैसे इन लोगों को हमेशा ही मेरी चिन्ता और इन्तज़ार रहा हो, और मेरी उपस्थिति से वे बड़े खुश हुए हों। इन फ़ैशनेबल हल्क़ों में बल्कि ऐसे हल्क़ों में भी जो मुझे सर्वोत्कृष्ट जान पड़ते थे, मेरे पति का परिचय-क्षेत्र बड़ा विस्तृत था। मुझे अचम्भा हुआ क्योंकि उसने कभी ज़िक्र नहीं किया था। कई बार उन्हीं में से कुछ लोगों की वह कड़ी आलोचना करता। मुझे बड़ी हैरानी होती क्योंकि मुझे वे बहुत भले जान पड़ते थे। मेरी समझ में न आता कि यह क्यों उन लोगों के साथ इतनी बेरुखी से पेश आता है। कितने ही लोग इसके जाने-पहचाने हैं, उनके साथ उठने-बैठने में तो हमें अपना मान समझना चाहिए। यह क्यों उनसे मिलने से कतराता है ? मैं सोचा करती कि अधिक से अधिक संख्या में भले लोगों के साथ परिचय होना चाहिए और लोग सचमुच भले और दयालु थे।

गाँव से चलने से पहले सेर्गेई मिख़ाइलोविच ने कहा था :

"यहाँ पर हमारी स्थिति छोटे क्रोइसुसों* के समान है। परन्तु वहाँ पर हम अमीर नहीं होंगे। इसलिए शहर में हम केवल ईस्टर तक ही रह सकेंगे, ऊँची सोसाइटी में भी अधिक नहीं जा सकेंगे, वरना सिर पर क़र्ज़ चढ़ जाएगा, और फिर तुम्हारी खातिर, मैं नहीं चाहता कि..."

"ऊँची सोसाइटी में जाने की ज़रूरत ही क्या है ? हम वहाँ केवल अपने सम्बन्धियों से मिलेंगे, नाटक देखेंगे, और कुछ अच्छा संगीत सुनेंगे, और ईस्टर से पहले ही घर वापस लौट आएँगे।"

पर सेंट पीटर्सबर्ग में पहुँचने की देर थी कि सब इरादे शिथिल पड़ गए। सहसा मैंने अपने को एक नए और लुभावने जगत् में पाया, खुशियाँ मेरे इर्द-गिर्द घूमने लगीं, नई-नई रुचियों में मेरा मन खो गया। और मुझे पता ही न चला कि कब मैंने अपने अतीत से और अतीत की सभी योजनाओं से मुँह फेर लिया है। मैं सोचती : "असल ज़िन्दगी तो यह है। वह तो कुछ भी नहीं था, केवल शुरुआत थी, और मेरे लिए भविष्य में तो न जाने क्या-क्या रखा है।" गाँव में जो बेचैनी और ऊब मुझे परेशान किए रहती थी, यहाँ पहुँचते ही ग़ायब हो गई, मानो किसी ने मन्त्र फूँक दिया हो। पति के प्रति मेरे प्रेम में अधिक स्थिरता आ गई। मुझे इस बात का खयाल ही न आता कि सम्भव है वह मुझे पहले से कम प्यार करने लगा हो। मुझे उसके प्रेम पर सन्देह नहीं हो सकता—मेरे मन का एक-एक विचार वह फ़ौरन समझ लेता, मेरी एक-एक भावना को

---

* क्रोइसुस—अत्यधिक धनी व्यक्ति।

वह महसूस करता, मेरी प्रत्येक इच्छा पूरी करता था। उसकी एकाग्र स्थिरता भी चली गई जान पड़ती थी, या कम से कम वह अब मुझे अखरती नहीं थी। फिर मुझे यह भी महसूस होने लगा कि उसके दिल में मेरे प्रति प्रेम के अलावा एक सराहना का भाव भी आ गया है। अक्सर किसी को मिलकर लौटते हुए, या किसी से नया परिचय प्राप्त करने के बाद, या फिर अपने घर पर ही किसी शाम लोगों को आमन्त्रित करके जब मैं मेज़बान के कर्त्तव्य निभा रही होती और मन ही मन डर रही होती कि कहीं मुझसे कोई गलती न हो जाए, तो यह मेरे पास आकर कहता, "तुम तो कमाल कर रही हो। बिल्कुल चिन्ता नहीं करो !" इससे मेरा दिल बल्लियों उछलने लगता। फिर, हमारे यहाँ आने के कुछ ही दिन बाद उसने अपनी माँ को एक पत्र लिखा। और मुझे भी अपनी ओर से उसमें कुछ वाक्य जोड़ने को कहा। जब मैं लिखने बैठी तो देखा कि जो कुछ ऊपर इसने खुद लिखा था, वह उस पर अपना हाथ रखे हुए है। मैंने उसे पढ़ने का हठ किया। लिखा था : "माँ, तुम माशा को पहचान ही नहीं पाओगी। मैं स्वयं हैरान हूँ। उसका प्यारा, कमनीय आत्मविश्वास पहले कहाँ छिपा था ? उसमें सोसाइटी में उठने-बैठने वालों की वाक्पटुता भी है और शालीनता भी। और इन सबमें कोई बनावटीपन नहीं, बल्कि सरलता और सद्भावना है, जो सबका दिल मोह लेती है। यहाँ पर हर कोई उस पर लट्टू हो रहा है, मैं भी। यदि सम्भव हो, तो जितना प्यार मैं उसे अब करता हूँ, मैं उससे भी अधिक करूँ।"

"तो ऐसी हूँ मैं !" मैंने सोचा, मैं पुलकित हो उठी। मुझे जान पड़ा जैसे मैं उसे पहले से भी ज़्यादा प्यार करने लगी हूँ। अपने परिचितों के बीच मुझे आशातीत प्रशंसा मिली। मैं चारों ओर यही कुछ सुनती। किसी घर में कोई चचा मुझ पर बहुत खुश होते, किसी दूसरे घर में कोई चाची मुझ पर मुग्ध हो उठतीं, कोई पुरुष कहता कि सारे ट पीटर्सबर्ग में कोई लड़की नहीं जो मेरी तुलना कर सके, कोई स्त्री मुझे यक़ीन लाती कि मैं यदि चाहूँ तो सोसाइटी की सबसे कमनीय महिला बन सकती हूँ। जकुमारी द. तो सहसा मुझ पर फ़िदा हो गई, और सबसे अधिक मेरी प्रशंसा करने गी, जिससे मेरा सिर भी कुछ घूम गया। यह वयस्क महिला, रिश्ते में मेरे पति की वेरी बहन लगती थी। उसने मुझे नाच-पार्टी पर चलने के लिए आमन्त्रित किया, और पति से पूछा कि उसे कोई ऐतराज़ तो न होगा ? जवाब में मेरे पति ने, मेरी ओर खकर चालाकी से मुझसे पूछा कि क्या मैं जाना चाहती हूँ। मैंने हामी भरी पर मुझे गा, जैसे मेरा मुँह शर्म से लाल हुआ जा रहा है।

"तुम तो यों हामी भर रही हो मानो कोई जुर्म क़बूल कर रही हो," उसने प्यार मुस्कुराकर कहा।

"तुमने कहा जो था कि हम सोसाइटी में नहीं जा सकेंगे। और तुम वहाँ जाकर श भी तो नहीं होते," मैंने मुस्कुराकर कहा, किन्तु मेरी मुस्कुराहट में याचना भरी थी।

"तुम्हारी इतनी अधिक इच्छा है तो हम ज़रूर चलेंगे," वह बोला।

"मैं सोचती हूँ कि हमें जाना तो नहीं चाहिए।"

"मन जाने को करता है ? क्या बहुत जी चाहता है ?"

मैंने कोई उत्तर न दिया।

"सोसाइटी ही सबसे बुरी चीज़ नहीं। केवल वे वासनाएँ घृणित और कुरूप होती हैं जो अतृप्त रह जाती हैं। हम चलेंगे, ज़रूर चलेंगे," उसने दृढ़ निश्चय से कहा।

"सच कहूँ तो यह मेरी सबसे बड़ी इच्छा है," मैंने कहा।

हम नाच-पार्टी पर गए। मेरी खुशी का कोई ठिकाना न था। मुझे वहाँ, पहले से भी अधिक स्पष्टता से दिखाई देने लगा कि मैं ही इस नाच-पार्टी का आकर्षण केन्द्र हूँ, मेरे ही इर्द-गिर्द सब कुछ घूम रहा है। हॉल की जगमगाती, अनगिनत बत्तियाँ, संगीत, इतने लोगों का जमघट सभी मेरा ही सत्कार कर रहे हैं। बाल काढ़नेवाले आदमी और दासी से लेकर सभी, नाचनेवालों और उन वृद्ध पुरुषों तक जो हॉल में इधर से उधर आ-जा रहे थे—सभी मुझसे यही कहते या दिखाते जान पड़ते कि वे मुझसे प्रेम करते हैं। नाच के बाद मेरी चचेरी बहन ने मुझसे कहा कि सभी लोगों की राय है कि तुम सभी महिलाओं से पृथक् हो, तुममें एक विलक्षण बात है, एक तरह की ग्रामीण सरलता है जो मन को मोह लेती है। इस सफलता पर मेरा दिल नाचने लगा। मैंने अपने पति से साफ़ कह दिया कि उस साल मैं कम से कम दो या तीन नाच-पार्टियों में ज़रूर शामिल होना चाहती हूँ। "ताकि मेरा मन भर जाए और इसके बाद इनके लिए मेरे दिल में कोई इच्छा न रहे," मैंने पाखंड से कहा।

मेरा पति खुशी से मान गया। शुरू-शुरू में तो जान पड़ता कि उसे भी अच्छा लग रहा है, मुझे खुश देखकर और भी खुश है, और जो कुछ उसने पहले कहा था उसे वह या तो भूल गया है, या उसका विचार बदल गया है।

बाद में वह ऊबने लगा, और जिस तरह का जीवन हम बिताने लगे थे, उससे उसका उत्साह शिथिल पड़ने लगा। पर मैं सब कुछ भूले हुए थी। कभी-कभी वह गम्भीर, चिन्तित मुद्रा में मेरी ओर देखता, जैसे वह मुझसे कोई सवाल पूछ रहा हो। पर मैं उसका अभिप्राय नहीं समझ पाती थी। मुझे इस वातावरण की सुचारुता, उल्लास और नवीनता ने जिसमें मैं पहली बार साँस ले रही थी, बिल्कुल चकाचौंध कर दिया था। साथ ही लोगों की अपने प्रति भावना ने भी, जिसे मैं प्रेम समझती थी। पलक मारते ही जैसे मैं सेर्गेई मिख़ाइलोविच के नैतिक प्रभाव क्षेत्र से बाहर निकल आई थी। इस संसार में मुझे न केवल उसके बराबर की बल्कि उससे कहीं ज़्यादा अच्छी समझा जाता। और इस कारण मैं उससे और भी अधिक प्रेम करने लगती। मेरी समझ में यह बिल्कुल न आ पाता कि मेरा सोसाइटी में आना-जाना वह क्यों नहीं पसन्द करता। जब मैं किसी हॉल में क़दम रखती तो सबकी नज़रें मेरी ओर घूम जातीं। यह देखकर मेरे दिल में गर्व और आत्म-तुष्टि की लहर दौड़ जाती। यह अनुभूति मेरे लिए बिल्कुल नई थी। परन्तु वह मुझे छोड़कर जल्दी-जल्दी काले कोटों की भीड़ में कहीं ग़ायब हो जाता। मानो उसे लोगों के सामने यह कहते हुए शर्म महसूस होती हो कि मैं उसकी पत्नी हूँ। बाद में वह मुझे हॉल के एक सिरे पर अकेला खड़ा नज़र आता। कोई भी उसकी ओर ध्यान नहीं दे

रहा होता। मैं अक्सर मन ही मन कहती : "ठहरो, घर पहुँचकर तुम्हें पता चलेगा, तब मैं तुम्हें बताऊँगी कि मैं किसकी खातिर इतनी सुन्दर और आकर्षक बनने की कोशिश करती हूँ। वह कौन व्यक्ति है जिससे मैं सबसे अधिक प्रेम करती हूँ।" और सचमुच मुझे लगता जैसे उसी की खातिर मुझे अपनी सफलता पर खुशी होती है, मैं अपनी खुशी को उसी पर निछावर करना चाहती हूँ। मैं सोचती थी कि यदि कोई चीज़ मेरे लिए सोसाइटी में हानिकारक हो सकती है तो यह कि मैं किसी दूसरे व्यक्ति से प्रेम करने लगूँ जिससे मेरे पति के दिल में डाह पैदा हो। पर उसे मुझ पर गहरा विश्वास था, वह बिल्कुल शान्त और निरपेक्ष लगता था। उसकी तुलना में ये सभी युवक बड़े ओछे नज़र आते थे। इसलिए यह ख़तरा मेरे लिए कोई मायने न रखता था। लेकिन फिर भी इतने लोगों का आकर्षण-केन्द्र बनकर मैं दिल ही दिल में खुश होती। मुझे लगता जैसे मैं उनकी सच्ची प्रशंसा का पात्र बनी हूँ। मैं सोचती कि मुझमें यह भी एक बहुत बड़ा गुण है कि मैं अपने पति से प्रेम करती हूँ। उसके प्रति मैं अपने को अधिक आश्वस्त और निश्चिन्त अनुभव करने लगी।

"आज तुम बड़े हँस-हँसकर न. से बातें कर रहे थे," एक रात नाच पर से घर लौटते हुए मैंने तर्जनी हिला-हिलाकर उससे कहा। जिस स्त्री का मैं जिक्र कर रही थी उसे सेंट पीटर्सबर्ग में सब लोग जानते थे, और उस शाम सेर्गेई मिख़ाइलोविच उससे बातें भी करता रहा था। पर मैंने ये शब्द उसे केवल चिढ़ाने के लिए कहे थे, क्योंकि वह कुछ ज़्यादा ही चुप और निश्चेष्ट सा जान पड़ता था।

"क्या कह रही हो माशा ? तुम ऐसी बात क्यों कहती हो ?" और उसने होंठ भींच लिए मानो उसके शरीर में कहीं दर्द हो उठा हो। "ऐसी बातें, हम दोनों के स्वभाव के प्रतिकूल हैं। इन्हें और ही लोगों को करने दो। इस तरह के झूठ हमारे वास्तविक सम्बन्ध को कलुषित कर सकते हैं। और मैं अब भी आशा करता हूँ कि हमारे वास्तविक सम्बन्ध फिर पहले से हो जाएँगे।"

मैं लज्जित होकर चुप हो गई।

"क्यों माशा, क्या हमारे सम्बन्ध फिर पहले से नहीं हो पाएँगे ? तुम क्या सोचती हो ?" उसने पूछा।

"वे न कभी बिगड़े थे और न ही कभी बिगड़ सकते हैं," मैंने कहा और उस समय मुझे सचमुच ऐसा ही जान भी पड़ा।

"मैं भी सच्चे दिल से यही आशा करता हूँ। पर अब हमें गाँव को वापस चलना चाहिए।"

बस, एक ही बार उसने इस तरह से मेरे साथ बात की। बाक़ी सारा वक़्त मुझे यही प्रतीत होता रहा कि वह भी उतना ही खुश है जितना कि मैं। और मैं तो सचमुच जैसे हवा में उड़ रही थी। "अगर यह कभी-कभी ऊब उठता है तो क्या हुआ, मैंने उसकी ख़ातिर गाँव में इतनी ऊब बरदाश्त की है," मैं अपने को ढाढ़स देने लगी, "अगर हमारे प्यार में थोड़ा फ़रक़ भी आ गया तो कोई बात नहीं, जब फिर हम लौटकर निकोल्स्कोये

पहुँच जाएँगे और अकेले तत्याना सेम्योनोव्ना के साथ रहने लगेंगे तो सब बात फिर वैसी की वैसी चलने लगेगी।''

और इस तरह सर्दियाँ कैसे गुज़र गईं मुझे पता ही न चला। ईस्टर भी आ गया और हम अभी सेंट पीटर्सबर्ग में ही थे। सेंट टिमोथी सप्ताह के शुरू में हम जाने की तैयारी करने लगे। मेरे पति ने घर के लिए उपहार, और हमारे ग्रामीण जीवन को अधिक रोचक बनाने के लिए फूलों के बीज इत्यादि खरीदे। वह विशेष रूप से प्रसन्न नज़र आने लगा और उसका व्यवहार और भी स्नेहपूर्ण हो उठा। अचानक एक दिन उसकी चचेरी बहन आ पहुँची और आग्रह करने लगी कि हम शनिवार तक रुक जाएँ। उसकी इच्छा थी कि हम काउंटेस र. की बड़ी पार्टी में ज़रूर शामिल हों। कहने लगी कि काउंटेस र. चाहती है कि तुम ज़रूर शामिल हो। पिछली नाच-पार्टी के बाद से राजकुमार म., तुमसे मिलने को अत्यन्त लालायित है। वह इन दिनों सेंट पीटर्सबर्ग में ही है और इस पार्टी में शामिल ही इसलिए होगा कि तुम्हारा परिचय प्राप्त कर सके। वह कहता है कि तुम जैसी सुन्दर लड़की रूस-भर में नहीं मिलेगी। सारा शहर वहाँ पहुँचा होगा। सारांश यह कि मुझे ज़रूर चलना होगा।

मेरा पति उस समय बैठक के दूसरे सिरे पर किसी से बातें कर रहा था।

''तो तुम चलोगी न, Mari ?'' उसने मुझसे पूछा।

''हम तो परसों गाँव वापस जाने की सोच रहे हैं,'' मैंने अपने पति की ओर देखते हुए कुछ डावाँडोल सी आवाज़ में कहना शुरू किया। हमारी आँखें मिलीं, पर उसने झट से दूसरी ओर देखना शुरू कर दिया।

''मैं सेर्गेई मिख़ाइलोविच को मना लूँगी,'' वह बोली, ''हम शनिवार को चलेंगे, और फिर तुम देखना लोग तुम पर कैसे लट्टू होते हैं। तो तय हुआ न ?''

''इससे हमारा सारा प्रोग्राम बिगड़ जाएगा। हम तो अपना सामान तक बाँध चुके हैं,'' मैंने जवाब दिया। मेरे संकल्प में शिथिलता आने लगी थी।

''मेरे ख़याल में यह बेहतर होगा कि माशा आज ही जाकर राजकुमार को प्रणाम कर आए,'' मेरे पति ने कमरे के दूसरे सिरे पर खड़े-खड़े कहा। जिस लहजे में उसने यह कहा वैसे मैंने उसे पहले कभी बोलते नहीं सुना था। प्रत्यक्षतः वह अपनी खीझ दबाने की चेष्टा कर रहा था।

''हे भगवान् ! यह आदमी तो डाह करता है ! इसका यह रूप तो पहले मैंने कभी नहीं देखा,'' उसकी बहन हँसकर कहने लगी। ''पर तुम यह नहीं समझते सेर्गेई मिखाइलोविच, कि मैं केवल राजकुमार की ख़ातिर इसे मनाने की कोशिश नहीं कर रही हूँ, बल्कि हम सबकी ख़ातिर। तुम्हें मालूम नहीं कि काउंटेस र. ने इसे लाने के लिए मेरी कितनी मिन्नतें की हैं।''

''अपना फ़ैसला यह खुद कर सकती है,'' उसने उपेक्षा से कहा और कमरे से बाहर चला गया।

मैंने देखा कि वह पहले कभी इतना उत्तेजित नहीं हुआ था। मैं व्याकुल हो उठी,

और उसकी बहन को किसी प्रकार का भी वचन नहीं दिया। जब वह चली गई तो मैं सेर्गेई मिख़ाइलोविच के पास गई। वह गहरी सोच में इधर-उधर टहल रहा था। मैंने दबे पाँव कमरे में प्रवेश किया। उसे मेरे आने का पता नहीं चला।

''इसे निकोल्स्कोये वाले अपने प्यारे घर की याद आ रही है,'' उसे देखकर मैंने मन ही मन सोचा। ''वह धूप से नहाई बैठक जिसमें हम सुबह कॉफ़ी पिया करते थे, इसके खेत और किसान, और दीवानख़ाने में वह शाम के मजमे, और हम दोनों का छिप-छिपकर आधी रात को कुछ खाने के लिए ढूँढ़ना...नहीं !'' मैंने निश्चय कर लिया, ''मैं दुनिया की सब नाच-पार्टियों और संसार-भर के राजकुमारों की प्रशंसा की परवाह नहीं करती। उसका वह खुशी से झेंप-झेंप जाना, और इसकी वह प्यारी-प्यारी स्नेह-भरी बातें मुझे अधिक प्रिय हैं।'' मैं सेर्गेई मिख़ाइलोविच से कहना चाहती थी कि मैं पार्टी पर नहीं जाऊँगी, और सचमुच मैं जाना भी नहीं चाहती थी, जब सहसा उसने सिर ऊपर उठाया और मेरी ओर देखा। उसके माथे पर बल पड़ गए और उसके चेहरे पर से मृदुता और विचारशीलता ओझल हो गई। उसकी आँखों में फिर वही मर्मवेधी तीव्रता, वही विद्वत्ता, वही बड़प्पन-भरी श्रेष्ठता आ गई। वह मेरी आँखों के सामने साधारण प्राणियों की तरह कभी न दिखना चाहता था। वह सदा एक फ़रिश्ता बनकर, ऊँचे आसन पर बैठा हुआ मेरे सामने आना चाहता था।

''क्या बात है, प्रिये ?'' बड़े शान्त भाव से मेरी ओर मुड़ते हुए उसने लापरवाही से कहा।

मैंने कोई जवाब न दिया। मैं खिन्न हो उठी। यह मुझसे अपने आपको छिपाता है। इसके जिस रूप से मैं प्यार करती हूँ, उसे सामने ही नहीं लाना चाहता।

''क्या तुम शनिवार तक रुकना चाहती हो और बड़ी पार्टी में शामिल होना चाहती हो ?'' उसने पूछा।

''मैं चाहती तो थी,'' मैंने कहा, ''पर तुम्हें यह पसन्द नहीं...और फिर सब सामान भी बँधा पड़ा है।''

पहले कभी भी उसने इतनी उपेक्षा से मेरी ओर न देखा था, न ही इतनी उपेक्षा से कभी बात की थी।

''मैं मंगलवार तक रुक सकता हूँ, और मैं अभी उन्हें कहे देता हूँ कि सामान खोल दें,'' वह बोला, ''तुम जाना चाहती हो तो ज़रूर जाओ, मेरा आग्रह है। मैं तुम्हें छोड़कर चला नहीं जाऊँगा।''

हमेशा की तरह जब वह उत्तेजित होता तो बिना मेरी ओर देखे तेज़-तेज़ टहलने लगता। आज भी उसने वैसा ही किया।

''मुझे तुम्हारी बातें कुछ समझ में नहीं आतीं,'' जहाँ खड़ी थी वहीं से मैंने उसकी ओर देखते हुए कहा, ''तुम तो कहते हो कि तुम्हारा मन सदा शान्त रहता है (उसने यह कभी नहीं कहा था), फिर तुम क्यों इस अजीब ढंग से मेरे साथ बात कर रहे हो ? मैं तुम्हारी खातिर यह खुशी क़ुरबान करने के लिए तैयार हूँ, और इधर तुम कहे जा

रहे हो कि मैं ज़रूर चली जाऊँ। इतने व्यंग्य-भरे लहजे में तो तुमने पहले भी कभी मेरे साथ बात नहीं की थी।''

''बहुत अच्छी बात है ! तुम **क़ुरबानी** करती हो (उसने इस शब्द को बल देकर कहा) और मैं भी **क़ुरबानी** करता हूँ। इससे और खूबसूरत बात क्या हो सकती है ? हम दोनों में होड़ हो रही है कि कौन अधिक उदार है। और यही चीज़ तो दाम्पत्य-जीवन को सुखी बनाती है।''

पहली बार मैं उसके मुँह से कटु व्यंग्य सुन रही थी। पर उसके व्यंग्य से मैं शर्मिन्दा नहीं हुई बल्कि नाराज़ हुई, और उसके भावावेग से मैं डरी नहीं, बल्कि उससे स्वयं उत्तेजित हो उठी। क्या यह वही आदमी है, जो हमेशा डरता रहता था कि कहीं हमारे आपसी सम्बन्ध में कपट न आ जाए, जिसका स्वभाव इतना सरल और खरा हुआ करता था। आज यह ऐसी बातें क्यों कर रहा है ? इसलिए कि मैं सचमुच उसकी ख़ातिर खुशी का यह मौक़ा क़ुरबान कर रही हूँ ? पार्टी में जाने से मुझे आखिर नुक़सान क्या होगा ? मिनट-भर पहले मैं इसे इतनी अच्छी तरह जानती-समझती थी और इसे इतना प्यार करती थी। हम दोनों की भूमिका बदल गई थी—अब वह सीधे, स्पष्ट शब्दों में बात करने से कतराता था, और मैं सीधी बात करना चाहती थी।

''तुम बहुत बदल गए हो,'' मैंने ठंडी साँस भरते हुए कहा, ''मैंने तुम्हारा क्या बिगाड़ा है ? यह पार्टी की बात नहीं हो सकती, तुम्हारे दिल में मेरे ख़िलाफ़ ज़रूर कोई और बात है। तुम मेरे साथ कपट क्यों करते हो ? तुम तो उसके बारे में इतने सतर्क रहते थे। मुझे सीधे-सीधे कहो कि तुम्हें मेरे खिलाफ़ क्या शिकायत है ?'' ''अब कुछ तो कहेगा,'' मैंने सोचा। मैं आश्वस्त थी कि इसके पास मेरी भर्त्सना करने को कुछ नहीं है।

मैं सीधे कमरे के ऐन बीच में जा खड़ी हुई, ताकि जब वह टहलता हुआ आए तो मेरे पास से गुज़रे। मैंने उसकी ओर देखा। मैंने सोचा, ''यह मेरे पास आएगा, मुझे आलिंगन में भर लेगा, और बात खत्म हो जाएगी।'' मुझे इस बात का खेद तक होने लगा था कि मैं यह साबित नहीं कर पाई कि ग़लती सरासर उसी की है। पर वह कमरे के दूसरे सिरे पर जाकर खड़ा हो गया और मेरी ओर देखने लगा।

''क्या तुम अब भी नहीं समझ रही हो ?''

''नहीं।''

''तो मैं बताऊँगा। ज़िन्दगी में पहली बार मेरे अन्दर एक भावना उठी है, जो मैं जानता हूँ कि बड़ी घृणित है। मैं इसे महसूस किए बिना रह नहीं सकता।'' जिस कटु लहजे में वह बोलने लगा था, उससे वह स्वयं हैरान होकर थोड़ी देर के लिए चुप हो गया।

''तुम कहना क्या चाहते हो ?'' मैंने पूछा। गुस्से से मेरी आँखों में आँसू छलक आए थे।

''घृणित बात यह है कि राजकुमार तुम्हें खूबसूरत समझता है, और इसलिए तुम भागी हुई उससे मिलने जा रही हो अपने पति को भूलकर, अपने आपको भूलकर और स्त्री होने के नाते अपनी गरिमा को भूलकर। अगर तुम्हें खुद अपनी इज़्ज़त का कोई

ख़याल नहीं तो तुम्हारे पति को तो है, पर तुम यह भी नहीं समझना चाहती हो। इसके उलटे तुम अपने पति से आकर कहती हो कि तुम **क़ुरबानी** कर रही हो, मतलब कि 'राजकुमार को अपना रूप दिखाने में मुझे सचमुच खुशी होगी पर यह खुशी मैं तुम्हारी ख़ातिर **क़ुरबान** कर रही हूँ।' "

जितना अधिक वह बोलता जाता, उतना ही ज़्यादा उसकी आवाज़ सुन-सुनकर उसका गुस्सा भड़कता जाता। उसकी आवाज़ अत्यन्त रूखी, क्रूर और कटु हो उठी थी। मैंने पहले कभी उसे इस स्थिति में नहीं देखा था, और न ही कभी इसकी कल्पना कर सकती थी। मेरा चेहरा लाल हो गया। मैं डर गई, पर साथ ही मुझे महसूस हुआ कि बड़े अनुचित तौर पर मुझे लज्जित और अपमानित किया जा रहा है। मैं इसका बदला लेना चाहती थी।

"मैं कई दिन से इसका इन्तज़ार कर रही थी," मैंने कहा, "कहते जाओ, और कहो।"

"मैं नहीं जानता तुम्हें किस चीज़ का इन्तज़ार था। पर मैं सबसे बुरी बात का इन्तज़ार कर सकता था–यह देखते हुए कि तुम दिन प्रतिदिन किस तरह इन निठल्ले और आराम-तलब लोगों की सोहबत में, इस घृणित सोसाइटी के बीच में धँसती जा रही हो। मुझे पहले ही समझ जाना चाहिए था कि यह होकर रहेगा। आज इसे अपनी आँखों से देख रहा हूँ। आज मैं अन्दर ही अन्दर इतना दुःखी और लज्जित अनुभव करता हूँ जितना पहले कभी नहीं किया था। दुःखी इसलिए कि तुम्हारी सहेली आती है और अपनी गन्दी उँगली सीधे मेरे दिल में चुभोकर कहती है कि मैं डाह करता हूँ–मैं डाह करता हूँ ! और किस आदमी से डाह करता हूँ ? जिसे न तुम जानती हो और न मैं जानता हूँ। और तुम ? मेरी भावनाओं को समझना तो दूर रहा, तुम सोचती हो कि तुम क़ुरबानी करने जा रही हो। और किस चीज़ की ? मैं शर्म से गड़ा जा रहा हूँ, यह देखकर कि तुम अपने को किस क़दर गिरा रही हो। इसे तुम क़ुरबानी कहती हो !" उसने फिर कहा।

"पति को यह अधिकार प्राप्त है," मैं सोचने लगी, "कि एक बिल्कुल निर्दोष स्त्री का अपमान करे और उसे लज्जित करे। वह पति जो ठहरा। पर मैं इसके आगे नहीं झुकूँगी।"

"नहीं, मैं तुम्हारी खातिर किसी चीज़ की भी क़ुरबानी नहीं करूँगी। मैं शनिवार को पार्टी में जाऊँगी और ज़रूर जाऊँगी," मैंने कहा। मेरे नथुने फड़क रहे थे और मेरे चेहरे में खून का एक क़तरा भी न रहा था।

"तो जाओ और मज़े लूटो, लेकिन आज से मेरा और अपना रिश्ता ख़त्म समझो," उसने गुस्से से चिल्लाकर कहा, "मैं तुम्हारे हाथों और यातना नहीं सहूँगा। मैं मूर्ख था जो..." उसने फिर कहना शुरू किया पर उसके होंठ काँपने लगे और ज़ाहिर था कि जो बात वह कहने जा रहा है उसे दबाने में उसे भरसक चेष्टा करनी पड़ रही है।

उस समय उसके प्रति मेरा हृदय भय और घृणा से भर उठा। मेरी बड़ी इच्छा होती थी कि मैं इस अपमान का बदला लूँ, पर मैं जानती थी कि यदि उस वक़्त मैंने कुछ

कहने के लिए मुँह भी खोला तो मैं फूट-फूटकर रोने लगूँगी और इससे उसकी नज़रों में और भी गिरूँगी। बिना कुछ कहे मैं कमरे में से निकल गई। पर ज्यों ही मुझे उसके पाँवों की आहट सुनाई देनी बन्द हो गई तो मुझे अपने किए पर डर लगने लगा। मैं यह सोचकर काँप उठी कि मेरी सारी ख़ुशियों की एक मात्र कड़ी सदा के लिए टूटने जा रही है। और मैं उसके पास लौट जाना चाहती थी पर मैं सोचने लगी : "यदि मैं चुपचाप उसके पास लौट जाऊँ और उसके हाथ में अपना हाथ रखकर उसकी आँखों में देखूँ तो क्या उसके मन में इतनी स्थिरता आ पाएगी कि वह मुझे समझ सके ? क्या वह मेरी उदारता को समझ पाएगा ? अगर उसने मेरे दुःख को पाखंड कहा तो ? क्या मालूम वह मेरे अनुताप को स्वीकार कर ले और यह समझने लगे कि मैं ग़लती पर थी और वह ठीक था, और अपने को बड़ा कृपालु समझते हुए मुझे क्षमा कर दे ? यह आदमी क्योंकर इतना बेरहम हो गया है ? मैं इसे कितना प्यार करती थी !"

मैं उसके पास नहीं गई। मैं अपने कमरे में चली गई और वहाँ बड़ी देर तक अकेली बैठी रोती रही। एक-एक शब्द याद करके काँप उठती जो हमने एक दूसरे से कहा था, मन ही मन इन शब्दों के स्थान पर और शब्द जोड़ती, फिर उनके साथ अच्छे शब्द जोड़ती, और फिर क्षुब्ध और तिरस्कृत अनुभव करती हुई उन्हीं शब्दों को दोहराती जो हमने एक दूसरे को कहे थे। उस शाम जब मैं चाय पीने के लिए गई और अपने पति से मिली तो मुझे महसूस हुआ कि हमारे बीच एक खाई बन गई है, जो अब सदा मुँह फाड़े हमें अलग किए रहेगी। उस रोज स. भी वहाँ मौजूद था। वह हमसे मिलने आया था। स. ने मुझसे पूछा कि हम गाँव को कब लौटकर जा रहे हैं।

"मंगलवार को," मुझे जवाब देने का मौक़ा न देते हुए सेर्गेई मिख़ाइलोविच ने झट से कह दिया। "पहले हम काउंटेस र. की बड़ी पार्टी पर जाएँगे। तुम जा रही हो न ?" उसने मेरी ओर घूमकर पूछा।

मैंने उसकी ओर देखा। उसके स्वर में वही उपेक्षाभाव था। मैं डर गई। उसकी आँखें मुझे एकटक देखे जा रही थीं, और उनसे क्रोध और कटु व्यंग्य टपकता था, उसकी आवाज़ कठोर और रूखी थी।

"हाँ," मैंने जवाब दिया।

शाम के वक़्त जब हम अकेले रह गए तो वह मेरे पास आया और अपना हाथ बढ़ाते हुए बोला :

"जो कुछ मैंने कहा है उसे कृपा करके भूल जाओ।"

मैंने उसका हाथ अपने हाथ में ले लिया। एक काँपती सी मुस्कान मेरे होंठों पर आई, मेरी आँखें भर आईं, पर उसने अपना हाथ खींच लिया, शायद इस डर से कि कहीं कोई भावुकता का स्वांग न होने लगे और कुछ दूर जाकर आरामकुर्सी पर बैठ गया। "क्या यह अब भी यही समझता है कि इसका व्यवहार ठीक था ?" मैं सोच रही थी। और मैं अपनी सफ़ाई देना चाहती थी, मैं कहना चाहती थी कि पार्टी पर हम नहीं जाएँगे। पर वह बात मेरी ज़बान पर ही रह गई। मैंने कुछ भी नहीं कहा।

"हमें माँ को लिखना होगा कि हमने इरादा बदल लिया है, नहीं तो वह चिन्ता करेंगी," उसने कहा।

"तुम्हारा कब जाने का इरादा है ?" मैंने पूछा।

"मंगलवार को, पार्टी के बाद।"

"यह तुम मेरी ख़ातिर तो नहीं कर रहे हो ?" मैंने सीधे उसकी ओर देखते हुए कहा। उसकी आँखें भी मुझ ही पर लगी थीं, पर वे कितनी भावशून्य थीं मानो उन पर कोई पर्दा पड़ा हुआ है। सहसा उसका चेहरा मुझे बूढ़ा और अप्रिय लगा।

हम पार्टी पर गए। ऐसा जान पड़ा जैसे हमारे सम्बन्ध फिर मैत्रीपूर्ण हो गए हैं, पर अब वे पहले जैसे बिल्कुल नहीं रहे थे।

पार्टी पर मैं तो स्त्रियों के बीच बैठी थी, इसलिए जब राजकुमार मुझे मिलने के लिए आया तो मुझे उसके साथ बातें करने के लिए उठकर खड़ा होना पड़ा। जब मैं उठी तो मेरी आँखें अपने आप ही मेरे पति को खोजने लगीं। वह हॉल के दूसरे सिरे पर खड़ा था। मेरी ओर देखते ही उसने मुँह फेर लिया। सहसा मैंने इतना लज्जित और दुःखी महसूस किया, कि मुझे बेहद झेंप होने लगी। राजकुमार मेरी ओर देख रहा था और मेरा मुँह और गर्दन लाल हुए जा रहे थे। पर उसकी बात सुनने के लिए मेरे लिए खड़ा होना जरूरी था, क्योंकि वह मुझे ऊपर से देख रहा था। हम थोड़ी देर तक आपस में बातें करते रहे। मेरे निकट कोई जगह खाली न थी जहाँ वह बैठ सकता। एक तो इस कारण, दूसरे, शायद वह समझ भी गया था कि मुझे झेंप हो रही है। हमने पिछली नाच-पार्टी की चर्चा की, उसने मुझसे पूछा कि मैं गर्मी का मौसम कहाँ बिताऊँगी। इसी तरह की बातें हम करते रहे। फिर वह वहाँ से चला गया। जाते हुए उसने कहा कि वह मेरे पति से भी परिचय प्राप्त करना चाहता है। थोड़ी देर बाद मैंने उन्हें हॉल के दूसरे सिरे पर एक दूसरे से मिलते और बातें करते देखा। राजकुमार ने ज़रूर मेरे बारे में कुछ कहा होगा क्योंकि मेरे पति के साथ बातें करते हुए उसने मेरी ओर एक नज़र घुमाकर देखा और मुस्कुराया।

मेरे पति की मुद्रा सहसा कठोर हो उठी, उसका चेहरा लाल हो गया, वह राजकुमार के सामने झुका और वहाँ से हट गया। मुझे भी शर्म आ गई। मैं यह सोचकर लज्जित महसूस करने लगी कि राजकुमार मेरे बारे में, मुझसे भी अधिक मेरे पति के बारे में क्या सोचता होगा। मैं सोचती कि हर किसी ने राजकुमार से बातें करते हुए मेरी झेंप को देखा है, और मेरे पति के अजीब रवैये को भी। वे क्या सोचते होंगे कि इसका क्या कारण हो सकता है। क्या उन्हें उस वार्तालाप के बारे में मालूम है जो मेरे और मेरे पति के बीच हो चुका था ? वापस लौटते समय उसकी चचेरी बहन घर तक मेरे साथ आई और रास्ते-भर हम पति की बातें करती रहीं। मैं अपने को रोक न सकी और जो झगड़ा हमारे बीच इस अभागी पार्टी के कारण हुआ था, मैंने सब उसे कह सुनाया। उसने मुझे ढाढ़स बँधाई, कहने लगी कि यह केवल ग़लतफ़हमी है जो बिल्कुल दूर हो जाएगी और कोई भी मनमुटाव हमारे बीच न रहेगा। वह मुझे मेरे पति के बारे में अपनी राय

बताने लगी। कहने लगी कि वह बहुत दम्भी हो गया है और किसी से मेल-जोल नहीं रखता। मैंने उसका समर्थन किया, मुझे भी जान पड़ता था कि अब मैं उसे बेहतर समझने लगी हूँ, अधिक निष्पक्षता से समझने लगी हूँ।

पर जब मैं पति से निराले में मिली तो उसके बारे में मेरी यह राय एक अपराध की तरह मेरे अन्तःकरण पर बोझ बनी रही और मुझे ऐसा महसूस हुआ जैसे हमारे बीच की खाई और भी चौड़ी हो गई है।

8

उस दिन के बाद हमारा जीवन और हमारे आपसी सम्बन्ध बिल्कुल बदल गए। अब एक दूसरे के साथ रहते हुए भी हमें पहली सी खुशी न होती थी। कई प्रसंग ऐसे थे जिन पर हमने बात तक करना छोड़ दिया था। जब कभी हमारे बीच कोई तीसरा आदमी बैठा होता तो हमारे लिए बातचीत करना आसान होता। ज्यों ही कभी गाँव के जीवन या नाच-पार्टियों की चर्चा छिड़ जाती तो हमें झेंप होने लगती और हम एक-दूसरे से नज़रें चुराने लगते। हम दोनों को उस खाई का बोध था जो हमारे बीच मुँह फाड़े खड़ी थी। हम उसकी चर्चा तक करने से डरते थे। मुझे यक़ीन हो गया था कि वह एक घमंडी और चिड़चिड़े स्वभाव का आदमी है और मुझे कोई ऐसी बात न करनी चाहिए जिससे उसकी खीझ बढ़े। उसे यक़ीन था कि मैं फ़ैशनेबल सोसाइटी के बिना नहीं रह सकती, कि मुझे गाँव में रहना बिल्कुल पसन्द नहीं, और इसलिए उसे मेरे ओछेपन को स्वीकार ही करना पड़ेगा। इसलिए हम कभी इन विषयों पर बात नहीं करते थे। हम दोनों एक-दूसरे पर झूठे आरोप लगाते। वे दिन बीत चुके थे जब हम एक-दूसरे को सर्वगुण सम्पन्न समझते थे। अब तो हम एक-दूसरे की तुलना अन्य लोगों के साथ करते और मन ही मन एक दूसरे के दोष गिनते रहते। गाँव लौटने से पहले मैं बीमार पड़ गई। हमने शहर के बाहर कुछ देर के लिए एक बँगला किराए पर ले लिया। वहाँ से, सेर्गेई मिख़ाइलोविच अकेला अपनी माँ से मिलने चला गया। उसके जाने तक मेरा स्वास्थ्य काफ़ी सुधर गया था और मैं सफ़र कर सकती थी। पर उसने मुझे वहीं टिके रहने का आग्रह किया, मानो उसे मेरी सेहत की बड़ी चिन्ता हो। वास्तव में उसे मेरे स्वास्थ्य की इतनी चिन्ता नहीं थी। उसका ख़याल था कि गाँव पहुँचकर हम एक दूसरे के साथ खुश नहीं रहेंगे। मैंने भी विरोध नहीं किया और वहीं रुकी रही। उसके बिना मुझे अकेला लगता था। ऐसा जान पड़ता जैसे शून्य में रह रही हूँ। पर जब वह लौटकर आया तो मैं यह देखकर हैरान रह गई कि मुझे कोई विशेष खुशी नहीं हुई, जैसे पहले हुआ करती थी, न ही मेरी जीवन-चर्या में कोई तब्दीली आई। हमारे प्यार के पहले दिन बीत चुके थे। उन दिनों तो मैं यह सोचकर ही उदास हो उठती थी कि कोई ऐसी स्थिति भी हो सकती है जब हम एक दूसरे को अपने दिल की बात न कहें। उसके मुँह से निकला हुआ एक-एक

शब्द, उसकी एक-एक गति मेरे लिए आदर्श हुआ करती थी। एक दूसरे से नज़र मिलते ही हम खिलखिलाकर हँस पड़ते थे। पर अब वे दिन बीत चुके थे। अनजाने ही, हमारे सम्बन्ध कुछ इतने बदलते जा रहे थे कि हमें पता ही न चला कि हमारा पहला प्यार चला कहाँ गया। हमारी रुचियाँ और विचार अलग-अलग होने लगे। हमने एक-दूसरे के नज़दीक आने की, एक दूसरे को अपने मन की बात बताने की कोशिश नहीं की। यह सोचकर कोई झेंप भी न होती थी कि हम अपनी अलग-अलग दुनिया में रहने लगे हैं। धीरे-धीरे हम इस प्रकार के जीवन के अभ्यस्त हो गए। साल-भर के अन्दर हमारी रही-सही झेंप भी जाती रही जो हम एक दूसरे की उपस्थिति में महसूस किया करते थे। पहले मेरे साथ हँसी-मज़ाक़ करते हुए वह सब कुछ भूल जाया करता था। परन्तु अब हास्य-विनोद ख़त्म हो गया था। साथ ही वह लड़कपन, वह झट से माफ़ कर देने की आदत भी। पहले उसकी बेरुखी मुझे अखरा करती थी। अब वह बेरुखी भी न रही थी। पहले जब वह मेरी आँखों में आँखें डालकर देखा करता था तो मैं झेंप-झेंप जाती और मेरा रोम-रोम पुलकित हो उठता, लगता जैसे उसकी आँखें मुझे टटोल रही हैं। पर अब उसकी नज़र में फ़र्क़ आ गया था। हम कभी मिलकर प्रार्थना नहीं करते थे। न ही उस 'मस्ती' का अनुभव कर पाते थे। हम अब मिलते भी बहुत कम थे। वह अक्सर काम पर बाहर रहता। मुझे अकेले छोड़ने में अब उसे खेद या घबराहट न होती थी। मुझे भी उसका अभाव महसूस न होता, मैं सारा वक़्त सोसाइटी में घूमती।

हमारे बीच अब पहले सा कलह न उठता, न ही किसी बात पर बहस होती। मैं उसे खुश रखने की कोशिश करती, और वह भी मेरी सभी इच्छाएँ पूरी करता। बाह्यतः लगता जैसे हमारे प्यार में कोई फ़र्क नहीं आया।

हमें अकेले में रहने के अवसर बहुत कम मिलते थे लेकिन जब कभी मिलते भी तो मुझे कोई खुशी न होती, न उत्तेजना, न झेंप। तब भी मुझे लगता जैसे मैं अपने ही साथ बैठी हूँ। मैं भली भाँति समझती थी कि यह मेरा पति है, कोई अजनबी नहीं है, और भला आदमी है, जिसे मैं उतनी ही अच्छी तरह जानती हूँ जितना कि अपने आपको। मुझे विश्वास था कि मैं एक खुली किताब की तरह उसके मन को पढ़ सकती हूँ—वह क्या करेगा, मेरी ओर कैसे देखेगा। यदि वह कोई भिन्न बात कह देता या भिन्न प्रकार से मेरी ओर देखता तो मैं समझती कि इससे भूल हुई है। मुझे उससे किसी चीज़ की उम्मीद नहीं थी। संक्षेप में, वह मेरा पति था, बस, इससे अधिक कुछ नहीं। मैं सोचती थी कि ऐसा ही होना भी चाहिए। पति सदा ऐसे ही होते हैं, और हम भी एक दूसरे के प्रति सदा ऐसे ही थे। जब वह बाहर जाता, विशेषकर शुरू में, तो मुझे अकेलापन काटने दौड़ता था। मैं घबरा जाती थी, निराश्रित महसूस करती थी। उसकी वापसी पर मैं इतनी खुश होती कि उससे लिपट जाती। पर घंटे दो घंटे के अन्दर यह उल्लास ठंडा पड़ जाता। मैं असमंजस में पड़ जाती कि उसके साथ क्या बात करूँ। केवल किसी-किसी वक़्त, संयत और शान्त प्रेम के समय में मेरे दिल में दबी-दबी सी कसक उठती और लगता जैसे कहीं कुछ टूट गया है। दिल भारी हो उठता। यही बात

मैं उसकी आँखों में भी देखती। हम इस भावोद्रेक की सीमा को जानते थे। उसके आगे न वह बढ़ना चाहता था, न मैं बढ़ सकती थी। कभी मैं इस कारण उदास हो जाती। पर मैं बड़ी व्यस्त थी। इन बातों पर सोचने का मेरे पास वक़्त ही नहीं था। हमारे सम्बन्धों में फ़र्क़ आ गया है--इसकी धूमिल सी चेतना मुझे होती। मैं उदास भी होती, लेकिन यह उदासी मनबहलाव में डूब जाती। इन मनबहलावों का कोई अन्त न था। शुरू-शुरू में, फ़ैशनेबल सोसाइटी की तड़क-भड़क और प्रशंसा से मैं अभिभूत हो उठी थी। शीघ्र ही मैं भी इसी सोसाइटी की लपेट में आ गई। मुझे उस सोसाइटी में रहने की आदत सी पड़ने लगी। उसने मेरे पाँवों में बेड़ियाँ डाल दीं, मेरे दिल पर—जो प्रेम के लिए छटपटा रहा था—अपना प्रभुत्व जमा लिया। एकान्त किसे कहते हैं मुझे बिल्कुल भूल गया। मुझे अपने जीवन के बारे में सोचने तक का साहस न होता था। मैं प्रातः से लेकर रात तक व्यस्त रहती। घर से बाहर न भी जाऊँ तो भी कोई न कोई मिलने आ जाया करता था। इस प्रकार के जीवन से न मेरा मन बहलता, न ही मैं ऊब उठती। मैं सोचती कि अब मुझे सदा इसी तरह रहना चाहिए।

तीन वर्ष बीत गए। हमारे आपसी सम्बन्ध वैसे के वैसे बने रहे। मानो वे एक ढर्रे पर चलने लगे हों, साँचे में ढल गए हों, न बेहतर और न बदतर हो सकते हों। इन तीन वर्षों में हमारे परिवार में दो महत्त्वपूर्ण घटनाएँ घटीं, परन्तु दोनों में से कोई भी मेरी जीवन-चर्या को नहीं बदल पाई। मेरे पहले बच्चे का जन्म हुआ और तत्याना सेम्योनोव्ना की मृत्यु। शुरू-शुरू में, माँ बनने पर अप्रत्याशित आनन्द का अनुभव हुआ, मातृ-स्नेह से विभोर हो गई। मुझे लगा जैसे मेरे लिए एक नया जीवन शुरू होनेवाला है। पर दो महीने बाद मैं फिर फ़ैशनेबल सोसाइटी में आने-जाने लगी। यह ममता धीरे-धीरे कम होने लगी और अन्त में केवल औपचारिक रूप से कर्त्तव्य निभाने की आदत सी बनकर रह गई। मेरा पति पहले ही घरेलू तबीयत का था। बेटे के आ जाने से वह और भी घरेलू, शान्त और आश्वस्त हो गया, अपना सारा मोह और उल्लास बच्चे पर उँडेलने लगा। अक्सर मैं किसी नाच-पार्टी पर जाने से पहले, बन-सँवरकर, बेटे के कमरे में जाती और उसके शरीर पर क्रास का चिह्न बनाती। मेरा पति वहाँ मौजूद होता और मेरी ओर मर्मभेदी और भर्त्सनापूर्ण नज़रों से देखता। मैं शर्म से गड़ जाती। सहसा मेरी आत्मा मुझे धिक्कारने लगती कि मैंने बच्चे की ओर से अपनी पीठ फेर ली है। मैं अपने आपसे पूछती कि क्या मैं सचमुच ही और स्त्रियों से गई-बीती हूँ ? ''पर मैं कर ही क्या सकती हूँ ?'' मैं सोचने लगती, ''मुझे अपने बच्चे से प्यार है, ज़रूर, पर मैं दिन-भर उसके सिरहाने तो नहीं बैठ सकती। इस तरह तो मैं ऊब उठूँगी। कुछ भी हो जाए मैं दिखावे नहीं कर सकती।'' माँ की मृत्यु से सेर्गेई मिख़ाइलोविच को बहुत सदमा पहुँचा। उसने कहा कि माँ के चले जाने के बाद उसके लिए निकोल्स्कोये में रहना असह्य हो उठा है। पर मुझे सास के बिना देहात में रहना अधिक प्रिय और शान्तिपूर्ण लगने लगा हालाँकि मैंने उसकी मृत्यु पर शोक मनाया था, और अपने पति के साथ मुझे हमदर्दी थी। उन तीन सालों में हमने ज़्यादा वक़्त शहर ही में व्यतीत किया। केवल

एक बार मैं दो महीने के लिए गाँव गई, और तीसरे साल हम विदेश चले गए।

गरमी का मौसम हमने एक ऐसे स्थान पर व्यतीत किया जहाँ पानी के चश्मे थे।

उस समय मेरी उम्र इक्कीस वर्ष की थी। हमारी स्थिति, जैसा कि मैं उन दिनों सोचती थी, काफ़ी अच्छी थी। दाम्पत्य जीवन से जो सुख मुझे मिलता था, मैं उसी में सन्तुष्ट थी, मैं कुछ और नहीं चाहती थी। मुझे जान पड़ता था जैसे मेरे परिचय के सभी लोग मुझसे प्यार करते हैं। मेरा स्वास्थ्य अच्छा था। मेरी पोशाकें वहाँ पर सबसे अच्छी थीं। मैं जानती थी कि मैं सुन्दर हूँ। मौसम सुहावना था। मेरे चारों ओर सौन्दर्य और कमनीयता का वातावरण था, और मैं बेहद खुश थी। हाँ, मेरी खुशी में वह स्फूर्ति नहीं थी जो निकोल्स्कोये में हुआ करती थी। वहाँ मैं अपने में ही मस्त रहती थी। वहाँ मुझे लगता था कि मैं इस सुख की अधिकारिणी हूँ, मुझे जितना भी सुख मिले उतना ही थोड़ा है। उस ज़िन्दगी में और ही तरह का सुख था। पर यहाँ पर भी मैं सन्तुष्ट थी। मुझे किसी चीज़ की चाह नहीं थी, किसी चीज़ की आशा नहीं थी, किसी चीज़ का डर नहीं था। मुझे अपनी ज़िन्दगी भरी-पूरी लगती थी और मेरी अन्तरात्मा शान्त थी। उस सीज़न में जितने भी युवक वहाँ आए, उनमें से किसी में भी कोई ख़ास बात नहीं थी। यहाँ तक कि वे उस वयोवृद्ध प्रिंस से भी ज़्यादा दिलचस्प नहीं थे जो हमारे देश के राजदूत थे और अक्सर मेरे प्रति प्रेम प्रकट किया करते थे। उनमें फ़र्क़ केवल इतना ही था कि कोई उम्र में बड़ा था और कोई छोटा। एक अंग्रेज था जिसके बाल सुनहले थे, दूसरा फ्रांसीसी था, जिसकी छोटी सी दाढ़ी थी। सब एक से थे, सभी मुझे आवश्यक लगते थे। वे सब ऐसे लोग थे जिनके प्रति मैं उदासीन थी लेकिन जिनसे मेरे इर्द-गिर्द का वातावरण उल्लासपूर्ण बनता था। उनमें से केवल एक आदमी के प्रति मैं आकर्षित हुई—उसका नाम था मार्क्विज़ द. और वह इटली का रहनेवाला था। वह निःसंकोच मेरी प्रशंसा किया करता था। मेरे साथ नाचने, घुड़सवारी करने, कैसीनों में एक साथ बैठने और मेरे रूप की सराहना करने का वह कोई मौक़ा हाथ से न जाने देता था। कई बार मैंने खिड़की में से उसे अपने घर के सामने खड़े देखा। वह एकटक मेरी ओर घूर रहा होता, उसकी आँखों में एक तरह की अप्रिय चमक होती। मैं शरमाकर मुँह फेर लेती। वह जवान था, खूबसूरत था, उसमें अपना एक बाँकपन था। पर सबसे बड़ी बात यह थी कि उसकी मुस्कुराहट और उसका माथा देखकर मुझे अपना पति याद आ जाता था। हाँ, मेरे पति से वह ज़्यादा सुन्दर था। यह समानता और भी चकित इसलिए करती कि मेरे पति के चेहरे पर सदा शान्ति और दयालुता की झलक होती, जबकि उस आदमी में—उसके ओंठों, उसकी नज़र, उसकी लम्बी ठुड्डी में—एक विशेष प्रकार की पाशविकता और अशिष्टता नज़र आती। उस समय मुझे यह विश्वास हो गया था कि मार्क्विज़ मेरे प्यार में पागल है। मेरा हृदय गर्व से भर उठा, और मैं बड़े कृपा-भाव से उसके बारे में सोचने लगी। मेरी इच्छा होती कि मैं उसे अपना मित्र बना लूँ, और वह मेरे साथ, कुछ-कुछ मित्रों की भाँति, लजीले आश्वासन के लहजे में, बातचीत करे, पर वह मेरी इस चेष्टा को फ़ौरन ठुकरा देता, और उसी तरह पागल प्रेमियों की तरह मेरी

ओर देखता रहता। मैं झेंप जाती। मुझे लगता जैसे किसी समय वह प्रेमालाप करने लगेगा। इस आदमी से मुझे डर लगता था। पर मैं यह स्वीकार नहीं करती थी, और अक्सर न चाहते हुए भी उसके बारे में सोचने लगती। मेरा पति भी जिसकी हैसियत मेरे परिचितों की नज़र में पति से अधिक कुछ नहीं थी, मार्क्विज़ को जानता था, और अन्य परिचितों के मुक़ाबले में उसके साथ अधिक उपेक्षा और रुखाई से पेश आता था। सीज़न खत्म होने से पहले ही मैं बीमार पड़ गई, और दो सप्ताह तक घर से नहीं निकल पाई। फिर एक दिन—स्वस्थ होने के बाद पहली बार—मैं संगीत सुनने के लिए बाहर गई। मुझे पता चला कि लेडी एस. भी वहाँ आ गई है। बहुत दिनों से उसके आने की चर्चा थी। लेडी एस. बड़ी सुन्दर मानी जाती थी। मैं वहाँ पहुँची तो मेरा बड़े चाव से स्वागत हुआ, मैं अपने परिचितों की टोली का आकर्षण-केन्द्र बन गई। पर उस नई सुन्दरी के इर्द-गिर्द मँडरानेवालों की संख्या अधिक थी। हर जगह उसी के रूप की चर्चा होने लगी। मैंने उसे देखा, वह सचमुच सुन्दर थी। पर उसके चेहरे पर एक तरह का आत्म-सन्तोष झलकता था जो मुझे अच्छा नहीं लगता। मैंने कह भी दिया। उस रोज़ हरेक चीज़ मेरे लिए नीरस हो उठी। पहले मेरे लिए हर चीज़ में रंगीनी हुआ करती थी। दूसरे रोज़ लेडी एस. ने क़िला देखने का प्रोग्राम बनाया। मैंने जाने से इनकार कर दिया। पर मैंने देखा कि मेरे परिचितों में से कोई भी मेरे साथ न रहा, सभी लेडी एस. के साथ चले गए। मेरी आँखों के आगे सब कुछ बदल गया। मुझे हर आदमी और हर चीज़ बड़ी मूर्खतापूर्ण और नीरस लगने लगी। मन रोने को चाहता। जी में आता कि इलाज ख़त्म हो और मैं रूस लौट जाऊँ। मेरा दिल खिन्न हो उठा था, पर मैं स्वयं भी स्वीकार न करती थी। मैं कमज़ोरी का बहाना करने लगी और सोसाइटी में जाना छोड़ दिया। केवल कभी-कभी सुबह के वक़्त चश्मे का पानी पीने चली जाती या अपनी एक परिचित रूसी महिला ल.म. के साथ पास के गाँवों में गाड़ी पर हवाखोरी के लिए निकल जाती। उन दिनों मेरा पति हीडलबर्ग में था और इस इन्तज़ार में था कि कब मेरी चिकित्सा समाप्त हो और हम कब दोनों रूस वापस जाएँ। वह कभी-कभी मुझसे मिलने आता।

एक दिन लेडी एस. सब लोगों को अपने साथ शिकार पर ले गई। भोजन के बाद ल.म. और मैं घोड़ा-गाड़ी पर क़िले की ओर चली गईं। धीरे-धीरे गाड़ी में बैठी हम दोनों में गम्भीर बातचीत होने लगी, जैसे पहले कभी न हुई थी। सड़क पुराने चेस्टनट वृक्षों में से बल खाती हुई जाती थी, जिनमें से बडेन के इर्द-गिर्द के खूबसूरत देहाती इलाक़े की झलक मिलती थी। अस्तप्राय सूर्य की रोशनी में खेत चमक रहे थे। मैं ल.म. को बड़ी मुद्दत से जानती थी, पर मुझे यह मालूम न था कि वह इतनी समझदार और दयालु स्वभाव की होगी, कि मैं उसे दिल की बात कह सकूँगी और वह मेरी इतनी अच्छी सहेली बन जाएगी। हम अपने परिवारों, बच्चों और बडेन के उच्छृंखल जीवन की चर्चा करने लगीं। दोनों का जी चाहता कि रूस लौट जाएँ, और वहाँ देहात में रहें। जब हम क़िले में दाख़िल हुईं तो हमें अपने देश की मधुर और अवसादपूर्ण याद सताने लगी। क़िले के अन्दर ठंडी छाँव थी। ऊपर सूर्य की किरणें खंडहरों पर पड़ रही थीं, लोगों के क़दमों

और वार्तालाप की आवाज़ें सुनाई दे रही थीं। दरवाज़े के चौखट में से बडेन का ग्राम्य-दृश्य एक चित्र की तरह नज़र आ रहा था। दृश्य बड़ा सुन्दर था परन्तु एक रूसी के लिए निस्पन्द सा था। हम वहाँ सुस्ताने के लिए बैठ गईं और चुपचाप सूर्यास्त का दृश्य देखने लगीं। आवाज़ें और भी स्पष्ट सुनाई पड़ने लगीं, और मुझे ऐसे लगा जैसे किसी ने मेरा नाम लिया हो। मैं कान लगाकर सुनने लगी। एक-एक शब्द मुझे साफ़ सुनाई दिया। आवाज़ें परिचित थीं, मार्क्विज़ द और उसकी फ्रांसीसी मित्र, जिसे मैं जानती थी, आपस में बातें कर रहे थे। मेरी और लेडी एस. की चर्चा हो रही थी। फ्रांसीसी हम दोनों की तुलना और हमारे सौन्दर्य का विश्लेषण कर रहा था। उसने जो कुछ कहा उसमें बुरा माननेवाली बात तो कोई न थी, पर उसे सुनते हुए मेरा मुँह लाल हो उठा। एक-एक करके, हमारी विशेषताओं की उसने बड़े ब्यौरे के साथ व्याख्या की—मेरे एक बच्चा भी हो चुका था, जबकि लेडी एस. की उम्र अभी केवल उन्नीस वर्ष की थी; मेरे बाल अधिक घने थे, लेडी एस. का शरीर अधिक सुडौल था, लेडी एस. बड़े घर की महिला है, पर "तुम्हारी यह बस यों ही है, उन रूसी राजकुमारियों जैसी ही जो यहाँ अक्सर आने लगी हैं।" अन्त में उसने कहा कि मैंने अच्छा ही किया जो लेडी एस. से होड़ लेने की कोशिश नहीं की। जहाँ तक बडेन का सम्बन्ध है, वहाँ अब मेरी कोई हैसियत नहीं रही। उसके लिए मैं मर चुकी हूँ और दफ़नाई भी जा चुकी हूँ।

"मुझे उस पर तरस आने लगा है," इतालवी बोला।

"कहीं वह अपने मन को तसल्ली देने के लिए तुम्हारे साथ प्रेम करना न शुरू कर दे," फ्रांसीसी ने बड़ी निर्मम, व्यंग्यपूर्ण हँसी के साथ कहा।

"अगर वह यहाँ से चली गई तो मैं उसका पीछा करूँगा," इतालवी लहजे में रूखी सी आवाज़ सुनाई दी।

"खुशनसीब आदमी हो ! तुम अभी भी प्रेम कर सकते हो !" फ्रांसीसी ने हँसकर कहा।

"प्रेम !" इतालवी लहजे में फिर मार्क्विज़ की रूखी आवाज़ आई। फिर तनिक रुककर वह बोला : "मैं प्रेम किए बग़ैर नहीं रह सकता। जीने का और प्रयोजन ही क्या है ? जीवन को रोमांस में बदल देना, इसी में जीवन का सार है। और मेरे रोमांस अधूरे नहीं रह जाते। इसे भी मैं पूरा करके दम लूँगा।"

"Bonne chance, mon ami.,"* फ्रांसीसी ने कहा।

हमें इससे अधिक कुछ सुनाई नहीं दिया। वे दूसरी ओर घूम गए थे। केवल उनके क़दमों की आवाज़ सुनाई देती रही। वे सीढ़ियाँ उतरने लगे और कुछ ही मिनटों में बग़ल के एक दरवाज़े में से निकलकर हमारे सामने आ गए। हमें वहाँ देखकर उनके आश्चर्य का ठिकाना न रहा। मार्क्विज़ द. मेरे पास आया तो मैं शर्म से लाल हो गई। क़िले में से बाहर निकलते वक़्त उसने मुझे अपनी बाँह का सहारा देना चाहा तो मैं डर गई।

* क़िस्मत तुम्हारा साथ दे, दोस्त। (फ्रेंच)

पर मैं इनकार न कर सकी और हम ल.म. तथा उसके मित्र के पीछे-पीछे गाड़ी की ओर जाने लगे। फ्रांसीसी की बातों से मैं क्रुद्ध हो उठी थी, हालाँकि मेरा अन्तर्तम यह स्वीकार करता था कि उसने वही बात कही है जिसका अनुमान मुझे पहले ही हो गया था। मार्क्विज़ ने जिस बाज़ारू ढंग से बातें की थीं उनसे मुझे हैरानी और दुःख हुआ था। उसने ज़रूर समझ लिया होगा कि हमने उनकी बातें सुन ली हैं, फिर भी मेरे साथ चलते हुए उसे तनिक भी झेंप न हुई थी। इससे मैं और भी विचलित हो उठी। उसे अपने इतना निकट पाकर मेरा जी घृणा से भर उठा। मैंने उसकी ओर नहीं देखा, उसके सवालों का जवाब भी नहीं दिया। और उसके बाज़ू पर इस भाँति अपना हाथ रखे हुए थी कि मुझे उसके स्पर्श का भास न हो, मैं तेज़-तेज़ चलती हुई फ्रांसीसी और ल.म. की ओर जा रही थी। मार्क्विज़ मनोरम दृश्य के बारे में, मुझसे अचानक मुलाक़ात होने की ख़ुशी के बारे में और कई अन्य बातों के बारे में कुछ कहे जा रहा था। पर मैं कुछ नहीं सुन रही थी। मेरा ध्यान अपने पति और बेटे की ओर था। मुझे अपना देश याद आ रहा था। मैं लज्जा का अनुभव कर रही थी, किसी बात का पछतावा हो रहा था, दिल में किसी चीज़ की इच्छा जग रही थी। मैं चाहती थी कि जल्दी-जल्दी Hotel de Bade के अपने छोटे से कमरे में पहुँच जाऊँ ताकि एकान्त में चैन से बैठकर अपनी स्थिति पर विचार कर सकूँ। पर ल.म. धीरे-धीरे चल रही थी, और अभी गाड़ी काफ़ी दूर खड़ी थी, और मुझे ऐसा लगता था जैसे मेरा साथी मुझे रोक रखने के लिए जानबूझकर अपनी चाल धीमी कर रहा है। "यह कभी नहीं हो सकता !" मैंने सोचा और अपनी चाल तेज़ करने की कोशिश की। पर वह सचमुच मुझे पीछे की ओर खींच रहा था, उसने मेरा हाथ भी दबाया। ल.म. सड़क के एक मोड़ पर आँखों से ओझल हो गई। हम दोनों बिल्कुल अकेले रह गए। डर के मारे दिल धक्-धक् करने लगा।

"क्षमा कीजिए," मैंने रुखाई से कहा और अपना हाथ छुड़ाने की कोशिश की, पर मेरी आस्तीन की लेस उसकी जाकेट के बटन में अटक गई। वह आगे की ओर झुका और लेस छुड़ाने लगा—उसका सीना मेरे वक्ष के बिल्कुल नज़दीक था। उसकी उँगलियाँ मेरे हाथ को छू गईं। एक नई अनुभूति से—जिसमें शायद डर था या ख़ुशी, मैं नहीं कह सकती—मेरे सारे शरीर में कँपकँपी दौड़ गई। मैंने बड़ी रुखाई से उसकी ओर देखने की कोशिश की, यह सोचकर कि मुझे देखते ही वह समझ जाएगा कि मैं उससे बहुत घृणा करती हूँ। पर इसके विपरीत, मेरी आँखों ने केवल भय और उत्तेजना ही व्यक्त की। उसकी कामातुर और नम आँखें मेरे चेहरे के बिल्कुल पास आ गई थीं, और मानो मेरी गर्दन, छाती, मेरे समूचे शरीर को निगल जाना चाहती थीं। उसके दोनों हाथ मेरी बाँह को सहला रहे थे, उसके खुले होंठ कुछ बुदबुदा रहे थे—वह कह रहा था कि वह मुझसे प्रेम करता है, मैं उसका सर्वस्व हूँ। उसके होंठ और भी नज़दीक आने लगे और उसके गरम हाथ मेरे हाथों को और भी ज़ोर से दबाने लगे। मेरी नसों में जैसे आग की लपटें उठने लगीं, और हर चीज़ अँधेरी हो गई। मैं काँप उठी, और जिन शब्दों से मैं उसे रोकना चाहती थी, मेरे कंठ में ही अटककर रह गए। सहसा अपने गाल पर मैंने

उसके ओंठों का स्पर्श अनुभव किया। मैं काँप उठी, और मेरा सारा शरीर मानो ठंडा पड़ गया। मैं रुककर उसकी ओर देखने लगी। मुझमें इतनी ताक़त न थी कि कुछ कह सकूँ, या आगे बढ़ सकूँ। डर से सहमी हुई मैं किसी चीज़ का इन्तज़ार कर रही थी, किसी चीज़ की इच्छा मेरे मन में उठ रही थी। यह स्थिति क्षण-भर ही रही होगी। पर यह क्षण बड़ा भयंकर था ! मैंने मार्क्विज़ को सम्पूर्ण रूप से देख लिया। उसके चेहरे का भाव मैंने अच्छी तरह से पढ़ लिया—उसके स्ट्रा-हैट के नीचे से उसका तंग माथा नज़र आ रहा था जो मेरे पति के माथे से बिल्कुल मिलता था, उसकी नाक सीधी और सुन्दर थी, नथुने फूले हुए थे, मूँछें और दाढ़ी नुकीली और चुपड़ी हुई थीं, गाल सफ़ाचट थे और गर्दन धूप के कारण सँवला गई थी। मैं उससे घृणा करती थी, उससे डरती थी, वह मेरे लिए एक बिल्कुल पराया आदमी था, पर साथ ही साथ यह पराया घृणित आदमी मेरे अन्दर कैसी उत्तेजना और उन्माद जगा रहा था ! मेरे अन्दर एक अदम्य इच्छा उठी कि इस आदमी के कामुक किन्तु सुन्दर ओंठों के चुम्बनों के आगे अपने को समर्पित कर दूँ, इन हाथों के बीच अपने शरीर को शिथिल छोड़ दूँ जिनकी पतली-पतली नसें नज़र आ रही हैं, और जिनकी उँगलियों में अँगूठियाँ चमक रही हैं। मैं चाहती थी कि वर्जित कामवासना के गढ़े में लुढ़क जाऊँ, जो सहसा मेरे सामने आ गया था और मुझे नीचे ही नीचे खींच रहा था...

मैंने सोचा, "मैं पहले ही इतनी दुःखी हूँ, अगर कुछ और मुसीबतें जमा हो गईं तो क्या फ़रक़ पड़ेगा।"

उसने मेरी कमर में हाथ डाल दिया और मेरी ओर झुका। "क्या फ़रक़ पड़ेगा अगर इससे भी अधिक पाप और लज्जा मुझे सहनी पड़ेगी।"

"Je vous aime"* उसने फुसफुसाकर कहा। उसकी आवाज़ बिल्कुल मेरे पति की आवाज़ से मिलती थी। मुझे अपने पति और बच्चे की याद हो आई, जैसे वे किसी ज़माने में मुझे प्यारे रहे थे, पर अब उनका अस्तित्व ही मेरे लिए न रहा था। सहसा मोड़ पर से मुझे ल.म. की आवाज़ सुनाई दी। वह मुझे बुला रही थी। मैं सँभल गई, झटके से मैंने अपनी बाँह छुड़ाई, और बिना मार्क्विज़ की ओर देखे, अपनी सहेली की तरफ़ भागकर जाने लगी। हम गाड़ी में बैठ चुकी थीं जब मैंने कनखियों से मार्क्विज़ की ओर देखा। उसने अपना टोप उतार लिया था और मुस्कुराकर कुछ कह रहा था। वह नहीं समझ पाया कि मैं उससे कितनी घृणा करने लगी थी।

मेरा जीवन मुझे बेहद दुःखी जान पड़ता था, मेरा भविष्य निराश, और अतीत कलुषित ! ल.म. मुझसे कुछ कह रही थी पर मैं कुछ भी नहीं समझ पा रही थी। मुझे लगा कि वह केवल इसलिए बतिया रही है क्योंकि उसे मुझ पर दया आ रही है, वह मुझसे अपनी घृणा छिपाना चाहती है। उसके एक-एक शब्द, एक-एक नज़र से मुझे उसके तिरस्कार और अपमानजनक दयालुता का भास हो रहा था। मेरा गाल, जहाँ उसने मुझे

* मैं तुमसे प्यार करता हूँ। (फ्रेंच)

कहाँ पर है, हल्की सी चीख उसके मुँह में से निकली, वह उछलकर खड़ी हो गई, और अपने आपको समझाते हुए कि वह व्यक्ति काउंट नहीं हो सकता जो चाँदनी में इस तरह उज्ज्वल दिख रहा था, वह कमरे में से भाग खड़ी हुई...

15

वह काउंट ही था। लड़की के चीखने पर चौकीदार खाँसता हुआ बाड़ के पास से अन्दर आया। यह देखकर, काउंट भाग खड़ा हुआ और ओस से भीगी घास पर चलता हुआ सीधा बाग़ के अन्दर घुस गया। उसे लगा जैसे वह चोरी करते पकड़ा गया हो। "कैसा पागल हूँ मैं !" उसने अपने आपसे कहा, "मैंने उसे डरा दिया। मुझे अधिक सावधान होना चाहिए था, उसे आवाज़ देकर जगाना चाहिए था। कैसा भोंडा हूँ मैं !" वह एक जगह रुक गया और कान लगाकर सुनने लगा। चौकीदार फाटक में से बाग़ के अन्दर आ गया था, और लाठी घसीटता हुआ, रेतीली पगडंडी पर चल रहा था। उसे छिप जाना चाहिए था। वह ताल की ओर दौड़ा। मेढक डरकर उसके पाँवों के नीचे से उछल-उछलकर ताल में कूदने लगे। वह चौंका। उसके पाँव भीग रहे थे पर वह जमीन पर बैठ गया, और मन ही मन सारी घटनाओं पर विचार करने लगा : मैं बाड़ से कूदकर अन्दर आया, फिर लीज़ा की खिड़की को ढूँढ़ने लगा, आखिर मुझे लीज़ा की सफ़ेद आकृति नज़र आई। मैं दबे पाँवों उसके पास गया। मैं नहीं चाहता था कि आहट हो। फिर मैं लौट गया। बार-बार मैं यही करने लगा। उसके नज़दीक जाता, फिर लौट पड़ता। कभी मुझे यक़ीन हो जाता कि लीज़ा मेरा इन्तज़ार कर रही है। तब मुझे लगता कि वह कुछ नाराज़ भी है कि मैंने उसे बहुत देर इन्तज़ार में रखा। पर शीघ्र ही मेरा विचार बदल जाता। उस जैसी लड़की इतनी जल्दी मिलने के लिए तैयार कभी नहीं होगी। आखिर मैंने सोचा कि देहातिन शरमा रही है, सोने का बहाना कर रही है, और मैं उसके पास जा पहुँचा। मगर वह सचमुच सो रही थी। किसी कारण मैं वहाँ से हट गया, पर फिर मुझे अपनी भीरुता पर शर्म आने लगी। मैं लौट पड़ा और सीधा उसके बाजू पर हाथ रख दिया। चौकीदार फिर एक बार खाँसा और बाग़ में से बाहर जाने लगा। फाटक के चरमराने की आवाज़ आई। किसी ने ज़ोर से लीज़ा के कमरे की खिड़की बन्द कर दी। अन्दर से शटर भी ज़ोर से बन्द करने की आवाज़ आई। काउंट मन ही मन क्षुब्ध हो उठा। काश कि यह मौक़ा फिर मिल सके ! दूसरी बार ऐसी बेवक़ूफ़ी कभी न करूँगा। "कितनी प्यारी लड़की है ! ओस से भीगी ! प्यार करने के लिए बनी है। मैंने उसे हाथ से जाने दिया ! कैसा मूर्ख हूँ मैं !" उसकी नींद ही काफ़ूर हो गई। ख़ीज में ज़ोर-ज़ोर से पाँव पटकता हुआ वह लाइम-वृक्षों के बीच रास्ते पर चलने लगा।

पर उस शान्त, निस्तब्ध रात्रि से उस जैसे प्राणी ने भी शान्ति का वरदान पाया। उसका हृदय धैर्यपूर्ण उदासी और प्रेम की लालसा से भर उठा। लाइम-वृक्षों के घने पत्तों

में से चन्द्रमा की रश्मियाँ छन-छनकर कच्चे रास्ते पर पड़ रही थीं। रास्ते पर जगह-जगह घास और सूखे डंठल थे। ज़मीन चितकबरी सी लग रही थी। टेढ़ी-मेढ़ी शाखाओं के एक तरफ़ चाँदनी छिटकी थी, लगता जैसे शाखें सफ़ेद काई से ढकी हों। चाँदनी में नहाए पत्ते, किसी-किसी वक़्त एक-दूसरे से फुसफुसाने लगते। घर की सब रोशनियाँ बुझ चुकी थीं। चारों ओर मौन छाया था। हाँ, उस झिलमिलाते, निस्तब्ध, असीम विस्तार में बुलबुल की आवाज गूँजने लगी थी। ''कैसी सुहावनी रात है !'' बाग़ की स्वच्छ महक से लदी हवा में साँस भरते हुए काउंट सोचने लगा। ''पर कहीं कोई त्रुटि है। मैं असन्तुष्ट जान पड़ता हूँ, अपने से, अन्य लोगों से, जीवन तक से। कितनी भोली-भाली लड़की है। शायद सचमुच ही नाराज़ हो गई है...'' यहाँ पहुँचकर उसकी कल्पना ने एक और रुख पकड़ा। वह अपने को, इस देहाती लड़की के साथ बाग़ में अजीब, अजीब, और विभिन्न स्थितियों में देखने लगा। फिर इस लड़की का स्थान मिना ने ले लिया। ''मैं भी कैसा पागल हूँ। मुझे चाहिए था, सीधा उसकी कमर में हाथ डालकर उसका मुँह चूम लेता।'' मन ही मन पछताता हुआ काउंट अपने कमरे में लौट गया।

कोरनेट अभी तक जाग रहा था। उसने करवट बदली और काउंट की ओर मुँह फेरा।

''तुम अभी तक सोए नहीं ?'' काउंट ने पूछा।

''नहीं तो।''

''बताऊँ तुम्हें क्या हुआ है ?''

''कहो।''

''शायद मुझे नहीं बताना चाहिए। पर मैं बताऊँगा। थोड़ा दीवार की तरफ़ सरक जाओ।''

काउंट कोरनेट की खाट पर बैठ गया। उसके होंठों पर मुस्कान खेल रही थी। अपनी बेवक़ूफ़ी के कारण वह बहुत अच्छे मौक़े से हाथ धो बैठा था। पर अब उसे कोई अफ़सोस न था।

''तुम मानोगे नहीं, लड़की मुझसे rendeg-vous* के लिए राज़ी हो गई थी।''

''क्या कह रहे हो ?'' पोलोज़ोव ने चिल्लाकर कहा और उछलकर बैठ गया।

''सुनो।''

''कैसे ? कब ? मैं नहीं मान सकता।''

''जिस वक़्त तुम जीत के पैसे गिन रहे थे, उसी वक़्त उसने मुझे बताया कि वह खिड़की पर मेरा इन्तज़ार करेगी। यह भी कहा कि मैं खिड़की के रास्ते उसके कमरे में चला जाऊँ। व्यवहार-कुशलता से यही लाभ होता है। इधर तुम बुढ़िया के साथ बैठे हिसाब जोड़ रहे थे, उधर मैं यह दाँव खेल रहा था। तुमने खुद भी तो उसे कहते सुना था कि वह आज रात खिड़की में बैठकर ताल का नज़ारा देखेगी।''

---

* मुलाक़ात (फ़्रेंच)

"हाँ, यही उसने कहा था।"

"बस, यही बात है। मैं निश्चय नहीं कर पा रहा हूँ कि यह बात उसने अचानक कह दी थी या जान-बूझकर। शायद उसके मन में यह न रहा हो, पर जो कुछ मैंने देखा, यह सब इसके उलट बैठता है। सारे मामले का अन्त कुछ अजीब सा हुआ। मुझसे बड़ी बेवक़ूफ़ी की बात हो गई," उसने कहा। उसके होंठों पर अनुतापपूर्ण मुस्कान थी।

"कैसे ? तुम इस वक़्त कहाँ से आ रहे हो ?"

काउंट ने सारी घटना कह सुनाई। पर वार्ता में, खिड़की तक पहुँचने से पहले बार-बार अपने सकुचाने और लौट पड़ने का जिक्र नहीं किया।

"अपने हाथों से सब काम चौपट कर आया हूँ। मुझे ज़्यादा दिलेरी से काम करना चाहिए था। वह चीख़ी और उठकर भाग गई।"

"चीख़ी और उठकर भाग गई," कोरनेट ने दोहराकर कहा। काउंट को मुस्कुराता देखकर उसके भी होंठों पर बेढब सी मुस्कुराहट आ गई। मुद्‌दत से उस पर काउंट का गहरा प्रभाव रहा था।

"हाँ, तो अब सोया जाए।"

कोरनेट ने करवट बदली, दरवाज़े की ओर पीठ की और चुपचाप दसेक मिनट तक लेटा रहा। कहना कठिन है कि उस समय उसकी अन्तर्मन की गहराइयों में क्या कुछ हो रहा था, पर जब दूसरी बार उसने करवट बदली तो उसके चेहरे पर वेदना और दृढ़ संकल्प की छाप थी।

"काउंट तुर्बीन !" उसने चिल्लाकर कहा।

"क्या है ? होश में तो हो ?" काउंट ने धैर्य से कहा, "क्या है, कोरनेट पोलोज़ोव ?"

"काउंट तुर्बीन तुम नीच आदमी हो !" पोलोज़ोव ने चिल्लाकर कहा और पलंग पर से उठकर खड़ा हो गया।

16

दूसरे दिन घुड़सेना की टुकड़ी वहाँ से चली गई। अफ़सर बिना अपने मेज़बानों से मिले, बिना विदा लिए चले गए। वे एक दूसरे से भी नहीं बोले। उन्होंने निश्चय कर लिया था कि पहले ही पड़ाव पर द्वन्द्व-युद्ध लड़ेंगे। काउंट ने कप्तान शुलत्ज़ को अपना सहायक नियत किया था जो बहुत बढ़िया घुड़सवार, और हुस्सारों का लोकप्रिय अफ़सर था। उसने बड़ी चतुराई से सारी बात का प्रबन्ध किया। द्वन्द्व-युद्ध टल गया। इतना ही नहीं, सारी फ़ौज में किसी को इस बात की कानोकान खबर तक न हुई। तुर्बीन और पोलोज़ोव पहले जैसे मित्र तो अब नहीं रहे थे, पर एक दूसरे को अब भी बेतकल्लुफ़ी से बुलाते थे और कभी-कभी पार्टियों और भोजों पर एक दूसरे से मिलते रहते थे।

इंसान और हैवान

(एक घोड़े की कहानी, उसकी अपनी ज़बानी)

(मि.अ. स्तख़ोविच की पुण्य स्मृति में)

1

सूर्योदय का समय था। आसमान साफ़ होता जा रहा था। प्रकाश फैलने लगा था। झिलमिल करती ओस अब और उज्ज्वल हो उठी थी। हँसिया सा चाँद पीला पड़ रहा था और जंगल में आवाज़ों का शोर बढ़ने लगा था। लोग जगने लगे थे। ज़मीन्दार के अस्तबल में सूखी घास पर खड़े घोड़े ज़ोर-ज़ोर से साँस लेने और पाँव पटकने लगे थे। कभी-कभी वे आपस में उलझ जाते, एक दूसरे को धकेलने और ऊँचे-ऊँचे हिनहिनाने लगते।

"हिश्‌श्‌ ! ओ ! अभी बहुत वक़्त है अरे भूखे नहीं मरोगे !" फाटक चरमराया और बूढ़ा चरवाहा अन्दर दाख़िल हुआ। फाटक खुला देखकर एक घोड़ी बाहर को लपकी। "हिश्‌श्‌ !...खबरदार !" चरवाहा बाजू झटककर चिल्लाया।

चरवाहे का नाम नेस्तेर था। उसने कज़ाक-जाकेट पहन रखी थी और उसे कामदार पेटी से और भी कस रखा था। एक तौलिए में बँधी डबलरोटी पेटी में खोंसी हुई थी। कन्धे पर चाबुक डाले, और हाथों में ज़ीन और लगाम थामे वह अन्दर आ खड़ा हुआ।

उसकी आवाज़ में व्यंग्य था लेकिन उससे घोड़े न डरे और न क्रुद्ध हुए। उल्टे, लापरवाही का दिखावा करते हुए फाटक से परे हट गए। सिवाय सुरमई रंग की एक बूढ़ी घोड़ी के, जिसकी गर्दन पर घनी अयाल लटक रही थी। उसने अपने कान पीछे को दबा लिए, और तेजी से घूमकर अपनी पीठ चरवाहे की ओर फेर ली। इस पर, पीछे खड़ी एक कम-उम्र घोड़ी, हिनहिनाई और अपने पास खड़े एक घोड़े पर दुलत्ती चला दी। यों शायद इस ओर उसका ध्यान भी न जाता।

"हो-हो !" चरवाहे ने ज़ोर से डाँटा और अस्तबल के दूसरे सिरे की ओर मुड़ गया।

अस्तबल में सौ के क़रीब घोड़े थे। जिस घोड़े ने सबसे ज़्यादा धीरज दिखाया वह था एक चितकबरे रंग का बधिया घोड़ा। यह अकेला खड़ा छप्पर के बलूत के खम्भे को बार-बार चाट रहा था और अधमुँदी आँखों से इधर-उधर देख रहा था। कहना कठिन

है कि खम्भे का स्वाद कैसा रहा होगा, पर उसे चाटते हुए यह घोड़ा बड़ा गम्भीर और विचारमग्न लग रहा था।

"हैं ? कोई शरारत सूझ रही है ?" उसके पास आते हुए चरवाहा पहले की सी आवाज़ में बोला और ज़ीन और जामा खाद के ढेर पर रख दिए।

चितकबरे घोड़े ने फ़ौरन खम्भे को चाटना छोड़ दिया और बिना हिले-डुले नेस्तेर की ओर एकटक देखने लगा। घोड़ा हँसा नहीं, न उसने भवें चढ़ाईं, न ही उसका मिज़ाज गरम हुआ, पर कुछ ही देर में उसके पेट पर एक कँपकँपी सी दौड़ गई। उसने एक गहरी साँस ली और मुँह फेर लिया। चरवाहे ने अपनी बाँह उसकी गर्दन में डाली और लगाम चढ़ा दी।

"ठंडी साँसें किसलिए भर रहे हो ?" नेस्तेर ने पूछा।

बधिया घोड़े ने सुनकर पूँछ हिलाई, मानो कह रहा हो : "कोई खास बात नहीं, नेस्तेर।" चरवाहे ने उसकी पीठ पर पहले जामा रखा, फिर ज़ीन कस दी। बधिया घोड़े ने अपनी स्वीकृति दिखाने के लिए अपने कान फिर पीछे को दबाए, पर इसके लिए चरवाहे की ओर से उसे केवल बेवक़ूफ़ की ही उपाधि मिली। जब साज़ की पेटी कसी जाने लगी तो इसे रोकने के लिए बधिया घोड़े ने अपने अन्दर खूब साँस भर ली, पर जब एक घूँसा सीधा मुँह पर पड़ा और लात पेट पर, तो रुकी हुई साँस खुल गई। तिस पर भी जब नेस्तरे ने दाँत से ज़ीन का तस्मा खींचा, बधिया घोड़े ने फिर साहस किया और कान बैठा लिए, यहाँ तक कि उसे घूरा भी। वह जानता था कि इसका कोई लाभ न होगा, पर वह नेस्तरे को जता देना चाहता था कि यह उसे मंजूर नहीं, और वह अपनी खीझ छिपाएगा भी नहीं। पर जब उस पर ज़ीन चढ़ गई तो उसने अपनी सूजी हुई दाहिनी टाँग ढीली छोड़ दी और मुँह में लगी लगाम की लोहे की टुकड़ी चबाने लगा यद्यपि उसे अब तक मालूम हो जाना चाहिए था कि इस जैसी बेस्वाद और कोई चीज़ नहीं हो सकती।

नेस्तेर ने रिक़ाब में पाँव रखा और पीठ पर चढ़ गया। उसने चाबुक खोली, अपना कोट घुटनों के नीचे से निकाला, और ऐसे ढंग से ज़ीन पर बैठ गया जैसे केवल कोचवान, शिकारी और चरवाहे ही बैठा करते हैं। लगाम खिंचते ही घोड़े ने गर्दन उठाई—यह दिखाने के लिए कि मैं तैयार हूँ, जहाँ कहो ले चलूँ—पर पट्ठा अपनी जगह से हिला नहीं। वह जानता था कि यह घुड़सवार उस वक़्त तक नहीं चलेगा जब तक कि एक दूसरे चरवाहे, वास्का, को ज़रूरी निर्देश न दे ले। और अकेले वास्का को ही नहीं, और घोड़ों को भी। बात ठीक ही निकली। नेस्तेर ने चिल्लाना शुरू किया : "वास्का ! ओ वास्का ! घोड़ियों को निकाला है या नहीं ? कहाँ मर गया, शैतान ? सो रहा है क्या ? फाटक खोल। घोड़ियों को बाहर निकाल।" वह इसी तरह बड़बड़ाता गया।

फाटक के किवाड़ चरमराए। खम्भे के साथ खड़ा वास्का, झल्लाया सा, एक घोड़े की लगाम हाथ में थामे, बाक़ी घोड़ों को बाहर निकालने लगा। एक-एक करके घोड़े निकल रहे थे। वे बड़े ध्यान से सूखी घास से बच-बचकर चलते, उसे सूँघते जाते। जवान

घोड़ियाँ, एक-एक साल के छौने, दूध पीते बछड़े, गर्भवती घोड़ियाँ—जो बड़ी सावधानी से चल रही थीं ताकि उनके पेट को ठोकर न लगे—सभी एक क़तार में बाहर निकल गए। छोटी घोड़ियाँ दो-दो, तीन-तीन करके आगे भागी जाती थीं, उनके सिर एक-दूसरे की पीठ पर चढ़ जाते और जल्दी में पाँव टकरा जाते। इस पर चरवाहा पीछे से गालियाँ बकने लगता। दूध पीते बछेड़े अपरिचित घोड़ियों की टाँगों के बीच इधर-उधर दौड़ रहे थे। जब बड़ी घोड़ियाँ हिनहिनातीं तो उनकी आवाज़ सुनकर ये भी कर्कश आवाज़ में हिनहिनाने लगते।

एक नटखट जवान घोड़ी फाटक में से निकली। पहले सिर झटकने लगी, फिर दुलत्ती झाड़कर हल्की-हल्की आवाज़ में हिनहिनाई। पर उसकी इतनी हिम्मत नहीं हुई कि भागकर चित्तीदार घोड़ी झुल्दीबा से आगे निकल जाए। झुल्दीबा बड़ी उम्र की घोड़ी थी और धीरे-धीरे, मस्तानी चाल से, पेट को दाएँ-बाएँ झुलाती हुई, सब घोड़ों से आगे चली जा रही थी।

कुछ मिनटों में ही बाड़ा खाली हो गया और सारी चहल-पहल खत्म हो गई। जिन खम्भों पर छप्पर टिके हुए थे वे उदास और अकेले से खड़े नज़र आने लगे। मुचड़े, गोबर सने भूसे के अलावा वहाँ कुछ भी देखने को न रहा। चितकबरा बधिया घोड़ा इस दृश्य को देखने का आदी हो गया था, पर जान पड़ता था कि वह भी उदास हो उठा है। धीरे से उसने सिर हिलाया, मानो किसी को दुआ-सलाम कर रहा हो, गहरी साँस खींची, उतनी गहरी जितनी कि पेट पर बँधी पेटी इजाज़त दे सकती थी, झुंड के पीछे-पीछे दुबली पीठ पर बूढ़े नेस्तेर को बैठाए वह अपनी टेढ़ी हड़ियल टाँगों को घसीटते हुए चलने लगा।

"ज्यों ही हम सड़क पर पहुँचेंगे, यह जरूर दियासलाई जलाएगा और अपना पुराना पाइप सुलगाएगा जिस पर पीतल का पतरा और ज़ंजीर लगी है।" घोड़ा सोचने लगा। "इसकी मुझे खुशी है, क्योंकि सुबह-सुबह जब अभी घास पर ओस पड़ी हो, इस पाइप की खुशबू मुझे अच्छी लगती है, इससे मेरी कई मृदु स्मृतियाँ जाग उठती हैं। हाँ, अगर मुझे कोई एतराज है तो यह कि बूढ़ा मुँह में पाइप रखते ही अपने को बहुत कुछ समझने लगता है, ऐंठने लगता है, तिरछा होकर बैठ जाता है—और कमबख्त हमेशा उसी जगह तिरछा बैठता है जहाँ मेरी पीठ दुखती है। शैतान ग़ारत करे इसे ! मगर यह पहली बार तो है नहीं कि किसी दूसरे की खुशी के लिए मुझे दुख सहना पड़ा हो। आख़िर मैं घोड़ा ही तो हूँ। इसमें भी मुझे एक प्रकार का सन्तोष मिलने लगा है। ऐंठने दो, बेचारे को, यह यों तभी करता है जब अकेला होता है, और इसे कोई देख नहीं रहा होता। अगर इसे तिरछा बैठने में ही खुशी मिलती है तो बेशक बैठे।" घोड़ा, सड़क के बीचोबीच, अपनी अस्थिर टाँगों को बचा-बचाकर रखता हुआ, सोच रहा था।

2

घोड़ों को नदी के किनारे पर पहुँचाकर नेस्तेर घोड़े पर से उतर आया और उसकी पीठ पर से ज़ीन उतार ली। यहाँ घोड़ों को चरना था। घोड़े धीरे-धीरे चरागाह की ओर बढ़ने लगे।

हरी-हरी घास ओस में भीगी थी। चरागाह नदी के मोड़ पर थी। जान पड़ता जैसे नदी अपनी बाँह से चरागाह को लपेट में लिए हो। पानी की सतह तथा ज़मीन पर से धुन्ध उड़कर सारे वातावरण में छा रही थी।

लगाम उतारकर नेस्तेर ने घोड़े की ठुड्डी खुजलाई। घोड़े ने आँखें बन्द कर लीं, मानो अपनी खुशी और कृतज्ञता प्रकट कर रहा हो। "मज़ा लेता है, खूसट !" नेस्तेर बुदबुदाया। पर बधिया घोड़े को यह बिल्कुल अच्छा नहीं लग रहा था। केवल शिष्टाचार के नाते वह खुश होने का बहाना कर रहा था और स्वीकृति में अपना सिर हिला रहा था। सहसा, बिना किसी कारण के, और बिना कोई चेतावनी दिए (मुमकिन है नेस्तेर ने यह सोचा हो कि वह बहुत घनिष्ठता बढ़ाने से घोड़े की नज़रों में उसका रोब कम हो जाएगा) नेस्तेर ने झटके से उसका मुँह परे हटा दिया, लगाम बक्लस वाले सिरे से पकड़कर उसकी पतली टाँग पर मारी और फिर बिना कुछ कहे एक टीले पर चढ़ गया और पेड़ के ठूँठ पर जा बैठा। वहीं पर वह रोज़ बैठा करता था।

ऐसे व्यवहार से बधिया घोड़ा अवश्य ही क्षुब्ध हुआ होगा, पर उसने ज़ाहिर नहीं होने दिया। वह केवल घूम गया और धीरे-धीरे, अपनी खसखसी पूँछ हिलाता नदी की ओर चल दिया। वह ज़ोर-ज़ोर से साँस ले रहा था और महज़ दिखावे के लिए थोड़ी बहुत घास चरता जा रहा था। उसके चारों ओर जवान घोड़ियाँ, एक-एक साल के और दूध पीते बछेड़े, सुबह की ताज़ा हवा का आनन्द लेते हुए उछल-कूद रहे थे। इसने उनकी ओर कोई ध्यान नहीं दिया। वह जानता था कि स्वास्थ्य के लिए, विशेषकर उसकी उम्र में, सबसे अच्छी चीज़ यही है कि खाली पेट पर खूब पानी पिया जाए और उसके बाद नाश्ता किया जाए। उसने नदी के तट पर सबसे ढलुआँ और खुली जगह चुनी, टखनों तक नदी में उतर गया, फिर थूथनी पानी में डाल, फटे होंठों से गटगट पानी पीने लगा। उसके कूल्हे उभरने लगे। बार-बार वह अपनी खसखसी पूँछ हिलाता, जिसमें कहीं-कहीं सफ़ेद बाल उग आए थे। रीढ़ की हड्डी के क़रीब पूँछ गंजी हो चली थी।

एक नटखट, कुम्मैती घोड़ी, इस बूढ़े घोड़े को हमेशा छेड़ा करती थी। पानी को लाँघती हुई वह उसकी ओर लपकी मानो उसे इसके साथ कोई काम हो। दरअसल, उसका इरादा पानी को उस जगह गदला करने का था जहाँ बधिया घोड़ा पी रहा था। पर उसके पहुँचने तक वह भरपेट पानी पी चुका था। और, जैसे कि उसे घोड़ी के इरादों का कुछ पता न हो, उसने पहले एक, फिर दूसरा, दोनों पाँव कीच में से निकाले, अपना सिर झटका, और जवान घोड़ों और बछेड़ों से काफ़ी दूर हटकर अपना नाश्ता करने लगा। तीन घंटे तक वह बराबर, बिना सिर उठाए, घास चरता रहा। वह अपना बोझा

टाँगों पर, कभी एक बल, कभी दूसरे बल रखता, ताकि घास कुचलने न पाए। आखिर उसने इतना खा लिया कि उसका पेट एक भरे हुए बोरे की तरह उसकी उभरी हुई पसलियों पर से लटकने लगा। उसकी टाँगें दर्द करने लगीं। अतः उसने अपना वज़न चारों टाँगों पर इस तरह सन्तुलित कर लिया कि कम से कम दर्द हो। वह विशेषकर अगली, दाईं टाँग को बचाना चाहता था जो सबसे कमज़ोर थी। इसके बाद वह सो गया।

बुढ़ापा कभी गौरवपूर्ण, कभी घृणास्पद और कभी दयनीय होता है। कभी-कभी यह एक ही जगह गौरवपूर्ण भी होता है और घृणास्पद भी। बधिया घोड़े का बुढ़ापा कुछ इसी प्रकार का था।

बधिया घोड़ा कद में अच्छा था, कम से कम साढ़े पाँच फुट ऊँचा तो होगा ही। उसका रंग क़रीब-क़रीब काला था, मगर बदन पर कहीं-कहीं सफ़ेद रंग के दाग़ थे। किसी ज़माने में ये दाग़ सफ़ेद थे, अब तो ये देखने में मटमैले लगते थे। कुल मिलाकर उसके बदन पर तीन धब्बे थे। एक धब्बा उसके नाक के एक तरफ़ से शुरू होकर सिर के ऊपर और आधी गर्दन तक फैला हुआ था। उसकी खुरदरी, उलझी हुई लम्बी अयाल कहीं-कहीं सफ़ेद और कहीं-कहीं भूरी थी। दूसरा धब्बा उसके दाएँ कूल्हे पर से शुरू होकर आधे पेट पर फैला हुआ था। तीसरा, दुम से लेकर, दुम के ऊपरी हिस्से और कमर के आधे भाग पर फैला हुआ था। दुम के बाक़ी हिस्से में हल्के सफ़ेद रंग की धारियाँ थीं। सिर, महज़ हड्डियों का ढाँचा रह गया था और आकार में बड़ा था। आँखों के ऊपर बड़े-बड़े गड्ढे थे। निचला होंठ, फटा हुआ और काला सा नीचे को लटक गया था। गरदन पतली और सूखी हुई मानो लकड़ी की बनी हो; और उस पर सिर बोझ बनकर लटका हुआ लगता था। लटकते निचले होंठ के पीछे उसकी काली सी जीभ मुँह में चलती नज़र आती। दाँतों की जगह कुछ पीले से ठूँठ ही रह गए थे। दोनों कान, सारा वक़्त लटकते रहते थे और उनमें से एक चिरा हुआ था। हाँ, किसी-किसी वक़्त, किसी ढीठ मक्खी को उड़ाने के लिए, वह उन्हें झटककर हिला देता। माथे पर के बालों की एक लट कान के पीछे से होकर लटकती रहती। माथा, बीच में धँसा हुआ और खुरदरा था। गले के नीचे का मांस ढीला होकर लटक गया था। जब भी कोई मक्खी उसकी गर्दन या सिर पर बैठती तो उसके स्पर्श मात्र से उसकी नस-नस काँप जाती। उसके चेहरे से धैर्य, गाम्भीर्य और गहरी यातना का भाव टपकता था। आगे की दोनों टाँगें घुटनों के पास से मुड़ी हुई थीं, दोनों खुर सूजे हुए थे, और आगे की धब्बेदार दाईं टाँग पर घुटने के पास गहरी सूजन थी। उसकी पिछली टाँगें कुछ बेहतर हालत में थीं, पर कूल्हों पर के बाल जो एक बार किसी चीज़ की रगड़ में आकर उड़ गए थे, फिर न उग पाए थे। उसकी दुबली-पतली काया को देखते हुए उसकी टाँगें बड़ी लम्बी जान पड़ती थीं। उसकी पसलियाँ बाहर को निकली हुई थीं, लगता जैसे चमड़ी के बीच के गड्ढों से चिपकी हुई हों। पीठ और कन्धों पर हंटरों के निशान थे। पिछली टाँग पर एक ताज़ा ज़ख़्म अब सड़ने लगा था। बिना बालोंवाली पूँछ, रीढ़ की हड्डी के साथ

एक ठूँठ की तरह लटक रही थी। दुम के पास हथेली जितना बड़ा फोड़ा था (जो शायद किसी के काटने से हो गया था)। इसमें से सफ़ेद-सफ़ेद बाल उगने शुरू हो गए थे। कन्धे पर एक और फोड़े का निशान था। बदहज़मी के पुराने रोग के कारण पिछले पैरों के जोड़ों और पूँछ पर सारा वक़्त छींटे पड़े रहते थे। जिल्द पर छोटे-छोटे, कँटीले बाल उग रहे थे। इस घिनौने बुढ़ापे के बावजूद, जो कोई भी उसे देखता, यह सोचे बिना न रहता कि किसी ज़माने में यह अवश्य शानदार घोड़ा रहा होगा। घोड़ा-शिनास तो ज़रूर ही यह कहता।

घोड़ा-शिनास तो यह कहता कि जो गुण इस घोड़े में पाए जाते हैं वे रूस में घोड़ों की एक ही नस्ल में देखने को मिलते हैं। चौड़ी हड्डी, घुटनों की चक्कियाँ बड़ी-बड़ी, खुर बढ़िया, टाँगें पतली, गरदन खमदार और सबसे बड़ी विशेषता, सिर सुडौल और आँखें काली, बड़ी-बड़ी और चमकती हुईं। चेहरे और गरदन पर नाड़ियों की सुन्दर ग्रन्थियाँ बनती हैं। खाल और बाल मुलायम और बढ़िया। इस वक़्त घोड़े की दुर्बलता दयनीय थी (चितकबरे रंग के कारण तो वह और भी घिनौनी लगती थी)। पर साथ ही उसके चेहरे और भाव-भंगिमा में एक प्रकार की शान्त आत्मनिष्ठा पाई जाती थी, जो विशेषकर उन लोगों में पाई जाती है जो जानते हैं कि वे सुन्दर और प्रभावशाली हैं। इन दोनों ने मिलकर घोड़े को एक अद्भुत गौरव प्रदान किया था।

ओस से सनी उस चरागाह में वह घोड़ा एक ज़िन्दा खंडहर की तरह अलग-थलग खड़ा था। थोड़ी दूर पर अन्य घोड़े, जवानी में मस्त, इधर-उधर घूम-फिर रहे थे--कोई ज़मीन पर पाँव पटक रहा था, कोई ज़ोर-ज़ोर से साँस ले रहा था, कोई हिनहिना रहा था।

3

सूर्य अब जंगल के ऊपर उठ चुका था, और उसका प्रकाश चरागाह और नदी के मोड़ तक फैलने लगा था। ओस सूख चली थी और सिकुड़-सिकुड़कर क़तरों का रूप ले रही थी। कहीं-कहीं, दलदल और जंगल के ऊपर फैली धुन्ध अब हल्के धुएँ की तरह छितर रही थी। आकाश में बादल उमड़ आए थे मगर हवा अब भी बन्द थी। नदी के पार, खेतों में, राई के छोटे-छोटे, हरे और कँटीले पौधे लहलहा रहे थे। हवा में पौधों और फूलों की महक थी। जंगल में कुकू पक्षी की तीखी आवाज़ सुनाई दे रही थी। नेस्तेर, पीठ के बल लेटा हुआ, उसकी कूकें गिन रहा था और उनके अनुसार अपनी ज़िन्दगी के बाक़ी सालों का हिसाब लगा रहा था। चरागाहों और खेतों के ऊपर लार्क पक्षी उड़ रहे थे। घोड़ों के बीच कहीं एक खरहा फँस गया। खतरे का भास पाते ही वह भाग खड़ा हुआ और काफ़ी दूर जाकर एक झाड़ी की ओट में जा बैठा। वास्का घास पर ही लेटे-लेटे सो गया था, उसके इर्द-गिर्द काफ़ी दूर तक घोड़ियाँ चरती हुई, ढलान के नीचे

तक जा पहुँची थीं। बड़ी उम्र की घोड़ियाँ दूर जा खड़ी हुईं ताकि उन्हें कोई छेड़ नहीं सके और रसभरी घास में मुँह मारने लगीं। जाते समय ओस पर उनके पैरों के निशान बनते गए थे। सारा का सारा झुंड, धीरे-धीरे, एक ही दिशा की ओर सरकता जा रहा था। यहाँ पर भी बूढ़ी झुल्दीबा ही सबसे आगे-आगे बाक़ी घोड़ियों का पथ-प्रदर्शन कर रही थी। काले रंग की युवा मूश्का, दुम उठाए, दाँत निकाले, अपने पहले बछेड़े को देख-देखकर हिनहिना रही थी। ब्राउन रंग का नन्हा सा बछेड़ा, काँपता, लड़खड़ाता, उसके साथ सटकर खड़ा था। सुरमई रंग की घोड़ी अबाबील, खेल ही खेल में घास को दाँतों से काटती, फिर सिर ऊँचा करके उसे हवा में उछालती, और जब घास की पत्तियाँ नीचे ज़मीन की ओर आतीं तो अपने ओस सने गुच्छैल टखनों से उन्हें ठोकर मारती। उसे अभी तक कोई साथी नहीं मिला था, और उसकी खाल रेशम की तरह मुलायम और चिकनी थी। जब वह सिर नीचा करती तो उसकी रेशम की सी मुलायम, काली अयाल, उसके माथे और आँखों को ढक लेती। एक बड़ा सा बछेड़ा अपनी नन्ही सी घुँघराली पूँछ उठाए हुए अपनी माँ के इर्द-गिर्द दौड़ रहा था और इस तरह छब्बीस चक्कर काट चुका था। उसकी माँ अब तक अपने बेटे की आदतों से वाक़िफ़ हो चुकी थी। वह चुपचाप घास चरती रही। हाँ, कभी-कभी उसे अपनी बड़ी-बड़ी काली आँखों से देख भर लेती। एक काले रंग का छोटा सा बछेड़ा, सिर बड़ा सा और कानों के बीच माथे के बाल खड़े-खड़े बड़ा हैरान सा जान पड़ता था। उसकी पूँछ उसी तरह एक ओर को मुड़ी हुई थी जैसे माँ के गर्भ में रही होगी। यह बछेड़ा, बिल्कुल बुत बना, दूसरे बछेड़े की कूद-फाँद को देखे जा रहा था। यह नहीं कह सकते कि उसकी आँखों में ईर्ष्या का भाव था या क्रोध का। कई छोटे-छोटे बछेड़े बड़ी आतुरता से अपने थूथने माँओं के पेट के साथ लगाए चूचुक ढूँढ़ रहे थे। कई, अपनी माँओं के बार-बार बुलाने के बावजूद, बेढब चाल में कूदते हुए, बिल्कुल उल्टी दिशा में चले जाते, मानो कोई चीज़ ढूँढ़ रहे हों, फिर सहसा, अकारण ही, एक जगह खड़े होकर हिनहिनाने लगते। कुछ बछेड़े घास पर लोट रहे थे, कुछ घास चरना सीख रहे थे। कई अपनी पिछली टाँगों से कान के पीछे खुजला रहे थे। दो गर्भवती घोड़ियाँ, अन्य घोड़ियों से जरा हटकर, धीरे-धीरे चलती हुई, साथ-साथ घास चर रही थीं। उनके प्रति सबके दिल में मान और आदर का भाव था क्योंकि कोई भी बछेड़ा उनके नज़दीक उनके पास पहुँच भी जाता तो कान या दुम के एक ही हल्के से झटके से वे उसे समझा देतीं कि यह ठीक नहीं है।

एक साल की जवान घोड़ियाँ और घोड़े बड़ों की तरह दिखने की कोशिश कर रहे थे। वे बहुत कम उछलते-कूदते या छोटे बछेड़ों के साथ खेलते। बड़े रोब से वे घास चरते, और अपनी मेहराबदार गर्दनें टेढ़ी करके अपनी छोटी-छोटी दुमें हिलाने की कोशिश करते। बड़ों की तरह वे भी किसी-किसी वक़्त ज़मीन पर लोटते या एक दूसरे की पीठ खुजलाते। सबसे ज़्यादा खुश दो या तीन साल की उम्र की घोड़ियाँ थीं, या वे घोड़ियाँ जिनके अभी तक कोई बछेड़ा नहीं हुआ था। अलबेली युवतियों की तरह उन्होंने अपनी एक अलग टोली बना रखी थी। वे सारा वक़्त उछलतीं, पाँव पटकतीं,

ज़ोर-ज़ोर से फुकारती और हिनहिनातीं। वे पास-पास खड़ी होकर एक दूसरे के कन्धे पर अपना सिर रखतीं, एक दूसरी को सूँघतीं। वे हल्के से हिनहिना और दुम हिलाकर, एक दूसरी के सामने कभी क़दम चाल और कभी दुलकी चाल में नखरे के साथ भागने लगतीं। इन सभी मौजी, घोड़ियों में सबसे ज़्यादा खूबसूरत, शरारती और नटखट थी कुम्मैती घोड़ी। सब घोड़ियाँ उसकी हर चाल की नक़ल करतीं। जहाँ कहीं वह जाती, जवान घोड़ियों का झुंड का झुंड उसके पीछे लग जाता। आज वह पहले से भी ज़्यादा मस्ती में थी। उसके मन में भी वैसी ही हिलोर उठी, जैसी कि इंसानों के मन में उठती है। नदी पर, बूढ़े बधिया घोड़े से ठिठोली करने के बाद वह तट के साथ-साथ भागने लगी, शायद यह दिखाने के लिए कि वह किसी चीज़ से डर गई है। फिर हल्की सी फुंकार मारकर वह दौड़ पड़ी और चरागाह के अन्दर सरपट भागने लगी। उसकी साथिनें भी उसकी देखादेखी, उसके पीछे-पीछे भागने लगीं। उसे रोकने के लिए वास्का को उनके पीछे सरपट घोड़ा दौड़ाना पड़ा। एक जगह पर वह रुककर घास चरने लगी और कुछ देर बाद ज़मीन पर लोटने लगी। फिर बूढ़ी घोड़ियों को चिढ़ाने के लिए वह उनके सामने दौड़ने लगी। एक बछेड़े को, जो अपनी माँ के साथ खड़ा था, उसने धकेलकर परे हटा दिया और फिर यों उसके पीछे भागने लगी मानो उसे काटना चाहती हो। माँ भयभीत हो उठी, और बछेड़ा दर्द-भरी आवाज़ में हिनहिनाने लगा। पर नटखट कुम्मैती घोड़ी ने उसे छुआ तक नहीं। वह तो केवल अपनी सहेलियों का मन बहलाने के लिए उसे डरा रही थी। सहेलियाँ दूर खड़ी तमाशा देख रही थीं। नदी के पार, दूर राई के खेत में एक भूरे रंग का घोड़ा हल में जुता हुआ था। घोड़ी के मन में आया कि इसे बेवक़ूफ़ बनाओ। वह खड़ी हो गई, गर्व से सिर ऊँचा उठाया, अपने बदन को हिलाया-डुलाया और फिर बड़ी मधुर, लम्बी खिंची हुई आवाज़ में हिनहिनाई। इस हिनहिनाहट में मस्ती थी, भावुकता थी, और था कुछ-कुछ अवसाद का भाव। साथ ही एक कामना थी और प्रेम का आश्वासन।

झाड़ियों में एक कार्नक्रेक पक्षी फुदक-फुदककर बड़ी कामातुर आवाज में अपनी संगिनी को बुला रहा था। कुकू पक्षी और बटेर प्रेम के गीत गा रहे थे। यहाँ तक कि फूल भी अपना पराग हवा के पंखों पर एक दूसरे को भेज रहे थे।

"मैं भी जवान हूँ, खूबसूरत हूँ, तगड़ी हूँ," कुम्मैती घोड़ी हिनहिनाई, "पर अभी तक प्रेमानन्द से वंचित रही हूँ। इतना ही नहीं, किसी भी प्रेमी ने मुझे अभी तक आँख भरकर नहीं देखा।"

जवानी की उमंग और उदासी लिये यह सोद्‌देश्य हिनहिनाहट ढलान पर, और फिर खेतों पर फैलती हुई, दूर खड़े भूरे घोड़े के कानों तक पहुँच गई। उसके कान खड़े हो गए और वह बुत की तरह खड़ा का खड़ा रह गया। किसान ने, जो कि छाल का जूता पहने था, उसे पाँव की ठोकर लगाई। पर घोड़ा उस मनमोहक आवाज़ पर इतना लट्टू हो रहा था कि वह जैसा का तैसा खड़ा जवाब में हिनहिनाने लगा। किसान को ग़ुस्सा आ गया। उसने लगाम खींची और घोड़े के पेट पर एक लात जमाई, इतनी ज़ोर से

कि उसका हिनहिनाना बन्द हो गया, और वह चुपचाप हल खींचने लगा। पर एक मधुर उदासी इस भूरे घोड़े के मन पर छा गई। उसकी मस्ती और किसान के गुस्से की सूचना, राई के खेत को पार कर, दूसरे तट के पार घोड़ों के गिरोह तक जा पहुँची।

भूरा घोड़ा केवल नटखट कुम्मैती घोड़ी की आवाज़ सुनकर ही इतना मुग्ध हो गया था, कि उसे अपना काम भूल गया। यदि कहीं वह उस सुन्दरी को अपनी आँखों से देख पाता तो उस पर क्या गुज़रती ? घोड़ी कान खड़े किए, नथुने फुलाए, मानो हवा को सूँघती हुई, गरदन अकड़ाए खड़ी थी। उसके सुन्दर शरीर के एक-एक अंग में सिहरन दौड़ रही थी।

पर नटखट घोड़ी ने ज्यादा देर तक अपने को भावुकता में नहीं बहने दिया। जब दूर से, जवाब में आवाज़ आनी बन्द हो गई तो वह एक बार तो हिनहिनाई, पर फिर अपना सिर झुकाकर, पाँवों से ज़मीन कुरेदने लगी। फिर वह चितकबरे बधिया घोड़े को जगाने और तंग करने के लिए उसके पास चली गई। बधिया घोड़ा इंसान के ज़ुल्म से इतना परेशान न होता जितना कि इन जवानों की ठिठोली और मज़ाक़ से। तिस पर भी उसने न इंसान को और न अपने साथियों को कभी नुक़सान पहुँचाया था। इंसान को तो अभी भी उसकी जरूरत थी। पर ये जवान घोड़े उसे क्यों सताते थे ?

4

यह बूढ़ा था, वे जवान थे; इसका शरीर हड्डियों का ढाँचा भर था, उनके शरीर में यौवन की कान्ति थी, इसका मन मर चुका था, उनके मन में उमंग थी। संक्षेप में कहें तो बस इतना ही कि यह अजनबी था, बाहर का था, उनसे बिल्कुल भिन्न था, इसलिए उनकी अनुकम्पा का पात्र नहीं हो सकता था। घोड़े केवल अपनों पर ही तरस कर सकते हैं। हाँ, यदि किसी और के प्रति उनके मन में तरस जग जाए, तो वह भी उनके प्रति जिन्हें वे अपनी स्थिति में पाते हैं। भला, चितकबरे बधिया घोड़े का क्या दोष जो वह अब वृद्ध, दुर्बल और कुरूप हो गया था ? पर ये घोड़े तो उसे ही दोषी मानते थे। वे ही खुश हो सकते हैं जो सुन्दर और नौजवान हैं, जिन्हें अपने सामने भविष्य उज्ज्वल दिखाई देता है, जिनकी पेशियाँ हल्की सी उत्तेजना से भी थरथराने लगती हैं, और पूँछ खड़ी हो जाती है। शायद बधिया घोड़ा यह सब समझता था। जब उसकी सूझ-बूझ ठिकाने होती, तो वह स्वीकार करता कि यह उसी का दोष है कि वह अपनी जिन्दगी गुज़ार चुका है। वह इस अपराध की सज़ा भुगतने के लिए तैयार हो जाता। पर था तो आखिर घोड़ा ही। वह सोचता कि ये जवान घोड़े उसे बिना किसी मतलब के बहुत सताते रहते हैं। भविष्य में जब बुढ़ापा उन पर हावी होगा तो न जाने उन्हें क्या-क्या देखना पड़ेगा। यह सोचकर उसका दिल एकदम उदास, क्षुब्ध और खिन्न हो उठता। घोड़ों की इस हृदयहीनता के पीछे कुलीनता की भावना छिपी थी। प्रत्येक घोड़े की लम्बी-चौड़ी

वंशावली थी, प्रत्येक घोड़ा विख्यात स्मेतांका को अपना पूर्वज मानता था। पर बूढ़े चितकबरे के वंश का तो किसी को पता तक न था। तीन बरस हुए, घोड़ों की मंडी में से इसे अस्सी रूबल देकर खरीदा गया था। बस, यही इसकी औकात थी।

कुम्मैती घोड़ी चितकबरे घोड़े के पास आई और बड़ी लापरवाही से धक्का देकर चली गई। घोड़े को और किसी बात की आशा भी न थी। बिना आँखें तक खोले उसने कान झुकाकर दाँत निकाल दिए। घोड़ी ने उसकी ओर पीठ कर ली और यों जान पड़ा जैसे अभी दुलत्ती लगाएगी। घोड़े ने आँखें खोलीं और सरककर आगे बढ़ गया। उसकी नींद तो हवा हो चुकी थी, वह चुपचाप घास चरने लग गया। घोड़ी और उसकी साथिनें फिर चहल-कदमी करती हुई उसके पास आकर खड़ी हो गईं। उन्हीं में एक बुद्धू सी दो बरस की घोड़ी थी। सिर से गंजी, वह हर बात में कुम्मैती घोड़ी की नक़ल किया करती थी। परन्तु सब नक़्क़ालों की तरह उसकी नक़ल में भी कोई ताल-मेल न होता। जब भी कुम्मैती घोड़ी ठिठोली करने आती तो वह बधिया घोड़े के सामने से यों गुजरती जैसे किसी काम पर जा रही हो। उसकी ओर आँख उठाकर भी न देखती। इससे घोड़ा समझ ही न पाता कि उसे क्रुद्ध होने का कोई अधिकार भी है या नहीं। यह भी एक दिल्लगी थी। यही कुछ उसने इस बार भी किया। पर उसकी गंजी सहेली ठिठोली करने के लिए बड़ी बेताब थी। वह सीधी आई और बधिया घोड़े को ज़ोर से दुलत्ती मारकर चली गई। बूढ़े घोड़े की चीख़ निकल गई। उसने फिर दाँत निकाले, और भागकर उसे कूल्हे पर काट खाया। इस रुखाई की उससे उम्मीद नहीं की जा सकती थी। गंजी घोड़ी ने उसकी बाहर को निकली पसलियों पर सीधी दुलत्ती मारी, जिससे वह कराह उठा। बूढ़े घोड़े ने फुंकार की। वह फिर उसके पीछे भागने ही वाला था कि उसने समझ लिया कि इसका कोई लाभ नहीं। बस, ठंडी साँस ले, वह एक तरफ़ को चला गया। जान पड़ता था कि झुंड के सभी जवानों ने निश्चय कर लिया है कि वे इस हमले का बदला ज़रूर लेकर रहेंगे। बूढ़े चितकबरे ने गंजी घोड़ी पर वार करने का दुःसाहस क्यों किया ? उन्होंने इसे इतना सताया कि वह दिन-भर घास का एक तिनका तक न खा पाया। कई बार तो चरवाहे ने उन्हें उसके पास से हटाया। वह स्वयं इनके रवैये को नहीं समझ सका। बधिया घोड़ा इस क़दर नाराज़ था कि जब घर लौटने का वक़्त आया तो वह स्वयं नेस्तेर के पास चला गया। जब उस पर फिर ज़ीन कसी गई और चरवाहा पीठ पर चढ़ बैठा तो उसने चैन की साँस ली।

बूढ़ा बधिया चरवाहे को लिए घर जाने लगा। कौन जानता है कि उस समय उसके मन में कैसे-कैसे विचार उठ रहे होंगे ? शायद वह बड़े उदास मन से सोच रहा था कि जवानी में घोड़े बड़े निर्दयी होते हैं। या शायद, जैसा कि बुज़ुर्गों की आदत होती है, उसने अपराधियों को माफ़ कर दिया था, और उनके प्रति एक गर्वपूर्ण, परन्तु मौन भर्त्सना का भाव उसके मन में था। उसके विचार जो भी रहे हों, जब तक वह लौटकर बाड़े में नहीं पहुँच गया, उसने अपने विचार किसी पर प्रकट नहीं किए।

उस दिन शाम को नेस्तेर के कुछ सम्बन्धी उससे मिलने आए। नेस्तेर घोड़ों को

लिये बँगले के नौकरों की कोठरियों के पास से गुज़रा। उसने देखा कि उसके अपने झोंपड़े के बाहर, खम्भे के साथ एक छकड़ा और घोड़ा बँधे हैं। वह जल्दी से जल्दी घर पहुँचना चाहता था। इसलिए ज्यों ही घोड़े बाड़े के अन्दर पहुँच गए, उसने बधिया को छोड़ दिया, और वास्का को उसकी ज़ीन उतारने को कहा। फिर बाड़े के फाटक को ताला लगाकर वह अपने दोस्तों से मिलने चला गया।

उस रात बाड़े में एक अपूर्व घटना घटी। इसका कारण शायद यह रहा हो कि गंजी घोड़ी का अपमान हुआ था, जो स्मेतांका की पड़पोती थी। इसका मतलब है कि सारे झुंड की कुलीन भावनाओं का अपमान हुआ था। और हुआ भी इस 'मरियल घोड़े' की ओर से, जो मंडी की खरीद, न बाप पहचाने, न माँ। या शायद इस कारण कि बधिया घोड़ा पीठ पर ऊँची ज़ीन चढ़ाए, बिना किसी सवार के, एक स्वांग सा लग रहा था। सभी घोड़े, वयस्क, बड़े और छोटे, एक साथ दाँत निकाले बधिया के पीछे पड़ गए। कभी वह एक ओर को भागता, कभी दूसरी ओर को। उसके धँसे हुए कूल्हों पर वे तड़ातड़ अपने खुर जमाते रहे और यह दर्द से कराहता-चिल्लाता रहा। जब बधिया अधिक बरदाश्त न कर सका तो वह बाड़े के बीचोबीच खड़ा हो गया। उसके चेहरे पर पहले बूढ़ों की सी खीज थी, फिर गहरी निराशा का भाव आ गया। उसने कान झुकाए और सहसा एक ऐसी बात की जिससे सभी घोड़े एकदम जहाँ थे वहीं के वहीं खड़े रह गए। व्याज़ोपूरिख़ा ने, जो उम्र में सबसे बड़ी थी, पास आकर बधिया को सूँघा और गहरी साँस ली। बधिया ने भी गहरी साँस ली...

5

चाँदनी रात में, बाड़े के ऐन बीचोबीच बधिया घोड़े का ऊँचा आकार नज़र आ रहा था। पीठ पर ऊँची ज़ीन थी। बाक़ी घोड़े उसके इर्द-गिर्द चुपचाप खड़े थे, मानो उसकी बातें सुनकर आश्चर्यचकित रह गए हों।

जो कुछ उसने कहा वह इस प्रकार था।

पहली रात

"मैं दयाल प्रथम तथा बाबा का पुत्र हूँ। वंशावली के अनुसार मैं मुज़ीक प्रथम हूँ। मुझे लोग सदा मापदंड के नाम से पुकारते रहे हैं। मैं लम्बे-लम्बे डग भरता हुआ चलता था। रूस-भर में इस तरह कोई और न चलता होगा। इसीलिए मेरा यह नाम डाल दिया गया था। संसार-भर में किसी घोड़े की रगों में ऐसा ख़ानदानी ख़ून नहीं बहता जैसा कि मेरी रगों में। तुम्हारे सामने इसकी चर्चा कभी भी न करता। आख़िर करता भी क्यों ? तुम

तो मुझे बिल्कुल नहीं पहचानते, न ! और तो और व्याज़ोपूरिख़ा तक ने मुझे नहीं पहचाना। वह तो जवानी में ख़ेनोवो में मेरे साथ रही थी। उसने भी मुझे पहचाना है तो अभी-अभी। अगर इस वक़्त व्याज़ोपूरिख़ा यहाँ मौजूद न होती तो तुम मेरी बात का विश्वास भी न करते। मैं भी कभी तुम्हें यह न बतलाता। मैं नहीं चाहता कि मैं घोड़ों के दल की अनुकम्पा का पात्र बनूँ। पर तुमने मुझे मजबूर कर दिया है। हाँ, मैं ही वह मापदंड हूँ जिसे घोड़ों के पारखी चारों दिशाओं में ढूँढ़ते-फिरते हैं और पा नहीं सकते, वही मापदंड जिसे स्वयं काउंट तक जानते थे। उन्होंने ही मुझे पशुशाला में से निकलवाया था क्योंकि मैंने उनके चहेते घोड़े राजहंस को दौड़ में मात दे दी थी।''

'' जब मैं पैदा हुआ तो मुझे कुछ मालूम न था कि चितकबरा किसे कहते हैं। मैं तो सोचता था कि मैं केवल एक घोड़ा हूँ। मुझे याद है कि जब मेरे रंग पर पहले-पहल फ़िक़रे कसे गए थे तो मुझे और मेरी माँ को बड़ा गहरा सदमा पहुँचा था। जान पड़ता है कि मेरा जन्म रात के वक़्त हुआ था। सुबह तक मेरी माँ ने चाट-चाटकर मेरा बदन साफ़ कर दिया था, और मैं टाँगों के बल खड़ा होने लगा था। मुझे याद है, मेरे मन में उस वक़्त किसी खास चीज़ की इच्छा उठी थी। प्रत्येक चीज़ मुझे बड़ी आश्चर्यजनक पर साथ ही अत्यन्त सरल जान पड़ती थी। हमारा अस्तबल एक लम्बे बरामदे में था। घुड़साल की कोठरियों के दरवाज़ों में जाली लगी थी। बाहर की हर चीज़ साफ़ नज़र आती थी। माँ ने मुझे दूध पिलाने की कोशिश की, मगर मैं तब भी इतना भोला-भाला था कि कभी अपना थूथना माँ की अगली टाँगों में फँसा लेता और कभी उसकी छाती दबाने लगता। सहसा माँ ने जाली में से झाँककर बाहर देखा, अपनी टाँग उठाकर मुझे लाँघने लगी और पीछे हट गई। जिस साईस की उस रोज़ ड्यूटी थी वह जाली में से आँखें फाड़-फाड़कर अन्दर देख रहा था।

'' 'देखो, देखो, बाबा ने बछेड़ा दिया है,' उसने साँकल खोलते हुए कहा। अस्तबल में ताज़ा पुआल बिछी थी। वह पुआल रौंदता हुआ आया और मुझे अपनी बाँहों में भर लिया। 'इधर आओ तरास, यह देखो।' उसने पुकारा, 'इस बछेड़े से अधिक चितकबरा तो नीलकंठ भी नहीं होगा।'

'' मैंने कूदकर भागने की कोशिश की पर घुटनों के बल गिर पड़ा।

'' 'हिश् ! शैतान के बच्चे !' उसने कहा।

'' माँ विचलित हो उठी, पर मुझे बचाने की कोशिश नहीं की। केवल ठंडी साँस भरकर मुँह फेर लिया। इतने में और साईस भी आ गए और मुझे घूर-घूरकर देखने लगे। एक साईस अस्तबल के रखवाले को सूचना देने चला गया। सभी मेरे रंग-बिरंगे शरीर पर हँसने और अजीब नामों से मुझे पुकारने लगे। इनका मतलब न मेरी माँ समझ पाई और न मैं ही। अभी तक कोई चितकबरा घोड़ा हमारे यहाँ पैदा नहीं हुआ था, न ही हमारे नाते-रिश्तेदारों के यहाँ। हम नहीं जानते थे कि घोड़े के रंग में भी कोई बुरी और

खटकनेवाली बात हो सकती है। पर उस वक़्त भी सबने मेरे मोटे-ताज़े बदन और सुन्दर डील-डौल की तारीफ़ की।

" 'देखो तो कितनी ताक़त है इस नन्हे से बछेड़े में,' साईस बोला, 'क़ाबू में ही नहीं आता।'

" थोड़ी देर में रखवाला वहाँ पहुँच गया। वह कुछ-कुछ परेशान और हैरान नज़र आया।

" 'यह भूत का भूत कहाँ से आ टपका ?' उसने कहा, 'जेनरल साहिब इसे अस्तबल में कभी नहीं रखेंगे। भगवान जानता है, बाबा, तुमने मुझे कहीं का न रखा !' माँ की ओर घूमकर उसने कहा, 'इस चितकबरे जोकर से तो गंजा बछेड़ा ही पैदा किया होता !'

" मेरी माँ न बोली, न डोली। ऐसे मौक़ों पर वह केवल आह भरकर रह जाया करती थी। सो, इस समय भी उसने यही किया।

" 'यह शैतान पड़ा किसको है ? बिल्कुल मुजीक* नज़र आता है। इसे हम अस्तबल में नहीं रख सकते। यह हमारी नाक कटवाएगा। पर जो भी हो, घोड़ा अच्छा है, बहुत बढ़िया है !' रखवाले ने और जिस किसी ने मुझे देखा, यही कहा।

" कुछ रोज़ बाद खुद जनरल साहिब तशरीफ़ लाए। वह भी मुझे देखकर बौखला उठे। मेरी चमड़ी के रंग के कारण उन्होंने मुझे और माँ को जाने क्या-क्या कहा। इस पर भी जो कोई मुझे देखता, यही कहता, 'घोड़ा अच्छा है, बहुत बढ़िया है।'

" घोड़ियों के अस्तबल में हम वसन्त तक रहे। प्रत्येक बछेड़ा अपने कटघरे में अपनी माँ के साथ रहता था। पर जब सूरज की गरमी से छप्पर पर की बर्फ़ पिघलने लगी तो हमें कभी-कभी, अपनी-अपनी माँ के साथ बाहर, खुले बाड़े में भेजा जाने लगा। वहाँ ताज़ा पुआल बिछी रहती। यहाँ पहली बार मैं अपने दूर और पास के सम्बन्धियों से मिला। मैंने उस ज़माने की नामी से नामी घोड़ियों को अपने-अपने बछेड़ों के साथ, दरवाज़ों से निकलते देखा। उन्हीं में प्रौढ़ा गोलांका, स्मेतांका की बेटी मूश्का, क्रस्नूखा और सवारी की घोड़ी दोब्रोख़ोतिख़ा भी थीं। अपने-अपने बछेड़ों के साथ वे खिली धूप में इकट्ठी घूमती-फिरतीं, पुआल पर लोटतीं, बिल्कुल साधारण घोड़े-घोड़ियों की तरह एक दूसरी को सूँघतीं। आज भी मुझे वह बाड़ा याद है—सुन्दर घोड़ियों से भरा हुआ था। तुम मानोगे नहीं, एक वक़्त था जब मैं भी जवान हुआ करता था, मैं भी उछलता-कूदता था। यहीं पर मेरा परिचय व्याज़ोपूरिख़ा से हुआ था। उस समय वह साल-भर की रही होगी—बड़ी नेकदिल, ख़ुशमिज़ाज और जानदार हुआ करती थी। मैं उसका दिल नहीं दुखाना चाहता, पर इतना ज़रूर कहूँगा कि आज जिस घोड़ी को तुम बड़ी खानदानी मानते हो, उसे उन दिनों सबसे छोटी जात की समझा जाता था। व्याज़ोपूरिख़ा स्वयं इस बात का समर्थन करेगी।

---

* रूसी किसान।

होगी। वह काले कपड़े पहने थी और सिर पर जालीदार रूमाल बाँधे थी। उसकी त्योरियाँ ताबूत के पास खड़ी स्त्री की त्योरियों की तरह अनोखे ढंग से चढ़ी हुई थीं। वह साथ की स्त्रियों को लाशवाले कमरे के दरवाज़े तक ले आई और बोली : "कृपया अन्दर चलिए, एक धार्मिक रस्म अदा करनी है।"

श्वार्ज़ एक बार हल्के से झुककर, वहीं रुक गया। निमन्त्रण को उसने न तो स्वीकार किया और न ही ठुकराया। परन्तु प्योत्र इवानोविच पर नज़र पड़ते ही, प्रस्कोव्या फ़्योदोरोव्ना ने उसे पहचान लिया और आह भरते हुए सीधे उसके पास चली आई, और उसका हाथ पकड़कर बोली, "आप तो इवान इल्यीच के सच्चे दोस्त थे...मैं जानती हूँ।" यह कहकर वह उसकी ओर इस आशा से देखने लगी कि वह इसका कोई उचित जवाब देगा। और जिस भाँति प्योत्र इवानोविच जानता था कि अन्दर कमरे में उसे छाती पर क्रास का चिह्न बनाना था, उसी तरह यहाँ भी वह समझता था कि उसे इस मौक़े पर उसका हाथ पकड़कर दबाना है, और ठंडी साँस भरकर कहना है कि "मैं आपको यक़ीन दिलाता हूँ..." ऐसा ही उसने किया भी, और कर चुकने के बाद देखा कि इसका वांछित असर भी हुआ है। उसका दिल भर आया, और उसी तरह महिला का भी।

"रस्म शुरू होने से पहले मुझे आपसे कुछ कहना है," विधवा ने कहा, "आप अन्दर चलिए। चलिए मैं आपके बाज़ू का सहारा लेकर चलूँगी।"

प्योत्र इवानोविच ने उसे अपने बाज़ू का सहारा दिया और दोनों अन्दरवाले कमरों की ओर चले गए। जब वे श्वार्ज़ के पास से गुज़रे तो श्वार्ज़ ने प्योत्र इवानोविच को आँखों से इशारा किया, मानो अपनी निराशा जता रहा हो : "लो, खेल लो अब ताश ! बुरा नहीं मानना यदि अब हम तुम्हारी जगह किसी दूसरे आदमी को ढूँढ़ लें। जब वहाँ से छुट्टी मिले तो बेशक चले आना, खेल में पाँचवें की जगह पर बैठ जाना।"

प्योत्र इवानोविच ने और भी गहरी और शोकपूर्ण आह भरी जिस पर प्रस्कोव्या फ़्योदोरोव्ना ने कृतज्ञता से उसकी उँगलियों को दबाया। बैठक में पहुँचकर दोनों एक मेज़ के पास जा बैठे। कमरे की दीवारों पर गुलाबी रंग का छींटदार कपड़ा लगा था, और एक मद्धिम सा लैम्प जल रहा था। विधवा सोफ़े पर बैठ गई और प्योत्र इवानोविच एक स्टूल पर जिस पर स्प्रिंगदार गद्दा लगा था। गद्दे के स्प्रिंग टूटे हुए थे, इसलिए जब वह उस पर बैठा तो गद्दा एक तरफ़ को झुक गया। प्रस्कोव्या फ़्योदोरोव्ना चाहती तो थी कि उसे पहले से सावधान कर दे और वहाँ बैठने से रोक दे पर स्थिति को देखते हुए उसने कहना मुनासिब नहीं समझा। स्टूल पर बैठते हुए प्योत्र इवानोविच को याद आया कि जब इवान इल्यीच इस बैठक को सजा रहा था तो उसने इसकी राय पूछी थी कि हरे फूलोंवाली गुलाबी छींट का कपड़ा लगाना चाहिए या कोई और। स्वयं बैठने के लिए सोफ़े की ओर जाते हुए विधवा जब मेज़ के पास से गुज़री तो उसका जालीदार रूमाल मेज़ के साथ अटक गया। (बैठक मेज़-कुर्सियों और तरह-तरह के सामान से ठसाठस भरी थी)। उसे छुड़ाने के लिए प्योत्र इवानोविच तनिक सा अपनी जगह पर से उठा। स्प्रिंगों पर से बोझ हटते ही उसे धचका लगा। विधवा स्वयं ही जाली छुड़ाने लगी और

प्योत्र इवानोविच विद्रोही स्प्रिंगों को दबाते हुए एक बार फिर बैठ गया। पर अभी विधवा अपनी जाली पूरी तरह छुड़ा नहीं पाई थी इसलिए प्योत्र इवानोविच फिर एक बार थोड़ा सा उठा, जिस पर फिर स्प्रिंग उछले और उसे झटका लगा। जब जाली छूट गई तो विधवा ने एक सफ़ेद रेशमी रूमाल निकाला और रोने लगी। जाली छुड़ाने की घटना से और स्टूल के स्प्रिंगों से जूझने के कारण प्योत्र इवानोविच का उत्साह ठंडा पड़ चुका था, इसलिए वह केवल नाक-भौंह सिकोड़े बैठा रहा। पर जब इवान इल्यीच के नौकर सोकोलोव ने अन्दर प्रवेश किया और खबर दी कि क़ब्रिस्तान में जो स्थान प्रस्कोव्या फ़्योदोरोव्ना ने चुना है उसके लिए दो सौ रूबल देना होगा तो स्थिति का तनाव कुछ ढीला पड़ा। उसने रोना बन्द कर दिया और प्योत्र इवानोविच की ओर शहीदों की सी नज़र से देखा। फिर फ़्रांसीसी भाषा में कहने लगी कि उसे अनगिनत कठिनाइयों का सामना करना पड़ रहा है। प्योत्र इवानोविच ने समवेदना में एक और ठंडी साँस भरी।

"यदि आप सिगरेट पीना चाहते हैं तो बेशक पीजिए," उसने दुःखी किन्तु उदार स्वर में कहा और घूमकर सोकोलोव के साथ क़ब्र की लागत के बारे गें बात करने लगी। प्योत्र इवानोविच ने सिगरेट सुलगा ली। उसने देखा कि विधवा बड़ी तफ़सील से पूछ रही है कि क़ब्र के लिए कहाँ-कहाँ स्थान मिल सकता है और क्या-क्या और लागत आएगी। जो जगह उसने चुनी उससे उसकी व्यवहार-कुशलता का बोध हो रहा था। जब स्थान का फ़ैसला हो गया तो वह उसके साथ भाड़े पर लाए जानेवाले गवैयों के बारे में बात करने लगी। इसके बाद सोकोलोव बाहर चला गया।

"मुझे हरेक बात का खुद ध्यान रखना पड़ता है," वह बोली और मेज़ पर पड़ी अलबमों को एक तरफ हटा दिया। फिर प्योत्र इवानोविच की सिगरेट पर नज़र पड़ते ही वह झट से उठी और एक राखदानी ले आई। उसे डर था कि राख मेज़ पर न जाए। "अगर मैं कहूँ कि अपने दुःख के कारण मैं अपने व्यावहारिक कामों की ओर ध्यान नहीं दे सकती, तो यह तो महज बहाना होगा। यदि कोई चीज़ मुझे...सान्त्वना दे सकती है, कम से कम मेरा ध्यान दूसरी तरफ हटा सकती है तो यही कि उसकी ख़ातिर मैं यह सब काम कर रही हूँ।" उसने फिर रूमाल निकाल लिया, मानो रोना चाहती हो, और फिर मानो कोशिश करके उसने अपने को क़ाबू में कर लिया, और हल्के से सिर झटककर बड़ी स्थिरता से बातें करने लगी।

"एक काम के बारे में मुझे आपसे सलाह लेनी है।"

प्योत्र इवानोविच धीरे से झुका, पर बड़ी सावधानी के साथ ताकि स्प्रिंग फिर ऊधम न मचाने लगे।

"पिछले कुछ दिन उन्होंने बड़ी तकलीफ़ में काटे।"

"अच्छा ?" प्योत्र इवानोविच ने पूछा।

"बड़ी तकलीफ़ में। सारा वक़्त दर्द से कराहते रहते थे। पूरे तीन दिन तक एक मिनट के लिए भी उन्हें चैन नहीं मिला। मैं बयान नहीं कर सकती, मैं हैरान हूँ कि वह सब बर्दाश्त कैसे कर पाई, तीन कमरे दूर तक उनकी आवाज़ सुनाई देती थी। आप

अन्दाज़ नहीं लगा सकते कि मुझ पर क्या गुज़री।''

''इसका मतलब है कि वह अन्त तक होश में रहा, क्यों ?'' प्योत्र इवानोविच ने पूछा।

''हाँ,'' वह धीमे से फुसफुसाई, ''आखिरी घड़ी तक। मरने से केवल पन्द्रह मिनट पहले उन्होंने हमसे विदा ली और कहा कि वलोद्या को सामने से ले जाओ।''

प्योत्र इवानोविच को यह बात ज़रूर खटक रही थी कि दोनों पाखंड रच रहे हैं। फिर भी यह जानकर उसे बड़ा दुःख हुआ कि उस आदमी को इतना कष्ट भोगना पड़ा जिसे वह इतनी घनिष्ठता से जानता था, पहले एक चंचल और लापरवाह विद्यार्थी के नाते, फिर एक प्रौढ़ व्यक्ति के नाते, और बाद में साथी सहकारी के नाते। उसकी आँखों के सामने फिर इवान इल्यीच की लाश घूम गई—वही माथा, वही ऊपरवाले होंठ को दबाती हुई नाक। उसे अपने बारे में भय होने लगा।

''तीन दिन की घोर यन्त्रणा और उसके बाद मौत। क्यों, यह तो किसी वक़्त मेरे साथ भी हो सकता है !'' उसने सोचा और क्षण-भर के लिए उसे भय ने जकड़ लिया। फिर सहसा—और इसका कारण वह स्वयं नहीं जानता था—इस विचार ने उसका फिर ढाढ़स बँधाया कि मौत तो इवान इल्यीच की हुई है, उसकी तो नहीं हुई। उसकी तो मौत हो भी नहीं सकती, न ही होनी चाहिए। ऐसी चिन्ताओं से तो केवल मन उदास हो उठता है, और ऐसा कभी नहीं होने देना चाहिए। श्वार्ज़ के चेहरे से ही यह बात बड़ी सजीवता से प्रकट हो रही थी। इस प्रकार के तर्क से उसका मन फिर शान्त हो गया, यहाँ तक कि इवान इल्यीच की मृत्यु किन हालात में हुई इसकी तफ़सील उसने सचमुच ध्यान से सुनी, मानो मृत्यु एक ऐसी दुर्घटना थी जो केवल इवान इल्यीच के साथ ही हो सकती थी—उसके साथ कभी नहीं।

इवान इल्यीच को कैसी घोर शारीरिक यन्त्रणा भोगनी पड़ी, इसका पूरा ब्यौरा देने के बाद ही विधवा व्यावहारिक काम की बात पर आई। (प्योत्र इवानोविच को इवान इल्यीच की यन्त्रणा का पता इसी से लगा कि उसका असर प्रस्कोव्या फ़्योदोरोव्ना की कोमल अनुभूतियों पर कैसा हुआ था।)

''उफ़, प्योत्र इवानोविच, मेरे लिए यह कितना मुश्किल है, कैसे-कैसे घोर संकट का मुझे सामना करना पड़ा रहा है !'' और वह फिर रोने लगी।

प्योत्र इवानोविच ने फिर ठंडी साँस ली और इन्तज़ार करने लगा कि विधवा नाक साफ़ कर ले। जब विधवा ने नाक साफ़ कर ली तो वह बोला, ''मैं आपको यक़ीन दिलाता हूँ...'' और वह फिर बोलने लगी और तब उसने उस बात की चर्चा छेड़ी जिसके बारे में वह इससे परामर्श करना चाहती थी। उसने पूछा कि अपने पति की मृत्यु के सम्बन्ध में वह किसी भाँति सरकार से अनुदान वसूल कर सकती है। ऊपर से तो वह उससे पेंशन के बारे में पूछ रही थी, परन्तु वह देख रहा था कि उस स्त्री को ऐसी-ऐसी बातें मालूम हैं जिन्हें वह खुद भी नहीं जानता था। वह मामूली से मामूली तफ़सील तक जानती थी। उसे पूरी तरह मालूम था कि इस मृत्यु के कारण उसे कितनी रक़म मिल सकती है। पर

वह इस समय यह जानना चाहती थी कि कोई ऐसा भी तरीक़ा हो सकता है जिससे यह रक़म बढ़ाई जा सके। प्योत्र इवानोविच सोचता रहा कि यह कैसे किया जा सकता है। कुछ देर तक विचार करने के बाद, अपनी संवेदना दिखाने के लिए वह सरकार को कृपण कहकर कोसने लगा। इसके बाद उसने सिर हिलाया और बोला कि इससे अधिक रक़म वसूल करने का कोई रास्ता नहीं। इस पर उस स्त्री ने गहरी साँस ली। ऐसा जान पड़ा जैसे वह सोचने लगी है कि अब इस भेंट को कैसे समाप्त किया जाए। वह भाँप गया, सिगरेट बुझा दी और उठ खड़ा हुआ और हाथ मिलाकर बाहर हॉल में चला आया।

खानेवाले कमरे में दीवार पर घड़ी टँगी थी। इसे इवान इल्यीच ने बड़ी खुशी-खुशी खरीदकर अपने संग्रह में जोड़ा था। यहाँ प्योत्र इवानोविच की भेंट पादरी और कुछेक अन्य परिचित व्यक्तियों से हुई जो अन्त्येष्टि-संस्कार के लिए आए थे। यहीं पर उसने इवान इल्यीच की सुन्दर बेटी को भी देखा। उसने भी सिर से पैर तक काले कपड़े पहन रखे थे, जिससे उसकी पतली कमर और भी पतली नज़र आती थी। उसके चेहरे पर विषाद, दृढ़निश्चय और क्रोध का सा भाव था। वह प्योत्र इवानोविच के सामने इस तरह झुकी मानो प्योत्र इवानोविच ने कोई अपराध किया हो। उसके पीछे एक युवक खड़ा था जो उतना ही असन्तुष्ट नज़र आता था जितनी कि यह लड़की। प्योत्र इवानोविच उसे जानता था। वह एक अमीर लड़का था, जाँच मैजिस्ट्रेट था, और लोग कहते थे कि वह इस लड़की का मँगेतर है। जवाब में प्योत्र इवानोविच भी उदासीन मन से झुका, और लौटकर लाशवाले कमरे में जाना ही चाहता था, जब उसने देखा कि इवान इल्यीच का पुत्र जो, जिम्नेज़ियम का विद्यार्थी था और शक्ल-सूरत से अपने बाप से बहुत मिलता था, सीढ़ियाँ उतरकर नीचे आ रहा है। प्योत्र इवानोविच को याद आया कि जब इसका पिता क़ानून का विद्यार्थी था तो उसकी शक्ल-सूरत भी हू-ब-बहू ऐसी ही थी। बहुत रोने के कारण उसकी आँखें लाल हो गई थीं और तेरह-चौदह बरस के बिगड़े हुए लड़कों की सी लगती थीं। प्योत्र इवानोविच को देखते ही वह लजीले ढंग से भौंहें चढ़ाए उसे घूरने लगा। प्योत्र इवानोविच ने उसकी ओर सिर हिलाया और लाशवाले कमरे में चला गया। धार्मिक रस्म शुरू हुई। मोमबत्तियाँ, रोना-धोना, धूप-दीप, आँसू सिसकियाँ। प्योत्र इवानोविच तनी भौंहों से, अपने सामने खड़े लोगों के पैरों की ओर एकटक देखता रहा। उसने एक बार भी आँख उठाकर मृत देह की ओर या ऐसी किसी चीज़ की ओर नहीं देखा, जिससे उसका मन उदास हो उठे। वह कमरे में से भी सबसे पहले निकल गया। हॉल में उस वक़्त कोई नहीं था। भंडारे का नौकर गेरासिम, भागकर नीचे उतर आया और कपड़ों के अम्बार में से, अपने दृढ़, कठोर हाथों से, प्योत्र इवानोविच का कोट ढूँढ़-ढूँढ़कर निकाला और उसे पहनाने लगा।

''कहो गेरासिम, तुम्हें तो ज़रूर बहुत दुःख हुआ होगा ?'' कुछ कहने के ख़याल से प्योत्र इवानोविच बोला।

''भगवान की करनी, हुजूर। हम सबको एक न एक दिन चले जाना है।'' गेरासिम ने अपनी बत्तीसी दिखाते हुए जवाब दिया। उसके दाँत सफ़ेद और किसानों के दाँतों

की तरह मजबूत थे। फिर बड़े व्यस्त आदमी की तरह उसने दरवाज़ा खोला, चिल्लाकर कोचवान को बुलाया, प्योत्र इवानोविच को गाड़ी में बिठाया और कूदकर फिर सीढ़ियों पर आ गया, मानो जल्दी से जल्दी कोई दूसरा काम करना चाहता हो।

धूप-दीप, मृत देह तथा कार्बालिक एसिड की गन्ध के बाद, प्योत्र इवानोविच को बाहर आकर ताज़ी हवा में साँस लेना विशेषकर अच्छा लगा।

"कहाँ चलें ?" कोचवान ने पूछा।

"अभी देर नहीं हुई। थोड़ी देर के लिए मैं फ़्योदोर वसील्येविच के घर रुकूँगा।"

और उसी ओर वह चल दिया। वहाँ अभी उन्होंने पहली बाज़ी ही समाप्त की थी इसलिए अगली बाज़ी में वह बड़े आराम से पाँचवें आदमी के स्थान पर जा बैठा।

2

इवान इल्यीच के जीवन की कहानी सरल, साधारण और भयंकर है।

इवान इल्यीच की मृत्यु 45 वर्ष की अवस्था में हुई। वह न्याय परिषद् का सदस्य था। वह एक ऐसे सरकारी अधिकारी का बेटा था जिसने भिन्न-भिन्न मन्त्रालयों तथा महकमों में काम करने के बाद अपने लिए एक अच्छा स्थान बना लिया था। इस ढंग के आदमी आखिर ऐसे पद पर पहुँच जाते हैं जहाँ से उन्हें कोई हटा नहीं सकता, हालाँकि वे कोई भी महत्त्वपूर्ण काम करने की योग्यता नहीं रखते। कारण, एक तो, उनकी नौकरी लम्बी होती है, दूसरे, पद ऊँचा होता है। जिन पदों पर वे टिके रहते हैं वे केवल नाम के पद होते हैं मगर जो तनख्वाह उन्हें मिलती है वह नाम मात्र नहीं होती। छह से दस हज़ार रूबल सालाना तक वे बुढ़ापे तक पाते रहते हैं।

ऐसा ही प्रिवी कौंसलर इल्या येफ़ीमोविच गोलोवीन था—बहुत सी अनावश्यक संस्थाओं का अनावश्यक सदस्य।

उसके तीन बेटे थे, जिनमें इवान इल्यीच दूसरा था। सबसे बड़े लड़के ने अपने बाप की ही तरह उन्नति की थी, जहाँ वह किसी दूसरे मन्त्रालय में काम करता था। शीघ्र ही उसकी भी नौकरी की अवधि उस सीमा तक जा पहुँचेगी जिसके आगे तनख्वाहें निष्क्रियता के आधार पर मिलती हैं। तीसरे बेटे का कुछ नहीं बन पाया। भिन्न-भिन्न पदों पर काम करते हुए वह बदनाम हो गया और अब वह रेल के महकमे में कहीं काम कर रहा था। उसका पिता और उसके भाई, विशेषकर उनकी पत्नियाँ, उससे मिलने से कतराती थीं, और यथासम्भव उसके अस्तित्व को ही भुलाए रहती थीं। उसकी बहन की शादी बैरन ग्रेफ़ के साथ हुई थी, जो अपने ससुर की ही तरह सेंट पीटर्सबर्ग में सरकारी अफ़सर था। इवान इल्यीच को लोग le phenix de la famille* कहा करते

---

* परिवार का गौरव। (फ्रेंच)

थे। वह अपने बड़े भाई की तरह दुनियादार और तकल्लुफ करनेवाला नहीं था, न ही अपने छोटे भाई की तरह लापरवाह था। वह इन दोनों के बीच में था--चतुर, सजीव, आकर्षक व्यक्ति। वह और उसका छोटा भाई, दोनों क़ानून के कॉलेज में पढ़ते थे। छोटा अपना कोर्स समाप्त नहीं कर पाया, पाँचवीं कक्षा तक पहुँचने से पहले ही उसे विद्यालय से निकाल दिया गया। इवान इल्यीच ने बड़े अच्छे नम्बर पाकर कोर्स समाप्त किया। जिन दिनों वह क़ानून का विद्यार्थी था तब भी उसका चरित्र वैसा ही था जैसा कि बाद में सारी उम्र रहा : योग्य, प्रसन्नचित्त, मिलनसार, नम्र स्वभाव और कर्त्तव्य-निष्ठ। वह हर उस बात को अपना कर्त्तव्य समझता था जिसे ऊँचे पदाधिकारी कर्त्तव्य समझते हैं। जी-हुज़ूरी उसने कभी किसी की नहीं की थी, न बचपन में और न ही बाद में जब वह बड़ी उम्र का हो गया था। पर छोटी उम्र से ही वह अपने से ऊँचे पदवालों की ओर उसी तरह खिंचता रहा था जिस तरह पतंगा दीप-शिखा की ओर खिंचता है। उसने उन्हीं का रहन-सहन और उन्हीं के विचार अपना रखे थे और उन्हीं के साथ उठता-बैठता था। बचपन और जवानी के सब जोश ठंडे पड़ गए, उनका नाम-निशान तक बाक़ी न रहा था। किसी ज़माने में उसमें झूठा अभिमान और वासना रही थी। और अन्त में ऊँचे वर्गवालों के बीच वह कुछ देर के लिए उदारवादी भी रह चुका था। पर इन सब क्षेत्रों में वह अपनी सहजबुद्धि के सहारे औचित्य की सीमा के अन्दर ही अन्दर रहा।

पढ़ाई के ज़माने में उसने ऐसे-ऐसे काम किए थे जो उस समय उसे अत्यन्त घृणित लगे थे और उसे अपने से नफ़रत होने लगी थी। पर बाद में जब उसने देखा कि वही काम बड़े-बड़े आदमी बिना किसी दुविधा के कर रहे हैं, तो उसे वे सब भूल गए। उन्हें अच्छा तो वह अब भी न समझता था, पर उन्हें याद करके उसे पछतावा भी न होता था।

इवान इल्यीच ने क़ानून की पढ़ाई समाप्त की तो उसके पिता ने उसे अपने लिए आवश्यक सामान खरीदने के लिए पैसे दिए। इनसे उसने शार्मर की दुकान से कुछ नए सूट बनवाए, घड़ी के चेन में एक बिल्ला लटका लिया जिस पर respice finems* खुदा था, विद्यालय के अध्यक्ष से विदा ली, बड़ी शान से अपने दोस्तों के साथ डानन होटल में खाना खाया, और उसके बाद नई तरज़ का नया बैग, नए फैशन के सूट, कपड़े और शेव, नहाने-धोने का सामान सबसे बढ़िया दुकानों से खरीदा। फिर वह एक प्रान्तीय नगर की ओर रवाना हो गया, जहाँ उसके पिता ने उसे गवर्नर के दफ़्तर में विशेष सेक्रेटरी के पद पर नियुक्त करवा दिया था।

अपने विद्यार्थी जीवन की भाँति प्रान्तीय नगर में भी जल्दी ही इवान इल्यीच ने अपना जीवन आरामदेह और सुखी बना लिया। वह अपना काम करता, अपनी तरक़्क़ी का भी ख़याल रखता, और साथ ही शिष्ट रुचि के अनुरूप आमोद-प्रमोद का भी रस लेता। कभी-कभी वह ज़िले में अपने चीफ़ के काम पर जाता, जहाँ अपने से नीचे और

---

* अन्त का अन्दाज़ लगा लेना। (फ्रेंच)

ऊपरवाले दोनों प्रकार के अधिकारियों के सामने आत्मसम्मान के साथ पेश आता था। अपना काम ईमानदारी से करता जिससे उसे सच्चे गर्व का भास होता। यहाँ उसका काम 'पुराने धर्म' के सम्प्रदायवालों से निबटना होता था।

जब सरकारी काम कर रहा होता तो बावजूद अपनी तरुणावस्था और आमोदप्रियता के वह बेहद गुप-चुप और खिंचा-खिंचा रहता, यहाँ तक कि कठोर तक हो जाता। पर दोस्तों के बीच वह हँसमुख और हाज़िरजवाब होता, और मेल-मिलाप से रहता। उसका चीफ़ और चीफ़ की पत्नी, जिनके घर वह अक्सर आया-जाया करता था उसे bon enfant* कहा करते थे।

यहाँ उसका एक स्त्री के साथ सम्बन्ध भी हो गया। वह उन स्त्रियों में से थी जो इस बाँके युवा वकील पर फ़िदा हो गई थी। इसके अलावा एक दूसरी स्त्री भी थी जो स्त्रियों की टोपियाँ बनाने का काम करती थी। जो अफ़सर लोग शहर में आते उनके साथ पीने-पिलाने की पार्टियाँ भी होतीं, और रात के भोजन के बाद दूर की एक गली में एक चौबारे पर भी आना-जाना रहता। अपने चीफ़ और अपने चीफ़ की पत्नी को खुश करने के लिए डालियाँ भी पहुँचाई जातीं। पर यह सब काम शिष्टता के इतने ऊँचे स्तर पर किए जाते कि इन्हें किसी बुरे नाम से नहीं पुकारा जा सकता था। फ्रांसीसी कहावत के अनुसार il faut que jeunesse se passe** सब माफ़ था। जो कुछ भी किया जाता, साफ़-सुथरे हाथों से, साफ़-सुथरे कपड़े पहनकर, फ्रांसीसी भाषा बोलकर, और सबसे बड़ी बात यह कि ऊँची सोसाइटी में किया जाना, जिसका अर्थ है कि इसमें ऊँचे पदाधिकारियों की अनुमति होती।

इस तरह पाँच साल तक इवान इल्यीच काम करता रहा। इस अवधि की समाप्ति पर क़ानून में तब्दीली हुई। नई अदालतें बनाई गईं और उनके लिए नए अधिकारियों की ज़रूरत पड़ी।

इन नए अधिकारियों में इवान इल्यीच भी था।

उसके सामने जाँच-मैजिस्ट्रेट की नौकरी का प्रस्ताव रखा गया और वह उसने मंजूर कर लिया, हालाँकि इससे उसे दूसरे इलाक़े में जाना पड़ता था, अपने मौजूदा सम्बन्ध तोड़ने पड़ते थे और वहाँ जाकर नए सम्बन्ध बनाने पड़ते थे। इवान इल्यीच को विदाई पार्टी दी गई, उसके दोस्तों ने उसके साथ मिलकर तस्वीर खिंचवाई, जाते वक़्त उन्होंने उसे एक चाँदी का सिगरेट-केस भेंट किया। इस तरह वह अपने नए काम पर रवाना हुआ।

जाँच-मैजिस्ट्रेट के पद पर भी इवान इल्यीच उतना ही comme il faut*** था, उतने ही सलीक़े से रहा, और उतनी ही योग्यता से उसने सरकारी और निजी कामों को अलग-अलग रखा और उसी तरह सबके आदर का पात्र बना जिस तरह उन दिनों,

---

* भला आदमी। (फ्रेंच)

** युवकों को हर प्रकार के अनुभव की ज़रूरत है। (फ्रेंच)

*** यथोचित। (फ्रेंच)

जब वह गवर्नर के विशेष सेक्रेटरी का काम किया करता था। पहली नौकरी की तुलना में उसे मैजिस्ट्रेट का काम बहुत अधिक रोचक और प्रिय लगा। इसमें शक नहीं कि पहली नौकरी का भी अपना मज़ा था। जब शर्मर की दुकान की बनी चुस्त वर्दी पहने वेटिंग-रूम में बैठे, ईर्ष्या-भरी नज़रों से उसे देखनेवाले मुवक्किलों और अदालत के क्लर्कों के सामने से बड़े रोब से चलता हुआ वह अपने चीफ़ के दफ़्तर में जाकर उसके साथ चाय पीता और सिगरेट के कश लगाता, तो उसके दिल में अजीब गुदगुदी होती। पर वहाँ पर उसके अधिकाराधीन लोगों की संख्या बहुत कम थी। केवल जिले का पुलिस-कप्तान और 'पुराने धर्म' के समर्थक जिनके साथ सरकारी काम के सिलसिले में उसे वास्ता पड़ता था। पर इनके साथ वह सज्जनता का, यहाँ तक कि दोस्तों का सा व्यवहार करता, उन्हें यह महसूस कराता कि, देखो मेरे हाथ में वह ताक़त है जिससे मैं चाहूँ तो तुम्हें कुचल सकता हूँ, फिर भी मेरा व्यवहार तुम्हारे साथ कितना मैत्रीपूर्ण और विनम्र है। इससे उसे अतीव सुख मिलता। पर उस समय ऐसे आदमियों की संख्या बहुत कम थी। अब वह जाँच-मैजिस्ट्रेट हो गया था। अब वह समझता था कि सभी लोग, यहाँ तक कि सबसे प्रतिष्ठित और आत्मतुष्ट लोग भी, उसके अधिकार में हैं। सरकारी काग़ज़ पर कुछ शब्द लिखकर, मोहर लगाकर भेजने भर की देर थी कि बड़े से बड़े और दम्भी आदमी को भी वह अपने सामने पेश करवा सकता था, उसे गवाह बनाकर या गिरफ्तार तक करवाके। यह इवान इल्यीच की उदारता थी कि उन्हें बैठने के लिए कुर्सी देता था, वरना उन्हें इसके सामने खड़े होकर इसके सवालों का जवाब देना पड़ता। इवान इल्यीच ने कभी अपने अधिकार का नाजायज़ फ़ायदा नहीं उठाया। इसके विपरीत इसने उसका सदैव सद्भावना से उपयोग किया। वास्तव में उसकी दृष्टि में इस नई नौकरी का मुख्य आकर्षण ही इस बात में था कि अपनी शक्ति के साथ उसे अपनी दयालुता का भी ज्ञान रहता था। शीघ्र ही उसने अपने काम में एक प्रकार की दक्षता प्राप्त कर ली। वह मुकद्दमों की जाँच करते समय उन सब परिस्थितियों को अलग कर देता जिनके प्रति जाँच-मैजिस्ट्रेट के नाते उसका कोई सीधा उत्तरदायित्व न था। उसने जटिल से जटिल अभियोगों को उनकी बाह्य परिस्थितियों के अनुसार अलग-अलग नाम दे रखे थे। ऐसा करने से उसे अपना मत देने की कहीं भी ज़रूरत न पड़ती और औपचारिक रूप से क़ानून के सभी नियमों का पालन भी हो जाता। यह काम नया था। सन् 1864 में, अदालतों की कार्यवाही में कुछ सुधार किए गए थे। जिन लोगों ने उन्हें सबसे पहले अमली जामा पहनाया, उनमें इवान इल्यीच भी शामिल था।

नए शहर में पहुँचकर, जाँच मैजिस्ट्रेट के नाते, इवान इल्यीच ने नए सम्पर्क स्थापित किए, नए दोस्त बनाए, नए ढंग से रहना शुरू किया, और बोलचाल का नया लहजा अपनाया। अपनी प्रतिष्ठा का ख़याल रखते हुए, अबकी बार उसने स्थानीय अधिकारियों से अपने को उचित दूरी पर रखा, और केवल सबसे ऊँचे अदालती हलकों तथा सम्पन्न घरों में उठने-बैठने लगा। साथ ही कुछ-कुछ उदारवाद और सामाजिक जीवन में रुचि रखने का भी प्रदर्शन करने लगा। कहीं-कहीं सरकार की मामूली आलोचना भी कर देता।

वेश-भूषा का अब भी वह बहुत ख़याल रखता, बल्कि अब उसने शेव करना छोड़ दिया, और दाढ़ी रख ली।

इस नए शहर में भी इवान इल्यीच का जीवन उतना ही सुखद रहा जितना कि पहले शहर में रहा था। जो दल गवर्नर का विरोध करता था, वह बड़ा मिलनसार और दिलचस्प साबित हुआ। उसकी आमदनी बढ़ गई, उसने व्हिस्ट खेलना सीख लिया जिससे उसके जीवन में एक और दिलचस्पी शामिल हो गई। सामान्यतया वह बड़े उत्साह से ताश खेलता, बड़ी चतुर और बारीक चालें भी चल जाता जिससे अक्सर उसकी जीत होती।

इस शहर में दो वर्ष तक रह चुकने के बाद उसकी भेंट अपनी भावी पत्नी से हुई। जिन लोगों में उसका उठना-बैठना था, उनमें प्रस्कोव्या फ़्योदोरोव्ना मिखेल ही सबसे चतुर, कुशाग्र-बुद्धि और आकर्षक युवती थी। इस तरह जाँच-मैजिस्ट्रेट के उत्तरदायित्व निभाते हुए उसे ख़ाली वक़्त में मनबहलाव तथा आमोद-प्रमोद के लिए एक और साधन मिल गया। इवान इल्यीच ने प्रस्कोव्या फ़्योदोरोव्ना के साथ हल्की-हल्की चुहलबाज़ी शुरू कर दी।

जिन दिनों इवान इल्यीच विशेष सेक्रेटरी हुआ करता था, उन दिनों वह नियमित रूप से नाचों में शरीक होता था, पर जाँच-मैजिस्ट्रेट बन जाने पर वह केवल कभी-कभी नाचता। और जब नाचता भी तो यह दिखाने के लिए कि नए ज़ाब्ता-क़ानून का परिचालक और उच्चतम श्रेणी का वकील होने के बावजूद वह नाचने के क्षेत्र में भी सामान्य लोगों से ऊपर है। इस तरह कभी-कभी, शाम की पार्टी के खात्मे पर वह प्रस्कोव्या फ़्योदोरोव्ना के साथ नाचता। इन्हीं नाचों में उसने उसका दिल जीत लिया। वह उससे प्रेम करने लगी। इवान इल्यीच का कोई इरादा शादी करने का न था, पर जब यह लड़की उससे प्रेम करने लगी तो उसके मन में विचार उठा, "मैं शादी ही क्यों न कर लूँ ?"

प्रस्कोव्या फ़्योदोरोव्ना अच्छे घर की लड़की थी, खूबसूरत थी, और पास में कुछ पैसा भी था। इवान इल्यीच को इससे अच्छी पत्नी मिल सकती थी, पर यह भी बुरी नहीं थी। इवान इल्यीच को अच्छी तनख्वाह मिलती थी। उधर उस स्त्री की अपनी आय थी, जो इवान इल्यीच का ख़याल था उसकी अपनी तनख्वाह के बराबर ही होगी। इस तरह उसे अच्छा ससुराल मिल जाएगा। लड़की प्यारी, सुन्दर और सुशील थी। यह कहना कि इवान इल्यीच ने उसके साथ इसलिए शादी की कि वह उससे प्रेम करता था, और वह युवती उसके विचारों का समर्थन करती थी, उतना ही ग़लत होगा, जितना यह कहना कि उसने इसलिए शादी की कि उसकी मित्र-मंडली को यह जोड़ी पसन्द थी। इवान इल्यीच ने इन दोनों ही बातों का ख़याल रखकर शादी की थी। इस शादी में सुख भी था और औचित्य भी—इस जोड़ी को बड़े लोग भी उचित समझते थे।

इवान इल्यीच ने शादी कर ली।

विवाह की रस्में और विवाह के बाद पहले कुछ दिन बहुत अच्छे गुज़रे—प्रेम-क्रीड़ा, नए साज़-सामान, नए बर्तन, नए कपड़े। वक़्त खूब आनन्द में कटने लगा। इवान इल्यीच सोचता कि शादी से पहले की तरह अब भी उसकी ज़िन्दगी शिष्ट, उल्लासपूर्ण,

आरामदेह और आमोदपूर्ण बनी रहेगी, इस शादी से उसमें कोई बाधा नहीं आएगी, बल्कि और भी रंग आ जाएगा। कुछ ही महीनों में उसकी स्त्री गर्भवती हुई। तब उसे एक नई, अप्रत्याशित स्थिति का सामना करना पड़ा जो बड़ी अप्रिय, अनुचित और असह्य साबित हुई। उसे इस बात का अनुमान तक नहीं हो सकता था कि ज़िन्दगी यह करवट लेगी। इससे छुटकारा पाना भी असम्भव था।

अकारण ही, या उसे de gaite de coeur* कह लो, वह स्त्री ज़िन्दगी के सुख और शिष्टता को भंग करने लगी। वह इससे अकारण ही ईर्ष्या करने लगी और तक़ाज़े करने लगी कि वह उसकी अधिक टहल सेवा करे। हर बात में उसके दोष निकालने लगी, और बड़े अनुचित और भद्दे ढंग से झगड़ने लगी।

इस अप्रिय स्थिति से छुटकारा पाने के लिए पहले तो इवान इल्यीच ने यह सोचा कि जीवन को पहले की तरह उसी शिष्ट और आरामदेह ढंग से ही बिताना चाहिए। इसी से वह ज़िन्दगी में कामयाब हुआ था। उसने कोशिश की कि वह अपनी पत्नी के चिड़चिड़ेपन की कोई परवाह न करे और पहले की तरह सुख और चैन से रहता चले। वह अपने दोस्तों को ताश खेलने के लिए आमन्त्रित करता और स्वयं क्लब में या मित्रों के घरों में जाता। परन्तु एक बार उसकी पत्नी ने उसे इतने भद्दे ढंग से फटकारा कि वह बेचैन हो उठा। उसके बाद जब कभी वह उसकी इच्छा के विरुद्ध आचरण करता तो वह उसे फटकारती। जान पड़ता था कि उसने दृढ़ निश्चय कर लिया है कि वह उस वक़्त तक दम न लेगी जब तक उसे पूरी तरह अपने क़ाबू में न कर ले। और काबू में करने का अर्थ था कि वह भी सारा वक़्त, मुँह बाए, उसी की तरह घर पर बैठा रहे। उसने समझ लिया कि विवाह से, और विशेषकर ऐसी स्त्री के साथ विवाह से, जीवन में सुख और शिष्टता बढ़ेगी नहीं, बल्कि डर था कि खत्म ही हो जाएगी। इसलिए उसने इस ख़तरे से अपने को बचाना जरूरी समझा। इवान इल्यीच इसके लिए उपाय सोचने लगा। प्रस्कोव्या फ़्योदोरोव्ना को केवल एक ही बात प्रभावित करती थी, वह थी इवान इल्यीच की नौकरी। अतः इवान इल्यीच ने अपनी पत्नी के विरुद्ध लड़ने तथा अपनी स्वतन्त्रता को सुरक्षित रखने के लिए, अपने काम और उस काम की ज़िम्मेदारियों को साधन बनाया।

बच्चा पैदा हुआ। परेशानियाँ और भी बढ़ने लगीं। कभी बच्चे को दूध पिलाने की समस्या, कभी माँ अथवा बच्चे को बुखार—झूठा या सच्चा। उसके लिए इस घरेलू वातावरण से दूर—रहकर अपनी एक दुनिया बना लेना और भी आवश्यक हो गया। आशा तो यह की जाती थी कि इवान इल्यीच शिशु-पालन की इन तकलीफ़ों के प्रति सहानुभूति प्रकट करेगा, पर वह इनको समझता तक न था।

ज्यों-ज्यों उसकी पत्नी का स्वभाव अधिक चिड़चिड़ा होता जाता, और जितना अधिक वह अपने पति को तंग करती, उतना ही अधिक वह जान-बूझकर अपने दफ़्तर

* सनक के कारण। (फ्रेंच)

को अपने जीवन का आकर्षण केन्द्र बनाता जाता। वह पहले कभी भी इतना महत्त्वाकांक्षी न रहा था, न ही उसे अपने काम के साथ इतना गहरा अनुराग कभी हुआ था, जितना अब होने लगा था।

शीघ्र ही, शादी के साल-भर के अन्दर ही, इवान इल्यीच को पता चल गया कि विवाहित जीवन में कुछ आराम तो ज़रूर है, पर वास्तव में विवाह एक बड़ी जटिल और कठिन समस्या है। और इस सम्बन्ध में मनुष्य को चाहिए कि वह कुछेक स्पष्ट नियम निर्धारित कर ले, जिस तरह उसे अपने व्यवसाय के बारे में करने पड़ते हैं, और उनके अनुसार अपना कर्त्तव्य निभाता चला जाए। यहाँ कर्त्तव्य निभाने का यही अर्थ है कि दाम्पत्य जीवन ऊपर से शिष्ट बना रहे ताकि समाज में उस पर कोई उँगली न उठा सके।

और इवान इल्यीच ने अपने नियम निर्धारित कर लिए। विवाहित जीवन से उसने इतने भर की माँग की, कि घर में खाना मिलता रहे, गृहिणी हो, बिस्तर हो, और सबसे ज़रूरी बात कि लोगों की नज़रों में गृहस्थ जीवन की औपचारिक शिष्टता बनी रहे, क्योंकि इसके आधार पर समाज का अनुमोदन प्राप्त हो सकता था। विवाहित जीवन के बाक़ी पहलुओं से वह चाहता था कि उसे खुशी मिले। यदि उसे कुछ खुशी मिलती तो वह अपने को कृतज्ञ समझता और यदि फटकार मिलती, और सुनने को केवल शिकायतें और भर्त्सना, तो वह फ़ौरन अपनी काम-धन्धे की दुनिया में सरक जाता। वहाँ वह सुखी रहता था।

बड़ी तत्परता से काम करने के कारण उसकी प्रशंसा हुई और तीन ही साल के अन्दर उसे असिस्टेंट पब्लिक प्रोसेक्यूटर के पद पर नियुक्त कर दिया गया। यह काम उसे और भी आकर्षक लगने लगा। उसमें नए-नए महत्त्वपूर्ण उत्तरदायित्व थे, उसे यह अधिकार प्राप्त था कि वह अभियोग चला सकता है, लोगों को क़ैद की सज़ा दे सकता है, लोगों के सामने अपनी वाक्पटुता का सफल प्रदर्शन कर सकता है, इत्यादि।

परिवार बढ़ने लगा, और बच्चे पैदा हुए। उसकी पत्नी और भी झगड़ालू और चिड़चिड़ी होने लगी, पर गृहस्थ जीवन के नियम पालन करते जाने से उस पर इस चिड़चिड़ेपन का कोई असर न होता।

सात साल तक इस शहर में काम करने के बाद इवान इल्यीच की नियुक्ति किसी दूसरे प्रदेश में पब्लिक प्रोसेक्यूटर के पद पर हो गई। वह और उसका परिवार दूसरे नगर में चले गए, पर वहाँ उन्हें पैसे की तंगी महसूस होने लगी। उसकी पत्नी को यह नया शहर बिल्कुल पसन्द नहीं आया। यहाँ तनख्वाह तो पहले से अधिक थी, पर रहन-सहन का खर्च भी अधिक था। इसके अलावा, उनके परिवार में दो बच्चों की मृत्यु हो गई जिससे इवान इल्यीच के लिए गृहस्थ जीवन और भी अप्रिय हो उठा।

नए शहर में जो भी मुसीबत आती उसके लिए प्रस्कोव्या फ़्योदोरोव्ना अपने पति को दोषी ठहराती। पति और पत्नी के बीच, वार्तालाप के प्रत्येक विषय पर, विशेषकर अपने बच्चों के पालन के बारे में, कई बार झगड़ा हो चुका था और इन झगड़ों के फिर से शुरू हो जाने का हर वक़्त डर लगा रहता। कभी-कभार ऐसे दिन भी आ जाते जब

दोनों में प्रेमालाप होता पर ये कभी भी अधिक देर तक नहीं टिक पाते। वे मानों द्वीप थे जिन पर दम्पती थोड़ी देर विश्राम करने के बाद छिपी शत्रुता के समुद्र पर अपनी यात्रा जारी कर देते। और यह छिपी शत्रुता उपेक्षा में व्यक्त होती थी। यदि इवान इल्यीच इस उपेक्षा को बुरा समझता होता तो ज़रूर उसके मन को क्लेश पहुँचता। पर वह उसे न केवल सामान्य किन्तु वांछित भी मानने लगा था। ऐसा सम्बन्ध वह जानबूझकर स्थापित करना चाहता था। उसने यह लक्ष्य बना लिया था कि घर के झगड़ों से वह अपने को अधिकाधिक दूर रखेगा और साथ ही उन्हें हानि तथा अशिष्टता की सीमा तक भी न पहुँचने देगा। इस लक्ष्य की प्राप्ति के लिए वह ज़्यादा से ज़्यादा समय घर से बाहर बिताने लगा। घर में अमन-चैन क़ायम रखने की खातिर जब उसे घर में रहना पड़ता तो वह कुछ मित्रों को आमन्त्रित कर लेता। अपने जीवन में वह सबसे अधिक महत्त्व अपने काम को देता था। सरकारी काम में ही वास्तव में उसकी रुचि थी, और इसमें वह तन-मन से लगा हुआ था। और खुशी भी उसे इसी से मिलती। उसे अपनी शक्ति का भास होता, और इस अधिकार का भी कि वह जिसे चाहे तबाह कर सकता है। उसे अपने बाहरी रोब-दाब का अहसास था। वह अदालत में दाख़िल होता तो अपने नीचे काम करनेवाले लोगों के साथ एक ख़ास ढंग से बातें करता। बड़े अफ़सर और छोटे कर्मचारी सभी उसे चाहते थे। मुकद्दमों की जाँच बड़ी योग्यता से करता और इससे उसका मन आत्मश्लाघा से भर उठता। इन सब बातों से उसे बड़ी प्रसन्नता होती। इसके अलावा सह-कर्मियों से गप्प-शप्प चलती, डिनर-पार्टियाँ होतीं, और व्हिस्ट खेली जाती। इनसे उसका जीवन काफ़ी भरा रहता। इसलिए समूचे तौर पर देखा जाए तो इवान इल्यीच का जीवन वांछित ढंग से ही चल रहा था, मतलब कि उसमें सलीक़ा भी था और आमोद भी।

सात साल और बीत गए। उसकी बेटी सोलह वर्ष की हुई। परिवार में एक और बच्चे की मृत्यु हो चुकी थी। अब केवल एक लड़का रह गया था, जो स्कूल में पढ़ता था। इसके कारण घर में बहुत कलह उठती थी। इवान इल्यीच चाहता था कि वह क़ानून पढ़े, और प्रस्कोव्या फ़्योदोरोव्ना ने, केवल वैमनस्य के कारण, उसे जिम्नेज़ियम में भेज दिया था। लड़की घर पर पढ़ती थी, और अच्छी तरक़्क़ी कर रही थी। लड़का भी पढ़ाई में अच्छा था।

3

इसी ढर्रे पर इवान इल्यीच ने विवाहित जीवन के सत्रह वर्ष बिताए। अब वह एक अनुभवी पब्लिक प्रोसेक्यूटर था। इस नौकरी से अच्छी कई और नौकरियाँ उसे मिलती थीं पर उसने उन्हें नामंजूर किया, इस उम्मीद पर कि उनसे भी बेहतर कोई नौकरी मिलेगी। और अब एक ऐसी घटना घटी जिससे उसका समतल जीवन विक्षुब्ध हो उठा।

उसकी यह तीव्र इच्छा थी कि उसे एक यूनिवर्सिटीवाले नगर में प्रधान न्यायाधीश के पद पर नियुक्त किया जाए। पर किसी भाँति गोप्पे नामक व्यक्ति पहले वहाँ पहुँच गया और नौकरी सँभाल ली। इवान इल्यीच बहुत बिगड़ा, आरोप लगाए, गोप्पे को बुरा-भला कहा, और अपने से ऐन ऊपरवाले अफ़सरों से शिकवा-शिकायत की। परिणाम यह हुआ कि अधिकारियों ने इवान इल्यीच की ओर से पीठ फेर ली। इसके बाद जब और जगहें खाली हुईं तो उसे फिर नज़रन्दाज़ किया गया।

यह 1880 की बात है। यह साल इवान इल्यीच के जीवन का सबसे बुरा साल साबित हुआ। एक तरफ़ तो उसकी आय कम थी। उसमें उसके परिवार का गुज़र न हो पाता था। दूसरी तरफ़ उसकी हेठी की जा रही थी। जहाँ अपने प्रति किए गए इस व्यवहार को वह क्रूर, द्वेषपूर्ण तथा अनुचित समझता था, वहाँ और लोगों को यह बड़ी साधारण बात जान पड़ती थी। इस समय उसके पिता ने भी उसकी सहायता नहीं की। इवान इल्यीच समझता था कि उसे लोगों ने निःसहाय छोड़ दिया है। परन्तु और लोग उसकी स्थिति को सामान्य समझते थे बल्कि उसकी 3,500 रूबल सालाना तनख्वाह को देखते हुए उसे भाग्यवान समझते थे। पर वही जानता था कि कैसी-कैसी झिड़कियाँ उसे सहन करनी पड़ीं, किस भाँति उसकी पत्नी सारा वक़्त उसे कोसती-फटकारती रही और किस भाँति आमदनी से ज़्यादा खर्च करने के कारण उसके सिर पर कर्ज़ चढ़ गए थे। यह सब देखते हुए कौन कह सकता था कि उसकी स्थिति सामान्य है ?

उस साल गर्मी की छुट्टियों में, खर्च बचाने की खातिर, वह और उसकी पत्नी गाँव में रहने के लिए चले गए। वहाँ उसकी पत्नी का भाई रहता था।

देहात में कोई काम-काज न होने के कारण इवान इल्यीच ऊब उठा। जीवन में उसे कभी इस तरह निठल्ला नहीं बैठना पड़ा था। वह इस क़दर परेशान हुआ कि उसने कुछ न कुछ करने का, कोई निर्णायक क़दम उठाने का पक्का इरादा कर लिया।

एक दिन रात-भर उसे नींद नहीं आई और वह सारा वक़्त बरामदे में टहलता रहा। उस दिन उसने निश्चय किया कि वह सीधे सेंट पीटर्सबर्ग जाएगा, वहाँ जाकर किसी दूसरे मन्त्रालय में अपनी तब्दीली करवा लेगा, और इस तरह उन लोगों को नीचा दिखाएगा जो उसके काम की यथोचित प्रशंसा नहीं कर पाए थे।

दूसरे दिन वह सेंट पीटर्सबर्ग के लिए रवाना हो गया। उसकी पत्नी और साले ने उसे रोकने की बहुत कोशिश की पर उसने एक न मानी।

उसके सामने एक ही लक्ष्य था कि वहाँ पाँच हज़ार रूबल तनख्वाह वाली कोई नौकरी ढूँढ़ लेगा। इसे इस बात की परवाह न थी कि उसे किस मन्त्रालय या महक़मे में काम मिले, या काम किस ढंग का हो। उसे तो पाँच हज़ार की नौकरी दरकार थी, भले ही वह किसी शासकीय विभाग में हो, किसी बैंक में, रेलवे में, ऐम्प्रैस मरीया की किसी संस्था में, यहाँ तक कि बेशक चुंगीघर में ही हो। ज़रूरी यही था कि तनख्वाह पाँच हज़ार हो ताकि उसे उस मन्त्रालय में काम न करना पड़े जिसने उसके काम की कद्र नहीं की थी।

इस दौरे में उसे अप्रत्याशित और आश्चर्यनजक सफलता मिली। जब उसकी गाड़ी कुर्स्क पहुँची, तो उसी फ़र्स्ट क्लास के डिब्बे में अचानक उसका एक मित्र आ बैठा। नाम था फ़.स. इल्यीन। इसने उसे बताया कि कुर्स्क के गवर्नर को अभी-अभी इस आशय का एक तार मिला है कि मन्त्रालय में एक महत्त्वपूर्ण तबादला होनेवाला है, प्योत्र इवानोविच के स्थान पर इवान सेम्योनोविच की नियुक्ति होगी।

इस प्रस्तावित तबादले का महत्त्व रूस के लिए तो था ही, इसका एक विशेष महत्त्व इवान इल्यीच के लिए भी था। प्योत्र पेत्रोविच नया आदमी था। उसे तरक़्क़ी मिल जाने से ज़ाहिर था उसके मित्र ज़ख़ार इवानोविच को भी तरक़्क़ी मिलेगी। इस तरह परिस्थितियाँ अपने आप इवान इल्यीच के अनुकूल बन रही थीं। ज़ख़ार इवानोविच इवान इल्यीच का मित्र था, दोनों सहपाठी रह चुके थे।

मास्को में इस खबर की पुष्टि हुई। जब इवान इल्यीच सेंट पीटर्सबर्ग पहुँचा तो वह ज़ख़ार इवानोविच से मिलने गया, उसने इसे वचन दिया कि वह ज़रूर उसी न्याय-मन्त्रालय में उसे नौकरी लेकर देगा जिसमें वह काम करता था।

एक सप्ताह बाद उसने अपनी पत्नी को यह तार भेजा :

''मिलर के स्थान पर ज़ख़ार नियुक्त हुआ है। पहली रिपोर्ट के बाद मेरी नियुक्ति होगी।''

यह तबादला बड़ा लाभदायक सिद्ध हुआ। अचानक इवान इल्यीच को अपने ही मन्त्रालय में एक जगह मिल गई जिससे वह अपने सहकारियों से दो दर्ज़े ऊपर हो गया। पाँच हज़ार तनख्वाह, इसके अलावा साढ़े तीन हज़ार रूबल घर के साज़-सामान तथा सफ़र ख़र्च के लिए। अपने विरोधियों तथा मन्त्रालय के ख़िलाफ़ उसका सारा गुस्सा ठंडा पड़ गया। अब वह पूर्णतया खुश था।

इवान इल्यीच गाँव वापस लौटा। उसका चित्त बेहद प्रसन्न और सन्तुष्ट था। ऐसा पहले बहुत कम हुआ था। प्रस्कोव्या फ़्योदोरोव्ना का भी उत्साह बढ़ गया, और कुछ देर के लिए घर में शान्ति आ गई। इवान इल्यीच ने अपनी यात्रा का ब्यौरा दिया, बतलाया कि सेंट पीटर्सबर्ग में उसकी बड़ी आवभगत हुई, उसके सभी विरोधियों को मुँह की खानी पड़ी, इस नौकरी के मिलने पर वे उसके तलवे चाटने लगे, और उससे डाह करने लगे। वह जहाँ भी गया था, सबके अनुग्रह का पात्र बना रहा था।

प्रस्कोव्या फ़्योदोरोव्ना बड़े ध्यान से उसकी बातें सुनती रही, बीच में एक बार भी नहीं बोली। यही दिखाने की कोशिश करती रही कि उसे इवान इल्यीच की हर बात पर विश्वास है। उसका सारा ध्यान अब नए शहर में था। वह यही सोच रही थी कि वहाँ पर किस ढंग से रहेंगे। इवान इल्यीच को यह जानकर खुशी हुई कि इसमें उसके इरादे उसकी पत्नी के इरादों से बिल्कुल मिलते थे, कि दोनों एक दूसरे से सहमत थे। पहले जो थोड़े से काल के लिए उसके जीवन में बाधा आई थी, वह दूर हो जाएगी, और उसका जीवन फिर से सुखमय और सुरुचिपूर्ण हो पाएगा। यही उसे स्वाभाविक जान पड़ता था।

इवान इल्यीच गाँव में थोड़े ही दिन ठहरा। दस सितम्बर को उसे अपना नया काम सँभालना था। इसके अलावा नए शहर में जाकर निवास-स्थान का प्रबन्ध करना, प्रान्तीय नगर से, जहाँ पर वह पहले था, अपना सारा सामान ले जाना, बहुत सी नई चीज़ें ख़रीदना, कई चीज़ों के लिए ऑर्डर देना—ये सब काम उसे करने थे। संक्षेप में कहें तो जिस जीवन की रूप-रेखा उसने अपने मन में बना रखी थी, उसे नए शहर में जाकर क्रियान्वित करना था। जीवन की ऐसी ही रूप-रेखा प्रस्कोव्या फ़्योदोरोव्ना की सभी कल्पनाओं तथा महत्त्वाकांक्षाओं का केन्द्र बनी हुई थी।

हर बात बड़ी अनुकूलता से सुलझी थी, पति-पत्नी के विचार भी मेल खा गए थे, और वे दोनों एक दूसरे से मिलते भी कम थे, अतः उनके सम्बन्ध इतने मैत्रीपूर्ण हो उठे थे जितने कि शादी के पहले दिनों के बाद आज तक कभी न हो पाए थे। पहले तो इवान इल्यीच ने सोचा कि वह अपने परिवार को भी साथ ले जाएगा, परन्तु अपने साले और साली के आग्रह पर, जो सहसा उसके और उसके परिवार के प्रति बड़े स्नेहपूर्ण और विनम्र हो उठे थे, उसने अकेले ही चले जाने का निश्चय किया।

इवान इल्यीच रवाना हो गया। उसका मन खुश था। एक तो सफलता मिली थी, दूसरे पत्नी के साथ पटरी बैठ गई थी। एक चीज़ दूसरी की पुष्टि कर रही थी। सफ़र के दौरान सारा वक़्त उसकी मनःस्थिति ऐसी ही रही। रहने के लिए उसे एक बहुत अच्छा फ़्लैट मिल गया, बिल्कुल वैसा ही जैसा कि वह और उसकी पत्नी चाहते थे। बड़े-बड़े, ऊँची छतवाले, पुराने ढंग के बैठने के कमरे, एक खुला, आरामदेह पढ़ने-लिखने का कमरा, पत्नी और बेटी के लिए अलग कमरे, बेटे के लिए एक कमरा जहाँ उसका अध्यापक उसे पढ़ा सके—ऐसा मालूम होता जैसे ठीक उन्हीं की ज़रूरतों को देखकर घर बनाया गया हो। उसके लिए साज़-सामान ख़रीदने, सजाने, ठीक-ठाक करने का सब काम स्वयं इवान इल्यीच ने अपने हाथ में लिया। दीवारों के लिए काग़ज़, परदे, पुराने चलन की मेज़-कुर्सियाँ उसे विशेषकर Comme il faut लगती थीं। वह इन्हें ख़रीदता रहा, और धीरे-धीरे घर में रौनक़ आने लगी, और उसका भावी निवास-गृह उस आदर्श नमूने के अनुकूल ढलने लगा जो उसने अपने मन में बना रखा था। जब आधा काम हो चुका तो घर का रूप देखकर वह दंग रह गया। फ़्लैट उसकी उम्मीदों से कहीं बढ़कर निखरने लगा था। वह अभी से इस बात की कल्पना कर सकता था कि तैयार हो जाने पर फ़्लैट की साज-सज्जा कितनी सुन्दर, कितनी यथोचित होगी। गँवारपन का लेशमात्र भी उसमें नहीं होगा। रात को सोते समय उसकी आँखों के सामने उस सजे-सजाए कमरे का चित्र होता जिसमें बाहर से भेंट करनेवाले लोग आकर बैठा करेंगे। वह बैठक में झाँककर देखता—वह अभी तक तैयार नहीं हो पाई थी—तो उसे अँगीठी, अँगीठी के सामने का पर्दा, अलमारियाँ, जहाँ-तहाँ बिना किसी क्रम के रखी हुई कुर्सियाँ, दीवारों पर बढ़िया चीनी मिट्टी की प्लेटें, अपनी-अपनी जगह पर सजी हुई काँसे की मूर्तियाँ इत्यादि नज़र आतीं। उसे यह सोचकर बेहद खुशी होती कि जब उसकी पत्नी और बेटी वहाँ आएँगी, और उन्हें वह एक-एक चीज़ दिखाएगा तो वे कितनी खुश होंगी। उन्हें

भी इन चीज़ों में रुचि थी। वे सोच भी नहीं सकती थीं कि उन्हें क्या-क्या देखने को मिलेगा। सौभाग्य से उसे पुराना फ़र्नीचर सस्ते दामों मिल गया था, जिससे घर की सजावट में एक विशेष कमनीयता आ गई थी। अपनी चिट्ठियों में वह हर चीज़ का ब्यौरा कुछ घटाकर देता था, ताकि जब वे आएँ तो घर देखकर दंग रह जाएँ। इन कामों में वह इतना व्यस्त रहता कि अपने नए सरकारी काम की ओर वह यथोचित ध्यान न दे पाता। उसे ख़याल नहीं था कि कभी ऐसी स्थिति आएगी। उसे यह काम सबसे ज़्यादा पसन्द था। जब अदालत की कार्यवाही चल रही होती तो किसी-किसी वक़्त उसका ध्यान उचट जाता, मन उड़ानें भरने लगता कि परदों के ऊपर का भाग खुला रहने दिया जाए या ढक दिया जाए। वह इस काम में इतना खो गया था कि अक्सर स्वयं कारीगरों का हाथ बँटाने लगता, मेज़-कुर्सियाँ इधर से उधर रखता, दरवाज़ों पर पर्दे टाँगता। एक दिन वह सीढ़ी पर चढ़कर कारीगर को समझा रहा था कि वह किस तरह पर्दे लगाए, जब उसका पाँव फिसल गया और गिरते-गिरते बचा। वह बड़ा मज़बूत और फुर्तीला आदमी था, फ़ौरन सँभल गया, केवल गिरते वक़्त उसकी कमर एक तस्वीर के चौखट से टकराई जिससे एक खरोंच सी उसे लग गई। उसकी कमर में कुछ देर तक दर्द होता रहा पर वह जल्दी ही दूर हो गया। उन दिनों सारा वक़्त इवान इल्यीच विशेषकर स्वस्थ और प्रसन्नचित्त रहा। उसने लिखा : "मैं यों महसूस करता हूँ, जैसे पन्द्रह बरस छोटा हो गया हूँ।" उसका ख़याल था कि सब काम सितम्बर के अन्त तक मुकम्मल हो जाएगा, पर वह अक्टूबर के मध्य तक घिसटता चला गया। पर परिणाम जो निकला वह विस्मयजनक था। यह केवल उसी का ख़याल नहीं था और लोग भी जो उस फ़्लैट को देखने आते थे, यही कहते थे।

पर सच तो यह है कि वह भी अपना घर वैसा ही कुछ बना पाया था जैसा कि उस जैसे सभी लोग बना पाते हैं जो स्वयं अमीर न होते हुए, अमीरों जैसे बनना चाहते हैं, और अन्त में केवल एक दूसरे के समान ही बनकर रह जाते हैं। पर्दे, आबनूस का फ़र्नीचर, फूल, क़ालीन, कांसे की मूर्तियाँ, हरेक चीज़ गहरे रंग की और भड़कीली–बिल्कुल वैसी ही जैसी इस वर्ग के लोग इकट्ठी करते हैं और अपने वर्ग के अन्य लोगों के समान बन जाते हैं। उसका फ़्लैट भी और लोगों के फ़्लैटों जैसा ही था, इसलिए उसका कोई प्रभाव न पड़ता था। पर वह उसे शानदार और बेजोड़ समझता था। वह स्टेशन पर अपने परिवार को लेने गया, फिर सबके सब रोशनी से जगमगाते फ़्लैट में दाख़िल हुए। सफ़ेद नेकटाई लगाए, एक चोबदार ने ड्योढ़ी का दरवाज़ा खोला। ड्योढ़ी में फूल मह-महकर रहे थे। यहाँ से वे बैठक में गए, फिर उसके पढ़नेवाले कमरे में। परिवार के लोग दंग रह गए। इवान इल्यीच की खुशी का ठिकाना न था। उसने उन्हें सारा घर दिखाया। उनके मुँह से प्रशंसा के शब्द सुन-सुनकर वह स्वयं अभिभूत हो रहा था। आत्मसन्तोष से उसका चेहरा दमकने लगा। उसी दिन शाम को जब वे चाय पीने बैठे तो प्रस्कोव्या फ़्योदोरोव्ना ने उससे पूछा कि वह गिरा कैसे, तो वह हँसने लगा। नाटकीय अन्दाज़ में बताने लगा कि वह कैसे गिरा था और किस भाँति, जब वह गिरा तो एक

कारीगर का दिल दहल गया था। यह सारा विवरण बड़ा रोचक रहा।

"अच्छा हुआ कि मैं बचपन में कसरत करता रहा। मेरी जगह कोई और होता तो बुरी तरह चोट खा जाता। मुझे केवल एक तरफ़ को मामूली सी सूजन हुई है, इससे ज़्यादा कुछ नहीं। जब हाथ लगाऊँ तो वहाँ अब भी थोड़ा दर्द होता है, मगर धीरे-धीरे कम हो रहा है। मामूली खरोंच सी थी इससे ज़्यादा कुछ नहीं।"

वे नए घर में रहने लगे। जैसा कि सदा होता है, जब घर में रहने लगो तो जान पड़ता है कि बस, अगर एक कमरा और होता तो इस जैसा कोई घर न होता, और आमदनी में, बस यदि थोड़े से पैसे और होते, केवल पाँच सौ रूबल, तो परिवार की सब ज़रूरतें पूरी हो जातीं। पर सब मिलाकर, हर चीज़ यथोचित थी, खास तौर पर शुरू-शुरू में, जब फ़्लैट की साज-सज्जा अभी मुकम्मल नहीं हो पाई थी, कई चीज़ों के ख़रीदने, मरम्मत करवाने, एक जगह से हटाकर दूसरी जगह रखने इत्यादि का काम बाक़ी रहता था। कुछ छोटी-मोटी ग़लतफ़हमियाँ भी उठती रहती थीं, पर पति-पत्नी इतने खुश और अपने काम में इतने व्यस्त थे कि शीघ्र ही ये ग़लतफ़हमियाँ दूर हो जातीं और झगड़े पैदा होने की नौबत न आती थी। आख़िर फ़्लैट मुकम्मल हो गया। जीवन में थोड़ी नीरसता आ गई। पर उस समय ये लोग नए-नए लोगों से परिचय प्राप्त कर रहे थे, और नए ढंग के जीवन से अभ्यस्त हो रहे थे। ज़िन्दगी भरी-पूरी लगने लगी।

इवान इल्यीच प्रातः का समय कचहरी में व्यतीत करता और भोजन के समय घर आ जाता। शुरू-शुरू में तो उसमें खूब उत्साह था, हालाँकि फ़्लैट के कारण वह क्षुब्ध भी हो उठता था। (अगर पर्दों या मेज़पोश पर कहीं एक भी दाग़ होता, पर्दों में कहीं कोई रस्सी ढीली होती, तो वह खीझ उठता। उसने बड़ी मेहनत से उन्हें अपनी-अपनी जगह पर सँवारकर रखा था। एक भी चीज़ इधर-उधर होती तो उसे खीझ उठती।) पर समूचे तौर पर इवान इल्यीच का जीवन वैसा ही था जैसा कि वह बनाना चाहता था : आरामदेह, खुशगवार और शिष्टतापूर्ण। वह प्रातः 9 बजे उठता, कॉफ़ी पीता, अख़बार देखता और अपनी सरकारी पोशाक पहनकर कचहरी चला जाता। वहाँ रोज़ाना काम का जुआ पहले से उसके लिए तैयार रखा होता। वह जाते ही बड़ी आसानी से उसे गले में डाल लेता। वहाँ दरख़ास्तें पेश होते। वह पूछताछ के पात्रों से निबटता। दफ़्तर का काम अलग था। मुक़द्दमों की पेशियाँ होतीं—सार्वजनिक तथा प्राथमिक। मनुष्य में इतनी योग्यता होनी चाहिए कि अपना काम छाँट सके, और उसमें से ऐसे सब तत्त्वों को निकाल सके जो सरकारी काम में रुकावट डालते हों, भले ही वे दिलचस्प और जानदार हों। लोगों के साथ सरकारी सम्बन्ध के अलावा कोई और सम्बन्ध नहीं होना चाहिए। इन सम्बन्धों का मूल आधार ही सरकारी काम होना चाहिए। यों भी ये सम्बन्ध केवल सरकारी स्तर पर ही रहने चाहिए। मिसाल के तौर पर एक आदमी कुछ पूछने के लिए कचहरी में आता है। यह मुमकिन नहीं कि इवान इल्यीच अपने सरकारी पद को भूलकर उसके साथ साधारण व्यक्ति की भाँति बातें करने लगे। पर यदि वह आदमी न्यायालय के सदस्य के पास आता है तो इस सम्बन्ध में घेरे के अन्दर (जिसका उल्लेख

सरकारी शब्दावली में सरकारी काग़ज़ पर हो सके) इवान इल्यीच उसके लिए सब कुछ करता, सचमुच यथाशक्ति सब कुछ करता, यहाँ तक कि उसके साथ बड़े आदर से पेश आता, और उसका व्यवहार प्रत्यक्षतः मानवीय, यहाँ तक कि मैत्रीपूर्ण होता। सम्बन्ध वही उचित होता है। पर ज्यों ही सरकारी सम्बन्ध समाप्त हों, उसी क्षण बाक़ी सभी सम्बन्ध भी समाप्त हो जाने चाहिए। इवान इल्यीच में सरकारी सम्बन्धों को अलग रखने की असाधारण योग्यता थी। वह उन्हें यथार्थ जीवन से बिल्कुल अलग रखता था। और यह गुण, उसकी योग्यता और अनुभव के कारण पनपकर कला के स्तर तक जा पहुँचा था। वह कभी-कभी, मानों मज़ाक़ में ही अपने को इतनी छूट दे दिया करता कि मानवीय और सरकारी सम्बन्धों को कुछ देर के लिए मिला देता। उसमें यह क्षमता थी कि अपने दृढ़ संकल्प से, जब चाहता, सरकारी रिश्ते को अलग कर देता या मानवीय रिश्ते को। इवान इल्यीच यह सब बड़ी सुगमता, लोकप्रियता तथा शिष्टता से किया करता था। ख़ाली समय में वह सिगरेट पीता, चाय पीता, थोड़ी बहुत राजनीति की चर्चा करता, काम-धन्धे की बातें होतीं, कुछ ताश की बाज़ियों के बारे में, बहुत कुछ नई नियुक्तियों के बारे में। आख़िर थककर वह घर लौटता लेकिन उसका मन सन्तुष्ट होता, उसी भाँति जिस भाँति अच्छा वादन करने के बाद किसी आर्केस्ट्रा के प्रधान वादक का मन सन्तुष्ट होता है। घर पहुँचकर देखता कि उसकी पत्नी और बेटी, या तो कहीं बाहर जाने को तैयार हैं, या मेहमानों की देख-रेख में व्यस्त हैं। उसका बेटा स्कूल गया होता, या अपने अध्यापक के पास बैठा सबक़ याद कर रहा होता। जो कुछ भी वह जिम्नेज़ियम में पढ़कर आता, उसे वह बड़ी मेहनत से याद किया करता। सब बात बहुत बढ़िया ढंग से चल रही थी। भोजन के बाद यदि कोई अतिथि न आए होते तो इवान इल्यीच बैठकर कोई पुस्तक पढ़ता—कोई नई पुस्तक जिसकी बहुत चर्चा हो रही होती। उसके बाद वह बैठकर दस्तावेज़ों की जाँच करता, क़ानून देखता, गवाहों के बयान ध्यान से पढ़ता, उन पर क़ानून की धाराएँ लगाता। यह काम उसे न तो रुचिकर लगता, न नीरस। अगर इसके लिए ताश की बाज़ी छोड़नी पड़ती तो यह काम नीरस होता, पर यदि ताश नहीं चल रही होती, तो अकेले बैठने या पत्नी के साथ बैठने से यही बेहतर होता था। इवान इल्यीच को सबसे ज़्यादा खुशी समाज के सम्मानित पदाधिकारियों तथा उनकी पत्नियों को अपने घर बुलाकर छोटी-छोटी पार्टियाँ करने में मिलती थी। इन पार्टियों में भी वही कुछ होता जो इन लोगों के अपने घरों में होता था, शाम उसी ढंग से बीतती जिस ढंग से ये लोग उसे बिताने के आदी थे। उसके घर की बैठक भी वैसी ही थी जैसी कि इन लोगों के घरों की बैठकें।

एक बार उन्होंने एक नाच-पार्टी का आयोजन किया। पार्टी खूब कामयाब रही। इवान इल्यीच बेहद खुश था। केवल मिठाइयों और पेस्ट्रियों के सवाल पर पति-पत्नी का आपस में बहुत भद्दा सा झगड़ा उठ खड़ा हुआ। प्रस्कोव्या फ़्योदोरोव्ना ने खाने-पीने की चीज़ों के बारे में कुछ निश्चय कर रखा था, परन्तु इवान इल्यीच ने ज़िद की कि चीज़ें सबसे बढ़िया दूकान से मँगवाई जाएँ। उसने बहुत सी पेस्ट्री मँगवा ली, नतीजा

यह हुआ कि बहुत सा सामान बच गया, और बिल पेंतालीस रूबल का आ गया। पति-पत्नी में तकरार होने लगी। यह झगड़ा कितना गम्भीर और अप्रिय रहा होगा, इसका अन्दाज़ा इसी से लगाया जा सकता है, कि प्रस्कोव्या फ़्योदोरोव्ना ने उसे 'गधा और नपुंसक' कहकर पुकारा और इवान इल्यीच ने अपना सिर थाम लिया, और आवेश में तलाक़ लेने के बारे में चिल्लाया। पर पार्टी बहुत खुशगवार रही थी। बड़े-बड़े लोग आए थे। इवान इल्यीच राजकुमारी त्रुफ़ोनोवा के साथ नाचा था। यह उस त्रुफ़ोनोवा की बहन थी जिसने 'मेरा बोझ अपने कन्धों पर लो' नाम वाली संस्था की नींव रखी थी। अपने सरकारी काम से इवान इल्यीच को एक प्रकार की खुशी मिलती थी। इससे उसकी महत्त्वाकांक्षाओं की पूर्ति होती थी। एक दूसरी प्रकार की खुशी उसे अपने सामाजिक जीवन से मिलती थी। उससे उसके अहं की तुष्टि होती थी। पर सच्चा आनन्द उसे मिलता था ताश खेलने में। कुछ भी हो जाए, जीवन कितना ही निराशाजनक क्यों न हो उठे, यह आनन्द छोटे से दीपक की तरह उसके जीवन को आलोकित किए रहता था। जब चार दोस्त—चारों अच्छे खिलाड़ी—ताश की बाज़ी लगाते तो मन खिल उठता। हाँ, अगर साथी झगड़ालू निकले तो मज़ा किरकिरा होता था। (इस चौकड़ी में पाँचवाँ बनने में कुछ मज़ा न था। आप मुँह बाये देखे जा रहे हैं और ऊपर से दिखावा भी किए जा रहे हैं कि आपको मज़ा आ रहा है।) इसके बाद रात का भोजन और एक गिलास हल्की सी अंगूरी शराब। जब कभी इवान इल्यीच को इस तरह ताश खेलने का मौक़ा मिलता, विशेषकर जब वह कुछ पैसे भी जीत लेता, तो वह सोने के वक़्त बड़ा प्रसन्नचित्त होता (बहुत पैसे जीतने से उसका मन कुछ बेचैन सा हो उठता था।)

इस ढर्रे पर उनका जीवन चल रहा था। वे सबसे ऊँचे हलक़ों में उठते-बैठते, उनके घर में प्रतिष्ठित तथा युवा लोगों का आना-जाना रहता।

पति, पत्नी और बेटी तीनों एक दूसरे से पूर्णतया सहमत थे कि किन लोगों के साथ उन्हें मेल-जोल बढ़ाना चाहिए। और बिना एक दूसरे से पूछे, वे बड़ी कुशलता से ऐसे परिचितों तथा सम्बन्धियों से पीछा छुड़ा लेते थे जिनका वहाँ आना उनके लिए अप्रिय था, और जिन्हें वे अपने से निम्न स्तर के समझते थे। ऐसे लोग बड़े आग्रह से उनसे मिलने आते और अपना सम्मान प्रकट करते, उस बैठक में बैठने का दुःसाहस करते जिसकी दीवारों पर जापानी प्लेटें लगी थीं। पर शीघ्र ही वे टल जाते। अन्त में केवल वही लोग गोलोवीन परिवार के मित्र बने रहते तो समाज में सबसे प्रतिष्ठित थे। जो युवक लीज़ा से प्रेम करते उनका भविष्य बड़ा आशापूर्ण था। उनमें से एक द्मीत्री इवानोविच पेत्रीश्चेव का बेटा था। यह लड़का जाँच मैजिस्ट्रेट था और अपने बाप की सारी ज़मीन-जायदाद का एकमात्र वारिस। एक दिन इवान इल्यीच ने प्रस्कोव्या फ़्योदोरोव्ना से इसका जिक्र किया और प्रस्ताव रखा कि उनके लिए एक स्ले-पार्टी का या किसी नाटक-अभिनय का आयोजन करना चाहिए। ऐसा था उनका जीवन। बिना किसी परिवर्तन के एक दिन के बाद दूसरा बीत रहा था, और हर चीज़ में ठाठ था।

4

सबका स्वास्थ्य अच्छा था। कभी-कभी इवान इल्यीच यह शिकायत करता कि उसके मुँह का स्वाद अजीब सा हो रहा है, या उसकी कमर में बाईं ओर कुछ बोझ सा महसूस होता है, परन्तु यह कोई बीमारी नहीं थी।

पर यह बोझ बढ़ने लगा। इसे दर्द तो नहीं कहा जा सकता था, पर एक दबाव सा महूसस होता रहता जिसके कारण वह सारा वक़्त उदास रहने लगा। वह उदासी और भी गहरी होने लगी, और उस खुशगवार और शिष्ट जीवन में बाधक बनने लगी, जिसे गोलोवीन परिवार ने फिर से स्थापित किया था। पति और पत्नी में भी अब कलह बढ़ने लगा। शीघ्र ही घर का सुख-चैन जाता रहा। घर की शिष्टता बनाए रखना कठिन हो गया। झगड़े बार-बार उठ खड़े होते। पारिवारिक जीवन में द्वेष का विष घुलने लगा। ऐसे दिन बहुत कम होते जब पति-पत्नी में कलह न उठती हो।

प्रस्कोव्या फ़्योदोरोव्ना कहती कि उसका पति चिड़चिड़े मिज़ाज का आदमी है। उसका यह कहना किसी हद तक जायज़ भी था। लेकिन बात को बढ़ा-चढ़ाकर कहने की उसकी आदत थी। इसलिए वह अब अक्सर कहती कि उसके पति का स्वभाव शुरू से ही ऐसा रहा है, और अगर उसने बीस साल उसके साथ निभा दिए तो उसके अपने सहनशील स्वभाव के कारण। यह ठीक था कि अब जो भी बहस छिड़ती उसे शुरू करनेवाला वही होता। ज्यों ही परिवार खाना खाने बैठता, और शोरबा सामने आता, तो वह मीन-मेख निकालने लगता। या तो कोई बर्तन टूट गया होता, या खाना बुरा होता, या उसका बेटा मेज़ पर कोहनी टिकाए बैठा होता, या बेटी ने बालों में ठीक तरह से कंघी नहीं की होती। हर बात के लिए प्रस्कोव्या फ़्योदोरोव्ना को दोषी ठहराया जाता। पहले तो प्रस्कोव्या फ़्योदोरोव्ना ईंट का जवाब पत्थर से देती, खूब बुरा-भला कहती, पर दो बार ऐसा भी हुआ कि भोजन शुरू होते ही गुस्से से वह इस क़दर बौखला उठा कि उसकी स्त्री ने समझा कि भोजन में सचमुच कोई चीज़ इसके अनुकूल नहीं बैठी होगी जिस कारण उसका मिज़ाज इतना बिगड़ गया है। इसलिए उसने अपने को क़ाबू में रखा और कुछ नहीं बोली। उसने यही कोशिश की कि जितनी जल्दी हो सके, भोजन समाप्त हो जाए। इस आत्म-नियन्त्रण के लिए वह बार-बार अपनी सराहना करती। उसने अपने मन में यह धारणा बिठा ली थी कि उसके पति का मिज़ाज बेहद बुरा है, और उसने इसके जीवन को बरबाद कर डाला है। इस तरह वह अपने पर तरस खाने लगी। जितना ही अधिक वह अपने पर तरस खाती उतना ही अधिक वह अपने पति से घृणा करने लगती। शुरू-शुरू में तो वह चाहती थी कि वह मर जाए, परन्तु समझती थी कि उस हालत में आमदनी ख़त्म हो जाएगी। इस लाचारी से उसकी घृणा और भी बढ़ गई। यह सोचकर कि वह मर भी जाए तो भी उसे चैन नहीं मिलेगा, इसका क्षोभ और भी बढ़ जाता। वह खीझ उठती, फिर खीझ को दबाने की चेष्टा करती, जिसे देखकर उसके पति का गुस्सा और भी ज़्यादा भड़क उठता।

एक बार दोनों में झगड़ा हुआ तो इवान इल्यीच ने अपनी पत्नी पर बड़े बेजा दोष लगाए। वे इतने अनुचित थे कि जब बाद में सुलह हुई तो उसने स्वीकार किया कि उसका मिज़ाज बिगड़ गया है, और इसका कारण यह है कि वह अस्वस्थ है। इस पर उसकी पत्नी ने आग्रह किया कि यदि वह अस्वस्थ है तो उसे इलाज कराना चाहिए, और फ़ौरन किसी प्रसिद्ध डॉक्टर से मशविरा लेना चाहिए।

इवान इल्यीच ने ऐसा ही किया। वह डॉक्टर के पास गया। सब वैसा ही था जैसा कि सदा हुआ करता है। पहले डॉक्टर ने बड़ी देर इन्तज़ार करवाया, फिर बड़े रोब से उसका मुआइना किया। इवान इल्यीच इस अभिनय से परिचित था, क्योंकि वह स्वयं भी इसी तरह रोब से कचहरी में व्यवहार किया करता था। डॉक्टर ने ठोक-ठोककर ठकोरकर मुआइना किया, सवाल पूछे, और इवान इल्यीच जवाब देता गया। ज़ाहिर है, ये सवाल अनावश्यक थे, क्योंकि उनके जवाब वह पहले से ही जानता था। फिर डॉक्टर ने रोब से उसकी ओर देखा, जिसका अर्थ था : सब ठीक हो जाएगा। ज़रूरत केवल इस बात की है कि तुम बिल्कुल अपने को मेरे हाथों में सौंप दो। इलाज केवल मुझी को मालूम है। हर रोगी के प्रति डॉक्टरों का एक ही सा रवैया होता है। सब बात बिल्कुल वैसी ही थी जैसी कचहरियों में होती है। वह प्रसिद्ध डॉक्टर उसके साथ उसी तरह रोब से पेश आया जिस तरह वह स्वयं मुजरिमों के साथ पेश आया करता था।

डॉक्टर ने लक्षण बताए और कहा कि इनसे पता चलता है कि तुम्हें यह-यह तकलीफ़ है; परन्तु यदि इस चीज़ के निरीक्षण का परिणाम हमारे निदान के अनुकूल नहीं हुआ, तो सम्भव है तुम्हें यह और यह तकलीफ़ हो। और यदि हम मान लें कि तुम्हें यह और यह तकलीफ़ है, तो उस हालत में...इत्यादि। केवल एक ही प्रश्न था जिसका उत्तर इवान इल्यीच सुनना चाहता था : क्या मेरी हालत चिन्ताजनक है या नहीं। पर डॉक्टर ने इस सवाल को असंगत समझा और कोई उत्तर नहीं दिया। डॉक्टर के दृष्टिकोण के अनुसार, यह प्रश्न इस योग्य ही नहीं था कि इस पर विचार किया जाए। बात केवल सम्भावनाओं पर विचार करने की है : गतिशील गुर्दा है, पेट में फोड़ा है, या अन्धान्त्र में कोई दोष है। इवान इल्यीच की ज़िन्दगी का तो सवाल ही नहीं उठता था—सवाल तो केवल गतिशील गुर्दे और अन्धान्त्र का था। इवान इल्यीच के सामने डॉक्टर ने जो समस्या का हल बताया वह अन्धान्त्र के पक्ष में था और अत्यन्त विद्वत्तापूर्ण था। हाँ, आगे के लिए उन्होंने यह लाजवाब गुंजाइश रखी कि पेशाब का निरीक्षण करने के बाद सम्भव है कुछ और बातों का पता चले, जिस सूरत में स्थिति पर दोबारा विचार करने की आवश्यकता होगी। ऐन यही बात, ऐसे ही विद्वत्तापूर्ण ढंग से स्वयं इवान इल्यीच हज़ारों बार मुद्दालेह के सामने कह चुका था। और अब डॉक्टर ने दूसरी बार एक विद्वत्तापूर्ण ब्योरा दिया, और सारा वक़्त अपनी ऐनक में से अपने मुद्दालेह की ओर देखता रहा। उसकी आँखों में विजयोल्लास तथा एक तरह से विनोद का भाव था। डॉक्टर का ब्योरा सुनकर इवान इल्यीच इस परिणम पर पहुँचा कि उसकी हालत चिन्ताजनक है, पर इसकी चिन्ता न डॉक्टर को है, न किसी और को। इस

परिणाम से इवान इल्यीच को बड़ा सदमा पहुँचा और दुःख हुआ। उसका हृदय अपने प्रति अनुकम्पा से भर उठा। डॉक्टर के प्रति उसके मन में क्रोध उठा कि इतने महत्त्वपूर्ण प्रश्न के प्रति वह इतना उदासीन है।

पर उसने कोई शिकायत नहीं की। वह उठा, फ़ीस मेज़ पर रखी और गहरी साँस भरकर बोला :

"आपसे तो रोगी बड़े-बड़े ऊलजलूल सवाल पूछते होंगे और आपको भी उन्हें सुनने की आदत हो गई होगी, परन्तु समान्यतया क्या आप मुझे बतला सकते हैं कि मेरी बीमारी ख़तरनाक है या नहीं ?"

डॉक्टर ने झट एक तीखी नज़र से उसकी ओर ऐनक में से देखा मानो कह रहा हो, "सुन बे मुद्दालेह, जो सवाल तुझे पूछने की इजाज़त है, यदि उनकी सीमा से तू बाहर निकला, तो मैं तुझे अदालत में से बाहर निकाल दूँगा।"

"मैंने जो कुछ उचित और आवश्यक समझा है, आपको बतला दिया है," डॉक्टर बोला, "उससे अधिक जो कुछ होगा वह निरीक्षण से पता चलेगा।" और डॉक्टर ने झुककर उसे विदा किया।

इवान इल्यीच धीरे-धीरे बाहर निकल आया, चुपचाप अपनी स्ले में बैठा, और घर की ओर चल दिया। सारा वक़्त वह मन में डॉक्टर के कहे वाक्यों को दोहराता रहा, और यह समझने की कोशिश करता रहा कि उन अस्पष्ट तथा असमंजस में डाल देनेवाले वैज्ञानिक नामों का साधारण भाषा में क्या अर्थ होगा, ताकि उसमें से उसके प्रश्न का उत्तर मिल सके कि क्या उसकी हालत बुरी है, बहुत बुरी है, या क्या अभी बेहद बुरी तो नहीं हुई ? उसने समझा कि डॉक्टर ने जो कुछ कहा है, उसका सारांश यही है कि हालत बहुत खराब है। अब जिस चीज़ की ओर इवान इल्यीच की नज़र जाती वही उसे अवसादपूर्ण नज़र आती। गाड़ियाँ हाँकनेवाले मनहूस नज़र आते, घर उदास नज़र आते, लोग, दूकानें, हर चीज़ उदास नज़र आतीं। डॉक्टर के दुर्बोध शब्दों के बारे में सोचते हुए उसका दर्द—दबा-दबा सा, हल्का सा दर्द जो क्षण-भर के लिए भी न थमता था—और तेज़ हो गया। अब उसके बारे में ध्यान से सोचने पर उसे एक अजीब सी घबराहट होने लगती।

वह घर पहुँचा और सब बात अपनी पत्नी को कह सुनाई। वह सुनती रही, पर कहानी अभी आधी हो पाई होगी जब उसकी लड़की, सिर पर टोपी पहने उनके पास आई। माँ और बेटी दोनों कहीं बाहर जा रही थीं। बेटी कुछ देर तक तो नीरस कथा को विवश होकर सुनती रही, पर बहुत देर तक नहीं। उसकी पत्नी भी उसे अन्त तक नहीं सुन पाई।

"तुमने बड़ा अच्छा किया है," पत्नी ने कहा, "अब बाक़ायदा दवाई खाते रहना। लाओ, नुस्ख़ा मुझे दो, मैं गेरासिम को अभी दवाख़ाने भेजती हूँ।" और वह बाहर कपड़े बदलने के लिए चली गई।

जितनी देर वह कमरे में रही उतनी देर तो वह जैसे साँस रोके रहा, फिर उसने

एक गहरी साँस ली :

"हूँ, शायद हालत इतनी खराब नहीं जितनी कि मैं सोचता था।"

उसने दवाई खानी शुरू कर दी, और डॉक्टर के सभी निर्देशों का पालन करने लगा। निर्देश उसके पेशाब की जाँच के बाद बदल दिए गए। पर इस विश्लेपण या उसके निष्कर्ष के बारे में कोई ग़लतफ़हमी सी जान पड़ती थी। प्रसिद्ध डॉक्टर के पास इतनी छोटी सी बात लेकर जाना असम्भव था। पर स्थिति वैसी नहीं थी जैसी कि डॉक्टर ने कहा था। या तो डॉक्टर से कोई भूल हो गई थी, या वह बीमार के सामने झूठ बोला था, या फिर उसने कोई बात उससे छिपा रखी थी।

फिर भी इवान इल्यीच ने उसके निर्देशों का पूरा-पूरा पालन किया। पहले तो उनके पालन से ही उसे ढाढ़स हुआ।

डॉक्टर को मिलने के बाद इवान इल्यीच का मुख्य काम यही था कि वह दवाई खाता, स्वास्थ्य-रक्षा सम्बन्धी डॉक्टर के निर्देशों का पालन करता, और अपनी शारीरिक स्थिति में या दर्द में हर छोटी-बड़ी तब्दीली को बड़े ध्यान से नोट करता। इवान इल्यीच को बीमारियों तथा मानव-स्वास्थ्य में सबसे अधिक रुचि हो गई। जब भी कभी उसकी उपस्थिति में कोई आदमी किसी दूसरे आदमी का ज़िक्र करता जो बीमार था या मर गया था या स्वस्थ हो रहा था, विशेषकर जब उसकी बीमारी इसकी बीमारी से मिलती-जुलती होती तो इवान इल्यीच बड़े ध्यान से सुनता, अपनी घबराहट छिपाने की कोशिश करता, प्रश्न पूछता, और मन ही मन अपनी स्थिति की तुलना उसकी स्थिति से करने लगता।

दर्द वैसे का वैसा बना रहा, परन्तु इवान इल्यीच अपने आपको बार-बार यह कहता कि नहीं, ठीक हो रहा हूँ, पहले से बेहतर महसूस करने लगा हूँ। इस तरह जब तक स्थिति अच्छी रही, वह अपने को भ्रम में डाले रहा। परन्तु ज्यों ही कभी उसका पत्नी के साथ झगड़ा हो जाता या, कचहरी में कोई अप्रिय बात हो जाती, या ताश खेलते वक़्त अच्छे पत्ते हाथ न लगते तो उसे अपनी बीमारी का बड़ी तीव्रता से भास होने लगता। एक वक़्त था जब वह बड़े धैर्य से दुर्भाग्य का सामना किया करता था, इस विश्वास के साथ कि वह उस पर क़ाबू पा लेगा, कि अन्त में वह "बाज़ी मार लेगा।" पर अब छोटी सी भी दुर्घटना पर उसके पाँव लड़खड़ा जाते और वह निराश हो उठता। वह मन ही मन कहता : देखो, मैं अच्छा भला ठीक हो रहा था, दवाई अभी-अभी अपना असर करने लगी थी, कि यह नई मुसीबत आ खड़ी हुई...वह उस मुसीबत को कोसता, उन लोगों को कोसता जो उस मुसीबत का कारण थे और उसे यों जान से मार रहे थे। वह यह भी जानता था कि इस तरह कोसने से वह और भी जल्दी मर जाएगा पर इस पर उसका कोई बस न चलता था। उसे सचमुच यह समझ लेना चाहिए था कि इस तरह लोगों पर या अपनी परिस्थितियों पर गुस्सा करने से बीमारी बढ़ेगी, और इसलिए उसे इन आकस्मिक बखेड़ों की कोई परवाह नहीं करनी चाहिए। पर उसका तर्क बिल्कुल उल्टा था। वह कहता कि अगर उसे किसी चीज़ की ज़रूरत है तो शान्ति की। जब शान्ति न रहती, तो वह खीझ उठता। इसके अलावा चिकित्सा-सम्बन्धी पुस्तकें

पढ़-पढ़कर और बहुत डॉक्टरों से परामर्श ले-लेकर उसने अपनी स्थिति को और बिगाड़ लिया। उसकी हालत बहुत धीरे-धीरे बिगड़ रही थी। एक-एक दिन का फ़र्क बहुत मामूली था। इस कारण वह बड़ी आसानी से एक दिन की तुलना दूसरे दिन के साथ करता और अपने को भ्रम में डाले रहता। पर जब वह डॉक्टरों के पास जाता तो उसे महसूस होता जैसे उसकी हालत न केवल बिगड़ रही है, बल्कि तेज़ी से बिगड़ रही है। पर इसके बावजूद उसने डॉक्टरों के पास जाना नहीं छोड़ा।

उसी महीने में वह एक दूसरे विख्यात डॉक्टर के पास गया। इस डॉक्टर ने भी वही कुछ कहा जो पहले ने कहा था, केवल उसने समस्या को पेश दूसरे ढंग से किया। डॉक्टर की बातें सुनकर इवान इल्यीच का भय और संशय और भी बढ़ गए। एक तीसरे डॉक्टर ने, जो इवान इल्यीच के एक मित्र का मित्र था, और बड़ा ख्याति-प्राप्त डॉक्टर था, जाँच के बाद एक बिल्कुल ही पृथक् रोग का नाम लिया। उसने आश्वासन दिलाया कि इवान इल्यीच ठीक हो जाएगा। पर जिस तरह के सवाल उसने पूछे, और जिस तरह के अनुमान लगाता रहा, उनसे इवान इल्यीच और भी चकराया, और उसके संशय पहले से भी अधिक बढ़ गए। एक होम्योपैथ ने बिल्कुल ही भिन्न निदान बताया। इवान इल्यीच हफ़्ता-भर, बिना किसी को बताए, छिपकर उसकी दवाई खाता रहा। जब एक हफ़्ता गुज़र गया और उसे कोई लाभ न हुआ तो उसका विश्वास इस पर से उठ गया। इसी पर से ही नहीं, अन्य इलाजों पर से भी, और इवान इल्यीच निराश हो गया। इतना निराश वह पहले कभी नहीं हुआ था। एक बार, उसकी जान-पहचान की एक स्त्री ने उसे बताया कि रोगों का इलाज देव-चित्रों से भी हो जाता है। इवान इल्यीच बड़े ध्यान से सुनता रहा। उसे विश्वास भी होने लगा कि ऐसे इलाज सम्भव हो सकते हैं। पर इसके बाद वह बहुत डर गया : "यह क्या बकवास है ! मैं क्या इतना निकम्मा हो गया हूँ ?" उसने मन ही मन कहा। "अगर मैं यों घबराता रहा तो मेरा कुछ नहीं बनेगा। मुझे चाहिए कि किसी एक डॉक्टर को चुन लूँ, और उसी का इलाज बाकायदा करता जाऊँ। अब ऐसा ही करूँगा। बहुत हो चुका। मैं अपनी बीमारी के बारे में सोचना बिल्कुल बन्द कर दूँगा और अगली गर्मियों तक नियमित रूप से डॉक्टर के निर्देशों का अक्षरशः पालन करूँगा। इसके बाद देखा जाएगा। अब मैं डावाँडोल नहीं हूँगा।" फ़ैसला करना आसान था, पर इस पर अमल करना नामुमकिन था। कमर के दर्द ने उसे शिथिल कर दिया। वह और भी तेज़ होता जान पड़ता था, उससे उसे कभी भी चैन न मिलता। उसके मुँह का स्वाद और भी बकबका हो गया था। वह सोचता कि उसके श्वास में से बू आने लगी है। उसकी भूख जाती रही, और वह पहले से भी दुबला हो गया। अपने को और धोखा देने की अब कोई गुंजाइश न थी। इवान इल्यीच के साथ कोई भयानक बात होने जा रही थी, कोई अजीब और महत्त्वपूर्ण बात जैसी कि उसके साथ पहले कभी न हुई थी। केवल उसी को इसका भास हो रहा था। उसके आसपास के लोग या तो समझते नहीं थे, या समझना नहीं चाहते थे। वे यही समझे बैठे थे कि संसार में सब कुछ सदा की भाँति चल रहा है। इवान इल्यीच को जितना दुःख यह देखकर होता था उतना और

किसी बात से नहीं। घर के लोग, विशेषकर उसकी पत्नी और बेटी, आजकल सबसे ज़्यादा पार्टियों में जाने लगी थीं क्योंकि पार्टियों का मौसम था। वे कुछ भी देख-सुन न रही थीं। उलटे वे उससे नाराज़ होने लगतीं कि हर वक़्त मुँह क्यों लटकाए रहते हो, और इतने चिड़चिड़े क्यों होते जा रहे हो ? मानो यह इसका दोष हो। वे छिपाने की बहुत कोशिश करतीं, पर इवान इल्यीच को साफ़ नज़र आ रहा था कि वे इसे अपना दुर्भाग्य समझती हैं। उसकी पत्नी ने तो उसकी बीमारी के प्रति एक खास रवैया अपना लिया था। इवान इल्यीच कुछ भी कहे या करे उसका रवैया न बदलता। वह रवैया यों था—वह अपने मित्रों से कहती : "देखो न, इवान इल्यीच डॉक्टर के निर्देशों का यथावत् पालन नहीं कर पाते जैसे कि सब समझदार लोग करते हैं। आज दवाई पियेंगे और खुराक भी डॉक्टर के आदेशानुसार खाएँगे, कल, यदि मैं ध्यान न रखूँ, तो यह दवाई खाना भूल जाएँगे, और मछली खा लेंगे, जिसकी डॉक्टर ने मनाही कर रखी है। रात के एक बजे तक बैठे ताश खेलते रहते हैं।"

"मैंने कब ऐसा किया है ?" एक बार इवान इल्यीच ने खीझकर कहा, "केवल एक बार प्योत्र इवानोविच के यहाँ ऐसा हुआ था।"

"और कल रात शेबेक के साथ।"

"इसे तुम क्यों गिनती हो ? दर्द के कारण मुझे नींद जो नहीं आ रही थी।"

"मुझे क्या ? अगर इसी तरह करते रहोगे तो कभी ठीक नहीं होगे, और हमें दुःख देते रहोगे।"

जो कुछ प्रस्कोव्या फ़्योदोरोव्ना अपने मित्रों को या सीधे इवान इल्यीच को कहती, उससे तो यही पता चलता था कि वह पति को ही उसकी बीमारी का दोषी ठहरा रही है, और समझती है कि उसे तंग करने का एक और साधन उसके हाथ में आ गया है। इवान इल्यीच महसूस करता था कि ऐसा रवैया उसने जान-बूझकर नहीं अपनाया। फिर भी उसे सहन करना आसान न था।

इवान इल्यीच ने देखा या कम से कम उसे भास हुआ कि कचहरी में भी लोगों का रवैया उसके प्रति अजीब सा हो रहा है। किसी-किसी वक़्त उसे भास होता जैसे उसके साथी नज़रें चुराकर उसकी ओर यों देख रहे हैं मानो वह जल्दी ही नौकरी की एक जगह ख़ाली करनेवाला हो। कभी-कभी उसके दोस्त मज़ाक़ करते, इसकी बीमारी को मनगढ़न्त कहकर उसे छेड़ते, मानो वह भयानक तथ्य, वह विकराल रोग जिसका किसी ने कभी नाम सुना न था, जो अन्दर ही अन्दर बढ़ता जा रहा था, दिन-रात उसकी शक्ति को चाटता जा रहा था, और ज़बरदस्ती उसे किसी विशेष दिशा में घसीटे लिये जा रहा था, मज़ाक़ का विषय हो। श्वार्ज़ को देखकर वह और भी खीझ उठता, क्योंकि उसका हँसी-मज़ाक़, उसकी लापरवाह तबीयत, आमोदप्रियता, उसका सदा Comme il faut बने रहना देखकर उसे दस साल पहले का अपना स्वभाव याद हो आता।

उसके मित्र उसके साथ ताश खेलने आते। वे मेज़ पर बैठते, ताश फेंटे जाते, पत्ते बाँटे जाते। इवान इल्यीच अपने पत्ते उठाता, उन्हें ठीक करता, ईंट के सब पत्ते एक तरफ़

रखता—कुल सात पत्ते होते। उसका साथी कहता, "नो ट्रम्प !" जब पत्ते खोलकर सामने रखता तो ईंट के दो और पत्ते उसे वहाँ भी मिल जाते। और क्या चाहिए ? उसे खुश होना चाहिए था। सीधी 'ग्रैंड स्लैम' बनेगी। पर सहसा इवान इल्यीच को दर्द महसूस होने लगता और मुँह का स्वाद बकबका होने लगता। वह सोचता कि इस स्थिति में 'ग्रैंड स्लैम' से खुश होना मूर्खता है।

वह अपने साथी मिख़ाइल मिख़ाइलोविच की ओर देखता। मिख़ाइल मिख़ाइलोविच अपना गुदगुदा हाथ मेज़ पर पटकता, लापरवाह अन्दाज़ से अपने पत्ते उठाने के बजाय उन्हें धकेलकर इवान इल्यीच के नज़दीक रख देता ताकि बिना हाथ फैलाए इवान इल्यीच उन्हें उठाता रहे। "क्या यह समझता है कि मैं इतना कमज़ोर हो गया हूँ कि अपना हाथ भी दूर तक नहीं फैला सकता ?" इवान इल्यीच सोचता, और तुरुप के रंग को भूलकर अपने ही साथी के पत्ते पर रंग चल देता और इस तरह 'ग्रैंड स्लैम' नहीं बना पाता। तीन सरें कम पड़ जातीं। सबसे बुरी बात यह कि वह देख रहा होता कि मिख़ाइल मिख़ाइलोविच बहुत नाराज़ है। परन्तु इवान इल्यीच को उसकी कोई परवाह नहीं। क्यों परवाह नहीं ? यह सोचते ही भय से उसके रोंगटे खड़े हो जाते।

सभी देख रहे थे कि इवान इल्यीच का मन खिन्न हो उठा है। वे उससे कहते : "अगर थक गए हो तो हम खेलना बन्द कर दें ? तुम थोड़ा आराम कर लो।" आराम ? उसे तो नाम की भी थकावट नहीं, वह तो बाज़ी ख़त्म करके उठेगा। सब लोग चुपचाप, मुँह लटकाए उसे देखते रहते। इवान इल्यीच जानता था कि वही इस उदासी का कारण है, पर वह इसे दूर नहीं कर सकता। मेहमान खाना खाते। उसके बाद वे चले जाते। इवान इल्यीच अकेला रह जाता, और सोचता कि उसके जीवन में ज़हर घुल रहा है और वह औरों के जीवन में भी ज़हर घोल रहा है। यह ज़हर कम होने के बजाय उसके अन्दर अधिकाधिक फैलता जा रहा है।

वह सोने के लिए बिस्तर पर लेट जाता। पर एक तो कमर में दर्द, दूसरे मन भयाकुल, बिस्तर पर लेटता पर सो नहीं पाता। देर तक वह दर्द के कारण परेशान रहता। पर सुबह के वक़्त वह ज़रूर उठ खड़ा होता, कपड़े पहनकर कचहरी जाता, वहाँ काम करता, लिखता, पढ़ता। अगर वह कचहरी न जाता तो चौबीस घंटे उसे घर में गुज़ारने पड़ते। घर में एक-एक घंटा गुज़ारना दूभर हो उठता था। उसे इसी भाँति जिए जाना है। मुसीबत सिर पर मँडराने लगी है, और वह बिल्कुल अकेला है। एक भी ऐसा व्यक्ति नहीं जो इसे समझता हो या उसके प्रति सहानुभूति रखता हो।

5

एक महीना गुज़र गया, फिर दूसरा। नया साल चढ़ने से कुछ ही दिन पहले उसका साला उनसे मिलने आया। जिस वक़्त वह घर पहुँचा इवान इल्यीच कचहरी में था। प्रस्कोव्या

फ़्योदोरोव्ना बाज़ार गई हुई थी। घर लौटने पर इवान इल्यीच ने देखा कि उसके पढ़ने के कमरे में उसका साला खड़ा अपना सामान खोल रहा है। कितना हट्टा-कट्टा आदमी है ! इवान इल्यीच के क़दमों की आहट पाते ही उसने सिर ऊपर उठाया, और इवान इल्यीच पर नज़र पड़ते ही, आवाक् उसकी ओर देखता रह गया। उसके यों देखने से ही इवान इल्यीच सब समझ गया। उसका साला कुछ कहने जा ही रहा था कि उसने अपने को रोक लिया। इससे बात की और भी पुष्टि हो गई।

"क्यों मैं बहुत बदल गया हूँ ?"

"हाँ...कुछ बदल गए हैं।"

इवान इल्यीच जानना चाहता था कि उसमें क्या परिवर्तन आया है, लेकिन हज़ार कोशिश करने पर भी वह अपने साले के मुँह से कुछ नहीं कहलवा सका। प्रस्कोव्या फ़्योदोरोव्ना आई तो साला उससे मिलने गया। इवान इल्यीच ने दरवाज़ा बन्द कर लिया और आदमक़द शीशे के सामने खड़ा होकर अपना चेहरा देखने लगा। पहले एक तरफ़ से, फिर सामने से। फिर वह एक तस्वीर उठा लाया जो उसने अपनी पत्नी के साथ खिंचवाई थी, और उसके साथ अपने चेहरे की तुलना करने लगा। भयानक परिवर्तन हो गया था। कोहनी तक आस्तीन चढ़ाकर उसने अपनी बाँह को देखा और बाँह ढँक दी। फिर निढाल होकर सोफ़े पर ढह गया। उसका मन तरह-तरह की निराशापूर्ण कल्पनाएँ करने लगा जो रात की कालिमा से भी अधिक काली थीं।

"नहीं, मुझे ऐसी बातें नहीं सोचनी चाहिए, बिल्कुल नहीं सोचनी चाहिए," उसने कहा, और उठकर खड़ा हो गया। मेज़ के पास जाकर उसने एक मुक़द्दमे के काग़ज़ निकाले और उन्हें पढ़ने लगा, परन्तु पढ़ नहीं पाया। फिर दरवाज़ा खोलकर वह हॉल में चला गया। बैठक का दरवाज़ा बन्द था। वह दबे पाँव चलकर दरवाज़े के पीछे जा खड़ा हुआ और कान लगाकर सुनने लगा।

"नहीं, तुम बहुत बढ़ा-चढ़ाकर कह रहे हो," प्रस्कोव्या फ़्योदोरोव्ना कह रही थी।

"बढ़ा-चढ़ाकर ? क्या तुम देख नहीं रही हो ? उसकी शक्ल तो मुर्दे की सी हो रही है। उसकी आँखें तो देखो। उनमें जान ही नहीं। उसे हो क्या गया है ?"

"कोई कुछ नहीं जानता। निकोलायेव (एक दूसरे डॉक्टर) ने एक बात कही थी, पर मैं तुम्हें बता नहीं सकती...लेश्चेतीत्स्की (प्रसिद्ध डॉक्टर) ने बिल्कुल दूसरी बात कही।"

इवान इल्यीच वहाँ से हट गया। सीधे अपने कमरे में जाकर लेट गया और सोचने लगा, "गुर्दा, तैरता गुर्दा।" गुर्दों के बारे में जो कुछ डॉक्टरों ने बतलाया था, वह अब तैरता फिरता था। अपनी कल्पना में उसने गुर्दे को पकड़ा और अपनी जगह पर लगा दिया। कितना आसान लगता था ! "मैं अभी प्योत्र इवानोविच के पास जाऊँगा।" (वही दोस्त जिसका एक डॉक्टर दोस्त था)। उसने घंटी बजाई, गाड़ी तैयार करने का हुक्म दिया, और जाने की तैयारी करने लगा।

"कहाँ जा रहे हो, Jean ?" उसकी पत्नी ने उदास लहजे में पूछा। आज उसकी

आवाज़ में एक असाधारण दयालुता थी।

यह असाधारण दयालुता उसे बुरी लगी। उसने अपनी पत्नी की ओर आँखें तरेरकर देखा।

"प्योत्र इवानोविच के पास जा रहा हूँ। ज़रूरी काम है।"

वह अपने मित्र के पास गया, जिसका एक डॉक्टर-मित्र था, और दोनों डॉक्टर से मिलने गए। डॉक्टर घर पर ही था। इवान इल्यीच बड़ी देर तक उसके साथ बातें करता रहा।

डॉक्टर ने जब उसे बताया कि उसके अन्दर कौन-कौन सी शारीरिक तथा अवयव सम्बन्धी तब्दीलियाँ हो रही हैं, तो सब बात स्पष्टतया इवान इल्यीच की समझ में आ गई।

अन्धान्त्र में कोई चीज़ थी, कोई बिल्कुल छोटी सी, अनाज के दाने के बराबर। इसका इलाज हो सकता था। एक अंग की क्रिया को थोड़ा मज़बूत करने और दूसरे की क्रिया को थोड़ा कमज़ोर करने की ज़रूरत थी, और साथ ही इस चीज़ को वहीं घुला देना था। ऐसा करने से सब ठीक हो जाएगा।

इवान इल्यीच, भोजन के समय से थोड़ा बाद में पहुँचा। उसने खाना खाया और कुछ देर तक खुशी-खुशी बातें करता रहा। उसका जी नहीं चाहता था कि उठकर जाए और अपने कमरे में काम करे। आखिर वह उठा, पढ़नेवाले कमरे में जाकर बैठ गया और काम देखने लगा। कुछेक मुक़द्दमों के काग़ज़ात उसने देखे, अपने काम पर खूब ध्यान लगाया, पर सारा वक़्त उसके मन में एक बात चक्कर काटती रही कि एक बड़ा ज़रूरी और निजी मामला है जिस पर विचार करना उसने स्थगित कर रखा है। इस काम से निबटकर उस पर विचार करना होगा। काम समाप्त हुआ तो उसे याद आया कि वह निजी मामला क्या था : वह था अपने अन्धान्त्र पर सोच-विचार करना। पर उसने अपना ध्यान उस तरफ़ से हटा लिया। इसके विपरीत वह बैठक में चाय पीने चला गया। वहाँ पर मेहमान बैठे थे, हँसी-मज़ाक़ और गाना-बजाना चल रहा था। उन्हीं मेहमानों में जाँच-मैजिस्ट्रेट भी था, जिसे वे अपनी बेटी के लिए अच्छा वर समझते थे। प्रस्कोव्या फ़्योदोरोव्ना के अनुसार इवान इल्यीच उस शाम अन्य दिनों की तुलना में अधिक खुश नज़र आता था। पर इवान इल्यीच एक मिनट के लिए भी यह नहीं भूल पाया कि उसने अपने अन्धान्त्र के बारे में विचारना स्थगित कर रखा है। ग्यारह बजे उसने सबसे विदा ली और अपने कमरे में चला गया। जब से वह बीमार पड़ा था उसने अपने पढ़नेवाले कमरे के साथवाले एक छोटे से कमरे में सोना शुरू कर दिया था। वह अन्दर गया, कपड़े उतारे, ज़ोला का एक उपन्यास पढ़ने के लिए उठाया, पर उसे पढ़ने के बजाय अपने विचारों में खो गया। उसे ख़याल आया, जैसे उसके अन्धान्त्र की चिर-वांछित चिकित्सा हो चुकी है। जिस दाने को घुलना था वह घुल चुका है, जिसे निकालना था वह निकाला जा चुका है, और अब उसका शरीर फिर नियमित रूप से काम कर रहा है। "बेशक, हमारा काम यही है कि हम प्रकृति की मदद करें," उसने कहा। यह कहते ही उसे अपनी दवाई याद

आई। वह उठ बैठा, दवाई पी, और फिर पीठ के बल लेट गया, और सोचने लगा कि यह दवाई कितनी अच्छी है, इसने झट से उसका दर्द दूर कर दिया है। "केवल मुझे चाहिए कि मैं इसे बाक़ायदा पीता रहूँ, और हानिकारक चीज़ों से बचने की कोशिश करूँ। मैं तो अभी से बेहतर महसूस करने लगा हूँ, कितना फ़रक़ आ गया है।" उसने अपनी कमर को दबाया। हाथ लगाने पर ज़रा भी दर्द नहीं हुआ। "मुझे तो कुछ भी महसूस नहीं होता। मैं सचमुच पहले से बहुत अच्छा हो गया हूँ।" उसने बत्ती बुझा दी और करवट बदली। उसका अन्धान्त्र ठीक हो रहा था, उस चीज़ को घुला रहा था। सहसा उसे फिर उस दबे हुए दर्द का आभास हुआ–धीमा-धीमा, गम्भीर, निरन्तर। मुँह का स्वाद भी पहले की तरह बिगड़ गया। इसका दिल बैठ गया और सिर चकराने लगा। "हे भगवान्, हे भगवान् !" वह बुदबुदाया, "यह फिर शुरू हो गया है। यह कभी ख़त्म नहीं होगा।" सहसा हर चीज़ उसे दूसरे ही रंग में नज़र आने लगी। "अन्धान्त्र...गुर्दा। यह अन्धान्त्र की बात नहीं, गुर्दे की बात नहीं। यह तो ज़िन्दगी और मौत की बात है। एक वक़्त था जब ज़िन्दगी थी, और अब वह खत्म होती जा रही है, ख़त्म होती जा रही है, और मैं इसे किसी तरह भी रोक नहीं सकता। मैं क्यों अपने को धोखा दूँ ? मेरे सिवाय सभी लोग यह जानते हैं कि मैं मर रहा हूँ। अब कुछ हफ़्तों, कुछ दिनों, हो सकता है कुछ घड़ियों तक की बात रह गई है। किसी वक़्त रोशनी थी, अब अँधेरा हो गया है। पहले मैं यहाँ था, अब मैं वहाँ जा रहा हूँ। कहाँ जा रहा हूँ ?" उसका सारा बदन पसीने से तर हो गया, और उसके लिए साँस तक लेना कठिन हो गया। अपने दिल की धड़कन के अलावा उसे कुछ सुनाई न देता था।

"मेरा अस्तित्व समाप्त हो जाएगा। रहेगा क्या ? कुछ भी नहीं। मरकर मैं कहाँ जाऊँगा ? क्या यह सचमुच मौत है ? उफ़, मैं मरना नहीं चाहता !" वह मोमबत्ती जलाने के लिए झट से उठ खड़ा हुआ, काँपते हाथों से मोमबत्ती ढूँढ़ने लगा, बत्ती और शमादान उसके हाथ से छूटकर फ़र्श पर जा गिरे, और वह फिर बिस्तर पर निढाल होकर लेट गया। आँखें फाड़-फाड़कर अँधेरे में देखते हुए वह बड़बड़ाया, "क्या फ़रक़ पड़ता है, सब एक ही बात है। मौत ! हाँ मौत ! ये लोग नहीं जानते, और ये जानना भी नहीं चाहते, इन्हें मेरे साथ कोई हमदर्दी नहीं। ये गाने-बजाने में मस्त हैं। (बन्द दरवाज़े में से उसे गाने की आवाज़ और साथ में पियानो की धुन सुनाई दी।) "इस समय इन्हें कोई फ़रक़ नहीं दिखाई देता, पर शीघ्र ही ये भी मरेंगे। पागल कहीं के ! पहले मैं जाऊँगा, फिर इनकी बारी आएगी। मौत इनके सिरहाने भी खड़ी होगी। अब ये ख़ुशियाँ मना रहे हैं, पशु कहीं के !" क्रोध से उसका गला रुँधने लगा। अपने घोर विषाद को वह बयान नहीं कर सकता था। उसे विश्वास नहीं होता था कि हरेक व्यक्ति को इस भयानक आतंक का शिकार होना पड़ता है। वह बिस्तर पर से थोड़ा उठा।

"कहीं कोई गड़बड़ है। मेरा मन ठिकाने नहीं है, उसे ठिकाने लाना चाहिए और फिर सारी समस्या पर शुरू से विचार करना चाहिए।" और उसने विचार करना शुरू किया। "मेरी बीमारी शुरू कहाँ से हुई ? मुझे कमर में ठोकर लगी, पर उस समय मुझे

कोई तकलीफ़ नहीं हुई, दूसरे दिन भी नहीं। मामूली सा दर्द उठा, फिर वह बढ़ने लगा, उसके बाद मैं डॉक्टरों के पास जाने लगा, फिर मैं निराश और उदास रहने लगा। फिर तरह-तरह के डॉक्टरों से परामर्श लेने लगा। सारा वक़्त मैं कगार के अधिकाधिक निकट पहुँचता जा रहा था। मेरी शक्ति क्षीण होती गई। कगार के और निकट। और मैं यहाँ आ पहुँचा हूँ। हड्डियों का ढाँचा रह गया हूँ। मेरी आँखों में चमक नहीं। मौत। और मैं अब भी अपने अन्धान्त्र के बारे में सोचता हूँ। सोचता हूँ कि मैं अपनी अँतड़ियों को ठीक कर लूँगा। और मौत सामने खड़ी है। क्या सचमुच मौत आ पहुँची है ?'' फिर उसे भय ने जकड़ लिया। वह हाँफने लगा, फिर दियासलाई टटोलने के लिए आगे की ओर झुका, पर पलंग के साथ रखी तिपाई के साथ उसकी कोहनी टकराई। तिपाई बीच में पड़ी थी। उसे दर्द हुआ, और गुस्से में आकर उसने ज़ोर से उस पर घूँसा मारा। तिपाई गिर पड़ी। गहरी निराशा में, वह हाँफता हुआ फिर पीठ के बल लेट गया। उसका जी चाहता था कि वह उसी घड़ी मर जाए।

मेहमान अपने घरों को जाने लगे थे। जब तिपाई गिरी तब प्रस्कोव्या फ़्योदोरोव्ना उन्हें विदा कर रही थी। आवाज़ सुनकर वह कमरे में आई।

''क्या हुआ ?''

''कुछ नहीं। अचानक मुझसे तिपाई गिर गई।''

वह बाहर गई और एक मोमबत्ती जलाकर ले आई। उसने देखा, वह बिस्तर पर लेटा हुआ आँखें गाड़े उसे देखे जा रहा है और हाँफ रहा है, मानों कोई लम्बा फ़ासला दौड़कर आया हो।

''क्या बात है, Jean ?''

''न...नहीं, कुछ नहीं, मुझसे गिर गई है।'' (''मैं क्यों इसे कुछ बताऊँ ? यह कभी नहीं समझेगी,'' उसने सोचा।)

और वह नहीं समझी। उसने तिपाई उठाई, मोमबत्ती रखी, और तेज़ी से बाहर चली गई। उसे अपने मेहमानों को विदा करना था।

जब वह लौटकर आई तो उसने देखा कि वह अब भी पीठ के बल लेटा हुआ छत को ताके जा रहा है।

''क्या बात है ? क्या तुम्हारी तबीयत पहले से ज़्यादा खराब है ?''

''हाँ।''

उसने सिर हिलाया और बैठ गई।

''मैं सोचती हूँ, Jean, क्या डॉक्टर लेश्चेतीत्स्की को घर पर बुलाना ठीक नहीं होगा। ?''

एक प्रसिद्ध डॉक्टर को बुलाने का मतलब है बहुत सा पैसा ख़र्च करना। एक व्यंग्य-भरी मुस्कान उसके होंठों पर आई, और उसने इनकार कर दिया। कुछ देर तक वह बैठी रही, फिर उसके पास जाकर उसने उसके माथे को चूम लिया।

उसके इस चूमने से इवान इल्यीच का हृदय घृणा से भर उठा। बड़ी मुश्किल से

वह अपने को रोक पाया, वरना वह उसे धकेलकर परे हटा देता।

"तो मैं अब जाऊँगी। भगवान करे कि तुम्हें नींद आ जाए।"

"हाँ, जाओ।"

6

इवान इल्यीच देख रहा था कि वह मर रहा है। वह हर वक़्त निराश रहने लगा।

उसका दिल जानता था कि वह मर रहा है। परन्तु न केवल उसके लिए इस विचार का अभ्यस्त होना कठिन था, बल्कि यह विचार उसकी पकड़ में ही न आता था, बिल्कुल पकड़ में न आता था।

पढ़ाई के दिनों में उसने कीज़वेटर के तर्कशास्त्र में यह संकेतानुमान पढ़ा था : "केयस मनुष्य है, सब मनुष्य नश्वर होते हैं, इसलिए केयस भी नश्वर है।" इसके बाद वह सारी उम्र इस संकेतानुमान को केवल केयस के सम्बन्ध में ही सत्य मानता आया था, अपने सम्बन्ध में नहीं। केयस मनुष्य था, केवल भाववाचक अर्थों में, इसलिए संकेतानुमान उसी पर लागू होता था। परन्तु इवान इल्यीच केयस नहीं था, भाववाचक अर्थों में मनुष्य नहीं था, वह अन्य मनुष्यों से सदैव ही बिल्कुल भिन्न रहा है। उसके माता और पिता उसे नन्हा वान्या समझते थे, इसी तरह उसके दोनों भाई मीत्या और वोलोद्या भी, कोचवान और आया भी। अपने खिलौनों तक के लिए और कात्या के लिए भी वह नन्हा वान्या ही था। वही वान्या बचपन और लड़कपन और युवावस्था के सभी सुख-दुःखों और उन्मादों को लाँघकर बड़ा हुआ था। क्या केयस भी कभी उस गन्ध को जान पाया जो वान्या के फ़ुटबाल के चमड़े से आती थी, जिसे वान्या इतना प्यार करता था ? क्या केयस ने भी कभी अपनी माँ के हाथ को इतनी भावुकता से चूमा था, या उसके रेशमी कपड़ों की सरसराहट उसे इतनी प्यारी लगी थी ? क्या केयस ने भी कभी स्कूल में मिठाई की टिकियों के लिए ऊधम मचाया था ? या कभी किसी युवती से इतना प्रेम किया था? या इतनी योग्यता से कचहरी में किसी मुकद्दमे की अध्यक्षता की थी ?

केयस सचमुच नश्वर था, और यह युक्तिसंगत और उचित ही था कि वह मर जाए, परन्तु वह स्वयं वान्या, इवान इल्यीच, इसके सभी विचारों और भावनाओं को देखते हुए, इसकी स्थिति ही अलग थी। इसका मरना उचित और न्यायसंगत नहीं होगा। यह विचार ही बड़ा भयानक था।

ये सब विचार उसके मन में उठे।

"यदि मेरी क़िस्मत में केयस की तरह मरना ही बदा था, तो मुझे इसका पता चल जाता, अन्दर से कोई आवाज़ मुझे बता देती। पर मुझे ऐसी किसी बात का भास नहीं हुआ। मैं हमेशा जानता था और मेरे दोस्त भी जानते थे कि मैं उस मिट्टी का बना

हुआ नहीं हूँ जिसका केयस बना था। परन्तु अब देखो, यह क्या होने जा रहा है ?" उसने मन ही मन कहा, "परन्तु यह नहीं हो सकता, कदापि नहीं हो सकता। असम्भव है। तिस पर भी यह होने जा रहा है। यह कैसे हो सकता है ? इसको कोई कैसे समझे ?"

वह नहीं समझ पाया, और उसने इस विचार को झूठा, भ्रामक और रुग्ण समझकर मन में से निकालने की कोशिश की। और इसके स्थान पर सच्चे और स्वस्थ विचारों को जागृत करने की चेष्टा की। पर यह विचार केवल विचार मात्र ही न था, वह तो यथार्थता थी, और वह बार-बार उसके सामने आ खड़ी होती।

इस विचार के स्थान पर उसने एक-एक करके कई अन्य विचारों को लाने की कोशिश की, इस आशा से कि इनसे उसे कोई सहारा मिलेगा। उसने फिर से पहले ढंग से सोचने की चेष्टा की, इस विचार-क्रम में वह मृत्यु को भूले रहता था। पर अजीब बात है जो बातें पहले मृत्यु के विचार को एक पर्दे की तरह ढके रहती थीं, उसे छिपाए रहती थीं और यहाँ तक कि उसके अस्तित्व तक का पता नहीं चलता था, अब उसे छिपाने में असमर्थ थीं। पिछले कुछ दिनों से इवान इल्यीच उसी विचार-क्रम को फिर से अपनाना चाहता था जिससे मौत उसकी आँखों के सामने से ओझल हुई रहती थी। मिसाल के तौर पर वह मन ही मन कहता, "मुझे अपने को काम में खो देना चाहिए। एक समय था जब काम के अतिरिक्त मेरे जीवन का कोई और उद्देश्य नहीं था।" इस तरह वह मन में से सब संशयों को निकालता हुआ, कचहरी जाता। वहाँ जाकर मित्रों से बातचीत करता, सदा की भाँति उनके बीच कुर्सी पर बैठ जाता, बलूत की बनी कुर्सी की बाँहों को अपने पतले-पतले हाथों से पकड़ता, बैठते हुए कचहरी में एकत्रित लोगों को, सदा की भाँति, एक धूमिल और दम्भपूर्ण नज़र से देखता, अपनी बग़ल में बैठे आदमी की ओर झुकता, कचहरी के काग़ज़ात इधर-उधर उठाकर रखता, कुछ फुसफुसाकर कहता, फिर सहसा सीधे बैठकर और भौंहें चढ़ाकर वह परिचित वाक्य कहता जिससे अदालत की कार्यवाही शुरू होती है। पर काम के ऐन बीच में, भले ही मुक़द्दमे के किसी भी हिस्से की सुनवाई हो रही हो, कमर का वह दर्द फिर उठ खड़ा होता, और अन्दर ही अन्दर उसे कुरेदने लगता। इवान इल्यीच कोई विशेष ध्यान उसकी ओर न देना चाहता। उसे मन में से निकालने की चेष्टा करता, पर वह वैसे का वैसा ही अपना नश्तर चलाता रहता। मौत उसके ऐन सामने आकर मानो खड़ी हो जाती, और इवान इल्यीच की आँखों से आँखें मिलाकर एकटक देखने लगती। इवान इल्यीच घबरा उठता, उसकी आँखों की चमक मन्द पड़ जाती, और वह एक बार फिर मन ही मन पूछता, "क्या वही एकमात्र सत्य है ?" और उसके साथियों और उसके नीचे काम करनेवाले लोगों को यह देखकर दुःख और आश्चर्य होता कि यह आदमी जो सदैव इतना प्रतिभावान और बारीकियों को पकड़नेवाला न्यायाधीश रहा है, अब चकराने और ग़लतियाँ करने लगा है। वह सिर झटकता, अपने को सँभालता, और जैसे-तैसे कार्यवाही को अन्त तक निभाता। फिर वह घर लौट आता। परन्तु सारा वक़्त यह निराशापूर्ण

विचार उसके मन पर छाया रहता कि जिस चीज़ को वह अपने आपसे छिपाना चाहता है, उसे क़ानूनी कार्यवाही भी नहीं छिपा सकती। उससे बचने के लिए कैसा भी अदालती काम हो, उसकी कोई सहायता नहीं कर सकता। सबसे भयानक बात यह थी, कि वह उसका सारा ध्यान अपनी ओर खींच लेती थी, उसे कुछ करने नहीं देती थी, इसके विपरीत, केवल एकटक इसकी ओर ऐन इसकी आँखों में देखती रहती थी। घोर यन्त्रणा में गलते रहने के अलावा वह कुछ न कर सकता था।

मन की इस भयानक स्थिति से छुटकारा पाने के लिए उसने अन्य सान्त्वनाओं, अन्य ओटों को ढूँढ़ने की कोशिश की। उसे अपने को छिपाने के लिए कोई ओट मिल जाती और कुछ देर के लिए उसे आराम मिलता। पर शीघ्र ही वह भी फट जाती, या पारदर्शी हो उठती, मानों उसमें हर चीज़ को बेधने की शक्ति हो, और संसार की कोई भी चीज़ उसे रोक न सकती हो।

इन्हीं पिछले दिनों में कभी-कभी वह अपनी बैठक में जाता, जिसे उसने इतनी मेहनत से सजाया था। उसी बैठक में वह गिरा था, इसी की ख़ातिर वह अपनी ज़िन्दगी से हाथ धो रहा था। इस विचार से उसके होंठों पर एक कटु मुस्कान आ जाती। उसे यक़ीन था कि जिस दिन वह गिरा था, उसी दिन से उसकी बीमारी शुरू हुई थी। उसी बैठक में वह गया और देखा कि साफ़ चमचमाती मेज़ पर एक गहरी खरोंच पड़ी है। यह क्योंकर पड़ी ? उसे कारण का पता चल गया। तस्वीरों की अल्बम के क्लिप का एक किनारा एक जगह से मुड़ गया है। क्लिप काँसे का बना था। उसने अल्बम को उठाया। बड़ी महँगी अल्बम थी, और इसमें उसने बड़े ध्यान से स्वयं तस्वीरें लगाई थीं। बाहर बक्सुआ टेढ़ा हो गया था, अन्दर तस्वीरें उलट-पलट पड़ी थीं, उसे अपनी बेटी और उसकी सहेलियों की लापरवाही पर बेहद गुस्सा आया। उसने बड़ी मेहनत से तस्वीरों को ठीक तरह लगाया, और क्लिप को सीधा किया।

फिर उसे ख़याल आया कि क्यों न अल्बमों सहित इस सारे etablissement को उठाकर, कमरे के दूसरे कोने में रख दिया जाए, जहाँ पौधे रखे हैं। उसने चोबदार को आवाज़ दी। उसकी पत्नी और बेटी मदद करने के लिए आ गईं। पर तीनों में मतभेद हो गया, उन्हें यह तब्दीली पसन्द नहीं आई। इसने उन्हें समझाने की कोशिश की, और फिर क्रुद्ध हो उठा। परन्तु यह अच्छा ही हुआ, क्योंकि इससे वह उसे भूले रहा, वह उसके ध्यान से ओझल रही।

पर ज्यों ही वह मेज़ को स्वयं वहाँ से हटाने लगा, तो उसकी पत्नी ने कहा, ''मत करो। नौकरों को करने दो। कहीं तुम्हें फिर चोट न लग जाए।'' और सहसा वह फिर पर्दे के पीछे से निकलकर सामने आ खड़ी हुई। ऐन उसकी आँखों के सामने से होकर निकल गई। उसका ख़याल था कि वह फिर दूर हो जाएगी। पर उसे फिर अपने कमर-दर्द का भास होने लगा। वह दर्द अब भी वहाँ पर था, अब भी उसे अन्दर ही अन्दर कुरेदे जा रहा था। वह उसे भूल नहीं सकता था। और वह साफ़ पौधों के पीछे से उसकी ओर ताके जा रही थी। तो फिर यों हड़बड़ मचाने से क्या लाभ ?

"क्या यह सच है कि इन्हीं पर्दों के निकट मैंने अपनी मौत को बुलाया ? उसी तरह जिस तरह किले बुर्ज़ों के निकट, युद्ध के समय सैनिक प्राण खो बैठता है। यह सच नहीं ! उफ़ कितनी भयानक बात है ! कितनी बेहूदा बात है ! यह नहीं हो सकता ! कभी नहीं हो सकता...परन्तु यह सच है।"

वह अपने पढ़ने के कमरे में जाकर लेट गया। पर निराले में फिर उसे अपने सामने खड़े पाया। ऐन सामने, और वह उसे हटाने में बिल्कुल असमर्थ था, कुछ नहीं कर सकता था। वह केवल यही कुछ कर सकता था कि उसके बारे में सोचता जाए, और उसकी रगों का खून क्षण-प्रतिक्षण सूखता जाए।

7

यह कहना कठिन है कि ऐसा क्यों हुआ, पर बीमारी के तीसरे महीने में सब लोग जान गए—उसकी पत्नी, उसकी बेटी, बेटा, नौकर, मित्र, डॉक्टर और विशेषकर इवान इल्यीच स्वयं जान गया कि लोगों की रुचि अब उसमें केवल इतनी ही रह गई है कि वह कब अपनी जगह ख़ाली करता है, कितनी जल्दी जीवित मित्रों-सम्बन्धियों को अपनी इस स्थिति की घुटन से छुटकारा दिलाता है, और स्वयं अपनी यन्त्रणाओं से मुक्ति पाता है। इसका कारण जानना कठिन है क्योंकि यह बहुत धीरे-धीरे, एक अदृश्य क्रमानुसार हो रहा था।

उसे अब दिन ब दिन नींद कम आने लगी। वे उसे थोड़ी-थोड़ी मात्रा में अफ़ीम और मार्फ़ीन के इंजेक्शन देने लगे। पर इससे कुछ आराम न आया। शुरू-शुरू में तो उसे इस अर्द्धचेतना से, दबे-दबे दर्द से कुछ सुख मिलता क्योंकि यह एक नया अनुभव था, पर शीघ्र ही उसे उतनी ही, बल्कि पहले से भी अधिक यन्त्रणा पहुँचने लगी। अब यह अर्द्धचेतना दर्द से बदतर हो रही थी।

डॉक्टरों के आदेशानुार उसके लिए विशेष प्रकार का भोजन तैयार किया जाने लगा, पर वह उसे अधिकाधिक अरुचिकर लगता, उससे उसे तीव्र घृणा होने लगी।

इसी तरह उसका पेट साफ़ रखने के लिए विशेष व्यवस्था की गई। उसके लिए यह एक नई यन्त्रणा बन गई जो उसे हर रोज़ सहनी पड़ती थी। कुछ तो इसकी गन्दगी, बदबू और अटपटेपन के कारण, और कुछ इसलिए कि एक दूसरे आदमी को इस काम के लिए उसके साथ रहना पड़ता।

पर इस अप्रिय काम में एक सान्त्वना भी थी। भंडारे में काम करनेवाला नौकर गेरासिम, कमोड उठाने के लिए आया करता था।

गेरासिम एक साफ़-सुथरा, ताजा दम देहाती युवक था जिसे शहर की खुराक खूब ठीक बैठी थी। वह हर वक़्त प्रसन्नचित्त और खिला-खिला रहता। शुरू-शुरू में तो जब रूसी पोशाक पहने इस साफ़-सुथरे लड़के को इतना घृणित काम करते देखा तो इवान

इल्यीच को अच्छा न लगा।

एक बार इवान इल्यीच कमोड पर से उठा तो उसमें इतनी ताक़त न थी कि वह अपनी पतलून भी ऊपर चढ़ा सके। वह धड़ाम से आरामकुर्सी पर पड़ गया। लेटे-लेटे भयातुर आँखों से वह अपनी नंगी पिंडलियों को देखने लगा। उन पर से उसके पिलपिले पट्ठे लटकने लगे थे।

उसी वक़्त गेरासिम, हल्के-हल्के किन्तु मज़बूती से पाँव रखता हुआ वहाँ आ पहुँचा। उससे जाड़े की ताज़गी तथा कोलतार की गन्ध आ रही थी जो वह अपने मोटे-मोटे बूटों पर मलकर हटा था। उसने साफ़-सुथरी सूती कमीज़ पहन रखी थी और उसके ऊपर घर के बुने साफ़ कपड़े का लबादा डाल रखा था। कमीज़ की आस्तीनें चढ़ी हुई थीं, जिससे उसकी तरुण हृष्ट-पुष्ट बाँहें नज़र आ रही थीं। शायद वह डरता था कि उसके अपने चेहरे को देखकर, जिस पर जीवन का आनन्द फूट-फूट पड़ता था, कहीं इवान इल्यीच अपने को तिरस्कृत महसूस न करे। इसलिए बिना इवान इल्यीच की ओर देखे, वह सीधा कमोड के पास जा पहुँचा।

"गेरासिम," इवान इल्यीच ने क्षीण सी आवाज़ में पुकारा।

गेरासिम ज़रा चौका, उसे डर लगा कि शायद उससे कोई भूल हो गई है। और जल्दी से वह घूमकर रोगी की ओर देखने लगा। उसके तरुण चेहरे से ही उसके सरल, नम्र स्वभाव का पता चल जाता था। उसकी मसें भीग चली थीं।

"क्या है, हुज़ूर ?"

"तुम्हें यह बहुत बुरा मालूम हो रहा होगा। मुझे माफ़ करना। मैं यह स्वयं कर नहीं सका।"

"आप क्या कहते हैं हुज़ूर ?" और गेरासिम मुस्कुराया जिससे उसकी आँखें और दाँत चमक उठे, "मैं क्यों न आपकी मदद करूँ ? आप बीमार जो हैं।"

अपने मज़बूत, दक्ष हाथों से उसने अपना रोज़ का काम किया, और दबे पाँव कमरे से बाहर निकल गया। पाँच मिनट बाद वह वैसे ही दबे पाँव फिर वापस आया।

इवान इल्यीच अब भी आरामकुर्सी पर पड़ा हुआ था।

लड़के ने साफ़ कमोड वहाँ रख दिया। इस पर इवान इल्यीच ने पुकारकर कहा :

"गेरासिम, ज़रा इधर आना भय्या, मेरी थोड़ी मदद कर देना," गेरासिम मालिक की ओर गया, "मुझे उठाओ। मैं खुद नहीं उठ सकता। द्मीत्री यहाँ पर नहीं है। मैंने उसे बाहर भेज दिया था।"

गेरासिम नीचे को झुका और अपने मजबूत हाथों से—उसका स्पर्श इतना ही हल्का था जितने कि उसके क़दम—उसने इवान इल्यीच को धीरे से और बड़ी कुशलता से उठाया, फिर एक हाथ से उसे थामे रखकर, दूसरे हाथ से उसकी पतलून चढ़ा दी। वह उसे फिर आरामकुर्सी में बैठालने लगा था जब इवान इल्यीच ने उसे सोफ़े पर ले चलने को कहा। गेरासिम बिना ज़ोर लगाए उसे उठा लाया और सोफ़े पर बिठा दिया।

"बड़ी मेहरबानी। तुम कितने समझदार हो, कितना अच्छा काम करते हो !"

गेरासिम फिर मुस्कुराया, और बाहर जाने को हुआ, परन्तु इवान इल्यीच को उसका वहाँ ठहरना इतना भला लग रहा था, कि उसने उसे जाने नहीं दिया।

''बुरा न मानो तो वह कुर्सी ज़रा इधर लेते आना। नहीं, वह नहीं, साथवाली, मेरे पाँव उस पर रख दो। मैं पाँव जरा ऊपर कर लूँ तो थोड़ा बेहतर महसूस करता हूँ।''

गेरासिम कुर्सी ले आया। एक ही झटके में वह फ़र्श पर कुर्सी पटकने को था, कि अपने को रोक लिया और बिना हल्की सी भी आहट किए उसे फ़र्श पर टिका दिया, और फिर इवान इल्यीच के पाँव उस पर रख दिए। जब गेरासिम ने उसके पाँव उठाए तो उसे भास हुआ जैसे अभी से वह बेहतर महसूस करने लगा है।

''मैं पाँव ऊपर कर लूँ तो बेहतर महसूस करता हूँ। वहाँ से तकिया उठा लाओ और मेरे पाँव के नीचे रख दो।''

गेरासिम ने वैसा ही किया। उसने मरीज़ के पाँव उठाए और नीचे तकिया रख दिया। अब भी जब गेरासिम ने उसके पाँव उठाए तो उसे अच्छा लगा। जब नीचे रख दिए तो तबीयत खराब होने लगी।

''गेरासिम, क्या इस वक़्त तुम्हें बहुत काम है ?''

''नहीं तो, हुज़ूर, बिल्कुल नहीं,'' शहरी लोगों से गेरासिम ने सीख लिया था कि बड़ों से कैसे बात करनी चाहिए।

''तुम्हें और क्या काम करना है ?''

''कुछ भी नहीं हुज़ूर, मैंने सब काम कर लिया है। कल के लिए थोड़ी लकड़ी चीरना बाक़ी है, बस।''

''क्या तुम थोड़ी देर के लिए मेरे पाँव ऊपर को उठाए रख सकते हो ?''

''क्यों नहीं, हुज़ूर।'' और गेरासिम ने उसके पाँव ऊपर को उठा रखे। और इवान इल्यीच को लगा जैसे उस स्थिति में उसे बिल्कुल ही कोई दर्द महसूस नहीं हो रहा है।

''लकड़ी का क्या करोगे ?''

''आप चिन्ता न करें, हुज़ूर। मैं वक़्त निकाल लूँगा।''

इवान इल्यीच ने गेरासिम को बिठा लिया। पाँव उठवाए हुए, वह उससे बातें करने लगा। भले ही वह विचित्र बात जान पड़े पर उसे सचमुच महसूस हो रहा था कि यदि गेरासिम उसके पैर थामे रहे, तो उसकी तबीयत सँभली रहती है।

उसके बाद इवान इल्यीच किसी-किसी वक़्त गेरासिम को अपने पास बुला लिया करता, और उसके कन्धों पर अपने पैर रखवा लेता। उस लड़के के साथ बातें करने में उसे बड़ा सुख मिलता। गेरासिम जो भी काम करता, इतने शौक़ से, इतने सहज और सरल ढंग से, इतनी हँसी-खुशी के साथ कि इवान इल्यीच का दिल भर आता। घर में गेरासिम को छोड़कर और लोगों को स्वस्थ, हृष्ट-पुष्ट और प्रसन्नचित्त देखकर इवान इल्यीच को चिढ़ होती। और गेरासिम को प्रसन्नचित्त और स्वस्थ देखकर, चिढ़ने के बजाय उसे सन्तोष होता।

इवान इल्यीच को सबसे अधिक क्लेश इस बात का था कि सभी लोग उसके साथ

झूठ बोलते हैं, कि वह केवल बीमार है, मर नहीं रहा, कि यदि वह चुपचाप डॉक्टरों के आदेश का पालन करता जाएगा तो स्वस्थ हो जाएगा। वह भली-भाँति जानता था कि कुछ भी क्यों न किया जाए, उसकी स्थिति नहीं सुधरेगी, केवल उसकी यन्त्रणा बढ़ती जाएगी और अन्त में वह मर जाएगा। इस झूठ से उसे कष्ट होता। कोई भी इस झूठ को मानने के लिए तैयार न था। सभी जानते थे कि सच क्या है। वह स्वयं भी जानता था। फिर भी उसकी भयंकर स्थिति के कारण सभी इस झूठ को उस पर थोपते चले जा रहे थे। उसे मजबूर करना चाहते थे कि वह भी इस झूठ को सच मानने लगे। जब वह मौत के नाके पर जा पहुँचा है, उस समय उस पर यह झूठ थोपना उसकी मृत्यु की गम्भीर तथा गरिमामयी क्रिया को ओछे स्तर पर ले आना था। उस ओछे स्तर पर जिस पर लोग एक दूसरे के घर जाते हैं, और भोजन करते हैं, और बैठकों में बैठकर स्टरजन खाते हुए गप्पें हाँकते हैं। यह सोचकर इवान इल्यीच को बेहद कष्ट होता, बयान से बाहर। और, अजीब बात है, कई बार जब लोग उसके साथ इस औपचारिक ढंग से व्यवहार करते तो उसके मुँह से निकलने को होता, "झूठ मत बोलो। तुम भी जानते हो और मैं भी जानता हूँ कि मैं मर रहा हूँ। और नहीं तो कम से कम झूठ बोलना तो बन्द कर दो !" पर यह कहने का साहस वह कभी भी नहीं जुटा पाया। उसे साफ़ नज़र आ रहा था कि उसके इर्द-गिर्द के लोग उसकी मृत्यु की गम्भीर भयावह क्रिया को, एक अप्रिय घटना के बराबर समझते हैं, एक तरह का अशिष्ट व्यवहार मानते हैं। (जिस भाँति लोग उस आदमी को बुरा समझते हैं जो एक बैठक के अन्दर आए, और आते ही बू छोड़ दे, उसी तरह लोग इवान इल्यीच के व्यवहार को भी अशिष्ट समझते थे।) मानो वह शिष्टाचार के नियमों का उल्लंघन कर रहा हो, जिनका वह स्वयं आजीवन गुलाम रहा था। उसे लगता जैसे किसी को भी उसके प्रति सहानुभूति नहीं, क्योंकि कोई भी उसकी स्थिति को समझना नहीं चाहता। केवल एक ही आदमी था जो उसकी स्थिति को समझता था और जिसके दिल में उसके प्रति सहानुभूति थी। वह गेरासिम था। इस कारण उसी एक आदमी को इवान इल्यीच अपने पास रखना भी चाहता था। कभी-कभी गेरासिम सारी-सारी रात उसके पाँव थामे बैठा रहता और उसके कहने पर भी सोने के लिए न जाता। वह कहा करता : "इसकी चिन्ता न कीजिए हुज़ूर, मैं बाद में सो लूँगा।" या वह कहता, "आप बीमार जो हैं, मैं आपकी सेवा क्यों न करूँ ?" ये शब्द सुनकर इवान इल्यीच को सन्तोष होता। गेरासिम ही एक ऐसा आदमी था जो कभी झूठ नहीं बोलता था। उसके प्रत्येक काम से यह पता चलता था कि यथार्थ स्थिति को वही एक आदमी समझता है, और उसे छिपाने की उसे कोई आवश्यकता नज़र नहीं आती। उसे इस बात का दुःख था कि बेचारे मालिक की शक्ति धीरे-धीरे क्षीण हो रही है। एक बार वह इवान इल्यीच के कहने पर कमरे में से जा रहा था जब उसने साफ़ कह दिया :

"मैं क्यों न आपकी इस वक्त मदद करूँ ? हम सभी को एक दिन मरना है।" इस तरह उसने बता दिया कि उसे इवान इल्यीच की सेवा करना बुरा नहीं लगता क्योंकि यह सेवा वह एक मरते आदमी की कर रहा है। उसे इस बात की आशा थी कि जब

उसका समय आएगा तो कोई उसकी भी सेवा करेगा।

एक तो लोगों के झूठ के कारण और इससे सम्बद्ध प्रतिक्रियाओं के कारण इवान इल्यीच दुःखी होता। दूसरे इस बात से कि किसी को उसके प्रति संवेदना न थी जिसकी वह आशा करता था। इतनी देर तक कष्ट भोगने के बाद, कभी-कभी उसके हृदय में तीव्र इच्छा उठती कि जिस तरह कोई बीमार बच्चे को दुलारता है, उसी तरह उसे भी कोई दुलारे। वह चाहता था कि बीमार बच्चे की भाँति उससे भी कोई लाड़-प्यार की बातें करे, उसे चूमे, उसकी स्थिति पर आँसू बहाए। पर वह जानता था कि यह असम्भव है। एक तो वह अदालत का प्रतिष्ठित सदस्य था, उस पर बाल पकने जा रहे थे, यह कैसे हो सकता था ? पर उसका दिल यही चाहता था। इस भावना से कुछ-कुछ मिलती-जुलती सहानुभूति उसे गेरासिम से मिल पाती। इसीलिए जब गेरासिम उसके पास होता तो उसे सान्त्वना मिलती। इवान इल्यीच रोना चाहता था, वह चाहता था कि कोई उसे दुलराए, उसकी स्थिति पर आँसू बहाए। शेबेक उसे मिलने आता है। वह उसका सहकर्मी है। वह भी अदालत का सदस्य है। उसके सामने इवान इल्यीच रो नहीं सकता, उससे लाड़-प्यार की आशा नहीं कर सकता। इसलिए इसे गम्भीर विद्वत्ता-भरी मुद्रा में बैठना पड़ता है, और आवेदन-न्यायालय के पिछले निर्णय के महत्त्व पर बिना किसी उत्साह के अपनी राय देनी पड़ती है और बड़ी दृढ़ता से उसका पक्ष लेना पड़ता है। इवान इल्यीच के जीवन के अन्तिम दिनों को कटु बनाने के लिए जिस चीज़ ने सबसे अधिक विष घोला था वह यह झूठ, जो उसके भीतर और बाहर सब ओर फैला हुआ था।

8

सुबह हो चुकी थी। इसका पता इस बात से चलता था कि गेरासिम कमरे से बाहर जा चुका था और चोबदार प्योत्र अन्दर आ गया था। चोबदार ने बत्तियाँ बुझाईं, एक खिड़की पर से पर्दे हटाए, और दबे पाँव, चुपचाप कमरे की सफ़ाई करने लगा। परन्तु सुबह हो या शाम, शुक्रवार हो या रविवार, इवान इल्यीच के लिए कोई फ़र्क़ न पड़ता था, सब दिन एक जैसे थे। सारा वक़्त घातक पीड़ा अन्दर छीलती रहती, क्षण-भर के लिए भी न थमती; एक ही बात की चेतना उसे रहती कि जीवन, किसी अटल नियम के अनुसार, समाप्त होता जा रहा है, परन्तु अभी तक पूर्णतया समाप्त नहीं हो पाया; और संसार की एकमात्र यथार्थता, मृत्यु, घृणित मृत्यु, धीरे-धीरे उसकी ओर बढ़ती चली आ रही है। और इस पर—वह झूठ। उसे दिनों, हफ़्तों का ध्यान ही क्योंकर आ सकता था ?

"आप चाय पिएँगे, हुज़ूर ?"

("प्रातःकाल परिवार के सभी लोग चाय पीते हैं, इसलिए इसे बताना होगा," इवान

इल्यीच ने सोचा।)

"नहीं," उसने कहा।

"शायद हुज़ूर अब सोफ़े पर आराम करना चाहेंगे ?"

("इसे कमरा साफ़ करना है और मैं इसकी सफ़ाई में बाधक बन रहा हूँ। मैं कमरे को खराब कर रहा हूँ, मेरे कारण चीज़ें अस्त-व्यस्त हो रही हैं," इवान इल्यीच ने सोचा।)

"नहीं, मैं यहीं पर ठीक हूँ," उसने कहा।

चोबदार थोड़ी देर तक और काम करता रहा। इवान इल्यीच ने अपना हाथ बढ़ाया। प्योत्र बड़ी उत्कंठा से उसके पास दौड़ा आया।

"क्या चाहिए हुज़ूर ?"

"घड़ी।"

घड़ी इवान इल्यीच के हाथ के सामने पड़ी थी। प्योत्र ने घड़ी उठाकर दे दी।

"साढ़े आठ। क्या सब लोग उठ गए हैं ?"

"अभी नहीं हुज़ूर। वसीली इवानोविच (बेटा) स्कूल चले गए हैं, और प्रेस्कोव्या फ़्योदोरोव्ना ने हुक्म दे रखा है कि जब भी आप उनसे मिलना चाहें तो उन्हें फ़ौरन ख़बर कर दी जाए। क्या उन्हें बुला लाऊँ हुज़ूर ?"

"नहीं, रहने दो।" "(मैं थोड़ी चाय पी ही लूँ तो क्या हर्ज है," उसने सोचा।) "मेरे लिए थोड़ी चाय ले आओ।"

प्योत्र दरवाज़े की ओर बढ़ा। पर इवान इल्यीच यह सोचकर डर गया कि उसे कमरे में अकेले बैठना पड़ेगा। ("क्या करूँ जिससे यह यहीं पर रुका रहे ? हाँ, दवाई का बहाना हो सकता है।") "प्योत्र, मुझे दवाई की खुराक देते जाओ।" ("क्यों न लूँ ? इससे शायद सचमुच कुछ फ़ायदा हो।") उसने एक चम्मच दवाई पी ली। ("नहीं, इससे कुछ लाभ नहीं होगा। फ़िज़ूल है। बिल्कुल अपने को धोखा देनेवाली बात है। इस पर से अब मेरा विश्वास उठ गया है," वह सोचने लगा जब उसके मुँह में वही मीठा बकबका परिचित स्वाद आया। "यह पीड़ा मुझे क्यों सताए जा रही है ? काश कि यह एक मिनट भर के लिए थम पाती !")। वह कराह उठा। प्योत्र लौट आया। "नहीं, जाओ और मेरे लिए चाय ले आओ।"

प्योत्र चला गया। इवान इल्यीच अकेला रह गया था। कुछ असह्य दर्द के कारण, परन्तु अधिक मानसिक क्लेश के कारण वह कराहता रहा। "समय का क्रम उसी तरह चल रहा है। लम्बे दिन जो कभी खत्म नहीं होते, और लम्बी, कभी न खत्म होनेवाली रातें। काश कि वह जल्दी आ पाए। कौन जल्दी आ पाए ? मौत, अन्धकार ! नहीं, नहीं, मौत से तो कुछ भी बेहतर होगा !"

नाश्ते की तश्तरी उठाए, प्योत्र अन्दर आया। इवान इल्यीच कुछ देर तक बड़ी व्यग्रता से उसकी ओर देखता रहा, उसकी समझ में नहीं आ रहा था कि यह कौन है और क्या चाहता है। उसके यों घूरने पर प्योत्र कुछ सकपका गया। उसकी सकपकाहट देखकर इवान इल्यीच को होश आया।

"ओह, ठीक है, चाय लाया है," उसने कहा, "रख दो। बहुत अच्छा। बस, मेरे हाथ-मुँह धुला दो, और एक साफ़ क़मीज़ निकाल दो।"

इवान इल्यीच मुँह-हाथ धोने लगा। धीरे-धीरे, थोड़ी-थोड़ी देर रुक-रुककर उसने अपने हाथ धोए, मुँह धोया, दाँत साफ़ किए, बाल काढ़े और शीशे में अपना चेहरा देखा। चेहरा देखते ही वह डर गया, विशेषकर जब उसने अपने बेजान से बाल ज़र्द, पीले माथे पर चिपके हुए देखे।

क़मीज़ बदलते वक्त उसने समझ लिया कि यदि उसने अपना शरीर शीशे में देखा तो वह और भी भयावना होगा, इसलिए वह शीशे के सामने नहीं गया। आख़िर सब काम निबट गया। उसने अपना ड्रेसिंग-गाउन पहना, टाँगों पर कम्बल ओढ़ा और आराम कुर्सी पर बैठकर चाय पीने लगा। कुछ देर के लिए उसने अपने को ताज़ादम महसूस किया। पर ज्यों ही उसने चाय पीना शुरू किया, उसे फिर दर्द का भास होने लगा, और मुँह का स्वाद बदल गया। जैसे-तैसे उसने चाय पी ली और फिर टाँगें फैलाकर लेट गया। लेटते ही उसने प्योत्र को कमरे में से चले जाने को कहा।

फिर वही चक्र चल पड़ा था। क्षण-भर के लिए आशा की एक किरण फूटती पर दूसरे क्षण निराशा का प्रचंड सागर लील लेता। सारा वक़्त यह पीड़ा, असह्य यातना उसे बेचैन किए रहती। जब वह अकेला होता तो पीड़ा असह्य हो उठती। जी चाहता कि किसी को बुलाए, पर वह पहले से जानता था कि इससे कोई लाभ न होगा, बल्कि और भी बुरा होगा। "अगर वह मुझे फिर मार्फ़ीन दे दे जिससे मैं यह दर्द भूले रहूँ तो कितना अच्छा हो। मुझे डॉक्टर को ज़रूर कहना चाहिए कि सोचकर कुछ बतलाए। यह स्थिति तो बिल्कुल असह्य हो रही है, बिल्कुल असह्य।"

एक घंटा, फिर दूसरा घंटा इसी तरह बीत गया। ड्योढ़ी में किसी ने घंटी बजाई। शायद डॉक्टर आया है। हाँ, डॉक्टर है, मोटा-ताज़ा, चुस्त, प्रसन्नचित्त, चेहरे पर आत्मविश्वास छलकता है, मानो कह रहा हो, "तुम डर गए जान पड़ते हो, पर चिन्ता नहीं करो, मैं तुम्हारे डर का कारण अभी दूर किए देता हूँ।" डॉक्टर जानता था कि चेहरे पर यह भाव लेकर यहाँ आना असंगत है, पर यह मुद्रा तो उसका नक़ाब है, जिसे बदलना अब आसान नहीं, बल्कि उतना ही कठिन है जितना कि वह फ्राक-कोट को उनारना, जिसे वह सुबह अपना दौरा शुरू करने से पहले ही पहन लेता है।

रोगी को आश्वस्त करने के लिए डॉक्टर अपने हाथ बड़े ज़ोर-ज़ोर से मलता रहा।

"मेरे हाथ बहुत ठंडे हो रहे हैं। बाहर बला की सर्दी पड़ रही है। बस, मिनट-भर और इन्तज़ार कीजिए, मेरे हाथ अभी गर्म हो जाएँगे।" ये शब्द उसने ऐसे लहजे में कहे मानो यह बताना चाहता हो कि बस मिनट-भर और इन्तज़ार करने की ज़रूरत है, मेरा शरीर गर्म होते ही तुम्हारा रोग जाता रहेगा।

"कहिए, कैसी तबीयत है ?"

इवान इल्यीच को लगा जैसे डॉक्टर पूछना चाहता है, "कहिए पेट क्या कहता है ?" पर शायद उसे सवाल को इस ढंग से पूछना असभ्य लगा इसलिए उसने सवाल

बदल दिया, "कहो, रात कैसे गुज़री ?"

इवान इल्यीच ने ऐसी नज़र से डॉक्टर की ओर देखा, मानो कह रहा हो, "क्या तुम्हें झूठ बोलते कभी भी शरम नहीं आएगी ?" परन्तु डॉक्टर उसका भाव समझना नहीं चाहता था।

"बहुत तकलीफ़ में हूँ," इवान इल्यीच ने कहा, "दर्द न जाता है, न कम होता है। अगर आप मुझे कोई ऐसी चीज़ दे दें जिससे..."

"तुम सब बीमार लोग एक जैसे होते हो। अब मेरे बदन में कुछ गरमी आई जान पड़ती है। अब तो प्रेस्कोव्या फ़्योदोरोव्ना को भी मेरे शरीर के तापमान के बारे में कोई आपत्ति न होगी। उन्हें हर बात का ध्यान रहता है। अच्छा, तो, गुड-मार्निंग," डॉक्टर ने कहा और इवान इल्यीच के साथ हाथ मिलाया।

हँसी-मज़ाक़ छोड़कर, अब डॉक्टर ने गम्भीर मुद्रा धारण की, और रोगी को देखना शुरू किया। उसने नब्ज़ देखी, बुख़ार देखा, छाती ठोंककर देखी, दिल की धड़कन सुनी।

इवान इल्यीच यक़ीनी तौर पर जानता था कि यह सब झूठ है, निरा धोखा है, पर जब डॉक्टर ऐन उसके सामने घुटनों के बल बैठ गया, और आगे को झुककर अपना कान कभी नीचे, कभी ऊपर लगाकर, आँखें सिकोड़े, गम्भीर मुद्रा बनाए, इस तरह के आसनों में उसे देखने लगा, तो इवान इल्यीच उसके प्रभाव में आ गया, वैसे ही जैसे वह स्वयं वकीलों के भाषणों के प्रभाव में आ जाया करता था, यह भली भाँति जानते हुए भी कि वे झूठ बोल रहे हैं, और यह भी जानते हुए कि क्यों झूठ बोल रहे हैं।

डॉक्टर अब भी सोफ़े पर घुटने टेके उसकी छाती को ठोंक-बजाकर देख रहा था जब दरवाज़े की ओर से रेशमी कपड़ों की सरसराहट सुनाई दी, और प्रस्कोव्या फ़्योदोरोव्ना की आवाज़ आई। वह प्योत्र पर नाराज़ हो रही थी कि उसने उसे डॉक्टर के आने की ख़बर क्यों नहीं दी।

उसने आते ही पति को चूमा और अपनी सफ़ाई देने लगी कि वह तो कब की जगी हुई है, केवल किसी ग़लतफ़हमी के कारण वह डॉक्टर के आने पर कमरे में नहीं पहुँच पाई।

इवान इल्यीच ने उसकी ओर देखा। उसकी एक-एक चीज़ को ध्यान से देखा और उसका जी कटुता से भर उठा। उसकी चमड़ी कितनी सफ़ेद है, शरीर कितना हृष्ट-पुष्ट, बाज़ू और गर्दन कितने चिकने, बाल और आँखें कैसी चमक रही हैं, अंग-अंग से जीवन का ओज फूट रहा है। इवान इल्यीच का रोम-रोम उसके प्रति घृणा से भर उठा। जब भी वह उसे हाथ लगाती, तो इवान इल्यीच के सारे शरीर में घृणा की एक लहर दौड़ जाती।

पर स्त्री का रवैया अपने पति और उसकी बीमारी की ओर नहीं बदला था। जैसे डॉक्टर अपना रवैया अपने मरीज़ों के प्रति स्थिर कर लेते हैं और बदल नहीं पाते, उसी भाँति इसने भी अपने पति के प्रति एक रुख अपना लिया था—कि वह अपने रोग के लिए स्वयं ज़िम्मेदार है, यह ऐसी बातें करता है जो इसे नहीं करनी चाहिए। फिर प्यार

से उसकी भर्त्सना करती। वह इस रवैये को बदल नहीं सकती थी।

"यह किसी की सुनते ही नहीं। बाक़ायदा दवाई नहीं लेते। सबसे बुरी बात तो यह है कि जिस तरह यह टाँगें ऊपर को उठाए लेटे रहते हैं, उससे उन्हें ज़रूर नुक़सान होगा।"

उसने बताया कि किस तरह इवान इल्यीच गेरासिम से टाँगें ऊपर उठवाए लेटा रहता है।

डॉक्टर के होंठों पर एक हल्की सी स्नेह-भरी, अनुकम्पा-भरी मुस्कान आई। वह मानो कह रहा हो : "मैं क्या कर सकता हूँ ? हमारे मरीज़ तरह-तरह की कलाबाज़ियाँ करते रहते हैं। हमें उन्हें माफ़ ही करना पड़ता है।"

जाँच समाप्त करके डॉक्टर ने अपनी घड़ी की ओर देखा। इस पर प्रस्कोव्या फ़्योदोरोव्ना कहने लगी कि चाहे इवान इल्यीच को अच्छा लगे या बुरा, उसने एक प्रसिद्ध डॉक्टर को भी आज बुला रखा है और वह और मिख़ाइल दनीलोविच (यह साधारण डॉक्टर का नाम था) दोनों मिलकर जाँच करेंगे और आपस में परामर्श करेंगे।

"बस-बस, इसका विरोध नहीं करना। यह मैं तुम्हारी ख़ातिर नहीं, अपनी ख़ातिर कर रही हूँ," उसने व्यंग्य से कहा, इसलिए कि वह समझ जाए कि वह यह प्रबन्ध उसी की ख़ातिर कर रही है ताकि उसे प्रतिवाद करने का अधिकार न रहे। उसकी त्योरियाँ चढ़ गईं, पर वह बोला कुछ नहीं। वह जानता था कि वह झूठ के ऐसे कुचक्र में फँस गया है कि उसके लिए झूठ-सच पहचानना कठिन हो रहा है।

सच तो यह था कि उसकी स्त्री जो कुछ भी उसके लिए कर रही थी, वह दरअसल अपने ही लिए था। वह कहती भी यही थी कि मैं अपने लिए कर रही हूँ, और वह कर भी अपने ही लिए रही थी। लेकिन वह बात इस ढंग से कहती कि यह असम्भव जान पड़ता, और सोचती कि इवान इल्यीच को समझना चाहिए था कि जो कुछ हो रहा है, इसी की ख़ातिर हो रहा है।

जैसा कि उसने कहा था, ठीक साढ़े ग्यारह बजे प्रसिद्ध डॉक्टर आ पहुँचा। फिर उसके शरीर की ध्वनि-परीक्षा हुई, और उसकी उपस्थिति में, और साथवाले कमरे में, गुर्दों और अन्धान्त्रों के बारे में बड़ी विद्वत्तापूर्ण बातें हुईं। इतनी गम्भीर मुद्रा में सवाल-जवाब हुए मानो समस्या जीवन और मरण की नहीं–जो वास्तव में आँखें फाड़े इवान इल्यीच के सामने खड़ी थी–बल्कि गुर्दों और अन्धान्त्र की है जिनका रवैया ठीक नहीं रहा और जिन्हें अब मिख़ाइल दनीलोविच और प्रसिद्ध डॉक्टर अपने हाथ में लेकर अपने निश्चयानुसार चलाएँगे।

उसी तरह गम्भीर मुद्रा बनाए डॉक्टर ने विदा ली। उस मुद्रा में निराशा का भाव न था। जब इवान इल्यीच ने भय और आशा से चमकती आँखें ऊपर उठाईं और डॉक्टर से डर-डरकर पूछा कि क्या मैं तन्दुरुस्त हो जाऊँगा, तो जवाब में डॉक्टर ने कहा कि मैं पूरे विश्वास के साथ तो नहीं कह सकता, किन्तु इसकी सम्भावना ज़रूर है। डॉक्टर जाने लगा तो इवान इल्यीच की आँखें दरवाज़े तक उसे देखती रहीं। उन आँखों में आशा

की ऐसी हृदयविदारक झलक थी कि जब प्रेस्कोव्या फ़्योदोरोव्ना, डॉक्टर के लिए फ़ीस लाने कमरे में से निकली, तो वह भी अपने आँसू नहीं रोक सकी।

डॉक्टर के प्रोत्साहन से इवान इल्यीच का फिर हौसला बढ़ा। पर यह अधिक देर तक नहीं रहा। वही कमरा, वही तस्वीरें, वही पर्दे, वही दीवारों का काग़ज़, वही साज़-सामान, और वही यन्त्रणा सहता हुआ, दर्द से छटपटाता शरीर। इवान इल्यीच कराहने लगा। उन्होंने एक इंजेक्शन दिया जिससे वह बेसुध सा पड़ रहा।

जब वह जगा तो शाम हो चुकी थी। उसके लिए खाना लाया गया। बड़ी मुश्किल से उसने थोड़ा सा सूप मुँह में डाला। हर चीज़ फिर वैसी की वैसी हो रही थी। फिर रात घिरने लगी थी।

भोजन के उपरान्त, सात बजे प्रस्कोव्या फ़्योदोरोव्ना कमरे में आई। उसने बाहर जाने के लिए कपड़े पहन रखे थे। चेहरे पर पाउडर था, भारी-भरकम वक्ष कसकर बँधा था। आज प्रातः उसने इवान इल्यीच को याद करा दिया था कि परिवार के सब लोग नाटक देखने जा रहे हैं। सार्रा बेरनार नगर में अभिनय करने आई थी। इवान इल्यीच के ही बार-बार इसरार करने पर उन्होंने टिकट लिये थे। पर उसे यह सब भूल चुका था। बल्कि पत्नी का इतना अधिक शृंगार देखकर उसके दिल को चोट भी लगी। परन्तु यह याद करके कि उसी के आग्रह पर उन्होंने टिकट ख़रीदे थे—उसी ने कहा था कि कलात्मक अभिनय से बच्चों को अच्छी शिक्षा मिलती है—उसने अपनी भावनाओं को छिपाए रखा।

प्रस्कोव्या फ़्योदोरोव्ना कमरे में आई—चेहरे पर आत्मसन्तोष, किन्तु कुछ-कुछ अपराधी महसूस करती हुई। वह बैठ गई, पति का हाल पूछा। वह जानता था कि इसका और कोई अभिप्राय नहीं, केवल औपचारिकता निभा रही है। वह इसलिए नहीं पूछ रही थी कि कुछ जानना चाहती थी। जानने को था ही क्या ? उसने जो कुछ कहा वह केवल औपचारिकता थी : कि मैं तो कभी जाने का नाम भी न लेती यदि ये कमबख़्त टिकट न ले रखे होते, कि एलैन, उनकी बेटी और पेत्रीश्चेव (जाँच-मैजिस्ट्रेट, उनकी बेटी का मँगेतर) तीनों जा रहे थे और उन्हें अकेले जाने देना ठीक नहीं है। पर मेरा जी तो ज़रा भी जाने को नहीं, मैं तो तुम्हारे ही पास रहना चाहती हूँ। अब इतनी कृपा करना कि जब तक मैं बाहर रहूँ डॉक्टर के सभी आदेशों का पालन करते रहना।

"और फ़्योदोर पेत्रोविच (बेटी का मँगेतर) तुम्हें मिलना चाहता है। क्या वह अन्दर आ जाए ? लीज़ा भी तुम्हें मिलना चाहती है।"

"आने दो।"

बेटी अन्दर आई, बनी-ठनी, शरीर का बहुत सा हिस्सा उघड़ा हुआ। वह अपने शरीर की नुमाइश करना चाहती थी, जब कि इवान इल्यीच का शरीर दर्द से तड़प रहा था। वह स्वस्थ और हृष्ट-पुष्ट थी, प्रेम में सब कुछ भूली हुई, और दिल में इस बात पर नाराज़ थी कि पिता की बीमारी, क्लेश और आसन्न मृत्यु से उसके सुख पर एक छाया-सी आ पड़ी है।

फ़्योदोर पेत्रोविच अन्दर आया। शाम की बढ़िया पोशाक पहने हुए, बाल घुँघराले बनाए हुए । ála Capoul, लम्बी, उभड़ी हुई नसोंवाली गर्दन पर सफ़ेद, कलफ़ लगा कालर, सफ़ेद क़मीज़, मज़बूत पिंडलियों पर तंग काली पतलून, एक हाथ सफ़ेद दस्ताने में, दूसरे में ऑपेरा हैट उठाए हुए।

उसके पीछे-पीछे इवान इल्यीच का बेटा, सरकता हुआ चला आया। वह स्कूल में पढ़ता था। किसी ने उसे अन्दर आते नहीं देखा। उसने स्कूल की नई पोशाक पहन रखी थी और हाथों पर दस्ताने चढ़ाए था। बेचारा, उसकी आँखों के इर्द-गिर्द वह काले वृत्त थे, जिनका अर्थ इवान इल्यीच समझता था।

इवान इल्यीच को सदा अपने बेटे पर दया आती थी। परन्तु अब लड़के की सहमी हुई, सहानुभूतिपूर्ण आँखों को देखकर उसे भय लगने लगा था। इवान इल्यीच को महसूस हुआ जैसे गेरासिम के बाद वास्या ही एक ऐसा व्यक्ति है, जो उसे समझता है और जिसके दिल में उसके प्रति सहानुभूति है।

सब बैठ गए। उन्होंने फिर पूछा कि उसकी तबीयत कैसी है। थोड़ी देर तक कोई कुछ नहीं बोला। लीज़ा ने माँ से नाटक गृह की दूरबीन के बारे में पूछा। इस पर माँ-बेटी में छोटा सा झगड़ा उठ खड़ा हुआ कि किसने दूरबीन ग़लत जगह पर रख दी है। बड़ी भद्दी सी बात हुई।

फ़्योदोर पेत्रोविच ने इवान इल्यीच से पूछा कि क्या उन्होंने सार्रा बेरनार का अभिनय देखा है। पहले तो प्रश्न ही इवान इल्यीच की समझ में नहीं आया, फिर उसने कहा :

"नहीं, क्या तुमने देखा है ?"

"हाँ, Adrienne Lecouvreur में।"

प्रस्कोव्या फ़्योदोरोव्ना बोली कि एक दूसरे नाटक में तो उसने ऐसा अच्छा अभिनय किया कि उसका मन मोह लिया। बेटी की राय इससे भिन्न थी। इस पर उसके अभिनय की स्वाभाविकता और आकर्षण पर बहस होने लगी। इस बहस में दोनों ने वही कुछ कहा जो सदैव ऐसे विषयों पर कहा जाता है।

वार्तालाप के दौरान फ़्योदोर पेत्रोविच की नज़र इवान इल्यीच पर पड़ी और वह चुप हो गया। और लोगों ने भी उसकी ओर देखा और चुप हो गए। इवान इल्यीच ऐन अपने सामने देखे जा रहा था। उसकी आँखें क्रोध से चमक रही थीं, जिसे वह छिपा नहीं पा रहा था। कुछ करना होगा, पर क्या किया जा सकता है ? इस वक्त चुप्पी को तोड़ना होगा, परन्तु किसी में भी इसे तोड़ने की हिम्मत नहीं थी। सब डर रहे थे कि किसी बात से इस झूठ का भंडाफोड़ हो जाएगा जिसे शिष्टता की खातिर क़ायम रखा जा रहा था, और सब बात अपने असली रूप में सामने आ जाएगी। सबसे पहले लीज़ा ने साहस जुटाया और चुप्पी तोड़ी। चाहती तो थी कि उस भावना को छिपाए रखे, जो उस वक़्त हर कोई महसूस कर रहा था, पर इसके विपरीत उसने उसे प्रकट कर ही दिया।

"अगर हमें जाना है तो फिर उठो," उसने घड़ी देखते हुए कहा। यह घड़ी उसके पिता ने उसे उपहार-रूप दी थी। उसी समय उसके चेहरे पर एक हल्की सी महत्त्वपूर्ण मुस्कान भी दौड़ गई जो किसी दूसरे व्यक्ति को नज़र नहीं आई, और जिसका अर्थ केवल वह और उसका मँगेतर ही जानते थे। फिर रेशमी कपड़ों की सरसराहट के साथ वह उठ खड़ी हुई।

सब उठ खड़े हुए, विदा ली और चले गए।

इवान इल्यीच ने सोचा जैसे उनके चले जाने के बाद वह बेहतर महसूस करने लगा है। कम से कम उस झूठ से तो उसे छुटकारा मिला। उन्हीं के साथ झूठ भी चला गया था। पर दर्द और आतंक अब भी पीछे रह गए थे। वही पुराना दर्द, वही पुराना भय जिनसे अधिक निर्मम कुछ न था, जिनसे क्षण-भर के लिए भी चैन न मिलता था। अब वे और भी तेज़ होने लगे थे।

फिर उसी रफ़्तार से वक़्त रेंगने लगा, एक-एक मिनट एक-एक घंटा, पहले की ही तरह। इसका कोई अन्त न था। तिस पर भी अनिवार्य अन्त का त्रास उसके हृदय में बढ़ने लगा था।

"हाँ, भेज दो गेरासिम को," उसने प्योत्र के प्रश्न का उत्तर देते हुए कहा।

9

जब उसकी पत्नी लौटी तो काफ़ी देर हो चुकी थी। वह धीरे-धीरे दबे पाँव अन्दर आई, पर उसे आहट मिल गई। उसने आँखें खोलीं, फिर झट से बन्द कर लीं। वह चाहती थी कि गेरासिम को बाहर भेज दे और स्वयं उसके पास बैठे, परन्तु उसने आँखें खोलीं और बोला :

"नहीं, तुम चली जाओ।"

"क्या तुम्हें दर्द ज़्यादा है ?"

"कोई परवाह नहीं।"

"थोड़ी अफ़ीमवाली दवाई ले लो।"

उसने मान लिया और दवाई का घूँट भर लिया। वह बाहर चली गई।

प्रातः तीन बजे तक वह अर्द्ध-चेतन अवस्था में यन्त्रणा सहता रहा। अपनी कल्पना में उसने देखा कि वे लोग उसे एक तंग काली बोरी के अन्दर घुसेड़ने की कोशिश कर रहे हैं, वह अधिकाधिक उसमें धुसता जा रहा है, परन्तु वे लोग उसे नीचे तक नहीं पहुँचा पाते। उनके इस भयानक व्यवहार से वह बड़ा दुःखी है। वह डर रहा था, तिस पर भी वह बोरी के अन्दर जाना चाहता था। इस तरह वह एक ही साथ, अपने को रोकने की भी चेष्टा कर रहा था और अन्दर घुसने की भी। सहसा बोरी उसके हाथ से निकल गई और वह गिर पड़ा, और उसकी आँख खुल गईं। गेरासिम अब भी पलंग के पायताने

बैठा था और चुपचाप, ऊँघे जा रहा था। इवान इल्यीच, अपनी पतली-पतली टाँगें लड़के के कन्धों पर रखे, लेटा हुआ था। टाँगों पर मोज़े चढ़े थे। कमरे में, शेड के नीचे अब भी बत्ती जल रही थी। इवान इल्यीच को अब भी दर्द हो रहा था।

"जाओ, चले जाओ, गेरासिम," उसने फुसफुसाकर कहा।

"कोई बात नहीं, हुज़ूर, मैं कुछ देर बैठूँगा।"

"नहीं, जाओ।"

उसने टाँगें नीची कर लीं, करवट बदली, और गाल के नीचे अपना हाथ रखकर लेट गया, और उसका दिल अपने प्रति अनुकम्पा से भर उठा। वह इस इन्तज़ार में रहा कि गेरासिम साथवाले कमरे में चला जाए। ज्यों ही वह चला गया, उसने मानो अपनी लगाम ढीली कर दी और बच्चों की तरह बिलख-बिलखकर रोने लगा। वह अपनी निःसहायता पर रोता था, अपने भयावने एकाकीपन पर, लोगों की निर्दयता पर, भगवान की निर्दयता पर और इसलिए भी कि भगवान का अस्तित्व नहीं था।

"तुमने यह सब क्यों रचा है ? क्यों तुमने मुझे संसार में भेज दिया ? मैंने कौन सा पाप किया था जिसकी तुम मुझे इतनी कड़ी सज़ा दे रहे हो ?"

उसे किसी उत्तर की आशा न थी। इसका उत्तर था भी कोई नहीं, हो भी नहीं सकता था। इसी कारण वह रो भी रहा था। दर्द फिर शुरू हो गया, परन्तु इवान इल्यीच हिला-डुला नहीं, न ही किसी को बुलाया। उसने केवल मन ही मन इतना भर कहा, "ठीक है, मारो और ज़ोर से मारो ! पर किसलिए मारते हो ? मैंने तुम्हारा क्या बिगाड़ा है ?"

फिर वह चुप हो गया। उसने रोना बन्द कर दिया। साँस तक लेना बन्द कर दिया और बड़े ध्यान से कान लगाए सुनने लगा। उसे जान पड़ा जैसे वह किसी मनुष्य की नहीं, अन्तःकरण की आवाज़ सुन रहा है, अपने विचार-प्रवाह को सुन रहा था।

"तुम चाहते क्या हो ?" यह था पहला विचार जो काफ़ी स्पष्टता से उसके मन में शब्दबद्ध हो पाया। "तुम क्या चाहते हो ? तुम क्या चाहते हो ?" उसने दोहराकर अपने से पूछा। "मैं दुःख भोगना नहीं चाहता। जीना चाहता हूँ," उसने उत्तर दिया।

एक बार फिर वह बड़े ध्यान से सुनने की चेष्टा करने लगा, यहाँ तक कि उसका दर्द भी उसे विचलित नहीं कर पाया।

"जीना ? कैसे जीना चाहते हो ?" उसके अन्तर्तम से आवाज़ आई।

"जैसे पहले जीता था, एक शिष्ट, सुखी जीवन।"

"क्या सचमुच तुम्हारा जीवन पहले बहुत शिष्ट और सुखी था ?" आवाज़ आई। और वह मन ही मन अपने सुखी जीवन की सर्वोत्तम घड़ियों को याद करने लगा। पर, उसे यह देखकर अचम्भा हुआ कि सुखी जीवन की वे सभी घड़ियाँ अब वैसी नहीं लगती थीं, जैसी कि वह समझता आया था। हाँ, बचपन की सबसे पहली स्मृतियाँ अब भी सुखद लगती थीं। उसके बचपन के बहुत से दिन सचमुच बड़े प्यारे थे, लगता जैसे उन दिनों जीवन में कोई प्रयोजन था। काश कि वे दिन फिर लौट आते ! वह व्यक्ति अब

कहाँ था जिसने उस सुखद जीवन का रस लिया था? इवान इल्यीच को लगा जैसे वह किसी अन्य व्यक्ति की स्मृतियों को जगा रहा है।

फिर वे स्मृतियाँ सामने आने लगीं जिनका नायक आज का इवान इल्यीच था। इवान इल्यीच के एकाग्र मन को वे सब बातें निरर्थक और घृणित जान पड़ने लगीं जो किसी समय आल्हादपूर्ण लगा करती थीं।

ज्यों-ज्यों वह अपने बचपन के बाद, वर्तमान के निकट आता जाता, उसे अपना सुख निरर्थक और सन्दिग्ध लगने लगा। इसकी शुरुआत न्याय-विद्यालय से हुई। कुछेक बातों में वहाँ के अनुभव अच्छे भी थे, वहाँ हँसी-खेल था, मैत्री थी, जीवन में आशा थी। पर ज्यों-ज्यों वह ऊपर की कक्षाओं में पहुँचता गया त्यों-त्यों ये सुख विरल होते गए। उसके बाद नौकरी शुरू हुई। शुरू-शुरू के दिनों में जब वह गवर्नर का सेक्रेटरी था, तब भी उसे कुछेक अच्छी बातों का अनुभव हुआ। इनमें से अधिकांश का सम्बन्ध प्रेम से था। फिर क्रमशः उसका जीवन असम्बद्ध होता गया और अच्छी चीज़ें और भी कम होती गईं। उसके बाद अच्छाई और भी कम होती गई। जितना ही वह नौकरी में आगे बढ़ता जाता उतनी ही अच्छाई कम होती जाती।

फिर उसकी आँखों के सामने उसके विवाह का चित्र घूम गया। उसकी शादी बहुत ही अचानक हो गई थी। फिर उसका भ्रमजाल टूटा। उसे अपनी पत्नी के श्वास की गन्ध याद हो आई, वह कामान्धता, और फिर वह बनावटीपन ! वह नीरस धन्धा—पैसे की चिन्ता, वर्ष प्रतिवर्ष चलनेवाली चिन्ता। एक वर्ष, फिर दूसरा, तीसरा, दस साल, बीस साल, बिना किसी परिवर्तन के। जितनी ही अधिक यह चिन्ता होती, उतना ही अधिक जीवन नीरस होता जाता। "मानो मैं सारा वक़्त नीचे ही नीचे जा रहा हूँ, जहाँ मैं यह समझे बैठा था कि मैं ऊपर ही ऊपर उठ रहा हूँ। ठीक है, ऐसा ही था। मेरे मित्र भी यही कहते थे कि मैं ऊँचा उठ रहा हूँ, परन्तु वास्तव में स्वयं जीवन ही मेरे पाँव तले भरभराता जा रहा था। और आज मैं मौत के किनारे आ पहुँचा हूँ।"

"यह सब क्या हो रहा है ? क्यों हो रहा है ? विश्वास नहीं होता। विश्वास नहीं होता कि मेरा जीवन इतना निरर्थक और घृणित था। पर यदि मान भी लें कि वह घृणित और निरर्थक था, तो मैं मर क्यों रहा हूँ, इतनी कठोर यन्त्रणा में क्यों मर रहा हूँ ? कहीं कोई भूल हुई है।"

"शायद मैंने अपना जीवन उस ढंग से व्यतीत नहीं किया जैसे कि करना चाहिए था," उसके मन में विचार उठा। "पर यह कैसे हो सकता है कि मैंने अपना जीवन ठीक तरह से न बिताया हो ? मैं हर बात उसी तरह करता था जैसे कि करनी चाहिए थी," उसने मन ही मन जवाब दिया। फिर फ़ौरन इस उत्तर को मन में से निकाल दिया। जीवन और मृत्यु के समूचे प्रश्न का उत्तर दे पाना उसे असम्भव लग रहा था।

"अब तुम क्या चाहते हो ? जीना ? किस भाँति जीना चाहते हो ? मानों तुम अदालत में हो, और अदालत का परिचायक चिल्लाए जा रहा है, 'जज साहिबान तशरीफ़ ला रहे हैं !' जज आ रहा है, जज आ रहा है !" उसने मन ही मन दोहराकर कहा,

"वह आ पहुँचा, जज आ गया ! पर इसमें मेरा दोष नहीं है !" उसने क्रोध से चिल्लाकर कहा, "मेरा क्या दोष है ?" उसने रोना बन्द कर दिया, और मुँह दीवार की ओर करके एक ही बात बार-बार सोचने लगा, "क्यों, किस कारण मुझे यह भयानक यन्त्रणा सहनी पड़ रही है ?"

परन्तु चाहे जितना ही वह विचार करे, उसे कोई उत्तर नहीं मिल पाता था। जब भी उसके मन में यह विचार उठता (और ऐसा अक्सर होता था) कि उसने उस भाँति जीवन व्यतीत नहीं किया जैसे कि उसे करना चाहिए था, तो वह फ़ौरन इस असंगत विचार को अपने मन से निकाल देता, यह कहकर कि उसने सर्वथा उचित ढंग से अपना जीवन व्यतीत किया है।

10

दो सप्ताह और बीत गए। इवान इल्यीच अब सोफ़े पर ही पड़ा रहता था। सोफ़े पर इसलिए पड़ा रहता था कि वह बिस्तर पर नहीं लेटना चाहता था। अधिकांश समय दीवार की ओर मुँह किए लेटे रहता, और अकेले छटपटाता रहता। उसकी यन्त्रणा का वर्णन नहीं किया जा सकता। अकेले ही पड़े-पड़े वह इन जटिल प्रश्नों का उत्तर भी ढूँढ़ा करता, "यह क्या है ? क्या सचमुच यह मौत है ?" और कोई आन्तरिक आवाज़ उत्तर देती, "हाँ, यह सचमुच मौत है।" "फिर यह यन्त्रणा क्यों ?" जवाब आता, "कोई कारण नहीं।" बस यहीं तक यह बात पहुँच पाती। इसके अतिरिक्त कोई उत्तर न मिलता।

जब से यह बीमारी शुरू हुई थी, और वह पहली बार डॉक्टर के पास गया था, इवान इल्यीच का जीवन दो परस्पर-विरोधी मनःस्थितियों में बँट गया, जो बारी-बारी से आती रहती थीं। एक थी निराशा की स्थिति, इस पूर्वाभास की कि भयानक, अगम्य मृत्यु निकट आ रही है; दूसरी थी आशा की, जिसकी प्रेरणा से वह अपने शरीर की क्रियाओं का बड़े ध्यान के साथ निरीक्षण करता रहता। एक समय उसकी नज़र के सामने अपना गुर्दा या अन्धान्त्र होता और वह सोचता कि यह कुछ देर के लिए अपना काम ठीक तरह से नहीं कर रहा है; दूसरा वक़्त होता जब उसे मौत के सिवाय कुछ भी नज़र नहीं आता था जो भयानक और अथाह थी जिससे छुटकारा पाने का कोई उपाय न था।

बीमारी के शुरू के दिनों से ही ये दो मनःस्थितियाँ चल रही थीं। पर ज्यों-ज्यों उसकी बीमारी बढ़ती गई, उसके गुर्दों और अन्धान्त्र के सम्बन्ध में अनुमान अधिकाधिक काल्पनिक और असम्भव होते गए, परन्तु आनेवाली मौत की चेतना अधिकाधिक स्पष्ट होने लगी।

इतना याद भर करने से ही कि उसकी हालत तीन महीने पहले क्या थी और अब

क्या है, किस तरह क्रमशः वह नीचे ही नीचे उतरता चला गया है, आशा की सम्भावना तक मिट जाती थी।

इस एकाकीपन में, अपने जीवन के अन्तिम दिनों में, वह सारा वक़्त दीवार की ओर मुँह किए लेटा रहता, और केवल अपने अतीत के बारे में सोचा करता। इस आबाद शहर में, जहाँ इतने मित्र और सम्बन्धी रहते थे, वह बिल्कुल अकेला था। यदि वह समुद्र के तल पर पड़ा होता तो भी वह इतना अकेला न होता। एक-एक करके बीते दिनों के चित्र उसके सामने उभरने लगते। उनका आरम्भ तो सदा हाल ही की किसी घटना से होता, पर फिर वे दूर अतीत में चले जाते, उसके बचपन में, और वहाँ बड़ी देर तक मँडराते रहते। कभी उसे सूखे आलूबुख़ारे याद हो आते जो उसे एक दिन खाने को दिए गए थे। इस पर अवश्य उसे बचपन के पिचपिचे आलूबुख़ारों की याद हो आती, उनका विशेष स्वाद मुँह में आ जाता, वह लार याद आ जाती जो आलूबुख़ारों की गुठलियाँ चूसते समय मुँह में से निकला करती थी। इस स्वाद को याद करके, एक के बाद एक उस समय की स्मृतियों का एक ताँता सा लग जाता : धाय, भाई, खिलौने इत्यादि। "मुझे उनके बारे में नहीं सोचना चाहिए...इससे दिल में दर्द उठता है जिसे मैं सह नहीं सकता," इवान इल्यीच मन ही मन कहता और अपने विचारों को वर्तमान में खींच लाता। वह सोफ़े की पीठ पर लगे बटन और सोफ़े के बढ़िया चमड़े में पड़ी सिलवट के बारे में सोचने लगता। "यह चमड़ा महँगा है परन्तु टिकाऊ नहीं। इसे खरीदते वक़्त पत्नी के साथ मेरा झगड़ा हुआ था। जब हमने पिताजी के बैग का चमड़ा उधेड़ा था, तो वह चमड़ा दूसरी किस्म का था। तब हमें दंड दिया गया था, और माँ हमारे लिए पेस्ट्रियाँ लाई थीं। जो झगड़ा उस पर उठा था, वह भी दूसरी क़िस्म का था।" एक बार फिर उसके विचार बचपन की ओर भागते। उनके कारण मन दुःखी होता, और वह किसी दूसरी बात पर ध्यान लगाकर उन्हें मन में से निकालने की कोशिश करता।

परन्तु उसी समय अन्य स्मृतियाँ मन में उठने लगीं। उस समय भी उसे भास होने लगता कि अपने अतीत में जितना ही वह दूर जाता है, उतना ही अधिक ज़िन्दगी बदतर होती जाती है। उस समय जीवन में अधिक अच्छाई और ओज था। अच्छाई और ओज दोनों एक रूप थे। "जिस भाँति मेरी यन्त्रणा बढ़ती जा रही है, उसी भाँति मेरा समूचा जीवन बद से बदतर होता चला गया है। एक ही सुहावना काल था और वह जीवन के आरम्भ में। उसके बाद जीवन की हर चीज़ पर अधिकाधिक कालिमा छाती गई, और वह कालिमा अधिकाधिक गहरी होती गई। जितनी दूरी अब मुझे मौत से अलग किए हुए है, उसके प्रतिलोमानुपात में..." इवान इल्यीच सोचता रहा। और उसके मन में एक पत्थर का चित्र कौंध गया जो बढ़ते वेग से गिर रहा था। जीवन क्या है, निरन्तर बढ़ते हुए दुःखों का एक तान्ता, जो तीव्रतर गति से अपने गन्तव्य की ओर बढ़ता चला जा रहा है। और यह गन्तव्य क्या है ? घोरतम क्लेश। "मैं गिर रहा हूँ..." वह चौंका, उसने इसका मुक़ाबला करने और अपने हाथ-पाँव हिलाने की कोशिश की, परन्तु वह अब जान गया था कि मुक़ाबला करना असम्भव है। उन विचारों से थककर, वह फिर सोफ़े

की पीठ पर टकटकी बाँधे देखने लगा--वह अपने सामने से उस चीज़ को हटा नहीं सकता था जो अपना विकराल रूप लिये उसके सामने खड़ी थी! वह इन्तज़ार करने लगा कि कब वह गिरेगा, कब उसे वह आख़िरी धक्का लगेगा, कब वह नष्ट हो जाएगा। "मुक़ाबला करना असम्भव है," उसने मन ही मन कहा, "काश, मुझे इसका कारण मालूम हो पाता! पर यह भी असम्भव है। यदि मेरे जीवन-व्यवहार में कोई अनुचित बात रही हो तो इसका कुछ मतलब हो सकता है। पर यह मानना असम्भव है।" और उसे अपने जीवन की नेकी, शिष्टता और औचित्य याद हो आया। "मैं यह नहीं मान सकता," उसने मुस्कुराकर होंठ खोलते हुए, मन ही मन कहा, मानों उसकी मुस्कान देखकर कोई धोखे में आ जाएगा। "इसका कोई मतलब नहीं! यन्त्रणा। मृत्यु। क्यों?"

11

इसी तरह पन्द्रह दिन और बीत गए। इस बीच वह घटना घट गई जिसका उसे और उसकी पत्नी को इन्तज़ार था। पेत्रीश्चेव ने शादी का प्रस्ताव रखा। यह एक दिन सायंकाल की बात है। दूसरे दिन प्रातः प्रस्कोव्या फ़्योदोरोव्ना कमरे में पहुँची तो वह उसी सोफ़े पर लेटा हुआ था, पर दूसरे ढंग से। वह पीठ के बल लेटा हुआ था और कराहे जा रहा था। उसकी आँखें एकटक सामने देख रही थीं।

उसकी पत्नी ने दवाई के बारे में कुछ कहना शुरू किया। वह घूमकर उसकी ओर देखने लगा। उसे उसकी आँखों में अपने प्रति इतनी गहरी घृणा नज़र आई कि वह अपना वाक्य भी पूरा नहीं कर पाई, और चुप हो गई।

"भगवान के लिए मुझे चैन से मरने दो," वह बोला।

वह बाहर जाने को हुई, परन्तु उसी वक़्त उनकी बेटी अन्दर आ गई और अभिवादन के लिए उसके पास गई। उसने बेटी की ओर भी वैसी ही नज़र से देखा। जब बेटी ने पूछा कि तबीयत कैसी है तो बड़ी रुखाई के साथ बोला कि जल्दी ही तुम लोगों को मुझसे छुटकारा मिल जाएगा। दोनों चुप हो गईं, और थोड़ी देर तक बैठी रहीं। फिर उठकर चली गईं।

"इसमें हमारा क्या दोष है?" लीज़ा ने अपनी माँ से कहा, "बात तो ऐसी करते हैं, मानो सब हमारा कसूर हो। मुझे पापा की हालत पर रहम आता है, पर वह हमें क्यों इतना दुःखी करते हैं?"

रोज़ की तरह आज भी डॉक्टर ऐन वक़्त पर आया। इवान इल्यीच ने उसी तरह घूरते हुए उसे 'हाँ' और 'न' में जवाब दिए। अन्त में कहने लगा :

"तुम अच्छी तरह जानते हो कि अब कुछ नहीं हो सकता। मुझे छोड़ दो।"

"हम तुम्हारी यन्त्रणा को तो कम कर सकते हैं।"

"नहीं, तुम वह भी नहीं कर सकते। मुझे छोड़ दो।"

डॉक्टर बैठक में चला गया और जाकर प्रस्कोव्या फ़्योदोरोव्ना को बताया कि इवान इल्यीच की हालत बहुत ख़राब है। वह इस वक़्त घोर पीड़ा में है। उसकी पीड़ा कम करने का एक ही साधन है कि उसे अफ़ीम दी जाए।

डॉक्टर ने ठीक कहा था। इवान इल्यीच का शरीर इस समय घोर यन्त्रणा भोग रहा था। पर शारीरिक यातना से भी बढ़कर उसकी यातना नैतिक थी। और वास्तव में यही उसके दुःख का कारण थी।

उस रात वह गेरासिम के उनींदे, हँसमुख, चौड़े चेहरे की ओर देखे जा रहा था। उसके मन में विचार उठा : "क्या मालूम, यह बात ठीक हो कि मैंने अपना जीवन, अपना वयस्क जीवन, उस भाँति व्यतीत नहीं किया जैसे कि करना चाहिए था ?" इसी विचार से उसकी नैतिक यन्त्रणा शुरू हुई थी।

यह विचार उसके मन में कौंध गया। क्या मालूम यह ठीक ही हो। उसे यह बात सर्वथा असम्भव जान पड़ती थी (कि उसका जीवन उचित ढंग से नहीं गुज़रा)। उसके मन में यह विचार बार-बार उठने लगा : "ऊँचे रुतबेवाले लोगों की रुचियों तथा धारणाओं के विपरीत जो भावनाएँ मेरे मन में उठा करती थीं, और जिन्हें मैं दबा दिया करता था, वे कोमल, सूक्ष्म भावनाएँ जिनके अस्तित्व का ठीक तरह से पता भी न चलता था, क्या वही सच हों, और बाक़ी सब सच्चाई से दूर की बातें हों ? मेरा सरकारी काम, मेरे रहन-सहन का ढंग, मेरा परिवार, मेरी सामाजिक तथा व्यावसायिक रुचियाँ—ये सभी उस सच्चाई से दूर हो सकती हैं।" उसने इन चीज़ों का पक्ष लेने की कोशिश की, परन्तु सहसा ही उसे इनकी निरर्थकता का बोध हुआ। पक्ष लेने के लिए था ही क्या ?

"यदि यह बात है," उसने मन ही मन कहा, "और मैं इस जानकारी के साथ जीवन छोड़े जा रहा हूँ कि जो कुछ मुझे मिला था मैंने सब लुटा दिया, और अब कुछ भी नहीं हो सकता, वक़्त हाथ से निकल गया है—तो फिर क्या होगा ?" वह पीठ के बल पड़ा रहा और एक बिल्कुल ही पृथक् दृष्टिकोण से अपने जीवन का विश्लेषण करने लगा। जब आज प्रातः उसने पहले चोबदार को, फिर पत्नी को, फिर बेटी, और अन्त में डॉक्टर को देखा, तो उन लोगों के प्रत्येक शब्द से, एक-एक हरकत से उस सत्य का समर्थन हो रहा था, जो गत रात उस पर प्रकट हुआ था। उनमें उसने अपने को देखा, उसे वे सब तत्त्व नज़र आए जिनसे उसका जीवन बना था। और उसे स्पष्ट नज़र आने लगा कि ये सब वास्तविक सत्य से दूर की चीज़ें थीं, कि यह सब एक बहुत बड़ा और भयंकर धोखा था, जो उससे जीवन तथा मृत्यु के सत्य को छिपाता रहा था। इस ज्ञान से उसकी शारीरिक यन्त्रणा और भी बढ़ गई, दस गुना अधिक बढ़ गई। वह कराहता, छटपटाता और मुट्ठियों में अपने कपड़े भींचता रहा। उसे जान पड़ता जैसे उसके कपड़े उसे रुँध रहे हैं, उसका गला घोंट रहे हैं। इसलिए वह उनसे नफ़रत करने लगा था।

उसे अफ़ीम की बहुत बड़ी खुराक दी गई। वह सब कुछ भूल गया, पर भोजन के समय यही क्रिया फिर से शुरू हो गई। उसने सबको कमरे में से बाहर निकाल दिया और बिस्तर पर छटपटाने लगा।

उसकी पत्नी अन्दर आई और बोली :

"प्यारे Jean, एक काम करो, मेरी ख़ातिर।" (मेरी ख़ातिर ?) "इससे तुम्हें कोई नुक़सान नहीं पहुँच सकता। अक्सर लोगों को इससे लाभ पहुँचता है। तुम्हें कोई कष्ट नहीं करना पड़ेगा। कई बार भले-चंगे लोग भी..."

वह आँखें फाड़े उसकी ओर देखने लगा।

"क्या ? धार्मिक अनुष्ठान करा लूँ ? क्यों ? मैं नहीं कराना चाहता। और अभी तो..."

वह रोने लगी।

"नहीं करवाओगे, प्रिय ? मैं अभी पादरी को बुला भेजती हूँ। वह बहुत भला आदमी है।"

"अच्छी बात है," उसने कहा। उसके सामने अपने पापों का स्वीकार करते हुए इवान इल्यीच का दिल द्रवित हो उठा, उसकी शंकाएँ मिटती सी जान पड़ीं। इससे उसकी यातना भी कम हुई, और क्षण-भर के लिए उसकी आशा फिर जाग उठी। वह फिर अपने अन्धान्त्र के बारे में सोचने लगा। सम्भव है उसका इलाज हो जाए। धार्मिक अनुष्ठान कराते समय उसकी आँखों में आँसू भर आए।

अनुष्ठान के बाद उन्होंने उसे लिटा दिया। कुछ देर के लिए उसे ऐसा महसूस हुआ जैसे वह पहले से बेहतर हो गया है। उसका दिल फिर एक बार स्वस्थ हो जाने की आशा से भर उठा। उसे उस ऑपरेशन की याद हो आई जो डॉक्टर ने एक बार करने को कहा था। "मैं ज़िन्दा रहना चाहता हूँ, मरना नहीं चाहता," उसने मन ही मन कहा। उसकी पत्नी उसे मुबारक देने आई, उसने वही बातें कही जो रोज़ कहती थी, फिर बोली :

"तुम्हारी तबीयत पहले से बेहतर है न, प्यारे Jean ?"

"हाँ, उसने बिना उसकी ओर देखे जवाब दिया।

उसके कपड़े, उसकी काया, उसके चेहरे का भाव, उसका स्वर–सभी कह रहे थे–"यह सब सत्य से बहुत दूर है। जो कुछ भी अभी तक तुम्हारे जीवन का अंग रहा है, या है, वह सब झूठ है, धोखा है, तुमसे जीवन और मरण के सत्य को छिपाता रहा है।" ज्यों ही उसे यह ख़याल आता, उसी समय उसका हृदय घृणा से भर उठता, और घृणा के साथ घोर पीड़ा शरीर को चीरने लगती, और पीड़ा के साथ उसे अपनी अनिवार्य तथा आसन्न मृत्यु का ध्यान हो आता। शरीर नई-नई बातें महसूस करने लगा। उसके अन्दर कोई चीज़ मुड़ने और टूटने लगी और उसका दम घोंटने लगी।

जब उसने अपने मुँह से 'हाँ' शब्द निकाला तो उसके चेहरे का भाव अत्यन्त डरावना था। उसकी आँखों में देखते हुए उसने 'हाँ' कहा और फिर औंधा पड़ गया। जिस तरह झटके से वह लेटा, उसे देखकर कोई भी आदमी हैरान रह जाता कि इतने कमज़ोर आदमी में इतनी ताक़त कहाँ से आ गई। लेटते ही वह चिल्लाया :

"जाओ ! चली जाओ ! निकल जाओ यहाँ से !"

12

इसके बाद तीन दिन तक निरन्तर, वह चीखता-चिल्लाता रहा। उसकी चिल्लाहट दो कमरों से आगे तक सुनाई देती थी और सुननेवाले काँप उठते थे। जिस घड़ी उसने अपनी पत्नी के सवाल का जवाब दिया, उसी घड़ी उसने समझ लिया था कि सब खेल ख़त्म हो चुका है, कोई आशा नहीं रह गई, अन्त आ पहुँचा है और उसकी सभी शंकाएँ, बस शंकाएँ ही बनी रह जाएँगी, और उनका समाधान कभी नहीं हो पाएगा।

"ओह ! ओह ! ओह !" वह भिन्न-भिन्न स्वरों में चीखता। शुरू-शुरू में वह चिल्ला उठता : "मैं...नहीं चा...ह...ता !" और उसके बाद केवल "ओह, ओह !" की चिल्लाहट सुनाई देती।

इन तीन दिनों में उसे महसूस होता रहा जैसे समय की गति थम गई है, और वह उस काले बोरे के विरुद्ध संघर्ष कर रहा है, जिसमें कोई अदृश्य तथा अदम्य शक्ति उसे घुसेड़े जा रही है। वह उस व्यक्ति की भाँति छटपटाता रहा, जिसे फाँसी की सज़ा मिल चुकी हो, और यह जानते हुए कि बचाव का कोई रास्ता नहीं, वह जल्लाद की बाँहों में छटपटाने लगे। वह जानता था कि प्रतिक्षण, इस तीव्र संघर्ष के बावजूद वह उस भयावह चीज़ के निकटतर होता जा रहा है। वह सोचता था कि उसकी इस यन्त्रणा का कारण यह है कि उसे जबरदस्ती उस काली बोरी में घुसेड़ा जा रहा है, पर इससे भी अधिक इसलिए कि उसमें स्वयं रेंगकर उसके अन्दर जाने की शक्ति नहीं है। यह विश्वास कि उसने अपना जीवन उचित ढंग से व्यतीत किया है, उसे रेंगकर अन्दर जाने से रोक रहा था। अपने जीवन का इस तरह पक्ष लेना उसकी प्रगति में बाधक बना हुआ था। इस कारण उसकी यन्त्रणा और भी बढ़ गई थी।

सहसा किसी शक्ति ने उसकी छाती और कमर में घूँसा मारा, जिससे उसका साँस टूट गया और वह सीधा उस सूराख़ के अन्दर चला गया। सूराख़ के पेंदे में उसे थोड़ी सी टिमटिमाती रोशनी दिखाई दी। उसे उस समय वैसे ही महसूस हुआ जैसे एक बार रेलगाड़ी में बैठे-बैठे हुआ था। उसे लगा था जैसे गाड़ी आगे बढ़ी जा रही है, जबकि दरअसल वह पीछे की ओर जा रही थी। फिर सहसा उसे वास्तविक दिशा का बोध हुआ था।

"मैंने अपना जीवन उस ढंग से व्यतीत नहीं किया जैसे कि करना चाहिए था," उसने मन ही मन कहा। "पर कोई बात नहीं। अब भी वक़्त है, मैं इसी को सच्चा बना सकता हूँ। पर सत्य है क्या ?" उसने अपने आपसे पूछा, और सहसा चुप हो गया।

यह बात तीसरे दिन की अन्तिम घड़ियों में उसके मरने से एक घंटा पहले हुई। ऐन उसी वक़्त उसका बेटा धीरे-धीरे उसके कमरे में आया और अपने पिता के बिस्तर के पास खड़ा हो गया। मरणासन्न व्यक्ति अब भी चीख़-चिल्ला रहा था और बाँहें पटक रहा था। एक हाथ बेटे के सिर को भी जा लगा। बेटे ने उसे पकड़ लिया और अपने होंठों से लगा लिया, और रोने लगा।

ऐन इसी वक़्त वह उस सूराख़ के अन्दर घुसा था और उसे वह रोशनी दिखाई दी थी। उसी समय उस पर यह सत्य प्रकट हुआ था कि उसका जीवन उस भाँति नहीं बीत पाया जैसे कि बीतना चाहिए था, कि अब भी वह उसका सुधार कर सकता है। "सच्चा जीवन क्या है ?" उसने अपने आपसे पूछा, और चुप होकर सुनने लगा। उस समय उसे इस बात का बोध हुआ कि कोई उसका हाथ चूम रहा है। उसने आँखें खोलीं और अपने बेटे की ओर देखा। उसका दिल उसके प्रति द्रवित हो उठा। उसकी पत्नी अन्दर आई। इवान इल्यीच ने एक नज़र पत्नी की ओर डाली। उसका मुँह खुला था और वह एकटक उसे देखे जा रही थी, नाक और गालों पर आँसू बह रहे थे जिन्हें पोंछा नहीं गया था। चेहरे पर निराशा का भाव था। उसका दिल पत्नी के प्रति भी अनुकम्पा से भर उठा।

"मैं इन्हें सता रहा हूँ," उसने सोचा, "उन्हें मेरे कारण दुःख हो रहा है। मेरे चले जाने के बाद उनके लिए स्थिति बेहतर हो जाएगी।" यह बात वह उन्हें कह देना चाहता था, पर कहने की उसमें शक्ति नहीं थी। "पर कहने से क्या लाभ, मुझे कुछ करना चाहिए," उसने सोचा। उसने पत्नी की ओर देखा और अपने बेटे की ओर आँख का इशारा किया।

"इसे ले जाओ...बेचारा...और तुम भी," उसने कहा। साथ ही वह कहना चाहता था : "मुझे भाफ़ कर दो," परन्तु उसके होंठों से निकला "मुझे भूल जाओ।" पर ग़लती सुधारने की उसमें ताक़त नहीं थी। उसने केवल हाथ हिला दिया, इस ख़याल से कि जिसे समझना है, वह उसका अर्थ समझ लेगा।

और शीघ्र ही उस पर यह बात स्पष्ट हो गई कि हर वह चीज़ जो उसे यन्त्रणा पहुँचा रही थी, और जिसे वह अपने पर से हटा नहीं पा रहा था, अब अपने आप गिर रही है, दोनों तरफ़ से गिर रही है, दसियों तरफ़ से गिर रही है। उनके प्रति उसका दिल भर आया। वह सोचने लगा कि उनके दर्द को दूर करने के लिए उसे ज़रूर कुछ करना चाहिए। इस यन्त्रणा से अपने को और उनको मुक्ति दिलानी होगी। "यह कितनी अच्छी बात है, कितनी सरल !" उसने सोचा। "और यह दर्द " उसने अपने आपसे पूछा, "इसे मैं कैसे दूर करूँ ? हे दर्द, कहाँ हो तुम ?"

वह दर्द को ढूँढ़ने लगा।

"हाँ, यह रहा, पर इसकी क्या चिन्ता, रहने दो इसे।"

"और मौत ! मौत कहाँ है ?"

वह मौत के भय को खोजने लगा जिसका वह अभ्यस्त हो चुका था। पर वह उसे मिला नहीं। मौत कहाँ गई ? मौत है क्या चीज़ ? चूँकि मौत नहीं रही, इसलिए मौत का भय भी नहीं रहा।

मौत के स्थान पर अब वहाँ पर रोशनी थी।

"तो यह बात है !" सहसा वह ऊँची आवाज़ में बोल उठा, "अहा, क्या ही सुख है !"

यह सब क्षण-भर में हो गया, पर इस क्षण का महत्त्व चिरन्तन था। आसपास खड़े लोगों के लिए उसकी मृत्यु-यातना और दो घंटे तक रही। उसके गले में घरघराहट होती रही, उसका दुर्बल शरीर बार-बार सिकुड़ता रहा। पर धीरे-धीरे वह खर्-खर् और घरघराहट बन्द हो गई।

"बस, समाप्त !" किसी ने कहा।

उसने ये शब्द सुने और अपने अन्तर्तम में इन्हें दोहराया। "मृत्यु समाप्त हो गई," उसने मन ही मन कहा, "अब मृत्यु नहीं रही।"

उसने एक लम्बी साँस खींची, जो बीच में ही टूट गई, अपने अंग फैलाए और मर गया।

क्रूज़र सोनाटा

"...मैं तुमसे कहता हूँ, जब कोई पुरुष किसी स्त्री की ओर ललचाई आँखों से देखता है तो समझ लो कि वह मन ही मन पहले ही उसके साथ व्यभिचार कर चुका है।"

मैथ्यू 5; 28

"उसके अनुयायी उससे कहने लगे, यदि पत्नी के साथ पुरुष का सम्बन्ध इस प्रकार का हो तो ऐसा विवाह अनुचित होगा। पर वह बोला, यह बात प्रत्येक पुरुष पर लागू नहीं होती। केवल उन्हीं पर लागू होती है जिनकी स्थिति इस प्रकार की हो। ऐसे व्यक्ति भी हैं जो जन्म से नपुंसक होते हैं, ऐसे भी जिन्हें नपुंसक बना दिया जाता है, और ऐसे भी जो स्वर्ग के राज्य की ख़ातिर अपने को नपुंसक बना लेते हैं। प्रत्येक पुरुष को वही परामर्श दो जिसका वह अधिकारी हो।"

मैथ्यू 19; 10, 11, 12

1

वसन्त का आरम्भ था। हम लगभग दो दिन से सफ़र कर रहे थे। थोड़ी-थोड़ी दूर जानेवाले यात्री गाड़ी में चढ़-उतर रहे थे, पर मैं और तीन अन्य मुसाफ़िर पहले स्टेशन पर गाड़ी में बैठे थे, और अभी तक सफ़र कर रहे थे। हमारे बीच एक बड़ी उम्र की स्त्री थी, बदसूरत, थकी-माँदी, जो सिगरेट पर सिगरेट फूँके जा रही थी। उसने मर्दाना कोट और टोपी पहन रखी थी। उसी के साथ, उसी की जान-पहचान का एक और आदमी था, 40 के लगभग उम्र होगी, बड़े टीप-टापवाला सामान साथ लिये सफ़र कर रहा था। तीसरा एक भला-सा आदमी था, जब कभी हिलता-डुलता तो बड़े अटपटे ढंग से। वह बूढ़ा तो नहीं था, पर उसके घुँघराले बाल वक़्त से पहले ही पक चुके थे। उसकी आँखों में असाधारण सी चमक थी, और वे बड़ी चंचल थीं, बड़ी तेज़ी से कभी एक तो कभी दूसरी चीज़ की ओर भटक जाती थीं। बदन पर पुराना कोट पहने था जिसका कालर भेड़ की खाल का बना था। सिर पर भेड़ की ही खाल की टोपी थी। लगता था जैसे कोट किसी बढ़िया दर्ज़ी के हाथ का सिला हो। जब भी वह कोट के बटन खोलता

तो अन्दर रूसी ढंग की जाकेट और ब्लाउज़ नज़र आते। ब्लाउज़ का कालर कढ़ा हुआ था। इस आदमी में एक विचित्र बात यह थी कि वह रह-रहकर एक अजीब सी आवाज़ निकालता था जैसे गला साफ़ कर रहा हो या अपनी हँसी दबाने की चेष्टा कर रहा हो।

इस सफ़र में सारा वक़्त यह आदमी यही कोशिश करता रहा कि मुँह बन्द रखे और किसी से मेल-जोल न बढ़ाए। जब भी कोई उससे बात करता तो वह बड़ी रुखाई से जवाब देता। सारा वक़्त वह पढ़ता या खिड़की से बाहर देखता रहा, या फिर सिगरेट पीता रहा। अपने पुराने थैले में से खाने की चीज़ें ढूँढ़ता और निकाल-निकालकर खाता और चाय पीने लगता।

बार-बार मेरे मन में यह ख़याल उठता कि वह अकेला बैठा-बैठा ज़रूर बुरी तरह ऊब गया होगा। कई बार मन हुआ कि उसके साथ बातचीत का सिलसिला शुरू करूँ, पर जब भी हमारी आँखें मिलतीं (और यह अक्सर होता था क्योंकि हम बिल्कुल एक दूसरे के सामने बैठे थे) वह या तो मुँह फेर लेता, या किताब उठा लेता, या फिर खिड़की से बाहर देखने लगता।

दूसरे दिन शाम के वक़्त गाड़ी एक स्टेशन पर बड़ी देर तक रुकी रही। वही आदमी जो सारा वक़्त घबराया-घबराया सा बैठा रहा था, डिब्बे से बाहर निकल गया और बाहर से उबलता हुआ पानी लेकर लौट आया और अपने लिए चाय बनाई। टीप-टापवाले सामान वाला आदमी (मुझे बाद में मालूम हुआ कि वह कोई वकील था) स्टेशन के रेस्तराँ में चाय पीने के लिए चला गया। उसके साथ मर्दाना कोट पहने वह भोंडी स्त्री भी चली गई जो सिगरेट पर सिगरेट फूँकती जा रही थी।

उन दोनों के चले जाने पर बहुत से नए मुसाफ़िर हमारे डिब्बे में आकर बैठ गए। उनमें से एक बूढ़ा आदमी था, झुर्रियों-भरा, सफ़ाचट चेहरा, फ़र के अस्तरवाला कोट और सिर पर ऊँची सलामीवाली कपड़े की टोपी पहने था, कोई व्यापारी जान पड़ता था। वह आदमी वकील और उसकी सहेली के ठीक सामनेवाली सीट पर जम गया और बैठते ही एक युवक से बातें करने लगा। युवक शक्ल-सूरत से किसी दूकान का कारिन्दा जान पड़ता था, और उसके साथ ही गाड़ी में सवार हुआ था।

जिस जगह पर मैं बैठा था वह उनके सामने तो थी, मगर कुछ हटकर। और चूँकि गाड़ी उस वक्त खड़ी थी, मेरे कान में उनके वार्तालाप के कुछ-कुछ अंश पड़ने लगे, विशेषकर जब मुसाफ़िर इधर-उधर आ-जा न रहे होते। व्यापारी ने कहा कि वह अगले स्टेशन पर उतर जाएगा जहाँ देहात में उसका अपना बँगला है। बातों का सिलसिला शुरू हुआ तो बात में से बात निकलने लगी। बाज़ार के भाव, मास्को की मंडी तथा निज्नी-नोवगोरोद मेले का जिक्र आया। दूकान का कारिन्दा किसी धनी व्यापारी की चर्चा करने लगा, जिसे दोनों अच्छी तरह जानते थे। वह आदमी मेले में गया था और सारा वक़्त शराब और औरतों के ही चक्कर में रहा था। लेकिन बूढ़े ने बीच ही में बात काट दी, और लम्पटता का कोई दूसरा क़िस्सा सुनाने लगा। यह घटना कुनाविनो में घटी थी और इसमें उसने स्वयं भाग लिया था। यह साफ़ ज़ाहिर हो रहा था कि बूढ़े को उसमें

भाग लेने का बड़ा गर्व था। बड़ा मज़ा ले-लेकर वह सुनाने लगा कि किस तरह उसने और उसी धनी व्यापारी ने शराब के नशे में एक ऐसी बात की जो केवल कान ही में बताई जा सकती है। इस पर दूकान का कारिन्दा ठहाका मारकर हँसा, जिससे सारा डिब्बा गूँज उठा। बूढ़ा भी हँसने लगा, जिससे उसके दो पीले दाँत नज़र आने लगे।

ख़याल था कि कोई दिलचस्प बात सुनने को मिलेगी लेकिन जब यह उम्मीद जाती रही तो मैंने फ़ैसला किया कि उतरकर प्लेटफ़ार्म पर टहलूँ। डिब्बे के दरवाज़े पर मुझे वह वकील और स्त्री दोनों मिले। दोनों बड़ी गर्मजोशी से एक दूसरे के साथ बातें कर रहे थे।

"अब मटरगश्त का वक़्त नहीं रहा," वकील ने मुझसे कहा जो बड़ा मिलनसार जान पड़ता था, "दूसरी घंटी अभी बजा चाहती है।"

उसने ठीक ही कहा था। मैं गाड़ी के साथ-साथ चलता हुआ प्लेटफ़ार्म के दूसरे सिरे पर पहुँचा ही था कि आख़िरी घंटी सुनाई दी। मैं लौट आया और देखा कि वह स्त्री और वकील अब भी बड़े जोश से आपस में बातें कर रहे हैं। बूढ़ा व्यापारी उनके सामने चुपचाप बैठा था, और टिकटिकी बाँधे अपने सामने देखे जा रहा था। किसी-किसी वक़्त वह अपने दाँतों से कुछ चबाता सा था, जिससे साफ़ पता चल जाता था कि उसे यह वार्तालाप पसन्द नहीं है।

जब मैं अन्दर आया तो वकील मुस्कुरा-मुस्कुराकर कह रहा था :

"तो औरत ने अपने पति को साफ़ कह दिया कि वह उसके साथ अब कभी नहीं रहेगी, क्योंकि..."

बाक़ी शब्द मैं नहीं सुन सका। मेरे पीछे और मुसाफ़िर आ गए, फिर एक कंडक्टर आ गया, उसके बाद एक मिस्त्री भागता हुआ पास से गुज़रा और कुछ देर तक इतना शोर और गड़बड़ रहा कि मैं उनकी बातें बिल्कुल न सुन पाया। थोड़ी देर बाद शोर कम हुआ। फिर से वकील की आवाज़ सुनाई देने लगी। वार्त्तालाप का विषय बदल गया था। अब सामान्य स्थिति की चर्चा होने लगी थी।

वकील कह रहा था कि यूरोप के लोग तलाक़ की समस्या से बहुत चिन्तित हो उठे हैं, और रूस में भी तलाक़ बहुत बढ़ रहा है। यह देखकर कि अकेला वही बोले जा रहा है, उसने बूढ़े को सम्बोधन करके मुस्कुराते हुए कहा :

"पुराने ज़माने में तो ऐसा नहीं होता होगा, क्यों ?"

बूढ़ा जवाब देने जा ही रहा था कि गाड़ी चलने लगी। इस पर बूढ़े ने अपनी टोपी उतारी, छाती पर क्रास का चिह्न बनाया, और धीरे-धीरे प्रार्थना के शब्द बुदबुदाने लगा। वकील ने शिष्टतावश नज़र दूसरी तरफ़ फेर ली, और प्रार्थना की समाप्ति का इन्तज़ार करने लगा। जब प्रार्थना ख़त्म हुई तो बूढ़े ने तीन बार क्रास का चिह्न बनाया, फिर टोपी सिर पर रखी, बिल्कुल सीधी, और उसे अच्छी तरह नीचे दबा दिया, फिर अपनी सीट पर आराम से बैठकर जवाब देने लगा :

"पुराने ज़माने में भी ऐसी बातें हुआ करती थीं लेकिन बहुत कम। आज तो ये

होंगी ही, लोगों को इतनी ज़्यादा तालीम जो मिलने लगी है," उसने कहा।

गाड़ी लाइन बदलने लगी थी और उसकी रफ़्तार तेज़ हो चली थी। इस कारण मुझे आवाज़ ठीक तरह सुनाई नहीं दे रही थी। चूँकि बातचीत दिलचस्प थी, मैं अपनी सीट छोड़कर उन लोगों के पास जा बैठा। मेरे उस पड़ोसी मुसाफ़िर को भी, जिसकी आँखें चमकती थीं और जिसकी सभी हरकतें अजीब और घबराई-घबराई सी थीं, इस वार्त्तालाप में मज़ा आने लगा था। वह अपनी सीट पर से तो नहीं उठा, मगर गर्दन आगे की ओर झुका ली और बड़े ध्यान से उनकी बातें सुनने लगा।

"तालीम में क्या बुराई है ?" ज़रा मुस्कुराकर उस औरत ने पूछा, "क्या तुम समझते हो कि विवाह की वह प्रथा ज़्यादा अच्छी थी जब ब्याह से पहले वर-वधू एक दूसरे को देख तक न पाते थे ?" उस औरत का बात करने का ढंग भी वैसा ही था जैसा कि अक्सर स्त्रियों का होता है, यही कि असल सवाल को सुने बिना ही वे अपने मन से सवाल बनाकर जवाब देने लगती हैं। "जो भी मिला उससे ब्याह कर दिया, इतना भी मालूम नहीं कि वे एक दूसरे को प्यार करते हैं, या कर भी सकते हैं या नहीं, और फिर जीवन-भर दुःख भोगते रहे। क्या वह प्रथा ज़्यादा अच्छी थी ?" उसने हमारी ओर देखते हुए कहा, मानो उस बूढ़े की सहमति से अधिक उसे हमारी सहमति की ज़रूरत हो।

इस पर बूढ़े व्यापारी ने बड़ी घृणा-भरी नज़रों से औरत की ओर देखा और उसके सवाल का जवाब दिए बिना फिर वही बात दोहराई :

"आजकल लोगों को बहुत ज़्यादा तालीम दी जा रही है।"

"आपके ख़याल में तालीम का नाकामयाब शादियों के साथ क्या सम्बन्ध है ?" हल्की सी मुस्कान के साथ वकील ने पूछा।

व्यापारी जवाब दिया ही चाहता था कि स्त्री बीच में बोल पड़ी :

"नहीं-नहीं, अब वह पहला ज़माना लौटकर कभी नहीं आने का।"

"ठहरो, पहले इन्हें अपनी कह लेने दो," वकील बोला।

"तालीम से बहुत सी ऊल-जलूल बातें दिमाग़ में समा जाती हैं," बूढ़े ने दृढ़ता से कहा।

पर स्त्री झट से बोल उठी :

"वे ऐसी शादियाँ कर देते हैं जहाँ लड़के-लड़की को एक दूसरे से प्रेम नहीं होता। बाद में जब दोनों दुःखी होते हैं तो यही लोग हैरान होने लगते हैं कि ऐसा क्यों हुआ।" स्त्री ने मेरी ओर, फिर वकील की ओर, और फिर दूकान के कारिन्दे की ओर देखा। कारिन्दा सीट की पीठ का सहारा लिये खड़ा-खड़ा मुस्कुरा रहा था। "केवल पशुओं को उनके मालिक के हुक्म पर, जबरदस्ती मिलाया जा सकता है, इंसानों को नहीं। उनकी तो अपनी रुचियाँ और इच्छाएँ होती हैं।" ज़ाहिर था कि वह जान-बूझकर बूढ़े को कडुवी बात कहना चाहती थी।

"आप ग़लत कह रही हैं, श्रीमतीजी, पशु तो पशु होते हैं, मगर इंसान को तो

नियमों के अनुसार रहना होता है।''

''तो तुम क्या समझते हो, बिना प्यार के भी क्या एक इंसान दूसरे के साथ रह सकता है ?'' स्त्री ने कहा। वह अपने विचारों को बड़ा मौलिक समझती थी और उन्हें सुनाए बिना न रह सकती थी।

इस पर बूढ़ा बड़ी गम्भीर आवाज़ में कहने लगा :

''पहले ज़माने में इतनी मीन-मेख नहीं निकाली जाती थी। यह आजकल की ही नई और बेतुकी बातें हैं। पहले कोई स्त्री कभी अपने पति से नहीं कहती थी, कि मैं तुम्हें छोड़कर चली जाऊँगी। अब तो गाँवों की किसान औरतों पर भी नया रंग चढ़ने लगा है। वे भी कहने लगी हैं, 'सँभालो तुम अपने कपड़े-लत्ते, मैं तो चल दी वान्या के साथ। उसके बाल तुम्हारे बालों से ज़्यादा घुँघराले हैं' लो, देख लो। कुछ डर-भय तो होना ही चाहिए औरत के दिल में।''

दूकान के कारिन्दे ने पहले वकील की ओर देखा, फिर मेरी ओर और फिर उस स्त्री की ओर। वह जानना चाहता था कि व्यापारी के विचारों की हम पर क्या प्रतिक्रिया होती है ताकि वह भी उसी के अनुसार सिर हिलाए, उन विचारों से सहमति प्रकट करे या उनका मज़ाक उड़ाए। इस वक़्त उसके होंठों पर मुस्कुराहट थी जिसे वह दबाने की चेष्टा कर रहा था।

''किसका भय ?'' स्त्री ने पूछा।

''किसका ? अपने पति का, और किसका ?''

''तो, भले आदमी, वे ज़माने तो अब लद गए,'' स्त्री ने चिढ़कर कहा।

''नहीं, भली औरत, वह ज़माना अब भी है और सदा रहेगा। हव्वा आदम की पसली में से पैदा हुई थी, और जब तक दुनिया है तब तक हव्वा हव्वा रहेगी और आदम आदम।'' बूढ़े आदमी ने इतनी दृढ़ता से और अपने सिर को इतने विश्वास के साथ हिलाकर कहा कि दूकान के कारिन्दे ने समझा कि जीत बूढ़े की हुई है, और वह फ़ौरन ठहाका मारकर हँस पड़ा।

''ऐसा तुम पुरुष लोग ही सोचते हो,'' स्त्री बोली। उसके चेहरे का भाव बतला रहा था कि उसने हार नहीं मानी। ''तुम खुद तो आज़ाद रहते हो, हम औरतों को ज़नाने में बन्द रखना चाहते हो। तुमने सब अधिकार सँभाल लिये हैं ताकि मनमानी कर सको।''

''अधिकार हमें किसी के दिए थोड़े ही हैं। फिर भी आदमी भले ही अनगिनत औरतों के साथ सम्बन्ध रखे, उसकी सन्तान घर में नहीं लाता, इससे उसकी अपनी गृहस्थी नहीं बढ़ती। पर स्त्रियों की बात दूसरी है। उन पर कड़ी नज़र रखने की ज़रूरत होती है,'' बूढ़े ने फिर रोबीली आवाज़ में कहा।

उसने कुछ ऐसे ढंग से बात की कि लोग बरबस हाँ में हाँ मिलाने लगे। स्त्री ने देखा कि उसकी धारणाएँ टूट रही हैं, तो भी अपनी बात पर अड़ी रही।

''यह तो मानते हो कि औरत भी आख़िर इंसान है, पुरुष की तरह उसके सीने

में भी दिल है। अगर उसे अपने पति से प्यार न हो तो वह क्या करे ?"

"प्यार न हो !" व्यापारी ने घूरते हुए और अपने होंठ सिकोड़ते हुए गम्भीरता से दोहराया, "उसे प्यार करना सीखना होगा।"

इस अप्रत्याशित उत्तर से दूकान के कारन्दि को खास गुदगुदी हुई और उसने उचककर ऊँची आवाज़ में इसका अनुमोदन किया।

"उसे ऐसा किसलिए करना होगा ?" स्त्री बोली, "यदि वह उसे प्यार नहीं करती, तो उसे मजबूर नहीं किया जा सकता।"

"और यदि कोई स्त्री पतिव्रता न हो तो ?" वकील ने पूछा।

"इसे पतिव्रता बनना होगा। औरत पर कड़ी नज़र रखने की ज़रूरत होती है," बूढ़े ने जवाब दिया।

"पर यदि वह फिर भी बाज़ न आए तो ? आख़िर ऐसी बातें हो भी तो जाती हैं।"

"कुछ लोगों में मुमकिन है, ऐसी बातें होती हों लेकिन हमारे वर्ग में ऐसी बातें नहीं होतीं," बूढ़े ने कहा।

कोई कुछ नहीं बोला। दूकान के कारिन्दे ने पाँव हिलाए, कुछ और नज़दीक आ गया और फिर मुस्कुराकर बातें करने लगा, मानो उसे यह चिन्ता हो कि इस बहस में कहीं वह पीछे न रह जाए।

"मेरे मालिकों के घर में एक बार बड़ी बदनामी वाली बात हो गई थी। यह कहना भी बड़ा कठिन हो गया था कि दोष किसका है। बेटे की पत्नी बदचलन निकली। उसने अपने रंग-ढंग दिखाने शुरू किए। उसका पति बड़ा शरीफ़ और योग्य लड़का था। औरत पहले एक ख़ज़ांची के चक्कर में पड़ी। पति ने समझा-बुझाकर उसे सीधे रास्ते पर लाने की कोशिश की, पर कोई लाभ न हुआ। वह बड़ी बेशर्म निकली। पति के पैसे चुराने लगी। उसने इसे पीटा। अब वह और भी हाथों से निकल गई। फिर उसका सम्बन्ध एक विधर्मी से हो गया। बुरा न मानो तो साफ़ ही कह दूँ—एक यहूदी से हो गया। अब उसका पति क्या करता ? उसने उसे घर से निकाल दिया। आज तक वह अकेला रहता है, और वह सड़कों पर घूमती है, चकले की रौनक बढ़ाती है।"

"वह बेवक़ूफ़ निकला," बूढ़े ने कहा, "अगर वह उसे पहले ही बहुत ढील न देता, शुरू में ही उसकी लगाम खींचकर रखता जैसा उसे चाहिए था, तो यह नौबत न आती, वह आज भी उसके साथ रह रही होती। शुरू में औरतों को सिर चढ़ाना बड़ी भूल होती है। खेत में घोड़े का, और घर में औरत का, कभी भरोसा नहीं करना चाहिए।"

ऐन उसी वक़्त कंडक्टर अगले स्टेशन के टिकट इकट्ठे करने के लिए आ गया। बूढ़े ने उसे अपना टिकट दे दिया।

"हाँ, औरतों को शुरू से ही क़ाबू में रखना चाहिए, वरना सब खेल बिगड़ जाता है।"

मैं अपने को रोक नहीं सका। बोल ही उठा :

"इससे पहले तुम जो कहानी सुना रहे थे कि कुनाविनो मेले पर तुम विवाहित आदमियों ने क्या-क्या रंगरलियाँ मनाईं उसके बारे में तुम्हारा क्या विचार है ?"

"यह अलग बात है," व्यापारी ने कहा और चुप्पी साधकर बैठ गया।

गाड़ी ने सीटी दी। बूढ़ा उठ खड़ा हुआ, सीट के नीचे से अपना बैग खींचकर निकाला, अपना ओवरकोट कन्धों पर डाला, धीरे से विदा ली और बाहर निकल गया।

2

उसके बाहर निकलने की देर थी कि लोग तरह-तरह की बातें करने लगे।

"दकियानूस आदमी है," दूकान के कारिन्दे ने कहा।

"छिः, मर्द ही घर का मालिक है, वही कर्त्ता-धर्त्ता है। कितने घिसे-पिटे विचार हैं, स्त्रियों के बारे में भी और विवाह के बारे में भी," स्त्री कहने लगी।

"यूरोप के प्रचलित विचारों को देखते हुए विवाह के बारे में हमारे विचार बहुत पिछड़े हुए हैं," वकील बोला।

"सबसे बड़ी बात तो यह है कि जिस विवाह में प्रेम नहीं उसे विवाह नहीं कहा जा सकता। मगर इन लोगों की समझ में यह बात नहीं आती। प्यार की नींव पर खड़ा विवाह ही वास्तव में सच्चा विवाह होता है। उसी में पवित्रता है।"

दूकान का कारिन्दा सुन रहा था और मुस्कुरा रहा था। वह इस कोशिश में था कि इन बढ़िया वाक्यों में से जितने याद हो सकते हैं याद कर ले, ताकि बाद में इनका प्रयोग कर सके।

स्त्री अभी बोल ही रही थी कि मुझे अपने पीछे एक अजीब सी आवाज़ सुनाई दी, जैसे कोई अपनी हँसी या सिसकी दबा रहा हो। भैंने घूमकर देखा। वही पके बालों वाला मेरा पड़ोसी वहाँ बैठा था, एकान्त-प्रेमी और चमकती आँखोंवाला। वार्त्तालाप के दौरान, वह और निकट आ गया था, हमने इसका ध्यान नहीं किया था। ज़ाहिर है उसे इस विषय में बहुत रुचि रही होगी। वह सीट की पीठ के सहारे खड़ा था और बड़ा उत्तेजित जान पड़ता था। उसका चेहरा लाल हो रहा था और गालों की पेशियाँ हिल रही थीं।

"आख़िर यह...यह प्रेम...है क्या चीज़...यह जो विवाह को पवित्र बनाता है ?" उसने हकलाते हुए कहा।

उसे यों उत्तेजित देखकर स्त्री बड़े आराम से, बड़ी गम्भीरता से उसकी बात का जवाब देने लगी :

"सच्चा प्रेम...पुरुष और स्त्री के बीच ऐसा प्रेम होने पर ही विवाह होना चाहिए।"

"पर यह कैसे मालूम हो कि सच्चा प्रेम क्या चीज़ है ?" चमकती आँखोंवाले सज्जन ने सकुचाते हुए कहा। उसके होंठों पर अजीब सी मुस्कान थी।

"सभी जानते हैं सच्चा प्रेम क्या होता है," स्त्री ने जवाब दिया। वह बात ख़त्म करना चाहती थी।

"मैं नहीं जानता। आप किसे प्रेम समझती हैं ?" उस सज्जन ने कहा, "अच्छा हो यदि उसकी परिभाषा कर दें।"

"यह तो बड़ी मामूली बात है," स्त्री ने कहा पर वह रुक गई और कुछ सोचने लगी। "प्रेम...प्रेम है लोगों में से किसी एक को पसन्द करना।"

"कितने अरसे के लिए पसन्द करना? एक महीने के लिए ? दो दिन के लिए ? आधे घंटे के लिए ?" सफ़ेद बालोंवाले सज्जन ने हँसकर कहा।

"पर ठहरिए, शायद आप किसी दूसरी ही चीज़ के बारे में सोच रहे हैं।"

"नहीं, मैं किसी दूसरी चीज़ के बारे में नहीं सोच रहा हूँ।"

"इनका मतलब है," वक़ील ने स्त्री की हिमायत करते हुए कहा, "कि विवाह का मुख्य आधार आकर्षण होना चाहिए। आप बेशक उसे प्रेम कह लीजिए। जब यह मौजूद हो तभी विवाह को...पवित्र कहा जा सकता है। साथ ही जिस विवाह का आधार यह पारस्परिक आकर्षण–आप बेशक इसे प्रेम कह लीजिए–न होगा उसके साथ कोई नैतिक ज़िम्मेदारी भी न जुड़ी होगी। क्या मैंने आपको ठीक समझा है ?" उसने स्त्री को सम्बोधित करते हुए पूछा।

स्त्री ने हामी भरी।

"और फिर..." वकील कहता गया, मगर उस सज्जन ने बात काट दी। उसकी आँखें अंगारों की तरह जल रही थीं, और वह इतना उत्तेजित हो उठा था कि उसके लिए चुप रहना असम्भव हो गया था।

"नहीं-नहीं, मैं वही बात कह रहा हूँ, कि सभी लोगों में से किसी एक को पसन्द करना प्रेम है, पर मैं पूछता हूँ, कितने अरसे के लिए ?"

"कितने अरसे के लिए ? क्यों, लम्बे अरसे के लिए, कभी-कभी जीवन-भर के लिए," स्त्री ने कन्धे बिचकाते हुए कहा।

"परन्तु ऐसी बातें क़िस्से-कहानियों में होती हैं, जीवन में नहीं। जीवन में पसन्द कभी-कभार ही कुछ सालों तक क़ायम रहती है, अधिकतर केवल चन्द महीनों तक ही। और कभी-कभी तो केवल कुछ हफ़्तों, दिनों या घंटों तक ही रहकर ख़त्म हो जाती है," उसने कहा। वह जानता था कि उसके विचारों से लोग हैरान हो उठे हैं, पर उन्हें हैरान करने में उसे मज़ा आ रहा था।

"वाह जी, आप बिल्कुल ग़लत कह रहे हैं। सुनिए," हम तीनों ने एक साथ इसका प्रतिवाद किया। यहाँ तक कि दूकान का कारिन्दा भी अपना असन्तोष प्रकट करने के लिए धीरे से कुछ बुदबुदाया।

"हाँ-हाँ, मैं जानता हूँ," सफ़ेद बालोंवाले सज्जन ने इतनी ऊँची आवाज़ में कहा कि हमारी आवाज़ें दबकर रह गईं, "आप कल्पना की बातें कर रहे हैं, मैं वास्तविकता की। जब भी कोई आदमी किसी सुन्दर स्त्री को देखता है तो उसमें वही भावना जाग

उठती है जिसे आप प्रेम कहते हैं।''

''आप बड़ी भयंकर बात कह रहे हैं। आख़िर एक ऐसी भावना भी तो लोगों में पाई जाती है जिसे हम प्रेम कहते हैं। इसे महीनों और सालों की अवधि में नहीं बाँधा जा सकता। यह तो जीवन-भर क़ायम रहती है।''

''नहीं-नहीं, ऐसी कोई भावना नहीं है। और यदि मान भी लें कि कोई आदमी किसी विशेष स्त्री को जीवन-भर औरों से अधिक पसन्द करता है, तो अधिक सम्भावना इस बात की भी है कि स्त्री किसी दूसरे को पसन्द करती है। यह है वास्तविक स्थिति और आदिकाल से इसी तरह चली आ रही है,'' उसने सिगरेट निकालकर सुलगाते हुए कहा।

''पर यह भी सम्भव है कि दोनों की भावना एक दूसरे के प्रति एक सी हो,'' वकील बोला।

''नहीं, यह कभी नहीं हो सकता,'' उसने प्रत्युत्तर दिया, ''मटर के दो दाने लेकर अगर भरे हुए बोरे में डाल दो, तो क्या वे दोनों एक साथ रहेंगे ? बस, उसी तरह यह भी असम्भव है। इसके अलावा स्त्री और पुरुष के सम्बन्ध इतने संयोग पर आधारित नहीं होते जितने ऊब पर। इस बात की उम्मीद करना ही ग़लत है कि कोई उम्र भर किसी से प्रेम कर सकता है। मोमबत्ती कितनी देर तक लौ दे सकती है ?'' सिगरेट का लम्बा कश खींचते हुए वह बोला।

''आप केवल शारीरिक प्रेम की बात कर रहे हैं। इतना तो आप मानेंगे कि एक दूसरी तरह का प्यार भी है जो विचारों की समानता तथा आन्तरिक सदृश्यता पर आधारित है,'' स्त्री ने कहा।

''आन्तरिक सदृश्यता ! विचारों की समानता !'' उसने दोहराकर कहा। उसके मुँह से वैसी ही आवाज़ आई जैसी कि मैंने पहले सुनी थी। ''अगर यह बात है तो फिर एक साथ लेटने का कोई मतलब नहीं (मेरी अशिष्ट भाषा माफ़ कीजिए)। कभी यह भी किसी ने सुना है कि जिनके विचार एक से हों उन्हें ज़रूर एक दूसरे के साथ लेटना चाहिए ?'' उसी तरह उत्तेजित सी हँसी हँसते हुए वह बोला।

''ज़रा ठहरिए,'' वकील कहने लगा, ''वास्तविक जीवन पर आपका तर्क लागू नहीं होता। हम देखते हैं कि जीवन में पति-पत्नी के रिश्ते में स्थिरता होती है। सभी लोग, या कम से कम अधिकांश लोग स्थिरता से रहते हैं। बहुत से दम्पति अन्त तक एक दूसरे के प्रति ईमानदारी से रहते हैं।''

पके हुए बालोंवाला आदमी फिर हँसने लगा।

''एक तरफ़ तो आप कहते हैं कि विवाह का आधार प्रेम है, पर जब मैं अपना संशय प्रकट करता हूँ कि शारीरिक प्रेम के अतिरिक्त कोई दूसरा प्रेम है भी या नहीं, तो आप यह तर्क पेश करते हैं कि चूँकि विवाह का अस्तित्व है, इसलिए प्रेम का भी अस्तित्व है। आजकल शादी केवल एक धोखा है, इससे बढ़कर कुछ नहीं।''

''नहीं-नहीं, बिल्कुल नहीं,'' वकील बोला, ''मैंने केवल इतना कहा है कि विवाह

आज भी हो रहे हैं और सदा से होते आए हैं।''

''ठीक है। पर इनका आधार क्या है ? उन्हीं लोगों के विवाह में स्थिरता होती है जो विवाह को पवित्र मानते हैं। इस वैवाहिक पवित्रता के अन्तर्गत कर्त्तव्य आ जाते हैं, जिनके लिए वे भगवान के सामने अपने को उत्तरदायी समझते हैं। ऐसे लोगों के विवाहों में स्थिरता होती है, पर हमारे वर्ग के लोगों के विवाहों में नहीं। हम लोग तो केवल इन्द्रिय सम्भोग के लिए ही विवाह करते हैं। इसीलिए हमारे विवाह का परिणाम या तो हिंसा होती है या धोखा। इन दो बुराइयों में से यदि एक को चुनना हो तो धोखा बेहतर है। पति-पत्नी लोगों को यह दिखाकर धोखा देते हैं कि वे एक-पत्नी या एक-पति विवाह के सूत्र में बँधे हैं, जब कि वास्तव में वे बहु-पत्नी और बहु-पति विवाह का जीवन व्यतीत कर रहे होते हैं। यह बड़ी घृणित बात है, लेकिन इसे बर्दाश्त किया जा सकता है। पर जब पति-पत्नी आजीवन एक साथ रहने का उत्तरदायित्व अपने ऊपर लेते हैं, जैसा कि सामान्यतया होता है, और विवाह के एक ही महीने बाद एक दूसरे से घृणा करने लगते हैं और एक दूसरे से अलग हो जाना चाहते हैं, फिर भी इकट्ठे रहते चले जाते हैं, तो इसका परिणाम क्या होता है ? परिणाम होता है वह घोर यन्त्रणा जो लोगों को शराब पीने, आत्महत्या करने, दूसरे को मार डालने और ज़हर दे देने पर विवश कर देती है।'' उसकी उत्तेजना बढ़ रही थी, और वह तेज़-तेज़ बोले जा रहा था, शायद इस डर से कि कोई बीच में टोक न दे। जब उसने बोलना बन्द किया तो एक अजीब सी चुप्पी छा गई।

''हाँ, ठीक है, इसमें शक नहीं कि पति-पत्नी के बीच में कभी निर्णायक क्षण भी आते हैं,'' वकील ने यह बात इस आशा से कही कि इससे यह उत्तेजनापूर्ण और अटपटा सा वार्त्तालाप समाप्त हो जाए।

''तो आपने मुझे पहचान लिया है ?'' सफ़ेद बालोंवाले व्यक्ति ने धीमी सी आवाज़ में कहा जैसे उसमें कुछ स्थिरता आ गई हो।

''नहीं, मुझे सौभाग्य प्राप्त नहीं हुआ।''

''इसमें सौभाग्य की तो ख़ैर बात ही कुछ नहीं। मेरा नाम पोज़्दनिशेव है ! जिन निर्णायक क्षणों का आपने जिक्र किया है मैं उनमें से गुज़र चुका हूँ। उन्हीं में से गुज़रते हुए मैंने अपनी पत्नी की हत्या कर डाली थी,'' एक-एक करके हम सबकी ओर देखते हुए उसने कहा।

हम चुपचाप बैठे रहे। कहते भी तो क्या ?

''कोई बात नहीं,'' वह बोला। फिर वही अजीब सी आवाज़ उसके मुँह में से निकली। ''पर क्षमा कीजिए। मेरा आपको परेशान करने का कोई इरादा न था।''

''देखिए मैं कहता हूँ...'' वकील बोला। पर उसे खुद मालूम न था कि 'मैं कहता हूँ' से उसका क्या अभिप्राय है।

उसकी ओर कोई ध्यान न देकर पोज़्दनिशेव झट से घूमकर बैठ गया। वकील और वह स्त्री आपस में खुसर-फुसर करने लगे। मैं पोज़्दनिशेव के पास बैठा था, पर मैं कुछ

नहीं बोला। अँधेरा घिर आया था, इसलिए कुछ भी पढ़ सकना मुश्किल था। मैंने आँखें बन्द कर लीं और सोने का बहाना करने लगा। अगले स्टेशन तक हम चुपचाप, इसी तरह सफ़र करते रहे।

वहाँ पहुँचकर वकील और महिला किसी दूसरे डिब्बे में चले गए। कंडक्टर के साथ उन्होंने इसका प्रबन्ध कर लिया था। दूकान का कारिन्दा बेंच पर लेट गया और लेटते ही सो गया। पोज़्दनिशेव एक के बाद एक सिगरेट फूँकता रहा और चाय पीता रहा जो उसने पिछले स्टेशन पर तैयार की थी।

जब मैंने आँखें खोलीं और उसकी ओर देखा तो वह सहसा बड़ी क्षुब्ध परन्तु दृढ़ आवाज़ में मुझे सम्बोधन करके बोला :

"अब चूँकि आपको पता चल गया है कि मैं कौन हूँ, आपको मेरा यहाँ बैठना शायद बुरा लग रहा है ? अगर ऐसी बात है तो मैं यहाँ से उठ जाता हूँ।"

"नहीं-नहीं, बिल्कुल नहीं।"

"क्या आप थोड़ी चाय पिएँगे ? है मगर बड़ी तेज़," मेरे लिए चाय ढालते हुए उसने कहा, "कोरी बातें ही बातें...और निरा झूठ !" वह बोला।

"आप किसकी बात कर रहे हैं ?" मैंने पूछा।

"वही बात, उनके प्रेम की बात और वास्तव में यह क्या चीज़ है। क्या आप बहुत थके हुए हैं ?"

"बिल्कुल नहीं।"

"तो अगर इज़ाजत हो तो मैं आपको अपना क़िस्सा सुनाऊँ, कि मैंने इसी प्रेम की प्रेरणा में वह कर्म कैसे किया।"

"हाँ-हाँ, अगर इससे आपको परेशानी न होती हो तो।"

"चुप रहने से मुझे अधिक परेशानी होती है। लीजिए चाय पीजिए। या शायद आपके लिए यह बहुत तेज़ है ?"

चाय सचमुच बीयर की तरह कड़वी थी, पर मैं एक गिलास पी गया। उसी वक़्त कंडक्टर सामने से गुज़रा। मेरे साथी ने बड़े गुस्से से उसकी ओर देखा, और इस इन्तज़ार में रहा कि कब वह जाए ताकि वह अपनी कहानी शुरू कर सके।

3

"तो मैं सुनाऊँ ? क्या आप सचमुच सुनना चाहते हैं ?"

मैंने फिर हामी भरी। वह मिनट-भर चुप रहा फिर अपने चेहरे पर दोनों हाथ फेरे और कहानी कहने लगा।

"जो सुनाने ही लगा हूँ तो शुरू से सुनाऊँगा। मुझे बताना होगा कि मैंने शादी क्यों की और शादी से पहले मेरा जीवन कैसा था।"

"शादी से पहले मेरा जीवन भी आम लोगों का सा था—हमारे वर्ग के सभी लोगों का सा। मैं एक जमीन्दार हूँ, विश्वविद्यालय का स्नातक हूँ। और मैं कुलीनवर्ग का मार्शल था। विवाह से पहले मेरा समय भी उसी तरह कटता था जैसे और लोगों का—अर्थात् व्यसनों में। अपने वर्ग के सभी लोगों की तरह मैं भी इसे ही ज़िन्दगी का सही रास्ता मानता था। अपने को मैं काफ़ी भला और शिष्ट समझता था। मैं स्त्रियों का सतीत्व नष्ट करनेवालों में से नहीं था, न ही मेरी रुचियाँ बुरी थीं और न ही मैंने व्यसनों को अपनी ज़िन्दगी का लक्ष्य बनाया जैसे कि उन दिनों बहुत से लोग किया करते थे। मैं जो इन्द्रिय-भोग भी करता तो बड़े शिष्ट, मर्यादित ढंग से। मुझे अपने स्वास्थ्य का बहुत ध्यान रहता था। मैं उन स्त्रियों से कन्नी काटता जिनसे बच्चा हो जाने का डर होता, क्योंकि उससे मेरी जिम्मेदारियाँ बढ़ जाती थीं। न ही मैं अपने को प्रेम-पाश में बँधने देता। सच तो यह है कि बच्चे हो भी सकते थे, और किसी से गहरा प्यार भी, पर मैं इनसे दूर रहा। मैं इसी को सबसे बड़ी शराफ़त समझता था, मुझे इस पर नाज़ था।"

वह रुक गया। फिर उसके मुँह से वह अजीब सी आवाज़ निकली। जान पड़ता है यह उसकी आदत थी। जब भी उसे कोई नई बात सूझती तो उसके मुँह से ऐसी आवाज़ निकलती।

"और यही सबसे घृणित बात है," उसने चिल्लाकर कहा, "शारीरिक भोग-विलास में कोई बुराई नहीं, गिरावट शारीरिक क्रिया में नहीं होती; गिरावट—असली गिरावट—इस बात में है कि आदमी जिस स्त्री के साथ सोए, उसके प्रति अपनी नैतिक ज़िम्मेदारी को भूल जाए। और मैं इसे अपना एक बहुत बड़ा गुण मानता था कि मैं इस नैतिक ज़िम्मेदारी से अपना पल्ला छुड़ाए हुए हूँ। एक बार एक स्त्री मुझसे प्रेम करने लगी। उसने अपने को मुझे सौंप दिया। पर मैं उसे पैसे देने भूल गया। मुझे याद है कि बहुत अरसे तक यह बात मेरी अन्तरात्मा पर बोझ सी बनी रही थी। पैसे भेजकर ही मुझे चैन मिला। इस तरह उसके प्रति अपनी नैतिक ज़िम्मेदारी से बिल्कुल मुक्त हो गया। आप इस तरह मेरी हाँ में हाँ न मिलाइए," वह सहसा चिल्लाया, "मैं आपसे अधिक जानता हूँ। सभी पुरुष एक ही थैली के चट्टे-बट्टे हैं। शायद आप औरों से भिन्न हों ! अच्छे से अच्छे पुरुष के भी विचार वही हैं जो उस समय मेरे थे। पर इससे क्या होता है ? मुझे क्षमा कीजिए," उसने कहा, "मैं इसी तरह बहक जाया करता हूँ। यह बात कितनी भयानक है, कितनी भयानक, उफ़ कितनी भयानक !"

"कौन सी बात ?"

"अँधेरे में भटकना, नारकीय अज्ञान का शिकार होना, जिसमें हम रहते हैं। स्त्रियों से हमारे जो सम्बन्ध हैं, मैं उनकी बात कर रहा हूँ। मैं इस विषय पर स्थिरता से बात नहीं कर सकता। इसलिए नहीं कि मेरे जीवन में भी वह 'निर्णायक क्षण' आया जिसका ज़िक्र उस सज्जन ने किया था, बल्कि इसलिए कि उस घटना के बाद मेरी आँखें खुल गई हैं, और हर चीज़ मुझे अब एक दूसरे ही रूप में नज़र आती है। सब बात उलट-पलट गई है।"

उसने सिगरेट सुलगाया, घुटनों पर कोहनियाँ रखकर आगे की ओर झुका, और अपनी कहानी कहने लगा।

अँधेरे में मुझे उसका चेहरा दिखाई नहीं देता था, लेकिन गाड़ी के शोर में भी मुझे उसकी आवाज़ गूँजती सी और आकर्षक लग रही थी।

4

"हाँ, केवल यातना भोगने के बाद, और यातना के ही माध्यम से मैं समझ पाया कि इस बुराई का मूल कारण क्या है, हक़ीक़त क्या है, जीवन में क्या उचित है और क्या अनुचित। तभी मैं वर्तमान स्थिति का भयंकर रूप देख पाया।

"अब यदि आज्ञा हो तो मैं सुनाऊँ कि यह घटनाचक्र कब और कैसे शुरू हुआ जो अन्त में उस 'निर्णायक क्षण' तक जा पहुँचा। इसकी शुरुआत तब हुई जब मैं अभी पन्द्रह बरस का लड़का था। तब मैं जिम्नेज़ियम में पढ़ता था। मेरा बड़ा भाई विश्वविद्यालय की पहली कक्षा में पढ़ रहा था। उस वक़्त तक मैंने कोई इन्द्रिय-भोग नहीं किया था, पर हमारे वर्ग के सभी अभागे युवकों की तरह मैं भी सीधा-सादा लड़का नहीं था। दो साल से मुझ पर और लड़कों का बुरा प्रभाव पड़ रहा था। अभी से स्त्रियों की तरफ़ खिंचने लगा था—किसी विशेष स्त्री की तरफ़ नहीं, सामान्य रूप से स्त्रियों की तरफ़। औरत का ख़याल मुझे मीठे-मीठे गुदगुदाता, उसका नग्न रूप मुझे खींचता। जब मैं एकान्त में बैठता तो भी मेरे विचार स्वच्छ नहीं होते थे। मैं भी वही यन्त्रणा सहता जो हमारे निनानवे प्रतिशत लड़के सहते हैं। मैं डरता, दुःखी होता, भगवान के आगे प्रार्थना करता, पर अन्त में विवश हो जाता। मैं कल्पना में भी और यथार्थ में भी पापकर्म करता। पर मैंने अभी तक आख़िरी क़दम नहीं उठाया था। मैं अपने आपको बरबाद कर रहा था, पर मैंने अभी तक किसी दूसरे व्यक्ति को नहीं छुआ था। तभी एक दिन शाम को मेरे भाई का एक मित्र आया। वह भी विद्यार्थी था, बड़ी मौजी तबीयत का लड़का था। वह उन 'भले लोगों' में से था जो औरों को जुआ खेलना और शराब पीना सिखाते हैं और परले दर्जे के गुंडे होते हैं। शराब की एक पार्टी हुई। उसके बाद मेरे भाई के इस दोस्त ने प्रस्ताव किया कि 'वहाँ' चलें। हम गए। इससे पहले मेरे भाई ने भी कभी इन्द्रिय-भोग नहीं किया था। उसका भी पहली बार उसी रात को पतन हुआ। मेरी उम्र उस वक़्त केवल पन्द्रह साल की थी। मैंने, न केवल अपना मुँह काला किया, बल्कि औरों के साथ मिलकर एक स्त्री का सतीत्व भी भंग किया, इस बात से बिल्कुल बेख़बर कि मैं क्या कर रहा हूँ। मुझे माँ-बाप ने कभी नहीं समझाया कि मैं जो कुछ कर रहा हूँ वह ग़लत है। आज भी लड़कों को माँ-बाप से कोई शिक्षा नहीं मिलती। हाँ, हमारे दस धर्म-प्रवचनों में लिखा है कि यह ग़लत है, पर हम धर्म-प्रवचनों को पढ़ते ही केवल इसलिए हैं कि बाइबल की परीक्षा में पास हो सकें। इसका ज्ञान हमारे लिए

इतना महत्त्व भी नहीं रखता, जितना कि व्याकरण का यह नियम, कि वाक्यांशों में 'ऊत्' का प्रयोग कैसे होना चाहिए।

"घर में बड़ी उम्र के जितने भी लोग थे, जिनकी राय का मैं आदर करता था, उनमें से किसी एक ने भी नहीं कहा कि मैं ग़लत रास्ते पर जा रहा हूँ। इसके विपरीत मैंने सभी बुज़ुर्गों को यही कहते सुना कि मैं जो कर रहा हूँ ठीक कर रहा हूँ। लोग कहते कि एक बार इन्द्रिय-भोग कर लेने से मेरे मन की बेचैनी और संघर्ष सब मिट जाएँगे। मैंने यह सुना भी और पढ़ा भी। मैंने बुज़ुर्गों के मुँह से सुना कि यह स्वास्थ्य के लिए अच्छा होता है। मेरे यार-दोस्त कहते कि करने की बात ही यही है, इसी में बाँकपन है। इस तरह, मुझे इसमें कोई बुरी बात नज़र न आती। रोग का भय ? इसका भी पहले से प्रबन्ध किया गया था। दयालु सरकार ने इस सिलसिले में पूरा इन्तज़ाम कर रखा था। चकलों की पूरी निगरानी रखी जाती थी ताकि स्कूलों के लड़के बिना किसी डर के इन्द्रिय-भोग कर सकें। इस काम के लिए डॉक्टरों को तनख्वाह दी जाती थी। और यह स्वाभाविक ही था। एक बार लम्पटता को स्वास्थ्य के लिए हितकर मान लिया जाए तो ऐसी व्यवस्था करना भी आवश्यक हो जाता है जिससे साफ़-सुथरे मुनासिब तरीक़े से विषय-भोग किया जा सके। मैंने ऐसी माताएँ देखी हैं जो अपने बेटों के लिए इन सब बातों का प्रबन्ध कर देती हैं। विज्ञान स्वयं लड़कों को चकलों में भेज रहा है।"

"विज्ञान ?" मैंने कहा।

"क्या डॉक्टर वैज्ञानिक नहीं ? वे विज्ञान के पादरी हैं। हमारे युवकों को यह कहकर कौन भ्रष्ट करता है कि इससे स्वास्थ्य ठीक रहता है ? वही तो कहते हैं। और फिर वही लोग गम्भीर मुद्रा बनाकर आतशिक का इलाज करने चले आते हैं।

"क्यों न वे आतशिक का इलाज करें ?"

"क्योंकि जितनी मेहनत आतशिक की चिकित्सा करने में खर्च की जाती है, यदि उसका सौवाँ भाग भी व्यसन को दूर करने में लगाया जाता तो आतशिक का रोग कब का खत्म हो गया होता। किन्तु व्यसनों को दूर करने के बजाय, हम प्रयास करते हैं उन्हें बढ़ाने का, उन्हें बेख़तर बनाने का। पर असल बात यह नहीं है। असल बात यह है कि मैंने जो कुकर्म किया तो इस कारण नहीं कि विशेष स्त्री का आकर्षण मेरे लिए अदम्य हो उठा था। नहीं, किसी स्त्री ने मुझे पथ-भ्रष्ट नहीं किया। मेरी भी स्थिति वैसी ही थी जैसी मेरे वर्ग के दस में से नौ युवकों की होती। (यदि इससे भी अधिक नहीं तो)। और न केवल मेरे वर्ग के ही, बल्कि सभी वर्गों के लोगों की, जिनमें किसान भी शामिल हैं। मेरे पतन का उत्तरदायित्व मेरे समाज पर है। मेरी गिरावट का कारण यह था कि मेरे आसपास के लोग मेरे दुष्कर्म को स्वास्थ्य का साधन मानते थे। कुछ और थे जो इसे एक युवक के लिए स्वाभाविक मनबहलाव समझते थे, और न केवल उसे क्षम्य समझते थे बल्कि दोषहीन भी। मैं स्वयं भी इसे पाप नहीं समझता था। मैं विषय-भोग करने लगा तो कुछ तो इन्द्रिय-सुख के लिए, और कुछ उस भूख को शान्त करने के लिए जो एक विशेष अवस्था में ज़रूर उठती है (कम से कम यही मुझे बताया

गया था)। मैंने विषय-भोग भी उसी तरह करना शुरू किया जैसे सिगरेट और शराब पीना शुरू किया था। फिर भी मेरे इस प्रथम पतन में कोई बात थी जो हृदय-विदारक भी थी और अपने में अनोखी भी। मुझे याद है, उस समय, जब मैं अभी कमरे में से बाहर भी नहीं निकला था, मेरा मन अत्यन्त खिन्न हो उठा था। मन हुआ कि जी भरकर रोऊँ, क्योंकि मैं अपना भोलापन खो बैठा था। स्त्रियों के साथ मेरे सहज-स्नेह के सम्बन्ध का अन्त हो गया था। उस स्वाभाविक, सरल सम्बन्ध का सदा के लिए लोप हो गया था। उसकी पवित्रता जा चुकी थी। वह रह भी कैसे सकती थी ? तब मैं एक लम्पट, व्यभिचारी बन गया था। और एक व्यभिचारी को भी उसी तरह का नशा हो जाता है जैसे कि शराबी को, सिगरेट पीनेवाले को और अफ़ीमची को। जिस भाँति एक शराबी या अफ़ीमची एक सामान्य व्यक्ति नहीं रहता, वैसे ही इन्द्रिय-सुख के लिए बहुत सी स्त्रियों का भोग करनेवाला आदमी भी सामान्य नहीं रहता। सदा के लिए पतित, एक व्यभिचारी हो जाता है। और जिस भाँति एक शराबी या अफ़ीमची अपने चेहरे और भाव-भंगिमा से ही पहचाना जा सकता है, उसी भाँति एक लम्पट भी पहचाना जा सकता है। एक व्यभिचारी अपने व्यसन से अपने को मुक्त करने के लिए उसे दबा सकता है, उसके विरुद्ध संघर्ष कर सकता है, परन्तु वह सम्बन्ध, वह पवित्र उज्ज्वल, सरल सम्बन्ध जो उसका स्त्रियों के साथ पहले था, वह भ्रातृभावपूर्ण सम्बन्ध, उसे वह फिर कभी भी नहीं पा सकता। एक व्यभिचारी एक युवती की ओर जिस नज़र से देखता है, उसी से फ़ौरन उसकी लम्पटता का पता चल जाता है। इस भाँति मैं एक व्यभिचारी बना, और आज तक व्यभिचारी बना हुआ हूँ। इसी कारण मेरा जीवन नष्ट-भ्रष्ट हो गया है।

5

''कुछ समय तक मेरा जीवन इसी क्रम से चलता रहा। इस बीच मैं नए-नए ढंग से व्यभिचार करने लगा। हे भगवान् ! इस निपट पाशविकता को याद करके मेरे रोंगटे खड़े हो जाते हैं ! मुझे याद है, एक वक़्त मेरे मित्र उस तथाकथित भोलेपन की खिल्ली उड़ाया करते थे तो उन युवकों का क्या कहना जो धनी थे और बड़े ठाट-बाट से रहते थे ! वे अफ़सर ! वे पेरिस के बाँके-छैले ! मुझे सब याद हैं। तीस-तीस बरस की उम्र के आदमी व्यभिचार में ग्रस्त थे, स्त्रियों के प्रति तरह-तरह के सैंकड़ों घोर अपराध कर चुके थे। उन्हीं के बीच मैं भी था। मुझे याद है किस भाँति हम तीस-तीस साल की अवस्था के दुराचारी, बन-सँवरकर, सजे-धजे, दाढ़ी-मूँछ मुड़ाए, इत्र से महकते, फ्राक-कोट और वर्दियाँ चढ़ाए, दीवानख़ानों और नाच-घरों में अकड़-अकड़कर चला करते थे। उस समय हम सुन्दर-सलोने लगते, पवित्रता के अवतार दिखाई देते !

''ज़रा सोचिए। स्थिति होनी कैसी चाहिए और है क्या। जब ऐसा ही कोई शरीफ़-ज़ादा मेरी बहन या बेटी को मिलने आए, तो मुझे चाहिए तो यह, कि उसके

चरित्र को भली भाँति जानते हुए, मैं उसे एक तरफ़ ले जाऊँ और धीरे से कहूँ : 'देखो दोस्त, मैं अच्छी तरह जानता हूँ कि तुम्हारा जीवन कैसा है, और तुम्हारी रातें किनके साथ और कहाँ बीतती हैं। यहाँ तुम्हारे लिए कोई स्थान नहीं। यह भले लोगों का घर है। यहाँ भली और नेक युवतियाँ रहती हैं। चुपचाप अपनी राह लगो।' होना तो ऐसे चाहिए। पर वास्तव में होता क्या है ? जब ऐसा कोई आदमी मेरी बहन या बेटी की बग़ल में हाथ डालकर नाचने लगता है, तो हम दिल ही दिल में खुश होते हैं। यदि वह अमीर आदमी है और बड़े लोगों के साथ उसका उठना-बैठना है तब तो खैर, पूछना ही क्या। रात तो उसने रिगलबूश के साथ बिताई, पर अब यदि वह मेरी बेटी के साथ हँस-खेल रहा है, तो इसको मुझे अपना सौभाग्य समझना चाहिए ! अगर वह बदनाम है, या रोगी, तो भी कोई बात नहीं ! आजकल इन लोगों का ढंग से इलाज हो सकता है। और तो और, मैं ऐसी कई लड़कियों को जानता हूँ जिन्हें उनके माँ-बाप ने खुशी-खुशी आतशिक के रोगियों के साथ ब्याह दिया। कैसी नीचता है ! कितनी घृणित बात है ! मुझे विश्वास है समय आएगा जब इस नीचता और कपट का भंडाफोड़ होगा !''

वह अनोखी सी आवाज़ कई बार उसके मुँह में से निकली। फिर वह चाय पीने लगा। चाय बहुत तेज़ थी, पानी मिलाकर उसकी तेज़ी कम न की गई थी। मैंने दो गिलास इसी चाय के लिए। उसका असर मुझ पर होने लगा। उस पर भी असर हुआ होगा, क्योंकि वह अधिकाधिक उत्तेजित हो रहा था। उसकी आवाज़ अधिक भावपूर्ण हो उठी थी और एक बँधे स्वर में चलती जा रही थी। वह बार-बार अपनी जगह बदलता, कभी टोपी उतारता कभी फिर सिर पर रख लेता, और उस झुटपुटे में उसके चेहरे पर नए-नए अनोखे भाव आ-जा रहे थे।

''तीस वर्ष की अवस्था तक मेरा जीवन इसी ढर्रे पर चलता रहा। पर एक क्षण के लिए भी मैंने शादी करने और शादी के बाद नेक चलन और पवित्र जीवन व्यतीत करने का इरादा नहीं छोड़ा। और इसी ख़याल से मैं किसी भली लड़की की टोह में भी रहता था,'' वह अपनी कहानी कहता गया, '' एक ओर तो मैं व्यभिचार के कीच में डूबा हुआ था, दूसरी ओर उसी समय मैं एक ऐसी लड़की की भी तलाश में था जो अपनी पवित्रता के कारण मेरी पत्नी बनने के योग्य हो। मैंने कइयों को केवल इसलिए ठुकरा दिया कि लड़कियों में वह पवित्रता न थी जो मैं चाहता था। आखिर एक लड़की पर मेरी नज़र टिक गई। उसे मैंने अपने योग्य समझा। वह पेंज़ा के एक ज़मीन्दार की लड़की थी। उस ज़मीन्दार की दो लड़कियाँ थीं। वह किसी जमाने में तो बहुत अमीर रहा था, पर अब अपनी बहुत सी दौलत बरबाद कर चुका था।

'' एक रोज़ किश्ती में सैर करने के बाद हम घर लौट रहे थे। रात घिर आई थी और आकाश में चाँद खिला हुआ था। मैं उसके पास बैठा था। मेरी आँखें उसके सुन्दर-सुडौल शरीर पर टिकी हुई थीं। वह एक चुस्त ऊनी जर्सी पहने थी। उसके घुँघराले बाल बहुत प्यारे थे। मैं उन्हीं में खोकर रह गया। सहसा यह विचार मेरे मन

में कौंध गया कि यही वह लड़की है जिसकी मैं तलाश में हूँ। यही मेरी पत्नी बनेगी। उस रोज़ मुझे लगा जैसे लड़की ने मेरे सभी विचार और भावनाएँ समझ ली हैं, उनकी महानता समझ ली है। वास्तव में वह जर्सी और घुँघराले बाल उसके शरीर पर खूब सजते थे। दिन-भर उसके निकट रहने के बाद मेरी इच्छा हो रही थी कि उससे और भी सटकर बैठूँ।

"हमारा यह भ्रम किस तरह हमारे दिल में घर किए है कि सौन्दर्य में श्रेष्ठता होती है। एक सुन्दर स्त्री भले ही फूहड़ बातें करे, परन्तु आप उन्हें सुनकर समझते हैं कि वे तुच्छ नहीं, बड़ी मार्के की बातें हैं। वह कहे भी बुरा और करे भी बुरा, फिर भी हम समझते हैं कि वह जो कर रही है बड़ा सुन्दर है। और यदि संयोगवश वह कुछ भी न कहे—न ओछी बात, न भद्दी—तब तो आपको फ़ौरन यक़ीन हो जाता है कि वह सर्वगुण-सम्पन्न है, श्रेष्ठता और योग्यता की प्रतिमा है !

"मैं मानो हवा में उड़ता हुआ घर पहुँचा। मुझे विश्वास हो गया था कि वह लड़की सदाचार की सजीव मूर्ति है। इस कारण मैं उसे अपनी पत्नी बनने के योग्य समझता था। दूसरे दिन मैंने उससे विवाह-प्रस्ताव किया।

"पर इस सारे व्यापार में कितना छल है ! ज़रा इस तरफ़ भी तो ध्यान दीजिए। ब्याह करनेवाले हज़ार आदमियों में से शायद एक भी ऐसा न मिले, जो डान जुआन की तरह इससे पहले कम से कम दस बार, दस नहीं, सौ बार, हज़ार बार ब्याह न कर चुका हो। दुर्भाग्यवश यह हमारे ही वर्ग की बात नहीं, निचले वर्गों का भी यही हाल है। (हाँ, मैंने देखा भी है और सुनने में भी आया है कि आजकल ऐसे आदमी कहीं-कहीं मिलते हैं जो सच्चे मानों में नेक हैं, जो इसे इन्द्रिय-भोग नहीं, वरन् एक महान और पवित्र क्रिया मानते हैं, इसे तुच्छ नहीं समझते। भगवान उनका भला करे ! पर मेरे ज़माने में तो दस हज़ार में से एक भी ऐसा आदमी नहीं मिलता था) परन्तु मज़े की बात यह है कि हर आदमी, सब कुछ जानते-समझते हुए भी बगुलाभगत बना रहता है। सभी उपन्यासों में नायक की भावनाओं का बड़ी बारीकी के साथ वर्णन किया जाता है। फूलों का और उन तालाबों का वर्णन होता है जिनके किनारे वह टहलता है। उस महान प्रेम का वर्णन होता है जो यह सुन्दर नायक किसी युवती के प्रति अनुभव करता है। पर उनमें इस बात का जिक्र तक नहीं होता, कि यह आदमी पहले किस भाँति अपना समय व्यतीत करता रहा। उनमें चकलों का ज़िक्र नहीं होता, घर की नौकरानियों, बावर्चिनों, और दूसरों की बीवियों का ज़िक्र नहीं होता। जब कभी इस प्रकार के अश्लील उपन्यास लिखे जाते हैं तो ये उन लोगों को पढ़ने के लिए नहीं दिए जाते जिनको इनकी सबसे अधिक ज़रूरत होती है, ताकि उन्हें इन बातों का पता चल जाए। उनकी सबसे अधिक ज़रूरत होती है—युवतियों को। अव्वल तो इन युवतियों के माँ-बाप उन्हें इस भुलावे में रखते हैं कि व्यभिचार नाम की कोई चीज़ ही नहीं, भले ही वह हमारे सामाजिक जीवन के पूरे ताने-बाने में फैली हुई हो, गाँवों के जीवन तक में। बाद में इस ढंग की उन्हें ऐसी आदत पड़ जाती है कि अन्त में वे स्वयं,

अंग्रेजों की तरह, सचमुच यह मानने लगते हैं कि वे बड़ी ऊँची नैतिकता के लोग हैं और ऊँची नैतिकता के संसार में रहते हैं। और बेचारी भोली युवतियाँ इसे सच मान बैठती हैं। मेरी बदनसीब पत्नी भी एक ऐसी ही युवती थी। मुझे याद है जब हमारी सगाई हो गई तो मैंने उसे अपनी डायरी पढ़ने के लिए दी। इस डायरी से उसे मेरे पिछले जीवन का कुछ-कुछ पता चल सकता था। मैं चाहता था कि अधिक नहीं तो वह मेरे आखिरी प्रेम के बारे में ज़रूर जान जाए। बाहर के लोगों से उसे पता चल सकता था, इसी कारण मैंने यही उचित समझा कि मैं ही उसे बता दूँ। उसने डायरी पढ़ी। मेरे प्रेम-अभिसार की बात उसके दिमाग में बैठी तो उसे बहुत गहरा सदमा पहुँचा। वह निराश और बेचैन हो उठी। मुझे लगा कि वह उसी क्षण मेरे साथ अपना सम्बन्ध तोड़ देना चाहती है। काश! उसने ऐसा किया होता !''

फिर उसके मुँह से वही अजीब सी आवाज़ निकली, वह चुप हो गया, और चाय के घूँट भरने लगा।

6

''पर नहीं, जो हुआ अच्छा हुआ, जो हुआ ठीक ही हुआ !'' उसने चिल्लाकर कहा, '' मुझे मेरे किए की सज़ा मिली। पर इसका मेरी कहानी के साथ कोई सम्बन्ध नहीं। मैं कहना यह चाहता था कि इस छल की शिकार बेचारी युवतियाँ ही बनती हैं। उनकी माताओं को सब मालूम होता है, विशेषकर उन माताओं को जिन्हें अपने पतियों से ये बातें मालूम हो चुकी होती हैं। वे माताएँ ऊपर से दिखावा तो इस बात का करती रहती हैं कि उन्हें पुरुषों की ईमानदारी पर विश्वास है, पर व्यवहार करती हैं बिल्कुल उलट। वे जानती हैं कि पुरुषों को फाँसने के लिए—अपने लिए भी और अपनी बेटियों के लिए भी—किन हथकंडों की ज़रूरत होती है।

'' केवल हम पुरुष कुछ नहीं जानते। हम जानना चाहते ही नहीं। स्त्रियाँ भली भाँति जानती हैं कि ऊँचे से ऊँचे और कवित्वपूर्ण प्रेम में—यदि आप उसे प्रेम कहें तो—नैतिक गुणों की प्रेरणा नहीं होती। इसकी तय में प्रेरणा होती है शारीरिक समीपता की, बाल काढ़ने के ढंग की, फ्रॉक की काट और फ्रॉक के रंग की। किसी भी सधी हुई चंचल-छबीली औरत से पूछकर देख लो जो किसी पुरुष को फाँसना चाहती हो—तुम कौन सी स्थिति पसन्द करोगी, किसी आदमी के सामने तुम्हें बुरा-भला कहा जाए, कुलटा, कपटी, बेरहम कहा जाए—तुम यह सुनना पसन्द करोगी या उसके सामने भद्‌दा-सा गाउन पहनकर आना पसन्द करोगी जो तुम्हारे बदन पर ठीक न बैठता हो ? वह कुलटा कहलवाना पसन्द करेगी लेकिन भद्‌दा गाउन पहनकर नहीं आएगी। जब पुरुष किसी स्त्री के सामने उच्च भावनाओं की बात करता है तो वह जानती है कि वह झूठ बोल रहा है। हमारी रुचि तो एकमात्र उसके शरीर में होती है। इसलिए हम

उसके दुष्कर्मों को तो क्षमा कर देंगे, परन्तु उसके भद्दे गाउन को कभी भी माफ़ नहीं करेंगे। चंचल स्त्री यह बात अच्छी तरह चेतन रूप से समझती है। परन्तु एक भोली-भाली युवती एक पशु की भाँति अन्तर्प्रेरणा से ही यह बात समझ जाती है।

"यही उन घृणित जर्सियों, नंगे कन्धों, नंगे बाजुओं और क़रीब-क़रीब नंगी छातियों का कारण है, और उन पोशाकों का कारण जिनसे कूल्हे उभरे हुए नज़र आते हैं। स्त्रियाँ, और विशेषकर वे स्त्रियाँ जिन्हें सब ज्ञान पुरुषों से मिलता है, भली भाँति जानती हैं कि ऊँचे आदर्शों की चर्चा कोरी बातें होती हैं। पुरुष वास्तव में स्त्री का शरीर ही चाहता है। जिस ढंग से भी उसे अधिक आकर्षक और लुभावना बनाया जा सके उतना ही अधिक उसे प्रिय होगा। और यही कुछ वे करती हैं। यदि हम ऊँचे वर्गों के जीवन को सच्चाई की रोशनी में देखें, बनी-बनाई उन धारणाओं के रंगीन शीशे में से न देखें, जो हमारे स्वभाव का अंग बन गई हैं, और जिनके अनुसार सब भला ही भला लगता है, तो हम पाएँगे कि उनका जीवन सचमुच एक चकले के जीवन के समान है। क्यों, आप नहीं मानते क्या ? लीजिए, मैं साबित किए देता हूँ," वह बोला। मुझे कुछ कहने का उसने अवसर ही नहीं दिया। "आप कहते हैं कि हमारे वर्ग की स्त्रियों की रुचियाँ, चकले में रहनेवाली वेश्याओं की रुचियों से भिन्न होती हैं। पर आप ग़लत कहते हैं। मैं साबित कर दूँगा कि आप ग़लत कहते हैं। यदि जीवन में लोगों के लक्ष्य अलग-अलग हैं, और उनका आन्तरिक जीवन अलग-अलग है, तो उनके जीवन का बाहरी रूप भी अलग-अलग होगा। पर उन बदनसीब औरतों का ख़याल करो जिन्हें हम घृणा की दृष्टि से देखते हैं और फिर ऊँचे से ऊँचे घरानों की महिलाओं को भी देखो। वही श्रृंगार, वही फ़ैशन, वही इत्र-फुलेल, वही नंगे, बाजू कन्धे और वक्ष, वही उभरे हुए कूल्हे, वही हीरे-मोती और क़ीमती चमकीले ज़ेवरों का शौक़, और आमोद-प्रमोद की वही रुचियाँ—वही नाचना-गाना, वही संगीत। पुरुषों को फाँसने के जिन साधनों का वेश्याएँ प्रयोग करती हैं, उन्हीं का ये स्त्रियाँ भी। दोनों में कोई अन्तर नहीं। हाँ, अगर बहुत बारीकी में जाकर अन्तर खोजने की कोशिश की जाए तो हम कहेंगे कि हम उन स्त्रियों को तो घृणा से देखते हैं जो थोड़ी देर के लिए वेश्याएँ बनती हैं, पर उन स्त्रियों का आदर और मान करते हैं जो उम्र-भर वेश्यावृत्ति करती हैं।

7

"इस तरह मैं इन घिनौनी जर्सियों, घुँघराले बालों और उभरे हुए कूल्हों के जाल में फँसा। मुझे फाँसना आसान था, क्योंकि जिन विशेष परिस्थितियों में पलकर मैं बड़ा हुआ था, वे उन पौध-घरों के समान थीं जिनमें हम खीरे आदि रखकर पकाते हैं। वैसी ही परिस्थितियों में युवकों की कामुकता पनपती है। एक ओर कामोत्तेजक ख़ुराक और शराब का अत्यधिक सेवन, दूसरी ओर निठल्लापन, वासना की आग भड़केगी नहीं तो

क्या होगा। मैं बिल्कुल सच कह रहा हूँ, आपको हैरानी हो या न हो। मुझे भी इसका ज्ञान कुछ ही मुद्दत पहले हो पाया है। पर अब मैं इसे अच्छी तरह समझता हूँ। इसी कारण जब मैं देखता हूँ कि लोग इस बात को नहीं समझते और योंही बेपर की उड़ाते रहते हैं, जैसी कि वह औरत कर रही थी, तो मैं बौखला उठता हूँ।

"इस साल वसन्त के दिनों में कुछ किसान लोग एक रेलवे पर काम कर रहे थे। यह जगह मेरे स्थान के पास ही थी। सामान्यतया एक युवा किसान की ख़ुराक बड़ी साधारण होती है : रोटी, क्वास* और प्याज़। इससे वह ज़िन्दा भी रहता है और प्रसन्नचित्त भी और खेती-बारी के साधारण काम करता रहता है। जब वह रेल पर काम करने जाता है तो उसकी रोज़ाना ख़ुराक दलिया और एक पौंड गोश्त होती है। पर दिन में वह सोलह घंटे काम करता है और तेरह मन वज़न का ठेला खींचता है। इसमें उसका सारा खाया-पिया हज़्म हो जाता है। यह ख़ुराक बिल्कुल उसकी ज़रूरतों के मुताबिक़ है। पर हमारा क्या हाल है ? हम जो रोज़ दो-दो पौंड अंडे-गोश्त और तरह-तरह की कामोत्तेजक ख़ुराक खाते हैं, और शराबें पीते हैं, हम इस भोजन को कैसे खपाते हैं ? इन्द्रिय-भोग करके। हम यदि इसका सदुपयोग करें तो ठीक है, क्योंकि अतिरिक्त उत्तेजना से छुटकारा पाने का हमारे पास साधन बना रहेगा। पर यदि यह न हो, जैसा कि मेरे साथ अक्सर हुआ करता था, तो मनुष्य की कामुकता भड़क उठेगी। इस तड़क-भड़कवाले बनावटी जीवन में यही कामुकता अति कोमल प्रकार के प्रेम में व्यक्त होने लगती है। कभी-कभी तो निष्काम प्रेम में भी। मैं भी अन्य लोगों की भाँति प्रेम करने लगा। और मेरे प्रेम में सभी गुण विद्यमान थे—उन्माद, भक्तिभाव, कविता। पर सच तो यह है कि मेरे अन्दर यह प्रेम एक तो उसकी माँ ने, और उसके कपड़े सीनेवाली दर्ज़िन ने पैदा किया था, और दूसरे मेरी कामोत्तेजक ख़ुराक तथा मेरे सर्वथा प्रमादी जीवन ने। यदि हम किश्तियों में सैर न करते, यदि वह ऐसी काट के कपड़े न पहनती जिनसे उसकी कमर, और अंगों का उभार नज़र आता हो, यदि मेरी भावी पत्नी एक मामूली-सा ड्रेसिंग-गाउन पहने होती और सलीक़े से घर पर बैठना पसन्द करती, यदि मेरा भोजन भी मेरी सामान्य दिनचर्या के अनुकूल होता, अपने काम-काज की ज़रूरतों के मुताबिक होता, और यदि अतिरिक्त उत्तेजना से छुटकारा पाने का साधन बना रहता (उस समय वह नहीं था) तो मैं कभी प्रेम-पाश में न फँसता और उसके कोई दुष्परिणाम न निकलते।

8

"पर हुआ यह कि सब बातें एक साथ आ मिलीं : मेरी शारीरिक स्थिति, उसका बनाव-शृंगार, और साथ में किश्ती की सैर। बीसियों बार पहले इनका कोई असर नहीं

---

* क्वास—सूखी डबलरोटी से तैयार किया हुआ एक पेय।

हुआ था, अबकी हो गया। मैं जाल में फँस गया। मैं मज़ाक़ नहीं करता। इस ज़माने में शादियों के जाल पहले से बिछाए जाते हैं। चाहिए तो यह कि जब लड़की सयानी हो जाए तो उसका विवाह कर दिया जाए। बड़ी सीधी-सी बात है–यदि लड़की कुरूप नहीं, और यदि ऐसा पुरुष मिल जाता है जो शादी करना चाहता है, तो बड़ी सीधी सी बात है। पुराने वक़्तों में चलन था। लड़की के सयानी होने पर माँ-बाप उसके लिए वर ढूँढ़ लेते थे। यही क़ायदा था, और आज भी सभी लोगों में, चीनियों, हिन्दुस्तानियों, मुसलमानों और हमारे अपने किसानों में ऐसे ही होता है। संसार के 99 प्रतिशत लोगों में आज भी यही रिवाज है। पर हम एक प्रतिशत व्यभिचारियों ने निश्चय किया कि यह प्रथा ठीक नहीं, और एक नया चलन ढूँढ़ निकाला। और यह नया चलन क्या है ? नया चलन यह है कि लड़कियाँ बैठ जाएँ और पुरुष उनके इर्द-गिर्द मँडराएँ–जैसे मेले में होता है–और अपनी पसन्द के मुताबिक़ लड़की चुन लें। लड़कियाँ बैठ जाती हैं और मन ही मन कहती हैं : 'लो, मैं यहाँ बैठी हूँ, मुझे ले लो, उसे मत चुनो, मुझे चुनो, देखो मेरे कन्धे कितने सुन्दर हैं...और मेरे बाक़ी अंग भी...' उनमें इतना साहस तो नहीं होता कि मुँह खोलकर कुछ कह सकें। और हम पुरुष इर्द-गिर्द मँडराते हैं, टिकटिकी बाँधकर उनकी ओर देखते हैं, और मन ही मन बड़े ख़ुश होते हैं कि ऐसी अच्छी प्रदर्शनी का आयोजन हमारे लिए किया गया है। हम आँखें फाड़-फाड़कर उन्हें देखते हैं, और यदि हम ज़रा भी असावधानी बरतें तो झट से जाल में फँस जाते हैं !"

"इसके अलावा और क्या तरीक़ा है ?" मैंने पूछा, "क्या आप चाहते हैं कि लड़कियाँ स्वयं विवाह का प्रस्ताव किया करें ?"

"मैं नहीं जानता कि क्या होना चाहिए, पर यदि लोग समझते हैं कि समानाधिकार हों, तो सही मानों में समानाधिकार होने चाहिए। यदि माता-पिता द्वारा वर का चुना जाना अपमानजनक समझा जाता है तो यह तरीक़ा उससे भी हज़ार गुना अधिक अपमानजनक है। पहली स्थिति में कम से कम अधिकार और अवसर तो एक जैसे हैं। पर इसमें तो स्त्री या तो ग़ुलाम है जिसे बाज़ार में बेच दिया जाता है, या फिर जाल में फाँसने का प्रलोभन मात्र। लेकिन अगर आप साहस करके लड़की से (या उसकी माँ से) यह कह दें कि उसका एक मात्र काम पति फाँसना है, तो हे भगवान्, वह कितना बिगड़ेगी ! पर करती वह सचमुच यही कुछ है, और उसके सामने करने को दूसरा कोई काम भी नहीं। इन युवा, भोली-भाली युवतियों को यह करते देखकर मन सिहर उठता है ! कम से कम यदि यह काम खुल्लमखुल्ला किया जाता तो भी कुछ बात थी, पर यहाँ तो सब छिपे ढंग से होता है। 'ओह ! आपने 'जाति मूल' ग्रन्थ पढ़ा है ? ख़ूब ! मेरी लीज़ा को तो चित्रकला का शौक़ है ! आप भी प्रदर्शनी में जाने की सोच रहे हैं ? ख़ूब ! आपकी रुचियाँ तो बढ़िया हैं ! स्ले की सवारी करते हैं और नाटक देखते हैं और कान्सर्ट सुनते हैं। कैसी अद्भुत रुचियाँ हैं ! मेरी लीज़ा तो संगीत पर जान देती है...अजीब बात है कि आपके विचार उसके विचारों से मेल नहीं खाते। और किश्ती की सैर !...' और सारा वक़्त उसके मन में एक ही विचार चक्कर काटता है, 'ले लो, मुझे ले लो, या मेरी

लीज़ा को ले लो, नहीं मुझे ले लो, केवल आज़मायश के लिए ही सही !' उफ़ ! कितना कपट है ! कितना घिनौना है यह सब ! " यह कहते हुए उसने चाय का आख़िरी घूँट भरा और गिलास उठाकर एक किनारे रखने लगा।

9

अपने थैले में चाय और चीनी रख चुकने के बाद, अपनी कहानी जारी रखते हुए वह कहने लगा :

"शायद, आप जानते हैं कि इस बात से स्त्रियों का प्रभुत्व पैदा होता है। यही प्रभुत्व संसार में अकथनीय दुःख और क्लेश की जड़ है।"

"स्त्रियों के प्रभुत्व से आपका क्या अभिप्राय है ?" मैंने पूछा, "कानून के अनुसार तो पुरुष को अधिक अधिकार प्राप्त हैं।"

"हाँ-हाँ, यही तो बात है !" वह बीच में ही बोल उठा, "यही तो मैं आपसे कहना चाहता था। इसी से तो इस विचित्र स्थिति का पता चलता है। एक तरफ़ तो उसे पददलित किया गया है, और दूसरी तरफ़ वही रानी भी है। एक बात दूसरी की क्षति-पूर्ति करती है। उसी तरह जिस तरह यहूदी लोग अपने उत्पीड़न की क्षति-पूर्ति करते हैं जो उन्हें पैसे से प्राप्त होती है। 'तो आप यही चाहते हैं कि हम सूद-खोरी का काम ही करते रहें। बहुत अच्छा, तो हम यही करते हुए आप पर शासन करेंगे' यहूदी यह कहते हैं। और स्त्रियाँ कहती हैं : 'तुम चाहते हो कि हम केवल वासना की तृप्ति का साधन मात्र बनी रहें। तो ठीक है, वासना की तृप्ति का साधन बनकर ही हम तुम्हें अपने गुलाम बनाएँगी।' स्त्री की अधिकारहीनता इसमें नहीं कि उसे वोट देने का हक़ नहीं, या वह जज नहीं बन सकती। इन कामों से अधिकार नहीं मिलता। उसकी अधिकारहीनता इसमें है कि वह इन्द्रिय-भोग के क्षेत्र में पुरुष के समान नहीं, उसे यह अधिकार नहीं कि अपनी पसन्द के अनुसार जिस पुरुष को चाहे अपने आप सौंपे, और जो आदमी उसे पसन्द न हो उससे सम्पर्क न रखे। उसे यह अधिकार नहीं कि वह अपनी पसन्द के अनुसार अपना पुरुष चुने, बजाय इसके कि वह स्वयं किसी पुरुष द्वारा चुनी जाए। आप कहते हैं कि यह अनुचित है। अच्छी बात है, तो पुरुष को भी यह अधिकार नहीं होना चाहिए। इस समय तो स्त्री को उस अधिकार से वंचित रखा जाता है जो पुरुष के पास है। तो इस अधिकार के अभाव की क्षति-पूर्ति के लिए, पुरुष की कोमल भावनाओं का लाभ उठाकर इन्हीं कोमल भावनाओं द्वारा उसे वश में कर लेती है, यहाँ तक कि उसका चुनने का अधिकार केवल एक औपचारिकता मात्र रह जाता है। दरअसल चुनती स्त्री ही है। एक बार अपनी लक्ष्य-प्राप्ति के लिए यह हथियार उसके हाथ लग जाए, तो वह सब लोगों पर अपना भयानक प्रभुत्व ज़माने के लिए उसका पूरा-पूरा प्रयोग करती है।"

"यह भयानक प्रभुत्व है किस चीज़ में ?"

"किस चीज़ में ? हरेक चीज़ में, हर स्थान पर। किसी भी बड़े शहर की दूकानों में चले जाइए। जो चीज़ें वहाँ पड़ी होती हैं, वे लाखों-करोड़ों, अनगिनत हाथों के श्रम की उपज हैं। और ज़रा देखिए। इन दूकानों में से 90 प्रतिशत दूकानों में क्या आपको पुरुषों के इस्तेमाल की भी कोई चीज़ नज़र आती है ? भोग-विलास की सभी उपलब्धियों की माँग स्त्रियाँ करती हैं, और उनका उपभोग भी। ज़रा फ़ैक्टरियों को गिन जाइए। उनमें से अधिकांश स्त्रियों के लिए फ़िज़ूल ज़ेवर, गाड़ियाँ, फ़र्नीचर और तरह-तरह की छोटी-बड़ी चीज़ें बनाती हैं। लाखों आदमी, ग़ुलामों की कई पीढ़ियाँ, औरतों की सनकें पूरी करने के लिए, इन फ़ैक्टरियों में पिसती रहती हैं। महारानियों की भाँति स्त्रियों ने मनुष्य-जाति के 90 प्रतिशत भाग को अपने लिए ग़ुलामों की तरह मज़दूरी करने पर मजबूर कर रखा है। यह सब केवल इसलिए कि उन्हें तिरस्कृत किया गया है और पुरुष के साथ उन्हें समानाधिकार नहीं दिए गए। इसलिए वे हमें जाल में फँसाकर, हमारी भावनाओं से खिलवाड़ करके अपना बदला चुकाती हैं। मैं ठीक कहता हूँ। इसका केवल यही कारण है। पुरुषों की भावनाओं से खिलवाड़ करने का स्त्रियों ने अपने को ऐसा अमोघ साधन बना लिया है कि उनकी उपस्थिति में मानसिक स्थिरता क़ायम नहीं रह पाती। ज्यों ही किसी स्त्री के निकट कोई पुरुष जा पहुँचे तो उसकी मति मन्द पड़ जाती है मानो उसने अफ़ीम खा ली हो। पहले जब भी कभी मेरे सामने कोई ऐसी स्त्री आती जिसने नाचने की बढ़िया पोशाक पहन रखी होती तो मुझे झेंप होने लगती और मैं काँप उठता था। परन्तु अब ऐसी स्त्री को देखने पर डर के मारे मेरे रोंगटे खड़े हो जाते हैं, क्योंकि मुझे वह ख़तरनाक, क़ानून की दुश्मन जान पड़ती है। मेरा जी चाहता है कि मैं ज़ोर-ज़ोर से चिल्लाऊँ, पुलिस को बुलाऊँ कि वह आए और इस ख़तरे से लोगों की रक्षा करे।"

"आप हँस रहे हैं ?" उसने चिल्लाकर कहा, " इसमें हँसने की क्या बात है ? मुझे विश्वास है कि एक वक़्त आएगा, शायद जल्दी ही वह दिन आएगा, जब लोग इस तथ्य को समझने लगेंगे। वे हैरान होंगे कि कभी कोई ऐसा भी समाज था जिसने स्त्रियों को अपना शरीर सजाने की इजाज़त देकर एक ऐसे कर्म को प्रोत्साहित किया जो समाज की शान्ति के लिए घातक था, जिसका एक मात्र लक्ष्य भावनाओं को उत्तेजित करना था। यह बिल्कुल वैसा ही हुआ जैसे कि पुरुषों के रास्ते में जगह-जगह गड्ढे खोद दिए जाएँ—बल्कि इससे भी बुरा। क्या कारण है कि जुए पर तो प्रतिबन्ध लगा दिया गया है, परन्तु स्त्रियों की वेश्याओं जैसी साज-सज्जा पर कोई प्रतिबन्ध नहीं लगाया जाता हालाँकि उसका उद्देश्य केवल मनुष्य को उत्तेजित करना होता है ? यह कई हज़ार गुना ज़्यादा ख़तरनाक है !

10

" तो, इस तरह मैं पकड़ा गया। मैं उस समय 'प्रेमी' बना हुआ था। सगाई के दिनों

में वह लड़की मुझे पूर्णता की देवी नज़र आती थी। मैं स्वयं भी अपने को सर्वगुणसम्पन्न समझे हुए था। संसार में कोई बुरे से बुरा आदमी भी ऐसा न होगा जिसे कोई अपने से बुरा नज़र न आ जाए, और जिससे उसका हृदय गर्व और आत्मसन्तोष से न भर उठे। मेरी भी यही स्थिति थी। मैं पैसे के लिए ब्याह नहीं कर रहा था, मेरा प्रेरक लोभ भी नहीं था, जैसा कि मेरी जान-पहचान के अधिकांश लोगों का था। वे या तो पैसे के लालच से या बड़े घरों के साथ अपना सम्पर्क बढ़ाने के लिए ब्याह करते हैं। मैं अमीर था और वह ग़रीब। एक तो यह और दूसरे, जहाँ और लोगों का इरादा शादी के बाद भी वैसा ही बहु-पत्नी जीवन बिताने का होता है मेरा इरादा वैसा नहीं था। मैंने निश्चय कर लिया था कि ब्याह के बाद मैं केवल एक-व्रती रहूँगा। यह सोचकर मेरा हृदय अकथनीय गर्व से भर उठता। यह ठीक है, मैं था तो एक घृणित पशु परन्तु समझता था अपने को देवता।

"सगाई के जल्दी ही बाद हमारा ब्याह हो गया। उन दिनों को याद करके मेरा सिर शर्म से झुक जाता है ! कितना घिनौना काल था वह ! समझते तो हम यह हैं कि यह काल आध्यात्मिक प्रेम का होता है, शारीरिक प्रेम का नहीं। परन्तु यदि यह आध्यात्मिक प्रेम और आध्यात्मिक मिलन है तो इसकी झलक हमारी बातों, हमारी गतिविधि, हमारे वार्तालाप में मिलनी चाहिए। पर ऐसा नहीं था। जब कभी हम अकेले होते तो हमारे लिए बात करना तक मुश्किल हो जाता। इसके लिए उतने ही बड़े प्रयास की ज़रूरत होती जितनी सीसिफ़स को पहाड़ पर से चट्टान ढकेलने में हुई होगी। बड़ी-बड़ी देर तक मैं सोचता रहता कि अब आगे क्या कहूँ। फिर दो-एक शब्द मुँह से निकाल पाता, इसके बाद फिर चुप हो जाता और सोचने लगता कि आगे क्या कहूँ। कहने के लिए कोई बात न सूझती थी। अपने भावी जीवन, अपनी योजनाओं तथा प्रबन्ध इत्यादि के बारे में, हमें जो कुछ कहना था हम कह चुके थे। बाक़ी रह क्या गया था ? यदि हम पशु होते तो हमें मालूम हो जाता कि हमारा काम बातें करना नहीं है। पर मनुष्य होने के नाते हमसे आशा की जाती थी कि हम बातें करें। और बातें करने के लिए कुछ था नहीं, क्योंकि जो बात हमारे मन पर छाई रहती थी, उसे ज़बान पर नहीं लाया जा सकता था। इन सब बातों के अलावा वह भोंडी प्रथा भी तो थी—चाकलेट के डिब्बे लाओ, ठूँस-ठूँसकर मिठाइयाँ खाओ, फिर वह शादी की बेहूदा तैयारियाँ, कमरे ठीक करो, सोनेवाला कमरा, बिस्तर, ड्रेसिंग गाउन, नीचे पहनने के कपड़े, कपड़े रखने की आलमारियाँ। क्या आप नहीं समझते कि वह बूढ़ा जिस पितृसत्तात्मक समाज का पक्ष ले रहा था, उसमें दहेज, पलंग, नरम-बिस्तर इत्यादि सभी के पीछे एक रहस्य छिपा रहता था। आजकल शादी की तैयारी करनेवाले दस आदमियों में से मुश्किल से एक आदमी ऐसा मिलेगा जो इस रहस्य में विश्वास रखता हो, या इतना ही मानता हो कि जो कुछ वह करने जा रहा है उसके साथ कोई उत्तरदायित्व भी जुड़े हुए हैं। सौ में से एक आदमी मुश्किल से ऐसा मिलेगा जिसने ब्याह से पहले ब्याह का अनुभव नहीं कर लिया। मुश्किल से पचास में से एक आदमी ऐसा मिलेगा जो शादी के बाद पहले ही

अवसर पर अपनी पत्नी के प्रति विश्वासघात न करे। शादी करनेवालों में से अधिकांश ऐसे हैं जो गिरजे की रस्म को केवल एक शर्त भर मानते हैं जिसके अनुसार एक औरत उनके हाथ आ जाती है। जब आप इन सब बातों के बारे में सोचते हैं तो इन तैयारियों का भयानक महत्त्व स्पष्ट हो जाता है। तब पता चलता है कि ये अपने में परिपूर्ण थीं, इनका यही मक़सद था। ऐसी शादी और कुछ नहीं, महज़ दूकानदारी है। एक सरल बालिका एक भ्रष्टाचारी पुरुष के हाथों बेची जा रही है, और यह बिक्री तदनुकूल कृत्यों द्वारा सम्पन्न की जा रही है।

11

" इसी ढंग से सब लोग शादी करते हैं, और इसी ढंग से मैंने भी की। मैं भी उस हनीमून पर निकल पड़ा जिसका लोग गुणगान करते हैं। यह नाम भी कितना भद्दा है !" वह बड़ी कटुता से बड़बड़ाया। "पेरिस में मैं एक बार एक प्रदर्शनी में गया। वहाँ मैंने तरह-तरह की बेहूदा चीज़ें देखीं। एक औरत देखी जिसके दाढ़ी थी और एक कुत्ता देखा जिसका आधा धड़ मछली का सा था। बाद में मालूम हुआ कि दाढ़ीवाली औरत वास्तव में एक आदमी था जिसने औरतों के कपड़े पहन रखे थे, और कुत्ते को एक सील की खाल पहनाकर नहाने के टब में छोड़ दिया गया था जहाँ वह तैरता था। वहाँ कोई भी दिलचस्प चीज़ नहीं थी, पर जब मैं बाहर जा रहा था तो पहरेदार ने मेरी ओर इशारा करके लोगों से कहा, 'सुनिए, इन सज्जन से पूछ लीजिए कि प्रदर्शनी कैसी है, देखने लायक़ है या नहीं ! आइए, आइए, केवल एक फ्रेंक में नुमायश देखिए !' लज्जावश मैं यह नहीं कह सका कि प्रदर्शनी में देखने लायक़ कुछ नहीं है। ज़ाहिर है कि पहरेदार को इस बात का पूरा भरोसा था कि मैं यह न कहूँगा। मैं समझता हूँ कि उन लोगों का भी यही हाल है जिन्हें हनीमून का भोंडा अनुभव हो चुका है। उन्हें दूसरों का भ्रम दूर करने में शर्म महसूस होती है। मुझे भी संकोच होता था, पर अब नहीं होता। भला मैं अब सच्चाई को किसलिए छिपाऊँ ? मेरा हनीमून झेंप, लज्जा, भोंडेपन, दयनीयता और सबसे बढ़कर ऊब से भरा था ! वह इतना नीरस था कि बयान से बाहर ! उतना ही नीरस जितना कि शुरू-शुरू में सिगरेट पीना होता है जब मेरा मुँह कड़वाहट से भर जाता, और जी चाहता था कि सिगरेट फेंक दूँ, पर थूक निगलकर मैं यह दिखाने की कोशिश करता था कि सिगरेट पीने में मुझे मज़ा आ रहा है। अगर सिगरेट पीने में कुछ मज़ा आता भी है तो कुछ अरसे बाद। हनीमून का भी यही हिसाब है। दम्पति को भी इस व्यसन की आदत डालनी पड़ती है ताकि इसमें से कुछ मज़ा ले सकें !"

"आप इसे व्यसन कहते हैं ?" मैंने कहा, "यह तो एक स्वाभाविक मानवी क्रिया है।"

"स्वाभाविक ?" वह बोला, "स्वाभाविक ? हरगिज़ नहीं ! मैं इससे बिल्कुल उलट

परिणाम पर पहुँचा हूँ। यह बिल्कुल अस्वाभाविक है, प्रकृति के सर्वथा विरुद्ध है। बच्चों से पूछकर देखो। भोली-भाली युवतियों से पूछो। जब मेरी बहन छोटी थी तो उसने अपने से दोगुनी उम्र के एक दुराचारी से ब्याह किया। मुझे याद है शादी की रात, वह कमरे में से भागती हुई बाहर निकल आई। हम हैरान रह गए। उसका चेहरा ज़र्द हो रहा था, और वह रो रही थी और बार-बार चिल्ला-चिल्लाकर कह रही थी कि वह कभी भी, कभी भी यह कर्म नहीं करेगी। वह बयान तक न कर पा रही थी कि वह आदमी उसके साथ क्या करना चाहता था !

" और आप इसे स्वाभाविक कहते हैं ! कई बातें होती हैं जो प्रकृति के अनुकूल होती हैं जो शुरू से ही प्रिय और आनन्ददायक होती हैं। उनके करने में लज्जा का अनुभव नहीं होता। पर यहाँ यह बात नहीं है। यह तो बड़ी ही लज्जापूर्ण, घृणित और क्लेशजनक बात है। यह कदापि स्वाभाविक नहीं। मुझे विश्वास है कि एक भोली-भाली लड़की इससे हमेशा नफ़रत करती है।"

"तो इंसान की नस्ल कैसे आगे बढ़ेगी ?" मैंने पूछा।

"इंसान की नस्ल कैसे बढ़ेगी !" उसने व्यंग्यपूर्ण आवाज़ में दोहरा दिया, मानों उसे पहले ही मालूम था कि मैं यह घिसा-पिटा शर्मनाक सवाल पूछूँगा। "सन्तति-निरोध का उपदेश देना सम्भव है ताकि इंग्लैंड के लार्ड सारा वक़्त ठूँस-ठूँसकर खा सकें। सन्तति-निरोध का उपदेश देते जाओ ताकि आदमी बिना किसी अप्रिय परिणाम की सम्भावना के मज़े लूटता जाए। पर एक बार भी यदि सदाचार के नाम पर कोई सन्तति-निरोध का उपदेश के लिए मुँह खोले, तो तूफ़ान उठ खड़ा होता है ! मुट्ठी-भर आदमी या फिर दो-चार भी अगर यह तय करते हैं कि पशुओं की तरह बहुत रह चुके, अब इंसानों की तरह रहेंगे तो इंसान की नस्ल ख़तरे में पड़ जाती है। क्षमा कीजिए। मुझे यह रोशनी तंग कर रही है। इजाज़त दें तो उसे मैं किसी चीज़ से ढक दूँ," उसने लैम्प की ओर इशारा करते हुए कहा।

मैंने कहा कि मुझे कोई एतराज़ नहीं। इस पर वह हड़बड़ाकर बेंच पर चढ़ गया, और रोशनी के ऊपर पर्दा डाल दिया।

"तो भी यदि सब लोग आपके विचारों का अनुसरण करने लगें तो संसार में से इंसान की नस्ल ख़त्म हो जाएगी।"

इसका जवाब उसने फ़ौरन नहीं दिया।

"आपको इंसान की नस्ल की चिन्ता है ?" उसने कहा, फिर मेरे सामने की सीट पर टाँगें चौड़ी करके बैठ गया, और आगे की ओर झुककर कोहनियाँ अपने घुटनों पर टिका लीं। "इंसान की नस्ल बनी ही क्यों रहे ?"

"यह भी कोई पूछने की बात है ? यह न होगी तो आपका और मेरा अस्तित्व ही कहाँ होगा ?"

"हमारे अस्तित्व की ज़रूरत ही क्या है ?"

"जीने के लिए।"

"हम क्यों जियें ? यदि जीवन का कोई लक्ष्य नहीं, यदि केवल जीने के लिए ही जीना है, तो इसका लाभ ही क्या है ? यदि यह सच है तो शोपनहौर, हार्टमैन तथा बौद्धों ने जो कुछ कहा है वह बिल्कुल ठीक है। पर यदि जीवन का कोई लक्ष्य है, तो स्पष्ट ...े उस लक्ष्य की पूर्ति हो जाने पर जीवन समाप्त हो जाना चाहिए। इससे तो यही ...कर्ष निकलता है," उसने उत्तेजित होकर कहा। जान पड़ता था कि वह अपने इस ...चार को बड़ा महत्त्व देता था। "इससे यही निष्कर्ष निकलता है। देखिए : यदि मानव-जीवन का वह लक्ष्य है जिसका उल्लेख हमें पैग़म्बरों की वाणियों में मिलता है, कि सभी मनुष्य एक ही प्रेम-सूत्र में बँधे हों, तलवार के स्थान पर हमारे हाथ में हल का फार हो, इत्यादि—अर्थात् यदि जीवन का लक्ष्य सदाचार, नेकी, प्रेम है, तो कौन सी बात है जो हमारी इस लक्ष्य-प्राप्ति के रास्ते में बाधक होती है ? हमारी वासनाएँ। सब वासनाओं में, सबसे तीव्र, सबसे अधम, सबसे बलवती वासना है—काम-वासना, सम्भोग की इच्छा। इसलिए यदि वासनाओं पर क़ाबू पाया जाए, विशेषकर काम-वासना पर जो सबसे अधिक बलवती है तो पैग़म्बरों की सभी वाणियों पर अमल होने लगेगा, मानव-जाति एक सूत्र में बँध जाएगी, मानव-जीवन के उद्देश्य की सिद्धि हो जाएगी। और जीवन का फिर कोई भी अभिप्राय न रह जाएगा। यदि मानव-जीवन का अस्तित्व है, तो उसके सामने एक आदर्श भी है, जिससे उसे प्रेरणा मिलती रहती है। और सचमुच यह आदर्श सूअरों और खरगोशों का नहीं, कि कितने अधिक बच्चे पैदा हो सकते हैं, पैदा करते जाओ, न ही बन्दरों और पेरिसवासियों का आदर्श है कि शारीरिक भोग से जितना भी आनन्द मिल सकता है लेते जाओ। सबसे ऊँचा आदर्श सदाचार का आदर्श है, जो इन्द्रिय-दमन द्वारा प्राप्त हो सकता है। मनुष्य ने सदैव उसकी प्राप्ति की चेष्टा की है और करता रहेगा। पर देख लीजिए, इसका परिणाम क्या हो रहा है।

"इन्द्रिय-भोग एक सुरक्षा साधन के समान है। इस पीढ़ी ने मानव-जाति के लक्ष्य को प्राप्त नहीं किया। क्यों नहीं किया ? अपनी वासनाओं के कारण। और सबसे तीव्र वासना, काम-वासना है। काम-वासना मौजूद रहती है, वह एक नई पीढ़ी को पैदा करती है। फिर इस लक्ष्य-प्राप्ति का अवसर नई पीढ़ी को मिलता है। पर यह नई पीढ़ी भी लक्ष्य-प्राप्ति नहीं कर पाती, और यह अवसर उससे अगली पीढ़ी को प्राप्त हो जाता है। फिर उससे अगली पीढ़ी को और इसके बाद इससे अगली पीढ़ी को और यह क्रम उस वक़्त तक चलता रहता है जब तक कि मानव-जाति अपने लक्ष्य को सचमुच प्राप्त नहीं कर लेती, जब तक कि पैग़म्बरों की वाणियों के अनुसार आचरण नहीं होता, जब तक कि सारी मानव-जाति एक सूत्र में नहीं बँध जाती। इसके विपरीत हो भी क्या सकता है ? आप ज़रा कल्पना कीजिए कि भगवान ने मनुष्यों को एक विशेष लक्ष्य की प्राप्ति के लिए पैदा किया, और उनकी रचना करते समय या तो उन्हें ऐसे मर्त्य-जीव बनाया जिनमें काम-वासना बिल्कुल न थी, या फिर उन्हें अमर बना दिया। यदि वह उन्हें मर्त्य बनाता किन्तु काम-वासना न देता तो उसका क्या परिणाम होता ? वे बिना लक्ष्य-प्राप्ति के मर जाते, और लक्ष्य-प्राप्ति के लिए भगवान को नए मनुष्य पैदा करने पड़ते। यदि

वह उन्हें अमर बना देता, तब यह सम्भव होता कि कई हज़ार शताब्दियों के बाद वे अपनी लक्ष्य-प्राप्ति कर पाते। (हालाँकि एक ही पीढ़ी के लोगों के लिए अपनी भूल सुधारना कठिन होता है, नए लोगों के लिए अपने पुरखाओं की भूल सुधारना तथा पूर्णता के निकट पहुँचना अधिक आसान होता है।) पर इन अमर मनुष्यों से लाभ क्या होता ? उनका बनता क्या ? नहीं, स्थिति जैसी है वैसी ही ठीक है...पर शायद आप आपत्ति करेंगे कि मैं स्थिति को ठीक तरह से पेश नहीं कर रहा हूँ। शायद आप क्रमिक विकास के सिद्धान्त के समर्थकों में से हैं ? परिणाम एक जैसा ही होगा। प्राणीमात्र के सबसे श्रेष्ठ जीव, मनुष्यों को, अन्य पशुओं के विरुद्ध संघर्ष में अपना अस्तित्व क़ायम रखने के लिए मधुमक्खियों के छत्ते की तरह इकट्ठा होना होगा। उन्हें अनियमित रूप से सन्तान पैदा नहीं करते जाना होगा। मधुमक्खियों की तरह वासनाहीन व्यक्तियों की वृद्धि करनी होगी। अर्थात् ब्रह्मचर्य का ध्येय सामने रखना होगा, न कि विषय-वासना का, जैसा कि आज के समाज में हो रहा है।" वह क्षण-भर के लिए चुप हो गया, फिर कहने लगा, "और क्या मानव-जाति का अन्त होगा ? यह निस्सन्देह, अनिवार्य है। इसमें किसी को शक नहीं हो सकता, चाहे उसके विचार कुछ भी क्यों न हों। यह निश्चित है, उतना ही जितनी कि मौत निश्चित है। एक दिन संसार का अन्त हो जाएगा, केवल हमारे पवित्र धर्म-प्रवर्त्तक ही यह नहीं बतलाते, वैज्ञानिक भी यही कहते हैं। यदि नैतिक शिक्षा भी इसी अन्त की ओर संकेत करे, तो इसमें हैरान होने की क्या बात है?"

उसके बाद वह देर तक चुप रहा। उसने और चाय पी, अपना सिगरेट खत्म किया, फिर अपने थैले में से और सिगरेट निकाले और उन्हें अपने पुराने, मैले-कुचले सिगरेट-केस में जोड़-जोड़कर रखता रहा।

"मैं आपका भाव समझ गया," मैंने कहा, "शेकर सम्प्रदाय के लोगों का भी कुछ ऐसा ही विश्वास है।"

"वे ठीक कहते हैं," वह बोला, " काम-वासना, चाहे वह किसी भी रूप में क्यों न हो, पाप है, घोर पाप, और हमारा कर्त्तव्य उसको दबाना है न कि उसे भड़काना, जैसा कि आजकल हो रहा है। इंजील के ये शब्द कि जो कोई भी कामातुर नेत्रों से किसी स्त्री की ओर देखता है, उसने पहले से ही उसके साथ व्यभिचार कर लिया है, न केवल पर-स्त्रियों पर लागू होते हैं, बल्कि हमारी अपनी पत्नियों पर भी, विशेषकर अपनी पत्नियों पर।

12

" हमारी इस दुनिया में हर बात उलट होती है। शादी से पहले यदि कोई पुरुष संयम से रहता है तो शादी के बाद फ़ौरन ही वह संयम को अनावश्यक मानने लगता है। आख़िर विवाह के बाद जो गुलछर्रे उड़ाए जाते हैं, वे क्या हैं ? युवा दम्पति, अपने

माँ-बाप की पूरी अनुमति से एकान्त में चले जाते हैं। ये दुराचार की आज्ञा देना नहीं तो और क्या है ? पर सदाचार के भी अपने नियम हैं। यदि उनका उल्लंघन किया जाए तो मनुष्य को उसका दंड भोगना पड़ता है। मैंने बड़ी कोशिश की कि हनीमून के दिन वास्तविक हनीमून में परिणत हो सकें, परन्तु मैं सफल नहीं हुआ। शुरू से लेकर आख़िर तक वह सारी प्रेम-क्रीड़ा लज्जाजनक, घृणित और नीरस थी। शीघ्र ही वह और भी अधिक कष्टकर हो उठी। तीसरे, या शायद चौथे दिन, मैंने देखा कि मेरी पत्नी खोई-खोई सी है। मैंने कारण पूछा, साथ ही प्यार भी करने लगा। मैंने सोचा, शायद वह चाहती भी यही कुछ है। पर उसने मेरा बाजू झटक दिया और रोने लगी। क्यों ? उसने कोई कारण नहीं बतलाया। वह दुःखी थी, बहुत ही दुःखी। उन दिनों हमारी नसें तनी रहती थीं, शायद उसी से उसे भास हो गया था कि हमारा सम्बन्ध बहुत बेहूदा है, पर इसे वह शब्दों में व्यक्त नहीं कर सकी। मैंने उसे आलिंगन में भर लिया। उसने धीरे से कहा कि उसे अपनी माँ याद आ रही है। मैंने सोचा यह सच नहीं हो सकता। मैं उसके साथ चुहलें करने लगा, और जो कुछ उसने अपनी माँ के बारे में कहा था, उसकी कोई परवाह नहीं की। मैं यह नहीं समझा कि वह सचमुच किसी दूसरे कारण से दुःखी थी और माँ का केवल बहाना कर रही थी। वह नाराज़ हो गई, कहने लगी कि मैंने उसकी माँ का निरादर किया है। मुझ पर दोष लगाने लगी कि मैंने उसकी बात का विश्वास नहीं किया और उसे पक्का यक़ीन है कि मैं उसे प्यार नहीं करता। मैंने उसे सनकी कहा। सहसा उसके चेहरे का भाव बिल्कुल बदल गया, वेदना के स्थान पर खीझ आ गई। उसने बिगड़कर कहा कि मैं स्वार्थी और निर्दयी हूँ। मैं उसकी ओर देखता रह गया। उसका चेहरा कठोर हो गया था और आँखों में विरोध और घृणा भरी थी। मुझे याद है, मुझे यह देखकर बहुत बड़ा सदमा पहुँचा था। 'यह हो क्या रहा है ?' मैंने सोचा। 'वह प्रेम, वह दो आत्माओं का मिलन, और उसके स्थान पर यह ? असम्भव ! ज़रूर इसका दिल ठिकाने नहीं है !' मैंने उसे शान्त करने की कोशिश की, पर मेरे सामने उपेक्षा और कटु-विरोध की एक दीवार सी खड़ी थी जिसे लाँघना मेरे लिए असम्भव हो गया। और अचानक मेरा भी पारा चढ़ गया, हमने एक दूसरे को बहुत कुछ बुरा-भला कहा। इस पहले झगड़े का मेरे मन पर बड़ा भयानक असर हुआ। मैंने इसे झगड़ा कहा है, पर दरअसल यह झगड़ा न था, यह तो एक तरह की प्रकाश की किरण थी जिसने मेरी आँखें खोल दीं। मुझे वह खाई नज़र आ गई जो हम दोनों के बीच मुँह फाड़े खड़ी थी। हमारी वासना की तृप्ति होते ही हमारे प्रेम का नशा भी उतर गया था, और अब हम अपने सच्चे स्वरूप में एक दूसरे के सामने खड़े थे। हम अब दो पूर्णतया भिन्न तथा स्वार्थी जीव थे जो एक दूसरे से अधिकाधिक वासना-तुष्टि चाहते थे। मैंने कहा है कि हमारे बीच झगड़ा हुआ, पर वास्तव में वह झगड़ा न था, केवल हमारे वास्तविक सम्बन्ध पर से पर्दा उठ गया था। और यह हमारी काम-वासना में ठहराव आ जाने के कारण सम्भव हुआ। मैं यह नहीं समझा कि यही क्रूर उपेक्षाभाव हमारा वास्तविक सम्बन्ध था। मैं समझ इसलिए नहीं पाया कि इसके फ़ौरन ही बाद इन्द्रिय-भोग की, प्रेम की एक

और लहर उठी, और यह घृणाभाव आँखों से ओझल हो गया।

"मैंने सोचा कि हमारे बीच झगड़ा उठा था पर हमने सुलह-सफ़ाई कर ली, और निश्चय किया कि हम कभी भी ऐसी बात नहीं होने देंगे। पर हनीमून के इस पहले महीने में एक बार फिर हमारा मन ऊब उठा। हमें एक बार फिर एक दूसरे की ज़रूरत न रही। इसके फलस्वरूप एक बार फिर झगड़ा उठ खड़ा हुआ। मैंने सोचा, 'इसका मतलब है कि हमारा पहला झगड़ा एक आकस्मिक घटना नहीं थी। उसे ज़रूर होना था, और ऐसे झगड़े बार-बार होंगे।' इस दूसरे झगड़े से मुझे ख़ास सदमा पहुँचा क्योंकि यह एक बड़े ही तुच्छ कारण से पैदा हुआ था—पैसे की किसी बात से। पैसे के मामले में मेरा हाथ सदा ही खुला रहता है। यह मुमकिन नहीं कि मैंने पत्नी को पैसे देने से इनकार किया हो। मुझे केवल इतना याद है कि मैंने रुपए-पैसे के बारे में कोई बात कही, जिसे तोड़-मोड़कर उसने यह अर्थ निकाला कि अपने पैसे के कारण मैं उस पर हुकूमत करता हूँ, कि इसी पैसे के कारण मुझे विशेष अधिकार प्राप्त हैं। ऐसी ही कोई बेहूदा और फ़िज़ूल सी बात उसने कही, जो न उसे और न मुझे शोभा देती थी। मैं भड़क उठा। मैंने कहा कि तुम्हें बात करने की तमीज़ नहीं है। इस पर उसने कुछ जवाब दिया और हम फिर आपे से बाहर हो गए। मुझे उसके शब्दों, उसके चेहरे के भाव में, उसकी आँखों में फिर वही उपेक्षापूर्ण, क्रूर घृणाभाव नज़र आया, जिसे देखकर पहली बार मुझे इतना सदमा पहुँचा था। मुझे याद है कि मेरा झगड़ा कई बार अपने भाई के साथ, दोस्तों तथा पिता तक के साथ भी होता रहा है, मगर कभी भी उनमें वह विषैली कटुता महसूस नहीं हुई थी, जो मुझे यहाँ महसूस हुई। समय बीतता गया और यह पारस्परिक घृणा फिर उस प्रेम, अर्थात् इन्द्रिय-भोग के पर्दे के पीछे छिप गई। मैंने अपने को ढाढ़स बँधा लिया कि ये दो झगड़े केवल भूलें थीं। भविष्य में उनसे बचा जा सकता है। पर इसके बाद तीसरा झगड़ा उठा, और फिर चौथा। अब मुझे विश्वास हो गया कि ये झगड़े आकस्मिक नहीं थे, उन्हें टाला नहीं जा सकता था और भविष्य में भी इन्हें टाला नहीं जा सकेगा। इसकी कल्पना करके ही मेरे रोंगटे खड़े हो गए। मेरी मानसिक वेदना यह सोचकर और भी बढ़ गई कि मेरी सभी आशाओं के प्रतिकूल, मैं ही एक ऐसा आदमी हूँ जिसका विवाह ठीक नहीं बैठा, कि अन्य लोगों के विवाह सफल रहते हैं। उस समय मैं यह नहीं जानता था कि बाक़ी लोग भी मेरी ही जैसी नाव में सवार हैं। प्रत्येक व्यक्ति, मेरी ही तरह, यही समझता है कि उस जैसा अभागा कोई नहीं। वह अपने दुर्भाग्य को अनोखा और लज्जाजनक समझता है और इसे लोगों से छिपाता फिरता है। इतना ही नहीं, वह उसे अपने आपसे भी छिपाता है, इसे मानने से इनकार करता रहता है।

"हमारी शादी के फ़ौरन ही बाद यह द्वेष बढ़ने लगा। हमारे बीच घृणा की खाई गहरी और चौड़ी होती गई। शादी के पहले हफ़्ते में ही मेरा दिल यह कहने लगा कि मैं फँस गया हूँ, कि मेरी सभी आशाओं पर पानी फिर गया है, कि विवाह एक महान सुख होने के बदले एक बहुत बड़ा दुर्भाग्य साबित हुआ है। पर मैं भी, और लोगों की तरह, यह स्वीकार करना नहीं चाहता था (यदि उसका इतना भयानक अन्त न होता तो

मैं यह कभी भी स्वीकार नहीं करता)। मैं इस सत्य को न केवल औरों से, बल्कि अपने आपसे भी छिपाए रहा। जब मैं इन सब बातों को याद करता हूँ तो हैरान रह जाता हूँ कि इतनी देर तक मैं स्थिति के वास्तविक स्वरूप को क्यों नहीं समझ पाया। हमारे झगड़े इतनी छोटी-छोटी बातों से उठ खड़े होते थे कि बाद में वे याद तक नहीं रहती थीं। इसी एक बात से ही मुझे सच्चाई को समझ जाना चाहिए था। हमें यह अवसर ही न मिलता था कि हम कोई ठोस कारण ढूँढ़ निकालें जिससे हमारे निरन्तर पारस्परिक विरोध का कोई आधार मिल सके। पर इससे भी अधिक सदमा मुझे इस बात से हुआ कि जिन युक्तियों द्वारा हम अपने झगड़े निबटाते, वे बिल्कुल खोखली होती थीं—कभी शब्दों द्वारा, कभी एक दूसरे को अपनी सफ़ाई देकर, कभी आँसू बहाकर कभी-कभी एक दूसरे को अत्यन्त कड़वी बातें कह देने के बाद भी, हम एक दूसरे को कनखियों से देखते, शरमाकर मुस्कुराते, एक दूसरे को चूमते, आलिंगन में भर लेते। इसे आज भी याद करके हृदय घृणा से भर उठता है ! उफ़, इससे बड़ी नीचता क्या हो सकती है ? यह सारा का सारा क्रिया-कलाप ही इतना नीच था, यह मैं उस समय क्यों नहीं देख पाया ?"

13

दो मुसाफ़िर अन्दर आए और डिब्बे के दूसरे सिरे पर जाकर बैठ गए। जब तक वे बैठ नहीं गए, मेरा साथी चुप रहा, फिर वह अपनी बात कहने लगा। क्षण-भर के लिए भी उसके विचारों का क्रम नहीं टूटा था।

"सबसे घृणास्पद बात यह है कि जिस प्रेम को हम इतना आदर्श और उत्कृष्ट मानते हैं वह वास्तव में इतना तुच्छ और पाशविक है कि उसके बारे में सोचने या बात तक करने में शर्म महसूस होती है। प्रकृति ने इसे इतना बुरा और शर्मनाक बनाया है तो इसका कोई कारण रहा होगा। चाहिए तो यह कि लोग इसे बुरा और शर्मनाक ही समझें। पर इसके विपरीत लोग यह दिखाने की कोशिश करते हैं कि यह लज्जाजनक और घृणास्पद होने के बजाय सुन्दर और महान है। मेरे प्रेम के पहले लक्षण क्या थे ? निर्लज्ज, पाशविक इन्द्रिय-भोग, इस अत्यधिक भोग पर गर्व, कि मैं यह कर सकता हूँ। ऐसा करते हुए मैंने अपनी पत्नी के आध्यात्मिक अथवा शारीरिक हित का तनिक भी ख़याल नहीं किया। मैं उस समय यह नहीं समझ पाया कि हम एक दूसरे से क्यों नाराज़ रहते हैं। पर आज इसका कारण स्पष्ट है : यह नाराज़गी इसके सिवा और कुछ नहीं थी कि जिस तरह का पाशविक जीवन हम व्यतीत कर रहे थे, हमारा मानव-स्वभाव उसका कड़ा विरोध करने लगा था।

"मैं हैरान था कि हम एक दूसरे से इतनी घृणा कर सकते हैं। पर इसके अलावा और किसी चीज़ की आशा भी नहीं की जा सकती थी। हम एक दूसरे की नज़रों में अपराधी थे। हमने एक दूसरे को अपराध के लिए उकसाया, फिर मिलकर अपराध किया।

हमारी पारस्परिक घृणा की तह में यही बात छिपी थी। क्या यह जुर्म नहीं है कि शादी के बाद पहले ही महीने में यह बेचारी गर्भवती हो जाए और इसके बावजूद हमारा पाशविक सम्बन्ध जारी रहे ? क्या आप समझते हैं कि मेरी कहानी के साथ इसका कोई सम्बन्ध नहीं ? आपका ख़याल ग़लत है। मेरी पत्नी की हत्या से इसका गहरा सम्बन्ध है। मुक़द्दमे में उन्होंने मुझसे पूछा कि मैंने उसे किस तरह, किस हथियार से मारा। जाहिल कहीं के ! वे समझते थे कि मैंने उसकी हत्या 5 अक्तूबर को एक छुरे से की। मैंने उस दिन उसकी हत्या नहीं की थी। उसकी हत्या तो मैं बहुत पहले कर चुका था। मैंने भी यह हत्या उसी ढंग से की थी जिस ढंग से बाक़ी सब लोग कर रहे हैं, हाँ, सभी लोग !"

"आपका मतलब ?" मैंने कहा।

"यही बात तो मुझे हैरान करती है। कोई भी आदमी इस स्पष्ट और सरल सत्य को स्वीकार करना नहीं चाहता। यह एक ऐसा सत्य है जिसे डॉक्टरों को समझना चाहिए और लोगों को समझाना चाहिए, पर जिस पर वे चुप्पी साधे रहते हैं। यह बात बहुत सरल है। पुरुषों और स्त्रियों की शारीरिक रचना भी जानवरों के समान हुई है। इन्द्रिय-भोग के बाद गर्भ और फिर शिशुपालन, यह एक स्वाभाविक क्रम होता है। जब स्त्री गर्भवती हो तो इन्द्रिय-भोग से माँ और बच्चा दोनों को नुक़सान पहुँचता है। स्त्रियों और पुरुषों की संख्या एक बराबर है। इसका क्या अर्थ है ? मैं सोचता हूँ कि अर्थ साफ़ है। इसे समझने के लिए और सही नतीजे पर पहुँचने के लिए गहरे ज्ञान की जरूरत नहीं है। पशु भी इसे समझते हैं। और यह निष्कर्ष है–ब्रह्मचर्य। पर इस नतीजे पर कोई नहीं पहुँचता। वैज्ञानिकों ने खून में श्वेत जीवाणुओं को और इसी तरह की कई फ़िजूल चीज़ों को तो खोज निकाला है, लेकिन इसे ढूँढ़ने में वे असमर्थ हैं। कम से कम मैंने उन्हें इसका जिक्र करते नहीं सुना।

"इस तरह स्त्री के सामने दो ही रास्ते हैं–पहला यह कि वह उस स्त्री-सुलभ क्षमता को अर्थात् माँ बनने की क्षमता को धीरे-धीरे या एक ही बार में–नष्ट करके अपना अंग-भंग कर दे, ताकि उसका पति जब चाहे उसके शरीर का उपभोग कर सके; दूसरा रास्ता वास्तव में कोई रास्ता नहीं है। वह तो केवल प्रकृति के नियमों का सीधा उल्लंघन है, और यह उल्लंघन हमारे सभी तथाकथित सदाचारी परिवारों में होता है। इसका मतलब है कि स्त्री अपने स्वभाव के विरुद्ध एक ही साथ गर्भवती भी हो, अपने बच्चे को भी पाले और अपने पति की काम-वासना की भी तृप्ति करे। एक पशु ऐसा करना कभी स्वीकार नहीं करेगा। स्त्री में इसके लिए पर्याप्त बल नहीं होता। यही कारण है कि हमारे वर्ग की स्त्रियों की नसें तनी रहती हैं और उन्हें बेहोशी के दौरे पड़ने लगते हैं। किसान स्त्रियाँ 'क्लिकूशा'* हो जाती हैं। एक और बात भी ध्यान देने योग्य है। छोटी उम्र की लड़कियाँ, सरल युवतियाँ कभी भी 'क्लिकूशी' नहीं बनतीं। केवल स्त्रियाँ बनती हैं, वे स्त्रियाँ जिनके पति होते हैं। हम लोगों की यह स्थिति है। यूरोपवालों की

* क्लिकूशा–रूसी गाँवों में लड़ाकू, चीखने-चिल्लानेवाली स्त्रियों को इस नाम से पुकारा जाता है।

भी यही हालत है। अस्पताल ऐसी स्त्रियों से भरे पड़े हैं जिन्हें प्रकृति-नियमों के उल्लंघन के कारण हिस्टीरिया के दौरे पड़ने लगे हैं। पर 'क्लिकूशा' और चारकोट की बीमारी तो उन स्त्रियों को होती है जिनका दिमाग़ हिल जाता है। पर संसार की अधिकांश स्त्रियाँ अभी तक इस हालत में नहीं पहुँची हैं। स्त्री का गर्भ धारण करना और फिर अपने पेट के जाये बच्चों का लालन-पालन करना—कितनी महान क्रिया है ! स्त्री हमारे उत्तराधिकारियों को जन्म देती है, जो इंसान की नस्ल को आगे ले जाते हैं। पर वह क्या चीज़ है जो इस पवित्र क्रिया को दूषित करती है ? सोचकर ही रोंगटे खड़े हो जाते हैं ! तिस पर भी वे लोग स्त्रियों की आज़ादी तथा स्त्रियों के अधिकारों की बातें करते हैं। यह तो वैसे ही हुआ जैसे कोई मनुष्य-भक्षी पिशाच अपना शिकार खाने से पहले उसे खिला-पिलाकर मोटा करे और उसे आश्वासन देता रहे कि उसे उसके अधिकारों तथा उसकी स्वतन्त्रता की बड़ी चिन्ता है।"

उस आदमी के विचार मुझे बड़े अजीब और भयानक लग रहे थे।

"पर किया क्या जाए ?" मैंने कहा, "जो कुछ आप कह रहे हैं, यदि उसे ठीक मान लिया जाए तो पुरुष को अपनी स्त्री के साथ दो बरस में केवल एक बार सहवास करना चाहिए। परन्तु पुरुष तो..."

"पुरुष तो इसके बिना रह नहीं सकता," वह बीच ही में बोल उठा, "इस विषय पर विज्ञान के अलम्बरदारों ने सबको यक़ीन दिला दिया है। ये विद्वान स्त्रियों को पुरुषों के लिए बहुत आवश्यक समझते हैं। यदि इन्हें स्त्रियों की सभी क्रियाएँ करनी पड़तीं तब मैं इनसे पूछता कि उन्हें क्या कहना है। किसी आदमी को कह दो कि वोद्का शराब, तम्बाकू और अफ़ीम उसके लिए ज़रूरी है, तो वे उसके लिए ज़रूरी हो जाएँगी। ऐसा जान पड़ता है मानों भगवान ने सभी चीज़ों की रचना में जगह-जगह भूल की, क्योंकि उसे मालूम न था कि क्या आवश्यक है और क्या नहीं। उसने इन विद्वानों से परामर्श नहीं किया। यहाँ कुछ गड़बड़ ज़रूर है, विद्वान कहते हैं। पुरुषों ने तो इस बात का फ़ैसला कर लिया है कि वे अपनी काम-वासना की तृप्ति किए बिना नहीं रह सकते, पर शिशु-जन्म और बच्चे का लालन-पालन वासना की तृप्ति में बाधक बनने लगते हैं। तो क्या किया जाए ? विद्वानों से परामर्श किया जाए। वे सब इन्तज़ाम कर देंगे। और वे कर भी देते हैं। उफ़ ! कब वह वक़्त आएगा कि डॉक्टरों और उनके कपट का भंडाफोड़ होगा ? वास्तव में वह वक़्त आ चुका है ! स्थिति यहाँ तक पहुँच चुकी है कि लोग काम-वासना के कारण दीवाने होकर अपने को गोली का निशाना बना लेते हैं। इसके विपरीत हो भी क्या सकता है ? जान पड़ता है कि पशुओं को मालूम है कि उनकी औलाद उनकी नस्ल क़ायम रखने के लिए होती है, और वे तदनुकूल नियमों का पालन करते हैं। केवल पुरुष ही इस तथ्य को नहीं जानता, और जानना भी नहीं चाहता। वह एक ही बात चाहता है कि जी भरकर विषय-भोग करे। यह है इंसान—दुनिया का सिरताज ! ज़रा सोचिए—पशु केवल औलाद पैदा करने के लिए सम्भोग करते हैं। पर यह नीच इंसान, यह दुनिया का सिरताज, केवल सुख के लिए,

जब भी कर सके, सम्भोग करता है। इतना ही नहीं, वह इसे मनुष्य की सर्वश्रेष्ठ भावना, प्रेम का नाम भी देता है। और इस प्रेम के नाम पर, इस गन्दगी के नाम पर वह इंसान की आधी नस्ल को क़ुरबान कर देता है। अपने सुख की ख़ातिर वह स्त्री को अपना दुश्मन बना लेता है, उस स्त्री को जिसे वास्तव में मानव-जाति की सच्चाई और अच्छाई की ओर ले जाने में उसकी सहायक होना चाहिए। आप बताइए : मानव-जाति की उन्नति के रास्ते में सबसे बड़ी रुकावट कौन सी है ? स्त्री। और यह क्यों बाधक बनती है ? केवल इसी कारण। यह ठीक है, मैं ठीक कह रहा हूँ।" वह थैले में से अपनी सिगरेट ढूँढ़ने लगा और बार-बार यही शब्द दोहराने लगा। फिर वह सिगरेट के कश लगाने लगा। ज़ाहिर है कि वह अपने मन को स्थिर करने की कोशिश कर रहा था।

14

"इस तरह का पाशविक जीवन मैं व्यतीत कर रहा था," वह उसी स्वर में कहता गया। "सबसे बुरी बात यह थी कि इस तरह का जीवन बिताते हुए भी मैं यह समझ रहा था कि चूँकि मैं अन्य स्त्रियों से दूर रहता हूँ और अपनी पत्नी के प्रति ईमानदार हूँ, इसलिए मैं सदाचारी और सर्वथा निर्दोष हूँ। यदि हमारे बीच झगड़ा होता तो मैं कहता कि दोष मेरी पत्नी का है, या यों कहें कि उसके चरित्र का है।

"पर उसका कोई दोष न था। वह अन्य स्त्रियों से भिन्न न थी, कम से कम अधिकांश स्त्रियों में और उसमें कोई फ़रक़ न था। हमारे समाज में स्त्री की जो स्थिति है, उसी के अनुसार उसका भी लालन-पालन हुआ था। उसी ढंग से, जो सम्पन्न वर्ग की स्त्रियों के लिए स्वाभाविक समझा जाता है। स्त्रियों की आधुनिक शिक्षा के बारे में आजकल हम बहुत कुछ सुनते हैं। सब कोरी बाते हैं, और कुछ नहीं। जब तक स्त्रियों के प्रति हमारा रवैया वही रहेगा जो आजकल है उस वक़्त तक स्त्रियों की शिक्षा भी उसी के अनुकूल होगी। हमारा दिखावटी रवैया वास्तविक रवैये से बिल्कुल भिन्न है।

"स्त्रियों की शिक्षा सदा पुरुषों के रवैये के अनुकूल होती है। हम सब जानते हैं कि पुरुष स्त्रियों के बारे में क्या सोचते हैं : 'Wein, Weiber und Gesang'*, कवि उनके बारे में यह कहते हैं। आप समूचे काव्य-संग्रह पढ़ जाइए, चित्र-कला और मूर्ति-कला का इतिहास देख जाइए। पहले-पहल जब प्रेम-गीत लिखे जाने लगे थे और नंगी वीनसों की मूर्तियाँ बनाई जाने लगी थीं, उस समय से लेकर आज तक, हर जगह स्त्री को मनबहलाव का साधन माना गया है, चाहे दरबार के नृत्य-समारोहों में हो, या क्रूबनाया स्क्वेयर पर, या ग्राचेव्का रोड पर। अब ज़रा शैतान की चालाकी देखिए। यदि स्त्री केवल इन्द्रिय-भोग और मनबहलाव का साधन है तो हम उसे एक मीठे कौर से

* शराब, स्त्रियाँ और गीत। (जर्मन)

अधिक कुछ नहीं मानेंगे। पर नहीं, सबसे पहले मध्यकालीन सामन्तों ने उसे अपने से ऊँचा मानकर उसकी आराधना करनी शुरू की (आराधना भी करते थे और उसे इन्द्रिय-भोग के लिए इस्तेमाल भी करते थे।) आज भी पुरुष कहते हैं कि वे उसका आदर करते हैं। कुछ लोग उसके आने पर अपनी कुर्सियाँ खाली कर देते हैं, यदि उसका रूमाल गिर जाए तो लपककर उठा देते हैं। कुछ अन्य लोग उसके इस अधिकार को स्वीकार करते हैं कि वह जहाँ भी चाहे काम-काज कर सकती है, शासन-विभाग में या प्रबन्ध-विभाग में, या कहीं और। उनकी ज़बान पर एक बात होती है और व्यवहार में दूसरी। वह सुख का साधन है। उसका शरीर इन्द्रिय-भोग का एक साधन है। स्त्री इस बात को जानती है। और उसके लिए यह एक प्रकार की दासता है। दासता है क्या ? एक ऐसी स्थिति जिसमें मेहनत कोई करता है और फल कोई दूसरा खाता है। दास-प्रथा का खात्मा तभी किया जा सकता है जब लोग, इस ढंग के शोषण को पाप और लज्जाजनक मानकर उससे लाभ नहीं उठाना चाहेंगे। पर वास्तव में वे केवल दासता के बाहरी रूप को बदलकर, गुलामों की बिक्री बन्द करके ही यह समझने लगते हैं कि उन्होंने दास-प्रथा को खत्म कर दिया और इसका उन्हें विश्वास भी हो जाता है। वे यह नहीं देखते, और न ही देखना चाहते हैं कि दास-प्रथा फिर भी बनी रहती है, क्योंकि लोग तब भी औरों के श्रम से स्वार्थ-लाभ उठाना चाहते हैं, और उसे उचित और न्याय-संगत मानते हैं। जब तक इसे न्यायोचित समझा जाता रहेगा, तब तक अधिक बलवान और चालाक होने के कारण कुछ लोग दूसरों को अपना गुलाम बनाते ही रहेंगे। स्त्रियों के उद्धार की भी यही स्थिति है। स्त्री की दासता इस बात में है कि पुरुष उसे अपने सुख के लिए प्रयोग करना उचित और वांछनीय मानते हैं। इसके बाद वे उसका उद्धार करने निकलते हैं। उसे वही अधिकार सौंपते हैं जो पुरुष को प्राप्त है। पर समझते उसे अब भी उपभोग की वस्तु हैं, और बचपन से इसी के अनुरूप उसे शिक्षा भी देते हैं। इसमें उन्हें जनमत का समर्थन प्राप्त होता है। नतीजा यह होता है कि स्त्री वैसी की वैसी दूषित, आचारहीन गुलाम बनी रहती है और पुरुष पहले की तरह गुलामों के दुराचारी मालिक बने रहते हैं।

"कालिजों और कचहरियों में वे उसका उद्धार करते हैं, पर समझते अब भी यही हैं कि वह इन्द्रिय-भोग की वस्तु है। जब तक हम उसे यह शिक्षा देते रहेंगे (जैसे कि दे रहे हैं) कि वह अपने को यही कुछ समझती रहे, तब तक वह निम्न कोटि का जीव बनी रहेगी। या तो वह कमीने डॉक्टरों की मदद से, कभी गर्भधारण ही नहीं करेगी, जिसका अर्थ है कि वह वेश्या बन जाएगी और उसका स्तर पशुओं के स्तर से भी नीचे गिरकर केवल वस्तुओं के स्तर पर आ जाएगा; या फिर उसकी स्थिति वही होगी, जो अधिकांश स्त्रियों की है, दुःखी, हिस्टीरिया-ग्रस्त, सनकी, जिनमें आध्यात्मिक विकास की तनिक भी क्षमता नहीं रहती।

"इस सम्बन्ध में स्कूल और कालिज कुछ भी नहीं कर सकते। उसे यदि बदला जा सकता है, तो केवल इस तरह कि पुरुष का स्त्री के प्रति और स्त्री का अपने आपके

प्रति दृष्टिकोण बदले। और यह तभी बदलेगा जब स्त्रियाँ, कौमार्य की स्थिति को, लज्जा और अपमान की स्थिति न मानकर,—जैसा कि आजकल होता है,—अपने लिए गौरव की स्थिति मानेंगी। उस समय तक, प्रत्येक लड़की की यही महत्त्वाकांक्षा होगी—भले ही वह कितनी ही शिक्षित क्यों न हो—कि वह अधिकाधिक संख्या में पुरुषों को, नरों को, अपनी ओर आकर्षित करे ताकि उसे बढ़िया चुनाव का मौक़ा मिल सके।

"इस तथ्य से कि वह गणित जानती है अथवा गिटार बजा लेती है, स्थिति में तनिक भी परिवर्त्तन नहीं होगा। जब एक स्त्री किसी पुरुष को आकर्षित कर लेती है तो उसे हार्दिक खुशी होती है। वह समझती है कि उसने सबसे बड़े लक्ष्य की सिद्धि कर ली है। इस तरह उसके जीवन का मुख्य उद्देश्य पुरुषों को आकर्षित करना हो जाता है। पहले भी ऐसा ही था और भविष्य में भी ऐसा ही रहेगा। यह कुँवारी युवतियों पर भी उतना ही लागू होता है जितना कि विवाहित स्त्रियों पर। कुँवारी युवतियाँ यह सामर्थ्य इसलिए चाहती हैं कि वे अपने लिए पुरुष चुनने के अवसर सुरक्षित रख सकें, और विवाहित स्त्रियाँ इसलिए कि वे अपने पतियों पर दबाव डाल सकें।

"हाँ, प्रसव क्रिया के कारण इस दिशा में उनके प्रयास बन्द हो जाते हैं, या कुछ देर के लिए स्थगित हो जाते हैं। पर यह भी उस हालत में जब स्त्री राक्षसी न हो, अर्थात् अपने बच्चे का पोषण स्वयं करती हो। लेकिन यहाँ पर भी डॉक्टर आ पहुँचते हैं।

"मेरी पत्नी स्वयं अपने बच्चों का पालन-पोषण करना चाहती थी। पाँच बच्चों का पालन-पोषण उसने किया भी। पर पहला बच्चा पैदा होने के बाद वह बीमार पड़ गई। डॉक्टर इतने निर्लज्ज निकले कि उसके सब कपड़े उतार डाले और उसके सारे शरीर को टटोल-टटोलकर देखा (जिसके लिए मुझसे आशा की जाती थी कि मैं उनको धन्यवाद भी दूँ और फ़ीस भी।) इन आदरणीय डॉक्टरों ने कह दिया कि उसे पहले बच्चे को अपना दूध नहीं पिलाना चाहिए। इस तरह मेरी पत्नी उस एक साधन से वंचित कर दी गई जिससे वह छिनाल बनने से बच सकती थी। बच्चे के लिए दूध पिलानेवाली धाय का प्रबन्ध किया गया, जिसका अर्थ है कि हमने एक अपरिचित महिला की ग़रीबी और अज्ञानता का लाभ उठाया, उसका अपना बच्चा उससे छुड़ाया और उसे लालच देकर अपना बच्चा उस पर लाद दिया। इस काम के लिए हमने उसे एक कलफ़ लगी किनारेदार टोपी पहना दी। पर यह अलग बात है। असल बात यह है कि जब मेरी पत्नी का प्रसव-काल समाप्त हुआ, और उस पर से अपने बच्चे को दूध पिलाने की जिम्मेदारी हट गई, तो वह उसके स्वभाव का चोचलापन जो अब दबा पड़ा था, ज़ोरों से फूट पड़ा। जितना अधिक त्रिया-चरित्र वह करती, उतनी ही अधिक मुझे ईर्ष्या होती। जब से शादी हुई थी, एक क्षण के लिए भी मुझे इस ईर्ष्या से चैन नहीं मिला था। और यह यन्त्रणा उन सब पतियों को, अनिवार्य तौर पर, भोगनी पड़ती है, जिनका अपनी पत्नियों से दुराचार का सम्बन्ध हो, जैसा कि मेरा मेरी पत्नी के साथ था।

15

"अपने सारे विवाहित जीवन में एक दिन भी ऐसा नहीं आया जब मुझे इस ईर्ष्या से मुक्ति मिल सकी हो। हाँ, ऐसे दिन अवश्य आए जब मेरी यन्त्रणा और भी तीव्र हो उठती थी। ऐसा ही वक़्त मेरे पहले बच्चे के जन्म के बाद आया। डॉक्टरों ने मेरी पत्नी को बच्चे को अपना दूध पिलाने से मना कर दिया। मेरे अन्दर ईर्ष्या भड़क उठी। कारण, एक तो मेरी पत्नी स्वयं चिन्तित हो उठी थी। जिस माँ के जीवन के स्वाभाविक क्रम में अकारण ही कोई बाधा पड़ जाए वह चिन्तित तो होगी ही। दूसरे, जिस आसानी से उसने माँ के नैतिक उत्तरदायित्व को उतार फेंका था उससे मैंने यह ठीक ही नतीजा निकाला (भले ही वह अनजाने में हुआ हो) कि वह उतनी ही आसानी के साथ अपने पतिव्रत धर्म से भी मुँह मोड़ सकती है। विशेषकर इसलिए कि वह बिल्कुल भली-चंगी थी। हमारे आदरणीय डॉक्टरों के मना करने के बावजूद उसने बाद में अपने बाक़ी बच्चों को अपना ही दूध पिलाया था और इसका उसकी सेहत पर कुछ भी बुरा असर नहीं हुआ था।"

"देखता हूँ कि डॉक्टरों से आप बहुत चिढ़े हुए हैं," मैंने कहा। मैंने देखा कि डॉक्टरों का ज़िक्र आते ही उसकी आँखों में एक विशेष प्रकार की द्वेषपूर्ण चमक दिखाई पड़ती थी।

"उनसे प्रेम करने या न करने का सवाल नहीं। उन्होंने मेरे जीवन को भी वैसे ही नष्ट किया जैसे वे लाखों अन्य मनुष्यों के जीवन को करते हैं : मैं कारण और परिणाम को अलग नहीं कर सकता। यह तो मैं समझ सकता हूँ कि वे भी वकीलों की तरह अपने रोगियों से पैसे झाड़ने की फ़िक्र में रहते हैं। मैं खुशी से उन्हें अपनी आधी आय दे देता (वास्तविक स्थिति जाननेवाला हर आदमी ऐसा ही करेगा), यदि ऐसा करने से मैं उन्हें अपने पारिवारिक जीवन से दूर रख पाता। मैंने आँकड़े तो इकट्ठे नहीं किए पर मैं ऐसी दर्जनों मिसालें दे सकता हूँ (ऐसी अनगिनत मिसालें मौजूद हैं) जहाँ डॉक्टरों ने यह कहकर कि स्त्री बच्चे उत्पन्न नहीं कर सकती, बच्चे को गर्भ में ही मार डाला (हालाँकि बाद में उसी स्त्री के पेट से कई बच्चे बड़ी सुगमता से पैदा हुए)। या किसी तरह का ऑपरेशन करके माँ को ही मार डाला। ऐसी मौत को कोई हत्या नहीं कहता। धर्म-न्यायालय भी लोगों को मौत के घाट उतारा करता था, और उसे भी हत्या के नाम से नहीं पुकारा जाता था। कहा जाता था कि वे सज़ाएँ मानव-हित के लिए दी जाती हैं। डॉक्टरों के हाथों असंख्य अपराध होते हैं। पर उस नैतिक भ्रष्टता की तुलना में ये अपराध कुछ भी नहीं, जो इनका भौतिकवाद संसार में लाता है, विशेषकर स्त्रियों के माध्यम से। साथ ही, यदि हम इनकी इस नसीहत पर भी अमल करें, कि हर स्थान से और हर चीज़ से छूत की बीमारी का डर रहता है, तब तो बजाय इंसान को इंसान के नज़दीक लाने के हम सब एक दूसरे से भागेंगे। इनके कहने के मुताबिक़ तो प्रत्येक मनुष्य को मुँह में कार्बालिक एसिड का घोल रखकर अलग-थलग बैठे रहना चाहिए

(हालाँकि हाल ही की खोज के अनुसार इसका कोई लाभ नहीं)। पर यह भी मुख्य बात नहीं। मुख्य बात यह है कि ये लोगों को, विशेषकर स्त्रियों को, भ्रष्ट करते हैं।

"आजकल आप किसी आदमी से यह नहीं कह सकते कि 'देखो, तुम्हारे रंग-ढंग अच्छे नहीं, तुम्हें ज़रूर अपना आचरण बदलना चाहिए।' यह बात आदमी न अपने को, न किसी दूसरे को कह सकता है। यदि आपका आचार ठीक नहीं तो आपके स्नायु-जाल में कोई गड़बड़ हो गई होगी, या ऐसा ही कोई और विकार हो गया होगा। इसलिए आपको अवश्य डॉक्टर के पास जाना चाहिए। वह आपको 35 कोपेक की एक दवाई लिख देगा। यदि आपकी तबीयत और बिगड़ जाती है तो आपको और डॉक्टरों के पास जाना होगा, और पहले से भी अधिक दवाइयाँ खानी होंगी। ख़ूब ढोंग है यह !

"पर ख़ैर, मैं तो दूसरी बात कहना चाहता हूँ। मैं केवल यह कहना चाहता हूँ कि उसने अपने बाक़ी बच्चों को बड़ी सुगमता से अपना दूध पिलाया। यदि किसी समय मैं ईर्ष्या की आग से बचा रहता तो उस समय जब वह गर्भवती होती या बच्चे का पालन-पोषण कर रही होती। यदि यह भी न हुआ होता तो मैं कब का वह कांड कर चुका होता जो मैंने बाद में किया। बच्चों ने उसे और मुझे बचाए रखा। आठ बरस के विवाहित जीवन में उसके पाँच बच्चे हुए। और उन पाँचों का लालन-पालन स्वयं उसी ने किया।"

"आपके बच्चे कहाँ पर हैं ?" मैंने पूछा।

"मेरे बच्चे ?" उसने दोहराया और उसके चेहरे पर ऐसा भाव छा गया मानो वह डर गया हो।

"क्षमा कीजिए। शायद उनकी चर्चा से आपके मन को क्लेश पहुँचा है।"

" नहीं, इसमें कोई क्लेश की बात नहीं। मेरे बच्चे, मेरे साले और साली के पास हैं। वे नहीं चाहते थे कि बच्चे मेरे पास रहें। मैंने अपनी सारी जायदाद उनके नाम लिख दी, उन्होंने बच्चों को मेरे हवाले नहीं किया। वे मुझे पागल समझते हैं। मैं अभी-अभी उन्हें मिलकर आ रहा हूँ। मैं उन्हें सिर्फ़ देख सकता हूँ। वे मुझे बच्चे सौंपने पर कभी तैयार नहीं होंगे। अगर वे मेरे पास रहें तो मेरी यही कोशिश होगी कि वे अपने माँ-बाप के पद-चिह्नों पर न चलें। पर मेरा साला और साली नहीं चाहते कि वे पृथक हों। क्या किया जाए ? उनका मेरा विश्वास न करना और बच्चों को मेरे सुपुर्द न करना स्वाभाविक ही है। मुझे अपने पर भी विश्वास नहीं कि मैं उनका पालन-पोषण कर सकूँगा। मुझे डर है कि मुझमें सचमुच इतनी क्षमता नहीं होगी। मेरे शरीर में अब कुछ नहीं रहा, बिल्कुल बरबाद हो चुका है। हाँ, मेरे पास एक चीज़ ज़रूर है—जानकारी। मुझे वे बातें मालूम हैं जिनको जानने में और लोगों को बरसों लग जाएँगे।

" मेरे बच्चे ज़िन्दा हैं, वे भी औरों की तरह बड़े होकर क्रूर बर्बर ही बनेंगे। मैं अब तक उन्हें तीन बार मिल पाया हूँ। मैं उनकी कोई सहायता नहीं कर सकता, बिल्कुल नहीं। मैं अब दक्षिण की ओर जा रहा हूँ। वहाँ मेरे पास एक छोटा सा घर और बाग़ीचा हैं।

" ठीक है, जो जानकारी मुझे प्राप्त है, उसे प्राप्त करने के लिए दूसरों को बहुत वक़्त लगेगा। हमें यह जानने में तो बहुत वक़्त नहीं लगेगा कि सूर्य और अन्य नक्षत्रों में लोहा कितना है और अन्य धातु कितनी-कितनी मात्रा में हैं, पर उन रहस्यों का पता लगाना जिनसे हमारी पाशविकता का भंडाफोड़ होता है, बड़ा कठिन है, बहुत कठिन है...

" आप मेरी बात सुन रहे हैं, इतना ही बहुत है। इसके लिए मैं आपका बड़ा कृतज्ञ हूँ।

16

" आपने मेरे बच्चों का ज़िक्र किया। यहाँ भी, बच्चों के बारे में भी हमारा दृष्टिकोण कितना ग़लत है। बच्चे ज़िन्दगी की सबसे बड़ी खुशी, ईश्वर का सबसे बड़ा वरदान हैं, यह सरासर झूठ है। रहे होंगे कभी किसी ज़माने में, मगर अब नहीं हैं। बच्चे मुसीबत और सिरदर्दी के अलावा और कुछ नहीं। अधिकांश माताएँ यह अच्छी तरह जानती हैं, और लापरवाही में कभी-कभी उनके मुँह से यह बात निकल भी जाती है। अमीर घराने की किसी भी माँ से आप पूछकर देख लीजिए। वह यही कहेगी कि मैं बच्चे नहीं चाहती क्योंकि मुझे उनकी बीमारी और मौत से डर लगता है। यदि किसी अमीर स्त्री का कोई बच्चा हो भी जाए तो वह उसका लालन-पालन स्वयं नहीं करती, इस डर से कि कहीं इसके मोह में न फँस जाए जिससे बाद में उसे दुःखी होना पड़े। एक बच्चे के प्यारे शरीर को देखकर, उसके नन्हे-नन्हे हाथ-पाँवों, उसके अंग-अंग को देखकर मन खुश होता है ज़रूर, पर इससे कहीं अधिक क्लेश पहुँचता है--उसकी बीमारी या मौत के कारण नहीं, बल्कि केवल इस डर से कि कहीं वह बीमार न पड़ जाए या मर न जाए। तुलनात्मक दृष्टि से यदि देखा जाए कि बच्चों से क्लेश अधिक पहुँचता है या सुख तो मानना पड़ता है कि क्लेश ही अधिक पहुँचता है। इसलिए बच्चों का न होना ही अच्छा है। स्त्रियाँ यह साफ़-साफ़ और बेधड़क कहती हैं। वे समझती हैं कि चूँकि उन्हें बच्चों से प्यार है इसलिए वे ऐसा कहती हैं। बच्चों से प्यार करना अपने में एक बड़ी अच्छी और सराहनीय भावना है, और उन्हें इसका गर्व है। पर वे यह नहीं समझ पातीं कि उनके ऐसा कहने से उनके प्रेम का बोध नहीं होता बल्कि स्वार्थ का बोध होता है। उन्हें बच्चों से खुशी के बजाय परेशानी अधिक मिलती है। इसीलिए वे बच्चे नहीं चाहतीं। अपने प्रेम की खातिर अपने आपको क़ुरबान नहीं करतीं, बल्कि अपनी ख़ातिर उस जीव को क़ुरबान करती हैं जो शायद किसी दिन उसकी आँखों का तारा होता।

"ज़ाहिर है कि इसे प्रेम नहीं कहते, यह तो निरा स्वार्थ है। पर यह देखते हुए कि कुलीन समाज में बच्चों के स्वास्थ्य के कारण माताओं को क्या कुछ भोगना पड़ता है। (यहाँ भी डॉक्टरों ने बड़ी कृपा कर रखी है) तो हमारे लिए उन्हें दोषी ठहराना या उनका

विरोध करना बड़ा कठिन हो जाता है। आज भी मुझे वे शुरू-शुरू के दिन और अपनी पत्नी की दिनचर्या याद आती है, उसकी मनःस्थिति याद आती है, और मैं काँप उठता हूँ। घर में तीन-चार बच्चे थे। और वे उसका एक-एक क्षण, शक्ति की एक-एक बूँद सोखते रहते थे। हमारी ज़िन्दगी, ज़िन्दगी नहीं थी। सारा वक़्त हम बच्चों के बारे में डरते रहते थे। एक बार ख़तरे से बचते तो डर रहता कि कहीं फिर न पकड़े जाएँ। उसी भय से बचने की भरसक चेष्टा करते रहते। सारा वक़्त ऐसा महसूस होता जैसे डूबते जहाज़ पर खड़े हैं। कभी-कभी मैं सोचता कि उसने ऐसा वातावरण जान-बूझकर पैदा किया है। लगता जैसे मेरी पत्नी बच्चों की हित-चिन्ता का बहाना कर रही है, ताकि मुझे वह पूर्णतया अपनी मुट्ठी में रखे रहे, जैसे उसे एक बढ़िया हथियार मिल गया है जिससे उसके सभी प्रश्नों का हल अपने आप उसके हक़ में जाता है। कभी-कभी मैं सोचता कि जो कुछ भी वह कहती या करती है, सब पाखंड है। पर यह मेरी भूल थी। वह सचमुच ही बड़ी परेशान रहती थी। बच्चों का स्वास्थ्य, उनकी छोटी-छोटी बीमारियाँ उसे हर वक़्त बेचैन किए रहती थीं। यह उसके लिए भी भारी यन्त्रणा थी और मेरे लिए भी। और इस यन्त्रणा का उसके पास कोई इलाज नहीं था। सभी जीवधारी प्राणियों की तरह उसे भी अपने बच्चों की उतनी ही चिन्ता थी जितनी कि अधिकांश स्त्रियों को होती है। वह भी चाहती थी कि उन्हें खुराक अच्छी मिले, वे आराम से रहें, सुरक्षित रहें। साथ ही उसमें कुछ अतिरिक्त गुण भी थे जो हम पशुओं में नहीं देखते। उसमें तर्कबुद्धि थी, कल्पना थी। एक मुर्ग़ी को यह चिन्ता नहीं होती कि उसका चूज़ा बीमार पड़ जाएगा, उसे उन अनगिनत बीमारियों का ज्ञान नहीं होता जो उसके चूज़ों को हो सकती हैं, न ही उनके इलाज का। हम लोग समझते हैं कि हम उन बीमारियों तथा मौत को टाल सकते हैं। इसलिए, मुर्ग़ी को अपने चूज़ों से क्लेश नहीं पहुँचता। वह उनके लिए वही कुछ करती है जो उसे करना है, और यह वह खुशी-खुशी करती है। उसे अपने चूज़ों से खुशी मिलती है। यदि चूज़ा बीमार हो जाए तो मुर्ग़ी को मालूम होता है कि उसे क्या करना है, वह उसे चुग्गा चुगाती है और उसका बदन गरम रखती है। वह जानती है कि यही कुछ करना उसके लिए आवश्यक है। यदि चूज़ा मर जाए तो वह यह नहीं पूछती कि क्यों मर गया और अब कहाँ गया है। वह थोड़ा कुड़कुड़ाती है, फिर ठीक हो जाती है और पहले की तरह रहने लगती है। पर यह हमारी बदनसीब औरतों के लिए काफ़ी नहीं होता, और मेरी पत्नी के लिए भी काफ़ी न था। उसने बच्चों के पालन तथा शिक्षा के बारे में अनेक नियम सुन-पढ़ रखे थे, तरह-तरह के नियम जानती थी, ऐसे नियम जो आज कुछ हैं और कल बदलकर कुछ और हो जाएँगे। इतना ही नहीं, बच्चों की बीमारियों और उनके इलाज के बारे में भी उसने बहुत कुछ पढ़-सुन रखा था। उन्हें यह खिलाना चाहिए और वह खिलाना चाहिए, नहीं, यह और वह नहीं, बल्कि वह और यह खिलाना चाहिए। सात दिन न बीत पाते कि हमें, विशेषकर मेरी पत्नी को, किसी नई बात का पता चल जाता कि बच्चों को कैसे खिलाना चाहिए, कैसे कपड़े पहनाना, नहलाना, बिस्तर में लिटाना, घुमाना तथा ताज़ी हवा में ले जाना चाहिए।

मानो संसार में पैदा होनेवाले यही सबसे पहले बच्चे हों। अगर कोई बच्चा बीमार पड़ गया है तो इसका कारण यह होगा कि उसे ठीक खिलाया नहीं गया, ठीक नहलाया नहीं गया। मतलब यह कि उसकी बीमारी के लिए मेरी पत्नी दोषी थी, ज़रूर उसी से कोई भूल हुई थी।

"जब बच्चों की सेहत ठीक होती तब भी परेशानी काफ़ी रहती, पर जब वे बीमार पड़ जाते तो ज़िन्दगी नरक बन जाती। लोग समझते हैं कि बीमारियों का इलाज हो सकता है, कि विज्ञान की एक शाखा है जिसे चिकित्सा कहते हैं, और कुछ लोग ऐसे हैं–डॉक्टर लोग–जो बीमारियों का इलाज कर सकते हैं। सभी डॉक्टर शायद ऐसा न कर सकते हों, मगर अच्छे डॉक्टर ज़रूर कर सकते हैं। इसलिए, जब कोई बच्चा बीमार पड़ जाए तो हमारा काम है कि सबसे अच्छे डॉक्टर को ढूँढ़ें, जो उसका इलाज कर सकता हो। इससे बच्चा तन्दुरुस्त हो जाएगा। पर यदि हमें वह डॉक्टर नहीं मिल पाता, या हम उस नगर में नहीं रहते जहाँ पर वह रहता है, तो समझिए कि बच्चे की जान पर बन आई। केवल मेरी पत्नी का ही ऐसा विश्वास नहीं था, हमारे वर्ग की सभी स्त्रियाँ यही मानती हैं। इसलिए हर स्थान पर उसे यही कुछ सुनने को मिलता : 'येकतेरीना सेम्योनोव्ना के दोनों बच्चे इसलिए मर गए कि उसने इवान ज़ख़ारिच को वक़्त पर नहीं बुलाया।' 'इवान ज़ख़ारिच ने मरीया इवानोव्ना की बड़ी लड़की की जान बचा दी।" 'पेत्रोव परिवार में पति-पत्नी ने डॉक्टर की बात मानी, बच्चों को लेकर अलग-अलग होटलों में बँटकर रहने लगे तो बच्चों की जानें बच गईं, अगर वे डॉक्टर की सलाह न मानते तो बच्चे ज़रूर मर गए होते।' 'अमुक स्त्री का बच्चा बड़ा कमज़ोर था, डॉक्टर के कहने पर वह उसे दक्षिण में ले गई, बच्चा ठीक-ठाक हो गया।' मेरी पत्नी भी यही समझती थी कि उसके बच्चों का जीवन डॉक्टर इवान ज़ख़ारिच के परामर्श पर निर्भर है, और उसकी राय जानना फ़ौरन ज़रूरी है, देर हरगिज़ न होनी चाहिए। इसलिए उसकी चिन्ता और परेशानी क्योंकर कम हो सकती थी। विशेषतः जब वह भी, सभी जीवधारी प्राणियों की तरह अपने बच्चों के बारे में सदा चिन्तित रहती थी। पर कोई नहीं जानता था कि इवान ज़ख़ारिच क्या कहेगा। वह स्वयं सबसे कम जानता था। उसे भली भाँति मालूम था कि उसका ज्ञान न के बराबर है, और वह कुछ भी नहीं कर सकता। वह तो किसी तरह लोगों पर अपना रोब जमाए रखना चाहता था ताकि उस पर उनका विश्वास बना रहे और वे समझते रहें कि वह बहुत कुछ जानता है। यदि मेरी पत्नी का स्वभाव पशुओं का सा होता तो उसे यह यन्त्रणा न सहनी पड़ती, यदि पूर्णतया मनुष्यों का सा होता तो वह भगवान पर अपनी आस्था बनाए रखती, और सभी श्रद्धालुओं की तरह सोचती और कहती, 'भगवान ही देता है, भगवान ही उठा लेता है, भगवान की इच्छा के बिना तो पत्ता तक नहीं हिल सकता।' वह सोचती कि उसके बच्चों का ही नहीं, सभी प्राणियों का जीवन और मृत्यु भगवान की इच्छा पर निर्भर है, इंसान की शक्ति पर नहीं। तब उसे यह विचार परेशान न करता कि वह अपने बच्चों को बीमारी और मौत से बचा सकती है। तब वह उसकी कोशिश भी न करती। पर उसका

दृष्टिकोण ही अलग था। वह समझती थी कि उसके बच्चे सबसे कमज़ोर और नाज़ुक हैं जो अनगिनत बीमारियों का शिकार हो सकते हैं और उनमें उसका मोह भी पागलों का सा था जैसा पशुओं का अपने बच्चों में होता है। वह समझती थी कि उनके हित का उत्तरदायित्व उस पर है, पर उन्हें सुरक्षित रखने के साधन केवल गिने-चुने विद्वान ही जानते हैं और उनका परामर्श और सहायता अच्छी-ख़ासी रक़म पूजने पर ही प्राप्त हो सकती है और वह भी हमेशा नहीं।

"बच्चों के कारण मेरी पत्नी के जीवन में कोई सुख न था, और तदनुरूप मेरे जीवन में भी कोई सुख न था, केवल क्लेश ही क्लेश था। और हो भी क्या सकता था ? वह सदा दुःखी रहती। हमारे बीच झगड़े होते, कभी ईर्ष्या के कारण, कभी छोटी-छोटी, तुच्छ बातों के कारण। जब कलह ख़त्म हो जाती, तो मैं अक्सर कोई किताब उठा लेता या यों ही कुछ सोचने लगता, इस आशा से कि शायद अब कुछ चैन मिल सके। पर ज्यों ही मैं किसी चीज़ में मन लगाता कि ख़बर मिलती कि वास्या ने क़ै कर दी है, या माशा को पाख़ाने में ख़ून आया है, या अन्द्रेई के बदन पर खाज निकल आई है। बस, सब आशाओं पर पानी फिर जाता। मैं कहाँ जाऊँ ? किस डॉक्टर को बुलाऊँ ? बच्चे को अलग कैसे रखा जाए ? फिर उसके बाद—दवाइयाँ, थर्मामीटर, एनीमे, डॉक्टर...एक परेशानी ख़त्म न हो पाती कि दूसरी शुरू हो जाती। सीधे-सादे, समतल पारिवारिक जीवन नाम की कोई चीज़ न थी। था क्या ? भाग-दौड़, कभी वास्तविक और कभी काल्पनिक ख़तरों से बचने की। यही स्थिति आपको अधिकांश परिवारों में मिलेगी। मेरे परिवार की ख़ासतौर पर यही हालत थी, क्योंकि मेरी पत्नी का स्वभाव सहज ही विश्वास कर लेनेवाला था और बच्चों के साथ उसे बड़ा मोह था।

"इस तरह बच्चों के आ जाने से हमारा जीवन बेहतर बनने के बजाय बिषैला हो उठा। इसके अलावा बच्चे पैदा होते ही हमारे बीच कलह का एक और कारण उठ खड़ा हुआ। ज्यों-ज्यों वे बड़े होते गए हमारे बीच कलह बढ़ती गई, कभी वे कलह का कारण बनते, कभी कलह का विषय। इतना ही नहीं, वे हमारे पारस्परिक झगड़ों में हथियारों की तरह भी इस्तेमाल किए जाने लगे। हम बच्चों को लेकर एक दूसरे के साथ लड़ते थे। हम दोनों का अपना-अपना चहेता बच्चा था जिसे हम हथियार की तरह इस्तेमाल करते थे। मैं अक्सर अपने बड़े बेटे वास्या को लेकर पत्नी से उलझ जाता और वह लीज़ा को लेकर। जब बच्चे बड़े होने लगे और उनके व्यक्तित्व पनपने लगे तो वे मेरी या उसकी तरफ़दारी करने लगे। तब हम दोनों उन्हें अपने-अपने साथ मिलाने की कोशिश करते। इससे उन बेचारों की बहुत दुर्दशा होती, पर हमारे बीच द्वन्द्वयुद्ध छिड़ा होता जिसमें हम सब कुछ भूले रहते। हमें उनका कोई ख़याल ही न था। बड़ी बेटी मेरी तरफ़दार थी और बड़ा बेटा उसका तरफ़दार (उसकी शक्ल-सूरत अपनी माँ से मिलती थी और वह उसका चहेता था) और मुझे फूटी आँख न सुहाता था।

17

"इस तरह रो-रोकर जीवन का एक-एक दिन बीत रहा था। हमारा आपसी विरोध अधिकाधिक बढ़ता गया। आख़िर स्थिति यहाँ तक जा पहुँची कि मतभेद के कारण विरोध नहीं उठता था, बल्कि विरोध के कारण मतभेद होने लगते। वह कुछ कहने के लिए मुँह ही खोलती कि मैं उसका विरोध करने लगता, और वह भी ऐसा ही करती।

"शादी के चौथे साल, स्वतन्त्र रूप से हम दोनों ही इस नतीजे पर पहुँचे कि न ही हम एक दूसरे को समझ सकते हैं, और न ही हमारी पटरी बैठ सकती है। हमने समझौता करने की कोशिश ही छोड़ दी। छोटी-छोटी बातों में भी, विशेषकर जिनका सम्बन्ध बच्चों से होता, हम अपनी-अपनी ज़िद पर अड़े रहते। अब याद करता हूँ तो सोचता हूँ कि जिन मान्यताओं का मैं पक्ष लिया करता था, वे मुझे इतनी प्रिय नहीं थीं। मैं उन्हें छोड़ सकता था। पर चूँकि उसके विचार पृथक थे, इसलिए इन मान्यताओं को छोड़ देने का मतलब होता उसके आगे घुटने टेक देना। और यह मैं नहीं कर सकता था। न ही वह ऐसा कर सकती थी। शायद वह सोचती थी कि जो कुछ वह कह रही है, ठीक है। अपने बारे में मुझे पक्का यक़ीन था कि मैं जो कुछ कर रहा हूँ वही ठीक है। जब हम एक साथ अकेले बैठे होते तो या तो हम बिल्कुल गुप-चुप होते, या फिर हमारा वार्तालाप इस ढंग का होता जो पशुओं के बीच भी चल सकता था : 'वक़्त क्या है ? सोने का वक़्त हो गया है। आज खाने के लिए क्या बना है ? कहाँ चलना है ? अख़बार में कोई खास ख़बर है ? माशा का गला ख़राब है, डॉक्टर को बुलाना होगा।' यदि हमारा वार्तालाप इन तुच्छ बातों से ज़रा भी हटकर इधर से उधर हो जाता तो ज़रूर हम एक दूसरे के साथ उलझ जाते। हम भड़क उठते, छोटी-छोटी बातों पर गाली-गलौज़ शुरू हो जाता, जैसे कॉफ़ी पर, मेज़पोश पर, घोड़ा-गाड़ी पर, ताश खेलते हुए किसी चाल पर, ऐसी बातों पर जिनका न उसके लिए कोई महत्त्व था न मेरे लिए। अपने बारे में कह सकता हूँ कि कई बार उसके प्रति मेरी घृणा भयानक सीमा तक जा पहुँचती। कभी-कभी जब मैं चाय ढालते हुए देखता, पाँव हिलाते हुए, या चम्मच मुँह की तरफ़ ले जाते हुए, या चाय का घूँट भरते हुए, तो मेरा मन घृणा से भर उठता, मानो जो कुछ वह कर रही है उससे बड़ा कोई अपराध संसार में न होगा। घृणा के ऐसे दौरे बड़े नियमित और अनिवार्य रूप में उस तथाकथित प्रेम के दौरों के बाद आया करते थे। परन्तु उन दिनों मैं इस तथ्य को नहीं समझ पाया। प्रेम का दौरा, फिर घृणा का दौरा, यदि प्रेम के दौरे में भावना ने बहुत ज़ोर नहीं पकड़ा तो घृणा की अवधि छोटी होगी, यदि भावना गहरी रही, तो घृणा की अवधि लम्बी होगी। उस समय हम यह न समझ पाए कि प्रेम और घृणा एक ही पाशविक भावना के दो भिन्न-भिन्न रूप हैं। वास्तविक स्थिति यह थी। परन्तु हम उस समय इसे नहीं समझ पाए। यदि समझ जाते तो हमारा जीवन दुःस्वप्न बन जाता। पर स्थिति का यथार्थ रूप हमसे छिपा रहा। इसी में मनुष्य की मुक्ति भी है और इसी में उसका दंड भी।

एक आदमी के रहने का ढंग कितना ही ग़लत क्यों न हो, वह उसके बारे में अपनी आँखें मूँदे रह सकता है, अपनी दुःखद स्थिति को दूसरे ही रूप में देखता रह सकता है। यही कुछ हमने भी किया। वह घर के कामों में अपने आपको भुलाए रहती, इन्हीं के बोझ तले दबी रहती, इन्हीं से जूझती-निपटती रहती। कमरों को ठीक करती, ख़ुद बनती-सँवरती, बच्चों को कपड़े पहनाती, पढ़ाती, बच्चों के स्वास्थ्य की देखभाल करती, मेरे पास भुलावे के अपने साधन थे—काम का भुलावा, शिकार, ताश। सारा वक़्त हम दोनों अपने-अपने काम में व्यस्त रहते। हम महसूस करते थे कि जितना अधिक हम व्यस्त रहते हैं उतना ही अधिक एक दूसरे को बुरा-भला कहने का हमारा हक़ हो जाता है। मैं मन ही मन उससे कहता, 'इस वक्त शक्लें बना रही हो, रात को वह उपद्रव खड़ा न कर देतीं तो मैं सो तो पाता। अब रात-भर मैं नहीं सोया हूँ, और अब मुझे कांफ्रेंस में जाना है।' 'इसमें क्या है,' वह न केवल मन में कहती बल्कि चिल्लाकर भी कहती, 'मैं रात-भर बच्चे के कारण जागती रही हूँ।'

" इस तरह, एक प्रकार के धुँधलके में हमारा जीवन कट रहा था जिस कारण हम उसका वास्तविक रूप नहीं देख पा रहे थे। जो घटना बाद में घटी, यदि वह न घटी होती, तो मैं बुढ़ापे तक, मरते दम तक यही समझे रहता कि मैंने एक अच्छा जीवन व्यतीत किया है—बहुत अच्छा तो नहीं लेकिन काफ़ी अच्छा, जैसा कि सभी व्यतीत करते हैं। मैं यह कभी भी न समझ पाता कि किस यातना और झूठ के गर्त्त में मैं पड़ा रहा था।

" हमारी स्थिति उन दो घोर शत्रुओं की सी थी जिन्हें एक साथ, एक ही ज़ंजीर से, धरन के साथ बाँध दिया गया हो, और जो बिना स्वीकार किए, एक दूसरे के जीवन में ज़हर उँडेल रहे हों। उस वक्त तक मुझे मालूम न था कि संसार में 99 प्रतिशत दम्पति इसी प्रकार का जीवन व्यतीत करते हैं। और यह अनिवार्य है। उस समय न मैं अपनी स्थिति को ठीक तरह समझता था, न ही अन्य लोगों की।

"जीवन अच्छा कट रहा हो या बुरा, उसमें कई बार अचानक ऐसी घटनाएँ एक साथ घट जाती हैं कि आदमी हैरान रह जाता है। जब माँ-बाप में द्वेष उस सीमा तक जा पहुँचे कि जीवन असह्य हो उठे, तो बच्चों की पढ़ाई का सवाल उठ खड़ा होता है, और यह आवश्यक हो जाता है कि परिवार किसी बड़े शहर में जाकर रहने लगे। यही आवश्यकता हमारे सामने भी आ खड़ी हुई।"

वह चुप हो गया। दो बार उसके मुँह से वही अजीब आवाज़ निकली मानों सिसकी दबाने की चेष्टा कर रहा हो।

गाड़ी किसी स्टेशन के नज़दीक पहुँच रही थी।

"क्या वक़्त है ?" उसने पूछा।

मैंने घड़ी देखी। दो बज रहे थे।

"आप थक गए होंगे ?" उसने पूछा।

"नहीं, पर आप ज़रूर थक गए होंगे।"

"मुझे यहाँ घुटन सी महसूस हो रही है। मैं थोड़ा टहलना चाहता हूँ। दो घूँट पानी पिऊँगा।"

और वह झूलता हुआ गलियारे में चला गया। मैं अकेला बैठा रह गया और उसकी बातों पर विचार करने लगा। और मैं उनमें इतना खो गया कि जब वह लौटकर दूसरे दरवाज़े में से अन्दर दाख़िल हुआ तो मुझे उसकी आहट तक न मिली।

18

"मैं स्थिरता से बात नहीं कर सकता," वह कहने लगा, "मैंने इन बातों के बारे में बहुत दिनों तक सोचा है और अब बहुत सी बातों के बारे में मेरा दृष्टिकोण बदल गया है। मेरी इच्छा होती है कि मैं अपने विचार दूसरों को बतलाऊँ। सो हम शहर में रहने लगे। दुःखी लोगों के लिए शहर में रहना आसान है। शहर में आदमी सौ साल तक भी रहता रहे तो जान नहीं पाता कि वह वास्तव में कब का मर चुका है और धूल में मिल चुका है। अपने को समझने के लिए वहाँ समय ही नहीं मिलता। हरेक आदमी व्यस्त होता है। काम-धन्धा, सामाजिक जीवन की ज़िम्मेदारियाँ, स्वास्थ्य, कला, बच्चों की सेहत, बच्चों की पढ़ाई-लिखाई। आज आपको अमुक सम्बन्धी को आमन्त्रित करना है, कल उसके घर जाना है, यह देखना है वह सुनना है। शहर में हर वक़्त एक, या दो, या कभी तीन-तीन तक प्रतिष्ठित व्यक्ति पधारे रहते हैं, जिनके प्रति आप उदासीन नहीं रह सकते। आज इस बच्चे का या उसका इलाज करवाना है, उस्ताद का सवाल है, ट्यूटर का सवाल है, अध्यापिका की समस्या है। और समूचे तौर पर देखा जाए तो जीवन इतना खोखला होता है कि खाली कनस्तर भी क्या खोखला होता होगा। इस ढर्रे पर हमारा जीवन चलने लगा, और एक साथ रहने में जो क्लेश हुआ करता था वह कम हो गया। शुरू-शुरू के महीनों में तो हम अपने नए फ़्लैट को ठीक-ठाक करने में व्यस्त रहे। यह काम बड़ा रोचक था। इसके अलावा हम अक्सर शहर से गाँव और गाँव से शहर आते-जाते रहते।

" पहली सर्दियाँ तो इसी तरह बीत गईं। दूसरी सर्दियों में एक छोटी सी बात हुई, जो यों तो बड़ी मामूली और तुच्छ सी जान पड़ती थी पर उसका सीधा सम्बन्ध उस घटना से था जो बाद में घटी।

" मेरी पत्नी की सेहत ठीक न रहती थी, और उन बदमाशों ने उसे कह दिया कि तुम्हें और बच्चे पैदा नहीं करने चाहिए। इतना ही नहीं, गर्भ से बचने की एक तरक़ीब भी बता दी। यह मुझे बहुत घिनौनी लगी। मैंने उसे टाल जाने की पूरी कोशिश की पर मेरी पत्नी छिछोरों की तरह मेरे पीछे पड़ गई। आख़िर मैं मान गया। जब इस तरह बच्चे पैदा करने का एक प्रयोजन भी जीवन में से निकल गया तो हमारा जीवन और भी पाशविक और घृणित हो उठा।

" किसानों तथा मज़दूरों को बच्चों की ज़रूरत होती है। चाहे उनका लालन-पालन इनके लिए कितना ही कठिन क्यों न हो, फिर भी उन्हें बच्चों की ज़रूरत होती है, और इस तरह उनके विवाह-सम्बन्ध का कोई उचित लक्ष्य होता है। पर हम ऊँचे वर्ग के लोग बिना किसी ज़रूरत के बच्चे पैदा करते हैं। उनके कारण हमारे लिए एक चिन्ता और दूसरी तरफ़ ख़र्च बढ़ता है। हम न भी चाहें तो भी वे हमारी विरासत के हक़दार बनते हैं। वे हमारे जीवन पर बोझा बने रहते हैं। इस तरह हमारे पाशविक इन्द्रिय-भोग में किसी प्रकार का भी औचित्य नहीं रह जाता। या तो हम कृत्रिम साधनों का प्रयोग करें और बच्चे पैदा ही न होने दें, या फिर यह समझें कि वे दुर्भाग्यवश हमारी असावधानी के कारण पैदा हुए हैं। ऐसा सोचना सबसे घृणित है। इस तरह इन्द्रिय-भोग हमारे लिए कदापि उचित नहीं। पर हम इतने गिर चुके हैं कि हमें उचित-अनुचित के सम्बन्ध में सोचने तक की भी ज़रूरत महसूस नहीं होती। आजकल शिक्षित लोगों में से अधिकांश का जीवन व्यभिचार से भरा होता है, पर उनके अन्तःकरण में से इसके विरुद्ध कोई आवाज़ नहीं उठती।

" और जिसके अन्तःकरण ही न हो उसे दुःख क्या होगा ? हाँ, यदि हम लोकमत को या ज़ाब्ता फ़ौजदारी को एक तरह का अन्तःकरण मानें तो दूसरी बात है। पर यहाँ तो न एक का और न ही दूसरे का उल्लंघन होता है। लोकमत कोई आपत्ति नहीं कर सकता क्योंकि सभी लोग ऐसा करते हैं, यहाँ तक कि मरीया पाव्लोव्ना और इवान ज़ख़ारिच तक करते हैं। क्या ? क्या आप चाहते हैं कि हम भिखमंगे पैदा करते जाएँ, या हमारा समाज में उठना-बैठना तक ख़त्म हो जाए ? जहाँ तक ज़ाब्ता फ़ौजदारी का सवाल है, उससे डरने का कोई कारण नहीं। केवल वेश्याएँ और फ़ौजियों की प्रेमिकाएँ ही अपने बच्चों को कुओं और तालों में फेंकती हैं, उन्हें ज़रूर जेल में बन्द कर देना चाहिए। पर हमारी बात दूसरी है, हम सब काम वक़्त देखकर और सोच-समझकर करते हैं और करते भी इस ढंग से हैं कि रोगाणुओं के फैलने का कोई डर नहीं रहता।

" दो साल तक और हम इसी तरह रहते रहे। उन बदमाशों ने जो तरक़ीबें बताई थीं, वे ठीक निकलीं। मेरी पत्नी अधिक स्वस्थ और सुन्दर दिखाई पड़ने लगी, जैसे कोई फूल गर्मी के आख़िरी दिनों में खिल उठते। यह जानते हुए उसने अपने बनाव-शृंगार की ओर अधिक ध्यान देना शुरू कर दिया। उसका सौन्दर्य एक चुनौती की तरह था, देखनेवाले को बेचैन कर देनेवाला। उम्र केवल तीस बरस की थी, शरीर पूरे जोबन पर, स्वभाव चिड़चिड़ा और गर्भ की कोई चिन्ता नहीं। जिधर जाती, दिल फड़क उठते। मर्दों के बीच होती तो बस, उनकी तो टकटकी बँध जाती, आँखें उसी के चेहरे पर गड़कर रह जातीं। वह तो उन दिनों एक पले-पलाए, ताजा दम घोड़े के समान हो रही थी, जिस पर साज़ लगा हो, और जिसकी लगाम सहसा ढीली कर दी जाए। उस पर किसी क़िस्म का कोई नियन्त्रण नहीं था,—उसी तरह जिस तरह हमारी 99 प्रतिशत स्त्रियों पर नहीं होता। मैंने जब यह देखा तो दिल ही दिल में डरने लगा।"

19

वह उत्तेजित सा होकर उठ खड़ा हुआ और खिड़की के साथवाली सीट पर जा बैठा।

"क्षमा कीजिए," अपना मुँह दूसरी ओर फेरते हुए उसने कहा। लगभग तीन मिनट तक वह वहीं पर बैठा खिड़की में से बाहर देखता रहा। फिर उसने गहरी साँस ली और वापस मेरे पास आकर बैठ गया। उसके चेहरे का भाव बदल गया था, आँखों में दयनीयता सी आ गई थी और होंठों पर एक हल्की सी मुस्कान। "मैं कुछ थक गया हूँ, पर अपनी कहानी जारी रखूँगा। अभी काफ़ी समय है, पौ नहीं फटी है।" फिर सिगरेट सुलगाकर बोला, "जब बच्चे पैदा करने से उसे छुटकारा मिल गया तो उसका रंग निखर आया, शरीर भर गया। वह बीमारी, जो बच्चों के कारण उसे हर वक़्त तंग किए रहती थी, खत्म तो नहीं हुई, पर बहुत कुछ कम ज़रूर हो गई, उसकी स्थिति उस व्यक्ति की सी हो रही थी जो नशे की खुमारी में से जाग रहा हो, और देखे कि उसके चारों ओर संसार में खुशी ही खुशी फूट रही है, उस संसार में जिसे वह पहले समझ ही नहीं पाया था, उसका ठीक-ठीक मूल्य ही नहीं आँक पाया था। 'समय भागा जा रहा है। यह फिर लौटकर नहीं आने का। अब चूके कि चूके।' यही मेरी पत्नी ने सोचा होगा, या यों कहें कि अपने रोम-रोम में महसूस किया होगा। इससे भिन्न विचार या भावना उसके मन में आ भी न सकती थी। जिस प्रकार की उसे शिक्षा मिली थी, उसके अनुसार तो उसकी दृष्टि में एक ही चीज़ का महत्त्व था—प्रेम का। इस प्रेम से उसे अपने विवाहित जीवन में कुछ न कुछ प्राप्त भी हुआ था, परन्तु जिस प्राप्ति की उसे आशाएँ थीं या जिसका उसे आश्वासन दिया गया था, उससे वह कहीं कम था। इसके विपरीत, उसे मिली निराशा और दुःख। और एक ऐसा क्लेश जिसकी उसने कल्पना न की थी। यह क्लेश था बच्चों का क्लेश। इस क्लेश ने उसे थका मारा था। और अब, उन मेहरबान डॉक्टरों की कृपा से उसे पता चल गया था कि गर्भ को टाला जा सकता है। अब वह खुश थी, उस पर एक नई मस्ती छा रही थी। प्रेम ही को वह जीवन का लक्ष्य मानती आई थी, और उसे पाने के लिए वह फिर से जवान हो गई थी। पर एक दूषित, ईर्ष्यालु, द्वेषपूर्ण पति के प्रेम के लिए नहीं। वह किसी और ही प्रकार के नए और अच्छे प्रेम के स्वप्न देखने लगी। कम से कम मेरा यही ख़याल था। उसने इधर-उधर टोह लगानी शुरू कर दी, मानो किसी के इन्तज़ार में हो। मैंने यह देखा तो घबरा उठा। उसकी आदत थी कि वह और लोगों के माध्यम से मुझसे बातें करती—यानी बात तो किसी दूसरे से करती, मगर सुनाती मुझे। इस तरह वह कई बार, मज़ाक़-मज़ाक़ में, बड़ी स्पष्टता से कह देती कि बच्चों का मोह तो एक धोखा है, मनुष्य जवान हो और जीवन का सुख ले सकता हो, तो बेकार अपने को घुलाना बड़ी भूल है (उस समय वह यह भूल जाती कि घंटा-भर पहले वह इसके बिल्कुल ही उलट बात कह रही थी)। धीरे-धीरे वह बच्चों की ओर कम ध्यान देने लगी। जितना ध्यान देती थी, उसमें भी वह पहले सी उत्कंठा और बेचैनी न थी। वह अधिक से अधिक समय अपनी देखभाल, अपने

बनाव-शृंगार में लगाने लगी हालाँकि वह इसे छिपाने की कोशिश करती। वह अपना मनबहलाव भी करने लगी और आत्म-सुधार करने की कोशिश भी। पियानो बजाना उसने एक ज़माने से छोड़ रखा था। वह फिर से उसे सीखने लगी। और उस सारी घटना की शुरुआत यहीं से हुई।''

उसकी थकी हुई, भटकती आँखें, फिर खिड़की की ओर गई, पर उसने फ़ौरन अपने को सँभाल लिया। जान पड़ता था जैसे वह अपने ऊपर जब्र करके, अपनी कहानी सुनाए जाना चाहता है।

''फिर वहाँ वह आदमी आ पहुँचा।'' वह रुक गया। वही अजीब सी आवाज़ दो-तीन बार उसके मुँह से निकली।

मुझे साफ़ नजर आ रहा था कि उस आदमी का नाम लेना, उसको याद करना, या उसकी चर्चा करना उसके लिए असह्य हो रहा है। पर वह मन मारकर बोले जा रहा था। उसकी आवाज़ में विशेष दृढ़ता थी, मानो वह बीच की सब दीवारें तोड़ डालना चाहता हो।

''वह मुझे बड़ा नीच आदमी लगा। इसलिए नहीं कि मेरे जीवन में उसका व्यवहार नीच था, बल्कि वह सचमुच ही बहुत गिरा हुआ आदमी था। उस आदमी की नीचता मेरी पत्नी की तुच्छता को ही प्रमाणित करती है। अगर उसकी जगह कोई और आदमी होता तो भी, वही कुछ होता जो बाद में हुआ।'' वह फिर रुक गया। ''उसे संगीत का शौक़ था, वायलिन बजाता था। यों वायलिन बजाना उसका धन्धा नहीं था। दरअसल वह आधा संगीतकार और आधा सोसाइटी में घूमनेवाला आदमी था।

''उसका बाप जमीन्दार था और मेरे पिता का पड़ोसी रह चुका था। जब उसके बाप की सारी सम्पत्ति जाती रही, तो सबसे छोटे लड़के को छोड़कर, बाकी दोनों लड़के काम करने लगे। सबसे छोटा अपनी धर्ममाता के पास पेरिस में भेज दिया गया। उसे संगीत में रुचि थी, इसलिए वहाँ वह एक संगीत-महाविद्यालय में दाखिल हो गया। वहाँ उसने वायलिन बजाना सीखा, और संगीत-समारोहों में भाग लेने लगा। पर एक मनुष्य के नाते वह...'' प्रत्यक्षतः वह उसके बारे में कोई बहुत बुरा शब्द कहना चाहता था, पर वह रुक गया और फ़ौरन कहने लगा, '' मुझे मालूम नहीं कि वहाँ वह किस प्रकार का जीवन बिताता रहा। मैं तो केवल इतना जानता हूँ कि उसी साल वह रूस में आ पहुँचा और मुझसे मिलने के लिए मेरे घर आया।

'' उसकी आँखें बादामों की शक्ल की थीं, और उनमें हर वक़्त नमी रहती। होंठ लाल-लाल और मुस्कुराते हुए, चुपड़ी मूँछें, नई काट के बाल, चेहरा देखने में अच्छा था मगर अश्लील सा लगता, ऐसे चेहरे के बारे में औरतें अक्सर कहा करती हैं कि 'बुरा नहीं है' शरीर शिथिल पर भद्दा न था, और कूल्हे उभरे हुए थे जैसे स्त्रियों के होते हैं, या जैसे हाटेन्टॉटों के होते हैं। मैंने सुना है कि हॉटेन्टॉट भी संगीत में रस लेते हैं। ज़रा सा भी अवसर मिलने पर वह घनिष्ठता बढ़ाने लगता, पर चूँकि स्वभाव का अनुभूतिशील था, इसलिए कोई ज़रा भी उपेक्षा से पेश आए तो पीछे हट जाता और

बड़ी मान-मर्यादा से रहता। उसके जूते पेरिस के चलन के और अजीब रंग के होते। उन्हें वह बटन लगाकर बन्द करता। उसकी नकटाइयाँ भी भड़कीले रंग की होतीं, वैसी ही जैसी कि अक्सर बाहर से आनेवाले लोग पेरिसवालों की देखादेखी पहनने लगते हैं। उसकी अन्य चीज़ें भी वैसी ही थीं जैसी कि स्त्रियों को बहुत पसन्द होती हैं, और उन्हें बड़ी नवीन और मौलिक जान पड़ती हैं। हर वक़्त एक बनावटी सी मुस्कान उसके होंठों पर रहती। वह बोलता भी संकेतों की भाषा में था। छोटे-छोटे अपूर्ण वाक्य कहता मानों सुननेवाला उसका अभिप्राय जानता है और स्वयं वाक्य पूरा कर सकता है।

"जो कुछ भी हुआ उसी के कारण और उसके संगीत के कारण। मुक़द्दमे के समय यह दिखाने की कोशिश की गई कि जो कुछ हुआ उसकी तह में ईर्ष्या थी। पर यह ग़लत है। यह तो मैं नहीं कहूँगा कि इस क़िस्म की कोई बात न थी, पर फिर भी केवल ईर्ष्या ही न थी। मुक़द्दमे में यह फ़ैसला हुआ कि मेरे साथ पति के नाते अन्याय हुआ है, और अपनी इज़्ज़त की रक्षा के लिए (वहाँ इसी शब्द का प्रयोग हुआ) मैंने अपनी पत्नी की हत्या की। और इसीलिए मुझे बरी कर दिया गया। मुक़द्दमे के दौरान मैंने हर बात को साफ़-साफ़ पेश करने की कोशिश की, मगर वे लोग समझे कि मैं अपनी पत्नी की इज़्ज़त बचाने के लिए ऐसा कर रहा हूँ।

"उस संगीतकार के साथ मेरी पत्नी का जो भी सम्बन्ध रहा हो, उसका मेरे लिए कोई महत्त्व नहीं था, न ही उसके अपने लिए ही। अगर कोई बात महत्त्वपूर्ण थी तो केवल वही जिसका मैं जिक्र कर चुका हूँ—मेरी पाशविकता। मूल कारण यही था कि हमारे बीच एक भयानक खाई पैदा हो गई थी। आपसी द्वेष के कारण हमारे बीच यहाँ तक तनाव रहता कि ज़रा-सी बात पर भी हम भड़क उठते और आपे से बाहर हो जाते। हमारे झगड़े भयंकर रूप ले लेते थे। वे और भी भयंकर इसलिए जान पड़ते कि पहले एक दौरा पाशविक कामुकता का आता, उसके बाद लड़ाई-झगड़ा होने लगता और तदनन्तर एक और दौरा कामुकता का आता। यही क्रम चलता रहता था।

"यदि हमारे जीवन में उस आदमी ने प्रवेश न किया होता तो किसी और ने किया होता, और यदि प्रेरक शक्ति ईर्ष्या न होती, तो कोई और होती। मैं समझता हूँ कि मेरी तरह का जीवन व्यतीत करनेवाले पुरुष अवश्य ही या तो बिल्कुल दुराचारी हो जाएँगे, या अपनी पत्नियों को छोड़ देंगे, या आत्महत्या कर लेंगे, और या फिर उन्हें मार डालेंगे, जैसा कि मैंने किया। कोई बिरला ही बच निकले तो बच निकले। इस सारे व्यापार का यों अन्त करने से पहले, मैं कई बार आत्महत्या करने के बारे में सोच चुका था। मेरी पत्नी ने भी ज़हर खाने की कोशिश की थी।

20

"हाँ, जो कुछ आखिर हुआ उससे पहले यही स्थिति थी।

"हमारे बीच एक तरह का युद्ध-विराम हो गया था। चाहिए तो यह था कि हम इसे बनाए रखते। पर एक दिन मेरे मुँह से कहीं निकल गया कि प्रदर्शन में एक कुत्ते को तमग़ा मिला है। 'तमग़ा नहीं दिया गया, केवल सराहना-पत्र दिया गया है,' वह बोली। बस, बहस छिड़ गई। बात तूल पकड़ती गई। हम एक दूसरे को बुरा-भला कहने लगे। 'उँह ! हर किसी को मालूम है, हमेशा ऐसे ही होता है। तुमने कहा था...' 'मैंने ऐसी कोई बात नहीं कही।' 'इसका मतलब है मैं झूठी हूँ !...' मुझे लगा कि फिर हमारे बीच उसी तरह का कोई कांड शुरू होनेवाला है और मेरा जी चाहता कि या मैं मर जाऊँ या उसे मार डालूँ। मैं ऐसे कांडों से कोसों दूर भागता, उनसे ऐसा डरता जैसे कोई आग से डरता है। मैं अपना क्रोध दबाए रखना चाहता था, मगर मैं आग-बबूला हो रहा था। उसकी हालत भी मेरी जैसी ही थी, बल्कि इससे भी बुरी। जो कुछ भी मैं कहता, वह उसे तोड़-मरोड़कर, मेरे शब्दों का उल्टा अर्थ निकालती। उसका एक-एक शब्द ज़हर बुझे तीर की तरह लगता। वह मेरी एक-एक कमज़ोरी को उघाड़कर उस पर वार करती थी। कलह की आग भड़क उठी थी। मैं चिल्लाया, 'चुप रहो !' या कुछ ऐसे ही शब्द। वह उठ खड़ी हुई और भागती हुई बच्चों के कमरे की तरफ़ चल दी। मैंने उसे रोकने की कोशिश की ताकि अपनी बात पूरी कर सकूँ। मैंने उसे बाजू से पकड़ लिया। उसने दर्द का बहाना किया और चीख़कर बोली, 'बच्चो, देख लो तुम्हारा बाप मुझे पीट रहा है !' 'झूठ मत बको !' मैं चिल्लाया। 'यह पहली बार नहीं,' या कुछ इसी तरह के शब्द उसने कहे। बच्चे भागते हुए आए और उसका पक्ष लेने लगे। उसने उन्हें शान्त करने की कोशिश की। 'पाखंड मत करो,' मैंने कहा। 'तुम्हें हर बात का पाखंड नज़र आती है। तुम तो एक आदमी को मार भी डालोगे तो यही कहोगे कि वह पाखंड कर रहा था। अब मैं सब समझती हूँ। तुम चाहते भी यही कुछ हो !" 'तो मैं तुम्हें मरा हुआ ही देखूँगा !' मैंने चिल्लाकर कहा। अब भी मुझे याद है कि मैं अपने ही मुँह से ये शब्द सुनकर बेहद घबरा उठा था। मैं नहीं जानता था कि क्योंकर मेरे मुँह से ऐसे कटु, भयानक शब्द निकले। मुझे विश्वास न होता था कि मैंने सचमुच वे कहे हैं। कहने के बाद मैं भागता हुआ अपने पढ़नेवाले कमरे में चला गया और बैठकर सिगरेट पीने लगा। मुझे उसके क़दमों की आवाज़ आई। वह हॉल में जा रही थी। फिर उसके कपड़े पहनने की आवाज़ आई। मैंने उससे पूछा, कहाँ जा रही हो ? उसने कोई जवाब नहीं दिया। "भाड़ में जाओ !" मैंने मन ही मन कहा, और वापस पढ़नेवाले कमरे में लौट आया और लेटकर फिर सिगरेट फूँकने लगा। मेरे दिमाग़ में तरह-तरह के विचार घूमने लगे। कभी मन में आता कि उससे बदला लूँ उससे अपना पिंड छुड़ाऊँ, कभी सोचता उससे समझौता कर लूँ, इसी तरह रहता जाऊँ मानों कोई बात न हुई हो। वहाँ लेटे-लेटे मैं सोचता रहा और सिगरेट पर सिगरेट फूँकता रहा। कभी मन में आता कहीं भाग जाऊँ, कहीं जाकर छिप रहूँ, अमेरिका चला जाऊँ। मैं मन ही मन कल्पना करने लगा कि ऐसा करने पर जीवन की कैसी स्थिति होगी। मुझे लगा कि जीवन सचमुच बेहतर होगा, मेरे जीवन में कोई दूसरी स्त्री आएगी, कोई विलक्षण स्त्री, जो इससे बिल्कुल भिन्न होगी।

किसी तरह, किसी भी साधन से मैं इससे छुटकारा पा लूँगा। इसे तलाक़ दे दूँगा, या कोई ऐसा ढंग निकालूँगा जिससे यह मर जाए। मैं मन ही मन तरह-तरह के उपाय सोचने लगा। अन्दर से आवाज़ उठी कि ऐसी बातें मुझे नहीं सोचनी चाहिए, पर इसी आवाज़ को दबाने के लिए मैं सिगरेट पर सिगरेट फूँके जा रहा था।

"घर में सब काम रोज़ की तरह चल रहे थे। बच्चों की अध्यापिका अन्दर आई और पूछने लगी कि मालकिन कहाँ हैं, कब लौटेंगी। चोबदार आया, उसने चाय के लिए पूछा। मैं खानेवाले कमरे में गया। बच्चों की आँखों में प्रश्न और शत्रुता का भाव था। विशेषकर लीज़ा की आँखों में जो अब बड़ी हो चली थी और बातें समझने लगी थी। हम चुपचाप चाय पीते रहे। मेरी पत्नी नहीं लौटी। सारी शाम बीत गई और वह नहीं लौटी। मेरे अन्दर दो प्रतिकूल भावनाएँ उठ रही थीं। एक ओर इस बात पर क्रोध उठता, कि यह जानते-समझते हुए कि उसे घर लौटना चाहिए वह बाहर रहकर मुझे और बच्चों को परेशान कर रही है; दूसरी ओर इस बात का डर लगता कि शायद वह अब लौटकर नहीं आएगी और कहीं अपनी जान के साथ कुछ न कर बैठे। मैं उसे ढूँढ़ने के लिए जाता, मगर जाता कहाँ ? उसकी बहन के घर ? वहाँ जाकर अगर मैं उसके बारे में पूछता तो नक्कू बनता। मेरी पत्नी तो यह चाहती ही थी। जाए जहन्नुम में ! जो उसे दुःख ही देना है तो अपने आपको दे, खुद दुःखी हो ! यदि यह न हुआ तो दूसरा झगड़ा इससे भी अधिक भयंकर होगा। पर यदि वह अपनी बहन के घर न हुई तो ? हो सकता है उसने आत्महत्या करने की ठान ली हो, या इस वक़्त तक सचमुच आत्महत्या कर ही चुकी हो ? ग्यारह बज गए, फिर बारह, फिर एक ! मैं सोने के कमरे में नहीं गया। वहाँ अकेले लेटे-लेटे इन्तज़ार करने का क्या मतलब ? मैं अपने को किसी न किसी काम में लगाए रखना चाहता था, मन में आया ख़त लिखूँ, पढ़ूँ, पर कुछ भी नहीं कर पाया। पढ़नेवाले कमरे में मैं अकेला बैठा रहा, क्रुद्ध और मन की उधेड़बुन से परेशान। हल्की से हल्की आहट भी होती तो मेरे कान खड़े हो जाते। तीन बज गए, चार बज गए—वह लौटकर नहीं आई। सुबह होते-होते मैं सो गया। फिर मेरी नींद टूटी। वह अभी तक नहीं आई थी।

"घर के काम-काज रोज़ की तरह चल रहे थे, पर सभी घबराए हुए थे, सभी मेरी ओर भर्त्सनापूर्ण, प्रश्नात्मक आँखों से देख रहे थे, मानो सब मेरा दोष हो। और मेरे अन्दर वही प्रतिकूल भावनाएँ उठ रही थीं—कभी मैं क्रुद्ध हो उठाता, कि वह मुझे यन्त्रणा पहुँचा रही है, कभी उसके बारे में चिन्तित हो उठता।

"ग्यारह बजे के क़रीब उसकी बहन आई—उसकी ओर से दूत बनकर। बड़े साधारण तरीक़े से बात करने लगी। कहने लगी, 'उसकी हालत बहुत ख़राब है। मेरी समझ में नहीं आता कि बात क्या हुई है।' 'कुछ भी नहीं हुआ,' मैंने कहा। 'उसका स्वभाव अब मुझसे बर्दाश्त नहीं हो सकता। मैंने उसे कुछ भी नहीं कहा।'

"'इस तरह गाड़ी कैसे चलेगी ?' उसकी बहन कहने लगी।

"'इसका फ़ैसला वही करे, मैं कुछ नहीं करूँगा,' मैंने कहा, 'मैं अपनी ओर से

कोई क़दम नहीं उठाऊँगा। अगर हमें अलग होना है, तो बेशक अलग हो जाएँ।'

" मेरी साली लौट गई। मेरी बातों से उसे सन्तोष नहीं हुआ। मैंने साफ़-साफ़ कह तो दिया था कि मैं क़दम नहीं उठाऊँगा, पर जब वह चली गई, और मैं बाहर आया तो देखा कि बच्चे बुरी तरह सहमे हुए हैं। उनके चेहरे इतने दयनीय हो रहे थे कि मैं स्वयं कोई क़दम उठाने तक के लिए तैयार हो गया। और मैं उठाता भी बड़ी ख़ुशी से, मगर मुझे कोई रास्ता नहीं सूझ रहा था। मैं फिर कमरे में चक्कर लगाने और सिगरेट फूँकने लगा। नाश्ते के साथ मैंने वोद्का और अंगूरी शराब पी, जिससे मेरे मन की हालत वैसी हो गई थी जैसी कि मैं चाहता था : मुझे लगने लगा कि मैंने कोई बुरा काम नहीं किया, न ही कोई मूर्खता की बात की है।

" तीन बजे के क़रीब वह घर आई। उसने मुझे देखा पर कुछ नहीं बोली। यही समझकर कि उसे पछतावा हो रहा है, मैंने अपनी सफ़ाई देनी शुरू कर दी, अगर तुम मेरा तिरस्कार नहीं करतीं तो मेरे मुँह से वे शब्द कभी नहीं निकलते। पर उसका चेहरा वैसे का वैसा कठोर और बेहद थका हुआ बना रहा। बल्कि कहने लगी कि मैं सफ़ाइयाँ सुनने के लिए नहीं आई हूँ, मैं तो बच्चों को लेने आई हूँ, हम अब एक साथ नहीं रह सकते। मैंने कहने की कोशिश की कि उसमें मेरा कोई दोष नहीं था, तुम्हारी बातों ने मुझे परेशान कर दिया था। क्षण-भर के लिए वह मेरी ओर बड़ी कठोर नज़र से देखती रही, फिर बोली :

" 'अब एक भी लफ़्ज और मुँह से न निकालना, नहीं तो बाद में पछताओगे।'

" मैंने कहा कि मुझे नाटक पसन्द नहीं। इस पर उसने चिल्लाकर कुछ कहा जो मेरी समझ में नहीं आया, और वह भागती हुई अपने कमरे में चली गई। मैंने उसे अन्दर दरवाज़ा बन्द करते हुए सुना। अन्दर से उसने ताला लगा लिया। मैंने दरवाज़ा खटखटाया। कोई जवाब नहीं मिला। ग़ुस्से से मैं पाँव पटकता लौट आया। कोई आधे घंटे के बाद लीज़ा दौड़ी-दौड़ी आई। वह रो रही थी।

" 'क्या है ? क्या कोई बात हो गई है ?'

" 'माँ के कमरे में से कोई आवाज़ नहीं आ रही है।'

" हम भागते हुए कमरे की तरफ़ गए। मैंने बड़े ज़ोर से दरवाज़े को धक्का दिया। ताला फ़ौरन टूट गया और दोनों किवाड़ खुल गए। मैं पलंग के पास गया। वह स्कर्ट और जूते पहने हुए, अजीब सी मुद्रा में बेसुध पड़ी थी। पास ही, तिपाई पर अफ़ीम की एक ख़ाली शीशी पड़ी थी। हम किसी तरह उसे होश में लाए। उसके बाद फिर वही रोना-धोना शुरू हो गया, और अन्त में हमने सुलह कर ली। पर वह सच्ची सुलह न थी। हमारे दिलों में अब भी पहले सा द्वेष था, बल्कि द्वेष के साथ अब उस झगड़े की खीझ भी आ मिली थी। इस झगड़े के कारण हमारे मन बेचैन हो उठे थे, और क्रोध की आग धधकने लगी थी। हम एक दूसरे को दोषी ठहराते थे। आख़िर हमारा जीवन फिर अपने पहले ढर्रे पर चलने लगा। ऐसे ही झगड़े, बल्कि इससे भी बुरे बार-बार उठ खड़े होते। कभी महीने में एक बार, कभी हफ़्ते में एक बार, कभी हर रोज़। वही बातें

बार-बार दोहराई जातीं। एक बार मैंने विदेश चले जाने के लिए पासपोर्ट के लिए अर्ज़ी कर दी (हमारी कलह दो दिन तक चलती रही थी), पर फिर हम दोनों ने अपनी-अपनी तरफ़ से सफ़ाई दी, कुछ-कुछ समझौता हुआ, और मैंने जाने का ख़याल छोड़ दिया।

21

"यह स्थिति थी जब उस आदमी ने हमारे जीवन में प्रवेश किया। ज्यों ही वह मास्को पहुँचा, मुझे मिलने के लिए चला आया (उसका नाम त्रुख़चेव्स्की था)। वह सुबह-सुबह मुझे मिलने आया। मैंने बड़े प्रेम से उसका स्वागत किया। किसी ज़माने में हम दोनों में बड़ी घनिष्ठता रह चुकी थी। जब हम बातें कर रहे थे, तो उसने धीरे-धीरे फिर पहले सी घनिष्ठता बढ़ाने की कोशिश की, पर मैंने शुरू में ही उसे जता दिया कि मेरी कोई इच्छा घनिष्ठता बढ़ाने की नहीं है। मेरा रुख देखकर उसने भी अपना लहजा बदल लिया। उसे देखते ही मेरा मन घृणा से भर उठा था। पर अजीब बात है, मैंने उसे दूर हटाने की, उसे चलता करने की कोशिश न की। कोई अजीब विनाशकारी शक्ति मुझे रोके रही, बल्कि उसे बढ़ावा देने के लिए मुझे विवश करती रही। मैं बड़ी आसानी से उस वक़्त उसके साथ बेरुख़ी से पेश आ सकता था, और अपनी पत्नी के साथ उसका परिचय कराए बिना उसे विदा कर सकता था। पर नहीं, मुझे उसके संगीत के बारे में चर्चा करनी थी। मैंने उससे कहा कि मुझे किसी से मालूम हुआ है कि तुमने वायलिन बजाना छोड़ दिया है। उसने जवाब दिया कि नहीं, ऐसी बात नहीं, मैं तो पहले से भी ज़्यादा बजाता हूँ। मुझसे पूछने लगा, तुम भी तो बजाया करते थे। मैंने कहा मैंने तो कब का बजाना छोड़ रखा है, मगर मेरी पत्नी काफ़ी अच्छा बजा लेती है।

"एक और विचित्र बात—जिस दिन हम एक दूसरे से मिले, उस दिन से ही, बल्कि उस घड़ी से ही हमारे सम्बन्ध उतने ही बुरे थे जितने कि उस घटना के बाद हो सकते थे। हमारे बीच एक अजीब तनाव सा आ गया। मैं वार्तालाप के एक-एक शब्द पर ध्यान दे रहा था, चाहे वह मेरे मुँह से निकले या उसके, और उसका विशेष महत्त्व समझता था।

"मैंने उसके साथ अपनी पत्नी का परिचय कराया। तुरन्त ही संगीत की चर्चा होने लगी। उसने कहा कि मैं आपके घर आकर आपकी पत्नी के साथ साज़ बजाने के लिए तैयार हूँ। मेरी पत्नी ने बेहद खूबसूरत और लुभावने कपड़े पहन रखे थे (जैसे कि उसने कुछ दिनों से पहनने शुरू कर दिए थे)। वह बला की खूबसूरत लग रही थी। जान पड़ता था जैसे देखते ही वह उसे चाहने लगी हो। जब उसे मालूम हुआ कि दोनों एक साथ मिलकर वायलिन और प्यानो बजा सकते हैं तो वह और भी खुश हुई, क्योंकि उसे मिलकर वाद्य बजाना यों भी बहुत पसन्द था, और वह अक्सर नाटक-गृह से किसी न किसी वायलिन बजानेवाले को बुला लिया करती थी। उसका चेहरा खुशी से चमकने

लगा। पर मेरी ओर देखते ही जब उसे मेरे मन का भाव पता चल गया तो उसने भी फ़ौरन अपने चेहरे का भाव बदल लिया। बस उसी क्षण से हमारे बीच कपट-क्रीड़ा शुरू हो गई। मैं बड़ा अनुग्रह जताते हुए मुस्कुराया, और ऐसा अभिनय किया मानो मुझे वह प्रस्ताव बहुत पसन्द आया हो। उसने उसी तरह मेरी पत्नी की ओर देखा जिस तरह सभी व्यभिचारी सुन्दर स्त्रियों की ओर देखते हैं, हालाँकि दिखावा यही किया कि वह बातचीत ही में दिलचस्पी ले रहा है। पर सच तो यह है कि बातचीत में उसकी तनिक भी रुचि नहीं थी। मेरी पत्नी ने भी यही दिखाने की कोशिश की कि उसे कुछ मालूम नहीं। पर अपने ईर्ष्यालु पति के चेहरे पर पाखंडपूर्ण मुस्कान देखकर (जिससे वह भली भाँति परिचित थी) और हमारे अतिथि की ललचाई नज़र देखकर वह भी विचलित हुए बिना न रह सकी। पहली बार जब मेरी पत्नी ने उसकी ओर देखा तो उसकी आँखों में एक खास तरह की चमक आ गई। उन दोनों के बीच बिजली की लहर दौड़ गई, शायद इसका कारण मेरी ईर्ष्या रही हो। उनके चेहरे के भाव, उनकी मुस्कान, उनकी नज़रें मिलने लगीं। जब मेरी पत्नी लजाती—तो वह भी लजाता। जब वह मुस्कुराता—तो इसके होंठों पर भी मुस्कुराहट आ जाती। उन्होंने संगीत, पेरिस तथा अन्य छोटी-मोटी बातों की चर्चा की। वह विदा लेने के लिए उठ खड़ा हुआ था, और हाथ में अपना टोप उठा लिया। टोप उसकी काँपती पिंडलियों को छू रहा था। वह खड़े-खड़े मुस्कुराने लगा, कभी उसकी ओर देखता, कभी मेरी ओर, मानो यह देखना चाहता हो कि अब हम क्या करेंगे। वह घड़ी आज भी मेरे स्मृति-पटल पर स्पष्ट अंकित है। यदि उस समय मैं रुक जाता और उसे अपने घर दोबारा आने के लिए न कहता तो कुछ भी न होता। पर मैंने उसकी ओर देखा, फिर अपनी पत्नी की ओर देखा, और मन ही मन अपनी पत्नी से कहा, 'यह मत समझो कि मैं डाह करने लग गया हूँ।' और मन ही मन उस आदमी से कहा, 'मत समझो कि मैं तुमसे डरता हूँ।' फिर प्रत्यक्ष में मैंने उसे अपने घर आमन्त्रित किया कि किसी रोज़ शाम को अपनी वायलिन ले आओ और मेरी पत्नी के साथ मिलकर बजाओ। मेरी पत्नी ने हैरान होकर मेरी ओर देखा। लज्जा से उसका चेहरा लाल हो गया; फिर जैसे किसी बात से वह डर गई, और कहने लगी : मैं तो अच्छा नहीं बजा सकती, मैं आपके साथ कैसे बजा पाऊँगी ? उसके यों इनकार कर देने से मैं और भी चिढ़ गया और पहले से भी अधिक आग्रह से उसे दोबारा आने के लिए कहा। मुझे याद है, जब वह मेरे कमरे से बाहर गया तो मैं बड़ा अजीब सा महसूस कर रहा था। मैं उसके काले बालों के नीचे उसकी सफ़ेद गर्दन को देखता रहा। वह चलता तो झटका देकर जैसे कोई पक्षी फुदक रहा हो। ऐसा चलते हुए उसकी गर्दन की सफ़ेदी कभी नज़र आती कभी छिप जाती। मुझे मन ही मन यह मानना पड़ा कि उसकी उपस्थिति मेरे लिए असह्य हो उठी थी। 'उससे फिर मुलाक़ात करना या न करना मुझ ही पर निर्भर है,' मैं सोच रहा था। 'न मिलूँ तो इसका मतलब होगा कि मैं उससे डर गया हूँ। नहीं, मैं उससे डरता नहीं ! अगर मैं डर गया तो बड़ी लज्जा की बात होगी ! इसलिए जब बाहर ड्योढ़ी में मैं उसे विदा करने के लिए गया तो मैं जान-बूझकर ऊँची

आवाज़ में—ताकि मेरी पत्नी भी सुन ले—उसे उसी रोज़ शाम को अपनी वायलिन लेकर आने का आग्रह करने लगा। उसने आने का वचन दिया और चला गया।

"उसी शाम को वह वायलिन लेकर पहुँच गया और वे दोनों मिलकर अपने-अपने साज़ बजाने लगे। पर बात जमी नहीं, क्योंकि उनके पास आवश्यक स्वर-लिपि नहीं थी। जो कुछ उनके पास था उसे मेरी पत्नी, बिना अभ्यास के बजा नहीं सकती थी। मुझे ख़ुद संगीत का बहुत शौक़ था, और जहाँ तक मुझसे बन पड़ा, मैंने उनकी सहायता की—उस आदमी के सामने स्वर-लिपि टिकाने के लिए स्टैंड खड़ा किया, और पास खड़ा होकर उसके लिए पन्ने पलटता रहा। उन्होंने कुछेक राग-रचनाएँ बजाईं, कुछेक गीत, मोज़ार्ट का सोनाटा इत्यादि बजाए। वह बहुत अच्छा वादक था, अपने साज़ में से बड़ी विलक्षण स्वर-ध्वनियाँ निकालता। उसकी रुचि भी बड़ी परिष्कृत थी, पर उसके चरित्र के साथ उसका कोई मेल न था।

"ज़ाहिर था कि संगीत में वह मेरी पत्नी से कहीं अधिक प्रवीण था। वह उसकी सहायता करता, उसके संगीत की बड़े आदर से सराहना करता। उसका व्यवहार सचमुच प्रशंसनीय था। ऐसा जान पड़ता कि मेरी पत्नी की रुचि भी केवल संगीत ही में है। उसका भी व्यवहार बड़ा सरल और निष्कपट था। मैं ऊपर से दिखा तो यह रहा था कि मैं भी संगीत का रस ले रहा हूँ, पर वास्तव में उस दिन सारी शाम मैं ईर्ष्या की आग में जलता रहा।

"जिस क्षण उनकी आँखें चार हुईं, मुझे फ़ौरन नज़र आ गया कि उनके अन्दर बैठा हुआ पशु, उनकी सामाजिक स्थिति के सभी नियमों को तोड़ता हुआ, पूछ रहा है : 'क्या मैं उठूँ ?' और जवाब मिला है : 'बेशक !' वह मेरी पत्नी से मिलकर बहुत खुश हुआ था। उसे आशा नहीं थी कि मास्को की रहनेवाली इस स्त्री में इतनी कमनीयता होगी। उसे विश्वास था कि वह उसकी होकर रहेगी। सवाल केवल यह था कि उसके भोंड़े पति को रास्ते में से कैसे हटाया जाए। यदि मेरा अपना जीवन स्वच्छ रहा होता, तो उसका अभिप्राय मेरी समझ में न आता, पर विवाह से पहले अधिकांश लोगों की तरह, स्त्रियों के प्रति मेरा भी वैसा ही दृष्टिकोण रह चुका था। इसलिए उसके विचार, एक खुली किताब की तरह, मेरे सामने स्पष्ट थे। मैं यह भी भली-भाँति जानता था कि मेरी पत्नी के दिल में मेरे प्रति केवल चिढ़ ही चिढ़ है, और कुछ नहीं। और इससे मेरा दिल जलता था। केवल कभी-कभी काम-वासना की गिनी-चुनी घड़ियों में वह इसे भूले रहती है। इसके विपरीत, यह आदमी, नवागन्तुक और खूबसूरत होने के कारण, पर विशेषकर अपने विलक्षण संगीत-कौशल के कारण, न केवल उसे आकर्षित करेगा, बल्कि निःसन्देह उसे अपने वश में कर लेगा, उसे चकाचौंध करेगा, उसे अपनी उँगलियों पर नचाएगा, उसके साथ जो चाहेगा करेगा। और उसमें सहायक होगा उनका वह सामीप्य, जो एक साथ वाद्य बजानेवालों में हो जाता है, और संगीत का प्रभाव, विशेषकर वायलिन का, जो भावुक प्राणियों पर विशेषकर गहरा होता है। मैं यह सब देखे बिना नहीं रह सकता था और इससे मेरी यन्त्रणा असह्य हो उठती थी। इसके बावजूद, या शायद इसी के

कारण, मेरी इच्छा के विरुद्ध कोई शक्ति मुझे मजबूर कर रही थी कि मैं उसके साथ विशेष सौजन्यता से, यहाँ तक कि नम्रता से पेश आऊँ। उसके साथ सीधा, सरल सम्बन्ध रखना मेरे लिए शुरू से ही असम्भव हो गया था। कारण मैं नहीं जानता। न मालूम इसलिए कि मैं अपनी पत्नी को धोखा देना चाहता था या उस आदमी को दिखाना चाहता था कि मैं उससे डरता नहीं हूँ, या केवल अपने आपको धोखे में रखना चाहता था। मेरे मन में इच्छा उठी कि मैं उसे वहीं मार डालूँ, पर उसके प्रति अपने विनम्र व्यवहार द्वारा मैंने इस इच्छा को दबा दिया। भोजन के समय मैंने उसे बढ़िया से बढ़िया शराब पिलाई। उसके संगीत की दिल खोलकर प्रशंसा की, उससे बातें करते हुए एक विनम्र मुस्कान मेरे होंठों पर लगातार खेलती रही। मैंने उसे अगले रविवार को भी आने का न्योता दिया कि वह हमारे साथ आकर भोजन करे और मेरी पत्नी के साथ साज़ बजाए। मैंने यह भी कहा कि मैं अपने कुछेक संगीतप्रेमी मित्रों को भी उस अवसर पर बुलाऊँगा ताकि वे भी आकर उसका संगीत सुन सकें। इस तरह वह शाम ख़त्म हुई।''

पोज़्दनिशेव ने अपनी जगह बदली। वह बहुत उत्तेजित हो उठा था। मुझे फिर वही अजीब सी आवाज़ उसके मुँह में से सुनाई दी।

''अजीब बात है, उस आदमी के कारण मेरा मन बेहद विचलित हो उठा था,'' वह अपने को शान्त करने का प्रयास करते हुए फिर कहने लगा। ''इसके तीन-चार रोज़ बाद एक दिन मैं कोई प्रदर्शनी देखकर घर लौटा। ड्योढ़ी में क़दम रखा तो सहसा मेरा दिल बैठ गया। मानो मेरे दिल पर किसी ने पत्थर रख दिया हो। ऐसा क्यों हुआ, मैं नहीं जानता। कारण यह था कि अन्दर आते समय दरवाज़े के पास ही मैंने कोई चीज़ देखी थी जिससे मुझे वह आदमी याद आ गया था। वह क्या चीज थी, इसके बारे में मैं तभी सचेत हुआ जब मैं अपने पढ़नेवाले कमरे में पहुँचा। मैं उन्हीं क़दमों से लौट आया और सीधा ड्योढ़ी में दरवाज़े के पास आ गया, ताकि अपना सन्देह दूर कर सकूँ। ठीक ही था। वहाँ उसका नई काट का कोट लटक रहा था। (अनजाने में ही, मैं उसकी एक-एक चीज़ को बड़े ध्यान से देखा करता था)। मैंने पूछताछ की। वह सचमुच घर में था। मैं बड़ी बैठक में गया, लेकिन छोटी बैठक के रास्ते से नहीं बल्कि बच्चों के पढ़नेवाले कमरे में से होकर। मेरी बेटी लीज़ा किताब पढ़ने में मग्न थी, और धाय छोटे बच्चे को गोद में बिठाए, एक मेज़ के पास बैठी, ढकने जैसी किसी चीज़ को घुमा रही थी। बैठक का दरवाज़ा बन्द था। अन्दर से साज़ बजने की आवाज़ आ रही थी, और साथ ही उन दोनों के वार्तालाप की भी। मैंने कान लगाकर सुनने की कोशिश की, पर कुछ भी साफ़-साफ़ समझ में न आया। ज़ाहिर था कि पियानो इसलिए बजाया जा रहा है कि उनके वार्तालाप की या शायद उनके चुम्बनों की आवाज़ उसमें डूब जाए। हे भगवान् ! उस वक़्त मेरी क्या हालत हुई ! उस घड़ी मुझ पर जो भूत सवार हो गया था, अब उसके बारे में सोचकर ही मुझे कँपकँपी होने लगती है। मेरे हाथ-पाँव ठंडे पड़ गए, दिल की गति बन्द होती जान पड़ी, फिर एकदम दिल ज़ोर-ज़ोर से धड़कने लगा। उस समय मुझे अपने आप पर बेहद तरस आ रहा था। जब आदमी पर कोई भूत सवार

हो तो सदा उसके दिल में यही भावना उठती है। मैं सोच रहा था, 'बच्चों की आँखों के सामने ! इस धाय के सामने !' जिस भाँति लीज़ा ने मेरी ओर देखा, उससे ज़ाहिर था कि मेरा चेहरा उस वक़्त भयंकर लग रहा होगा। 'मैं करूँ तो क्या ? क्या अन्दर चला जाऊँ ? नहीं-नहीं, न मालूम मैं क्या कर बैठूँ !' मैंने मन ही मन कहा। पर मैं वहाँ से हट भी नहीं सकता था। धाय मेरी ओर इस तरह देख रही थी मानो मेरी भावनाओं को समझ गई हो। 'मुझे ज़रूर अन्दर जाना चाहिए,' मैंने मन ही मन कहा और झट से दरवाज़ा खोल दिया। वह पियानो पर बैठा Arpeggio बजा रहा था, और उसके सफ़ेद अँगूठे ऊपर को उठे हुए थे। और मेरी पत्नी पियानो से सटकर खड़ी कोई स्वर-लिपि पढ़ रही थी। सबसे पहले उसी ने मुझे अन्दर आते देखा, या मेरे पाँवों की आहट सुनी, और आँख उठाकर मेरी ओर देखा। शायद वह डर गई, लेकिन उसने अपना भय ज़ाहिर नहीं होने दिया, या शायद वह बिल्कुल नहीं डरी। वह चौंकी बिल्कुल नहीं, न ही अपनी जगह से हिली। हाँ, वह थोड़ी लजा ज़रूर गई, पर वह भी कुछ देर के बाद।

" 'बहुत अच्छा हुआ जो तुम आ गए। हम निश्चय नहीं कर पा रहे थे कि रविवार को क्या बजाएँगे,' उसने कहा। यदि हम अकेले होते तो वह इस लहजे में कभी मेरे साथ बात न करती। यह और उसका 'हम' शब्द का प्रयोग करना मुझे तीर की तरह लगा। यह शब्द उसने अपने और उस आदमी के बारे में प्रयोग किया था। मैंने उसका अभिवादन किया, पर मुँह से कुछ नहीं बोला।

" उसने मेरे साथ हाथ मिलाया, और मुस्कुराते हुए–जिसे देखकर मुझे लगा जैसे वह मेरा मज़ाक़ उड़ा रहा है–वह अपनी सफ़ाई देने लगा कि रविवार को बजाने के लिए वह अपने साथ कुछेक स्वर-लिपियाँ लेता आया है, पर वे दोनों निश्चय नहीं कर पा रहे थे कि क्या बजाएँ–कोई क्लासिकल धुन बजाएँ, उदाहरण के लिए वायलिन और पियानो पर बीथोवन का सोनाटा, या छोटी-छोटी कुछेक धुनें बजाएँ। उसने यह बात इतने स्वाभाविक और सरल ढंग से कही कि उसमें मुझे कुछ भी आपत्तिजनक नहीं लगा। फिर मुझे यकीन था कि वह जो कुछ कह रहा है, सरासर झूठ है, और मुझे धोखा देने के लिए दोनों ने आपस में कोई बात तय कर रखी है।

" डाह करनेवाले लोगों की यन्त्रणा का सबसे बड़ा कारण यह होता है (और हमारे समाज में सभी लोग डाह करते हैं) कि हमारी कुप्रथाओं के अनुसार निश्चित परिस्थितियों में स्त्रियों और पुरुषों के बीच घनिष्ठतम और ख़तरनाक सामीप्य की इजाज़त दी जाती है। यदि कोई आदमी इसका विरोध करे और कहे कि स्त्रियाँ और पुरुष एक साथ नहीं नाचें, या डॉक्टर रोगियों के नज़दीक नहीं बैठें, या कला सीखनेवाली लड़कियाँ विशेषकर जो संगीत सीखती हैं, अपने शिक्षकों के नज़दीक नहीं बैठें, तो लोग उसका मज़ाक़ उड़ाएँगे। यदि दो व्यक्ति संगीत का अध्ययन कर रहे हैं–जो कि सबसे श्रेष्ठ कला है–तो उनका एक दूसरे के नज़दीक बैठना ज़रूरी होता है। उनके नज़दीक होने में कोई बुराई नहीं। कोई मूर्ख और ईर्ष्यालु पति ही इस पर एतराज़ करेगा। फिर भी सब लोग

जानते हैं कि इस तरह के सहपाठों से ही, विशेषकर संगीत के सहपाठों से, हमारे वर्ग के लोगों में व्यभिचार फैलता है। मुझे लगा जैसे उन्हें मेरी परेशानी का पता चल गया है, क्योंकि कुछ देर तक मैं बिल्कुल अवाक् खड़ा रहा था। यदि किसी लबालब भरी बोतल को उलटा दो तो उसमें से कुछ नहीं निकलेगा। मेरी भी वैसी ही हालत हो रही थी। मैं उस आदमी को डाँटना-फटकारना चाहता था, उसे घर से निकाल देना चाहता था, पर मैंने सोचा कि मुझे विनम्र होना चाहिए। मैं विनम्र हुआ भी। मैं बाहर से यही दिखाता रहा कि उनके व्यवहार में मुझे कुछ भी आपत्तिजनक नहीं लग रहा है। उसे वहाँ देखकर मेरा खून खौल रहा था, पर प्रत्यक्ष में मैं उसके साथ विनम्र बना हुआ था। मेरे व्यवहार और भावनाओं में कोई मेल नहीं था। इसी प्रतिकूलतावश मैंने उससे कहा कि जो कुछ भी तुम बजाने का निश्चय करोगे, वह ज़रूर अच्छा होगा। पत्नी को भी यही मशविरा दिया कि संगीत का निश्चय उसी पर छोड़ दे। मेरे अन्दर आ धमकने और चुपचाप खड़े रहने से उन्हें झेंप हुई थी। उसे दूर करने के लिए वह थोड़ी देर तक रुका रहा। फिर उसने विदा ली। जाते समय उसने यह दिखाने की कोशिश की कि धुन के बारे में उन्होंने निश्चय कर लिया है। मुझे यक़ीन था कि उन्हें इस बात में तनिक भी रुचि नहीं थी कि वे क्या बजाएँगे और क्या नहीं बजाएँगे। वे तो किसी दूसरी ही चीज़ में मग्न हो रहे थे।

"जब मैं उसे बाहर विदा करने गया तो मैं विशेष रूप से उसके साथ नम्रता से पेश आया (जो आदमी किसी के घर का चैन और सुख नष्ट कर रहा हो, उसे विदा करने का कोई दूसरा ढंग हो ही क्या सकता है !)। उसके नरम-नरम सफ़ेद हाथ को मैंने बड़े स्नेह से दबाया।

22

"उसके बाद मैं दिन-भर गुमसुम रहा—पत्नी से एक शब्द भी न कहा। मैं कह भी क्या सकता था ? उसकी उपस्थिति ही मुझे खलती थी। मुझे डर था कि न मालूम इसका क्या नतीजा निकले। भोजन के समय उसने बच्चों के सामने मुझसे पूछा कि मेरा कब बाहर जाने का इरादा है। मुझे दूसरे हफ़्ते एक ज़िला-सम्मेलन में भाग लेने के लिए जाना था। मैंने बता दिया। उसने कहा कि अगर मुझे किसी विशेष चीज़ की ज़रूरत हो तो वह तैयार कर दे। मैंने कोई उत्तर न दिया। मैं कुछ देर तक, बिना कुछ बोले, मेज़ पर बैठा रहा, फिर चुपचाप अपने पढ़नेवाले कमरे में चला गया। कुछ मुद्दत से उसने मेरे पास उस कमरे में आना छोड़ दिया था, विशेषकर ऐसी स्थिति में। वहाँ लेटे-लेटे मेरा गुस्सा बढ़ने लगा। सहसा मुझे उसके क़दमों की आवाज़ सुनाई दी। मेरे मन में यह भयानक, घृणास्पद विचार उठा कि वह अपना पाप छिपाने के लिए, उस अनुचित समय पर मेरे पास आ रही है—यूराया की पत्नी की तरह। 'क्या वह सचमुच मेरे पास आ

रही है ?' उसके क़दम नज़दीक आ रहे थे। उनकी चाप सुनते हुए मैंने सोचा, 'अगर वह मेरे पास आ रही है, तो मेरा अनुमान ठीक है।' और मेरा हृदय अकथनीय घृणा से भर उठा। क़दम और भी नज़दीक आए। मुझे विश्वास था कि वह दरवाज़े के पास से होकर बाहरवाले कमरे की ओर चली जाएगी। पर नहीं, दरवाज़ा चरमराया, और दूसरे क्षण वह दरवाज़े में खड़ी थी—ऊँची-लम्बी, ख़ूबसूरत—उसकी आँखों में दयनीयता थी जिसे वह छिपाने की कोशिश कर रही थी, पर मैं यह भाँप गया था, और उसका अर्थ जानता था। मैं देर तक अपनी साँस रोके रहा। मेरा दम घुटने लगा। एकदम उसकी ओर देखते हुए, मैंने अपना सिगरेट-केस निकाला और सिगरेट सुलगाई। वह आई और सोफ़े पर, मेरे साथ सटकर बैठ गई, और मेरी ओर झुककर बोली :

" 'मैं तो तुमसे दो बातें करने आई हूँ और तुमने सिगरेट सुलगा ली है, क्या यह ठीक है ?'

"मैं पीछे हट गया ताकि वह मुझे छू न पाए।

" 'तुम इसलिए नाराज़ हो कि मैं रविवार को पियानो बजाने जा रही हूँ ?'

" 'नहीं, बिल्कुल नहीं,' मैंने कहा।

" 'हुँः, जैसे मैं देख नहीं सकती !'

" 'बड़ी अच्छी बात है, जो देख सकती हो तो। मैं भी देख रहा हूँ कि तुम्हारा चलन हरजाइयों का सा हो रहा है...'

" 'अगर तुम यों बाज़ारू आदमियों की तरह मुझे गालियाँ देने लगोगे तो मैं यहाँ से चली जाऊँगी।'

" 'चली जाओ, मगर एक बात याद रखना, तुम्हें तो घर की इज़्ज़त का कोई ख़याल नहीं, पर मुझे है। मुझे तुम्हारी कोई परवाह नहीं, तुम जाओ भाड़ में ! पर मुझे घर की इज़्ज़त का ख़याल है।'

" 'तुम कह क्या रहे हो ?'

" 'चली जाओ यहाँ से ! भगवान के लिए चली जाओ !'

" 'यह दिखावा करते हुए कि उसे मेरी बात समझ में नहीं आई (शायद सचमुच ही वह नहीं समझी थी) वह उठ खड़ी हुई। उसका चेहरा गुस्से से तमतमा रहा था और वह बड़ी बेचैन थी। पर बजाय बाहर जाने के वह कमरे के बीचोबीच बुत का बुत बनी खड़ी रह गई।

" 'तुम्हारा स्वभाव सचमुच अब मुझसे बरदाश्त नहीं हो सकता। कोई फ़रिश्ता भी तुम्हारे साथ नहीं रह पाएगा।' फिर, अपनी आदत के मुताबिक़, मेरी दुखती रग पर चोट करने की खातिर, वह मुझे उस घटना की याद दिलाने लगी, जो मेरी बहन के साथ घटी थी। (एक बार गुस्से में आकर मैंने उसे बड़ी-बड़ी अश्लील बातें कही थीं। उसे याद करके मुझे बड़ा दुःख होता था और इस बात को वह जानती थी। इसीलिए जानबूझकर वह उसकी चर्चा करने लगी।) 'अगर तुम वह सब कर सकते हो तो मेरे साथ तो और भी बुरा बर्ताव कर सकते हो,' वह बोली।

" 'तुम मेरा अपमान करोगी, मेरी इज़्ज़त मिट्टी में मिलाओगी और फिर भी कहोगी कि दोष मेरा है,' मैंने मन ही मन कहा। सहसा मेरा मन तीव्र घृणा से भर उठा। ऐसी घृणा जिसका अनुभव मैंने पहले कभी नहीं किया था।

" जीवन में पहली बार मेरा जी चाहा कि उसे पीट डालूँ। मैं उछलकर खड़ा हो गया और लपककर उसकी ओर बढ़ा। लेकिन, मुझे याद है, मैं ज्यों ही उछला, मेरी चेतना जागी : यह क्या करने जा रहे हो ? उस वक़्त मैंने अपने मन से पूछा कि क्या इस तरह आवेश में आ जाना ठीक होगा ? जवाब मिला कि ठीक होगा क्योंकि इससे तुम्हारी पत्नी डर जाएगी। सो अपना क्रोध दबाने के बजाय मैंने ढील दे दी। अपने को क्रोध से पागल होता देखकर अन्दर ही अन्दर मुझे एक तरह की खुशी का भास भी हो रहा था।

" 'चली जाओ यहाँ से वरना मैं तुम्हें जान से मार डालूँगा !' उसके पास जाकर, ज़ोर से उसका बाजू पकड़ते हुए मैंने चीख़कर कहा। मैं जान-बूझकर बड़े गुस्से में बोला था। उस समय मेरा चेहरा भी भयंकर हो उठा होगा, क्योंकि वह सचमुच डर गई और वहाँ खड़ी की खड़ी रह गई। वह सिर्फ़ इतना ही बोल पाई :

" 'वास्या, तुम्हें हो क्या गया है ?'

" 'निकल जाओ यहाँ से !' मैं और भी ऊँची आवाज़ में चिल्लाया, 'तुम मुझे गुस्से से पागल किए दे रही हो। अगर मैं कुछ कर बैठा तो मुझे दोष मत देना !'

" मैं खुश था कि मैं क्रोध में आपे से बाहर हो रहा हूँ। मैं कोई विलक्षण बात करना चाहता था जिससे मालूम हो कि मेरी भावनाएँ कितनी तीव्र हो उठी हैं। मैं चाहता था कि उसे पीट दूँ, उसे जान से मार डालूँ, पर मुझे यह भी मालूम था कि ऐसी कोई बात मुझे नहीं करनी चाहिए। इसलिए अपना गुस्सा निकालने के लिए, मैंने पेपर-वेट उठाया और उसकी ओर दे मारा। 'निकल जाओ !' मैं चिल्लाया ? मेरा निशाना अच्छा था, इसलिए वह उसे लगा नहीं, उसके पास से होकर निकल गया। वह बाहर जाने लगी, मगर दरवाज़े के पास जाकर खड़ी हो गई। मैं मेज़ पर से एक-एक चीज़–शमादान, दवात इत्यादि–उठा-उठाकर फ़र्श पर पटकने लगा। दरवाज़े में खड़ी वह मुझे देखे जा रही थी (मैं जान-बूझकर चीज़ें फेंक रहा था ताकि वह मुझे देख सके)।

" 'चली जाओ ! मेरी आँखों से दूर हो जाओ !' मैंने चिल्लाकर कहा, 'अगर मैं कुछ कर बैठा तो मुझे दोष नहीं देना !'

" वह वहाँ से चली गई, मेरा मन फ़ौरन शान्त हो गया।

" घंटा-भर के बाद धाय दौड़ी-दौड़ी आई और कहने लगी कि मेरी पत्नी को हिस्टीरिया का दौरा पड़ गया है। मैं उसके पास गया। वह सिसकियाँ भर रही थी, और साथ ही साथ हँस भी रही थी। उसके मुँह में से एक शब्द भी न निकल रहा था, और उसका अंग-अंग काँप रहा था। उसकी बीमारी एक हक़ीक़त थी, वह स्वांग नहीं रच रही थी।

" प्रातःकाल उसकी तबीयत कुछ सँभली और हमारे बीच समझौता हो गया–उस भावना के प्रभाव से जिसे हम प्रेम कहते हैं।

" समझौता हो जाने पर मैंने स्वीकार किया कि मैं त्रुख़चेव्स्की से डाह करता हूँ। यह सुनकर उसे कोई झेंप नहीं हुई, बल्कि वह हँसने लगी, एक बिल्कुल स्वाभाविक सी हँसी, और कहने लगी कि इस बात की कल्पना करना भी हास्यास्पद है कि मैं उस जैसे आदमी से प्रेम कर सकती हूँ।

" 'कोई भी भली औरत उसकी ओर नहीं खिंचेगी। उसमें है क्या ? हाँ, उसके संगीत में थोड़ा आकर्षण ज़रूर है। अगर तुम चाहो तो मैं अब उसे मिलूँगी भी नहीं, रविवार को भी नहीं, बेशक हमने मेहमानों को बुला रखा है, पर तो क्या ? उसे एक पुर्ज़ा लिख भेजो कि मेरी तबीयत ख़राब है, बस क़िस्सा ख़त्म हो जाएगा। हाँ, यदि कोई यह समझे, विशेषकर, यदि वह स्वयं यह समझने लगे कि वह खतरनाक आदमी है तो मुझे ज़रूर खेद होगा। इससे मेरे स्वाभिमान को चोट लगेगी।'

" वह झूठ नहीं बोल रही थी, जो कुछ कह रही थी उसे सच्चे दिल से मानती थी। उसे आशा थी कि त्रुख़चेव्स्की के बारे में इस तरह के शब्द कहने से वह उसे घृणा करने लगेगी। उसके आकर्षण से अपने को बचाने के लिए वह मानो दीवारें खड़ी कर रही थी। पर इसमें वह कामयाब नहीं हुई। हर चीज़ उसकी चाह का विरोध कर रही थी, विशेषकर वह मुसीबत की जड़—संगीत ! इस विषय पर हमारे बीच फिर कोई चर्चा नहीं हुई। रविवार को मेहमान आए, और उनके सामने उन दोनों ने मिलकर धुनें बजाईं।

23

" कहने की आवश्यकता नहीं कि मैं एक घमंडी आदमी था। हमारे समाज में अगर किसी में झूठा घमंड न हो तो उसके सामने जीने का प्रयोजन ही क्या रह जाता है ? इसलिए मैंने सहभोज का तथा शाम के संगीत का बहुत बढ़िया प्रबन्ध किया, स्वयं जाकर मेहमानों को न्योते दिए और स्वयं ही बाजार जाकर सौदा-सूद लाया।

" छः बजे मेहमान आए। वह भी आया। वह पार्टियों पर पहननेवाली पोशाक डाटे हुए था। क़मीज़ के कफ़ों पर हीरों के स्टड लगा रखे थे, जिससे उसकी घटिया रुचि का पता चलता था। वह बड़ी अकड़ से लोगों से मिलने लगा। जब कोई उससे बात करता तो वह झट से यों मुस्कुराकर जवाब देता, मानो अहसान कर रहा हो, मानो कह रहा हो, ठीक है, ठीक कहते हो, इसी बात की मुझे तुमसे आशा थी। उसके व्यवहार में अशिष्टता के एक-एक चिह्न को मैं बड़े ध्यान और विशेष ख़ुशी से देखता, क्योंकि इससे मेरे दिल को ढाढ़स मिलती थी और साथ ही इस बात की भी पुष्टि होती थी कि वह मेरी पत्नी से नीचे है और, उसके अपने कथनानुसार, वह उसके स्तर तक नहीं गिर सकती। मैं अपनी ईर्ष्या को दबाए रहा। इसका एक कारण तो यह था कि मैं ईर्ष्या के कारण काफ़ी यन्त्रणा भोग चुका था। अब बिल्कुल थक गया था, और थोड़ा आराम करना चाहता था। दूसरा कारण यह भी था कि मैं अपनी पत्नी के आश्वासन पर यक़ीन

करना चाहता था। और मैंने किया भी। मेरे मन में ईर्ष्या न होने के बावजूद, भोजन के समय और संगीत से कुछ देर पहले तक मैं आराम से नहीं बैठ सका, न ही मेरा आचरण उन दोनों के प्रति स्वाभाविक हो पाया। मैं सारा वक़्त उनकी ओर, उनकी आँखों के इशारों की ओर, उनकी एक-एक हरकत की ओर आँखें गाड़े रहा।

"यह दावत भी सभी दावतों की भाँति औपचारिक तथा नीरस थी। संगीत कुछ थोड़ा जल्दी शुरू हो गया। मेरे मन पर उस शाम की एक-एक बात अंकित है। उसने अपनी वायलिन उठाई, उसके बक्से का ताला खोला, फिर उसका ग़िलाफ़ उतारा जिस पर किसी स्त्री ने उसके लिए कढ़ाई कर रखी थी, अन्दर से साज़ निकाला, और सुर मिलाए। मुझे याद है, मेरी पत्नी अपनी झेंप छिपाने के लिए अपने चेहरे पर उपेक्षा का भाव ले आई थी (उसे पियानो बजाने में शर्म महसूस हो रही थी) और इसी बनावटी भाव से पियानो बजाने बैठ गई थी। फिर तारों के बजने, स्वर-लिपि के रखे जाने तथा मध्यम स्वरों के मिलान की जाँच होने लगी। मुझे याद है कैसे उन्होंने एक दूसरे की ओर फिर अतिथियों की ओर देखा, धीमी-धीमी आवाज़ में एक दूसरे से कुछ कहा, फिर साज़ बजाने लगे। मेरी पत्नी ने पहला स्वर छेड़ा। मुझे याद है इस पर वह आदमी बड़े ध्यान से गम्भीर मुद्रा बनाए सुनता रहा ताकि पियानो के साथ अपना साज़ मिला सके। उस समय उसके चेहरे का भाव बड़ा सुन्दर लग रहा था। फिर पियानो की ध्वनि के साथ-साथ उसने धीरे-धीरे वायलिन के तारों को अपनी उँगलियों से दबाना शुरू कर दिया। संगीत शुरू हो गया..."

कहते-कहते वह रुक गया। फिर उसके मुँह से कई बार वही अजीब सी आवाज़ सुनाई दी। दोबारा जब उसने बोलने की कोशिश की तो उसके मुँह से केवल एक सिसकी सी निकल पाई। वह थोड़ी देर के लिए चुप हो गया, फिर कहने लगा :

"उन्होंने बीथोवन का क्रूज़र सोनाटा बजाया। आपको क्या उसका पहला Presto याद है ? क्या सचमुच मालूम है ?" उसने चिल्लाकर पूछा। "उफ़ ! वह सोनाटा बड़ा भयंकर है, विशेषकर वह हिस्सा। यों भी संगीत एक बड़ी भयानक चीज़ है। संगीत है क्या ? मैं नहीं जानता। संगीत क्या है ? उसका मनुष्य पर क्या असर होता है और क्यों होता है ? लोग कहते हैं संगीत से मनुष्य की आत्मा को ऊँचा उठने की प्रेरणा मिलती है। बकवास है ! सरासर झूठ है ! इसका प्रभाव ज़रूर होता है, और वह बड़ा भयानक प्रभाव है, मैं केवल अपने बारे में कह सकता हूँ, यह ऐसा प्रभाव नहीं जो आत्मा को ऊँचा उठाता हो। वास्तव में न वह ऊँचा उठाता है, न नीचे गिराता है, वह केवल उकसाता है। मैं कैसे समझाऊँ आपको ? संगीत सुनकर मैं अपने आपको, अपनी वास्तविक स्थिति को भूल जाता हूँ। वह मुझे एक दूसरी स्थिति में पहुँचा देता है, जो कि मेरी नहीं है। संगीत के प्रभाव से मेरे अन्दर ऐसी भावनाएँ उठने लगती हैं जिन्हें वास्तविक जीवन में मैं महसूस नहीं करता, मैं ऐसी बातें समझने लगता हूँ जिन्हें वास्तव में मैं नहीं समझता, ऐसी-ऐसी बातें करने की अपने में क्षमता अनुभव करने लगता हूँ, जो दरअसल मुझमें नहीं है। मैं यही कह सकता हूँ कि संगीत का असर मुझ पर वैसा

ही होता है जैसा हँसने का या जँभाई लेने का। मुझे नींद नहीं आ रही है, पर जब मैं किसी दूसरे आदमी को जँभाई लेते देखता हूँ तो स्वयं भी जँभाई लेने लगता हूँ। मुझे किसी बात पर हँसी नहीं आ रही है, पर जब मैं किसी दूसरे को हँसते देखता हूँ, तो स्वयं भी हँसने लगता हूँ।

"संगीत सहसा मुझे उस आध्यात्मिक मनःस्थिति में डाल देता है, जिस मनःस्थिति में स्वयं वह स्वरकार रहा होगा जिसने इस संगीत की रचना की। मेरी आत्मा उसकी आत्मा से जा मिलती है, और वह मुझे एक मनःस्थिति से दूसरी मनःस्थिति में ले जाता है, पर मैं नहीं जानता कि मैं क्यों इन मनःस्थितियों में भटकता हूँ। इसके विपरीत वह स्वरकार–जैसे क्रूज़र सोनाटा का रचयिता बीथोवन–जानता था कि वह क्यों इस विशेष मनःस्थिति में है। इस मनःस्थिति से प्रभावित होकर वह निश्चित कृत्य करता है, इस मनःस्थिति का उसके लिए कोई अर्थ है, पर मेरे लिए इसका क्या अर्थ हो सकता है ? इसीलिए संगीत उकसाता है, पर बिना किसी अभिप्राय के। यह ठीक है कि यदि फ़ौजी धुन बजाई जाए, और सिपाही उसकी प्रेरणा में मार्च करते हुए जाएँ, तो संगीत सार्थक हुआ। कोई नाच की धुन बजाई जाए और मैं नाचने लगूँ तो भी संगीत सार्थक हुआ। यदि कोई धार्मिक धुन बजाई जाती है और मैं कोई धार्मिक कृत्य सम्पन्न करूँ तो भी संगीत सार्थक हुआ। पर अन्य स्थितियों में संगीत उकसाता ज़रूर है, पर उस उकसाहट को व्यक्त करने का कोई साधन नहीं जुटाता। यही कारण है कि संगीत का प्रभाव कई बार बड़ा भयंकर, बड़ा बीभत्स हो उठता है। चीन में संगीत पर सरकार का नियन्त्रण है। ऐसा होना भी चाहिए। क्या इस बात की कभी इजाज़त होनी चाहिए कि एक व्यक्ति जो अचानक कहीं से आ गया है, दूसरे के मन पर अपना जादू कर दे, या कई लोगों पर कर दे, और उनसे मनचाही बात करवा ले। सबसे बुरी बात यह है कि जादू करनेवाला व्यक्ति किसी भी नैतिक सिद्धान्त में विश्वास नहीं रखता।

"ऐसे आकस्मिक व्यक्तियों के हाथों में संगीत एक भयानक हथियार है। इसी क्रूज़र सोनाटा के पहले Presto को ही ले लीजिए। किसको यह अधिकार है कि वह यह अंश एक ऐसी बैठक में बजाये, जहाँ स्त्रियाँ, नीचे गले के फ्राक पहने बैठी हों ? पहले यह बजाया जाता है, फिर इस पर तालियाँ बजती हैं, और फिर लोग आईसक्रीम खाते हैं, और इधर-उधर की गप्पें हाँकते हैं। इस तरह का संगीत केवल निश्चित तथा गम्भीर परिस्थितियों में बजाया जाना चाहिए, जब उसी संगीत के अनुरूप निश्चित और सारपूर्ण कृत्य सम्पन्न किए जाएँ। संगीत से जिन कृत्यों को करने की प्रेरणा मिले, उन्हें अवश्य करना चाहिए। नहीं तो ये अव्यक्त भावनाएँ तथा शक्ति, जिनका समय और स्थान के साथ कोई मेल न हो, बाद में बड़ी विनाशकारी सिद्ध होती हैं। कम से कम जो असर इस संगीत ने मुझ पर किया वह बड़ा घातक सिद्ध हुआ। मैं अपने अन्दर ऐसी नई-नई भावनाएँ तथा क्षमताएँ महसूस करने लगा जिनसे मैं पहले बिल्कुल अनभिज्ञ था। ऐसा जान पड़ता मानो संगीत मेरे कानों में कह रहा है : 'स्थिति यह है, वह नहीं जो तुम समझते आए हो और जिसके अनुसार तुम रहते आए हो।' वह नई स्थिति क्या

है, इसे समझना मेरे लिए कठिन था, परन्तु इसका भास पाकर मुझे खुशी होती थी। मेरी नज़रों में सब लोगों का रूप ही बदल जाता था। और इनमें मेरी पत्नी और त्रुख़चेव्स्की भी शामिल थे।

"Presto की धुन बजाने के बाद उन्होंने Andante बजाया। Andante एक मनोरंजक धुन है, हालाँकि बड़ी साधारण सी। उसके उतार-चढ़ाव अटपटे हैं। और सोनाटा का अन्त बिल्कुल फीका है। मेहमानों के अनुरोध पर उन्होंने कुछेक धुनें और बजाईं, शायद अर्न्स्ट-रचित शोकगीत, और एकाध और चीज़ें। ये सब काफ़ी रोचक थे, पर जितना गहरा प्रभाव पहली धुन का मुझ पर पड़ा था, उसका दसवाँ हिस्सा भी इनका नहीं पड़ा। इन्हें सुनते हुए भी सारा वक़्त मेरे मन में पहली धुन ही गूँजती रही। मेरे मन पर से सारा बोझ उतर गया, मैं सारी शाम बड़ा खुश-खुश रहा और बड़ा हल्का-हल्का महसूस करता रहा। उस समय मेरी पत्नी मुझे एक नए ही रूप में नज़र आई। पियानो बजाते हुए उसकी आँखें चमक उठतीं और उसके चेहरे का भाव गम्भीर और विलक्षण हो उठता। जब उन्होंने बजाना समाप्त किया, तो उसका सारा शरीर जैसे अलसा गया, उसके होंठों पर हल्की सी मुस्कान आ गई, आनन्दपूर्ण पर साथ ही करुणाजनक भी। मैंने यह सब देखा। पर इसका मैंने यही अर्थ निकाला कि उसे भी उन नई और अपरिचित भावनाओं की अनुभूति हो रही है, जिन्हें विस्मृति के गर्भ में से संगीत ने जगाया है। पार्टी बड़ी कामयाब रही। सभी लोग अपने-अपने घर चले गए।

"त्रुख़चेव्स्की को मालूम था कि मैं दो दिन के बाद सम्मेलन में भाग लेने, शहर से बाहर जा रहा हूँ। विदा लेते वक़्त वह कहने लगा कि वक़्त बहुत बढ़िया गुज़रा और उम्मीद है, जब भी वह कभी दोबारा आएगा तो उसे फिर इसी तरह मिल बैठने का सौभाग्य प्राप्त होगा। इसका मैंने यह मतलब समझा कि मेरी अनुपस्थिति में वह मेरे घर कभी नहीं आएगा। यह जानकर मुझे खुशी हुई। मेरे सम्मेलन से लौटने तक वह जा चुका होगा, इसलिए मैंने समझा कि अब मुलाक़ात नहीं होगी।

"पहली बार मैंने उसके साथ सच्ची हार्दिकता से हाथ मिलाया, और उसको धन्यवाद दिया। उसने मेरी पत्नी से भी उसी तरह विदा ली, मानो बहुत मुद्दत तक वे फिर नहीं मिलेंगे। उनका व्यवहार मुझे बिल्कुल स्वाभाविक और शिष्ट नज़र आया। सब बात बड़े सुभीते से चल रही थी। मैं और मेरी पत्नी, पार्टी की सफलता पर बहुत खुश थे।

24

"दो दिन बाद मैं जिला-सम्मेलन में भाग लेने के लिए चला गया। अब मुझे किसी प्रकार की चिन्ता न थी इसलिए मैंने खुशी-खुशी अपनी पत्नी से विदा ली। ज़िले में एक नहीं, अनेक बातों की चिन्ता करनी पड़ती है। वहाँ की एक अपनी दुनिया है। वहाँ का

रहन-सहन ही बिल्कुल निराला है। पहले दो दिन तो मैं सम्मेलन में दस-दस घंटे रोज़ भाग लेता रहा। दूसरे दिन मुझे पत्नी की ओर से एक ख़त मिला। मैंने फ़ौरन खोलकर पढ़ा। उसमें उसने बच्चों के बारे में, अपने चच्चा, धाय इत्यादि के बारे में लिखा था, तथा उन चीज़ों के बारे में जो वह खरीदकर लाई थी। सरसरी तौर पर उसने त्रुख़चेव्स्की का भी ज़िक्र किया था, कि वह आया था, अपने साथ वह स्वर-लिपि भी लेता आया था जिसे लाने के बारे में कह गया था। मुझे पियानो बजाने के लिए आग्रह करता रहा परन्तु मैं नहीं मानी। मुझे याद नहीं आ रहा था कि उसने कोई स्वर-लिपि लाने के बारे में भी कहा था। मेरा तो यही ख़याल था कि वह अन्तिम बार हमसे विदा होकर जा चुका था, खत पढ़कर मुझे हैरानी हुई और बुरा भी लगा। पर उस वक़्त मैं काम में इतना व्यस्त था कि मैंने इस ओर बहुत ध्यान नहीं दिया। शाम को अपने कमरे में लौटा तो मुझे उसका ख़याल आया। मैंने पत्र दोबारा पढ़ा। इस बुरी खबर के अलावा कि मेरी अनुपस्थिति में त्रुख़चेव्स्की मेरे घर आया, मुझे लगा कि पत्र का लहजा भी बहुत खिंचा-खिंचा है। ईर्ष्या का भयावह जन्तु अपनी कन्दरा में चिंघाड़ने और बाहर निकलने के लिए छटपटाने लगा, पर मैं उसे दबाए रहा। मुझे उसकी पाशविक शक्ति से डर लगता था। 'ईर्ष्या की भावना बड़ी नीच भावना है,' मैंने मन ही मन कहा। 'जिन चीज़ों की उसने चर्चा की है वे तो बिल्कुल सीधी-सादी हैं।'

"सोने से पहले, मैं लेटे-लेटे, दूसरे दिन के अपने काम के बारे में सोचता रहा। अक्सर किसी नए बिस्तर में मुझे नींद नहीं आती, पर उस रात मैं बड़ी जल्दी सो गया। पर, जैसा कि कभी-कभी होता है, मैं सहसा जाग उठा, मानो मेरा हाथ बिजली की तार को छू गया हो। मेरे मन में मेरी पत्नी, हमारे वासनापूर्ण प्रेम तथा त्रुख़चेव्स्की चक्कर काट रहे थे। मुझे विश्वास था कि जो कुछ वह मेरी पत्नी से चाहता था, ले चुका है। क्रोध और भय से मेरा शरीर मानो अकड़ गया। पर मैं मन को समझाने लगा, 'यह सब ग़लत है। उन दोनों का पारस्परिक सम्बन्ध बिल्कुल सामान्य है, पहले भी था और अब भी है। तुम क्यों ऐसी भयानक बात की कल्पना करके अपनी पत्नी का और अपने आपका तिरस्कार कर रहे हो ? वह आदमी है कौन ? एक मामूली साज़िन्दा ही तो है, जिसे पैसे दो और साज़ बजवा लो। वह कई घाट का पानी पी चुका है। पर मेरी पत्नी, एक कुलीन महिला, एक परिवार की माँ, मेरी अपनी पत्नी ! दोनों का आपस में मेल ही क्या है ?' तर्क का यह एक पहलू था। पर एक दूसरा पहलू भी था। मैं सोचता : 'एक ही चीज़ है जो पुरुष को स्त्री की ओर आकर्षित करती है। उसी के लिए मैंने अपनी पत्नी से विवाह किया था, उसी के लिए उसके साथ रह रहा हूँ। और लोग भी—यह साज़िन्दा भी—उससे यही कुछ चाहते होंगे। इसके अलावा और हो ही क्या सकता है ? वह अविवाहित है, हृष्ट-पुष्ट है (मुझे याद आया, किस भाँति वह हड्डी समेत चॉप चबा गया था, और अपने लाल होंठों से, गटगट शराब का गिलास चढ़ा गया था), चिकना-चुपड़ा, हट्टा-कट्टा आदमी जिसके शायद सिद्धान्त भी नहीं हैं या शायद जिसका एक ही सिद्धान्त है—कोई अच्छा अवसर हाथ से न जाने दो। संगीत उसे और

मेरी पत्नी को एक सूत्र में पिरोये हुए है। काम-वासना को उकसाने का उससे बड़ा और उससे शिष्ट कोई दूसरा साधन नहीं। इस काम-वासना को रोकने के लिए वहाँ पर क्या है ? कुछ भी नहीं। बल्कि इसके विपरीत उसे बढ़ावा देने के लिए सब कुछ है। और वह स्त्री ? वह स्त्री कौन है ? एक पहेली—मेरे लिए वह सदा ही एक पहेली बनी रही है। मैं उसे कभी भी नहीं पहचान सका। मैं केवल उसके स्वभाव की पाशविक वृत्ति को जानता हूँ। एक पशु आत्म-नियन्त्रण को नहीं समझता, न ही उसे समझना चाहिए।

"तब मेरी आँखों के सामने उनके चेहरे आ गए, उन पर का वह भाव जब उन्होंने, उस शाम, क्रूज़र सोनाटा बजाने के बाद एक छोटी सी उद्वेगपूर्ण धुन बजाई थी। मुझे उसके स्वरनिर्माता का नाम याद नहीं, पर वह धुन बड़ी वासनापूर्ण और कामोत्तेजक थी। उनके चेहरे का वह भाव याद आते ही मैं अपने आपसे पूछने लगा, तुम वहाँ से चले क्यों आए ? क्या यह स्पष्ट नहीं कि उनके बीच जो होना था उसी शाम हो गया था ? क्या यह स्पष्ट नहीं कि उसी दिन उनके बीच की सब अड़चनें दूर हो गई थीं ? और इस स्थिति में दोनों झेंप महसूस कर रहे हैं, विशेषकर मेरी पत्नी। मुझे उसकी वह हल्की, सी दयनीय और आत्मविभोर मुस्कान याद आई। जब मैं पियानो के पास पहुँचा था तो मुझे देखकर उसके होंठों पर यह मुस्कान आई थी। किस तरह उसने अपना उत्तेजित, और पसीने से तर चेहरा पोंछा था। उस समय भी वे एक दूसरे से नज़रें चुरा रहे थे। केवल भोजन के समय, जब उसने मेरी पत्नी के लिए गिलास में पानी ढाला, तो दोनों एक दूसरे को देखकर हल्के-हल्के मुस्कुराए थे। उस नज़र को और उस हल्की सी मुस्कुराहट को याद करके ही मैं सिहर उठा था। मेरे अन्दर एक आवाज़ कहती, 'बस, सब हो गया,' पर एक दूसरी आवाज़ इससे बिल्कुल ही भिन्न बात कहने लगती : 'तुम बहक गए हो। तुम्हारा भ्रम बिल्कुल निर्मूल है।' मेरे लिए उस अँधेरे में लेटे रहना असम्भव हो गया। मैंने दियासलाई जलाई। उस छोटे से कमरे में मुझे डर लगने लगा। मैंने सिगरेट सुलगाई। यह मेरी आदत थी। जब भी मेरा मन किसी विकट समस्या के भँवर में पड़कर बेचैन हो उठता है, तो मैं सिगरेट पीने लगता हूँ। एक के बाद एक, मैं सिगरेट फूँकता गया ताकि मेरी भावनाएँ निरुद्ध हो उठें और मैं भूल जाऊँ कि इस समस्या का कोई हल नहीं।

"उस रात मुझे फिर नींद नहीं आई। पाँच बजते-बजते, जब मैं इस तनाव को और सहन नहीं कर सका तो फ़ौरन घर लौट जाने का निश्चय किया। मैं उठ खड़ा हुआ, चौकीदार को जगाया जो मेरी टहल-सेवा करता था, और उसे घोड़े तैयार करने को कहा। एक पुर्ज़ा मैंने अपने साथियों के नाम लिखा कि सहसा किसी ज़रूरी काम के कारण मुझे मास्को लौटना पड़ रहा है, इसलिए वे मेरे स्थान पर किसी दूसरे आदमी को नियुक्त कर लें। आठ बजे मैं घोड़ा-गाड़ी में बैठकर रवाना हो गया।"

25

रेलवे-गार्ड अन्दर आया। यह देखकर कि हमारे डिब्बे की मोमबत्ती लगभग जल चुकी है, उसने उसे बुझा दिया, पर उसकी जगह दूसरी बत्ती नहीं जलाई। बाहर उजाला हो रहा था। पोज़्दनिशेव ने एक ठंडी साँस भरी मगर जितनी देर तक रेलवे-गार्ड हमारे डिब्बे में रहा, वह चुप रहा। आखिर जब वह चला गया और गाड़ी के हिचकोलों में खिड़कियों के चरमराने और दूकान के कारिन्दे के खर्राटों के अतिरिक्त कोई शब्द सुनाई न पड़ रहा था तो वह अपनी कहानी कहने लगा। हमारे डिब्बे में अब भी अँधेरा था। प्रभात के झुटपुटे में उसका चेहरा मुझे बिल्कुल नहीं दिख रहा था। मुझे केवल उसकी आवाज़ सुनाई दे रही थी। आवाज़ में उत्तेजना और क्लेश अधिकाधिक बढ़ रहे थे।

"मैंने लगभग 24 मील का सफ़र घोड़ा-गाड़ी में तय किया, और फिर 8 घंटे तक का रेलगाड़ी में। घोड़ा-गाड़ी के सफ़र में मुझे बड़ा आनन्द आया। शिशिर के दिन थे। उन दिनों हल्का-हल्का पाला पड़ रहा था और आकाश में सूर्य चमक रहा था। सुबह का वक़्त था, ऐसे वक़्त में गीली सड़क पर चलती गाड़ी के पहिए अपने पीछे स्पष्ट रेखाएँ बनाते जाते हैं। सड़क हमवार है, धूप खिली हुई है, और हवा में ताज़गी है। ऐसे समय में घोड़ा-गाड़ी की सवारी में एक विशेष आनन्द है। सड़क पर दिन चढ़ते ही मेरे मन का बोझ हल्का हो गया। मेरी आँखें गाड़ी के घोड़ों, आसपास के खेतों तथा आते-जाते लोगों को देखने लगीं। मुझे यह भी भूल गया कि मैं कहाँ जा रहा हूँ। किसी-किसी वक़्त मुझे ख़याल आता कि मैं केवल हवाख़ोरी के लिए निकला हूँ। वे परिस्थितियाँ जिनके कारण मैं घोड़ा-गाड़ी में सफ़र कर रहा था, मुझे बिल्कुल काल्पनिक जान पड़ती थीं। इस तरह सब कुछ भूल जाने में मुझे विशेष सुख मिल रहा था। जब कभी मुझे याद भी आता कि मैं कहाँ जा रहा हूँ, तो मैं मन ही मन कहता, 'कुछ भी मत सोचो। समय पाकर सब बात ठीक हो जाएगी।' जब आधा सफ़र तय कर चुका तो एक घटना घटी जिसके कारण मुझे रुक जाना पड़ा। इससे मैं और भी कुछ देर के लिए अपनी स्थिति को भूले रहा। घोड़ा-गाड़ी का कोई पुर्ज़ा टूट गया था। उसकी मरम्मत लाज़िमी हो गई थी। इस दुर्घटना के बड़े महत्त्वपूर्ण परिणाम निकले। मैं एक्सप्रेस-गाड़ी नहीं पकड़ सका और मुझे डाक-गाड़ी पर जाना पड़ा। इस तरह, मास्को में मैं शाम के पाँच बजे पहुँचने के बजाय, रात के बारह बजे पहुँचा और घर कहीं एक बजे पहुँचा। पहले एक छकड़े में बैठा, फिर गाड़ी की मरम्मत हुई, फिर भाड़ा इत्यादि चुकाया, रास्ते में एक सराय में भोजन किया, चौकी के प्यादे के साथ बातें करता रहा—इन सब बातों ने मेरा मन उलझाए रखा। शाम तक सब ठीक-ठाक हो गया। सफ़र फिर से जारी हुआ। शाम के वक़्त घोड़ा-गाड़ी में सफ़र करना, दिन के सफ़र से भी अधिक रोचक साबित हुआ। आकाश में दूज का चाँद निकल आया था, हल्का-हल्का पाला पड़ने लगा था, इस पर सड़क बड़ी साफ़ थी, घोड़े अच्छे थे, कोचवान हँसोड़ तबीयत का था, मुझे बड़ा आनन्द आया। घर पहुँचकर मुझे किसी चीज़ का सामना

करना पड़ेगा, उस ओर क्षण-भर के लिए भी मेरा ध्यान नहीं गया। या शायद मेरी खुशी का कारण ही यह रहा हो, कि मैं मन ही मन जानता था कि आगे क्या होनेवाला है, इसलिए जी चाहता था कि अन्तिम बार जीवन का जो सुख मिल सकता है, लूट लूँ। पर मन की यह शान्ति, अपनी भावनाओं को दबा देने की यह क्षमता, बस घोड़ा-गाड़ी के सफ़र के साथ ही ख़त्म हो गई। रेलगाड़ी के डिब्बे में प्रवेश करने की देर थी, कि मुझे एक दूसरे ही प्रकार का अनुभव हुआ। वह आठ घंटे का रेलगाड़ी का सफ़र इतना वेदनापूर्ण रहा कि मैं मरते दम तक उसे नहीं भूल पाऊँगा। शायद इसलिए कि डिब्बे में क़दम रखते ही मुझे महसूस हुआ जैसे मैं घर पहुँच गया हूँ, या शायद इसलिए कि रेल के सफ़र में नसें तन जाती हैं। कुछ भी कारण रहा हो, ज्यों ही मैं डिब्बे में अपनी जगह पर बैठा, कि मेरा अपने दिमाग़ पर से क़ाबू जाता रहा, और मेरे मन में मेरी ईर्ष्या को उत्तेजित करने के लिए एक के बाद दूसरे, तरह-तरह के चित्र उभरने लगे। हर नया चित्र पहले से अधिक अश्लील होता। और प्रत्येक चित्र से यही पता चलता कि मेरी अनुपस्थिति में मेरी पत्नी का व्यवहार कैसा रहा है, वह मुझे किस भाँति धोखा देती रही है। क्रोध और ईर्ष्या की आग में मैं जलने लगा। मेरे इन चित्रों के कारण मुझे हीनता का अनुभव हो रहा था। पर इस हीनता में मुझे मज़ा आ रहा था। ऐसी थी मेरे मन की स्थिति। मैं उन दोनों को अपने मन में से निकाल नहीं सकता था, न ही उन पर से अपनी आँखें हटा सकता था। मेरी कल्पना पर मेरा कोई वश नहीं रहा था। बार-बार ये चित्र आँखों के सामने आ खड़े होते थे। इन काल्पनिक चित्रों में जितना अधिक मेरा मन डूबता उतने ही अधिक ये मुझे वास्तविक जान पड़ते। उनकी स्पष्टता ही मेरे लिए उनकी सच्चाई का प्रमाण बन गई थी। न चाहते हुए भी कोई दानव, तरह-तरह के भयानक अनुमान मेरे कानों में फुसफुसा रहा था। मुझे कई बरस पहले का एक वार्तालाप याद आया। इस वार्तालाप का सम्बन्ध मुझसे और त्रुख़चेव्स्की के भाई से था। बहुत बरस पहले की बात थी। उस वार्तालाप को याद करके मेरा दिल छलनी हो उठा। उस वार्तालाप में कही गई बातों को मैं इस साज़िन्दे और अपनी पत्नी पर लागू करने लगा।

"इस वार्तालाप को हुए बहुत समय बीत चुका था, पर वह मुझे अक्षरशः याद था। मैंने त्रुख़चेव्स्की के भाई से पूछा था कि क्या तुम चकलों में अक्सर जाते रहते हो। जवाब में उसने कहा था कि कोई भी भला आदमी ऐसी जगहों में नहीं जाता क्योंकि वहाँ छूत की बीमारी का डर रहता है। वहाँ यों भी गन्दगी और लम्पटता बहुत होती है। वहाँ मैं क्यों जाऊँ जब मुझे जब चाहूँ भले घर की औरत मिल सकती है। और लो देखो ! उसी के भाई ने मेरी ही पत्नी को फाँस लिया। 'यह ठीक है कि उसमें वह ताज़गी नहीं, जिस्म भी थोड़ा मोटा है, और मुँह में बाईं तरफ़ एक दाँत भी टूटा हुआ है,' मैं मन ही मन उसके भाई का पक्ष लेकर तर्क करने लगा, 'पर कोई चारा नहीं, जो मिले ले लेना चाहिए।' 'इसे अपनी प्रेयसी बनाकर वह इस पर मेहरबानी कर रहा है,' मैंने मन ही मन कहा, 'इससे उसे बीमारी का भी कोई ख़तरा नहीं।' मैं भयाकुल हो उठा, 'यह क्या कह रहे हो ? यह विचार ही तुम्हारे मन में क्योंकर उठा ?' मैंने मन ही मन

कहा, 'इस तरह की कोई बात उनके बीच नहीं हुई। तुम्हारा यह अनुमान बिल्कुल निराधार है। क्या तुम्हारी पत्नी ने स्वयं ही तुम्हें नहीं कहा था कि उस जैसे आदमी से डाह करना तुम्हें शोभा नहीं देता ? पर वह झूठ बोल रही थी, सरासर झूठ बोल रही थी !' मैं दिल ही दिल में चिल्लाया, और मेरी कल्पना के सामने फिर वैसे ही चित्र घूमने लगे...हमारे डिब्बे में दो और मुसाफ़िर सफ़र कर रहे थे, एक बुढ़िया और दूसरा उसका पति। दोनों ही गुमसुम बैठे थे। स्टेशन पर वे उतर गए और मैं अकेला रह गया। मेरी स्थिति उस समय एक पिंजरे में बन्द जानवर की सी हो गई। कभी मैं उछलकर खिड़की के पास चला जाता, फिर दूसरे क्षण लड़खड़ाता हुआ, डिब्बे में दाएँ-बाएँ तेज़-तेज़ चलने लगता, मानो मेरे ऐसा करने से गाड़ी की रफ़्तार तेज़ हो सकती हो। पर गाड़ी तो अपनी ड़ी रफ़्तार से, खिड़कियों और बेंचों को अपने साथ लिये, हिचकोले खाती हुई उसी तरह चली जा रही थी, जिस तरह कि अब जा रही है।''

पोज़्दनिशेव झट से उठ खड़ा हुआ, डिब्बे में दो-एक चक्कर लगाए और फिर आकर बैठ गया।

''मुझे गाड़ी के डिब्बों में सफ़र करने से डर लगता है, बेहद डर लगता है। वे मुझे हमेशा भयंकर लगते हैं। मैं उन्हें देखते ही सिहर उठता हूँ,'' वह कहने लगा, ''मैं बार-बार अपने को समझाता—'तुम अपना मन किसी दूसरी तरफ़ ले जाओ। उस सराय के बारे में सोचो जहाँ तुमने खाना खाया था।' और मेरी आँखों के सामने दाढ़ीवाला कुली और उसका छोटा सा नाती आ जाते। उसका नाती भी मेरे बेटे वास्या की उम्र का था। 'मेरा बेटा वास्या ! एक दिन वह अपनी माँ को उस साज़िन्दे के आलिंगन में देखेगा, वह उसे चूम रहा होगा। बेचारा कितना व्याकुल होगा ! पर उसके क्लेश से उसकी माँ को क्या ! वह तो अपने प्रेम में मस्त होगी !...' फिर वही क्रम शुरू हो जाता। 'नहीं, नहीं, मैं स्थानीय अस्पताल के बारे में सोचूँगा। वह मरीज़ कल किस तरह डॉक्टर के ख़िलाफ़ शिकायत कर रहा था। डॉक्टर की मूँछें बिल्कुल त्रुखचेव्स्की की मूँछों जैसी थीं। देखो, यह आदमी कैसा लम्पट निकला—और मेरी पत्नी भी—मुझे यह कहकर चकमा दे गया कि मैं जा रहा हूँ।' फिर वही चित्र सामने आने लगते। हर बात, जिस किसी के बारे में मैं सोचता, घूम-फिरकर उसी जगह आ जाती। मैं बेहद दुःखी था। और मेरे दुःख का कारण था, मेरा अज्ञान, मेरे संशय, मेरी द्विविधा। मेरी समझ में न आ रहा था कि मैं उससे प्रेम करूँ या घृणा। मेरी मानसिक वेदना इस हद तक जा पहुँची थी कि मुझे एक बार यह सुझाव बहुत अच्छा लगा कि मैं डिब्बे में से निकल जाऊँ, और रेल की पटरी पर अपना सिर रख दूँ। सब मामला ख़त्म हो जाएगा। तब कम से कम मेरा मन सन्देह और दुविधा में यों तो नहीं छटपटाएगा। परन्तु मैं यह नहीं कर पाया, इसलिए कि मुझे अपने पर दया आती थी। इस आत्मानुकम्पा के कारण मेरा मन अपनी पत्नी के प्रति तीव्र घृणा से भर उठता। उस आदमी के प्रति भी मेरे मन में घृणा उठती थी। परन्तु यह घृणा दूसरे प्रकार की थी। मेरा मान भंग हुआ और उसकी जीत हुई है—यह भावना उस घृणा में पाई जाती थी। पर अपनी पत्नी के प्रति घृणा, प्रचंड

घृणा ही उठती। 'मैं आत्म-हत्या कर लूँ, और उसे जाने दूँ ? नहीं, यह कभी नहीं हो सकता। उसे भी यह यातना भोगनी होगी जो मैं भोग रहा हूँ। उसे भी यह समझना होगा कि मुझ पर क्या बीत रही है,' मैं मन ही मन कहता। हर स्टेशन पर मैं अपना मन भुलाने के लिए उतर पड़ता। एक जगह, एक रेस्तराँ में कुछ लोग बैठे शराब पी रहे थे। मैंने स्वयं भी पीने के लिए वोद्का का ऑर्डर दे दिया। मेरे पास ही कोई यहूदी खड़ा पी रहा था। वह मेरे साथ बातें करने लगा। अपने डिब्बे में अकेले बैठने के बजाय, मैं उसके साथ उसके डिब्बे में चला गया। वह थर्ड क्लास के डिब्बे में सफ़र कर रहा था। डिब्बा गन्दा और धुएँ से भरा हुआ था, और फ़र्श पर सूरजमुखी फूलों के बीजों के छिलके बिखरे पड़े थे। मैं उसके साथ जाकर बैठ गया और वह तरह-तरह की बातें सुनाता रहा। कितने ही चुटकुले उसने सुनाए। मैं सुनता रहा, पर उसकी एक भी बात मेरी समझ में नहीं आई। मेरा मन, मेरी अपनी ही बातों में उलझा हुआ था। उसने यह भाँप लिया, और मुझे अधिक ध्यान से सुनने का आग्रह किया। मैं उठ खड़ा हुआ और अपने डिब्बे में वापस लौट गया। 'मुझे सब बात फिर से सोचनी चाहिए,' मैंने मन ही मन कहा, 'यह समझने की कोशिश करनी चाहिए कि मेरे ये विचार ठीक भी हैं या नहीं। मैं इतना दुःखी हो रहा हूँ, इसका कोई कारण भी है या नहीं।' मैं स्थिरता से विचार करने के लिए बैठ गया, पर स्थिरता से विचार करने के बजाय, मैंने फिर वही कुछ शुरू कर दिया, जो पहले करता रहा था। युक्ति-युक्त विचारों के बदले—वही कल्पनाएँ और वही तस्वीरें आँखों के सामने घूमने लगीं। 'कितनी बार पहले भी मैं यह यातना भोग चुका हूँ,' मैं मन ही मन कहता। मुझे वे सब अवसर याद हो आते, जब मैं ईर्ष्या के कारण बेचैन हुआ था। 'प्रत्येक अवसर पर मेरी ईर्ष्या निर्मूल साबित होती रही थी। अबकी बार भी शायद वैसा ही होगा। मुझे यक़ीन है, वैसा ही होगा। वह बड़े आराम से बिस्तर में सो रही होगी। मेरे पहुँचने पर वह उठ खड़ी होगी, और मुझे देखकर खुश होगी, और उसके शब्दों से, उसके चेहरे के भाव से यही पता चलेगा कि कुछ भी नहीं हुआ, कि ये सब फ़िज़ूल कल्पनाएँ हैं। कितनी अच्छी बात होगी !' उसी वक़्त एक दूसरी आवाज़ मन में उठती—'नहीं, बहुत बार घटनाओं का अन्त इस प्रकार हो चुका है, पर अबकी बार ऐसा नहीं होगा।' और वही क्रम फिर से शुरू हो जाता। बस यही मेरी सज़ा थी। मैं युवकों को सदाचार का उपदेश देने के लिए उन अस्पतालों में नहीं ले जाऊँगा जिनमें आतशिक के रोगियों का इलाज होता है, मैं उन्हें कहूँगा कि मेरी आत्मा में झाँककर देखो। वहाँ उन्हें वे दानव नज़र आएँगे जो मेरी आत्मा को खाए जा रहे हैं। सबसे भयंकर बात यह थी कि मैं अपने को अपनी पत्नी के शरीर का स्वामी समझता था। मैं समझता था कि उसका शरीर पूर्णतया और असन्दिग्ध रूप से मेरी मिल्कियत है। लगता जैसे वह मेरा अपना शरीर हो। पर साथ ही मैं यह भी जानता था कि उसके शरीर पर मेरा कोई अधिकार नहीं, वह मेरा नहीं, वह उसका मनचाहा प्रयोग कर सकती है। वह मेरी इच्छा के विरुद्ध ही उसका प्रयोग कर रही है। यह भी जानता था कि मैं न उस आदमी का और न ही अपनी पत्नी का कुछ बिगाड़ सकता हूँ। वह भी, उस

गीत के नायक वान्का-पहरेदार की तरह, उसके मधुर चुम्बनों का गीत गाता हुआ, सूली पर चढ़ जाएगा। मरकर भी वह मुझे नीचा दिखा जाएगा। और मैं अपनी पत्नी का कुछ भी बिगाड़ नहीं पाऊँगा। अगर उसने अभी तक यह पाप नहीं किया, तो वह उसे करना चाहती है। मैं जानता था कि वह करना चाहती है, और इससे मैं और भी व्याकुल हो उठता था। अगर उसने यह पाप कर लिया होता और मुझे मालूम होता, तो बेहतर था, क्योंकि फिर कोई शक की गुंजाइश न रहती। तब मैं यह तो नहीं कह सकता था कि मैं क्या चाहता हूँ। मैं चाहता था कि वह उस चीज़ की इच्छा ही न करे। पर यह उसके बस की बात न थी। सारी की सारी बात शुरू से अन्त तक पागलपन था !

26

" अगले स्टेशन पर रेलवे-गार्ड हमारे टिकट लेने आया। मैंने अपना बैग उठाया और डिब्बे के बाहर गलियारे में आ खड़ा हुआ। मैंने सोचा कि मैं अब घर पहुँचा ही चाहता हूँ, इस नाटक की चरम बिन्दु आ पहुँची है। मेरी उत्तेजना और भी बढ़ गई। मेरा बदन ठंडा पड़ने लगा, और मुझे कँपकँपी होने लगी, यहाँ तक कि मेरे दाँत कटकटाने लगे। यन्त्रवत् मैं भीड़ के पीछे-पीछे स्टेशन से बाहर निकला, एक घोड़ा-गाड़ी ली, और उसमें बैठकर चल पड़ा। सड़क पर उस समय इक्के-दुक्के आदमी, कुली इत्यादि आ-जा रहे थे। सड़क पर, रोशनी के खम्भों के साए, कभी मेरी गाड़ी के आगे और कभी पीछे पड़ रहे थे। मैं अनजाने में यह सब देखे जा रहा था। हम लगभग एक-तिहाई मील का फ़ासला तय कर चुके होंगे जब मुझे महसूस हुआ कि मेरे पाँव सुन्न हो रहे हैं। मुझे याद आया कि मैंने गाड़ी में अपने गरम मोज़े उतारकर झोले में रखे थे। मेरा झोला कहाँ है ? यहीं होगा, कहाँ है ? और मेरी टोकरी कहाँ है ? मुझे अपना सामान भूल ही चुका था। पर अब जो मुझे याद आया, और उसकी रसीद भी मुझे मिल गई, तो उसे लाने के लिए वापस जाने का ख़याल मैंने छोड़ दिया। घोड़ा-गाड़ी आगे बढ़ती गई।

" मेरे मन की उस समय कैसी स्थिति थी, कोशिश करने पर भी मैं उसे स्पष्टतया याद नहीं कर सकता। मैं उस समय क्या सोच रहा था ? मैं चाहता क्या था ? मुझे जैसे पूर्वाभास हो रहा था कि कोई बहुत बड़ी और भयंकर घटना होनेवाली है। यह भयंकर घटना क्या इसलिए घटी कि मुझे इसका पूर्वाभास होने लगा था, या इसलिए कि मैं पहले से ही इसका संकल्प कर रहा था ?—मैं नहीं जानता। शायद मेरा मन उस समय बिल्कुल विचारशून्य रहा हो, और बाद में मैंने केवल कल्पना ही की हो कि इस तरह के बीभत्स विचार मेरे मन में उठ रहे थे।

" मैं घर के फाटक तक जा पहुँचा। उस समय रात का एक बज रहा होगा। घर के सामने बहुत सी घोड़ा-गाड़ियाँ खड़ी थीं। घर की खिड़कियों में रोशनी थी, इसलिए गाड़ीवानों को आशा थी कि बहुत सी सवारियाँ घर में से निकलेंगी (रोशनी वास्तव में

हमारे फ़्लैट में थी, बैठक में तथा मुलाक़ातियों के कमरे में)। उस वक़्त मुझे यह ख़याल तक नहीं आया कि इतनी रात गए, हमारे कमरों की खिड़कियों में रोशनी क्यों है। मैंने सीढ़ियाँ चढ़कर घंटी बजाई। उस वक़्त भी मुझे यही भास हो रहा था कि कोई भयानक घटना घटनेवाली है। येगोर ने दरवाज़ा खोला। वह हमारा चोबदार था, बड़ा नेकदिल, मूर्ख किन्तु मेहनती आदमी था। सबसे पहले मेरी नज़र त्रुख़चेव्स्की की कोट पर पड़ी। ड्योढ़ी में और कपड़ों के साथ वह भी टँगा हुआ था। मुझे यह देखकर हैरान होना चाहिए था, पर मुझे कोई हैरानी नहीं हुई। मानो इसके बारे में मुझे पहले से मालूम हो। 'तो मेरा ख़याल ठीक था,' मैंने मन ही मन कहा। मैंने येगोर से पूछा कि कौन आया है। उसने त्रुख़चेव्स्की का नाम लिया। मैंने पूछा कि क्या कोई और आदमी भी है ?

" 'नहीं हुज़ूर, और कोई नहीं,' उसने जवाब दिया। मुझे याद है, उसने बड़े हँसमुख लहजे में यह कहा था। लगता था जैसे वह मेरा शक दूर कर देना चाहता हो कि वहाँ कोई दूसरा आदमी नहीं आया। 'और कोई नहीं, खूब !' मैंने मन ही मन कहा।

" 'और बच्चे ?'

" 'भगवान की दया से सब कुशल से हैं, वे कब के आराम से सो रहे हैं।'

"मेरे लिए साँस तक लेना कठिन हो रहा था। मेरे होंठ काँप रहे थे। 'तो अबकी बार स्थिति सचमुच भिन्न है ! पिछले मौक़ों पर मुझे डर लगा रहता था कि गाज गिरेगी, पर होता कुछ नहीं था। सब बात ठीक-ठाक हो जाती थी। इस बार वैसा नहीं है। मुसीबत सामने खड़ी है। यह रही...'

" मुझे रोना आ रहा था, पर उस समय कोई दानव मेरे कान में फुसफुसाकर कह रहा था, 'क्या तुम इस समय रोने-बिलखने लगोगे, भावुक हो उठोगे जब वे दोनों बड़े आराम से एक दूसरे से विदा होंगे, और उनके अपराध का कोई सबूत ढूँढ़े नहीं मिलेगा ? क्या तुम चाहते हो कि हमेशा शंकाओं के जाल में फँसे रहो और यन्त्रणाएँ भोगते रहो ?' सहसा मुझे अपने पर तरस आना बन्द हो गया। अनुकम्पा का स्थान एक नई भावना ने ले लिया। आप मानेंगे नहीं, पर उस समय मेरे अन्दर एक उल्लास की भावना उठने लगी। आखिर अब मेरी यन्त्रणा का अन्त होने को है, अब मैं उसे दंड दे सकता हूँ, उससे छुटकारा पा सकता हूँ, अपना गुस्सा निकाल सकता हूँ। मैंने सचमुच अपना गुस्सा निकालना शुरू कर दिया--मेरा व्यवहार एक क्रूर और चालाक जानवर का सा होने लगा।

" 'ठहरो,' मैंने येगोर से कहा। वह बैठक की तरफ़ जाने लगा था। 'यह लो रसीद और स्टेशन पर से जाकर मेरा सामान ले आओ। घोड़ा-गाड़ी बाहर खड़ी है।'

" वह अपना ओवरकोट लेने ड्योढ़ी की तरफ़ गया। यह सोचकर कि इसे देखकर उन्हें कोई शक न गुज़रे मैं उसके साथ-साथ उसके कमरे तक गया। जब तक उसने अपना कोट नहीं पहन लिया, मैं वहीं खड़ा रहा। मुलाक़ातियों के कमरे में से, जो कि बैठक के परे था, हल्की-हल्की बातों की आवाज़ और प्लेटों, छुरी-काँटों की खनखनाहट सुनाई दे रही थी। वे खाना खा रहे थे। ज़ाहिर था कि उन्होंने घंटी की आवाज़ नहीं

सुनी। 'बस, वे इस वक़्त बाहर नहीं आएँ,' मैंने सोचा। येगोर ने 'अपना अस्त्रख़ान के कालरवाला कोट पहना और बाहर चला गया। मैं दरवाज़े तक उसके साथ गया, फिर दरवाज़े को ताला लगा दिया। मैंने देखा कि अब मैं अकेला रह गया हूँ और मुझे अपना काम करना है। मैं भौचक्का सा खड़ा रहा। यह काभ कैसे करना होगा, इस बारे में मैंने अभी विचार नहीं किया था। मैं केवल इतना ही जानता था कि अब सब खेल समाप्त हो चुका है, कि उसके निर्दोष होने का अब सवाल ही नहीं उठता, कि वक़्त आ गया है कि मैं उसे दंड दूँ और उसके साथ रिश्ता ख़त्म कर दूँ।

" इससे पहले मैं सदा दुविधा में पड़ जाया करता था, और दिल ही दिल में कहा करता था, कि शायद मैं ग़लती पर हूँ, शायद यह सच नहीं है। अब इस प्रकार का कोई विचार मेरे मन में नहीं आया। मुझे अब यक़ीन हो गया था। मेरी अनुपस्थिति में रात के वक़्त यह उसके साथ अकेली बैठी है। लज्जा-शर्म को इसने ताक़ पर रख दिया है। बात इससे भी बुरी है : व्यभिचार करने के लिए यह शायद जानबूझकर इतना साहस और लापरवाही दिखा रही है ताकि लोग इसे निर्दोष समझें। सब बात साफ़ थी, कहीं कोई शक की गुंजाइश न थी। मुझे एक ही बात का डर था, कि कहीं ये बचकर न निकल जाएँ, कहीं ये कोई और दाँव मेरे साथ न खेल जाएँ, जिससे मेरे हाथ से सबूत भी निकल जाए और इन्हें दंड देने का अवसर भी। इसलिए, उन्हें जल्दी से जल्दी पकड़ने के लिए मैं दबे पाँव मुलाक़ातियों के कमरे की ओर चल पड़ा। वहीं पर वे दोनों बैठे थे। मगर मैं बैठक में से होकर नहीं गया, बल्कि ड्योढ़ी और बच्चों के कमरे में से होकर गया।

" लड़के अपने कमरे में सो रहे थे। लड़कियों के कमरे में मेरे जाने पर धाय कुछ हिली, और लगभग जागने को हुई। जब सब बात खुल जाएगी तो यह क्या सोचेगी ? कल्पना करते ही मुझे फिर अपने पर तरस आने लगा, यहाँ तक कि मेरी आँखों में आँसू आ गए। कहीं बच्चे न जग जाएँ, इस डर से मैं दबे पाँव तेज़-तेज़ चलता हुआ पहले ड्योढ़ी में गया और वहाँ से अपने पढ़नेवाले कमरे में। वहाँ पहुँचते ही मैं सोफ़े पर गिर पड़ा। मन के उद्‌गार मानो फूट-फूटकर निकलने लगे।

" 'मैं एक ईमानदार आदमी हूँ। मेरे माँ-बाप भले लोग थे। जीवन-भर मेरी यह इच्छा रही है कि मेरा गृहस्थ सुखी हो। मैंने स्त्री के साथ कभी कोई छल-कपट नहीं किया। पर यह पाँच बच्चों की माँ होते हुए भी उस साज़िन्दे के साथ मुँह काला कर रही है। इसलिए कि उसके होंठ लाल-लाल और लुभावने हैं ! यह औरत नहीं, कुतिया है, ज़लील कुतिया !' साथवाले कमरे में इसी के बच्चे सो रहे हैं। इन बच्चों को प्यार करने का यह कितना स्वांग रचा करती थी ! किस तरह मुझे चिट्ठी लिखकर भेज दी ! किस बेशर्मी से अब यह उसकी बाँहों में लिपटी है ! क्या मालूम, यह हमेशा ही यही कुछ करती आई हो ? शायद यह चोबदारों से बच्चे पैदा करती रही हो, और उन्हें मेरा कहकर बताती रही हो। अगर मैं आज की बजाय कल आता तो यह अपने बाल सँवारकर, कमर मटकाती हुई बन-सँवरकर मुझे मिलती, (मुझे उसके सुन्दर किन्तु घृणित चेहरे का एक-एक नक़्श साफ़ नज़र आया)। ईर्ष्या का जन्तु फिर मेरे हृदय को अन्दर

ही अन्दर नोचने लगा। धाय क्या सोचेगी, येगोर क्या सोचेगा ? और बेचारी, नन्ही लीज़ा क्या सोचेगी ? उसे अब भी स्थिति का थोड़ा-थोड़ा भास है। उफ़, ऐसी बेशर्मी ! इतना कपट ! यह वही पाशविक कामुकता है, जिससे मैं भली भाँति परिचित हूँ !'

" मैं उठना चाहता था, पर उठ नहीं सका। मेरा दिल इतने ज़ोर से धक-धक कर रहा था कि मैं पैरों पर खड़ा नहीं हो सका। मुझे डर था कि कहीं मुझे मिरगी का दौरा न पड़ जाए। इस तरह तो यह मुझे मार डालेगी। यही कुछ यह चाहती भी है। क्या वह मुझे मार डालेगी ? नहीं, मेरी मौत उसके लिए बड़ी खुशी की बात होगी। नहीं, नहीं, यह खुशी उसे नहीं मिलेगी। यहाँ मैं बैठा हूँ और वे हँस-खेल रहे हैं, खा-पी रहे हैं, और...ठीक है, मेरी पत्नी के साथ दुराचार करने में इस आदमी को कोई संकोच नहीं होगा। हालाँकि औरत का शरीर इतना ताज़ा नहीं रहा। तो भी, वह बुरी नहीं थी, और सबसे बड़ी बात तो यह कि इससे उस आदमी के बढ़िया स्वास्थ्य को किसी तरह के नुक़सान का डर नहीं। 'मैंने उसी दिन उसे क्यों नहीं मार डाला ?' मुझे वह कांड याद हो आया जब पिछले सप्ताह मैंने उसे अपने कमरे में से निकल जाने को कहा था और चीज़ें उठाकर फेंकी थी। मुझे अपनी वह मनःस्थिति पूरी तरह याद थी। याद ही नहीं थी, मेरी अब भी उसी तरह चीज़ों को पटकने-तोड़ने की इच्छा हो रही थी। मुझे याद है, मेरे हाथ कुछ करने को व्याकुल हो रहे थे। मेरा मन विचार-शून्य हो गया था। केवल एक ही बात मन में समाई हुई थी कि कुछ करूँ। मेरी दशा उस समय उस जानवर, या उस आदमी की सी हो रही थी, जो ख़तरे के सामने चेतन हो जाता है, और विशेष सतर्कता से, धीरे-धीरे, बिना एक क्षण भी ज़ाया किए, हर चीज़ को अपने एकाग्र, निश्चित लक्ष्य के अधीन करते हुए, अपना काम करता है।

27

" सबसे पहले मैंने अपने बूट उतार दिए, और केवल मोज़े पहने, दीवार के पास गया। वहाँ सोफ़े के ऊपर कुछ हथियार लटक रहे थे। मैंने एक गुलाबी रंग का घुमावदार छुरा उतारा। इसे पहले कभी इस्तेमाल नहीं किया गया था और वह बेहद तेज़ था। मैंने उसे ख़ोल में से निकाला। ख़ोल सोफ़े के पीछे गिर गया और मुझे याद है, उस वक़्त मैंने मन ही मन कहा, 'मुझे बाद में इसे उठा लेना चाहिए, वरना यह खो जाएगा।' फिर मैंने अपना कोट उतारा, मैं उसे अभी तक पहने हुए था, और बिना आहट किए, नंगे पाँव, केवल मोज़ों में ही बाहर निकल आया।

" मैं दरवाज़े के पास गया और झट से उसे खोल दिया। मुझे देखकर उनके चेहरों पर जो भाव आए, वे मुझे आज तक याद हैं। वे मुझे इसलिए याद हैं कि उस समय मेरे दिल में गहरी टीस उठी थी, और उस टीस में भी मुझे सुख का भास हुआ था। उनके चेहरों पर भय छा गया। बिल्कुल यही मैं चाहता था। मुझे देखते ही उनके चेहरों

पर भय और निराशा का भाव आया, जो मुझे आजीवन नहीं भूलेगा। जान पड़ता है, वह आदमी मेज़ पर बैठा था, पर मेरी आहट पाते ही, या मुझे देखते ही, वह उछलकर किताबों की आलमारी की ओर पीठ करके खड़ा हो गया था। इसमें कोई शक नहीं, उसके चेहरे पर डर छाया हुआ था। मेरी पत्नी के चेहरे पर भी डर का भाव था, पर उसके अतिरिक्त कुछ और भी था। यदि केवल भय ही होता तो शायद वह घटना न घटती जो बाद में घटी। उसके चेहरे पर उस समय (या शायद मुझे उन पहले क्षणों में यह केवल प्रतीत ही हुआ) मुझे निराशा का भाव नज़र आया, एक तरह की खीज का कि उसके प्रेमालाप और सुख में बाधा आ पड़ी है मानो वर्तमान के सुख के अतिरिक्त वह और कुछ न चाहती हो। पर दोनों के चेहरों पर ये भाव क्षण-भर ही रहे। उस आदमी के चेहरे पर भय का स्थान अब कुतूहल ने ले लिया। 'या इसके सामने झूठ बोला जा सकता है या नहीं ? यदि बोला जा सकता है तो मुझे फ़ौरन कुछ कहना होगा। नहीं तो अभी कोई कांड हो जाएगा। क्या होगा ?' उस आदमी ने मेरी पत्नी की ओर प्रश्नसूचक नेत्रों से देखा। उससे आँख मिलते ही, मेरी पत्नी के चेहरे पर से निराशा और खीज का भाव हट गया, या ऐसा मुझे जान पड़ा, और उसके स्थान पर, उस आदमी के प्रति चिन्ता का भाव आ गया।

" क्षण-भर के लिए मैं दरवाज़े पर खड़ा रहा। छुरा मैंने पीठ-पीछे छिपा लिया था। उस वक़्त वह आदमी मुस्कुराया और कहने लगा :

" 'हम थोड़ा साज़ बजा रहे हैं...'

" उसके लहजे में एक तरह की लापरवाही थी जो मुझे हास्यास्पद लगी।

" 'तुम अचानक आ गए...' मेरी पत्नी बोली। वह भी उसके लहजे की नक़ल कर रही थी।

" पर मैंने दोनों में से किसी को भी वाक्य समाप्त करने का अवसर नहीं दिया। हफ़्ता-भर पहले जिस तरह मैं आपे से बाहर हो गया था, आज भी उसी तरह आपे से बाहर हो गया। आज भी मुझे उसी तरह चीज़ें फेंकने-तोड़ने की इच्छा हुई। गुस्से से मैं पागल हो रहा था, और उसे दबाने की मैंने कोई चेष्टा नहीं की।

" दोनों में से एक भी अपना वाक्य समाप्त नहीं कर पाया। वही होने जा रहा था, जिसका उस आदमी को डर था। इसीलिए उनके वाक्य बीच ही में कट गए थे। मैं लपककर अपनी पत्नी की ओर गया। छुरा मैंने अब भी पीठ पीछे छिपाया हुआ था ताकि वह आदमी मुझे उसे घोंपने से रोक न सके। मैं पत्नी के शरीर में, बाईं तरफ़, ऐन स्तन के नीचे छुरा घोंपना चाहता था। इस जगह को मैंने पहले से ही चुन रखा था। ज्यों ही मैं उस पर झपटा, वह आदमी मेरा इरादा समझ गया, और आकर मेरा बाज़ू पकड़ लिया। मुझे आशा न थी कि वह ऐसा करेगा।

" 'क्या कर रहे हो ? कुछ सोचो तो ! बचाओ ! बचाओ !! वह चिल्लाया।'

" मैंने झटककर अपना बाज़ू छुड़ा लिया, और उस आदमी पर हमला किया। हमारी आँखें मिलीं, सहसा उसका चेहरा होंठों तक सफ़ेद पड़ गया, एक अजीब सी चमक उसकी

आँखों में आई, वह दुबककर पियानो के नीचे हो गया, और सीधा दरवाज़े की ओर भागा। इस बात की भी मुझे उससे आशा न थी। मैं उसका पीछा करता मगर मेरे बाएँ बाज़ू पर कोई बोझल सी चीज़ थी। यह मेरी पत्नी थी। मैंने अपने को छुड़ाने की कोशिश की। उसने मुझे और भी कसकर पकड़ लिया था और मुझे जाने न दे रही थी। इस अप्रत्याशित बाधा के कारण, बाज़ू पर इस बोझ के कारण, उसके इस घृणित स्पर्श के कारण, मेरे अन्दर गुस्से की आग और भी भड़क उठी। मैं बिल्कुल पागल सा हो उठा था। मैं जानता था कि मेरा चेहरा भयानक हो उठा होगा, और इस बात की मुझे ख़ुशी थी। मैं पूरा ज़ोर लगाकर अपना बाज़ू छुड़ाने लगा। ऐसा करते हुए मेरी कोहनी उसके मुँह को लग गई। वह चीख़ उठी और झट से उसने मेरा बाज़ू छोड़ दिया। मैं लपककर उस आदमी के पीछे जाना चाहता था, पर अपनी पत्नी के प्रेमी के पीछे यों नंगे पाँवों भागना, मुझे बेढब सा लगा। मैं बेढब नहीं दिखना चाहता था, भयानक दिखना चाहता था। मैं पागल हो रहा था, पर इसके बावजूद सारा वक़्त मुझे इस बात का ध्यान रहा कि मेरा उन पर कैसा प्रभाव पड़ रहा है। किसी हद तक यह प्रभाव मेरी हरकतों को भी निर्धारित कर रहा था। मैं अपनी पत्नी की तरफ़ घूमा। वह सोफ़े पर जा गिरी थी, और एकटक मेरी ओर देखे जा रही थी। उसका एक हाथ अपनी आँख पर था, जिस पर मेरी कोहनी से चोट लगी थी। उसके चेहरे पर मेरे प्रति—अपने दुश्मन के प्रति—भय और घृणा की छाए थी। वही भाव था, जो पिंजरे में फँसे चूहे के मुँह पर आ जाता है, जब कोई सहसा पिंजरे को उठा दे। कम से कम मुझे उसके चेहरे पर भय और घृणा के अतिरिक्त और कोई भाव नज़र नहीं आया। वह दूसरे आदमी से प्रेम करती थी इसलिए मेरे प्रति तो उसके चेहरे पर भय और घृणा का भाव ही हो सकता था। यदि वह चुप रहती तो शायद मैं सँभल जाता और वह बात न करता तो मैंने की। पर सहसा वह बोलने लगी, और मेरे हाथ को पकड़ने की कोशिश की जिसमें मैंने छुरा पकड़ रखा था।

" 'कुछ सोचो तो, तुम क्या कर रहे हो ? क्या बात है ? तुम्हें हो क्या गया है ? हमारे बीच कोई बात नहीं है, कुछ नहीं, कुछ नहीं, कुछ नहीं ! मैं क़सम खाकर कहती हूँ।'

" मैं फिर भी शायद रुक जाता, पर इन शब्दों का अर्थ मेरे लिए बिल्कुल उलट था, अर्थात् उनके बीच सचमुच कुछ था। इसका उत्तर तो मैं अपने मन की हालत के मुताबिक़ ही दे सकता था। मेरा जनून प्रतिक्षण बढ़ता जा रहा था, और वह ज़रूर अपनी चरम सीमा तक पहुँचने तक बढ़ता जाता। पागलपन के भी अपने नियम होते हैं।

" 'मत झूठ बोल, कुतिया !' मैं चीख़ा, और उसे बाएँ हाथ से पकड़ लिया। मगर उसने हाथ छुड़ा लिया। बिना छुरा फेंके, मैंने अपने बाएँ हाथ से उसका गला पकड़ लिया और उसे पीठ के बल गिराकर, उसका गला दबोचने लगा। किस क़दर मज़बूत उसका गला था...गला छुड़ाने की कोशिश करते हुए उसने मेरा हाथ पकड़ लिया। मानों मुझे इसी का इन्तज़ार हो, मैंने पूरे ज़ोर से छुरा उसकी बाईं तरफ़, पसलियों के नीचे घोंप दिया।

" लोग कहते हैं कि गुस्से में आदमी को कुछ सूझता नहीं कि वह क्या कर रहा है। यह बिल्कुल ग़लत है, सरासर बकवास है। सारा वक़्त मैं सचेत था, एक क्षण के लिए भी मेरी चेतना मन्द नहीं पड़ी। मानो क्रोध के कारण मेरे अन्दर जो आग जल रही थी, उससे मेरी सूझ और भी तेज़ होती जा रही थी। मुझे अपना हरेक काम साफ़-साफ़ नज़र आ रहा था। प्रतिक्षण मुझे अपने हर काम का बोध था। हाँ, यह मैं नहीं कह सकता कि मुझे आगे के भी काम का बोध था या नहीं। पर उस घड़ी मैं जानता था कि मैं क्या कर रहा हूँ, और करने से पहले ही कुछ-कुछ उसका भास मिल जाता था। यह शायद इसलिए कि बाद में मैं पश्चात्ताप कर सकूँ, अपने को कह सकूँ कि मैं अपना हाथ खींच सकता था। मैं उस समय जानता था कि मैं पसलियों के नीचे उसे छुरा घोंप रहा हूँ, कि छुरा उसी जगह से अन्दर घुसेगा। मुझे पूरा-पूरा मालूम था कि मैं एक भयानक काम कर रहा हूँ, ऐसा काम मैंने पहले कभी नहीं किया, उसके बड़े भयानक परिणाम निकलेंगे। पर यह बात बिजली की तरह मेरे मन में कौंध गई और उसके फ़ौरन ही बाद मैंने वह काम कर डाला। यह भी मुझे बिल्कुल साफ़ नज़र आया। मुझे याद है, क्षण-भर के लिए छुरे के नीचे मैंने रुकावट महसूस की, जो उसकी चोली और किसी और चीज़ के कारण थी, और फिर छुरे का फल नरम-नरम मांस में धँस गया। उसने दोनों हाथों से छुरे को पकड़ने की कोशिश की, जिससे उसके दोनों हाथ जख़्मी हो गए, पर छुरे को वह न रोक सकी। बाद में जब मैं जेल में था और नैतिक दृष्टि से मेरा कायापलट हो चुका था, तो मैं बड़ी-बड़ी देर तक इस घड़ी के बारे में सोचा करता। बार-बार वह घड़ी मुझे याद आती और मैं इसकी तह तक पहुँचने की कोशिश करता। मुझे याद है कि इस कृत्य से पहले, क्षण-भर के लिए, बस, केवल एक क्षण के लिए, मुझे इस भयानक सत्य का बोध हुआ कि मैं एक स्त्री को मारने जा रहा हूँ, कि मैंने उसे मार डाला है, कि यह स्त्री मेरी पत्नी थी, और बिल्कुल असहाय थी। मुझे याद है कि यह जानकर मैं बेहद डर गया था। और एक धूमिल सा विचार मेरे मन में उठा। मुझे याद है, इसी डर के कारण, छुरा भोंक देने के फ़ौरन ही बाद मैंने उसे खींचकर बाहर भी निकाल लिया, कि अपने किए को मिटा सकूँ। क्षण-भर के लिए मैं भौचक सा खड़ा रहा, इस इन्तज़ार में कि अब आगे क्या होगा, यह सोचते हुए कि शायद गया वक़्त फिर हाथ आ जाए। मेरी पत्नी उछलकर खड़ी हो गई और चिल्लाकर बोली :

" 'धाय ! उसने मुझे मार डाला है !'

" धाय शोर सुनकर जाग पड़ी थी, और अब दरवाज़े में खड़ी थी। मैं वहीं खड़ा इन्तज़ार कर रहा था। अपने किए पर मुझे अब भी विश्वास नहीं हो रहा था। पर उसकी चोली के नीचे से खून की धारा फूट निकली थी। तब मुझे इस बात का अहसास हुआ कि किए को मिटाया नहीं जा सकता। उसी क्षण मैंने निश्चय कर लिया कि मिटाना चाहिए भी नहीं, कि यही कुछ मैं चाहता था, और यही कुछ होना भी चाहिए था। मैं उस वक़्त तक खड़ा इन्तज़ार करता रहा जब तक कि वह गिर नहीं पड़ी। 'हे भगवान् !' धाय ने रोते हुए कहा और भागकर उसके पास जा पहुँची। तब मैंने छुरा फेंक दिया

और दरवाज़े की ओर मुड़ा।

" 'मुझे घबराना नहीं चाहिए, बल्कि धैर्य से सोचना चाहिए कि मैं क्या कर रहा हूँ,' मैंने मन ही मन कहा। मैंने अपनी पत्नी या धाय की ओर नहीं देखा। धाय रोने-पीटने लगी और नौकरानी को बुलाया। मैं ड्योढ़ी में से होकर बाहर गया और नौकरानी को उनके पास भेजा। फिर मैं अपने कमरे में चला गया। 'अब मुझे क्या करना चाहिए ?' मैंने अपने आपसे पूछा। मैं जानता था कि मुझे क्या करना है। अपने पढ़नेवाले कमरे में जाकर, मैं सीधा दीवार के पास गया, पिस्तौल उतारी, उसे ध्यान से देखा–उसमें गोलियाँ भरी थीं–और उसे लिखनेवाले मेज़ पर रख दिया। फिर मैंने छुरे का खोल उठाया जो सोफ़े के पीछे गिर गया था, और स्वयं सोफ़े पर बैठ गया।

" बड़ी देर तक मैं वहाँ बैठा रहा। मेरे मन में कोई विचार नहीं उठा, किसी बात की याद नहीं आई। मैंने साथवाले कमरों में आवाज़ें सुनीं। मुझे घोड़ा-गाड़ी की आवाज़ आई। वह सीधी हमारे घर के सामने आकर रुकी, और उसमें से कोई आदमी निकलकर अन्दर आया। फिर कोई और आदमी अन्दर आया। मुझे येगोर की आवाज़ सुनाई दी, मैंने देखा कि वह मेरा सामान लेकर कमरे में आया है। इस सामान की अब मुझे क्या ज़रूरत थी !

" 'तुम्हें मालूम है क्या हुआ ?' मैंने कहा, 'चौकीदार से कहो कि पुलिस को इत्तला कर दे।'

" बिना कुछ कहे वह बाहर निकल गया। मैं उठा, दरवाज़ा बन्द किया, सिगरेट और दियासलाई निकाली और सिगरेट पीने लगा। मैंने अभी मुश्किल से एक ही सिगरेट पिया होगा कि मुझे नींद ने आ घेरा। मैं ज़रूर दो घंटे तक सोया रहा हूँगा। मुझे याद है, नींद में मैंने स्वप्न देखा, कि हम दोनों के बीच मैत्रीपूर्ण सम्बन्ध हो गया है, हमारा झगड़ा हुआ था, पर अब सुलह हो गई है। हल्का सा तनाव अब भी हमारे बीच है, पर यों हमारा सम्बन्ध मैत्रीपूर्ण है। किसी ने दरवाज़ा खटखटाया और मेरी नींद टूटी। 'पुलिस होगी,' मैंने जागकर सोचा, 'जान पड़ता है मैंने उसे मार डाला है। पर शायद मेरी पत्नी ने ही दरवाज़ा खटखटाया। मैंने कोई जवाब नहीं दिया। मेरा मन इस प्रश्न में उलझा हुआ था कि सचमुच वह घटना घटी है या नहीं। हाँ, घटी है। मुझे याद आ गया, उसकी चोली के कारण रुकावट हुई थी, फिर छुरा उसके अन्दर घुस गया था। यह याद करके मुझे पीठ पर, ऊपर से नीचे तक कँपकँपी सी होने लगी। 'हाँ, घटी है। और अब मेरी बारी है,' मैंने कहा। पर जिस वक़्त मैंने यह कहा, उसी वक़्त ही मैं जानता था कि मैं आत्महत्या नहीं करूँगा। फिर भी मैं उठा और पिस्तौल उठाया। अजीब बात है–मुझे याद आया कि पहले कितनी बार मैंने आत्म-हत्या करने के बारे में सोचा था। उसी रोज़ गाड़ी में लौटने वक्त भी सोचा था। तब आत्म-हत्या करना बड़ा आसान जान पड़ता था। आसान इसलिए, कि मैं जानता था कि मेरी आत्म-हत्या ही उसका सबसे बड़ा दंड होगी। अब, आत्म-हत्या करना तो दरकिनार, इसका ख़याल तक नहीं आता था। 'मैं क्यों आत्म-हत्या करूँ ?' मैंने अपने आपसे पूछा। कोई जवाब नहीं मिला। फिर एक बार किसी ने दरवाज़ा

खटखटाया। 'पहले मुझे यह पता लगाना चाहिए कि दरवाज़ा कौन खटखटा रहा है। मैं आत्म-हत्या बाद में भी कर सकता हूँ।' मैंने पिस्तौल रख दी और उसे अख़बार से ढक दिया। फिर दरवाज़े के पास गया और चिटखनी खोल दी। मेरी पत्नी की विधवा बहन सामने खड़ी थी। वह बेवक़ूफ़-सी औरत है मगर दिल की अच्छी है।

" 'वास्या, क्या हुआ है ?' उसने कहा, और उसकी आँखों से झर-झर आँसू गिरने लगे। आँसू तो सदा उसकी पलकों पर तैयार बने रहते थे।

" 'तुम क्या चाहती हो ?' मैंने रुखाई से कहा। मुझे मालूम था कि उसके साथ रुखाई से बोलना बेवक़ूफ़ी है, इसकी कोई ज़रूरत नहीं, पर मैं मजबूर था।

" 'वास्या ! वह तो मर रही है ! इवान फ़्योदोरोविच ने बताया है।' इवान फ़्योदोरोविच डॉक्टर था। मेरी पत्नी का डॉक्टर, जिससे परामर्श लेने वह जाया करती थी।

" 'तो वह यहाँ पर मौज़ूद है ?' मैंने पूछा, और मुझे फिर गुस्सा आने लगा। 'तो क्या हुआ ?'

" 'वास्या ! अन्दर जाओ, उसके पास जाओ। कैसी भयानक बात हुई है,' उसने बिलखकर कहा।

" 'उसके पास जाऊँ ?' मैंने मन ही मन दोहराया। और जवाब में अपने आपसे कहा कि बेशक, मुझे उसके पास ज़रूर जाना चाहिए। यही मुझे करना चाहिए। जब एक आदमी अपनी पत्नी को मार डाले, तो उसे यही करना चाहिए, उसके पास जाना चाहिए। 'अगर यह बात है, तो मुझे ज़रूर जाना चाहिए,' मैंने अपने आपसे कहा, 'अगर मुझे ज़रूर ही दूसरा काम करना है, तो वह तो किसी दूसरे वक़्त भी किया जा सकता है, उसके लिए काफ़ी वक़्त होगा,' मैंने सोचा। मैं आत्म-हत्या के बारे में सोच रहा था। 'वह बुरा-भला कहेगी, मुँह बनाएगी, पर अब इन बातों का मुझ पर कोई असर नहीं हो सकता।'

" 'ठहरो,' मैंने उसकी बहन से कहा। 'मैं कम से कम स्लीपर तो पहन लूँ। नंगे पाँवों, केवल मोज़े पहने हुए, भद्दा नज़र आता है।'

28

"मैं कमरे में से बाहर निकला, और जाने-पहचाने कमरों को लाँघने लगा। अजीब बात है, उस वक़्त मेरे मन में फिर यह आशा जागी कि कुछ नहीं हुआ। पर मुझे दवाइयों की तेज़ गन्ध आई। आयोडोफ़ार्म, कार्बालिक एसिड। नहीं, घटना सचमुच घटी है। ड्योढ़ी में से, उस कमरे के पास से जाते हुए जहाँ बच्चे सोया करते थे, मुझे लीज़ा नज़र आई। उसने सहमी हुई आँखों से मेरी ओर देखा। मुझे लगा जैसे पाँचों के पाँचों बच्चे वहीं पर खड़े हैं और आँखें फाड़-फाड़कर मेरी ओर देख रहे हैं। मैं दरवाज़े के पास गया। नौकरानी ने दरवाज़ा खोला और खुद बाहर चली गई। सबसे पहले मेरी नज़र पत्नी की

मोतिया रंग की पोशाक पर पड़ी। वह खून से लथपथ, एक कुर्सी पर पड़ी थी। पत्नी पलंग पर लेटी थी, दोनों घुटने ऊपर को उठाए हुए। वह बड़े पलंग पर थी, जिस पर हम दोनों सोया करते थे। इस समय वह पलंग के इधरवाले हिस्से पर लेटी थी, जहाँ मैं लेटा करता था क्योंकि उस हिस्से तक पहुँचना ज़्यादा आसान था। उसके नीचे ढेर से तकिए थे। उसकी जाकेट के बटन खुले थे। जख़्म के ऊपर कुछ रख दिया गया था। कमरे में आयोडोफ़ाम की तेज़ गन्ध थी। मेरी नज़र सबसे अधिक उसके सूजे हुए गाल पर, तथा उसके नाक के एक हिस्से पर और एक आँख पर गई। मेरी कोहनी लगने के कारण वहाँ उसे चोट लगी थी—उस समय जब उसने मुझे रोकने की चेष्टा की थी। उस वक़्त वह बिल्कुल सुन्दर नहीं लग रही थी, बल्कि उसका चेहरा मुझे घिनौना सा लगा। मैं दहलीज़ पर रुक गया।

" 'पास जाइए, उसके पास जाइए,' बहन ने कहा।

" 'शायद वह मुझसे क्षमा माँगना चाहती है,' मैंने सोचा, 'क्या मैं इसे क्षमा कर दूँ ? हाँ, वह मर रही है, इसलिए मैं इसे क्षमा कर सकता हूँ,' मैंने सोचा और उदार बनने का निश्चय कर लिया। मैं सीधा उसके पास गया। बड़ी मुश्किल से उसने आँखें खोलीं। एक आँख बिल्कुल सूजी हुई थी। वह रुक-रुककर, बड़ी मुश्किल से बोली :

" 'अब तो कलेजा ठंडा हो गया? मुझे मरते देखना चाहते थे न, सो देख लिया।' कुछ शरीर की पीड़ा के कारण और कुछ यह जानते हुए कि वह जल्दी ही मर जाएगी, मुझे उसके चेहरे पर वही पहले का सा भाव नज़र आया जिसमें उपेक्षापूर्ण, पाशविक घृणा हुआ करती थी। 'पर मैं...अपने बच्चे...तुम्हें नहीं दूँगी...वह (उसकी बहन) उनकी देखभाल करेगी।'

" लेकिन अपने विश्वासघात का उसने जिक्र तक करना जरूरी नहीं समझा। और उसी को मैं सबसे ज़्यादा महत्त्व देता था।

" 'अब तो तुम खुश हो न, इन्हें इस हालत में देखकर ?' और उसकी आँखें दरवाज़े की ओर गईं। उसके मुँह में से एक सिसकी निकली। दरवाज़े में उसकी बहन और बच्चे खड़े थे। 'देख लो तुमने क्या किया है।'

" मैंने बच्चों की ओर देखा, फिर पत्नी की ओर, उसके सूजे हुए, ज़ख़्मी चेहरे की ओर, और पहली बार मैं अपने आपको, अपना अधिकार, अपना गर्व, सब कुछ भूल गया। पहली बार मैंने उसे एक इंसान के रूप में देखा। मुझे अपनी ईर्ष्या बड़ी तुच्छ नज़र आई। वे सब भावनाएँ भी बड़ी तुच्छ नज़र आईं जिनके कारण मेरे आत्माभिमान को चोट पहुँची थी। इसके उलट, मुझे अपना दुष्कर्म बहुत भयानक लगा। मेरा जी चाहा कि पत्नी के सामने घुटने टेक दूँ, उसके हाथ पर अपना मुँह रख दूँ और कहूँ, 'मुझे क्षमा कर दो।' पर मैं यह नहीं कर पाया।

"वह चुप हो गई और आँखें बन्द कर लीं। जान पड़ता था कि अब उसमें बोलने की ताक़त नहीं रही थी। उसके ज़ख़्मी चेहरे में कँपकँपी हुई और वह सिकुड़ने लगा। उसने मुझे परे हटाने की क्षीण सी हरकत की।

" 'तुमने यह क्यों किया ? क्यों किया ?'

" 'मुझे माफ़ कर दो,' मैंने कहा।

" 'माफ़ कर दूँ ? छिः ! काश कि मैं ज़िन्दा रह सकती !' उसने सिर उठाकर, अपनी दहकती आँखों से मुझे देखा और चिल्लाकर कहा। 'तुम जो चाहते थे, वह तुमने कर लिया ! मैं तुमसे नफ़रत करती हूँ ! ओह ! उफ़ !' वह चिल्लाई। ज़ाहिर था कि बेहोशी में वह किसी चीज़ से डरने लगी थी। 'मार डालो ! मुझे मार डालो ! मैं डरती नहीं हूँ ! पर हर कोई, हर कोई ! वह भी ! वह भी चला गया है !'

"अन्त तक वह बेहोशी में बड़बड़ाती रही। वह किसी को नहीं पहचानती थी। उसी रोज़ मध्याह्न के समय उसकी मृत्यु हुई। उससे पहले, आठ बजे ही, वे मुझे पुलिस के सदर-मकाम में ले गए और वहाँ से जेल में। मुक़द्दमे से पहले, ग्यारह महीने तक मुझे वहाँ रखा गया। इस बीच मैं अपने अतीत और अपने बारे में सोचता रहा, और उसे समझने लगा। मैं तीसरे ही दिन समझने लगा था। तीसरे दिन वे मुझे वहाँ ले गए थे..."

उसने अपनी कहानी जारी रखने की कोशिश की, परन्तु सिसकियों के कारण बोल नहीं सका। बड़ी कठिनाई से वह अपने को सँभाल पाया, और फिर कहने लगा :

"जिस वक़्त मैंने उसे ताबूत में पड़े देखा, उसी वक़्त से मैं समझने लगा," वह साँस रोककर जल्दी-जल्दी बोलने लगा, "जब मैंने उसके मुर्दा चेहरे को देखा, तब मेरी समझ में आया कि मैंने क्या कर डाला है। तब मेरी समझ में आया कि मैं ही वह आदमी था जिसके हाथों उसकी हत्या हुई। वक़्त था जब वह ज़िन्दा थी, जब इसके शरीर में हरारत थी, हरकत थी, और अब मेरे ही कारण वह निश्चल पड़ी है, ठंडी, मोम के बुत की तरह। मेरे किए को कभी भी मिटाया नहीं जा सकता, कोई भी, कहीं भी उसे नहीं मिटा सकता। केवल वही आदमी समझ सकता है, जिसे स्वयं इस बात का अनुभव हुआ हो। उह ! उह ! उह !" उसने रोते हुए बार-बार ये शब्द कहे और फिर चुप हो गया।

हम बड़ी देर तक बिना कुछ बोले-चाले बैठे रहे। वह सिसकियाँ भरता रहा। जब वह सिसकियाँ दबाने की चेष्टा करता तो उसका सारा शरीर काँप उठता।

"मुझे माफ़ करना..."

वह दूर हटकर बैठ गया और फिर कम्बल ओढ़कर लेट गया। प्रातः आठ बजे, गाड़ी स्टेशन पर पहुँची जहाँ मुझे उतरना था। मैं उससे विदा लेने उसके पास गया। मुझे मालूम नहीं था कि वह सो रहा है, या केवल सोने का बहाना कर रहा है। पर वह हिला-डुला नहीं। मैंने उसके हाथ को छुआ। उसने अपने मुँह पर से कम्बल हटाया। मैंने देखा कि वह सो नहीं रहा था।

"खुदा हाफ़िज़," मैंने अपना हाथ बढ़ाते हुए कहा।

उसने हाथ मिलाया। उस वक़्त उसके चेहरे पर एक क्षीण सी मुस्कान आई जो इतनी दयनीय थी कि मेरी आँखों में आँसू आ गए।

"मुझे माफ़ कर देना," उसने वही शब्द दोहराते हुए कहा, जो अपनी कहानी समाप्त करने पर उसने कहे थे।

नाच के बाद

"आपका कहना है कि मनुष्य अच्छे-बुरे का निर्णय स्वतन्त्र रूप से नहीं कर सकता, सब कुछ परिस्थितियों पर निर्भर करता है। आप कहते हैं कि मनुष्य जो कुछ भी बनता है, परिस्थितियों के हाथों बनता है। मैं यह नहीं मानता। मैं समझता हूँ कि सब संयोग का खेल है। कम से कम अपने बारे में तो मुझे यही लगता है..."

हमारे बीच बहस चल ही रही थी। बहस का विषय था परिस्थितियों को बदलने की आवश्यकता। कहा गया है मनुष्य के चरित्र को सुधारने से पहले जीवन की परिस्थितियों में सुधार करना ज़रूरी है। बहस के ख़ात्मे पर ये शब्द हमारे दोस्त इवान वसील्येविच ने कहे। हम सब उनका बड़ा मान करते हैं। सच तो यह है कि बहस के सिलसिले में किसी ने भी यह नहीं कहा कि अच्छे और बुरे का निर्णय स्वतन्त्र रूप से नहीं हो सकता है। पर इवान वसील्येविच की आदत है कि बहस की गरमागरमी में जो सवाल उनके अपने मन में उठते हैं, वह उन्हीं के जवाब देने लगते हैं और उन्हीं विचारों से सम्बन्धित अपने जीवन के अनुभव सुनाने लगते हैं। किसी घटना की चर्चा करते समय अक्सर वह इस तरह खो जाते हैं कि उन्हें चर्चा के उद्देश्य का भी ध्यान नहीं रहता। बातें वह सदा बड़े उत्साह और सच्चाई से सुनाते हैं। इस बार भी वही कुछ हुआ।

"कम से कम अपने बारे में तो मैं यही कहूँगा। मेरे जीवन को ढालने में परिस्थितियों का हाथ नहीं रहा, बल्कि किसी दूसरी ही चीज़ का हाथ रहा।"

"किस चीज़ का ?" हमने पूछा।

"यह एक लम्बी दास्तान है। अगर आप यह समझना चाहेंगे तो मुझे कहानी शुरू से आख़िर तक सुनानी पड़ेगी।"

"तो सुनाइए न ।"

इवान वसील्येविच ने क्षण-भर सोचकर सिर हिलाया।

"ठीक है," वह कहने लगे, "मेरे सारे जीवन का रुख एक रात-भर में या यों कहें एक सुबह भर में ही बदल गया।"

"क्यों, क्या हुआ ?"

"हुआ यह कि मैं किसी लड़की से प्रेम करने लगा था। इससे पहले भी मैं कई बार प्यार कर चुका था, पर रंग इतना गाढ़ा कभी न हुआ था। इस बात को काफ़ी मुद्दत हुई है, अब तो उसकी बेटियों तक की भी शादियाँ हो चुकी हैं। उसका नाम था

ब., वरेन्का ब.।'' इवान वसील्येविच ने उसका पूरा नाम बताया। ''आज पचास बरस की उम्र में भी वह देखते ही बनती है, पर उस समय तो, वह केवल अठारह वर्ष की थी और क़हर ढाती थी। ऊँचा-लम्बा, साँचे में ढला सा, छरहरा बदन, गर्वीला—हाँ, गर्वीला ! वह सदा इस तरह सीधे तनी रहती मानो झुकना उसके लिए असम्भव हो। उसका सिर ज़रा सा पीछे की ओर झुका रहता। सामने खड़ी होती तो शानदार क़द और सलोने चेहरे के कारण रानी सी लगती। वैसे वह ऐसी दुबली-पतली थी कि उसकी हड्डी-हड्डी नज़र आती थी। उसकी रोबीली चाल-ढाल से डर लगता, पर उसके होंठों पर हर वक़्त लुभावनी, मधुर मुस्कान खेलती रहती। उसकी आँखें बेहद ख़ूबसूरत थीं, हर वक़्त दमकती रहतीं। जवानी जैसे उमड़ी पड़ी थी। अदम्य आकर्षण था उस लड़की में।''

''इवान—वसील्येविच तो सचमुच कविता करने लगे हैं, कविता।''

''मैं चाहे जितना भी कविता करूँ पर उसका सौन्दर्य उसमें बाँध नहीं सकता। खैर, यह एक दूसरी बात है। इसका मेरी कहानी से कोई सम्बन्ध नहीं। जिन घटनाओं का मैं ज़िक्र करने जा रहा हूँ, वे सन् 40 के आसपास घटीं। उस समय मैं एक प्रान्तीय विश्वविद्यालय में पढ़ता था। मैं नहीं जानता कि बात अच्छी थी या बुरी पर जो बहस-मुबाहिसे और गोष्ठियाँ आजकल होती हैं, वे उन दिनों हमारे विश्वविद्यालय में नहीं होती थीं। हम जवान थे और जवानों की तरह रहते थे—पढ़ते-पढ़ाते और जीवन का रस लूटते। मैं उन दिनों बड़ा हँसोड़ और हट्टा-कट्टा युवक था। इस पर तुर्रा यह कि अमीर भी था। मेरे पास एक बढ़िया घोड़ा था। मैं लड़कियों के साथ बर्फ़-गाड़ी में बैठकर पहाड़ों की ढलानों पर से फिसलने जाया करता था (तब स्केटिंग का फ़ैशन नहीं चला था)। पीने-पिलाने की पार्टियों में भी मैं अपने विद्यार्थी दोस्तों के साथ जाया करता। (उन दिनों हम शैम्पेन के अतिरिक्त और कुछ न पीते थे। अगर जेब खाली होती, तो हम कुछ भी न पीते। आजकल की तरह वोद्का को तो हम छूते भी नहीं थे।) पर सबसे अधिक मुझे नाच और पार्टियाँ भाती थीं। मैं बहुत अच्छा नाचता था और देखने में भी बुरा न था।''

''इतनी विनय की शायद ज़रूरत नहीं, क्यों ?'' एक महिला ने चुटकी ली। ''हम सबने आपकी उन दिनों की तसवीर देखी है। आप तो बड़े ख़ूबसूरत जवान थे।''

''शायद रहा हूँगा, पर मेरे कहने का यह मतलब नहीं था। मेरा प्रेम नशे की हद तक जा पहुँचा। एक दिन मैं एक नाच-पार्टी में गया। पार्टी का आयोजन श्रवटाइड के आख़िरी दिन मार्शल ने किया था। मार्शल बड़े अच्छे स्वभाव का बूढ़ा आदमी था। अमीर था, कामिरहैर की उपाधि प्राप्त था और इस तरह की पार्टियाँ करने का ख़ासा शौक़ीन था। उसकी पत्नी भी उतने ही अच्छे स्वभाव की थी। जब मैं उनके घर पहुँचा तो वह मेहमानों का स्वागत करने के लिए पति के साथ दरवाज़े पर खड़ी थी। मख़मली गाउन पहने थी, और सिर पर हीरों की छोटी सी जड़ाऊ टोपी लगा रखी थी। उसकी गर्दन और कन्धे गोरे और गुदगुदे थे और उन पर बढ़ती उम्र के चिह्न नज़र आने लगे थे। कन्धे उघड़े हुए थे, जैसे तस्वीरों में चित्रित महारानी येलिज़वेता पेत्रोव्ना के दिखाए जाते

हैं। नाच-पार्टी बहुत शानदार रही। जिस हॉल में इसका आयोजन हुआ था वह भी बड़ी सज-धज वाला था। मशहूर गवैये और साज़िन्दे मौजूद थे। वे संगीत-रसिक ज़मीन्दार की मिल्कियत में थे। खाने को बहुत कुछ था, और शैम्पेन की तो जैसे नदियाँ बह रही थीं। मैंने शराब नहीं पी—मुझे प्रेम का नशा जो था ! मैं इतना नाचा, इतना नाचा कि थककर चूर हो गया। मैंने हर तरह के नाच में भाग लिया—क्वाड्रिल, वाल्ज़ और पोलोनाइज़ में। और, यह कहने की ज़रूरत नहीं कि मैं सबसे अधिक वरेन्का के साथ नाचा। वह सफ़ेद गाउन और गुलाबी रंग का कमरबन्द पहने थी। हाथों में बढ़िया चमड़े के दस्ताने थे, जो उसकी नुकीली कोहनियों तक पहुँचते थे। पाँवों में साटिन के जूते पहने थी। मज़ूर्का नाच के वक़्त एक अनीसिमोव नाम का कमबख़्त इंजीनियर, मेरे साथ दाँव खेल गया और वरेन्का के साथ नाचने लगा। इसके लिए मैंने उसे कभी माफ़ नहीं किया। ज्यों ही वह हॉल के अन्दर आई, वह उसके पास जा पहुँचा और नाचने का प्रस्ताव रखा। मुझे पहुँचने में थोड़ी देर हो गई थी। मैं पहले हेयर-ड्रेसर के पास फिर दस्ताने खरीदने चला गया था। इसलिए मजूर्का वरेन्का के साथ नाचने के बजाय मुझे एक जर्मन लड़की के साथ नाचना पड़ा। उससे किसी ज़माने में मेरा प्रेम रहा था। मैं सोचता हूँ कि उस शाम मैं उस लड़की के साथ बहुत बेरुख़ी से पेश आया। मैंने न तो उससे कोई बात की और न ही उसकी तरफ़ देखा। मेरी आँखें तो दूसरी ही लड़की पर गड़ी थीं—वही लड़की जिसका क़द ऊँचा, बदन छरहरा और नाक-नक़्शा साँचे में ढले से थे और जिसके बदन पर सफ़ेद गाउन और गुलाबी कमरबन्द था। उसकी गालों में गढ़े पड़ते थे। चेहरे पर उत्साह और खुशी की लाली थी और आँखों में भोलापन और मृदुता छलकती थी। केवल मेरी ही आँखें उस पर नहीं जमी थीं, सभी उसी को निहार रहे थे। यहाँ तक कि स्त्रियाँ भी। बाक़ी सभी स्त्रियाँ उससे हेच लगती थीं। उसके सौन्दर्य से प्रभावित हुए बिना कोई नहीं रह सकता था।

"क़ायदे से देखा जाए तो मज़ूर्का नाच के मामले में मैं उसका जोड़ीदार नहीं था, इस पर भी ज़्यादा वक़्त मैंने उसी के साथ नाचने में बिताया। बिना किसी झेंप-संकोच के वह नाचती हुई सारा कमरा लाँघती सीधी मेरी ओर चली आती। मैं भी बिना निमन्त्रण का इन्तज़ार किए उछलकर उसके पास जा पहुँचता। वह मुस्कुराती। मैं उसके दिल की बात भाँप जाता, इसके लिए वह मुस्कुराकर मुझे धन्यवाद देती। पर जब मैं और एक दूसरा पुरुष नाच में उसके पास पहुँचते और वह मेरा गुप्त नाम न बूझ पाती तो अपने दुबले-पतले कन्धे बिचका देती और अपना हाथ दूसरे पुरुष की ओर बढ़ा देती। फिर मेरी ओर देखकर हल्के से मुस्कुराती, मानो अफ़सोस कर रही हो और मुझे ढाढ़स बँधा रही हो। मज़ूर्का के बाद वाल्ज़ नाच होने लगा। मैं बड़ी देर तक उसके साथ नाचता रहा। नाचते-नाचते उसकी साँस फूलने लगती, वह मुस्कुराती और धीमे से कहती, 'encore'*। मैं उसके साथ नाचता जाता। मुझे लगता जैसे कि मैं हवा में तैर

* एक बार और। (फ्रेंच)

रहा हूँ। मुझे अपने शरीर का ध्यान तक न रहा।

"जी, ध्यान तक न रहा। क्या कहते हैं ! आपको खासा ध्यान रहा होगा दोस्त, जब आपने उसकी कमर में हाथ डाला होगा। आपको अपने ही नहीं, बल्कि उसके भी शरीर का ध्यान रहा होगा," एक आदमी ने चुटकी ली।

इवान वसील्येविच का चेहरा सहसा तमतमा उठा, और उसने ऊँची आवाज़ में कहा :

"तुम अपने बारे में या आजकल के युवकों के बारे में सोच रहे होगे। तुम लोग शरीर के सिवा और किसी बात के बारे में सोच ही नहीं सकते। हमारा ज़माना ऐसा नहीं था। ज्यों-ज्यों हमारा प्रेम किसी लड़की के लिए गहरा होता जाता था, हमारी नज़रों में उसका रूप एक देवी के समान निखरता जाता था। आज तुम्हें केवल टाँगें और टख़ने और शरीर के अंग-प्रत्यंग ही नज़र आते हैं। तुम्हारी दिलचस्पी केवल अपनी प्रेमिका के नंगे शरीर में रह गई है। पर मैं, जैसे अलफांस कार्र ने लिखा है—सच मानो, वह बहुत अच्छा लेखक था—अपनी प्रेयसी को सदा कांसे के वस्त्रों में देखा करता था। उसकी नग्नता उघाड़ने के बजाय हम सदा, नोह के नेक बेटे के समान, उसे छिपाने की चेष्टा किया करते थे, पर यह बात तुम्हारी समझ में नहीं आएगी।"

"इसकी बातों की परवाह न कीजिए, आप अपनी कहिए," एक दूसरे श्रोता ने कहा।

"हाँ, तो मैं उसके साथ नाचता रहा, मुझे वक़्त का कोई अन्दाज़ न रहा। साज़िन्दे बुरी तरह थक गए थे—आप तो जानते हैं कि नाच के ख़ात्मे पर क्या हालत होती है—वे मज़ूर्का की ही धुन बजाते रहे थे। इस बीच वे बुज़ुर्ग जो बैठक में ताश खेलने में व्यस्त रहे थे, तथा स्त्रियाँ और दूसरे लोग उठ-उठकर खाने की मेज़ों की ओर जाने लगे थे। नौकर-चाकर इधर-उधर भाग-दौड़ रहे थे। तीन बजने को हुए। हम इने-गिने बाक़ी मिनटों का रस निचोड़ लेना चाहते थे। मैंने फिर उससे नाचने का आग्रह किया। और हम शायद सौवीं बार कमरे के एक सिरे से दूसरे सिरे तक नाचते चले गए।

" 'भोजन के बाद मेरे साथ क्वाड्रिल नाचोगी न ?' उसे उसकी जगह पहुँचाते हुए मैंने पूछा।

" 'ज़रूर, अगर माँ-बाप ने घर चलने का इरादा नहीं किया तो,' उसने मुस्कुराते हुए कहा।

" 'मैं उन्हें नहीं करने दूँगा,' मैंने कहा।

" 'मेरा पंखा तो ज़रा देना,' वह कहने लगी।

" 'मेरा दिल नहीं चाहता कि मैं यह पंखा तुम्हें लौटा दूँ,' उसका सस्ता सा सफ़ेद पंखा उसके हाथ में देते हुए मैंने कहा।

" 'घबराओ नहीं, यह लो,' उसने कहा और पंखे में से एक पंख तोड़कर मुझे दे दिया।

" मैंने पंख ले लिया। मेरा दिल बल्लियों उछलने लगा और रोम-रोम उसके प्रति

कृतज्ञ हो उठा। मेरे मुँह से एक शब्द भी न निकला। आँखों ही आँखों से मैंने अपने दिल का भाव जताया। उस समय मैं असीम सुख और आनन्द का अनुभव कर रहा था। मेरा दिल जाने कितना बड़ा हो उठा था। मुझे लगा जैसे मैं पहले वाला युवक ही नहीं रहा। मुझे अनुभव हुआ कि मैं किसी दूसरे लोक का प्राणी हूँ, जो कोई पाप नहीं कर सकता, केवल नेकी ही नेकी कर सकता है।

"मैंने वह पंख अपने दस्ताने में खोंस लिया। और वहीं उसके पास खड़ा हो गया। मेरे पाँव जैसे कील उठे।

" 'वह देखो, वे लोग मेरे पिताजी से नाचने का आग्रह कर रहे हैं,' उसने एक ऊँचे-लम्बे, रोबीले आदमी की तरफ़ इशारा करते हुए कहा। उसने कर्नल की वर्दी पहन रखी थी और दरवाज़े में खड़ा था। कन्धों पर चाँदी के झब्बे थे। घर की मालकिन तथा अन्य स्त्रियों ने उसे घेर रखा था।

" 'वरेन्का, इधर आओ,' घर की मालकिन ने कहा—उस महिला ने जिसके सिर पर जड़ाऊ टोपी थी और कन्धे महारानी येलिज़वेता के से थे।

"वरेन्का दरवाज़े की ओर जाने लगी तो मैं भी उसके पीछे-पीछे हो लिया।

" 'अपने पिता से कहो, ma chére'* कि तुम्हारे साथ नाचें।' फिर कर्नल की ओर घूमकर मालकिन बोली : 'ज़रूर नाचो, प्योत्र व्लादिस्लाविच।'

"वरेन्का का पिता ऊँचा-लम्बा, खूबसूरत, रोबीला व्यक्ति था। उम्र काफ़ी बड़ी थी। जान पड़ता था कि उसकी तन्दुरुस्ती का पूरा-पूरा ख़याल रखा जाता है। दमकता चेहरा, á la Nicolas I** ऐंठी हुई सफ़ेद मूँछें, सफ़ेद ही क़लमें जो मूँछों से जा मिली थीं। आगे की ओर कढ़े हुए बालों ने कनपटियाँ ढक रखी थीं। चेहरे पर लुभावनी, मधुर मुस्कुराहट, जैसी बेटी के, वैसी ही बाप के। वह मुस्कुराता तो उसकी आँखें चमक उठतीं और होंठ खिल उठते। शरीर उसका बड़ा खूबसूरत था, फ़ौजी अफ़सरों की तरह चौड़ी, आगे को उभरी हुई छाती और उस पर कुछेक तमगे़, कन्धे चौड़े और टाँगें लम्बी और गठी हुई। वह पुराने ढंग का फ़ौजी अफ़सर था। उसकी चाल-ढाल निकोलाई के ज़माने के अफ़सरों की सी थी।

"हम दरवाज़े के पास पहुँचे तो कर्नल बार-बार कह रहा था—मुझे अब नाचने-वाचने का अभ्यास नहीं रहा। इस पर भी उसने मुस्कुराते हुए पेटी से तलवार उतारी, और पास खड़े एक लड़के को थमा दी। लड़के ने बड़ी उत्सुकता से तलवार ले ली। कर्नल ने बढ़िया चमड़े का दस्ताना अपने दाएँ हाथ पर चढ़ाया। 'सब बात नियम के अनुसार होनी चाहिए,' उसने मुस्कुराते हुए कहा, और फिर अपनी बेटी का हाथ अपने हाथ में लेकर, थोड़ा सा घूमकर नाचने के अन्दाज़ में खड़ा हो गया और नाच की संगत के लिए संगीत का इन्तज़ार करने लगा।

---

* मेरी प्यारी। (फ्रेंच)

** ज़ार निकोलाई प्रथम की तरह। (फ्रेंच)

“ मज़ूर्का की धुन बजने लगी। कर्नल ने एक पाँव से फ़र्श पर ज़ोर से ठोंका दिया, और दूसरा पाँव तेज़ी से घुमाकर नाचने लगा। फिर उसकी ऊँची-लम्बी काया कमरे में वृत्त से बनाती हुई थिरकने लगी। कभी धीरे-धीरे, बड़े बाँकपन से, और कभी तेज़-तेज़ ज़ोर से वह एड़ियाँ ठकोरता। वरेन्का लता की तरह लचीली, उसके साथ-साथ तैरती। वह भी अपने छोटे-छोटे रेशम से मुलायम पैर उठाती और ताल पर अपने पिता के क़दमों के साथ-साथ, कभी लम्बे डग भरती तो कभी छोटे। सभी मेहमानों की निगाहें उनकी एक-एक हरक़त पर गड़ी रहीं। मेरे हृदय में उस समय सराहना से अधिक गहरे आनन्द की भावना रही। कर्नल के बूट देखकर तो मेरा मन जैसे द्रवित हो उठा। यों तो वे बढ़िया बछड़े के चमड़े के बने थे, परन्तु पंजे फ़ैशन के अनुसार नोकदार होने के बजाय, चौकोर थे। ज़ाहिर है कि उन्हें फ़ौज के मोची ने बनाया था। 'कर्नल फ़ैशनेबल बूट नहीं पहनता है, साधारण बूट पहनता है ताकि अपनी बेटी को अच्छे से अच्छे कपड़े पहना सके और उसे सोसाइटी में ले जा सके,' मैंने मन ही मन कहा। इसी कारण, कर्नल के बूटों को देखकर मेरा मन द्रवित हुआ था। कर्नल किसी ज़माने में ज़रूर ही अच्छा नाचता रहा होगा। अब उसका शरीर बोझिल हो गया था, टाँगों में भी वह लचक न रह गई थी, वह तेज़ और नाजुक मोड़ न ले सकता था, पर कोशिश ज़रूर कर रहा था। दो बार वह हॉल में गोल चक्कर सा काटता हुआ घूम गया। इसके बाद उसने अपने दोनों पाँवों खोले, और फिर सहसा उन्हें एक साथ जोड़कर एक घुटने के बल बैठ गया। लोग वाह-वाह कर उठे। इसमें कोई सन्देह नहीं कि उस समय उसके भारी-भरकम बदन का घुटने पर दबाव ख़ासा पड़ा। वरेन्का की स्कर्ट उसके घुटने के नीचे दब गई। उसने मुस्कुराते हुए उसे छुड़ाया और बड़े बाँकपन से नाचती हुई कर्नल के इर्द-गिर्द घूम गई। कर्नल को थोड़ी सी कठिनाई का अनुभव हुआ मगर वह उठ खड़ा हुआ और बड़े प्यार से, दोनों हाथों में अपनी बेटी का मुँह लेकर, उसका माथा चूमा। फिर वह उसे मेरी ओर ले आया। उसने मुझे अपनी बेटी का नाच का साथी समझा, पर मैंने इस स्थिति से इनकार किया। इस पर वह दुलार से मुस्कुराया और अपनी तलवार पेटी में बाँधे हुए बोला :

“ 'कोई बात नहीं, तुम अब इसके साथ नाचो।'

“जिस तरह शराब की बोतल से पहले कुछ बूँदें रिसती हैं और फिर धार फूट निकलती है, ठीक वैसे ही मेरे अन्तर से वरेन्का के प्रति प्यार उमड़ पड़ा। इस प्यार ने सारे विश्व को आलिंगन में भर लिया। क्या हीरों की टोपीवाली घर की मालकिन, क्या घर के मालिक, क्या मेहमान और क्या मुझसे रूठा हुआ अनीसिमोव, सभी के प्रति मैंने असीम अनुराग का अनुभव किया। वरेन्का के पिता के प्रति जिसने चौकोर पंजोंवाले बूट पहन रखे थे और जिसकी मधुर मुस्कान अपनी बेटी की मुस्कान से बहुत मिलती-जुलती थी, मेरे हृदय में अगाध श्रद्धा का भाव उठने लगा।

“ मज़ूर्का समाप्त हुआ। मेज़बानों ने हमें भोजन के लिए आमन्त्रित किया। परन्तु कर्नल ब. खाने के मेज़ पर नहीं आया। बोला, मैं अब और न रुक सकूँगा, क्योंकि मुझे

कल सुबह जल्दी उठना है। मुझे डर लगा कि वह अपने साथ वरेन्का को भी ले जाएगा, पर वरेन्का अपनी माँ के साथ बनी रही।

"भोजन के बाद मैं वरेन्का के साथ क्वाड्रिल नाचा। इसका उसने मुझे वचन दिया था। मैं समझ रहा था कि मेरी ख़ुशी चरम सीमा तक जा पहुँची है। पर नहीं, अब वह और भी अधिक बढ़ने लगी, और क्षण प्रतिक्षण बढ़ती गई। हमने प्रेम की कोई बात नहीं की। वह मुझसे प्रेम करती है या नहीं, यह एक सवाल रहा। पर, इस विषय में न तो मैंने उससे कुछ पूछा और न ही अपने मन से। मैं प्रेम करता हूँ, यह मैंने अनुभव किया, और यह बात मुझे अपनी जगह काफ़ी अच्छी लगी। डर लगा तो केवल यह कि कहीं रंग में भंग न हो।

"मैं घर पहुँचा, कपड़े बदले और सोने की तैयारी करने लगा, मगर नींद कहाँ ? हाथ में वह पंख और वरेन्का का दस्ताना अब भी पकड़े हुए था। दस्ताना उसने मुझे अपनी माँ के साथ बग्घी में चढ़ते समय दिया था। इन चीज़ों पर निगाह पड़ते ही मुझे उसका चेहरा याद हो आता था। या तो उस समय जब नाच के लिए दो पुरुषों में से चुनते हुए उसने मेरा गुप्त नाम बूझ लिया था और मधुर स्वर में कहा था : ' 'गर्व' है क्या तुम्हारा नाम ?' और हाथ मेरी ओर बढ़ा दिया था। या भोजन करते समय, शैम्पेन के हल्के-हल्के घूँट भरते हुए उसने गिलास के ऊपर से मेरी ओर देखा था। उसकी आँखों में मृदुता छलक रही थी। पर उसका सबसे सुन्दर रूप मुझे वह लगा था जब वह अपने पिता के साथ नाच रही थी। कैसी सुगमता से उसके साथ-साथ तैरती और अपने प्रशंसकों की ओर गर्व और उल्लास के साथ देखती जा रही थी। यह गर्व और उल्लास का भाव जितना अपने प्रति था उतना ही अपने पिता के प्रति भी। दोनों प्राणी, अपने आप ही, बिना किसी चेष्टा के मेरे दिल में समा गए थे और मेरे स्नेह के केन्द्र बन गए थे।

"मेरे भाई का देहान्त हो चुका है पर उस समय मैं और वह, एक साथ रहते थे। मेरे भाई की सभा-सोसाइटी में कोई रुचि न थी और वह इन नाच-पार्टियों में कभी भी नहीं जाते थे। उन दिनों स्नातक-परीक्षा की तैयारी कर रहे थे, और बड़ा आदर्श-जीवन बिताते थे। उस समय वह तकिये पर सिर रखे गहरी नींद में सो रहे थे। आधे चेहरे पर कम्बल था। उन्हें देखकर मेरा दिल दया से भर उठा। वह मेरी भावना, मेरे उल्लास और मेरे सुख से अनभिज्ञ थे और मैं उसमें उन्हें भागीदार बना भी न सकता था। मेरा नौकर, पेत्रूशा, मोमबत्ती जलाकर ले आया और कपड़े बदलवाने लगा। लेकिन मैंने उसे रुख़सत कर दिया। उसकी आँखें नींद से बोझिल हो रही थीं और बाल बिखरे हुए थे। वह मुझे बहुत भला लगा। किसी तरह की आहट न करने के ख़याल से मैं दबे पाँवों अपने कमरे में चला गया और बिस्तर पर जा बैठा। मैं बेहद खुश था यहाँ तक कि मेरे लिए सोना असम्भव हो रहा था। मुझे लगा जैसे कमरे में बड़ी गरमी है। बिना वर्दी उतारे मैं चुपचाप बाहर ड्योढ़ी में आ गया, और ओवरकोट पहनकर और दरवाज़ा खोलकर बाहर निकल आया।

" लगभग पाँच बजे मैं नाच से लौटा था, और मुझे लौटे भी लगभग दो घंटे हो चले थे। इसलिए जब मैं बाहर निकला तो दिन चढ़ चुका था। मौसम भी बिल्कुल श्रवटाईड के दिनों का सा था—चारों तरफ़ धुन्ध छाई थी, सड़कों पर बर्फ़ पिघल रही थी और छतों से टप-टप पानी की बूँदें गिर रही थीं। उन दिनों ब. परिवार के लोग शहर के बाहर के हिस्से में रहा करते थे। उनका मकान एक खुले मैदान के सिरे पर था। दूसरे सिरे पर लड़कियों का एक स्कूल था। एक ओर लोगों के टहलने की जगह थी मैं अपने घर के सामनेवाली छोटी सी गली लाँघकर बड़ी सड़क पर आ गया। सड़क पर लोग आ-जा रहे थे। बर्फ़-गाड़ियों पर गाड़ीवान लकड़ी के तख़्ते लादे लिए जा रहे थे। गाड़ियों के बमों से लकीरें पड़ रही थीं। बर्फ़ पर गहरे निशान बनते जा रहे थे। घोड़ों पर पानी से साफ़ किए साज़ कसे थे। उनके गीले सिर एक लय में हिल रहे थे, गाड़ीवान कन्धों पर छाल की चटाइयाँ ओढ़े थे, और बड़े-बड़े बूट चढ़ाए गाड़ियों के साथ-साथ कीचड़ में धीरे-धीरे चले जा रहे थे। मुझे हरेक चीज़ प्यारी और महत्त्वपूर्ण लग रही थी। यहाँ तक कि सड़क के दोनों तरफ़ खड़े घर भी, जो धुन्ध में बड़े ऊँचे नज़र आ रहे थे।

" मैं उस मैदान के पास जा पहुँचा जहाँ उनका मकान था। मुझे वहाँ एक सिरे पर, जहाँ लोग टहलने जाया करते थे, कोई बड़ी काली सी चीज़ नज़र आई। साथ ही ढोल और बाँसुरी बजने की आवाज़ भी कानों में पड़ी। वैसे तो हर घड़ी मेरा मन खुशी से नाचता रहा था, और मज़ूर्का की धुन जब-तब मेरे कानों में गूँजती रही थी, पर यह संगीत कुछ अलग ही लगा—तीखा और भद्दा सा।

" 'यह क्या हो सकता है ?' मैं सोचने लगा। मैं उसी आवाज़ की दिशा में फिसलन भरी सड़क पर बढ़ा। सड़क मैदान के बीचोबीच से जाती थी, और उस पर छकड़े अक्सर ही आते-जाते रहते थे। मैं कोई सौ क़दम गया हूँगा कि मुझे धुन्ध में लोगों की भीड़ सी नज़र आई। बात साफ़ हुई। वे फ़ौजी सिपाही थे। मैंने सोचा कि सुबह की क़वायद कर रहे होंगे। मेरे साथ-साथ सड़क पर एक लोहार चला जा रहा था। उसने एप्रन और जाकेट पहन रखे थे। कपड़ों पर जगह-जगह तेल के धब्बे थे। उसके हाथ में बड़ी सी गठरी थी। मैं उसके साथ हो लिया। पास जाकर मैंने देखा कि सैनिकों की दो क़तारें आमने-सामने खड़ी हैं। उन्होंने काले कोट पहन रखे हैं, उनके हाथों में बन्दूक़ें हैं और वे चुपचाप खड़े हैं। उनके पीछे दो आदमी हैं—एक बाँसुरी बजानेवाला और दूसरा ढोल पीटनेवाला लड़का। दोनों कोई धुन निकाल रहे हैं। धुन वही तीखी और भद्दी है।

" हम रुक गए।

" 'ये क्या कर रहे हैं ?' मैंने लोहार से पूछा।

" 'एक तातार को सज़ा दी जा रही है। उसने फ़ौज से भागने की कोशिश की थी,' लोहार ने गुस्से के साथ जवाब दिया और दोहरी क़तार के दूसरे सिरे की ओर आँखें फाड़-फाड़कर देखने लगा।

" मैं भी उसी ओर देखने लगा। दो क़तारों के बीच कोई भयानक चीज़ हमारी

ओर बढ़ती आ रही थी। वह एक आदमी था, कमर तक नंगा, हाथ दो बन्दूक़ों के साथ बँधे हुए जिन्हें दो फ़ौजी दाएँ-बाएँ पकड़े हुए थे। उनके साथ-साथ एक ऊँचे-लम्बे क़द का अफसर चला आ रहा था। वह ओवरकोट पहने था और सिर पर फ़ौजी टोपी थी। यह अफ़सर मुझे परिचित सा लगा। अपराधी की पीठ पर दोनों तरफ़ से हंटर पड़ रहे थे। उसका शरीर काँप-काँप जाता और उसके पाँव, पिघलती बरफ़ में बार-बार धँस जाते। इस तरह वह धीरे-धीरे आगे को सरकता रहा। बीच-बीच में वह पीछे की ओर दुबक सा जाता तो दोनों फ़ौजी, जो बन्दूकों के ज़रिए उसे ले जा रहे थे, उसे आगे को धकेल देते और जब वह आगे की ओर भहराने लगता तो उसे पीछे की ओर घसीटते ताकि वह गिरे नहीं। साथ-साथ, स्थिर क़दम रखता वह ऊँचे-लम्बे क़द का अफ़सर बढ़ता आ रहा था। वह भूलकर भी पीछे न रहता। मेरी नज़र उसके दमकते चेहरे, उसकी मूँछों और गलमुच्छों पर पड़ी। मैंने फ़ौरन, पहचान लिया कि यह वरेन्का का बाप है।

"हंटर के हर वार पर अपराधी का चेहरा दर्द से ऐंठ उठता, वह बेचैन होकर उस ओर देखता जहाँ से हंटर पड़ा था। उसका मुँह खुला रहता। उसके सफ़ेद दाँत दमकते थे। बार-बार वह कुछ कहता। जब तक कि वह मेरे नज़दीक नहीं आ गया, मुझे उसके शब्द ठीक-ठीक सुनाई नहीं दिए। वह बोल नहीं, सिसक रहा था। जब वह मेरे नज़दीक पहुँचा तो मैंने सुना, 'रहम करो भाइयो, भाइयो कुछ रहम करो।' पर भाइयों को कोई रहम नहीं आ रहा था। वह ऐन मेरे सामने आ पहुँचा। एक सैनिक ने बड़ी दृढ़ता से आगे बढ़कर तातार की पीठ पर इतने ज़ोर से हंटर मारा, कि उसकी आवाज़ हवा में गूँज गई। तातार आगे को गिरनेवाला था, पर फ़ौजियों ने झटके से उसे उठा लिया। फिर दूसरी तरफ़ से एक हंटर और पड़ा, इसके बाद फिर इस तरफ़ से, और फिर उस तरफ़ से...कर्नल उसके साथ-साथ चलता रहा। कभी वह अपने पाँवों की ओर देखता और कभी अपराधी की ओर। हवा में गहरी साँस लेता, गाल फुलाता, और फिर धीरे-धीरे, होंठ सिकोड़कर मुँह से हवा निकालता। जब यह जुलूस मेरे पास से निकल गया, तो मुझे क्षण-भर के लिए सैनिकों की क़तार के बीच से अपराधी की पीठ की झलक मिली। मैं उसका बयान नहीं कर सकता। वह बेहद भयानक थी, गीली, और लाल-लाल, और यहाँ से वहाँ तक बद्धियाँ ही बद्धियाँ थीं। मुझे विश्वास न हुआ कि यह एक इंसान का शरीर है।

" 'हे भगवान् !' मेरे पास खड़ा लोहार बुदबुदाया।

"जुलूस आगे को बढ़ने लगा। उस गिरते-पड़ते, बार-बार दया की भीख माँगते जीव पर दोनों तरफ़ से कोड़े पड़ते गए। ढोल बजता गया, बाँसुरी में से वही तीखी धुन निकलती रही, और रोबीला कर्नल उसी तरह रोब-दाब से अपराधी के साथ चलता गया। सहसा कर्नल रुक गया और तेज़ी से एक सैनिक की ओर बढ़ा।

" 'चूक गए, क्यों ? मैं तुम्हें सिखाऊँगा !' उसकी क्रोध-भरी आवाज़ मेरे कानों में पड़ी। उसने अपने मज़बूत, चमड़े के दस्ताने से लैस हाथ से, नाटे-छोटे, दुबले-पतले सैनिक के मुँह पर तमाचे पर तमाचे जड़ने शुरू कर दिए, क्योंकि सैनिक का हंटर पूरे

ज़ोर के साथ तातार की लहूलुहान पीठ पर नहीं पड़ा था। 'यह ले ! और ले ! समझ में आया ? नए हंटर लाओ !' कर्नल ने चिल्लाकर कहा, मुड़ा और उसकी नज़र मुझ पर पड़ी। मुझे देखकर अनदेखा करते हुए, उसने बुरी तरह भौंहें सिकोड़कर बड़े गुस्से से मेरी ओर देखा और झट से पीठ फेर ली। मैंने बड़ी शर्म महसूस की। मेरी समझ में न आया कि मुड़ूँ तो किस ओर को मुड़ूँ। मुझे लगा कि जैसे मैं कोई घिनौना काम करते पकड़ा गया हूँ। मैं सिर झुकाए, तेज़ चाल से घर लौट आया। सारा रास्ता मेरे कानों में बजते ढोल और तीखी बाँसुरी की आवाज़ आती रही। 'रहम करो, भाइयो !' की दर्दभरी चीख़ और 'यह ले, और ले ! समझ में आया ?'—कर्नल की गुस्से और दम्भ से भरी चिल्लाहट कानों के पर्दे फाड़ती रही। मेरा दिल इस तरह दर्द से भर उठा कि मुझे लगा जैसे कि सचमुच मेरे दिल में पीड़ा होने लगी है। मुझे मतली आने लगी, यहाँ तक कि मुझे बार-बार राह में ठिठकना पड़ा। रह-रहककर जी चाहता कि मैं क़ै कर, किसी तरह, इस दृश्य से उपजी घृणा को अपने अन्दर से बाहर निकाल दूँ। मुझे याद नहीं कि मैं कैसे घर पहुँचा, और कैसे जाकर बिस्तर पर पड़ गया। पर, ज्यों ही आँख लगने को हुई, वह दृश्य फिर मेरी आँखों के सामने घूमने लगा, सारी आवाज़ें फिर मुझे सुनाई देने लगीं, और मैं उठकर पलंग पर बैठ गया।

" 'हो न हो, कोई न कोई बात ऐसी ज़रूर है जिसे वह आदमी जानता है पर मैं नहीं जानता,' कर्नल के बारे में सोचते हुए मैंने मन ही मन कहा। 'अगर उसकी तरह सब कुछ मेरी समझ में भी आ जाए तो शायद इस तरह मेरा दिल नहीं दुखे।' पर, हज़ार चेष्टा करने पर भी, मेरी समझ में वह बात नहीं आई जो उस कर्नल को मालूम थी। नतीजा यह कि कहीं शाम को जाकर मेरी आँख लगी और सो भी तब जब मैं एक मित्र के घर गया और मैंने अन्धाधुन्ध शराब पी ली। साफ़ है कि शराब पीने के बाद किसी चीज़ की सुध-बुध न रही।

" आप क्या समझते हैं कि मैंने इस दृश्य से कोई बुरा नतीजा निकाला ? हरगिज नहीं। मैं तो इस निष्कर्ष पर पहुँचा कि यदि उस सारे कृत्य के पीछे ऐसा कोई विश्वास है, और हर आदमी उसे आवश्यक समझकर अंगीकार कर लेता है, तो कोई न कोई बात ऐसी ज़रूर है जिसका पता बाक़ी सबको तो है, पर केवल मुझे नहीं। आख़िरकार मैं भी इस रहस्य का भेद पाने की कोशिश करने लगा। पर, वह रहस्य मेरे लिए सदा रहस्य ही बना रहा। और चूँकि मैं उसे समझ नहीं पाया, इसलिए मैं फ़ौज में भरती भी नहीं हुआ, हालाँकि मैं फ़ौज की नौकरी करना चाहता था। वैसे, फ़ौज की नौकरी ही क्या, मैं तो कोई और नौकरी भी नहीं कर पाया। बस, मैं कुछ भी नहीं बन पाया !"

"हम खूब जानते हैं कि आप क्या कुछ बन पाए हैं," एक मेहमान बोला, "यह कहना ज़्यादा मुनासिब होगा कि अगर आप न होते तो जाने कितने ही लोग कुछ न बन पाते।"

"यह बड़ी फ़जूल सी बात आपने कही है," इवान वसील्येविच ने सचमुच चिढ़कर कहा।

“ख़ैर, तो आपके प्रेम का क्या हुआ ?” हमने पूछा।

“मेरा प्रेम ? मेरे प्रेम को तो उसी दिन पाला मार गया। जब उस लड़की के चेहरे पर वही अनमनी सी मुस्कुराहट नज़र आती, तो मैदान में खड़ा कर्नल मेरी आँखों के सामने आ जाता। मैं सकपका उठता, और मेरा दिल बेचैन होने लगता। होते-होते मैंने उससे मिलना छोड़ दिया और मेरा प्रेम धीरे-धीरे मर गया। ऐसी ही बातें कभी-कभी समूचे जीवन का रुख़ बदल देती हैं, और आप हैं कि कहे जा रहे हैं कि जो कुछ करती हैं, बस, परिस्थितियाँ ही करती हैं,” उसने अन्त में कहा।

टिप्पणियाँ

दो हुस्सार

लेखन-काल : 1856। उसी साल पहली बार प्रकाशित की गई।

इंसान और हैवान

कहानी की कल्पना 1856 में हुई किन्तु 1863 में लिखी गई। लिखने के बाद तोल्स्तोय ने उसे अलग रख दिया। 1885 में उसमें कुछेक संशोधन किए गए। 1886 में पहली बार प्रकाशित हुई।

सुखी दम्पती

कहानी पर 1858 में काम शुरू किया गया। पहली बार 1859 में प्रकाशित हुई।

इवान इल्यीच की मृत्यु

लेखन-काल : 1884 से 1886 तक। पहली बार 1886 में प्रकाशित की गई।

क्रूज़र सोनाटा

लेखन-काल : 1887 से 1889 तक। 1891 तक सेंसर ने इसे छपने नहीं दिया।

नाच के बाद

कहानी की पहली रूपरेखा 1903 में बनाई गई। लेखक की मृत्यु के बाद 1911 में प्रकाशित हुई।

●●●